DISCOVERING THE HUMANITIES

-3e-

Henry M. Sayre

文明的轨迹

穿越人类历史璀璨时刻

〔美〕亨利·M. 塞尔 ◎ 著　　张心怡 ◎ 译

长江出版传媒　长江文艺出版社

图书在版编目（CIP）数据

文明的轨迹 /（美）亨利·M.赛尔著; 张心怡译. -- 武汉: 长江文艺
出版社, 2023.12（2024.6重印）
ISBN 978-7-5702-3347-2

Ⅰ.①文 … Ⅱ.①亨… ②张… Ⅲ.①世界史—文化 史 Ⅳ.①K103

中国国家版本馆 CIP 数据核字（2023）第191601号

湖北省版权局著作权合同登记号 图字：17-2023-143

文明的轨迹
WENMING DE GUIJI

责任编辑：栾 喜　　　　　　　　责任校对：韩 雨
封面设计：Yoshioka_Yuutarou　　　责任印制：张 涛

出版：长江出版传媒　长江文艺出版社
地址：武汉市雄楚大街 268 号　　　　　邮编：430070
发行：长江文艺出版社
　　　北京时代华语国际传媒股份有限公司　　（电话：010-83670231）
http://www.cjlap.com
印刷：三河市宏图印务有限公司

开本：690毫米×980毫米　1/16　　　印张：46.5
版次：2023 年12月第1版　　　2024年6月第2次印刷
字数：742千字

定价：298.00 元

序

　　"人文"一词的含义随着时代而不断变化。在古代希腊,它是公元前5世纪中期"智者学派"所教授的一门课程,目的是为城邦培养年轻的公民。公元前55年,罗马政治家、演说家西塞罗首次提出"人文学科"(humanitas,字面意思是'人性'),认为它是培养演说家的重要课程。到中世纪欧洲,基督教的教父们认为"人文学科"有助于培养基督徒,因此它再经演变,被称为"自由七艺"。文艺复兴时期, "人文"的含义发生了重大变化。15世纪意大利人文主义者用"studia humanitatis"指世俗文学和学术活动,包括语法、修辞、诗歌、历史、道德哲学、古代希腊语和拉丁语研究等。18世纪, "studia humanitatis"则指拉丁语和希腊语及其文献研究。19世纪,随着人文学科的范围扩大,人文学科开始与自然科学区分开来。当代的人文学科概念类似于它的早期概念,即以宣扬人类价值体系为基础的各个完整教育学科,主要包括历史、文学、艺术等学科,但是它与社会科学、自然科学又有区别。

　　本书外文原版书名中的"人文"就是当代意义上的"人文"。该书是美国俄勒冈大学艺术史教授亨利·M.塞尔所撰,于2010年、2013年、2016年和2019年先后出版到第4版,由此可见该书的受欢迎程度。本书是依据第三版所译。通览全书,我觉得它有几个突出特点。

　　首先,本书特别注重世界各文明的成就,各文明之间的接触、交流和相互影响。1946 年成立的联合国教科文组织决定编写多卷本《人类史——文化与科学发展》（*History of Mankind—Cultural and Scientific Development*），主张突出世界各个文明的科学和文化成就，以文明的交流作为世界历史的主线。20 世纪 90 年代蔚然成风的"全球史"也特别强调跨文化交流和互动。本书以世界历史上不同文化艺术的交流和发展为主要内容，反映了世界历史编纂的新趋势。

其次，本书的大多数内容是艺术史，但是作者比较注重人类艺术发展的历史背景，艺术与历史密切融合。如"帝国"就把古代丝绸之路上的汉朝、孔雀帝国、罗马帝国的历史与艺术发展糅合起来加以论述。

再次，本书作者亨利·M. 塞尔具有高超的叙述历史的能力和方法。他坚信通过回忆故事比记住历史事实更有利于读者学习，所以他向读者描述了令人信服的多元文化历史。通过表明不同文化如何互相影响、思想交流和变化，本书将有助于读者理解不同文化的相互影响。

中华文明不仅源远流长，而且一直与世界其他文明的交流、互鉴。2023 年 3 月 15 日，中共中央总书记、国家主席习近平提出了全球文明倡议。在这种历史和现实背景下，本书翻译和出版正当其时。

施诚

目录 CONTENTS

第1章　史前时期和文明曙光

第2章　希腊世界

第 5 章　哥特式风格与自然主义的重生

第 6 章　文艺复兴

第 7 章　阿尔卑斯山以北的欧洲文艺复兴和宗教改革

第 8 章　相遇与对抗

第 11 章　革命时代

第 12 章　工人阶级和资产阶级

第13章 现代主义世界

第14章 变化的几十年

图 1.1

史前时期和文明曙光

古代河流文化

学习目标 >>>

◎讨论史前文化的诞生及其成熟与艺术建筑发展的联系。

◎指出神话对史前文化的意义。

◎区分古美索不达米亚文明，重点学习其与希伯来文明之间的不同。

◎解释埃及文化的稳定性。

1994 年 12 月，一个寒冷的下午，让 - 玛丽·肖维和两个同伴沿着法国南部阿尔代什河峡谷，在陡峭的悬崖中进行洞穴探秘。通过一连串狭窄的通道后，他们进入一个大洞穴，头上的探照灯映照出一组图画：这组图画将震惊三位探险家——甚至整个世界（图 1.1）。

19 世纪末，我们已经知道史前人类——生活在文字出现之前、历史记载之外的人类——会在洞穴的墙上作画。人们已在沿阿尔代什峡谷 27 千米的悬崖上发现了 27 个这样的洞穴。然而，肖维和他的朋友们发现的洞穴颠覆了人们对史前人类的认识。在现代人眼中，先前发现的洞穴壁画如孩童涂鸦般幼稚，而这个洞穴里的画却可以与当代艺术作品相媲美。因此我们只能推测，史前时代还存在其他类似的艺术品，只是没能保存下来，也许是因为它们是由木头或其他易腐烂的材料制成的。艺术的起源甚至有可能早于 30 000 年前，或许艺术诞生于 90 000 至 100 000 年前，那时人类刚开始在近东定居。

最初，在旧石器时代，世界各地文明靠狩猎和采集野生植物维系生存。虽然有证据显示，一些群体之间有过接触，但它们规模小而分散，且居无定所。公元前 1 万年左右，北半球的冰层开始消融，农耕渐渐取代狩猎和采集活动，成为谋生的主要手段，游牧生存方式也随之转变为定居生存方式。这一改变影响深远，带领人类走向了新石器时代。

在中东和亚洲的大河谷地区，人们目标一致，聚集为集体，不同集体继而开始形成愈发复杂的文明。文明是一种社会、经济和政治实体，并通过图画和书面语言表达自我。若一个地区人数量众多且不断繁衍，而其环境足以让他们稳定生活，文明就会向前发展。人口的增加需要更多粮食和其他物品，不仅是为了自给自足，也是为了商品贸易。要达到这一水平的贸易和生产，需要精英管理者出谋划策。这种精英管理是文明的另一个特征。

从世界各地的文明历史中，我们可以清晰地看到，战争是社会进行自我组织并获得其所需物品的主要方式之一。

下面，我们将从史前文明的早期萌芽开始讨论，相关证据可以从 2.5 万多年前流传至今的壁画和雕塑上找到。在文字出现之前约公元前 1 万年之后的某个时间点，这些文明创造了神话和传说，解释了它们的起源及其与世界的关系。大约从公元前 4000 年开始，冶炼技术在全世界范围内得到了发展。人们学会从矿石中分离出金属，并加工成金属制品和武器，以替代史前时期的石制、骨制工具和武器，开创了考古学家所称的"青铜器时代"。

文明诞生

文明如何诞生？文明的成熟与艺术建筑发展有何联系？

文明包括一个群体共有的价值观念和行为模式，体现在群体共同的规则、风俗、仪式和艺术中，代代相传，并随着时间的推移而发展。肖维洞穴的壁画表明，早在 3 万年前，阿尔代什峡谷就是一个文明的中心了，整个群体的价值观在这里得以体现。还有其他类似的洞穴：1879 年在西班牙北部的阿尔塔米拉，人们发现了第一个经过装饰的洞穴；1940 年在法国南部、阿尔代什以西的多尔多涅地区，学生们的狗跑进一个洞里消失不见了，他们因此发现了著名的拉斯科岩洞；还有 1991 年，在法国地中海沿岸马赛附近的水位线下，一名潜水员发现了美轮美奂的科斯克洞穴入口。

代理人和仪式：洞穴艺术

自从首次发现洞穴壁画，学者们一直惊叹于其绘制者的高超技艺，但我们还痴迷于这些壁画本身：为什么要画这些画？大多数学者认为这些画起到代理人的作用。创作这些壁画是为了向大众施加某种权威。一直以来，人们普遍认为这些作品与狩猎有关。在猎物稀少的时候，狩猎者通过在洞穴壁上作画来召唤猎物。又或许这些图画含有某种魔咒，能让狩猎者狩猎成功。但肖维洞穴壁上描画的动物中，有多达六成从来就不是猎者的目标，比如狮子、犀牛、熊、黑豹和长毛猛犸象。其中一幅画描绘了两头犀牛正在角斗，附近有四匹马似乎在观战（图1.1）。

那么，在史前人类的日常生活中，这些图画有何作用？洞穴可能是举行某种仪式的场所。仪式是一个群体在宗教或准宗教背景下习惯性举行的典礼。例如，洞穴可以被理解为通往冥界和死亡的门户，或象征着子宫和生育，或被看成通向夜间梦境世界的通道，与之有关的仪式便在洞穴中进行。动物通常按照种类或性别被画在不同洞穴中，说明这些画可能是被用作月亮历法来预测动物的季节性迁徙。无论如何，保留下来的人类脚印表明这些洞穴是仪式举行地点，为集体带来了方便。

肖维壁画中不断变化的色彩表明，这些画意味神圣，或有所象征。例如，在洞口附近，图画几乎全部运用天然红色颜料，这些颜料是从富含氧化铁的矿石中提炼出来的。而在人迹罕至的洞穴深处，绝大多数动物用从富含二氧化锰的矿石中提炼出的黑色涂料画成。这种颜色的变化似乎是有意为之，但其中的确切含义，我们只能猜测。

肖维洞穴里精心绘制的图画表明，其创作者似乎已经成功掌握了某种透视画法，并付诸实践——也就是说，他们能够在二维的平面上传达三维的观感。在本章首页的那幅画中，马并排站立着（图1.1）。最上方的马头部划过一条黑线，仿佛在越过一根树枝或另一动物的背部。这种着色手段和构图方法令马匹的头部具有立体感，此前已发现的洞穴壁画还未能做到这一点，但这些3万年前的壁画却做到了，它们的创作时间比其他壁画早了至少100个世纪，有些甚至达到200个世纪。

在法国西南部多尔多涅地区的拉斯科洞穴，人们发现了为数不多的壁画，其中一幅中画着一个戴着鸟头面具的男性躺在一只开膛破肚的野牛面前（图1.2），画面下方是一个鸟头矛投掷器，这种装置能增加矛的速度和力量。（有几种装置得以保存至今。）在壁画中，猎人的矛刺穿了野牛的后臀及后腿，还有一头犀牛冲向左边。这到底是真实的事件还是想象出来的，我们不得而知。这幅画最值得玩味却也最令人费解的特点之一，是动物与人类的画风各异，前者自然写实，后者抽象难解。这个棍状小人是其他艺术才华欠佳的人后期添加的？还是在暗示动物和人类之间的区别？

在发现肖维洞穴之前，历史学家根据洞穴绘画的历史将其划分为一系列阶段，壁画风格随着时间推移日趋写实。然而，肖维壁画虽然是迄今已知最古老的壁画，其风格却是最为写实的。艺术家们有意追求视觉自然主义，即再现动物的实际外观。他们除了用红色和黑色勾勒出动物的轮廓，还用手或工具涂抹上渐变的颜色来塑造动物的立体感，这种绘画模式在其他地方极为罕见。此外，艺术家们还通过刮削后部墙壁进一步突出了动物的轮廓，与白色地面对比更加鲜明。显然，洞穴中的三个手印是由喷过颜料的手在墙壁上印出来的。

肖维洞穴的画作表明，艺术并不一定是从青涩向复杂线性演进的。恰恰相反，在最早期的艺术品中，人们已经掌握了复杂的技巧。即使在很早

图 1.2

以前，人类也可以选择是否以写实的方式表现世界，选择非写实的方式并不一定是由于能力或技巧尚欠火候，而应归因于其他文化驱动因素。

旧石器时代文明及其器物

2000 年，人们在南非发现了人类脚印。2001 年，人们在埃塞俄比亚森林中发现了化石。这些发现表明，大约 570 万年前，最早的直立人或古人类（有别于包括大型猿类、黑猩猩和人类在内范围较大的人科）在非洲大陆漂泊。埃塞俄比亚的发掘进一步表明，大约在 250 万或 260 万年前，古人类开始制造基本的石器。而早在 1 400 万至 1 900 万年前，肯尼亚古猿（"肯尼亚猿"），即古人类，便已经在中非东部制造石器。不过，文明诞生的最早证据是智人创造的石制品。智人大约于 10 万到 12 万年前进化而成，他们的骨骼结构较轻，大脑较大，因此可以与早期的古人类区别开来。2009 年对非洲人所做的一项遗传多样性研究发现，津巴布韦的桑族人基因多样性是最高的，这表明他们最有可能是现代人类的起源，这些人逐渐从非洲扩散出去，穿越亚洲，进入欧洲，最后到达大洋洲和美洲。

智人是狩猎采集者，他们的生存依赖于猎杀的动物和采集坚果、浆果、树根以及其他可食用的植物。他们发明的工具比他们祖先的要复杂得多。这些工具包括由燧石制成的劈刀、凿子、研磨器、手斧，以及箭和矛头。燧石还可以产生火花，创造出同样重要的工具——火。2004 年，在约旦河岸进行考古发掘的以色列考古学家找到了已知最早的证据——破碎和烧焦的燧石碎片，以及 79 万年前的木炭碎片，推测是用来生火的，表明古人类会使用火，营地里还有大象、犀牛、河马和其他小型动物的骨头，表明智人用燧石工具切肉，食用肉排和骨髓。他们用火烹饪，穿兽皮做的衣服，熟练地使用工具。他们举行仪式埋葬死者，通常用石制工器和武器陪葬。

旧石器时代是智人的黄金时期。他们制作石器和武器，以便在恶劣的环境中生存。他们还制作了一些小型的雕塑作品，连同我们已经看到的洞穴壁画，这些似乎是我们所说的"艺术"的最早实例。在这些超凡脱俗的雕塑品中，有许多女性雕像，欧洲各地的考古遗址中都有发现。其中最著名的是在奥地利的维伦多夫发现的女性石灰岩小雕像（图1.3），其历史可追溯到公元前2.5万年至公元前2万年之间，也被称为"维伦多夫的维纳斯"。这名"女子"和其他类似人物身上的斑痕表明，它们原本是彩色的，但这些小雕塑的意义和用途尚不清楚。雕塑大多数有10到12厘米高，刚好能放进一个人的手里，这表明它们可能用于举行仪式。她们夸张的胸部和腹部以及轮廓清晰的生殖器，都与分娩和繁殖有关。我们也知道，来自维伦多夫的"女人"最初是用赭石色涂画的，暗示月经来潮。她的肚脐不是雕刻的，是石头上的自

图1.3

然凹陷。雕刻者似乎已经在未经雕琢的石头上意识到了生命起源。这些雕像也可能有其他用途，也许它们是玩偶、守护者，或者是在那个寒冷、充满敌意的世界里的美丽形象，因为在那个世界里，体表脂肪可能会决定生死。

在旧石器时代，女性雕像的数量远远超过男性雕像，这表明女性在旧石器时代文明中发挥了核心作用。可能的情况是，她们在宗教和精神上影响力巨大，旧石器时代的文化特点可能是母系氏族（血统由母系决定）和从妻入赘（居住在女方的部落或家庭中）。这种传统在今天许多原始社会中依然存在。

农业的兴起

从公元前1万年到公元前8000年，两千年的时间里，北半球的冰层

向北持续缩小。随着气候变暖，人类的生活逐渐发生了变化。在这一过渡时期，曾经被冰雪覆盖的地区变成草原和茂密的森林。猎人发明了弓箭，因为在开阔的平原上弓箭比长矛更容易使用。他们用原木制成独木舟，从而方便捕鱼，鱼类因此成为主要的食物来源。早在公元前1.1万年，人类就开始驯养狗来帮助狩猎，不久又驯服了其他动物，尤其是山羊和牛。最重要的是，人类开始种植更多可食用植物。他们沿着地中海东岸收割小麦；在亚洲，他们种植小米和水稻；在美洲，他们种植南瓜、豆类和玉米。渐渐地，农业取代狩猎成为维持生活的主要手段。一种田野文明发展了起来——农业的英文源于拉丁语中的 ager，意为"农场""田地"或"多产的土地"。

农业社会的兴起标志着新石器时代的开启。大约从公元前8000年开始，新石器文明集中在中东和亚洲的大河谷地区。随着气候变暖，新石器文明逐渐在欧洲传播。到公元前5000年左右，西班牙和法国南部的山谷兴起了农业，但有关证据表明，直到公元前4000年左右，欧洲大陆和英格兰北部才有农业出现。

与此同时，中东和亚洲的大河流提供了稳定、规律的水源，人们很快发展了灌溉技术，促进了有组织的农业和畜牧业生产。随着生产的发展超出了需求，社区成员得以自由从事其他工作——复杂的食品加工（如制作面包、奶酪等）、建筑、宗教，甚至军事事务。不久，稳定的村庄开始出现，并朝着城市方向发展。

查塔尔胡尤克新石器时代

公元前7400年左右，在土耳其中部的查塔尔胡尤克，一个稳定的村庄开始形成，并将繁荣近1 200年。这里一度有多达3 000人居住在用泥砖和灰泥搭成的长方形房屋里。这些房子并排而立，墙与墙紧挨着。要进入房子，得从屋顶上的入口通过梯子下来。房子没有窗户，室内唯一的自然光来自入口。屋顶似乎是主要的社交场所，尤其是在夏季。屋顶和室内都安装了圆顶烤炉。

查塔尔胡尤克的居民显然是商人，主要售卖黑曜石。这是一种黑色火山岩，类似玻璃，可以制成锋利的刀片和箭头。这些黑曜石是他们从村庄附近的哈桑·达格火山采集来的。这个村庄由一排排没有窗户的房子组成，房子的墙壁高达 4.8 米，多半是为了防御而建。但考古学家认为，它们也包含了一种非凡的公共历史感。几百年来，房子的内墙和地板都被灰泥涂抹了一遍又一遍，再被白色石灰粉刷了一遍又一遍。在部分房间地板下埋葬着遗体，平均每间房屋埋葬 6 具遗体，但有时会达到 30 至 62 具。这些遗体不时被挖掘出来，那些早已死去的祖先的头骨也被移除。它们被重新埋葬在新的坟墓中，或随着房屋的建造和重建被埋葬在新房子的地基中。这样做的原因目前尚不清楚。无论这些仪式的意义何在，它们都是历史的延续。

查塔尔胡尤克于 1958 年首次被詹姆斯·梅拉特爵士发掘，他认为该村的文化是母系文化，主要是因为他发现了一些女性雕像，包括一个妇女坐姿的泥塑（图 1.4）。他认为，泥塑中的妇女是一位生育女神或母亲女神。它被发现于一个谷仓里——这是社区农业日益成熟的证据，一个妇女坐在两只猫中间，也许正处在分娩过程中。这片遗址的挖掘工作在中断了近 30 年之后，在 1993 年被剑桥大学的伊恩·霍德尔（Ian Hodder）接手，于近期得出结论：雕像不是生育女神。他在 2005 年写道："双手放在丰满的乳房上，胃在中部延伸。顶部原本是头部的地方只剩下一个洞。若翻转小雕像，会注意到小雕像的胳膊很细，在它的背面，能看到一组骷髅，或者是某个形容枯槁的人的骨骼。肋骨和脊椎是清晰的，肩胛骨和骨盆骨骼也都是清晰的。这尊雕像可以从多个方面来解读：一位祖先；一个与死亡相关联的女人；或者是死亡和生命的结合……也许女性意象的重要性不仅与母亲和养育者的角色有关，还与女性在死亡中所扮演的特殊角色有关。"

支持霍德尔理论的是另一具已故妇女的残骸。她怀抱着一个经过粉刷的男性头骨。梅拉特认为，存有大量遗体的房间都是神殿或庙宇（图 1.5）。这些房间的墙壁上装饰着奶牛的头骨以及公牛的头和角，还有一些房子的地下发现了野猪的长牙、秃鹰的头骨、狐狸和黄鼠狼的牙齿。但霍德尔发

图 1.4   图 1.5

现的证据表明，这些房屋根本不是神殿，而是或多或少一直有人居住，这
表明艺术和装饰是当时居民日常生活不可或缺的组成部分。

多文化的新石器时代陶器

从狩猎捕鱼文明过渡到农业文明的过程中，陶器的使用越来越多。陶
制器皿是脆弱的，所以狩猎采集者不会用它们来携带食物，但是生活在新
石器时代的、生活更安稳的人们可以用它们来运送和储存水或烹饪、储存
某种食物。

一些最令人惊叹的新石器时代彩陶来自伊朗高原上的苏萨。一个约公
元前 5000 年到公元前 4000 年制成的烧杯上面（图 1.6）有着高度抽象的动
物图案，其中最大的是一只野生山羊，这是伊朗史前陶器上的一个流行装
饰特征。对猎人来说，野生山羊可能是丰饶的象征。野生山羊的前腿和后
腿由两个三角形构成，尾巴像羽毛一样挂在身后，头部仅与身体略微相连，

角以一个夸张的弧度上升，环绕着一个装饰性的圆形。猎犬围绕着野生山羊上方的条纹奔跑，涉水鸟在烧杯顶部排列成带状装饰。

在欧洲，陶器的生产显然是较晚发展起来的，大约在公元前 3000 年。那时，中东和中国已经在使用陶轮了。作为一种专门用来生产陶制品的机器，陶轮代表了人类在机械技术上取得的第一次大突破。人们开始专门从事陶器制作和装饰，并以陶器换取其他商品和服务，制造业的雏形开始出现。

图 1.6

新石器时代的陶像

从制作黏土罐并进行烧制，到制作陶塑并进行相同的烧制过程，这一进步非常简单。我们可以在最早的旧石器时代洞穴遗址中找到黏土造型的例子，例如在西班牙的阿尔塔米拉，一位艺术家将黏土覆盖到露出地面的岩石上，以突出岩石与动物形态的天然相似。在法国拉斯科以南的莱图奥杜贝特，一位艺术家制作了两只黏土野牛，每头 0.69 米长，仿佛倚靠在一座岩石山脊上。

但这些旧石器时代的雕塑从未被烧制。新石器时代烧制的陶像中，最有趣的作品之一属于生活在今尼日利亚的诺克人。我们不知道他们自称什么——而是通过文物的发现地来称呼他们。事实上，我们对诺克人几乎一无所知。我们不知道他们的文明是如何形成的，他们的生活是怎样的，他们的信仰是什么。但是，尽管非洲大多数新石器时代的人使用的材料持久性较差，诺克人烧制的黏土雕像大小却接近真实，不论是人还是动物。

这些塑像最先是在 20 世纪初，由矿工在大约 104 平方千米的土地上发

图 1.7

掘出来的。碳 14 和其他形式的年代测定揭示，其中一些物品早在公元前 800 年就制作完成，最晚的则在公元 600 年左右完成。这种只有中空的头部完好无损地保存下来的陶像，体现了一种基于抽象几何图形的艺术形式（图 1.7）。有的头部呈现为椭圆球体，还有的呈现为圆锥体、圆柱体或球体。面部是椭圆形、三角形、优美的拱形和直线的组合。制作者可能用湿黏土为头部塑形，烧制过后，通过在硬化的黏土上雕刻来凸显细节。一些学者认为，诺克人和其他同时代族群所展现出的纯熟技艺表明，西非大陆还有更古老的艺术传统有待发现。往东到苏丹的撒哈拉以南地区，埃及文明在此前的几百年里影响巨大，这也可能是埃及的先进技术向西发展的结果。

新石器时代的巨石群

新石器时代晚期诞生了一种风格独特的巨石建筑，主要出现在今天的英国和法国。这些被称为巨石群的作品是在没有使用砂浆的情况下建造的，代表了建筑的最基本形式。有时，它们只是由柱子组成——直立的石头嵌在地面上——被称为"石碑"（menhirs，来自凯尔特语，men 意为"石头"；hir 意为"长的"）。这些巨石单独或成组出现，其中最大的一组在布列塔尼的卡纳克（图 1.8），那里大约有 3 000 块巨石，从东到西笔直地排成 13 排，称为"队列"，覆盖 3.2 千米长的平原。最东边的这些石头大约有 0.91

米高，由东至西逐渐变大，到了最西边，这些石头达到 3.96 米高。这种东西排列暗示了其与日出日落和生育仪式的联系。这些石头的意义存在争议：一些学者猜测它们可能标明了一条仪式队伍行进的路线，而另一些人则认为它们象征着人类身体，及其成长和成熟的过程。但毫无疑问的是，巨石不像民房建筑，它们被设计成永恒的结构。要建造这样一个浩大的工程，需要领导者持续招集、供养大量劳动力，而巨石阵的排列很可能是在对这种领导能力表达敬意。

最著名的巨石群类型大概是环状列石（cromlech，来自凯尔特语，crom 意为"圆圈"；lech 意为"地方"）。毫无疑问，世界上最著名的环状列石是索尔兹伯里平原上的史前环形巨石阵（图 1.9），位于今伦敦以西 160 千米。环状列石是巨石群的特殊形式，呈现为圆形，周围有沟渠和筑堤，可能是一种防御工事。

巨石阵遗址反映了从公元前 2750 年到公元前 1500 年间的四个主要的建造时期。公元前 2100 年左右，今天可见的大部分元素都已出现。中间由

图 1.8

图 1.9

十根柱子成对排列成 U 形，每对柱子顶端都有一个柱顶石，我们今天称之为后楣结构。U 形底部的一根柱子比其余的都要高，高达 7.3 米，柱子顶部的门楣高 4.5 米，厚 0.91 米。一圈连续的砂岩柱子，每根重达 50 吨，高达 6 米，围绕着这 5 个巨石牌坊。在它们的顶部有一个环形的门楣，直径 32 米。这就是萨尔森圈。就在萨尔森圈里面又有另一个圆圈，由青石（一种接近蓝色的白云石）构成，这种石头只存在于约 193 千米之外南威尔士的山上。

巨石阵的建造原因仍然是一个谜，尽管后来在杜灵顿墙附近的一项发现为这一谜团提供了新的线索。杜灵顿城墙位于巨石阵东北部约 3.2 千米处，由一个圆形的沟渠组成，围绕着一圈凹坑，凹坑中立着巨大的木桩。这个圆圈是一个村庄的中心，村庄有多达 300 间房屋。这个遗址在规模上可与巨石阵媲美。这些发现表明巨石阵本身就是一个埋葬地。谢菲尔德大学的考古学家迈克·帕克·皮尔逊推测，村民们原本会把死者运到通往埃文河的一条大道上，然后遵循仪式，顺着象征着来世的水流而下，最后到达通往巨石阵的一条大道。"巨石阵并不是孤立的，"帕克·皮尔逊说，"它实际上是这个不朽建筑群的一半。我们看到的是一对——一个是木头做的，象征生命的短暂；另一个是石头做的，象征祖先的永生。"

史前文化生活中的神话

神话对史前文化有什么意义？

我们对史前文明的理解大部分来自各地文明中流传下来的故事，这些文明在没有书面文字的情况下蓬勃发展——也就是口头文明——例如津巴布韦的桑族文明和南太平洋塔希提岛的海洋民族文化。几个世纪以来，这些民族的神话和历史世世代代口耳相传。尽管从年代上看，这些文明中有许多与中世纪、文艺复兴时期，甚至西方的现代文明是同时代的，但它们实际上在社会形态和自我组织方面更接近新石器时代的文明。特别是在神话和相关的仪式方面，它们可以帮助我们理解新石器时代人类的真实面貌。

神话是一种由文明肯定其真实性的故事，体现了文明对世界的看法和信仰，常常用来解释其他神秘的自然现象。神话与对现实的科学解释在本质上是不同的，但神话作为一种理解和阐述的方式，一直是推动文明发展的重要力量之一。虽然神话是推测性的，但它们不是纯粹的幻想。它们以观察到的经验为基础，使未知事物合理化，并向人们解释宇宙的性质及其在宇宙中的位置。

19世纪以来，在桑族人中进行的多次人类学研究都表明，他们的信仰体系可以追溯到数千年前。因此，他们的岩石艺术的意义并没有完全丧失，这些岩石艺术保存在现津巴布韦马托博国家公园山顶悬崖下面的露天洞穴中（图1.10），其中一些可以追溯到5 000至10 000年前。一只长颈鹿站

图 1.10

在一群更小的长颈鹿上面，它们穿过一系列巨大的、白色的、以棕色矩形为中心的菱形，其中许多形状互相重叠。在右边，6个似人的形象手牵手，可能是在恍惚的舞蹈中。对于桑族人来说，长时间的舞蹈激活了身体的某种能量，一种每个人都能获得的个人能量或潜能。在巫师（具有特殊能力、能与灵魂世界沟通的人）的带领下，舞蹈激发身体的能量，加热升温直到能量沸腾并上升通过脊椎爆炸，导致舞者进入恍惚状态。跳舞的人出汗、发抖，有的抽搐，有的僵硬。他们可能会跑，跳，或倒地。桑族人相信，在许多情况下，舞者的灵魂会离开身体去远行，在那里它可能会与超自然力量交战。不管怎样，恍惚状态给舞者注入了近乎超自然的力量。舞者的身体能量能够治愈疾病，操纵狩猎，或控制天气。

北美洲西南部土著文明中的神话

北美洲西南部的普韦布洛人的祖先可追溯到公元900年至1300年间居住在该地区的阿纳萨齐人，这一时期的欧洲差不多正处于中世纪晚期。普韦布洛人至今仍保留着古老的阿纳萨齐宗教仪式和典礼，并在宗教方面坚决排外。

阿纳萨齐人没有给我们留下他们文明的书面记录，只留下遗迹和文物。正如研究阿纳萨齐人的两位著名学者威廉·弗格森和阿瑟·罗恩所描述的那样："他们是新石器时代的民族，没有驮兽、车轮、金属或文字，但他们建造了宏伟的砖石房子和仪式建筑、灌溉工程和水坝。"在今天科罗拉多州西南部的梅萨维德，他们的悬崖住宅（图1.11）与新石器时代许多中东的城市相似，比如现在约旦安曼城外的艾因加扎尔。虽然艾因加扎尔在公元前7200年至5000年间繁荣一时，比梅萨维德部落早了几千年，但这两个建筑群都是用一层泥灰封住的石墙建造的。他们的屋顶是用木制的横梁做成的，用泥土封住。像其他新石器时代的文明一样，阿纳萨齐人也擅长陶器制作，他们用几何图形和图案来装饰作品。

13世纪末期，也许是因为1276年到1299年的大干旱，阿纳萨齐人放弃了他们的村庄。今天，他们的后代包括霍皮人和祖尼人。（阿纳萨齐实际上是纳瓦霍语中的一个词，意思是"敌人的祖先"——我们不知道阿纳萨齐人怎么称呼他们自己。）普韦布洛人虽然讲几种不同的语言，却明显

图 1.11

拥有共同的文化，其中许多元素得以保存至今，却仍像古时一样充满活力。对于所有的普韦布洛人来说，村庄不仅是文明的中心，更是世界的中心。村落生活的文明中心是大地穴，其中两个已在云杉屋修复，形成图 1.11 所示的广场。它们是由水平放置的原木建造的，这些原木被建造成一个带有入口孔的穹顶。这样建造的屋顶被用作公共区域。下面，在封闭的大洞穴地板上，有一个象征阿纳萨齐创造神话的小圆洞，它讲述了阿纳萨齐祖先诞生于地球深处的传说。在这个干旱的西南部沙漠国家，水就像生命本身一样，也从地球上的小裂缝中渗出。仿佛阿纳萨齐部落，以及其生存所必需的一切，都来自地球母亲。

大多数普韦布洛人不允许外来者拍摄他们的仪式舞蹈。这些舞蹈表演讲述的故事与普韦布洛人的经历有关，从日常生活中的种植、狩猎和捕鱼，到出生、青春期、成熟期和死亡等更重大的经历。还有一些故事解释了世界的起源、普韦布洛人的出现，以及他们的历史。大多数普韦布洛人相信，他们起源于地球母亲的子宫，就像春天从土壤中发芽的种子一样，被他们的太阳父亲召唤到阳光下。这种关于起源的信仰体现在一种被称为"起源传说"的叙事诗中，是一种创世神话。

日本与神话在神道教中的作用

一种文明的宗教——即它对神的理解——受到神话的影响很大。它的宗教、故事和神话所体现的信仰一直与季节性的庆祝活动和农业生产密切相关——特别是种植和收获，以及降雨——人们认为这些成功与集体福祉密不可分。从根本上讲，神话反映了部落的理想、历史（因此古代社会和当代宗教都盛行创造神话）及其愿望。神话也往往反映了基于文化的道德和政治体系、社会组织及其最基本的信仰。

日本本土的神道教就是一个典型的例子。公元 200 年以前，日本四分五裂；海洋和山脉将日本割裂成多个部分，各个诸侯国常年交战。《三国志》是一部可追溯到公元 297 年左右的中国著作，《三国志·魏书·倭人传》记载了在公元 3 世纪上半叶，倭国大部分诸侯国被卑弥呼女王统一起来。

据记载，"这个国家曾经由男性统治者。在那以后的七八十年里，动乱和战争不断。于是百姓就拥立一个女人做他们的首领。她的名字叫卑弥呼。"在她获得统治权后，日本基本处于大和天皇的统治下。大和天皇效仿中国的统治模式，统治范围是现在的奈良，当时被称为大和省。在公元700年左右的大和时代末期，日本人之间流传着一个神话，叫《古事记》或《日本纪事》。

根据《古事记》的说法，构成日本的岛屿是由两个"卡米"，也就是神——伊扎纳吉和他的配偶伊扎纳米创造的。他们的后代是太阳女神，即天照大神，日本皇族后来自称是她的后裔。换言之，日本天皇不仅可以声称皇权神赋，还可以自称是神的直接后裔，因此是神圣的。

早期土著宗教遵奉天照大神为主神，后来被称为神道教。伊势是史前时期的一个圣地，而女神居住在伊势的一个神殿里。在许多方面，神道教都与普韦布洛宗教有相似之处。在神道教中，树木、岩石、水和山脉——尤其是富士山，这座位于东京郊外的火山，据说可以俯瞰整个国家，是神道教的保护者——都是卡米的化身，而卡米和卡奇纳人一样，是自然世界的灵魂。艺术家所用的天然材料，如黏土、木头和石头，也充满了卡米的气息，受到与神相同的尊重和敬仰。卡米在松浦节受到尊崇，这种节日通常每年举行一次，人们相信，在这个节日时分，过去和现在合为一体，现实世界渐渐褪去，人们得以面对他们的神明。在节日期间，人们获得宇宙的原始能量，用于恢复他们的世界秩序。人们会为卡米供上诸如鱼、米、蔬菜以及音乐和舞蹈等供品，其中的食物之后会被食用。

伊势的主要庇护所由未经过装饰的木梁和茅草屋顶组成（图1.12）。伊势极擅长使用这些简单朴素的材料，它们不仅体现了神道教的基本信条——对自然世界的崇敬——而且还继承并发扬了传统。在这种传统中，木头一直是主要的建筑材料，而非石头。伊势最著名的节日是祭年迁移神殿仪式，每20年举行一次，为了庆祝仪式的更新，神明被转移至一个位于旧神殿附近的新神殿中，前者随之被夷为平地，为下一个神殿的建造腾出新的空地。空地上散落着白色的大石头，除了一间小木屋里有一根神圣的木杆外，其他什么也没有。这种做法可以追溯到很久以前。这种毁灭与重建的循环将过去与现在紧紧联系在一起，也把人类社会与神灵和

图 1.12

原始能量联系在一起。

　　神道教的三件圣物——剑、镜子和珠宝项链——据说是天照大神赐给第一位天皇的。依照传统，这三件圣物在登基仪式上由天皇传给下一任天皇。这面镜子被保存在伊势，宝剑被保存在名古屋的热田神宫，珠宝项链则存于东京的皇宫。这些帝王的皇权不仅被认为是神的象征，而且是"神体"的象征，而神的力量就居于其中，包括镜的智慧、剑的勇猛和项链的仁慈。时至今日，仍有数以百万计的日本人继续信奉神道教，他们每年都前往伊势进行朝拜。

美索不达米亚：中东早期的权力与社会秩序

　　古美索不达米亚文明的特点是什么，与希伯来文明有何不同？

　　1922 年 9 月，英国考古学家莱奥纳德·伍利登上了一艘轮船，开始了他的伊拉克之旅。在那里，伍利和他的团队在乌尔古城的废墟中发现考古

图 1.13

史上最丰富的宝藏之一。伍利把他的主要精力放在了城市中心神庙周围的墓葬区。神庙由连续的平台和顶上的小神庙组成，有通向平台的阶梯（图1.13、图1.14）。1927年冬天，他发掘了一系列坟墓，里面有许多房间、尸体和一些华丽的物品，还有珠宝和用金银和深蓝色青金石制成的里尔琴。怀着让－玛丽·肖维和同伴们首次看到肖维洞穴壁画时那种激动心情，伍利小心翼翼地守护着这个"皇家墓穴"的秘密。1928年1月4日，他用拉丁语给同事们发了电报。信息如下：

我发现了完好无损的墓穴，由石头建成，拱顶由舒巴德（Shubad）女王［后来被称为普阿比（Puabi）］的砖块砌成，上面装饰着宝石、花冠和动物图案。墓室富丽堂皇，有珠宝和金杯。

——伍利

图 1.14

伍利的发现公之于众后，多年来一直是世界性的新闻。

考古学家和历史学家对伍利的发现尤其兴奋，因为他们打开了一扇通向更大地区的窗户，称为美索不达米亚，位于底格里斯河和幼发拉底河之间。乌尔是在美索不达米亚南部苏美尔兴起的三四十个城市之一。事实上，早在 2000 多年前，当幼发拉底河的河道远离城市时，乌尔人就抛弃了乌尔城。

苏美尔

美索不达米亚南部平原被称为苏美尔（Sumer），乌尔并不是苏美尔地区最古老的城市。这一殊荣属于乌鲁克，正好位于乌尔北方。值得注意的是，乌尔的寺庙结构是保存最完整、修复程度最高的，极有可能是为了唤起人们对河谷周围山脉的记忆，因为河谷是流经两条河流的水源，也是生命之源。在圣殿的顶部，金字塔型建筑可能象征着天堂和人间的桥梁。伍利监管了乌尔塔庙的第一个平台和楼梯的重建，他推测寺庙的平台最初没有经过铺设，而是覆盖有泥土和树木的，这一观点已经不再被现代考古学家所接受。

造访者们——几乎可以肯定仅限于祭司——会爬上楼梯到达寺庙顶部。他们可能会带着食物或动物作为祭品，献给当地的神——在乌尔，它是南娜（Nanna）或辛（Sin），月亮之神。造访者们经常在寺庙里放置一尊雕像，以表明自己祈祷得永恒。我们可以从许多雕像上的铭文了解这一点。其中一尊雕像是供奉女神塔西尔西的，她是乌尔上游不远处底格里斯河对岸吉苏城邦的守护者。

图 1.15

1934 年，在今天巴格达附近泰尔阿斯马尔一座庙宇的神龛里发现了一组这样的雕像，包括 7 名男性和 2 名女性（图 1.15）。男人们穿着带腰带的流苏短裙，眼睛巨大，其中镶嵌着青金石（一种蓝色的半宝石）。弧形眉毛和卷曲的胡须（只有最右边的人没有胡须）是苏美尔雕塑的典型特征。两个女人穿着长袍。所有人物双手紧握放在身体前，若双手空空则是在祈祷，若端着杯子则是在献祭。学者们曾经认为，最高的人代表阿布，植物之神，因为他的眼睛尤其大。如今，这一理论已被否定，所有的雕像人物可能都是参拜者。

古美索不达米亚的宗教

各城邦之间的权力斗争和文明的不断更替长久以来一直主导着美索不达米亚的历史。在这期间，每个城邦或帝国都声称自己的神是美索不达米亚的主神，但美索不达米亚宗教的本质在几个世纪中保持相对稳定。除了希伯来人，美索不达米亚人的宗教是多神的，包括与自然力量相联系的多位男神和女神——太阳和天空，水和风暴，土地和肥沃。他们中很多有两个名字，一个是苏美尔语，另一个是闪族语，属于后来居上的阿卡德人。

对美索不达米亚人来说，人类社会仅仅是神明统治下的宇宙的一部分，也相应反映了整个宇宙。

众神之父名为"安努"，代表权威，各城邦的统治者效仿他，成为法律的制定者和实施者。空气（包括惬意的微风和凛冽的风暴）之神恩利尔代表力量，他有着与安努神同样强大的力量，统治者则效仿他成为军事统帅。繁殖、生育和农业丰富这些活跃的能力为贝利蒂利女神掌控，女神伊阿（在阿卡德人中被称为"恩基"）则是水神，水是生命力量和创造性元素，因此伊阿也是艺术之神。贝利蒂利和伊阿服从安努神的命令。爱与战争之神伊什塔尔则服从恩利尔：友爱的时候，微风惬意；战争的时候，狂风大作。一些小神代表着一些自然现象，在某些情况下还代表了如"真理""正义"这样的抽象概念。

美索不达米亚的统治者既是祭司又是国王，被认为有神的属性，是神与人之间的纽带。他的终极责任就是神的行为——不论是水神伊阿掌管风调雨顺，还是伊什塔尔保佑军队获胜，等等。

乌尔王陵

宗教对乌尔人民具有重要意义。1928 年，莱奥纳德·伍利爵士在那里发现墓地，展示了他们信仰的本质。伍利发掘了约 1840 个坟墓，大部分都是在公元前 2600 年到公元前 2000 年之间建造的。埋葬富人和穷人的坟墓数量最多。然而，有些坟墓包括一个建成的墓室，而不仅仅是一个棺材，里面的尸体也不止一具，有的竟多达 80 具。这些多人墓室，以及精心安排的葬礼表明，宫廷成员为统治者陪葬。两个毗邻的最为奢华的墓地，现在被确定为皇家坟墓，一个属于普阿比女王，另一个属于一个不知名的国王（但不是她的丈夫梅斯卡拉姆杜格国王，他被埋葬在另一个坟墓）。

伍利在皇家陵墓最重要的发现之一是所谓的乌尔标准（图 1.16）。这个长方形盒子的用途未知，主要面板被叫作"战争"和"和平"，因为它们的一面绘制了一场军事胜利，另一面则绘制了随后庆祝这一事件的宴会，又或者是一种宗教仪式。每个面板由三个区域，即各自独立的水平带组成，里面绘制的人物位于地平面线，即基线上。

图 1.16

　　在"和平"面板顶部区域的右侧（图1.16的下半部分），一位琴师正在演奏里尔琴，在他身后，另有一位女性在唱歌。国王位于最左边，清晰可辨，因为他比其他人高，穿着簇状的裙子，他的头突破了这个区域顶部的线条。按照惯例，最重要的人物尺寸往往比其他人更大。在"和平"的另外一些区域，仆人带来牛、山羊、绵羊和鱼庆祝胜利。这些代表了土地的富饶，甚至可能是来自北方的美味佳肴。这种消费和食物分配的展示，可能是为了展示国王控制贸易路线的能力，进而戏剧化地表现他的权力。

　　在"战争"那一面，国王站在顶部区域中间。底部区域，战车践踏着敌人。（注意，战车配有实心轮；直到大约公元前1800年才发明了辐条轮。）在中间区域，士兵们穿着皮制的披风，戴着青铜头盔，将被五花大绑的赤裸囚犯带到顶部区域的国王那里，国王将决定他们的命运。在皇家陵墓中发现的许多尸体都穿着类似的军装。乌尔标准不仅仅是记录苏美尔人生活的证据，更是我们所拥有最早的历史叙述者之一。

阿卡德人

当生活在美索不达米亚南部的苏美尔人势力达到顶峰时，一个被称为阿卡德的民族从北部来到这里，并在今天的巴格达附近定居下来。他们的首都阿卡德从未被发现过，很可能就在巴格达的地下。在国王萨尔贡一世（约公元前 2332 至公元前 2279 年在位）的统治下，阿卡德人几乎征服了美索不达米亚的所有城市，成为该地区最强大的城邦。萨尔贡称自己为"世界四分之一地区的国王"，并将自己等同于众神，从他的时代起阿卡德的统治者就被奉为神明。关于萨尔贡巨大威力的传说在这个地区流传了数千年。的确，他出生的传说甚至导致了一个新叙事类型的出现，并流传至今：一个出身卑微的男孩，成长为一个有权有势的人，即所谓的"草莽英雄"。

根据现存泥板上的描述，萨尔贡是一个私生子，他的母亲把他放在一个篮子里，任其沿着幼发拉底河顺流而下。一个名叫亚基的人从河里打水时发现了他，并收留了他且将其视如己出。这种被遗弃的孤儿被他人收留抚养的故事，已经成为神话英雄故事的一个标准模式。

尽管阿卡德语与苏美尔语非常不同，但在公元前 3000 年至公

图 1.17

元前 2000 年的大部分时间里两种文明和平共存。阿卡德人接受了苏美尔的文化习俗，并使用他们的楔形文字。事实上，有许多阿卡德语－苏美尔语词典和配有阿卡德语的苏美尔语文献被保存了下来。阿卡德人的语言最初是闪族语，和该地区的其他语言，如希伯来语、腓尼基语、阿拉伯语有许多共性。阿卡德语很快成了美索不达米亚各民族的通用语言。在公元前 2000 年至公元前 1000 年，这里各民族都讲阿卡德语或者该语言的方言。

尽管阿卡德可以说是美索不达米亚文明中最具影响力的，但几乎没有阿卡德人的手工艺品留存下来。这可能是因为阿卡德和附近其他阿卡德人的城市在巴格达和幼发拉底平原的冲积土下消失了。然而，还是有两件引人赞叹的雕塑作品存在。第一件是在尼尼微发现的阿卡德人的铜头（图 1.17）。它曾被认为是萨尔贡大帝本人，但许多学者现在认为它是萨尔贡的孙子——纳拉姆－辛（约公元前 2254 年至公元前 2218 年）雕像的一部分。也许两者都不是，但它肯定是一个国王的半身像。这件作品高度写实，塑造了一个看起来既强大又威严的男人。由于受到损坏，真人大小的雕像只有头部保存了下来。它最初的宝石眼睛被移走了，也许是被士兵掠夺，也许是被政治对手视为绝对威严的象征而挖走。脸部周围的细节——留着胡须、精心设计的发型、头上缠着辫子——可以证明阿卡德人掌握了失蜡铸造技术，这种技术最早起源于公元前 3000 年的美索不达米亚。这是我们所拥有的最早运用这种技术的经典作品。

巴比伦人

阿卡德人统治美索不达米亚仅 150 年，他们的统治在公元前 2200 年后不久就瓦解了。在接下来的 400 年里，各个城邦在当地兴盛起来。美索不达米亚没有人能与阿卡德人匹敌，直到公元前 18 世纪的头几十年，巴比伦国王汉谟拉比（公元前 1792 年至公元前 1750 年在位）统治了大部分地区。

汉谟拉比给原本管理松懈、无序，甚至混乱的巴比伦带来了秩序。一块巨大的石碑留存了下来，上面刻有著名的《汉谟拉比法典》（图 1.18）。

图 1.18

这绝不是第一块此类石碑，但它是迄今为止最完整的石碑，记录了汉谟拉比在其约 40 年的统治期间所颁布的法令，目的在于歌颂他的正义感和统治智慧。在石碑顶部的浮雕中，汉谟拉比接受了太阳神沙玛什的祝福；注意他肩膀上射出的光芒。神比汉谟拉比大得多；事实上，他之于汉谟拉比，正如汉谟拉比之于他的人民。汉谟拉比是神圣的，但他仍然服从于更伟大的神。与此同时，阴茎形状的石碑设计，像其他美索不达米亚的石碑，如纳拉姆－辛的石碑，显示了国王的男子气概。

在浮雕下方，282 个"法律条款"覆盖了玄武岩纪念碑的两侧。法律史上最大的争论之一就是这些条款是否构成了一部真正意义上的法典。如果我们所说的法典是对美索不达米亚各方面法律的全面、系统和富有条理的汇编，那么它就不是。相反，它在所处理的问题上是有选择性的，甚至是异于常理的。它的许多条款似乎是对原有法律的"改革"，通过这种方式它们界定了新的正义。

其中最主要的是塔里昂原则——以眼还眼，以牙还牙——

汉谟拉比将其引入美索不达米亚法律，（乌尔早期法典规定用金钱补偿犯罪受害者。）用于惩罚一个自由人对另一个自由人犯下的罪行；若上等阶层对下等阶层犯下罪行，责罚则轻得多。奴隶（可能是战俘，也可能是债务人）根本没有得到法律保护——只有他们主人的保护。

法典向我们详细介绍了美索不达米亚人民的日常生活，包括大小冲突。美索不达米亚社会的家庭关系和阶级划分的规则尖锐地凸显了不平等：女性低男性一等，妻子像奴隶一样，是丈夫的私人财产（尽管受到保护，免受丈夫忽视或虐待）。乱伦是严格禁止的。父亲不能随意剥夺他们儿子的继承权——除非儿子犯有某种"重罪"。法典最重要的目的是保护家庭，尽管贸易惯例和财产权利也十分重要。

法典的范围起始于汉谟拉比自称神的后裔与宠儿。但是，正如《汉谟拉比法典》在结尾的摘录中最后明确强调的那样，法典还是一位国王给人民的礼物。

虽然汉谟拉比的本意是突出其统治基础的正义性，但这块石碑还是在整个美索不达米亚地区建立起了统一的法典。公元前1157年，石碑被移到苏萨，那之后的1000多年里，它被多次复制，并统治了美索不达米亚长达1000年。从那时起，统治者的权威和权力不再恣意妄为，不再任性地基于其独特个性的突发奇想和主观解释。至少从表面上看，此时的法律更加客观公正，要求统治者遵循某些规定。但成文的法律也很难修改，大大降低了其灵活性，更没有人情味。网开一面的情况很少出现，也难保其合理性。最终，成文的法律将从统治者的自由裁量权中去除正义，取而代之的是一个由博学的法官们组成的法律机构，负责制定国王的法令。

希伯来人

约公元前2000年，希伯来人（来自哈比鲁语Habiru，意为"被驱逐者"或"游牧者"）被迫离开他们位于美索不达米亚盆地的家园。他们认为，上帝正是在底格里斯河和幼发拉底河的三角洲上，创造了伊甸园中的亚当和夏娃；当《吉尔伽美什史诗》中乌纳皮什提姆遭遇的大洪水来临时，诺亚正是在那里逃过一劫；正是在那里，乌尔的亚伯拉罕（Abraham）带领他的人民进入迦南（Canaan），以逃避好战的阿卡德人和日益强大的巴比伦人。我们从希伯来《圣经》中了解到这些故事，没有确切的历史证据支持这些说法。希伯来《圣经》包含了其作者抄写的赞美诗、预言和法律，诞生于公元前 800 年到公元前 400 年间，相较《圣经》中发生的故事晚了约 1000 年。即使近东的考古记录证实了某些故事的真实性，尤其是同时代的事件，这些故事还是经过了编辑和整理才成为今天的版本。故事中，亚述人征服以色列；公元前 587 年，巴比伦国王尼布甲尼（Nebuchadnezzar）撒摧毁耶路撒冷后，犹太人被流放到巴比伦；公元前 538 年，犹太人被波斯人征服，最终回到耶路撒冷。这些故事说明，希伯来人试图保持他们的历史认同感和命运归属感。但如果不加思索，把希伯来《圣经》当作对历史记录的准确描述，会有失偏颇。就像所有口耳相传的古代历史一样，它带有明显的神话色彩。

希伯来人与其他近东文明的不同之处在于，他们的宗教是一神论的——他们只崇拜唯一的神，而对该地区的其他人来说，代表宗族、城市和其他事物的是不同的神明。希伯来人声称，上帝与希伯来人达成协议——先是在洪水之后与诺亚达成协议，后来又与亚伯拉罕和相继的每一位族长达成协议：“我是全能的上帝；你要生养众多；民众和民族源于你。曾赐给亚伯拉罕和以撒的地，我会赐给你，也会赐给你的后裔”（《创世记》35：11-12）。为了回报这一承诺，希伯来人，即“上帝的选民”，同意服从上帝的旨意。“上帝的选民”是指，上帝挑选犹太人作为榜样，来树立更高的道德标准（“民族之光”）——而不是挑选他们受宠，这是对“上帝的选民”一词的普遍误解。

作为希伯来《圣经》的第一卷，《创世记》讲述了从“无形的虚空”中创造世界的故事：上帝创造了世界和所有的生物，并对世界的运作关切有加，在诺亚的故事中，这种关切会导致所有事物濒临毁灭。《创世记》中，人类易受邪恶的诱惑。故事记录了罪恶（和羞耻）进入宇宙的那一刻，并将两者与区分人与动物的唯一特点——知识联系起来。“与上帝同行”是立约的基础，诺亚的例子揭示了这一原则带来的回报。

摩西和十诫

《圣经》中，摩西和十诫的故事说明，文字对犹太文化意义非凡。希伯来《圣经》记录道，公元前 1600 年左右，干旱迫使希伯来人离开迦南，前往埃及繁衍生息，公元前 1300 年左右，埃及人奴役了他们。犹太族长摩西抵抗法老的统治，带领他的子民离开了埃及，越过红海（the Red Sea），（红海奇迹般分开，帮助犹太人逃跑。）进入西奈（Sinai）半岛的沙漠。［这个故事后来成为《出埃及记》（Exodus）的基础。］他们穿过了一个名为芦苇海（the Sea of Reeds）的大潮；后来，这片水域被误认为是红海。当时，迦南当地部落军事力量强大，占领了整个迦南地区，犹太人无法返回，他们在死海（Dead Sea）附近的西奈沙漠的干旱地区定居了 40 年，考古学家认为这段时期可以追溯至公元前 1300 年至公元前 1150 年之间。

在西奈沙漠，希伯来人崇拜唯一的神，并以此为基础建立了一种新宗教，希伯来人的上帝拥有了一个新名字——耶和华（YHWH）。这个名字神圣至极，既不能说，也不能写。这个名字不为人知，YHWH 是它的密码。然而，在希伯来《圣经》中还有许多其他名字，用于称呼上帝，其中包括埃洛希姆（Elohim），在希伯来语中是复数，意为"上帝，神"；天主（Adonai）（"主"）；伊勒沙代（El Shaddai），字面意思是"田地之神"，但通常翻译成"全能之神"。一些学者认为，这表明了《圣经》作者存在多个。其他人则认为希伯来人最初崇拜多个神明，就像其他近东民族一样。还有一些学者认为，上帝被赋予了不同的名字，以反映他神性的不同方面，或他扮演的不同角色——田野羊群的守护者，或全能的万物之主。在中世纪，这个名字译作拉丁文"Jehovah"，现在译作英文"Yahweh"。这位神也把刻在石板上的十诫赐给摩西，正如《申命记》5：6-21 所记载的。随后，希伯来人把这些诫命装在一个被称为约柜的圣物柜中（图 1.19），烛台映照着她，被称为米挪拉（menorahs）。这些文字对希伯来文化的重要意义，在上帝的话语中得以进一步凸显。

无论言及何时、目及何处、至及何地，希伯来人都潜心遵守他们上帝的诫命。他们的一神论宗教以全能上帝为基础，发展为一个伦理和道德体系。

图 1.19

十诫是摩西五经（Torah），即希伯来法律（字面意思是"指示"）的核心，包括《创世记》《出埃及记》《利未记》《民数记》和《申命记》。（基督徒后来将这些书纳入他们的《圣经》，作为旧约全书的前五本。）希伯来人认为，这五本书是受上帝启发而作，它们的原作者是摩西本人，不过正如我们所指出的，现存版本的经文都是在之后很久书写的。

摩西五经中概述的法律体系与《汉谟拉比法典》有很大不同。《汉谟拉比法典》本质上是对犯罪行为的惩罚条款，而不是道德准则。希伯来法与美索不达米亚法截然不同。也许是由于希伯来人原本是外来奴隶，他们的法律对社会底层成员也一视同仁。正如耶和华在《出埃及记》23：6 中所说："你们不可欺压你们中间的穷人，使他们丧失法律上的权利。"根据法律，除了奴隶制度，希伯来社会中不存在阶级差别，刑罚是平等的。最重要的是，富人和穷人为了利益一致，团结一心，按照上帝的指示生活。

在西奈生活了 40 年后，族长约书亚（Joshua）按照耶和华在约定中所做的承诺，带领犹太人回到应许之地迦南。在接下来的两个世纪，他们通过《圣经》中《约书亚》《士师记》《撒母耳记》和《列王记》中所描述的一系列旷日持久的战争，逐渐控制了该地区，这些书随之构成了早期犹太民族的神学历史。犹太人以上帝赐给雅各的名字自命，称自己为以色列人（Israelites）。他们的国家由 12 个部落组成，分别由雅各十二子之一的后裔组成。约公元前 1000 年，扫罗（Saul）成为以色列国王，王位随后传给大卫，根据第一塞缪尔所述，大卫在孩提时代利用一把吊索投掷石头，杀死了巨人歌利亚（Goliath），从非利士人（Philistines）那里救出了以色列人，后来统一了以色列和犹大。

所罗门，先知和散居的人

所罗门继承了他父亲对耶路撒冷的建造事业，到他统治末期，耶路撒冷是近东最美丽的城市之一。宫殿富丽堂皇，庙宇宏伟壮观，主宰着这座城市。早期的国王声称耶和华亲眼看到了圣殿，并致以赞许。

上帝和希伯来人之间的契约，正如希伯来国王与子民之间的关系：前者为后者提供保护，作为后者服从和忠诚的回报。族长和氏族之间也存在着同样的关系：他的妻子和孩子隶属于他，他保护他们，作为回报，他们对他忠心耿耿。

所罗门死后，以色列分裂为两个独立的国家。北边是以色列，首都在撒玛利亚；南边是犹大，首都在耶路撒冷。在这个分裂的时代，先知主导希伯来人的文明，他们不是预言未来的人，而是耶和华旨意的代言人和解释者，他们声称能够通过异象来理解耶和华的指示，教导人们如何按照摩西五经生活。他们高于任何有错误行为的人，甚至是希伯来国王。他们对富人表示额外的谴责，因为这些人通过商业投机获得了前所未有的物质享受，并有偏离一神论的倾向，崇拜迦南生育之男神和女神。对这些富人道德上的松懈，先知们感到不安，他们敦促希伯来民族进行精神改革。

公元前 722 年，亚述人袭击了以色列北方王国，并驱散了那里的人民，这些人后来被称为以色列失落的部落。南方的犹大王国又存活了 135 年，直到公元前 587 年，尼布甲尼撒和巴比伦人征服了它，摧毁了耶路撒冷所罗门的圣殿，并把希伯来人驱逐到巴比伦。希伯来人不仅失去了家园和圣殿，也失去了约柜。在将近 70 年的时间里，希伯来人忍受着巴比伦人的囚禁，正如《诗篇》第 137 节所说："我们在巴比伦河边坐下，一想起锡安就泪流满面。"

终于，公元前 520 年，入侵的波斯人将希伯来人从巴比伦人手中解放出来，希伯来人相信波斯人是耶和华派来的。他们回到犹大，首次被称为犹太人（以他们家乡的名字命名）。他们重建了耶路撒冷的第二座圣殿，殿的中央有一间空屋，是为约柜预备的，使约柜可以永存。他们欢迎地中海沿岸其他犹太人的回归，包括许多两个世纪之前离开北方王国的犹太人。但很多人已在别处定居，他们被称为"散居国外的犹太人"或"散居者"。

希伯来文明对西方文明影响深远。犹太人为包括基督教和伊斯兰教在内的西方宗教提供了基本的伦理和道德基础，这两种宗教都将犹太教义融入自己的思想和实践中。在摩西五经中，我们找到了今天所理解实践的法律之基础，五经记载的故事感人至深，具有普遍意义，在过去的几个世纪里，它们催生了并将持续催生无数的艺术、音乐和文学作品。最重要的是，希伯来人向世界介绍了伦理一神论：即只有唯一的上帝，上帝要求人类以某种方式行事，并相应地给予奖惩，很少有理论对历史和文化产生如此深远的影响。

波斯帝国

公元前 520 年，一个小游牧部落的波斯人占领了伊朗高原，击败了巴比伦人并解放了犹太人。他们的帝国冒险始于公元前 559 年居鲁士二世（Cyrus II）（公元前 559 年至公元前 530 年在位，被称为伟大的居鲁士二世）的登基，他是阿契美尼德（Achaemenid）王朝的第一个统治者，以勇士国王阿契美尼德命名，根据波斯传说，他在公元前 700 年左右统治着伊朗高原。及至居鲁士去世时，波斯人已经控制了安纳托利亚（Anatolia）西海岸伊奥尼亚（Ionia）的希腊城市。在大流士（Darius）国王的统治下（公元前 522 至公元前 486 年在位），他们很快就建立起一个幅员辽阔的帝国，南起埃及，围绕小亚细亚，北至乌克兰。帝国的首都是帕尔萨（Parsa），希腊人称之

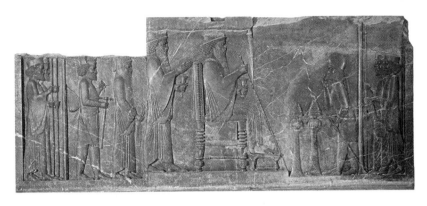

图 1.20

为波斯波利斯（Persepolis），即波斯人的城市，位于今天伊朗的扎格罗斯（Zagros）高地，由波斯帝国各地的工匠和工人建造，其中也包括来自爱奥尼亚的希腊人，这反映了大流士进行多文化融合的野心。正如他所说，如果他是"万王之王，国家之王，地球之王"，他的宫殿应该反映出他的人民的多样性。

波斯波利斯的统治者在浮雕中被刻上了亚述人的胡须和头饰（图1.20）。受到美索不达米亚风格指导，统治者比作品中的其他人都要大。这些装饰进一步反映了波斯人的观念：该地区的所有人民都应效忠于统治者。宫殿的建筑和装饰融合多种风格，包括美索不达米亚风格、亚述风格、埃及风格和希腊风格。图 1.20 中的浮雕刻画了楼梯到观众大厅的情况，大流士和他的儿子薛西斯在大厅接待来人，到处都是臣民在为宫殿上贡——总共有23 个臣民国家，包括爱奥尼亚、巴比伦、叙利亚和苏萨，不同文化之间通过胡须和服装区分。大流士正在接受贡品，薛西斯站在大流士身后，好像在伺机接替他成为波斯的下一任统治者。正是这两位波斯领导人选择在公元前 5 世纪的开端入侵希腊。正如我们在下一章将谈到的那样，儿子摧毁了雅典城，但他在摧毁希腊首都的同时，也掀起了伟大的建筑运动，标志着希腊黄金时代。

古埃及的稳定：洪水和太阳

埃及文化为何源远流长？

公元前3000年，埃及文明与美索不达米亚文明几乎平行发展着。这两种文明有许多共同之处：它们都是围绕着河流系统形成的。美索不达米亚为底格里斯河和幼发拉底河。埃及为尼罗河。两者都进入了依赖灌溉的农业社会，它们的经济都受制于各自河流系统的变化无常。像美索不达米亚文明养育的人们一样，埃及人学会通过建造水坝和灌溉渠来控制河流流量。可能正是因为在这种情况下，人们需要合作，美索不达米亚文明才得以繁荣，埃及才得以在尼罗河畔创造出属于自己的文明。

图 1.21

　　美索不达米亚人和埃及人为他们的神明建造了巨大的建筑——美索不达米亚的塔庙（图1.14）和埃及的金字塔（图1.21）。前者献给水，后者献给太阳，但两者都以单一的建筑形式将土地和天空结合起来。事实上，最早的埃及金字塔以美索不达米亚塔庙为基础，加之以阶梯结构。尽管美索不达米亚文明的楔形文字和埃及社会的象形文字截然不同，但两种文化都发展了文字的书写形式。充分的证据显示，两种文明之间存在着贸易往来，并在一定程度上相互影响。

　　埃及文明与美索不达米亚文明的最大区别在于前者的相对稳定性。美索不达米亚文明很少统一为单一的实体。无论何时，它都是通过武力统一的，即通过军队的力量，而不是为共同利益而奋斗的人民的自由意志。相反，埃及的政治过渡通过世袭制完成——即统治权由同一家族成员继承，有时持续几代。然而，就像在美索不达米亚一样，统治者强调其权威与神权的

联系，从而巩固其统治。的确，他们是神在凡间的化身。事实上，统治者的雕塑形象在某种意义上就是统治者本人形象。

尼罗河及其文化

就像美索不达米亚的底格里斯河和幼发拉底河一样，尼罗河成就了埃及。这条河发源于非洲的心脏地带：一条支流发源于埃塞俄比亚山区，另一条支流发源于乌干达的维多利亚湖，向北流经 6000 多千米。埃及文明沿着尼罗河最后 1200 千米的河岸发展起来，从阿斯旺北部的花岗岩悬崖一直延伸到地中海。

几乎每年，暴雨都会导致河水暴涨。从 7 月到 11 月，埃及人期望尼罗河淹没他们的土地。这样，当河水退去时，大量肥沃的泥沙得以淤积在谷底。接着人们将耕种土地，种植、照料农作物。如果几年没有发生洪水，就可能导致饥荒。河水的潮涨潮落和太阳的升起落下，如此循环往复使埃及成为古代世界上最多产，也是最稳定的文明之一。从公元前 3100 年，到公元前 31 年罗马将军屋大维（Octavian）击败马克·安东尼（Mark Antony）和克利奥帕特拉（Cleopatra），3000 年来，埃及的制度和文化一直保持稳定，令人惊异。

由于尼罗河每年泛滥，埃及自称为基美（Kemet），意为"黑色的土地"。在上埃及，从阿斯旺到三角洲，黑色肥沃的河流沉积物覆盖了极其狭窄的地带。河流冲积平原的周围是"红色的土地"，这是一种不能供养生命的沙漠环境，但那里有丰富的矿藏和石头可供开采。下埃及包括三角洲本身，开始于吉萨（Giza）以北约 20.9 千米处，是大金字塔的所在地，与现在的开罗隔河相望。

在这片富饶的土地上，大农场蓬勃发展。沼泽地里，野生动物生生不息。事实上，埃及人把沼泽与世界的创造联系起来，并在那副著名狩猎画中表达了出来，用于装饰位于底比斯（Thebes）的内巴蒙（Nebamun）墓（图 1.22）。画中，内巴蒙正要把一根蛇形投掷棒扔进一群鸟中，他的妻子和女儿在一旁观看。这幅画实际上以繁殖为主题，是一种视觉双关。动词"发射投掷棒"也表示"射精"，而"投掷棒"本身的意思是"创造"。内巴蒙和他妻子之间的象形文字翻译为"享受人生，欣赏美丽，在生命不断更新的地方"。

图 1.22

学者们将埃及历史分为三个主要的时期。几乎所有的埃及艺术传统都成立于第一个时期，即古王国时期。在中王国时期，"古典"文学语言首次问世，并将得以流传。新王国时期，埃及繁荣昌盛，人们对艺术和建筑产生了新的兴趣。在每一个时期，历代王朝——即王室——都给这个国家带来了和平与稳定。三个时期之间存在相对动荡的"中间时期"。

埃及持续3000多年的文化传统，为我们展示了历史上和平繁荣如何与文化稳定携手并进。与美索不达米亚城邦帝国之间激烈竞争、不断交战的传统相反，埃及文化是建立在统一的基础上的。它是神权政治，一个由神或其代表——一个国王（偶尔女王），作为太阳神雷（Re）的尘世代表——统治的国家。埃及政教一体。它的宗教体现在自然界，体现在尼罗河的流动、太阳的热度以及日夜和四季的变换中。埃及人相信，在人死后对灵魂的最终审判中，衡量心脏的重量可以确定它是否"通过大天平（Great Balance）的考验"。在所有的事物中保持平衡——在自然界、社会生活、艺术和规则中——是个人、国家以及埃及诸神的永恒目标。

在美索不达米亚，洪水在很大程度上是一种毁灭性的力量，然而在埃及，它有着更加复杂的意义。它的确具有破坏性，有时急速上涨，造成巨大的破坏。但埃及人知道，如果没有洪水，他们的文明也将消失。因此，埃及的艺术文化体现了对自然和生命本身更复杂的思考。埃及人生活的每个方面都受到一个反作用力，方向相反，大小相等，这种力量抵抗并抵消原作用力，而每一种反作用力都会产生新的反作用力。因此，事件是周期性的，因为富足源于破坏，而破坏又紧随富足而来。同样，就像洪水每年使尼罗河流域恢复生机一样，埃及人相信死亡之后必会有重生。因此，他们的宗教现实意义重大，反映了尼罗河自身的循环。

埃及宗教：循环和谐

古埃及的宗教与美索不达米亚的宗教一样，是多神论的，由许多与自然力量和领域有关的男神和女神组成。这些神明拥有人类的身体、人类或动物的头，戴着王冠或其他头饰，我们可以根据头饰的特点来识别他们。古埃及宗教反映了一个有序的宇宙，在这个宇宙中，恒星、行星、各种神明，以及人类的基本活动组成宏大的和谐。没有破坏这种和谐的人不会惧怕死亡，因为他的灵魂将获得永生。

这个宗教的核心是创世故事，阐述了神和世界是如何产生的。埃及诸神中最重要的是太阳神雷。根据这些故事，在时间伊始，尼罗河创造出一个巨大的淤泥丘，雷就是在那里诞生。据了解，雷与国王关系密切，后者被认为是雷的儿子。但国王同时也与其他神联系紧密：国王同时被认为是天空之神荷鲁斯（Horus）的化身；当他的势力触及底比斯或孟斐斯（Memphis）等城市时，就成为与这些地方有关的神。国王不是一个完全的神，而是奈杰内弗，字面意为"初级的神"。这使他成为众神的人民代表，他通过寺庙中的神像与众神接触。埃及人相信，众神通过这些雕像在凡间显现。不仅社会和政治事件取决于国王与众神的沟通，自然事件也是如此——主要是河水的涨落。

像国王一样，其他埃及神明都是雷的后裔，像是隶属于同一个家庭。许多神明的前身是前王朝时代的当地神灵，他们后来在某个地方拥有了更重要的意义——例如在底比斯，奥西里斯（Osiris）、荷鲁斯和伊希斯（Isis）的三位一体获得了特殊的意义。奥西里斯，冥界的统治者和死亡之神，最初是东部三角洲的一个地方神。根据神话描述，他被他的邪恶兄弟赛斯（Seth）——风暴和暴力之神——谋杀，被砍成碎片扔进尼罗河。但奥西里斯的妻子和妹妹，生育女神伊希斯，收集了他的残骸，重新组合在一起，使他复活。因此，奥西里斯被认为是尼罗河的化身，每年洪水泛滥，涤故更新。荷鲁斯是奥西里斯和伊希斯之子，他打败了塞斯，成为埃及神话中的第一位国王。现实中的国王被认为是荷鲁斯（也即雷的儿子）在凡间的化身。国王死后变成了奥西里斯，他的儿子继承王位，成为荷鲁斯。因此，王权也是周而复始的。

埃及艺术中的绘图模式

二元对立出现在最早的埃及艺术品中，比如在上埃及希拉孔波利斯（Hierakonpolis）发现的纳尔默调色板（Palette of Narmer）（图1.23）。调色板是一种日常用品，用于研磨颜料和制作涂抹身体或眼睛的颜料。纳尔默调色板上的场景是用浅浮雕表现出来的。与乌尔标准类似（图1.16），不同区域有不同场景，人物站在区域的地平面线上（两个驯兽师例外）。人物通常面向右边，但在纳尔默调色板中，图画的设计是左右平衡的，其创作者再现了人物形象的各个部分：从侧面刻画人的面部、手臂、腿部

图 1.23

和足部；左脚在右脚前；从正面刻画眼睛和肩膀；从斜前方刻画嘴、肚脐、臀部和膝盖。这是埃及人自认为最富埃及特色的复合视角：将多个视角集成到单个统一的图像中。

在埃及艺术中，不仅人物，场景本身也将两种对立视角融为一体。在纳尔默调色板上，敌人被斩首，躺在国王面前的地上，然而国王却从侧面

接近他们。建筑艺术也不例外：在纳尔默调色板顶部的中心位置，宫殿的外侧同时以平面图的形式从上方描绘，其壁龛式立面位于底部。该设计包含了纳尔默的荷鲁斯姓名（Horus-name），由鲇鱼和凿子组成。直到19世纪，纳尔默的象形符号才得以解释，但我们对其读音存疑，"纳尔默"只是这些符号后期的发音。事实上，这些符号后来的含义表明，它可能读作"有病的鲇鱼"，但这看上去有违常理。

古王国

也许，纳尔默调色板只是用于纪念生活事件，但作为一种祭品，它与大多数现存的埃及艺术和建筑一样，主要与埋葬和来世有关。埃及人将死者埋葬在尼罗河西岸，太阳下山的地方，象征着死亡和重生，因为太阳总会再度升起。金字塔是第一座具有纪念意义的皇家陵墓。这一巨大的建筑代表了国王的死亡，同时也象征着其永恒生命。埃及人相信，国王的卡（ka，灵魂的第一种形式）将世代延续，这一观点可与"灵魂"或"生命力"相提并论，它们在其他宗教中普遍存在。卡与肉体同时诞生，人人皆有。肉体对于人的存在不可或缺，为卡提供了个体基础，在这一基础上，卡的化身，也就是巴（ba）得以自我实现。这意味着，人死后必须将尸体保存下来，否则巴和卡无法辨认个体身份。所有的来世必需品，包括食物、家具、娱乐用品，都和国王的遗体一起放置在金字塔的墓室里。

人们创造不朽的皇家雕塑，是为了体现皇室卡的永恒。法老孟卡拉和王后塑像（图1.24）就是一个例子。埃及人用同一称呼指代雕塑和生育。事实上，随葬雕塑和金字塔本身的作用是一样的——守护国王死后的存在，从而为其提供重生。用于刻画丧葬图像的石材必须是最坚硬、最耐用的，就像卡本身一样经久不衰，因此不能用砂岩或石灰石，而得用闪长岩、片岩和花岗岩，可以进行高抛光处理。

大多数埃及塑像都是由整块石头雕琢而成的，刻画多个人物的塑像也是如此。比如图1.24的孟卡拉法老和一个女人的雕像，这位女人可能是王后，也有可能是他的母亲，由或者是他的庇佑女神。为了充分显示法老的右侧，艺术家把他右侧的边料切割后形成了较深的空间，似乎把法老从中解脱出来一样。法老站着，两只脚一前一后，呈传统姿势。这是立式雕塑的传统表现手法。他没有行走，两只脚坚定地站在地上（所以他的左腿应该比右腿稍长一点）。他的背部紧紧地贴在背后的石板上，但他似乎比陪伴他的那名女性从更深远的地方走过来，像是在强调他的力量。那名妇女的身材与法老差不多，但她的步伐更小一些。她的手臂从法老背部环绕过来搂住他。这种姿势让我们想起荷鲁斯保护法老阿夫哈。这也暗示着两人的感情。这件雕塑最终呈现出的效果就是坚固与统一，给人一种果断的感觉，这也正契合了雕塑本来的目的——恒久。

图 1.24

新王国及其变革时刻

整个中王国时期和新王国时期，埃及的艺术和宗教传统完好无损。但在第十八王朝末期，埃及经历了其历史上为数不多的真正危机之一：公元前 1353 年，阿蒙霍特普四世（Amenhotep IV）（公元前 1353 年至公元前 1337 年在位）继承了他父亲阿蒙霍特普三世（公元前 1391 年至公元前 1353 年在位）的王位。

虽然之前的埃及国王尊崇一神论，声称自己以人的形式的代表该神，但埃及宗教支持多个神明，甚至尼罗河也被尊为神。阿蒙霍特普四世废除了埃及诸神的万神殿，建立了一神论宗教，只崇拜太阳神阿托恩（Aten）。其他的神仍然被承认，但地位远低于阿托恩，不值得人们的崇拜。阿蒙霍特普四世的宗教尊崇到底是择一神论（信仰和崇拜单一的神，同时承认其他神明存在和受到崇拜的可能）还是真正的一神论，仍有争议。但是他的宗教很可能影响了希伯来人，他们在阿蒙霍特普四世的统治时期生活在埃及。

阿蒙霍特普四世认为太阳创造所有生灵，他对阿托恩崇敬有加，将自己的名字改为阿赫那吞（"阿托恩的光辉精神"），将埃及的首都从底比斯迁向北方千里之外的地方，并命名为阿赫塔吞（现代的泰尔阿马尔纳），这一举措改变了埃及的政治、文化和宗教生活。在这座新首都，他和他的王后分别成为神的男女祭司，主持了对阿托恩的崇拜仪式。

为什么阿蒙霍特普四世 / 阿赫那吞会用一神论取代传统多神宗教？许多埃及古物学者认为，这种转变与法老权力的增强有关。由于法老代表着唯一重要的神，尊崇其他神明的圣职人员所拥有的权利便不再正当。法老与太阳神雷联系密切，后者化身为太阳神阿托恩，至高无上，体现了所有神明的神性，其他神明因此变得多余。同样地，阿蒙霍特普四世 / 阿赫那吞是最高祭司，其他祭司也因此变得多余。与此同时，供奉其他神灵的寺庙影响渐失，风光不再。这些变化也使牧师开始持有不同政见。

新的艺术：阿玛纳风格

这种巨变对视觉艺术造成了巨大的影响。在此之前，埃及艺术非常稳定，其原则被认为是众神的礼物——因此是完美和永恒的。但现在，众神的完美受到了质疑，艺术的原则也有待重新审视。传统的比例法则——体现在石雕作品中王室的惯常姿态——失去优势，取而代之的是现实主义，带有一种即时性，甚至亲密感。因此，阿赫那吞允许别人以完全写实的手法描绘自己，即阿玛纳风格，该名称源于新首都的名字。

例如，在新首都的一个小浮雕中，阿赫那吞的上半身瘦削而虚弱，在短裙上方，他的腹部突出；在极其狭长的面部结构后，他的头骨被拉长；他随意地坐在一个下陷的位置（图 1.25）。（有一种理论认为，阿赫那吞患有马凡氏综合征，这是一种导致骨骼异常的遗传疾病。）这种描绘与早期对法老的理想化描绘形成了鲜明对比。阿赫那吞怀抱着他的某个孩子，

图 1.25

似乎刚刚亲吻过她。他的另外两个孩子与他的女王一道坐在他对面，一个转身和母亲说话，另一个摸着王后的脸颊。王后娜芙提蒂（Nefertiti）坐得比她的丈夫略低一点，似乎享有和他同样的地位和权威。事实上，阿玛纳风格最显著的特点之一就是娜芙提蒂在国王庙宇装饰中的突出地位。例如，在其中一幅画中，她在屠杀囚犯，与国王的传统形象不谋而合。阿赫那吞可能是为了使他的家族受到尊敬，才给予了她显赫的地位。

回到底比斯，重归传统

阿赫那吞的改革是短暂的。在他死后，身份尚不明朗的图坦卡吞（Tutankhaten）（公元前 1336 年至公元前 1327 年在位），继承了王位并改名为图坦卡蒙（Tutankhamun，其中 "Amun "意味着回归传统的多神教）。新国王抛弃了特尔阿玛纳，将王室迁往北方的孟斐斯，并重新确立底比斯宗教中心的地位。不久后他就去世了，葬在尼罗河西岸的底比斯。

图 1.26

图坦卡蒙的陵墓是埃及唯一的逃过洗劫的皇家陵墓。在靠近代尔巴赫里（Deir el-Bahri）的帝王谷，霍华德·卡特（Howard Carter）和卡那封（Carnarvon）勋爵在第二十王朝国王拉美西斯六世的墓下，发现了四个相互嵌套着的盒状镀金木制神龛，里面是长方形的石英岩石棺，包含着三个相互嵌套的独立棺材（图 1.26）。通过这种严格的嵌套方式，每个绘有国王的棺材与中王国时期传统埃及艺术相互呼应。

精心设计的埋葬过程并不仅仅是为了保存国王的卡和巴，也让他得以接受"最终审判"，这一信仰与希伯来人有相通之处。在这个由两部分组成的仪式中，神灵首先询问死者生前的行为。然后，死者的心，也就是卡的所在，被一片鸵鸟羽毛衡量，象征真理、正义和秩序女神玛特（Maat）。埃及人相信，心脏包含了个人的所有情感、智力和性格，因此代表了一个人生活中的善良和邪恶。如果心脏不能与羽毛保持平衡，那么死者就会魂飞魄散，被一种叫阿米特（Ammit）的生物吃掉，这种可恶的"食死徒"一部分是鳄鱼，一部分是狮子，一部分又是河马。奥西里斯裹着他的木乃伊长袍，监督着这个审判的时刻。图坦卡蒙被描画在他的石棺上，双臂交叉，手持权杖和连枷，显然是奥西里斯的化身。

回顾

1.1 讨论史前文化的诞生，及其成熟与艺术建筑发展的联系。

智人是原始人的一种，120000 到 100000 年前进化而来，其广泛使用石制工具和武器，开启了人类发展的最早时代——旧石器时代。雕刻家们在圆形物体和浮雕上塑造石像。在洞穴绘画中，比如肖维壁画，艺术家在描绘动物方面的高超技巧告诉我们，通过写实主义描摹、表现世界的能力是人类与生俱来的，与文明是否成熟无关。如果文明是一种生活方式——宗教、社会和政治——由一群人创造并代代相传，那么最早的艺术包含着原始人类文明哪些信息？查塔尔霍尤克的民居如何体现新石器时代人类的日益成熟？哪些问题仍待解决？

1.2 指出神话对史前文化的意义。

我们对这个问题的理解，很大程度上来源于如今美洲土著部落中的传统。如霍皮人和祖尼人，他们是阿纳萨齐人的直系后裔，他们的传说概括了该文明的基本宗教原则。这些故事，以及相应的宗教仪式，反映了大多数新石器时代人民的普遍信仰。你能描述这些信仰吗？像日本伊势城这样的圣地具有什么样的意义？

1.3 区分古美索不达米亚文明，重点学习其与希伯来文明之间的不同。

乌尔苏美尔王陵向我们展示了高度发达的青铜时代文明：以城邦的社会秩序为基础，由一位祭司国王作为神和人之间的中介进行统治。统治者还制定了法律，鼓励人们进行记录，这相应地要求发展一种称为楔形文字的书写系统。在苏美尔和后来的美索不达米亚文明中，像金字形建筑这样的纪念性建筑被贡献给神，在每个城邦中都有一位神作为城市的保护者而声名鹊起。你如何描述美索不达米亚统治者和神之间的关系？希伯来人信奉一神论。他们认为自己是上帝的"选民",称上帝为耶和华,文字是他们文明的核心,体现在一套法律中,即摩西五经。摩西五经与《汉谟拉比法典》之间有什么异同?

1.4 解释埃及文化的稳定性。

埃及文化由洪水和晴日的循环往复定义:每年,尼罗河洪水泛滥,大量泥沙沉积,接着是数月的晴天,庄稼得到充分光照,在肥沃的土壤中生长。这个富有规律的周期循环创造了一种文化信仰,植根于万物的稳定与平衡中,这种信仰持续了3000多年。你能用循环和谐来描述这种信仰吗?埃及宗教如何反映这种信仰体系?大多数现存的埃及艺术和建筑都致力于描绘埋葬和来世,以及诞生、死亡和重生三者的循环。埃及国王和王后的雕像如何反映这一点?

延续和变化:埃及和希腊雕塑

古风时期的独立式希腊雕塑——公元前600年到公元前480年——因与2000年的埃及传统相联系的风格而闻名。晚期雕像门图姆赫（Mentuemhet）（图1.27）来自底比斯,可以追溯到公元前660年左右,其与吉萨的古王国雕塑几乎一模一样（图1.24）。与创作时间略早的希腊雕塑相比,雅典附近墓地中发现的阿纳维索斯·库罗斯（Anavysos Kouros）（图1.28）在相对自然主义方面有了显著的进步,但它仍然与埃及祖先相似。值得注意的是《长矛手》（Doryphoros）（图1.29）的问世虽然只比阿纳维索斯·库罗斯晚了75年,但明显更加自然。原版希腊青铜雕像创作于公元前5世纪,虽然这只是一尊罗马复制品,但我们可以认为它体现了原作的自然主义,因为原作者波利克里托斯（Polyclitus）以其高超的写实能力而闻名。这种进步,作为雅典黄金时代的特征,不仅仅代表了对自然主义文化偏好,还代表了对个人价值的高度文化敏感

性：只要我们珍视彼此的共同之处——这是创造城邦的纽带——我们的
个体性也具有同等价值。到公元前5世纪，希腊人清楚地认识到，个人智
力和成就与公民自豪感密切相关。

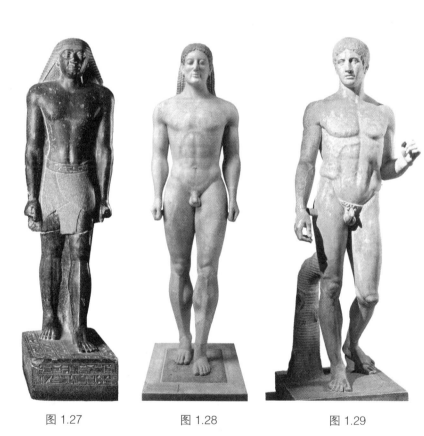

图 1.27　　　　　　　　　图 1.28　　　　　　　　　图 1.29

图 2.1

CHAPTER 2

第 2 章

希腊世界

古典传统

学习目标 >>>

◎概述基克拉迪、米诺斯和迈锡尼文化
对后世希腊人自我意识的影响。

◎了解城邦的定义，说明其如何反映希
腊文化价值观。

◎了解伯里克利如何开启和影响雅典的
黄金时代。

◎从政治、哲学和艺术的角度描述希腊
世界的价值观。

公元前4世纪和5世纪，雅典是希腊世界的中心。在雅典，乡村和农业仍然占主导地位。那时，有将近8000个城邦（polis）横跨希腊伯罗奔尼撒、爱琴海诸岛甚至更远的地中海沿岸至意大利半岛和小亚细亚大陆（地图2.1），雅典是其中之一，各个城邦彼此孤立，独立意识强烈。希腊大陆地势复杂，群山将可耕地分割成小块，海洋将每个小岛隔离开。由于地理环境支离破碎，每个城邦都从自身利益出发，将自己视为一个文化中心，而不只是一个地理区块。每个公民都拥护城邦的统治，并忠心耿耿。他们受到军队的保障，也服兵役，通过参与城邦事务来行使权力。奇怪的是，他们仍保留着希腊人的身份。

和大多数城邦一样，雅典拥有一个规模较小的城市中心，围绕着一座天然的城堡，该城堡可以用于防御，但通常作为城邦的宗教中心（图2.1）。希腊人称这个城堡为卫城（acropolis）——字面意为"城市的顶部"。阿格拉（agora）广场位于雅典卫城脚下，是一个巨大的开放空间，是雅典的公共集会场所、市场和市民中心。阿格拉的主要建筑特色是其开放型的长拱廊——柱廊（stoa，图2.2），由一排排柱子（colonnade）支撑。雅典人可以在阿格拉集市上买到葡萄、无花果、鲜花和羊羔。阿格拉远不只是一个购物中心，这里还是民众聚集地，人们讨论时事、辩论法律、解决争端、探讨哲学。简而言之，这是他们进行政治活动的地方。

希腊哲学家亚里士多德（公元前384年至公元前322年）在他的《政治学》中这样描述雅典城邦："城邦是从村庄间的伙伴关系中产生的，能够自给自足。虽然城邦最初是为保证生存而成立，但其目标是美好生活。"对亚里士多德来说，城邦的根本目的是避免灾难，并让每个公民都能生活丰裕。亚里士多德于公元前4世纪写下这些话，脑海中浮现的，实际上是公元前5世纪的雅典，即所谓的黄金时代。这些年间，亚里士多德所谓"幸

图 2.2

福生活（eudaimonia）"，即"美好或繁荣的生活"的追求，造就了一种极度复杂多样的文化。幸福生活的作用，不仅在于给人们带来愉悦，还在于每个个体都可以在其中追求"完全卓越的灵魂活动"，而城邦为人们提供了必要条件。对亚里士多德来说，这种追求"完全卓越"的精神定义了黄金时代的雅典。城邦产生了一套深刻而富有洞察力的哲学思想，其提出的问题——个人自由与公民责任之间的关系、美的本质、自然界与知识或精神领域之间的理想和谐，等等——和得出的结论将在接下来的几个世纪主导着西方的研究。

本章从爱琴海的前文学文化入手，探讨希腊文化的崛起。希腊人相信他们的伟大文化就是从爱琴海开始的。经过公元前5世纪的黄金时代，雅典拥有了绝对文化优势，形成了对东地中海世界及更远地区的文化统治，直到公元前1世纪，罗马开始挑战希腊在地中海盆地的主导地位。

爱琴海的青铜器时代文化

爱琴海文化之间的差异有哪些？这些差异又如何影响后期希腊人的自我意识？

爱琴海位于地中海东部，岛屿众多。大约从公元前 3000 年开始，航海文化扎根于此。岛屿数量庞大，彼此靠近，导致航海家总是能看到陆地。在海员上岸的天然港口，港口社区得以发展，贸易开始繁荣。

后来的希腊人认为青铜器时代的爱琴海民族是他们的祖先，并将其活动和文化视为希腊史前文明的一部分。他们甚至用一个词来描述他们认识祖先的方式——考古（archaiologia），即"了解过去"。不似今日，那时没有人专门从事考古工作，挖掘遗址，对文物进行科学分析。相反，他们通过传说了解自己的过去，这些传说先是口耳相传，而后变成书面形式。有趣的是，现代考古实践证实了许多希腊人的传奇故事。

基克拉迪群岛

基克拉迪群岛位于希腊大陆和克里特岛之间的爱琴海，由 100 多个岛屿组成。它们形成一个圆形，并因此获得其希腊语名，kyklos，即"圆圈"（也是英文"cycle"的起源）。虽然考古学家在山坡上的墓室和附近发现了大量的艺术品，但却没有关于早期基克拉迪人的书面记录。这些工艺品中最著名的是大理石雕像，其极简抽象的艺术风格符合现代人的审美喜好（图 2.3）。基克拉迪雕像显得与众不同，因为它们经过油漆涂刷。大多数雕像描绘的是女性，但男性雕像也存在，包括坐着的竖琴手和杂技演员。这些雕像的高度从几英寸到真人大小不等，但所有雕像的姿态都有共同之处：他们的脚趾向下，头向后倾斜，双臂交叉在胸前，身体完全伸展，就像尸体一样。它们的作用尚不清楚，一些学者认为，它们用来展现家族荣耀，最后为主人陪葬。

到公元前 2200 年左右，基克拉迪群岛与克里特岛南部贸易往来密切，开始参与较大岛屿的政治，使晚期基克拉迪群岛的面貌发生了翻天覆地的变化。这一过程以壁画形式保存了下来，比如微型船壁画，占据了至少三面墙壁的顶部，描绘一个欣欣向荣的航海社区正在举行庆祝活动（图 2.4）：船只驶过，海豚跳跃，人们在露台和屋顶上休息。这幅画是 1967 年在阿克罗蒂里的塞拉岛发现的，该地曾经历过火山爆发，阿克罗蒂里社区便被埋于灰烬之下。当时大约有 29 立方千米的岩浆喷涌而出，第一阶段喷发形成的火山灰云大约有 37000 米高。火山喷发的规模如此之大，造成塞拉中部的火山坍塌，产生了一个喷火口——一个充满海水的大盆地或洼地。

图 2.3

那次火山喷发极度狂烈，在世界范围内产生了影响——爱尔兰和加利福尼亚的树木年轮生长受阻；火山灰存在于格陵兰岛冰芯样本中。有了这些证据，科学家们将这次火山喷发的时间确定在公元前 1623 年。阿克罗蒂里城被灰烬埋没，却也得到庇护。社区家庭装修精美，装饰品例如微型船壁画，使用湿灰泥上的水基颜料制作而成，覆盖二楼房间至少三面墙的顶

图 2.4

端，暗示着航海社区的繁荣。此外，公民得以保持前所未有的个人卫生水平。室外，蜿蜒的道路铺设整齐，下方的下水道系统通往室内厕所和浴室。稻草加固了房屋的墙壁，起到隔热避暑的作用，并保护人们免受地震的侵袭。

克里特岛的米诺斯（Minoan）文化

克里特岛位于基克拉迪群岛的南面，是爱琴海群岛中最大的岛屿。早在公元前 3000 年，青铜器时代文明就在这片土地上发展起来了。克里特岛通过贸易路线与土耳其、塞浦路斯、埃及、阿富汗和斯堪的纳维亚等不同地区建立了联系，从这些地区进口铜、象牙、紫水晶、天青石、玛瑙、黄金和琥珀，还从英国进口了生产青铜所需的锡。公元前 1900 年至 1375 年，克里特岛上盛行着一种名为米诺斯的独特文化。这个名字来自传说中的米诺斯国王，据说他统治着岛上的古都克诺索斯。

阿克罗蒂里壁画中的许多主题也出现在米诺斯宫殿的装饰艺术中，包括克诺索斯的宫殿。这表明基克拉迪文化和米诺斯文化在公元前 2000 年开始相互影响。托雷多壁画（图 2.5）是克诺索斯保存最为完好的壁画之一，其核心元素是公牛，这也是克里特的艺术的独特之处。三个衣不蔽体的人

图 2.5

类似乎在逗一头公牛。左边的女人抓住了公牛的角，男人从公牛背上跳过，右边的女人似乎刚刚完成了一个跳跃，或者已准备好接住那个男人。目前还不清楚这是不是一种仪式，也许是通行仪式的一部分。能够肯定的是，米诺斯人经常献祭公牛和其他动物，前者象征着男性的力量和阳刚。

女性神明

塞拉人和克里特岛人似乎宗教信仰相同，艺术主题也相似。大量的考古证据显示，克里特岛的米诺斯人崇拜女性神灵。对此我们的了解有限，但一些古代宗教的学生提出，米诺斯人崇拜一个或多个女性神灵，证明在早期的文化中，主要的神明不是男神，而是女神。

图 2.6

长久以来，人们一直认为蛇女神是米诺斯女神之一。但最近，学者们对现存大多数蛇女神雕像的真实性提出了质疑。亚瑟·埃文斯（Arthur Evans）爵士首先在克里特岛的米诺斯宫殿进行发掘，他认为克里特岛女神的形象是"山女神""蛇女神""鸽子女神""洞穴女神""双斧女神""体育女神"和"女神母亲"。他认为，这些女神代表着同一个神明，或"大女神"的不同方面。在他提出蛇女神（图 2.6）这个概念一个世纪之后，学者们依然就其真实性争论不休。肯尼斯·拉帕廷在他 2002 年出版的《蛇女神之谜》（*Mysteries of the Snake Goddess*）一书中提出了一个令人信服的论据：埃文斯雇用的手工业者为古董市场制造艺术品。他认为这尊雕像是真正的古代文物，但在我们眼中，它的外形很大程度上是修复者想象的产物。出土的时候，这座雕像的很多部分都无迹可寻，因此，为埃文斯工作的艺术家重制了缺失的部分，并把它们附在雕像上。女神右手中的蛇没有头，其是否为蛇还有待商榷。女神的大部分左臂，包括她手中的蛇，都不见了，我们看到的都是后期添加的。被发现时，这座雕像头部缺失，现在的头也是后期制作的。原雕塑中，女神头上的猫保留了下来，但它不是和雕像一起被发现的。拉帕廷认为，埃文斯急于推进自己的理论，即米诺斯宗教崇拜唯一的大女神，以至于从未质疑过这些雕像的修复方式。尽管这一雕像值得玩味，但它的身份尚不明确。我们甚至不能肯定地说米诺斯文明的主神是女性，更不能肯定她是蛇神了。现存的米诺斯壁画、雕刻的宝石或印章中没有蛇神的形象，几乎所有描绘她的雕像都是赝品，或是想象的产物。

不过，米诺斯女神很可能与植物和生育密切相关，而蛇是重生和繁衍的普遍象征。米诺斯人在两个地方举行礼拜仪式：山顶和洞穴深处。前者与赋予生命的雨水密切相关，而后者象征着子宫和人类起源。在早期文化中，地面本身的起伏——它的山丘、峡谷、洞穴和河床——都与女性身体和生殖器的曲线有关（现在仍然如此）。在人们成功破译早期米诺斯文字之前，米诺斯宗教的确切性质仍会是一个谜。

米诺斯宫殿

在克诺索斯的米诺斯宫殿的一个储藏坑里，人们发现了蛇女神和其他祭祀物品。埃文斯发现这座宫殿时，其面积很大，占地超过24000平方米。该遗址原本有两座宫殿——一座是建于公元前1900年的"旧宫殿"，另一座是公元前1750年大地震后在旧宫殿上修建的"新宫殿"。这座"新宫殿"是埃文斯的研究重心。

克诺索斯的宫殿只是松散地围绕着一个位于中心的开放庭院，正如重建图纸所示（图2.7）。从庭院出来是走廊、楼梯和过道，它们连接着生活区、仪式场所、浴室和行政办公室，不存在明显的顺序或设计痕迹。作坊环绕着建筑群，巨大的储藏室可满足宫殿居民和周围乡亲的需求。仅在一个储藏室里，挖掘人员就发现了大量陶罐，足以贮存90000升橄榄油。

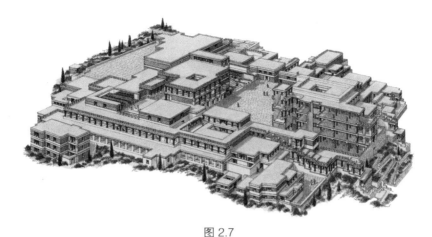

图 2.7

宫殿由数百根木棍装饰。虽然剩下的只有断壁残垣,但我们可以从绘画和陶瓷房屋模型中领略宫殿昔日的辉煌。埃文斯制作了复制品,如今展示于西门廊和大楼梯上(图2.8)。原件是用克里特岛巨大的木头制作的:把木头上下翻转,让每块木头的顶部都比底部更宽。柱子被漆成鲜红色,上面有黑色的柱头(capital),即雕刻过的石块。柱头的形状像枕头或垫子。(事实上,它们非常接近常青植物根球的形状,仿佛最初的灵感来源于暴风雨中倒下的树木。)随着时间的推移,柱子腐烂或被地震摧毁,也可能被入侵者烧毁。由于米诺斯建造者对当地树林造成了毁坏,替换竹子的难度也愈来愈大。这可能是宫殿建筑群在公元前1450年左右被废弃的原因之一。

图 2.8

米诺斯和米诺陶洛斯的传说

希腊人在传说中进一步确认了迷宫的特殊意义。米诺斯国王吹嘘说，神会满足他的任何愿望。他祈祷海中出现一头公牛，以献给海神波塞冬。海里随即出现了一头白色的公牛。它是如此美丽，以至于米诺斯决定自己留下它，从他的牛群中选出另一头代替它上贡。这一举动激怒了波塞冬。为了报仇，波塞冬让米诺斯王后帕西法厄爱上了公牛。为了满足自己的欲望，王后说服米诺斯的首席工匠代达罗斯建造一只空心的木奶牛，她将之套在身上吸引公牛。这种结合产生了一个可怕的生物：人身牛头怪米诺陶洛斯。

为了满足怪物对人肉的欲望，米诺斯下令，雅典人民每年需要上贡 14 名年轻男女。雅典爱琴海王的儿子忒修斯发誓要杀死米诺陶洛斯。当他作为贡品和其他 13 个人起航前往克里特岛时，他向父亲许诺，他将驾着白帆（而不是牺牲之船的黑帆）凯旋，宣布他的胜利。在克里特岛，他引诱了米诺斯的女儿阿里阿德涅。为了帮助忒修斯，她给了他一把用来杀死米诺陶洛斯的剑，和一根引领他走出迷宫的纺线，米诺陶洛斯就生活在迷宫中。忒修斯获胜后，乘船带走了阿里阿德涅，但却把她遗弃在纳克索斯岛上。在那里，酒神狄俄尼索斯发现了她，并娶了她为王后。忒修斯在驶进雅典港口时，却忘记，抑或是故意没有扬起白色的帆。当他的爱琴海国王看到这艘船的黑色船帆时，一头扎进了海中。从此，这片海就以他的名字命名，叫作爱琴海。忒修斯后来成了国王。

这个故事是一个起源传说，就像《创世记》中亚当和夏娃的希伯来故事。但这个故事有其独特之处：它讲述的不是人类的起源，而是一种文化从另一种文化中诞生的故事。这是雅典希腊人了解过去的方式，即他们的考古方式。迷宫的传说向之后的希腊人解释了他们的文化是在哪里、如何形成的。它正确地说明了希腊与克里特岛的紧密联系，但也强调了希腊自身的独立性。此外，由于忒修斯将在公元前 5 世纪变成民族英雄，这个故事还增进了人们对希腊人物的了解。在这一伟大悲剧中，忒修斯奸诈狡猾、野心勃勃、坚强果敢，为达目的不择手段。他的行为体现了希腊人眼中的神性，但他并没有被理想化，亦没有被神化，他是一个如假包换的人。

正是为了探索希腊文化起源，亚瑟·埃文斯爵士在克里特岛发现了米诺斯宫殿，证实了人身牛头怪传说中的"真相"。虽然没有真正的怪物，迷宫却真实存在，就是宫殿本身。

大陆迈锡尼（Mycenaean）文化

公元前1450年左右，米诺斯人放弃了克诺索斯的宫殿，来自希腊本土迈锡尼文明的战士们迅速占领了克里特岛。前文提到过克诺索斯被遗弃的一个原因——岛上的森林砍伐殆尽。但也存在另一种可能：塞拉火山爆发后，米诺斯文化被严重削弱，容易受到入侵，或发生内部革命。第三个可能的原因是，迈锡尼军队完全征服了这个岛屿。迈锡尼人与其南部148千米处的米诺斯之间只隔着爱琴海，对米诺斯文化非常熟悉。

米诺斯的金属制品在大陆很受欢迎。19世纪，人们在伯罗奔尼撒半岛斯巴达南部的瓦普修墓穴中发现了两个金杯，其中之一是瓦普修杯，其优良品质可见一斑（图2.9）。这个杯子是用凸纹（repoussé）技术制作的：艺术家从杯子内部进行雕琢。杯壁上的画面显示，在橄榄林中，一名男子通过牵制公牛的后腿捕获了它。公牛是米诺斯艺术的典型主题。然而，迈锡尼人却与之截然不同。米诺斯的城镇没有设防，战争场景在他们的艺术中几乎不存在，而迈锡尼人在围绕着防御工事的山顶居住，战争和狩猎成为其艺术的主导因素。米诺斯文化是和平的，而迈锡尼人骁勇好战，生活在刀光剑影之中。

迈锡尼文明得名于迈锡尼古城，后者由德国考古学家海因里希·施里曼（1822年至1890年）于19世纪末发现，那时，亚瑟·埃文斯爵士

图2.9

还没有发现克诺索斯。古城堡俯瞰着广阔的平原，平原的尽头是大海。城墙由粗糙的大块石头砌成，这种技术被称为"独眼巨人砌筑法"（cyclopean masonry），因为后来的希腊人相信，只有一种被称为独眼巨人的怪物才能驾驭它。游客们从一个巨大的狮子门进入这座城市，狮子门位于一条陡峭小道的顶部，从下方的山谷延伸而来（图2.10）。门廊上方的母狮身高2.7米。可能母狮缺失的头部最初是朝着访客的方向，仿佛为了驱散邪恶，或驯服恶灵，制作头部的材料可能也不同于其他部位，导致母狮头部后来遗失了。

公元前1500年，多个设防城市在希腊大陆上繁荣了起来，迈锡尼只是其中之一，后来被称为迈锡尼。迈锡尼文明是古希腊文明的先驱，本质上是封建性质的——即君主为臣民提供保护，以换取臣民的忠诚。国王的控制范围不但覆盖他们自己的城市，也覆盖了周围的乡村。商人、农民和工匠把他们自己的富裕归功于国王，并为国王提供的保护缴纳高额税款。更有权势的国王，比如迈锡尼的国王，也希望他们统治范围内的其他城市中，贵族能忠心耿耿（并提供财政支持）。一个由税务人员、官员和军人组成

图 2.10

的庞大官僚机构保证了国
家的长期繁荣。像米诺斯
人一样，他们也从事贸易，
尤其是铜和锡的贸易，这二
者都是制造青铜的必要原
材料。

图 2.11

　　正如施里曼的发现所
示，迈锡尼的国王们通过封
建制度积累了巨大的财富。
他发现了没落英雄的金银
死亡面具（图 2.11），以及
描绘有皇家猎狮等事件的
剑和匕首。他还从河马和大象的长牙中发现了雕刻精美的象牙，这表明迈
锡尼势力广泛，贸易范围巨大，其中显然包括非洲。事实上，迈锡尼人嗜
好战争，占领克里特岛，可能都是为了控制整个地区的贸易路线。

荷马史诗

　　大约在公元前 800 年，希腊人开始记录他们过去的故事。他们的古代
史（archaiologia）曾在一代人与一代人之间通过口头流传。在这些故事中，
最重要的是由荷马创作的故事。荷马很可能是一位吟游诗人，一位歌颂英
雄事迹和诸神之道的咏者。他的故事构成了口头传统的一部分，该传统历
史悠久，可以追溯到特洛伊战争时期，大约是公元前 1200 年左右。荷马在
继承口述材料的基础上，创作了两部伟大的史诗：《伊利亚特》和《奥德赛》。
第一部讲述特洛伊十年战争中的一个小插曲：迈锡尼国王的兄弟，即斯巴
达国王梅内劳斯的妻子海伦曾与特洛伊国王普里阿摩斯的儿子帕里斯私奔，
在阿伽门农的领导下，希腊人启动了一支庞大的舰队，要把海伦带回来。《奥
德赛》讲述了希腊主要领导人之一奥德修斯（也被称为尤利西斯）从战场
返回家园时的冒险故事。

大多数学者认为，荷马史诗纯粹是虚构的，直到 19 世纪 70 年代，海因里希·施里曼发现了特洛伊的真实遗址。这是一个多层遗址，位于土耳其西北部，靠近今天的希萨利克。荷马史诗中的特洛伊城是在第六层发现的。施里曼还认为，藏有大量宝藏的竖井墓穴属于阿伽门农及其皇室家族，但年代测定技术已经排除了这种可能。《伊利亚特》就算不具有权威性，也带上了几分真实性。

到公元前 6 世纪，《伊利亚特》每四年在雅典被诵读一次（按照法律严格遵守），公元前 5 世纪和 4 世纪，《伊利亚特》的许多副本在希腊流传。公元前 4 世纪末，在埃及亚历山大，抄写员将这首诗抄写在纸莎草卷轴上，把它分成 24 个单元，演变为这首诗的二十四卷。

这首诗影响深远，为史诗确立了某些惯例，即创作史诗的标准方式，在接下来的几个世纪里一直沿用。例如，这首诗开始于 "in medias res"，这个词源自拉丁文，意为"在事物的中间"。也就是说，诗歌从故事的中段开始；在诗的开头援引缪斯，并说明诗歌的主题。

《伊利亚特》只讲述了特洛伊战争的一小部分，这场战争是迈锡尼的阿伽门农和他的盟友在公元前 1200 年左右发动的，目的是进攻特洛伊。这个故事开始于战争爆发之后，讲述了"阿喀琉斯之怒"的故事，这句话摘自这首诗的第一行。阿伽门农已经在特洛伊平原扎营，他被迫放弃了一个在一次突袭中掳走的女孩，但他从阿喀琉斯那里掳走了美丽的布里塞斯作为补偿。希腊最伟大的战士阿喀琉斯被激怒了。但他抑制住了杀死阿伽门农的冲动，退出了战争。他知道，没有他，希腊人不可能成功，他相信他们是咎由自取。的确，伟大的特洛伊王子赫克托耳很快就把希腊人赶回了他们的船上，阿伽门农派使者去见阿喀琉斯，向他献上礼物，请求他重返战场。阿喀琉斯拒绝道："他的礼物，我讨厌他的礼物……我不会为那个人给你一根刺！即使他给我十倍甚至二十倍的钱，我也不会答应。"当战斗重新开始时，希腊人陷入了绝望。阿喀琉斯的态度有了些许缓和，允许他的亲密朋友抑或爱人普特洛克勒斯穿上他的盔甲，震慑住特洛伊的军队。在普特洛克勒斯的带领下，亚该亚人，即荷马所称的希腊人击退了特洛伊人。

这首诗最显著的特点在于，荷马将战争的现实描绘得淋漓尽致，不仅描写了战争中的懦弱、恐慌和残酷，而且还描写了战争的引人入胜之处。诗中，希腊士兵展示了希腊文化中最重要的价值观之一，阿雷特（areté），通常被翻译为"美德"，但实际上意思更接近于"尽你所能做到最好"或"发挥你最大的人类潜能"。荷马用这个词来形容希腊和特洛伊的英雄，不仅指他们的勇敢，也指他们在战斗中的威力。

荷马清晰地意识到，这些战士拥有超越凡人的能力，不仅能取得非凡的军事成就，还能上升到慈悲情怀、高尚品德和荣耀至上的境界。人类精神具有双重性，既是残酷的，也是仁慈的；既是盲目的，也是睿智的。或许正是对人类精神双重性的探索，才能更好地定义荷马史诗的震撼力与远见。

荷马的第二部史诗《奥德赛》讲述了特洛伊战争后奥德修斯十年归家旅途中的冒险经历——他与怪物、巨人和一个迷人的女巫的相遇，在漂浮岛屿上的逗留，以及在冥界的另一次逗留。最重要的是，这首诗的主题是奥德修斯重见其妻子佩内洛普的渴望，以及佩内洛普对他的忠诚。《伊利亚特》由愤怒和欲望主导：从阿喀琉斯的愤怒和生气到海伦的反复无常，而《奥德赛》却充满爱情和家庭情感。因为在丈夫离开的 20 年里，许多人认为奥德修斯永远不会回来，便蜂拥而至向佩内洛普求婚，她尽其所能抵挡了他们，所以，她天生就拥有阿雷特这个本能。

在后来的希腊文化中，《伊利亚特》和《奥德赛》是希腊教育的基础。每个小学生都将这两首诗熟记于心。它们是希腊人认识过去的主要工具，通过过去，他们认识了自己。这些诗歌体现了希腊人自己的文化阿雷特，而不是纯粹的个人阿雷特，即他们对卓越地位的渴望。但在界定更宏伟的文化抱负时，《伊利亚特》和《奥德赛》阐明，如果国家要实现其目标，希腊民众就应将其个人价值和责任视作应尽的义务。

希腊城邦的崛起

艺术和建筑如何体现希腊城邦的价值观？

希腊城邦兴起于公元前 9 世纪，与荷马几乎同时代。殖民者从希腊大陆的城市启航，建立新的定居点。最终，从西班牙到克里米亚，多达 1500 个希腊城邦散布在地中海和黑海沿岸，其中包括意大利的大片殖民地（图 2.12）。自公元前 1100 年迈锡尼陷落以来，也就是特洛伊战争后约 100 年，希腊经历了一段漫长的文化低潮期，许多人将其称为"黑暗时代"。根据希腊传说，多里安人来自北方的部落，占领了希腊大陆和伯罗奔尼撒半岛。证据表明，多里安人拥有铁制武器，很容易就打败了穿青铜盔甲的希腊人。希腊人四分五裂，其文化几乎消失殆尽，阅读和写作也荒废了。他们大部分生活在经常相互交战的小型乡村。尽管艺术和建筑发展的条件有限，希腊人依旧维持着一种认同感，特洛伊战争的传说流传至今，说明希腊人对自己的文化遗产有所认识。

渐渐地，在希腊各地，社区自发组织，并开始统治有限的地理区域，这些区域是由自然边界所界定的——即山脉、河流和平原。即使是那些最大的社区也由农业主导，农业价值观盛行，诗人赫西奥德的田园诗《作品与日子》就证明了这一点。《作品与日子》与荷马史诗创作时间大致相同，写于希腊底比斯城邦统治下的波伊奥蒂亚。赫西奥德使我们不仅对希腊农

图 2.12

业生产的许多细节有了更加清晰的认识，而且对社会状况也有了更加深入的了解。他提到，所有的地主都拥有奴隶（战争中掳来的），这些奴隶占人口的一半以上。他还谈到了希腊诸神之王、天空之主宙斯与掌管农业和谷物的女神得墨忒耳，以及为了取悦他们而努力工作的必要性。事实上，正是赫西奥德在《神的诞生》一书中首次详细描述了希腊万神殿。

希腊诸神

宗教几乎渗透到希腊人日常生活的方方面面。在神明的注视下，人们出生。神明养育家庭，保护城邦，控制着天气、季节、健康、婚姻、寿命和未来。每个城邦的起源都可以追溯到一个特定的创始神——雅典的雅典娜，斯巴达的宙斯。庇护所为其他神明而建，意味神圣。

希腊人相信，12 位主神居住在希腊东北部的奥林匹斯山上。虽然数量固定不变，但流动性很大，因此约有 15 位主神。在那里，他们统治着希腊，体现出人的特性：争吵、干预，爱、迷失，伸张正义或漠不关心。希腊人赋予了神明人的形象：除了神力，他们与人并无两样。这能力是巨大的，有时甚至令人恐惧。希腊人相信，只要人类没有自不量力——这都归咎于骄傲——众神就会保护他们。

主神（括号中是他们后来的罗马名）包括：

宙斯（Zeus）（朱庇特 Jupiter）：众神之王，通常蓄胡须，与鹰和雷电有关。

赫拉（Hera）（朱诺 Juno）：宙斯的妻子和妹妹，婚姻和生育女神。

雅典娜（Athena）（密涅瓦 Minerva）：战争女神，因为其与雅典的关系，同时也是文明女神；宙斯的女儿，从他的头脑中诞生；常戴头盔，手持盾牌和矛；视猫头鹰（智慧）和橄榄树（和平）为神圣之物。

阿瑞斯（Ares）（马尔斯 Mars）：战神，宙斯和赫拉的儿子，常披盔甲。

阿佛洛狄忒（Aphrodite）（维纳斯 Venus）：爱与美之女神；赫西奥德说，天空之神乌拉诺斯（Uranus）的生殖器被切断抛入海中，他的精子与海中的泡沫混合，创造了她。爱神厄洛斯（Eros）是她的儿子。

阿波罗（Apollo）（福伯斯 Phoebus）：太阳、光明、真理、预言、音乐和医药之神；带着弓和箭，有时还带着竖琴；常驾着战车在天空中穿梭。

阿耳特弥斯（Artemis）（黛安娜 Diana）：狩猎女神和月亮女神；阿波罗的妹妹，带着弓箭，并有猎狗陪伴。

德墨忒耳（Demeter）（刻瑞斯 Ceres）：农业和谷物女神。

狄俄尼索斯（Dionysus）（巴克斯 Bacchus）：酒神和灵感之神，与生育和性的神话密切相关。

赫尔墨斯（Hermes）（墨丘利 Mercury）：众神的使者，也是生育、偷窃、梦想、商业和市场之神；常穿有翼的凉鞋，戴有翼的帽子，手里拿着一根魔杖，魔杖周围缠绕着两条蛇。

哈迪斯（Hades）（普鲁托 Pluto）：冥界之神，由他的地狱巨犬刻耳柏洛斯陪伴。

赫菲斯托斯（Hephaestus）（伏尔甘 Vulcan）：锻造之神和火神；宙斯和赫拉的儿子，阿佛洛狄忒的丈夫；穿着铁匠的围裙，带着锤子。

赫斯提（Hestia）（维斯塔 Vesta）：壁炉女神，宙斯的妹妹。

波塞冬（Poseidon）（尼普顿 Neptune）：海神，宙斯的兄弟；携带三叉戟（三叉矛）；掌管马匹。

珀尔塞福涅（Persephone）（普罗瑟皮娜 Proserpina）：生育女神，德墨忒耳的女儿，每年冬天都被丈夫哈迪斯送到冥界，但每年春天都会被释放，让这个世界恢复富足。

有趣的是，正如荷马的《伊利亚特》所描绘的那样，众神也像人类一样易受欲望驱使。事实上，希腊诸神有时比人类更富有人性——拥有人类的每一个弱点。就像地球上的许多家庭一样，父亲宙斯是一个无所不能的花花公子，他的妻子赫拉对此十分警惕，嫉妒心强，为了得到丈夫的宠爱，她会让情敌痛不欲生。为了争夺父母的宠爱，他们的孩子诡计多端，自私自利。神像人类一样思考、行动、说话，似乎和人类唯一的不同点在于，他们是不朽的。希伯来的神明被公认为专横霸道，如同《约伯记》中展示的那样，但希腊诸神对待人类没有明确的行为准则，主持宗教仪式的祭司也没有编写任何经文或教义。神明反复无常爱好争论，易被说服，时而固执，时而通融。这些特质表现了宇宙的不确定性，也体现了知识自由和哲学探究的精神，而这种精神将成为希腊国家的核心。

希腊建筑传统

希腊城邦彼此隔离，独立性强。为了争夺大陆上为数不多的肥沃土地，城邦之间经常陷入战争，一些城邦渐渐强大起来。公元前9世纪以前，许多雅典人移居到安纳托利亚西南部的爱奥尼亚（今土耳其），与近东的关系令雅典繁荣了起来。科林斯位于希腊大陆和伯罗奔尼撒群岛之间的地峡上，自古以来就控制着南北贸易路线。在修建了一条用于拖曳船只驶过地峡的拖曳道之后，它很快也控制了东西海上航线。伯罗奔尼撒半岛上，斯巴达人的祖先可以追溯到传说中的多里安人，他们的军事力量始终强大。城邦之间尽管差异明显，却开始出现一致的建筑传统，这一传统不仅是共同的文化遗产，而且对整个西方建筑影响深远。

早在公元前8世纪，城邦就开始建立圣所，以便聚集在一起分享音乐、宗教、诗歌和进行体育运动。圣所规模较大，是希腊人的另一项伟大发明。在圣所，来自不同城邦的人们欢聚一堂，为了向他们的神表示敬意，也为了在竞争对手面前庆祝自己的成就。

德尔菲

圣所是神圣的宗教场所。受到圣所的启发，相互竞争的城邦创造了迈锡尼时代以来第一座纪念性建筑。在德尔菲科林斯湾上方，坐落着阿波罗神殿的高山上，城邦秉承一贯的竞争精神，建造了供奉神的纪念碑和雕像，并精心制作了宝库来储存祭品。许多人在那里建造了旅舍，方便离家的朝圣者聚集。德尔菲意义非凡，希腊人相信，大地通过肚脐在这里与天空相连；也是借助于这里地面上一道深深的裂缝，阿波罗通过一个名为皮提亚的女人发布旨意，经过牧师的解释，人们读懂征兆，获得信息。希腊作家

图 2.13

图 2.14

普鲁塔克在公元 1 世纪写道，皮提亚进入神殿下面的一个小房间，闻到芳香的气味，进入了恍惚状态。这个故事一直被当作是虚构的。直到最近，地质学家们才发现德尔菲神殿正下方有两条断层相交，致幻气体从裂缝中涌出，尤其是乙烯，这种气体味道香甜，能产生麻醉效果，使吸入者飘飘欲仙，灵魂出窍。

德尔菲雅典国库的正面由两根壁角柱组成，后面是前室，即封闭的前厅，位于建筑物的前部，通过门廊通向内殿，即建筑物的主要内部空间（参见平面图，图 2.13）。

在阿尔戈斯附近的赫拉神殿，我们发现了一座公元前 8 世纪早期希腊神庙的小型陶瓷模型，可以从中看到这种建筑类型的前身（图 2.14）：两根柱子支撑着突出的门廊，形似雅典国库的壁角柱和前室。房顶倾斜，在门廊上方形成三角形区域，被称为山形墙，比国库稍逊一筹。

奥林匹亚和奥运会

希腊此项历史的开端，可追溯至公元前 776 年首次举行正式的泛希腊（"全希腊"）体育比赛。最初的奥运会在奥林匹亚举行。在那里，赫拉

图 2.15

和宙斯的圣所拥有完备的体育设施。第一届奥运会的第一场比赛是 200 码（约合 183 米）短跑，正好是奥林匹亚体育场的长度，这场比赛被称为斯塔迪昂（图 2.15）。之后，单人项目种类增加，包括战车比赛、拳击和五项全能运动，即铁饼、标枪、跳远、短跑和摔跤。没有银牌或铜牌，胜利就是一切。比赛每四年在夏季举行，只对男性开放。奥运会举办了 1000 多年，直到公元 394 年基督教拜占庭皇帝狄奥多西下令禁止。1896 年，为了促进国家间相互了解，增进友谊，奥运会重新举行。

奥运会只是众多体育盛会之一。这些比赛对希腊人加强民族认同感起到了决定性作用。希腊人崇尚竞争精神，受到竞争的驱动，陶工们吹嘘他们的作品天下无双，剧作家竞逐最佳剧本，诗人竞逐最佳朗诵，运动员竞逐最佳表现。随着城邦之间争夺霸权，他们开始认识到竞争精神是所有人的共同特征。

希腊雕塑和自然主义

希腊运动员裸体比赛，因此，体育比赛引发的"身体崇拜"也就不足

图 2.16

图 2.17

为奇了。体格健壮的男性不仅在体育比赛中赢得赞誉，还代表着其城邦军队的素质和力量。一种表现男性身体的雕塑广为流传，被称为库罗斯，意为"年轻人"（图 2.16 和 2.17）。这种身体崇拜是希腊独有的，其他地中海文化并不强调对男性裸体的描绘。仅在公元前 6 世纪，就有几千个库罗斯产生，常在圣所中被用作祭品向众神许愿，或在墓地中用来标记那些意义重大的墓碑。这些雕塑硬朗的身体线条表明了其身份——坚毅果敢的守护者。

虽然我们能够轻易分清早期的希腊雕像（如图 2.16）和埃及雕像——前者描绘裸体，且解剖学特征更加明显——但后者对前者的影响是显而易见的，拿公元前 600 年和公元前 525 年出现的两件库罗斯分别与晚期埃及雕塑对比，便很容易看出这一点（图 2.17）。其实早在公元前 650 年，希腊人就来到了埃及，到公元前 6 世纪初，12 个城邦联合在尼罗河三角洲建立了贸易据点。希腊雕塑用于葬礼，这与埃及大致相同。事实上，图 2.16 底部的一段文字这样写道："停下脚步，为在战斗前线遭到野蛮阿瑞斯杀害的克鲁索人哀悼。一位英雄英年早逝，这是他的纪念碑。"

在公元 6 世纪期间，库罗斯因自然主义而闻名。艺术家想要表现人体自然状态的愿望愈发强烈，这相应又反映了个人在希腊政治生活中日益重要的作用。艺术家这一转变原因不明，但我们可以推测，这一定与占社会主导地位的竞争精神有关，雕刻家们一定曾竞相重现人体的自然状态。此外，由于阿波罗神是一位天赋异禀的运动员，所以雕像越逼真自然，就越接近神本人的形象。

图 2.18　　　　　　　　　　　　　　　图 2.19

　　雅典生活的中心，是在雅典卫城对城邦保护女神雅典娜的崇拜。正如库罗斯雕像与阿波罗有关，科莱（即"少女"）雕像似乎是献给雅典娜的祭品。男性公民将科莱献给她，既是虔诚的象征，也是对雕塑本身之美的肯定。从公元前6世纪中叶开始，希腊的科莱雕刻艺术繁荣发展。

　　科莱受到自然主义的熏陶，这种趋势在雕塑服装得到明显体现。在名为"穿披肩的少女"的雕塑中（图2.18），披肩厚重，线条硬朗，削弱了对人体特征的现实主义刻画。披肩通常由羊毛制成，本质上是一块长方形的布，可用作围巾、披肩或腰带。发现于雅典卫城，公元前520年的另一个科莱，也因原始涂料的大量使用而引人注目（图2.19）。雕像着一件希顿装，在那个世纪的最后几十年里，这种服装已经比披肩更受欢迎。希顿装由亚麻布制成，更紧密贴合身体，聚集在一起形成褶皱，使艺术家得以展示精湛技艺。

雅典的陶器

希腊陶器上的装饰性绘画也体现出越来越强的自然主义倾向。到公元前6世纪中叶，雅典已成为陶器制造的主要中心。雅典的陶工们得益于雅典的高质量黏土，这种黏土在烧制时会变成深橙色。

与雅典雕塑一样，雅典花瓶上的装饰也愈发自然细致，每一面只描绘一个场景。希腊人很快发明了两种花瓶：黑色人像花瓶和红色人像花瓶，人像与背景的关系各不相同。黑色人像花瓶上的人像是用泥土和水混合而成的滑泥涂成的，经过烧制，人像在未经剥离的红色背景下保留了黑色，"喷泉边的女人"（图2.20）就是一个例子。被学者称为普里阿摩斯画家的艺术家，通过将白色颜料与滑泥混合，为花瓶增添了白色点缀。到了6世纪下半叶，展现日常生活场景的新兴题材越来越受欢迎。这个提水罐，即水壶，描绘了妇女们带着类似水壶在喷泉屋聊天的场景。公元前6世纪，暴君皮西斯特拉塔斯建造了喷泉屋，位于引水入城的沟渠尽头。这类喷泉屋极受欢迎，为大多数局限在家中的妇女提供了难得的社交机会。水从两边的动物头水龙头流出，流过画面的背部。这幅作品含有多利克式柱子，构图整齐、线条生硬，而妇女身体和水壶的轮廓圆润，使整个画面变得柔和。这个水壶突显了希腊人对现实场景和自然主义日益增长的喜爱。

图 2.20

许多希腊陶罐描绘了神和英雄，包括《伊利亚特》和《奥德赛》中的人物。一个双耳喷口杯再现了撒布登之死。这件作品于公元前515年由陶工欧希提奥斯制作，并由欧福拉尼奥斯绘制（图2.21），后者因能准确体现人体结构特征而广受赞誉。画中，撒布登刚刚被普特洛克勒斯杀死，血从他的

图 2.21

腿、肩膀和精心绘制的腹部流出。引导死者进入冥界的众神使者赫尔墨斯在一旁看着，长着翅膀的安眠之神修普诺斯和死亡之神塞纳托斯即将带走他的身体。但这一场景的引人入胜之处并不仅限于其自然主义表现手法，还在于其完全平衡的构图，消除了死亡的悲剧感，而使画面显得尊贵有序。左右两名战士的矛对称位于杯子的边缘，撒布登腹部肌肉呼应了花瓶顶部和底部的装饰带，花瓶的把手与修普诺斯和塞纳托斯拱起的背部形成对应。

撒布登之死是一个红色人像花瓶，其制作过程与黑色人像花瓶相反，而且更为复杂：滑泥被用来绘制背景，勾勒出人物轮廓。欧福拉尼奥斯还用刷子蘸取滑泥为雕像增添了一些细节（比如撒布登的腹部）。花瓶的烧制分为三个阶段，每个阶段都有不同数量的氧气进入窑中。在第一阶段，窑中充满氧气，确定花瓶的红色整体色调。然后，窑内的氧气量减少到最小，使容器变黑。在这一阶段，随着温度的升高，滑泥变成或接近玻璃状。最后，氧气再次进入窑内，把没有剥离的区域——红色的人物——变成红色的阴影。涂有玻璃状滑泥的区域没有暴露在氧气下，所以仍然是黑色的。

民主的崛起和波斯的威胁

公元前6世纪，雕塑艺术日益成熟的自然主义反映了雅典民主制度的

兴起，见证了希腊的创新精神不断进步，成果斐然，说明了人们对尊严和个人价值的日益重视。

公元前508年，雅典贵族克里斯提尼建立了第一个雅典政治民主政体，希腊民治开始。自公元前560年皮西特拉图斯在雅典掌权以来，雅典人忍受了50多年的暴政，才催生了这种革新，走向自治。接着，雅典城邦的城乡地区四分五裂，来自平原的富有地主、住在山坡上的贫穷山民、雅典城内的商人和贵族都在争夺权力。皮西特拉图斯施行铁腕政治，他独断专行，丝毫不考虑人民的意见。虽然他通过大规模的公共工程成功为全体人民提供了就业机会，但他流放了存有异心的贵族。他经常把贵族人家的儿子作为自己的人质，以保证家族的忠诚。公元前527年，他的儿子希比亚斯继承了他的王位。希比亚斯更加严酷，驱逐了更多的贵族，处决了许多人。公元前510年，流亡贵族在斯巴达的帮助下起义，希比亚斯逃到波斯，克里斯提尼接管了政权。

"对一座城市来说，没有什么比暴君更糟糕的了。"希腊剧作家欧里庇德斯后来在他的戏剧《祈愿女》（*The Suppliant Women*）中写道，"只有一人掌权，他自己制订法律。平等是不存在的。但是当法律被写下来的时候，富人和穷人都有同样的权利获得公正。这就是自由的战斗口号：'有谁能给这座城市提供好的建议？把它公之于众，并赢得声誉……看在城市的份上，还有什么能比这更好呢？当人民成为城市的领航员时，他们就掌握了自己的命运。'"换句话说，政治依赖于民主。在暴政下，不可能有政治，因为不可能有辩论。无论有什么不同的观点，城邦的公民都可以自由辩论，畅所欲言。他们作为独立个体发出自己的声音，并珍视思想自由。但他们往往从公众利益出发，从城邦利益出发，毕竟是城邦给了他们言论的自由。亚里士多德在他的《政治学》中说，"人是政治动物"，他的意思是，人是城邦的产物，受其约束，对其忠诚，由其主宰，且矛盾的是，也被其解放。

克里斯提尼充分理解这些原则，他将雅典的政治制度重组为类群，类似于现代生活中的选区。因为所有的公民（只有男性是公民）在其指定的类群内登记，地主和商人享有同等政治权利。然后，克里斯提尼将类群组成十个政治"部落",其成员跨越了所有的家庭、阶级和地区,从而有效地削弱了贵族家庭的权力和影响。每个部落任命50名成员加入一个500人的委员会,任期36天。因此,每年产生10个独立的委员会,任何公民在委员会任职的次数不得超过两次。在如此短的时间内有如此多的公民在委员会任职,使得几乎每一个雅典公民都有共商国是的经历。

波斯帝国在东方的崛起让新的希腊民主受到直接威胁(见第1章)。公元前499年,爱奥尼亚城的民众得知雅典获得政治自由,同时对波斯暴政感到恼火,决定起义。他们烧毁了小亚细亚的波斯总部萨迪斯城。公元前495年,波斯统治者大流士进行了反击。他烧毁了爱奥尼亚最重要的城市米利都,屠杀那里的男人,并把那里的妇女和儿童变成奴隶。后来,受到被流放的希比亚斯影响,大流士把目光投向雅典,因为雅典曾派遣一支部队到爱奥尼亚支持起义。

公元前490年,一支约有9万人的波斯大军在阿提卡北部平原的马拉松登陆。仅有一万个希腊人迎战,率领他们的是一个名叫米提亚底斯的职业军人,他曾在波斯大流士手下服役,知晓大流士军事策略的弱点。米提亚底斯在黎明时分痛击了大流士军队,杀死了6000名波斯人,己方损失甚微。波斯人被打败了。斐迪庇德斯从马拉松跑到间隔41千米外的雅典,把胜利的消息传达给了心急如焚的雅典市民,从而完成了最初的马拉松。之后,希腊人将之纳入他们的奥林匹克运动会。

大流士也许被打败了,但波斯人还没有。当希腊人沐浴在胜利的喜悦中时,大流士和他的儿子薛西斯在波斯波利斯进一步巩固了他们的政权。公元前486年,大流士在埃及战死,薛西斯(公元前486年至公元前465年在位)继承了王位。公元前481年,薛西斯显然准备再次进攻希腊。十年来,雅典政治家、将军地米斯托克利(约公元前524年至公元前460年)一直试图预测波斯的入侵,斯巴达人拥有最强大的军事力量,于是地米斯托克利说服雅典人听从斯巴达人的指挥,与其他希腊城邦联合。公元前483年,当大量的白银被发现时,地米斯托克利确信波斯军队在陆地上是不可战胜的,便说服雅典人利用这笔财富建造一支舰队。

公元前480年,薛西斯率领着一支庞大的军队进入希腊。希罗多德是第一位希腊历史学家，他在事件发生 50 年后写了 9 卷历史书（公元前 430 年）。书中说，薛西斯的军队有 500 万人，当军队停下来喝水时，整条河流都干涸了。这无疑是夸大其词，但薛西斯的军队可能的确是当时人数最多的军队，估计至少由 15 万人组成。德尔菲神谕预言雅典将被摧毁，并建议雅典人信赖"木墙"。地米斯托克利清楚，必须拖住波斯人，雅典人才有时间放弃城市，逃往大海。在山海之间一条叫作塞莫皮莱的狭窄通道上，一支由斯巴达国王列奥尼达带领，300 名斯巴达将士组成的队伍壮烈牺牲，让雅典人得以逃脱。

波斯人洗劫了雅典。正如地米斯托克利所希望的那样，他们很快追赶着雅典人来到了海上。在雅典海岸外的萨拉米斯，希腊人在地米斯托克利的带领下取得了惊人的胜利。波斯舰队约有 800 艘战舰，而希腊舰队约有 370 艘体积较小却更加灵活的三桅帆船，这种帆船两边各有三层桨。地米斯托克利引诱波斯舰队进入萨拉米斯海峡的狭窄水域，希腊的特里姆人随后袭击了挤成一团的波斯舰队，用他们大桡船弯曲的巨大船头撞沉了大约 300 艘波斯船只，而希腊人只损失了大约 40 只战舰。薛西斯被迫撤退，再也没有威胁到希腊大陆。

黄金时代

在伯里克利眼中，雅典为何伟大？其黄金时代的艺术如何体现这种伟大？

波斯入侵后，雅典人回到自己被摧毁的家园。他们最初决定让雅典卫城保持原状，以提醒人们战争的可怕后果；然而，政治家伯里克利（Pericles）（约公元前 495 年至公元前 429 年）说服人们重建它，从而开启了"黄金时代"。公元前 5 世纪，伯里克利主宰了雅典的政治生活。他虽然出身贵族，却是民主最坚定的拥护者。在他职业生涯的后期，即公元前 431 年，他发表了一次演说，纪念在伯罗奔尼撒战争早期战役中阵亡的士兵，这场战争始于斯巴达人和雅典人之间的权力斗争，最终导致雅典于公元前404年战败，也就是伯里克利死后很久。伯里克利在演讲开头指出，为了纪念死者，他想"指出我们是通过什么样的行动原则获得权力的，我们的帝国是在什么样的制度下，通过什么样的生活方式变得伟大的。"他首先想到的是雅典的民主。但伯里克利并不仅仅关心政治，他赞扬雅典人不忘"辛苦劳累之外的休闲娱乐"。他认为雅典人生活美满，因为"我们尽享全世界之物产。"他坚持认为，雅典人是"美的爱好者"。他认为雅典是整个希腊的榜样，并坚持认为国家的伟大取决于个人的伟大，雅典人的生活质量取决于个人自由和公民责任之间的联系——西方大多数人都认为这是他们政治理想主义的基础。

至于重建雅典卫城，伯里克利认为，精心建造、饰以雕刻的卫城富丽堂皇，不仅可以纪念波斯战争，还可以体现雅典娜对人民的保护作用。此外，在波斯波利斯，战败的薛西斯和他的儿子、继承人亚达薛西一世（公元前465年至公元前424年在位）正忙于扩建他们的宫殿，雅典也不甘落后。伯里克利任命雕刻家菲迪亚斯负责卫城新建筑的雕刻工作，菲迪亚斯可能也有参与。

雅典卫城的建筑工作

重建卫城的花费是巨大的，许多人对其持保留意见。这些开支主要来源于盟国为雅典送来的贡品。该项目征召了数千名雅典人，包括公民、外邦人（非公民身份的自由人，因为他们来自希腊某地，但并非雅典）和奴隶。五个世纪后，希腊出生的传记作家普鲁塔克写了一本书《伯里克利的一生》，让我们对这个计划及其影响有了一些了解。书中这样写道：

原材料有石头、青铜、象牙、黄金、乌木和柏木。制作这些雕像的有许多工匠：木匠、制模工、铜匠、石匠、金匠、象牙专家、画家、纺织设计师和浮雕雕塑家。还有专门负责运输和搬运的人：海上的商人、水手和舵手；在陆地上，卡特莱特人、赶牲口的人和牵引动物的饲养员。还有制绳工、亚麻工、鞋匠、筑路工和矿工。每一艘船，就像一名拥有自己军队的指挥官，都有自己的附属机构，由雇用的劳工和独立的专家组成，就像一台机器一样组织起来提供所需的服务。因此，各委员会在整个公民机构中传播了繁荣的涟漪。

帕特农神庙

建筑项目的核心是帕特农神庙（图 2.2）。经过 15 年的建设，神庙于公元前 432 年完工。正如伯里克利所言，它的建造是为了感谢雅典娜在波斯战争中拯救雅典和希腊，但它同时也是雅典国家实力的标志，旨在给所有访问这座城市的人留下深刻印象。

它以早起的建筑地基和平台为基础，但是建筑设计师伊科蒂诺和卡里克拉特显然想让它以最完美的形式来表现多立克柱式。它的两端各有 8 根柱子，两侧各有 17 根柱子。每根柱子，从底座向上至柱身高度约三分之一处向外微微膨胀，这叫"柱身微凸法"。由于人眼在看挺立的柱子时，越往上就显得越细，这种方法从视觉上矫正了这种现象，使人们能看到

图 2.22

连续平衡的柱子，也给石柱注入了活泼的气息。这些柱子微微向内倾斜，给人的视角造成直线上升的感觉。柱子下面的平台，中间部分比每个角落都高 13 厘米，以此矫正平面中部给人造成的略微下沉的视觉差异。这个建筑物没有真正的垂直和水平，给呆板的几何结构注入了一丝活泼和生气。

帕特农神庙的各个部分清晰明了，比例适中，彼此协调，是古典建筑的缩影。建筑师运用比例来指导建筑过程，从而实现设计的和谐，让建筑拥有古典美感。直到帕特农神庙设计的比例可表示为代数方程 x=2y+1。例如，圣殿的柱子反映了这个公式：短端有 8 根柱子，侧面有 17 根柱子，因为 17=（2×8）+1。柱座的长宽比为 9∶4，因为 9=（2×4）+1。这种数学规律是建筑整体和谐的核心。

雅典卫城的其他建筑项目

穆尼西克里是项目雇用的建筑师之一，他负责设计入口，让泛雅典之路与卫城相接。他设计了五扇门，而不是单一的一扇，这是一种名为"山门"的建筑杰作，两侧是门廊和多立克柱廊。北翼坐落着一个画廊，展出了描绘希腊历史神话的画作，但没有一幅保存下来。与山门高耸的建筑群形成鲜明对比的，是更为精致的雅典娜胜利神庙（图

图 2.23

2.23），它坐落在西面的海角上，俯瞰入口通道。这座装饰有狭长爱奥尼

图 2.24

克柱的小型建筑是由卡利克拉特设计的，建于公元前 425 年，也就是伯里克利死后不久，可能是为了提前庆祝伯罗奔尼撒战争中的胜利，因为 nike 在希腊语中是"胜利"的意思。公元前 410 年到公元前 407 年，战争结束之前，它被一堵矮墙所包围，矮墙的嵌板描绘了雅典娜和她长有翅膀的同伴，即胜利。

在帕特农神庙的左边，游客可以看到埃瑞克提翁神庙（图 2.24）。神庙的地基岩石使其无法对称，结构层次丰富，独一无二。雅典卫城上有更平坦的区域，所以它的选址显然是有意为之的。这座建筑围绕着一眼献给埃瑞克修斯的圣泉，埃瑞克修斯是雅典的第一位传奇国王，这座建筑就是以他命名的，在公元前 430 年，帕特农神庙竣工后开始建造，历时 25 年。其面向帕特农神庙的著名少女门廊，由六个石像柱（caryatid）支撑，即塑造成女性形象的柱子。这些人物既赋予了神庙柱子人的形象，也说明了城邦的稳定依赖于女性行为。

所有的少女像均呈现出经典的对立式平衡姿态，左边的三尊雕像重心在右腿上，右边的三尊雕像重心在左腿上。每尊少女像都很特别——她们身上希顿古装的褶皱落下的方式不一样，胸部的尺寸和形状也都不一样——但将她们放在一起创造了一种平衡、和谐的感觉。

帕特农神庙的雕塑项目

即使菲迪亚斯没有直接参与制作用于装饰帕特农神庙的雕刻作品，大部分的装饰也都来自他的设计。当然，他继承了公元前 6 世纪末在雅典库罗斯雕塑中发展起来的自然主义倾向（图 2.16 和 2.17）。1865 年，波斯人被击退后，雅典人开始清理卫城的废墟，并从中发现了一尊克里蒂奥斯的雕塑（图 2.25）（25 年后在另一个地方发现了它的头部），这件雕塑展示了公元前 5 世纪前 20 年希腊雕塑自然主义的发展。这个雕塑男孩的头微微

图 2.25

图 2.26

图 2.27

偏向一边，重心放在左腿上，右腿向前伸展，膝盖微微弯曲。雕像似乎绕着它的轴（即假想的中心线）旋转，将身体的重心放在一条腿上，保持平衡，自然会产生这样的姿态。这种姿态的术语是在意大利文艺复兴时期创造的，叫作"对位"或"重心转移"。希腊神庙、圣所的装饰品往往描绘着故事，希腊雕塑家越来越渴望将这些故事戏剧化，便催生了这一创新。雕塑家们的主要目标是重现姿态和手势的活泼，以及捕捉身体的动态变化，这也成为古典美的定义。

在《多利佛罗斯》（或叫《长矛手》）（图 2.26）中，我们可以看到更成熟的对位体态，人物重量落在右腿前部。《多利佛罗斯》是一座理想化的运动员或战士雕像，最初是用青铜制成的，它是黄金时代最伟大的艺术家之一——波利克里托斯作品的罗马复制品。这座雕像在古代举世闻名，实践了波利克里托斯论证人体比例的著作《法则》。在波利克里托斯体系中，理想的人类形态是由头部的高度，即从头顶到下巴的高度决定的。头部是总高度的八分之一，肩宽是总高度的四分之一。每一组测量都反映了这些理想的比例。对波利克里托斯来说，这些比例带来了对称。因此，雕像细节生动，手背上的血管清晰可见，这反映了一种数学秩序，体现了自然世界与理智或精神世界的理想和谐。

用于装饰帕特农神庙的雕塑位于三个主要区域：建筑每一端的山形墙上；屋顶下梁之间的方形面板上；内殿外墙顶部的带状结构上。这些雕刻色彩鲜艳，栩栩如生。这条 0.91 米高的中楣环绕着建筑的中心，距地高度

图 2.28

接近 8.2 米（图 2.28），描绘了泛亚雅典游行，这种游行是每四年举行一次的民间节日，旨在纪念雅典娜。中楣约 160 米长，刻画了骑兵、音乐家、挑水工、少女和祭祀动物。所有人物形象像《多利佛罗斯》一样，拥有理想比例（图 2.26）。

西山墙上的雕刻描绘了雅典娜与波塞冬对雅典守护神地位的争夺。学者们对东面山形墙上的身份争论不休，但可以肯定的是，从整体上看，它描绘了雅典娜诞生，众神皆在场的情境（图 2.29）。92 块柱间壁，每一块之间都用三角槽排档隔开，方形的区块被凹槽分成三部分，讲述了希腊人和四大敌人之间的战斗：一方是特洛伊人，其他三方分别是巨人、亚马孙人和人头马怪。刻有浮雕的排档间饰（图 2.30）表现了文明力量与野蛮甚至野兽般对手之间的冲突。男性裸体不仅体现了身体上的优越性，也反映

图 2.29

图 2.30

了精神上的优越性，用来装饰智慧与战争女神雅典娜的神庙尤其合适。

哲学与城邦

雅典卫城建筑成就卓越，与其伟大哲学家苏格拉底在哲学上的成就不相上下。苏格拉底生于公元前469年，即希腊打败波斯十年后。他于公元前399年去世，无疑标志着雅典黄金时代的结束。苏格拉底并非自然死亡。在公元前404年被斯巴达人打败后，一个城邦在骚乱中下令处决他，获胜的斯巴达人在这座城市建立起寡头政府统治，由一群"鞭子手"来维护。他们剥夺了法院的权力，并对奋起反抗的富人和民主党人进行了一系列审判，有1500多名雅典人被处决。苏格拉底也遭到审判，人们指控他反叛，腐蚀年轻人的思想，推广新的神明，实际上，这些指控可能都是出于政治动机。苏格拉底坚持认为自己生活得体，不但没有犯任何错误，反而使雅典受益匪浅，这激怒了公民陪审团。他以微弱多数被判有罪，通过饮用有毒的铁杉接受死刑。他拒绝逃亡，服从城邦的意愿，喝下毒药，这证明了他对城邦的信仰，而正是同一个城邦判处了他死刑。他决定服从的原因被收录在《克里托篇》中，这一作品记录了苏格拉底和其朋友克里托的对话，由苏格拉底的学生和同事，哲学家柏拉图所作。虽然雅典人在未来的许多年里将继续享有相对自由，但苏格拉底的死标志着他们伟大民主实验的结束。

雅典哲学传统

要理解苏格拉底的立场，必须认识到，公元前404年雅典面临的危机不仅是政治危机，很大程度上还是哲学危机，即哲学家和城邦之间的重大分歧。通过苏格拉底的学生柏拉图的著作，我们了解了苏格拉底试图推广的思想，知道善政是不现实的，"除非哲学家成为国王，或者国王和统治者开始追求哲学。"他清楚这两种情况都不可能发生，因此，好的政府归根结底只是一个梦想。更为复杂的是，希腊哲学有两种截然不同的流派——

前苏格拉底派和智者派。

由苏格拉底之前的哲学家组成的前苏格拉底派是最古老的哲学流派。前苏格拉底主义者提出问题，"隐藏在表象世界背后的是什么？万物来源于何处，是如何运作的？宇宙中是否存在普遍真理或事物本原？"从某种意义上说，他们是研究事物本质的科学家，并得出了一些非凡的见解。

毕达哥拉斯（约公元前570年至公元前490年）就是这样一位前苏格拉底的思想家。他的理念是：天体按照数学比率移动，这些比率也同样控制着音程，从而产生了后来的"天体和谐论"。另一位哲学家留基伯（公元前5世纪）率先提出了原子学说，即世间万物都是由不可分割的粒子和真空组成的。色雷斯的德默克利斯（约公元前460年至约公元前370年）将这一理论深入应用到精神层面。德默克利斯教导说，一切情感和想法，还有物质上的味觉、视觉和嗅觉都可以通过我们脑中原子的运动来解释。以弗所的赫拉克利特（约公元前540年至约公元前480年）提出世间万物的不稳定性。他表示，尽管这个世界上有一种基本的形式和导向力引导着事物的进程，但变化和不稳定性才是现实的基础。这个概念后来出现在《圣经》的《约翰福音》中。

苏格拉底继承了希腊哲学的第二个流派，即智者流派，字面意思是"智慧的人"。不再问"我们知道什么"，而是"我们如何知道自己以为自己知道什么"，最重要的是"我们怎么能相信我们自认为知道的东西"。换句话说，智者派不是把注意力集中在自然界，而是集中在人的思想上，充分认识到思想的许多弱点。智者派致力于我们所称的人道主义，即关注人类的行动，政治行动是最重要的行动之一。

普罗塔哥拉斯（约公元前485年至公元前410年）是代表性的智者派哲学家，他提出了最著名的希腊格言之一："人是万物的尺度。"他认为，定义现实的不是神明，更不是某种神圣的、包罗万象的力量，而是每一个独立个体。智者派认为每个观点都有两面性，普罗塔哥拉斯对神的态度是一个典型例证："我不知道他们是否存在，也不知道他们是否不存在。"

智者派哲学家是四处游历的老师，他们用智慧换取报酬。伯里克利拥护他们，欢迎出类拔萃者来雅典。他们虽然不是希腊人，但在希腊城却享有很高的声誉。他们的最终目标是教授政治艺术。他们对修辞的强调以及他们对神话、传统和习俗的批判性研究，让他们显得愤世嫉俗。因此，他们的论证被称为诡辩。

苏格拉底和智者派

苏格拉底鄙视智者派的一切，除了他们对修辞辩论的嗜好，因为这是他的主要演说内容。他漫步在雅典街头，与他的同胞们进行对话，常常尖刻又不失机智地抨击他们的立场如何不合逻辑。他运用辩证法。与智者派不同的是，他拒绝为自己的教导索取报酬，但与他们一样，他敦促他的同胞不要把个人观点误认为真理。他知道，我们的信仰大多建立在公众偏见和历史事件上。他与智者派最大的不同点在于他对道德行为的强调。对智者派而言，真、善、义是相对的东西，取决于具体情况或个人观点。

对苏格拉底来说，对真、善、义三者真正含义的理解是美德的前提，而这些事物的意义并不是相对的。更确切地说，其真正含义储存于心灵，这是智慧和人格的所在地。他认为，通过归纳推理，我们有可能理解人类努力追求的理想。若没有城邦民主和言论自由，苏格拉底和智者派都将不复存在。甚至在伯里克利统治时期，雅典城内保守主义者就指控智者派存在渎神行径。他们质疑一切，从神明的权威到法律的约束，挑战了民主制度的稳定。当民主结束时，雅典对苏格拉底的判决也就不足为奇了。他是民主最伟大的捍卫者，即使城邦已经抛弃了其最伟大的创举，他自己也永远不会背叛它。因此，他选择了死亡。

柏拉图的《理想国》和理想主义

目前研究表明，苏格拉底本人从未写过一个字，他的思想通过柏拉图（约公元前428年至公元前347年）的著作为人所知。因此，我们所认识的苏格拉底也许是柏拉图想要塑造的形象，而当我们读苏格拉底的文字时，我们更多的是在接触柏拉图的思想，而不是苏格拉底的思想。

从柏拉图笔下的苏格拉底可以看出，这两位哲学家作为师生，拥有很多共通之处。他们都相信心灵是永恒不朽、始终如一的，认为我们都能够记住灵魂的纯粹状态，但柏拉图同时也在几个重要方面发展了苏格拉底的思想。柏拉图的哲学体现了理想主义，即追求纯粹思想的永恒完美，不受物质现实的污染。他相信，在日常经历之外，存在着一个无形的世界，有着永恒的理念。灵魂则被困在物质世界和肉体中，对这一高级世界知之甚少。学生通过一系列的脑力练习，从学习数学开始，思考正义、美丽和爱的理念，从而达到一定的理解水平，获得更高知识。

苏格拉底之死使柏拉图深感不安。不是因为与苏格拉底看法相异，而是因为死刑判决的不公正。柏拉图思想的成果是《理想国》。在这部作品里，柏拉图概述了他的理想中的国家。只有受过高等教育的精英阶层才能定义善。在《理想国》的"洞穴寓言"中，苏格拉底向柏拉图的哥哥格劳孔讲述了灵魂在理解更高理念时遇到的困难。苏格拉底说，善的理念是"所有美好和正确事物的创造者，是这个有形世界中光与其主宰的来源，是理智和真理的直接源泉；而且……无论是在公共生活还是在私人生活中，理性行事的人都必须牢牢抓住这种力量。"因此，善的理念类似于对上帝的共同认识。然而，一旦理解了善，智者就会在不了解善的人面前显得愚蠢。柏拉图认为，统治权力应该交给这些被赋予智慧的个体。

从很多方面来看，柏拉图理想的国家是反动的——它反对智者派的个人主义和自我扩张。柏拉图眼中的智者将会统治极权主义政体，而柏拉图本人对此无动于衷。他相信这些智者的善会战胜他们潜在的专制权力。与那些意图满足私欲的统治者比起来，一个理智的哲学家国王无疑优越得多。

生活在柏拉图的"理想国"中确实会很沉闷：不允许性行为，除非是为了繁衍，每个人都要接受身体和精神的训练；尽管柏拉图主张理性追求美的理念，但他并不拥护艺术；他谴责特定类型的欢快音乐，因为它们影响的不是观众的理性，而是身体的情感和感官。他还谴责雕刻家和画家，认为他们的作品表现的仅仅只是表象。画家和雕塑家创造的形象只带来感官体验。于是柏拉图把他们逐出了"理想国"，因为他们在国家内部造成紧张。诗歌也遭到禁止。

人民剧院

酒会中的酒神特性暗示
着希腊戏剧的起源。戏剧原
本是酒神狄俄尼索斯的崇拜
仪式。参加这一仪式的一支
歌队通常会与另一支歌队或
一位领袖（如牧师）互动对
话，后者可能代表酒神狄俄
尼索斯。这些对话通常发生
在狂欢的舞蹈和歌声中。性
规范是当时的规矩。制作于

图 2.31

6 世纪中叶，一个用于盛酒的双耳瓶上（图 2.31）有五个萨蒂尔，这是具
有山羊或马特征的小神灵，四个在制作葡萄酒，一个在演奏乐器。上方的
饰带中描绘的是狄俄尼索斯本人，他坐在萨蒂尔和美纳德的狂欢乐队中间，
与狂热的美纳德大肆寻欢作乐。

这种行为催生了希腊戏剧的三种主要形式之一，羊人剧，通常作为一
天的压轴。它是一种滑稽剧，即讽刺喜剧，演员们扮成生殖器夸张的萨蒂尔，
通过胡作非为来纪念"混乱之王"狄俄尼索斯。

喜剧

与羊人剧密切相关的是喜剧。喜剧轻松有趣，旨在取悦观众。这个词
来源于 komos，一种阳具舞。喜剧中，没有什么是神圣的，它自由地诽谤、
丑化和嘲笑政客、将军和其他公众形象，尤其是神明。在希腊文化中，外
国人和妇女一样，总是受到特别的虐待。事实上，按照现代标准，这些戏
剧充满了种族主义和性别歧视。我们对希腊喜剧的了解大多来自两处：花
瓶画和剧作家阿里斯托芬的戏剧。

公元前 4 世纪时，喜剧动作是意大利佩斯顿花瓶画家的最爱，他们描
绘的演员戴着面具，穿着奇装异服，大腹便便、丰乳肥臀，生殖器巨大。

这些花瓶描绘的戏剧滑稽粗俗，严重依赖于视觉上的噱头（图 2.32）。

阿里斯托芬（约公元前 445 年至公元前 388 年）的作品是唯一幸存下来的喜剧，他的 44 部戏剧中只有 11 部流传下来。其中，《利西翠妲》最为著名，故事发生在伯罗奔尼撒战争期间，一位雅典妇女说服了雅典和斯巴达的妇女，在签署和平条约之前不与丈夫发生性关系。它于公元前 411 年首次演出，比斯巴达战胜雅典早 7 年，旨在让雅典人和斯巴达人时刻铭记他们共同的传统，放下武器。在战争背景下，剧中的行为对雅典观众来说显得荒谬可笑，因为他们对未来一无所知。

图 2.32

悲剧

希腊剧作家真正擅长的是悲剧。像喜剧一样，冲突是悲剧的基础，但是悲剧的张力——谋杀和复仇，犯罪和报复，骄傲和谦逊，勇气和怯懦——为其带来更严肃的后果。悲剧使人们得以探索现实和道德深度。这种戏剧形式也起源于酒神祭。但悲剧的严肃性与其起源并不矛盾。酒神狄俄尼索斯也是永生之神，其追随者相信死后有来世，就像葡萄藤年复一年地再生一样。如果说悲剧有一个主题，那就是死亡——活着的人可以从死者身上学到教训。

在酒神祭祀仪式里的歌队结构保留下来了，成为悲剧的一个重要元素。泰斯庇斯在公元前 6 世纪首次登台扮演角色。他重新定义了歌队的作用。在英文中，“悲剧演员”这个名词就来自泰斯庇斯的姓名。首先，演员会问歌队一些问题，可能是“告诉我下面发生了什么”诸如此类，但是两个、三个，甚至四个演员出现在舞台上时，歌队开始评论他们之间的相互作用。这样，歌队起到了一个作为演员和观众之间纽带的经典功能。尽管到公元前4世纪，歌队的角色明显削弱了，但它仍然是人们象征性的声音，表明他们的表演对整个团体来说非常重要。

希腊悲剧往往以个人与社会之间的摩擦为主题，同时也讨论社会和神明意志之间的摩擦，通常表现为剧中主人公的软弱或"悲剧缺陷"，使角色与社会、神明或代表意志对立的对手发生冲突。单一事件在一天内引发后果，带来一连串危机，使观众身临其境。

暴君皮西特拉图斯的统治时期，所有戏剧定期演出。每年三月，葡萄树复苏时，都会举办为期一周的悲剧表演竞赛节"城市酒神节"。一月份还会举办另一个喜剧节。在狄俄尼雅城，戏剧以四部曲的形式演出，都是由同一名作家所作，其中三部是悲剧，白天演出，第四部是羊人剧，晚上演出。观众多达14000人，他们的评价决定了哪些戏剧获奖。奴隶、外邦人和妇女也同市民一起参与评判过程。

埃斯库罗斯

虽然许多希腊剧作家都创作悲剧，但只有埃斯库罗斯、索福克勒斯和欧里庇得斯的作品流传了下来。埃斯库罗斯（约公元前525年至公元前456年）是三人中年龄最大的，据说波斯战争期间曾在雅典军队服役，并参加马拉松和萨拉米斯战役。他13次获得城市酒神奖。埃斯库罗斯将悲剧演员数量增加到三个，他的歌队使人们开始重视行为背后的道德准则。他也能够充分利用舞台设计和服装，让戏剧呈现绝佳的视觉效果。他名为《奥瑞斯提亚》的三部曲，是我们现有的四部曲中唯一完整的一套。

该剧中，迈锡尼国王阿伽门农被他通奸的妻子克吕泰涅斯特拉谋杀，他们的孩子奥瑞斯忒斯和伊莱克特拉为父报仇。第一幕名为"阿伽门农"：特洛伊战争中，阿伽门农为了保证天气良好而牺牲了他的女儿伊菲格尼娅，为了为女儿复仇，也为了和爱人结婚，克吕泰涅斯特拉杀死了她的丈夫。第二幕名为"奠酒人"：为了替父报仇，奥瑞斯忒斯杀死了阿吉斯托斯和他的母亲克吕泰涅斯特拉。后来，奥瑞斯忒斯被复仇女神追杀，复仇女神是喀托尼亚神（意为是"大地之神"，是希腊万神殿的一个分支，与奥林匹亚神，即"天"神相对），负责惩罚家庭中的错误和流血罪行。在最后一幕"福神"中，复仇女神组成歌队，结束了这看似永无止境的死亡循环。在这部剧中，雅典设立了一个法庭来审理奥瑞斯忒斯的案件，赦免了他的弑母罪，雅典娜亲自投下了决定性的一票。

戏剧中的暴力行径没有呈现在舞台上，而是从歌队或信使的口中传达。埃斯库罗斯三部曲的伦理性体现在文明和法律的胜利，代表盲目复仇的复仇女神转变为欧米尼德斯，即"善良的人"，他们的黑暗力量转向光明。

表演场地

在暴君庇西特拉图斯的统治时期，戏剧是在露天广场上的一个开放场地演出的，叫作欧基斯特拉（意为"舞蹈场地"）。观众坐在放置于可移动脚手架上的木板上。公元前5世纪，脚手架有一次倒塌了，许多人受伤。雅典人建造了一个新的剧场，专门用来纪念狄俄尼索斯。剧场位于雅典卫

图 2.33

城一侧的山坡上，离露天广场很远，在帕特农神庙下方。从建筑结构上看，它类似于公元前三世纪早期建于埃皮达龙的剧院（图 2.33），这是所有希腊剧院中保存最为完好的。

艺术家们常常为剧院画舞台布景，有证据表明他们对透视画法至少有基本了解（尽管在公元前 300 年欧几里得的《光学理论》问世之前，几何知识并不能完全支持透视空间的实现）。艺术家与雕塑家目标一致：尽可能接近现实。我们从文字资料中得知，公元前 5 世纪，画家佐克斯"发明"了一种方法来塑造人物并给其上色。传说他笔下的葡萄以假乱真，以至于鸟儿都想吃掉它们。人们也希望戏剧布景至少有这种程度的逼真。

希腊化世界

希腊的政治、哲学和艺术如何反映其价值观？

无论是戏剧带来的情绪冲击，还是音乐带来的感官享受，都表明人们对情感表达的日益重视。希腊文化中，情感表达已经与古典艺术追求的平衡和谐地位相当，有时甚至更胜一筹。公元前 4 世纪和公元前 3 世纪的希腊化时代，希腊文化试图理解的真理不再那么理想泛化，而更加服从于经验，也更加注重个体，这种转变在亚里士多德（公元前 384 年至公元前 322 年）提出的新经验主义哲学中表现得尤为明显，亚里士多德对现实世界的研究挑战，甚至取代了柏拉图的理想主义。然而，这种全新审美标准的地位得以凸显，要归因于马其顿的亚历山大，他英勇无惧、令人敬畏，被称为亚历山大大帝（公元前 356 年至公元前 323 年）。亚历山大解放了情感，激发了整个民族，甚至整个西方世界的想象力，把处于希腊化时代的希腊树立为所有文化自我评价的典范。

亚历山大大帝的帝国

亚历山大是马其顿腓力二世（公元前382年至公元前336年）的儿子，马其顿位于希腊北部，相对落后，那里的居民说着雅典人听不懂的希腊方言。伯罗奔尼撒战争之后，腓力意识到希腊城邦一片混乱，便于公元前338年打败了雅典底比斯联军，统一了除斯巴达外的整个希腊。他随后将注意力转向波斯。公元前336年，腓力遭到刺杀，亚历山大很快掌权。

在征服底比斯之后的两年内，亚历山大跨越海勒斯庞特海峡，进入亚洲，并在伊索斯战役（位于现在土耳其伊斯肯德隆以北）中击败了波斯的大流士三世。这场胜利推进了腓力的计划，让波斯人为其在伯罗奔尼撒战争中的入侵付出了代价，也让他离征服亚洲的目标越来越近。及至公元前332年，亚历山大征服了埃及，在尼罗河三角洲建立了伟大的亚历山大城。他随后回到美索不达米亚，在那里，他再次打败了大流士三世，进入了巴比伦和苏萨，所向披靡。亚历山大为阿卡德神马尔杜克献上贡品，接着向波斯首都波斯波利斯进发。他掳走了该城的皇家宝藏之后，便烧毁了这座城市，随后进入了今天的巴基斯坦。

亚历山大的目标是印度，他认为印度面积较小，如果他穿过这个国家，就会出现他所谓的海洋和一条回家的捷径。在公元前326年，他的军队到达了印度旁遮普。在亚历山大的领导下，军队已经顺利行进了17000千米，摧毁了许多古老的帝国，建立了新的城市，创造了有史以来世上最大的帝国。

公元前326年，亚历山大和他的军队到达印度河岸，遇到了一种长久以来令他心驰神往的文化。亚历山大的老师亚里士多德和更早的希罗多德听说，印度是东方最遥远的国度，更远处是环绕世界的无边海洋。亚历山大首先驻扎在塔克西拉（现巴基斯坦首都伊斯兰堡以北32千米）。在那里，俄墨斯王用200他连得单位的银子、3000头牛、10000只羊和30头大象迎接他，并给予亚历山大700名印度骑兵和5000名印度步兵，以支持他的军队。

这期间，亚历山大结识了印度哲学家卡拉努斯。他在卡拉努斯和其他印度哲学家身上看到了他高度重视的智慧和学识，与希腊哲学有着明显的共通之处。这一接触无疑开启了东西文化相互融合的漫长历史。

但与此同时，军队在印度遭遇了大象，其庞大的体积令人头痛。在塔克西拉以东，亚历山大的军队成功击败了一支拥有 200 头大象的军队，属于国王普卢斯。据传，在更远的东方，他们下一个潜在对手恒河王国拥有 5000 头大象。亚历山大恳求他的军队：“狄俄尼索斯，生于神圣，历尽艰险——而我们有过之而无不及！……那么，继续前进吧，让我们的帝国完全覆盖亚洲的版图。”军队拒绝妥协。亚历山大的征服之旅就这样结束了，他沿着印度河顺流而下，建立了后来被称为卡拉奇的城市。回程中，他在巴比伦高烧不止，于公元前 323 年去世。亚历山大的一生是短暂的，但他对艺术的影响源远流长。

走进希腊化时代艺术：古典晚期的雕塑

在亚历山大时代，雕塑兴盛起来。公元前 404 年，斯巴达打败雅典之后，希腊艺术家们延续了菲迪亚斯和波利克里托斯的古典风格，但他们对其进行了微小的调整。尤其值得注意的是，人们愈发喜爱安静、梦幻和沉思的形象，这逐渐取代了 5 世纪古典主义特有的高贵和漠然。利西普斯、普拉克西特利斯和斯科帕斯是那个时代最受尊敬的雕塑家，斯科帕斯则以活力四射、情感丰富的高浮雕雕塑而闻名，但他的作品几乎都没能流传至今。相比之下，另外两位雕塑家的作品更广为人知。

图 2.34

利西普斯的英雄雕塑

亚历山大聘请利西普斯（公元前 4 世纪出名）为他雕刻所有个人雕塑。虽然亚历山大在统治早期对底比斯人心狠手辣，但他还是广受希腊人的爱戴。在他的有生之年，纪念这位年轻英雄的雕塑大量涌现，死后更是如此。几乎所有的雕塑都是模仿利西普斯的原作。亚历山大的辨识度极高——长发蓬乱、飘逸，目光炯炯有神，嘴巴微张，脖颈微倾，十分警觉（图2.35）。

利西普斯的英雄雕像经过戏剧化处理。也就是说，除了尽可能自然地再现亚历山大的外表，利西普斯还动态再现了雕塑的动作，使其栩栩如生。很可能，他也把亚历山大理想化了，为亚历山大塑像可能是为了刻意宣传。在亚历山大征服之旅的开端，这位年轻的英雄称自己为"亚历山大大帝"，而利西普斯的工作正是体现这种伟大。利西普斯挑战了波利克里托斯在《法则》一书中创造的经典比例，将头部塑造得更小，把身体塑造得更纤细，让他的

图 2.35

雕塑显得更高。事实上，他改变了雕塑的古典传统，开始探索新的可能性，最终以动感、戏剧处理和人物的复杂心理来定义希腊化时代艺术。他的作品之一《刮擦者》的原件已经丢失，在一件罗马复制品上我们可以看到，一名运动员正在用一种名为"刮身板"的工具清除身体上的油脂和污垢（图2.35）。与波利克里托斯的《长矛手》相比（图2.26），刮擦者更苗条，腿更长，躯干更短。虽然两座雕塑高度相近，但刮擦者看起来更高。刮擦者的手臂没有受到其正面造型的限制，让观众得以从侧面和正面多个角度欣赏雕塑。

图 2.36

他似乎没有受到环境的影响，而是在回忆他的运动表现。总而言之，他的身体和精神似乎都没有受到空间的限制。

普拉克西特利斯的性感雕塑

公元前 4 世纪，雅典的普拉克西特利斯与利西普斯名声不相上下。普拉克西特利斯是雅典最富有的三百人之一，这要归功于他的精湛技艺。小亚细亚斯巴达殖民地港口城市克尼多斯的居民要求他为他们雕刻守护神阿佛洛狄忒，展现其水手和商人保护者的形象。普拉克西特利斯将阿佛洛狄忒雕刻为爱的女神（图 2.36 是罗马复制品），站在浴室中，左手拿着斗篷。这座雕像是对身体的公然崇拜，其女性特征反映了对人类自然身体构造的人文欣赏。这座雕像使克尼多斯闻名遐迩，许多人前来参观。罗马学者老普林尼告诉我们，她被供奉在一座圆形寺庙里，我们能够从各个角度观察她，她很快就成为宗教关注的对象——公开的性崇拜。在原件丢失的情况下，我们很难总结其原因。

普拉克西特利斯的《克尼多斯的阿佛洛狄忒》可能是第一座描绘全裸女性的希腊雕塑，这可能是它引起轰动的原因。它将女性裸体从道德低下的标志提升为美的化身，甚至是真理本身。然而，根据艺术历史学家所述，这也是最早用于增加女性性吸引力、吸引男性注意力的艺术作品之一。普拉克西特利斯描绘的女性——宽臀、小胸、鹅蛋脸和从中间分开的头发——主宰了古代的审美标准。

亚里士多德：观察自然界

究竟是什么促使利西普斯和普拉克西特利斯以戏剧化的方式处理他们的雕塑，并赋予其人的特性，我们不得而知。不过，亚里士多德的美学哲学很可能在这一创新中发挥了作用。亚里士多德是柏拉图的学生。根据柏拉图的观点，所有的现实都仅仅反映了更高的精神真理和理想理念，我们只能通过哲学沉思略知一二。

亚里士多德对此不敢苟同。他认为现实并非理想和理念的反映，而是真实存在于物质世界中的。通过对物质世界的观察，我们可以发现普遍真理。亚里士多德观察并描述了世界的各个方面，以揭示事物的本质。他的观察方法后来被称为"实证调查"。尽管他没有创造出一种正规的科学方法，但他和其他早期的实证主义者确实确定了一些步骤来检验他们关于世界本质的理论，随着时间的推移，这些理论将为培根、伽利略和牛顿带来伟大的科学发现。亚里士多德研究生物学、动物学、物理学、天文学、政治学、逻辑学、伦理学以及各种文学表现形式。通过观察月食，他早在公元前350年就得出结论：地球是球形的，这一结论促使亚历山大穿越印度，回到希腊。他在他的《动物志》一书中描述了500多种动物，包括许多他自己解剖的动物。事实上，直到17世纪，亚里士多德对海洋生物学的贡献依然无与伦比，到19世纪，查尔斯·达尔文仍然对他赞赏有加。

亚里士多德明白建立合理的假说对解释现象的重要性。他的《物理学》一书就是要试图定义支配物质行为的基本原理——重量、运动、物理存在和自然界的多样性。亚里士多德哲学的核心是事物的本质与变化之间的关系。要探索这个世界，我们必须知道是什么使一个事物成为它现在的样子，又是什么把它与世界上所有其他事物区分开来。换句话说，什么是我们所说的物质本质？例如，是否为人并不取决于头发是否能变白，这种"偶然"的变化根本无关紧要。与此同时，我们关于自然世界的经验表明，任何对其完整的描述都要求我们考虑过程和变化——季节的变化，衰老过程中人们知识的增长，理解力的增强，等等。亚里士多德认为，对任何事物的描述都必须兼顾这两个方面：我们必须能够说出事物所经历的变化，同时又能确定其本质。因此，亚里士多德对一切事物的研究都着眼于其本质。

亚里士多德《诗学》

什么构成了文学艺术，尤其是戏剧的本质？这一问题使亚里士多德格外着迷。像其他希腊人一样，他对埃斯库罗斯、欧里庇德斯和索福克勒斯的戏剧了如指掌。在他的《诗学》一书中，他把三者的文学艺术定义为"对一种行为的完整、全面模仿"。

亚里士多德《诗学》中最重要的思想之一是卡塔西斯（catharsis）：灵魂的洗涤净化。通过戏剧得到净化的不是悲剧英雄，而是观众。就像对事物的理解会带来变化一样，卡塔西斯也是一种变化。戏剧中，观众体会到剧中人类处境的普遍性，这促使卡塔西斯的发生，舞台上的戏剧动作令他们被"恐惧和怜悯"所震撼。柏拉图认为这两种情绪都是有害的。但亚里士多德认为，观众因角色困境而产生的情感波动，说明了人类生活的脆弱和不稳定性。悲剧中发生的事情是普遍的——观众明白，这些事情随时可能发生在任何人身上。

中庸之道

在亚里士多德哲学中，动作与时间的统一、整体中部分的有序排列、恰当的比例等古典美学要素都造成了伦理的复杂分支。他以三段论（syllogism）为基础，运用哲学的方法来支持自己的哲学。三段论指从两个前提中得出结论。最著名的三段论是：

人皆有一死；

苏格拉底是一个人；

因此，苏格拉底会死。

亚里士多德的《尼各马可伦理学》（*Nicomachean Ethics*）是为他的儿子尼各马可所著，并由尼各马可编辑。希腊社会从城邦建立之初便开始追求美好生活，亚里士多德试图为这种美好生活下一个最终定义，他运用了这样的三段论：

通向幸福之路是对美德的追求之路；

对美好生活的追求是通往向幸福之路；

因此，美好生活在于对美德的追求。

亚里士多德认为，要追求美好生活，只有通过均衡的方式，称为"黄金中道"，也类似于中国人说的"中庸之道（Golden Mean）"。

请注意，"黄金中道"并非亚里士多德的用语，而是出自后来罗马诗人贺拉斯，它的意思是指两个极端行为之间都有中间立场。亚里士多德用这一理念新诲他的学生亚历山大大帝：懦弱与蛮勇的"黄金中道"就是勇气。像文学艺术作品一样，人也是通过行为被定义的："正如一位笛子演奏者，或一位雕塑家，或一位工匠，甚至任何一个有特定才能的人，看上去似乎都与人类同在……人类的才能就是灵魂的'行为'，它与理性一致。"如同"好的艺术家……都会在他们的作品中体现艺术的黄金中道"，人的灵魂也在寻求道德的黄金中道。

尽管亚里士多德的思想里充满着权衡与节制，但是在希腊文化里并没有必然反映出这位举足轻重的哲学家的均衡策略。在他强调的情感宣泄（即经历"恐惧与悲悯"以促使观众改变的价值）中，亚里士多德引入的种种价值观可以说是从公元前323年至公元前31年期间，希腊化时期的时代特征。那一时代以亚历山大之死为起点，以亚克兴海战为终点，在许多人看来，亚克兴海战标志着罗马帝国的开始。

亚历山大城

亚历山大所有首都中最为壮观的要数埃及的亚历山大城。亚历山大把所有城市都设计成文化中心，贸易和学习活动将在这里繁荣，希腊文化将从这些城市辐射到周围乡村。即使这样，亚历山大城依旧卓尔不群。

统治亚历山大城的托勒密家族建造了世界上第一个博物馆，作为学者和学生的聚会场所。博物馆附近有世界上最大的图书馆，载有 70 多万册书籍。公元前 47 年，朱利叶斯·恺撒命令军队放火焚烧托勒密的舰队，风把火焰吹到仓库和船坞，普鲁塔克声称图书馆被摧毁。我们现在知道，这座图书馆幸存了下来——公元前 1 世纪 20 年代，罗马地理学家斯特拉博还在那里工作。这座图书馆见证了希腊文明，收藏了柏拉图和亚里士多德的著作、伟大的悲剧作家埃斯库罗斯、索福克勒斯和欧里庇德斯的戏剧，以及阿里斯托芬的喜剧。亚历山大城中知识分子的活跃，使得伟大的数学家欧几里得在这里总结出了平面几何和立体几何的定理。

这座城市由亚历山大的私人建筑师、罗德岛的迪诺克拉特设计，呈网格状，外围有一堵墙，通过位于其主要街道尽头的四扇门进出。它有三个港口：其中一个与尼罗河相连，这使尼罗河得以转移其巨大的农业财富。亚历山大城是一个国际化的城市，其居民的多样性甚至超过了黄金时代的雅典。由于其人口数量在公元前 1 世纪末接近 100 万，商业成为居民的主要活动，银行进行交易。不同种族背景的人——犹太人、非洲人、希腊人、埃及人、来自小亚细亚的不同种族和部落的人——都怀着同样的目的来到这里：大赚一笔。

埃及国王托勒密一世（公元前 323 年至公元前 285 年）把亚历山大大帝的送葬列车从马其顿方向调转至埃及，表明希腊文化与埃及文化正渐渐融合。托勒密将亚历山大埋葬在孟斐斯或亚历山大城（他的坟墓从未被发现），加强了这座城市与亚历山大本人之间的纽带。卢克索的陵墓装饰运用埃及传统风格，将亚历山大刻画为埃及法老的经典形象。

帕加马：希腊化的都城

亚历山人死后没有留下指定的继承人，他的三位将军将他的帝国划分为三个部分：马其顿王国（包括整个希腊）、托勒密王国（埃及）和塞琉古王国（叙利亚和现在的伊拉克）。但是，在安纳托利亚西部，第四个较小的王国帕加马（现在的土耳其博加马）很快就声名鹊起，成为希腊文化的中心。该城由阿塔利德人统治，最初作为国库，用于储藏亚历山大征服之旅中积累下的巨大财富。从严格意义上说，它理应受到塞琉古王国的控制。然而，在尤米尼斯一世（公元前263年至公元前241年在位）的领导下，帕加马城实际上是独立的。

图 2.37

图 2.38

帕加马的图书馆

阿塔利德人建造了一个巨大的图书馆，收藏了 20 多万本抄写在羊皮纸上的雅典典籍，羊皮纸这个词源于希腊语 pergamene，意思是"源于帕加马"，指的是晒黑的皮革片。帕加马的巨额财富使阿塔利德家族能够斥巨资用建筑和艺术装饰他们的卫城。特别是在尤米尼斯二世（公元前 197 年至公元前 160 年在位）的统治下，建筑工程蓬勃发展。图书馆、剧院和体育馆都是尤米尼斯二世建造的。他可能也下令建造了如今位于柏林的宙斯祭坛（图 2.37），通往圣坛的楼梯入口有 20 米宽，近 9 米深，上升至爱奥尼亚柱廊。与帕特农神庙不同的是，其中楣高于柱廊。对观众来说，宙斯祭坛首先映入眼帘的是中楣部分，其位置使人们注意到它刻画了将近 200 个扭曲、旋转和活跃的人物。当横楣收窄并上升到楼梯上时（图 2.38），这些人物似乎打破了建筑空间的限制，爬到了祭坛的台阶上。

一种新的雕塑风格

祭坛的装饰是自帕特农神庙以来最宏大的雕塑项目，高约 2.2 米，描

图 2.39

绘了众神与巨人为争夺世界控制权而进行的战斗。巨人被描绘为蛇身，盘绕在胜利之神的脚下（图2.39）。这些人物体现了雕塑的表现主义，即试图引起观众的情感波动，这是最伟大的希腊化雕塑风格之一。利西普斯作品的戏剧效果被放大为高度戏剧感。古典艺术家寻求平衡、秩序和比例，而这道中楣上的人物扭曲身体、相互冲撞、大步向前，强调了拉开这些人物的斥力。身体旋转、帷幔漂移，穿梭于雕塑空间，浮雕立体感强，明暗对比强烈，加强了戏剧效果。最重要的是，这幅图画试图唤起人们的恐惧和怜悯之情，亚里士多德在《诗学》中指出，这种情绪会带来卡塔西斯，而不是古典艺术传统的理性秩序。

　　这块浮雕旨在庆祝帕加马成为希腊化时代的中心，成为"新雅典"。权威人士大多赞同，浮雕刻画了阿塔利德人战胜了高卢人，高卢人不会说希腊语，被认为是"野蛮"的中欧凯尔特人。他们从公元前300年开始往南迁徙，穿过了马其顿并最终定居在加拉提亚，位于帕加马东面。大约在公元前240年至公元前230年，帕加马国王阿塔洛斯一世（公元前241年至公元前197年）在战斗中击败了高卢人。正如雅典人在帕特农神庙柱间壁上刻画了其文明力量与毫无人性、野蛮至极的侵略者之间的对立（图2.30），帕加马人也将巨人刻画成无腿蛇形，甚至无法平视阿塔利德人，以此来反映高卢人的残暴。

　　阿塔洛斯一世击败高卢人后，下令塑造三个真人

图2.40

图 2.41

大小的雕像装饰帕伽蒙卫城中雅典娜·尼克佛洛斯的圣所。这些青铜雕塑可能是雕塑家埃皮贡努斯的作品，这些代表被征服的高卢人，但原件已经不复存在，我们也无法确定三者之间的关系。然而，这些雕塑明显具有戏剧特点，能够引起观众的情绪波动，这是不容置疑的。雕塑的中心（图2.40）装饰描绘了一个高卢部落的酋长，为了防止妻子被帕加马人捉住虐待，沦为奴隶，杀死了他的妻子，并将剑对准了自己。他扭动着身子，姿势具有戏剧表现力，他的双臂和身体都抬了起来，做好了自刎的准备，与他身旁倒下的妻子形成了鲜明的对比。第二个雕塑可能位于中心装饰的

图 2.42

一侧，描绘了一个受伤的号手（图2.41），从他脚边的号角、蓬乱的头发和八字须（非希腊人的特征）以及他金色的凯尔特颈环（高卢人在战斗中唯一戴的配饰）中可以看出，他明显是一个高卢人。他右胸下方受伤，死于大量出血。残酷的现实主义，以及战败高卢人的高贵和英雄主义，使这部作品成为希腊化时代表现主义的早期例证之一。

《萨莫色雷斯的胜利女神》（图2.42）是一座值得留意的希腊雕塑。这座雕塑的创作时间可以追溯至公元前300年到公元前31年之间，大量证据表明在公元前3世纪或2世纪初。大多数人都认为这座雕像旨在庆祝海军的胜利，它最初立于一艘船的雕花船头（那时候它还有手臂和头部，但除了一只手以外其他未能幸存），这艘船位于爱琴海北部萨莫色雷斯岛悬崖顶上的一个水塘里。雕塑张开翅膀，身上的长袍随风飘动，其开放的姿态和有力的线条戏剧性地平衡了其大步前进带来的动感。有光线扫过这座层次分明的雕塑时，其羽毛、织物和皮肤等材质之间的对比会更加明显。和宙斯祭坛一样，这座雕塑也反映了艺术的新趋势。这种全新的艺术形式不仅开始关注非希腊题材（比如高卢人和特洛伊人），还摆脱了古典艺术的平静和克制，取而代之的是探索、体验人类情感的自由。

回顾

2.1 概述基克拉迪、米诺斯和迈锡尼文化对后世希腊人自我意识的影响。

后来的希腊人认为他们的现代文明起源于爱琴海岛屿的文明。基克拉迪艺术开始于高度简化的新石器时代的雕像。后来，可能受到南方米诺斯文化的影响，描绘日常事件的精致壁画发展了起来。米诺斯文化的独特之处在于其对公牛的重视，这与米诺斯和米诺陶洛斯的传说有关。米诺斯文化中，象征克诺索斯米诺斯宫殿的双斧也是独一无二的，克诺索斯宫殿的复杂布局导致了"迷宫"一词的产生。公元前1450年，来自希腊大陆的迈锡尼战士入侵克里特岛。有大量的考古证据表明，他们很久以前就重视米诺斯人的艺术，并与米诺斯人进行贸易。但从表面上看，两种文化完全没有共通之处。那么米诺斯文明和迈锡尼文明有什么不同？

公元前 800 年左右，荷马创作了史诗《伊利亚特》和《奥德赛》，这些故事已经口头流传了好几代。《伊利亚特》描述了希腊英雄阿喀琉斯的愤怒及其在公元前 1200 年迈锡尼和特洛伊之战中造成的后果。《奥德赛》讲述了希腊指挥官奥德修斯踏上冒险旅程，回到他忠实的妻子佩内洛普身边。这些故事，以及诸如人身牛头怪之类的传说，是希腊人的考古，即了解自己过去的方式。《伊利亚特》和《奥德赛》是如何体现阿雷特的价值的？

2.2 了解城邦的定义，说明其如何反映希腊文化价值观。

由于希腊地形多山，其乡村地区彼此分离，逐渐开始形成一个个社区——城邦。在德尔菲、奥林匹亚，甚至在殖民地，如意大利半岛的佩斯顿，城邦居民聚集在圣所，向他们的神表示敬意。这些圣所在希腊文化的发展起到了什么作用？

2.3 了解伯里克利如何开启和影响雅典的黄金时代。

公元前 5 世纪，政治家伯里克利主宰了雅典人民的政治生活。伯罗奔尼撒战争早期，在纪念战争亡灵的葬礼讲话中，他宣称雅典人在各方面的努力都是"卓越的"，是整个希腊的榜样。你认为伯里克利对希腊人自我意识的发展有何贡献？

雅典雕塑艺术达到鼎盛，其自然主义倾向愈发明显，同时体现了越来越完美的比例感。雅典卫城中的雕塑艺术更为精妙绝伦，伯里克利在城中建立了一个庞大的建筑项目，包括多利克柱式的最佳表达：帕特农神庙。你如何定义希腊雕塑所反映的美？又如何定义希腊建筑中体现出来的美？为什么我们称这部作品为"经典"？

伯里克利还倡导雅典的哲学实践。在他的影响下，雅典继承了两种截然不同的哲学传统，一种是前苏格拉底学派，旨在描述自然宇宙；另一种是智者派，旨在理解人类"认识"自身的本质。伯里克利对智者派的兴趣尤为强烈，这是为什么？然而，苏格拉底非常抵触智者派。苏格拉底的哲学与智者派的哲学有何不同？苏格拉底从未亲自写过一个字，但他的学生柏拉图记录下了他的思想。柏拉图在《理想国》中对苏格拉底的思想做了何种延伸？

希腊戏剧起源于与酒神狄俄尼索斯有关的仪式。希腊喜剧和希腊悲剧在哪些方面反映了这一共同的起源？歌队在悲剧中扮演什么角色？悲剧最常利用的张力是什么？

2.4 从政治、哲学和艺术的角度描述希腊世界的价值观。

亚历山大大帝影响广泛，势力遍及北非、埃及、中东，甚至远至印度次大陆，建立了世界上有史以来最大的帝国。在他的统治期间，雕塑作为一种媒介蓬勃发展，利西普斯和他的主要竞争对手普拉克西特利斯是当时的两位雕塑大师。你能比较一下两位艺术家的作品吗？他们在雕塑艺术方面引入了什么新的潮流，后来的希腊化时代雕塑家是如何利用这股潮流的？

亚历山大的导师、哲学家亚里士多德强调经验观察对于理解世界的重要性，将事物的本质和时间为其带来的变化区分开来。你如何比较亚里士多德哲学和柏拉图哲学？亚里士多德的《诗学》如何影响后来希腊化时期的雕塑？

延续和变化：罗马和希腊化时代的文化

罗马的起源可以追溯到特洛伊勇士埃涅阿斯。特洛伊战争结束后，埃涅阿斯远航，为他的人民建立一个新的家园。罗马诗人维吉尔（公元前70年至公元前19年）于生命中最后十年写下了一部史诗《埃涅阿斯纪》，歌颂埃涅阿斯的旅程，描绘了支持希腊的众神如何惩罚特洛伊的祭司拉奥孔，因为祭司警告了他的同胞不要接受希腊人送的木马"礼物"：

我甚至现在还在发抖，

回想起来，有两条蛇，

身形巨大，比肩大海，

一起游向岸边……

径直冲向拉奥孔。

每条蛇用身体分别缠住他的两个小儿子，

毒牙牢牢地咬住他们可怜的身体。

牧师手里拿着武器，挣扎着解救孩子。

他们抓住了他，缠住了他，力量巨大。

他们一起缠在他的手臂和脖子上，

鳞片狠狠挤压，立在他头顶，

狠扭他试图解开绳结的手。

他头顶的花环血迹斑斑，被黑色毒液浸染。

他叫声可怖，不像来自人类，

而更像受伤公牛的咆哮。

目标错误的斧头，

逃离了圣坛，瑟瑟发抖。

　　维吉尔在写《埃涅阿斯纪》时，可能已经见过了《拉奥孔和他的儿子们》（图 2.43），这座雕像雕刻于公元前 150 年左右。（有些人认为这尊 1506 年在提图斯皇帝宫殿的废墟中发现的雕像只是复制品，而原件已经丢失。）无论如何，这座雕塑的戏剧特点和表现主义都是希腊化时期雕塑风格的特点，其元素的复杂交织和对角运动也让人想起帕加马宙斯祭坛的中楣上，雅典娜与巨人们的斗争。

　　虽然罗马在公元前 146 年征服了希腊，希腊至少在文化上可以说是"统治"了罗马。罗马文化完全是希腊化的。事实上，本书展现许多希腊艺术作品都不是希腊原件，而是后来的罗马复制品。奥古斯都皇帝（公元前 27 年至公元前 14 年在位）试图把罗马变成伯里克利笔下的雅典。利西普斯的一件雕像作品是提比略皇帝（14 年至 57 年在位）的最爱，提比略将其从公共展览中除名，放在了他的私人卧室里。公众愤怒至极，他们认为这尊雕像不是属于皇帝个人的。因此，他被迫归还雕像。后来的罗马皇帝，尤其是卡利古拉和尼禄，为寻找艺术品而劫掠了德尔菲 和奥林匹亚。

　　归根结底，罗马的骄傲并不在艺术领域。"其他民族，"维吉尔在他的诗中写道，"毫无疑问，能够更好地塑造青铜。"他得出结论：

图 2.43

　　　　罗马人啊，你们要记住，

　　　　要依法治国，

　　　　要走向和平，要打倒骄傲的人，

　　　　要饶恕谦卑的人。

　　　　这些才是我们的艺术，永恒的骄傲。

图 3.1

CHAPTER 3

第 **3** 章

帝国

罗马、中国和印度的城市生活和尊贵皇权

学习目标 >>>

◎了解罗马帝国的特征、双重起源，以及
罗马共和国对其的影响。

◎了解中国早期文化中蓬勃发展、相互竞
争的思想流派——道家、儒家和法家，总结其
影响。

◎讨论印度教和佛教对印度文化的影响。

罗马帝国中，被完整发掘的城镇仅在少数，塔穆加迪（今阿尔及利亚提姆加德）是其中之一，这片遗址包含的罗马文明元素，不逊于任何一座城市。它建立于公元前100年，是罗马军团退役士兵的殖民地，正是这些士兵让帝国得以在非洲地区不断扩展边界。虽然在几个世纪里，罗马在不同的统治下秩序混乱、曲折前进，但塔穆加迪是一座全新的城市，是罗马和罗马秩序的典范。城市以罗马军营网状结构为基础，分为4个城区，边界明显，由东西和南北两条干道（竖有成列柱子的宽阔大道）隔开（图3.1），交叉处有一个城市广场。该镇有111座独立的公寓楼，拥有各种便利设施：14个公共浴室、一个图书馆、一个剧院和几个市场，其中一个只售卖服饰（图3.2）。

罗马人试图"罗马化"整个世界，塔穆加迪因此诞生，这是帝国的象征。到公元前3世纪中叶，罗马试图控制整个地中海及其财富。罗马的军事活动催生了这些城市以及城市中的圆形剧场、神庙、拱门、道路、城堡、渡槽、桥梁和各式各样的纪念碑。罗马文化不断蔓延，北至苏格兰，南及撒哈拉沙漠绿洲，西跨小亚细亚洲到伊比利亚半岛，东达底格里斯河，各地贵族开始沿用罗马习俗。罗马法律也将各个地区归于其统治之下。作为文化中心，罗马影响广泛，周边地区竞相模仿。

由于帝国的贸易网络不断扩大，市场得到扩张，带来更多的经济机会，被征服的百姓

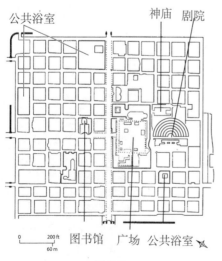

图 3.2

往往会服从其统治者。但最重要的是，在罗马这样的帝国中，不同的文化、宗教、哲学和艺术相互融合、相互影响。罗马虽然向整个地中海强制输出了其意识形态和生活方式，地中海文化也反过来影响了罗马。可以说，帝国是文化全球化的第一步。

无论是哲学还是雕塑方面，罗马对希腊的文化成就钦佩有加。正如我们所见，罗马自己的艺术从希腊化时代的希腊艺术发展而来。但罗马人也为自己的艺术成就感到自豪，他们的艺术与希腊艺术有一些重要的不同之处。罗马艺术家没有描绘神话故事和英雄，而是描绘时事和真实人物，从将军和他们的军事功绩，到领导人和刚刚辞世的公民。他们从子民的角度，用艺术赞颂国家的成就，使全世界都能对他们的国家感到敬畏。塔穆加迪这样的城市和罗马纪念碑就代表了这种成就。

罗马文明的兴起可追溯至公元前6世纪的希腊和伊特鲁里亚，结束于公元前313年罗马帝国被基督化。罗马文明基本形成时，在中国和亚洲次大陆印度的河谷地区，其他帝国也于同一时间开始崛起。在中国和印度，民族文学兴起，宗教和哲学探索至今仍在继续，影响波及世界；但那时候的东方和西方还没有相遇。生活在地中海沿岸的人和生活在黄河、印度河流域的人彼此孤立。随着贸易路线横跨整个亚洲大陆，这些文化最终会交汇。渐渐地，印度思想，尤其是佛教，会流入中国，而中国商品也会运往西方，古代中国和印度的意识形态发展，从道教、儒教和佛教，都将影响西方世界的文化探索。但在本章研究的大部分时期里，中国和印度的文化都是独立于西方国家发展起来的，直到大约公元前200年。

罗马

罗马帝国有哪些特征，这些特征如何反映其双重起源和共和国特性？

罗马文化的起源是有双重性的。一方面，希腊人早在公元前8世纪就

图 3.3

在意大利半岛和西西里岛南部沿海地区建立了殖民地，罗马人沿袭了希腊文化。另一方面，伊特鲁里亚人也对此有所贡献。关于伊特鲁里亚人到底是土生土长的意大利人还是来自近东的移民，学者们众说纷纭。公元前 9 世纪和公元前 8 世纪，伊特鲁里亚人因其矿产资源而闻名于世，到了公元前 7 世纪和公元前 6 世纪，他们成为精美彩陶的主要出口者，这是一种名为布克凯洛的黑色陶器，他们还大量出口青铜制品、珠宝、石油和葡萄酒。到公元前 5 世纪，他们因精湛的青铜和赤陶土雕刻技艺闻名于整个地中海。

伊特鲁里亚占据了意大利半岛的一部分，与现在的托斯卡纳半岛大致相同，其北是阿诺河（流经佛罗伦萨），南部是台伯河（流经罗马）。罗马在两种文化中发展起来。事实上，罗马的地理环境本不利于建立城市。罗马位于台伯河东岸的丘陵地带。它的低洼地区是沼泽地，容易被洪水淹没，而山坡上不易建造房屋。台伯河为罗马最初的选址提供了一个合理的解释：它为城市提供了一条向北的贸易路线，并通过其南部的奥斯蒂亚港流向大海。靠近波图努斯神庙的台伯岛也起到了相似的积极作用，这是早期河流的一个主要交汇点。因此，不管从地理角度还是文化角度，罗马都是伊特鲁里亚文化和希腊文化的交汇点。

以罗马建立为主题的神话各不相同。第一个例子体现在维吉尔的《埃涅阿斯纪》中，讲述了特洛伊战士埃涅阿斯建立罗马城的故事：特洛伊战争结束后，埃涅阿斯乘船远航，为他的人民建立一个新的家园。另一个例子来自伊特鲁里亚人。传说，一对名为罗穆卢斯与雷穆斯的双胞胎婴儿被抛弃在台伯河岸上，一匹母狼救了他们（图 3.3），给他们喂奶。受到牧羊人的抚养，这对双胞胎决定在帕拉蒂诺山上建一座城市，正好位于他们得救位置的上方。不久后，这两个男孩便开始为这座新城市的统治权而争吵不休。在《罗马历史》一书中，罗马历史学家利维（公元前59年至17年）简要描述了随后发生的冲突：接着是一场愤怒的争吵；兄弟俩发生了激烈的冲突，刀兵相见，血流不止；骚乱中，雷穆斯被杀死。更常见的说法是，雷穆斯轻蔑地跳过了新修的城墙，立刻被愤怒的罗穆卢斯杀死，后者大声宣布："从今以后，每一个跳过城墙的人都将有相同的下场。"罗穆卢斯因此成为唯一的统治者，这座城市以他的名字命名。

传说中，罗马建立的日期是公元前753年。

罗马共和国

到维吉尔时代，关于罗马建立的希腊神话和伊特鲁里亚神话已经融为一体：传说，埃涅阿斯之子在罗马以南建立了阿尔巴隆加城，受到不同国王统治，直到罗穆卢斯将其归于罗马控制下。

人们普遍认为，罗穆卢斯开创了罗马传统的等级划分，区分了贵族、地主贵族（牧师、治安官、律师和法官）以及平民阶级（工匠、商人和劳工）。公元前510年，罗马人驱逐了最后一个伊特鲁里亚国王，决定自治，贵族和平民的状况与公元前5世纪雅典的情况非常相似：少部分贵族拥有肥沃土地和大量地产，大部分公民则属于工人阶级。

在罗马，每个自由的男性都是公民，这一点与希腊相同。但受到伊特鲁里亚文化影响，并非每个公民都享有平等权。元老院是负责制定法律的议会，只有贵族能够参与。

图3.4

相应地，平民组成了他们自己的立法会，即"平民大会"，以保护自己的权利免受贵族侵害，但对于平民大会上通过的任何法律，即"全民公决"，贵族不受其约束。直到公元前287年，全民公决开始对全体公民产生约束作用，保证了公民之间的大致平等。

公元前509年，伊特鲁里亚国王被逐出，位于卡比托利欧山的朱庇特神庙建成，人们开始如实纪录罗马发展的历史，并开启了罗马的共和国时代，其政治组织视公民为立法权和主权的最终来源。许多人认为伊特鲁里亚人的青铜头像（图3.4）是罗马共和国的创始人和第一任执政官卢修斯·朱尼厄斯·布鲁特斯的肖像，但肖像实际上制作于布鲁特斯死后约100至200年，更可能代表一种高贵的"类型"：一位罗马开国元勋的假想画像，即"父亲"，贵族一词便来源于此。这个角色是通过人物的坚定品格和强大意志来塑造的。

在罗马共和国，每一位平民都选择一位贵族作为他的庇护人，事实上，大多数贵族本身也受到一些地位更高的贵族庇护，庇护的职责是在法律方面代表平民；并提供各种援助，尤其在经济方面。这种家长式的关系，我们称之为庇护制，反映了家族在罗马文化中的核心地位。庇护人庇护的不仅是他的妻子和家人，还有他的被庇护人，相应地，家人和被庇护人对庇护人完全服从，罗马人称之为"虔敬"。这种制度根深蒂固：公元前1世纪末帝国成立时，皇帝被称"祖国之父"。

罗马统治

到公元前3世纪中叶，共和国开启了一系列被称为"布匿战争"的军事行动，这让人想起了一个世纪前亚历山大的征服之旅。每当罗马征服一个地区，它都在该地建立起一个退伍军人的永久殖民地，这些退伍军人拥有分配的土地，这保证了他们作为公民享有一定的财富和地位。如果殖民地的人民忠于罗马，他们就可以获得罗马公民身份。当不参与战斗时，当地的罗马士兵从事工程师的工作，建造各种道路、桥梁，开展市政项目，极大地改善了地区境况，如阿尔及利亚的塔穆加迪（图3.1和图3.2）。因此，殖民地人民的敌对情绪得到缓和，并开始忠于罗马的统治。

罗马扩张带来了繁荣，其境内很快出现了一种新的公民：他们自称骑士阶级，以彰显他们与骑兵之间的联系。在罗马，骑兵是军队的精英，因为只有富人才能负担得起必要的马匹。骑士是富有的商人，但不一定是地主，因此不是贵族。贵族们认为骑士的商业剥削行为冷血无情，他们的财富是不义之财。很快，两个阶级间矛盾凸显，骑士与平民为伍。

元老院是贵族的据点，其权力不容任何人削弱。公元前62年，当庞培大将（公元前106年至公元前48年）经过小亚细亚反政府武装战役凯旋时，元老院拒绝批准他在该地区签订的条约，也拒绝批准他分配给士兵的土地。庞培大怒，与另外两位军事领导人形成联合，其中一位于公元前71年镇压了斯巴达克斯的奴隶起义，另一位则是盖乌斯·尤利乌斯·恺撒（公元前100年至公元前44年），一位出身于显赫贵族的军事领袖，该家族自称为埃涅阿斯和维纳斯的后裔。这一联合被称为前三头同盟。

分裂的帝国

受到内战的威胁，前三头同盟很快统治了共和国的政治生活，但他们之间的关系十分脆弱。恺撒被任命为高卢总督，也就是今天的法国，任期5年。到公元前49年，他已控制了高卢所有地区。他在《高卢战纪》中用著名的短句总结了这次征服——"我来，我见，我征服"，这句话恰到好处地抓住了罗马的军国主义精髓。当庞培与元老院联手时，恺撒正准备回国。元老院提醒恺撒，按照传统，返回的指挥官应把自己的军队留在当地，也就是在卢比肯河的高卢一侧，但恺撒拒绝了。庞培逃到希腊，一年后，恺撒在那里击败了他。庞培再次逃走了，这次逃到埃及，并遭到谋杀。在庞培丧命之前，前三头同盟的第三名成员被抓获并处决。

当时恺撒的独裁统治之路畅通无阻。他对元老院不屑一顾，在元老院内大量树敌。公元前44年3月15日，即三月半，在元老院一座纪念庞培的雕像下，他被60名元老捅了23刀。莎士比亚的英文戏剧《尤利乌斯·恺撒》纪念了这一幕：恺撒在刺客中看见他的盟友马尔库斯·尤利乌斯·布鲁图（公元前85年至公元前42年），说出了那句著名的台词："还有你吗，布鲁图？"布鲁图和其他人认为他们结束了罗马的暴政，但人民出离愤怒，元老院蒙羞，恺撒成为人们眼中的殉道者。

西塞罗与修辞政治

擅长政治说服的人举足轻重，这在政治动荡时期不足为奇。在奥古斯都时代之前的罗马，修辞学家马库斯·图利乌斯·西塞罗（公元前106年至公元前43年）就是这样一个人。首先，西塞罗认识到拉丁语与人民交流的能力。虽然拉丁语最初几乎只作为商业语言使用，但到了1世纪，拉丁语被认为是比希腊语更具说服力的潜在工具。西塞罗语言清晰、擅长雄辩，即使经过翻译，其风格也独树一帜。

半身像、虔敬和政治

上述历史背景有助于我们理解公元前2世纪和1世纪罗马的主要艺术形式：半身像，通常刻画贵族（以及希望效仿他们的中上阶层公民），而非骑士阶级。与之前的希腊艺术相同，罗马半身像展现出自然主义倾向，但更为写实，刻画出人物的每一道皱纹、每一个疣（图3.5）。这种形式的现实主义被称为真实主义（来自拉丁语 Veritas，"真相"）。这种更高程度的自然主义可能源于蜡制祖先面具，通常在人物力量达到巅峰时制成，被称为想象。这些面具之后被转移到石头上。

与希腊化时期的希腊半身像相比［利西普斯的亚历山大像（见第2章图2.35），公元前3世纪，其复制品在地中海地区大量传播］，罗马肖像塑造的人物年龄有所不同。希腊和罗马半身像本质上都带有宣传性质，旨在歌颂美德。在希腊雕塑中，亚历山大被描绘成一个处于权力顶峰的年轻人，但罗马半身像通常描绘处在或者接近生命尽头的人物。换句话说，希腊半身像

图 3.5

强调年轻人的潜能和抱负，而罗马塑像则重视年长者的智慧和经验，以"虔敬"这一根深蒂固的罗马美德为主题，要求对神、祖国和父母尽忠职守。对罗马人而言，对父母的敬爱等同于对神的虔诚，实际上是一种宗教责任。

　　如果考虑罗马半身像与亚历山大半身像的联系，那么罗马半身像描绘的是一个受到攻击的阶级，将军和骑士的崛起使他们的美德和领导能力受到威胁。换句话说，他们正是保守政治的写照。拱起的眉毛代表着他们的智慧，皱纹代表着他们的经历，自然主义风格代表着他们的性格。他们是元老院的化身，理应受到尊重，而不是被轻视。

罗马帝国

　　公元前 27 年 1 月 13 日，屋大维来到元老院前，放弃了所有的权力和领地。这是一次有预谋的行动。元老院请求他重新考虑并划叙利亚、高卢和伊比利亚半岛作为领土（这些省份恰好包含了 26 个罗马军团中的 20 个，保证了他的军事力量）。他们还请求他保留罗马领事的头衔，拥有帝国的最高权力，有权下达命令并勒令服从，权力覆盖整个意大利和之后罗马控制的所有领土。屋大维"不情愿地"同意了这些条款，元老院感激不尽，授予他半神的头衔：奥古斯都（意为"受人尊敬的人"）。从那以后，奥古斯都把自己描绘成近乎神的形象。第一门的奥古斯都像（图 3.6）是一座略大于真人的雕

图 3.6

塑，发现于罗马郊区第一门奥古斯都妻子莉薇娅家中，并因此得名。雕塑中，奥古斯都代表了其亡父对埃涅阿斯的著名训诫："依法治国，建立和平之路。"和埃涅阿斯一样，奥古斯都有义务向他的祖先展示他的虔敬，其"统治地球人民"的责任。

虽然奥古斯都的身份清晰可辨，但雕像本身仍然是理想化的。它刻画的姿势和理想比例与波利克里托斯的《长矛手》如出一辙；它的凝视使人回忆起300年之前死去的亚历山大大帝；它的右臂伸展成特定姿势——他在发表（军事）讲话；军装彰显了他总司令的身份；维纳斯女神的儿子小丘比特骑着海豚站在他的脚下，自称来自朱利安家族，拥有维纳斯和埃涅阿斯的神圣血统。虽然奥古斯都去世时已经70多岁了，但人们总是把他描绘成年轻气盛的理想化领袖，而不是一个年长而智慧的父亲角色。

奥古斯都保留了共和国的部分传统。元老院仍然在位，但奥古斯都很快消除了贵族和骑士间的区别，并提拔了所有能力过人者，无论他们出身如何。他任命一些人为行省总督，一些人为市政官，他还鼓励其他人参与政治。很快，元老院就挤满了许多从未梦想过政治权力的人。所有人都要感谢奥古斯都，他们的忠诚进一步巩固了奥古斯都的权威。

家庭生活

奥古斯都还迅速解决了他眼中的另一场危机——家庭生活的终结：那时，通奸和离婚司空见惯；城中的奴隶和自由奴隶数量超过公民数量，更不用说贵族了。考虑到城市的生活成本，家庭规模正在缩小。奥古斯都将通奸定为刑事犯罪，并通过了其他几项法律来改善家庭生活；20至60岁的男人与20至50岁的女人必须结婚。离婚妇女必须在6个月内再婚，寡妇则必须在一年内再婚；无子女的成年人需缴纳高额税收，并被剥夺继承权；贵族家庭规模越大，其政治优势就越大。奥古斯都在高卢建立罗马统治并恢复罗马和平后，建造了一座大型纪念碑——奥古斯都和平祭坛——来纪念其凯旋。他在南面的外墙上刻画了自己的家庭成员，为所有罗马公民树立榜样，包括扈从（负责守卫和服务治安官的公民阶层）、牧师、治安官、元老和其他罗马人民的代表（图3.7）。

图 3.7

　　艺术历史学家认为，墙画《奥古斯都和平祭坛》刻画了一个真实的事件，可能是公众对奥古斯都统治的庆祝（开始于公元前 13 年，当时奥古斯都 50 岁），或公元前 9 年奥古斯都的妻子莉薇娅 50 岁生日的活动。这一场景刻画透出的现实主义是典型的罗马风格：通过用浅浮雕刻画较远的人物，深浮雕刻画较近的人物，来创造空间深邃感，那些最近的人物的脚仿佛突破了建筑空间，进入了现实空间。这一技术会使观众与雕塑中的人物产生空间认同感，即奥古斯都和平是普通罗马公民享有的和平，奥古斯都家族是罗马公民大家族的象征。

　　也许最重要的是，《奥古斯都和平祭坛》为一代又一代家庭生活提供了始终如一的和平，也意味着帝国从一个统治者到下一个统治者的长治久安。浮雕描绘了奥古斯都家族的三代人，也说明了罗马社会中，妇女地位日益突出：雕刻中，奥古斯都的妻子莉薇娅站在她的继子马库斯·阿格里帕和她自己的儿子提比略、德鲁索之间，将一家人团结在一起。

　　在罗马，莉薇娅成为理想化的女性形象。她是奥古斯都改革计划的"女领袖"，建筑项目的赞助者，也是值得她丈夫和儿子信赖的顾问。除了基本的公民权之外，莉薇娅比大多数罗马妇女享有更大的权力和影响力，但她们都不能投票或担任公职。已婚妇女仍然保留自己的法律权利，控制自己的财产，管理自己的法律事务。精英女性以莉薇娅为榜样，通过丈夫和儿子行使权利。

罗马文学：维吉尔、贺拉斯和奥维德

奥古斯都统治罗马时庇护了所有的艺术家。内战期间，两位占据主要地位的诗人维吉尔和贺拉斯失去了全部财产，但奥古斯都的庇护使他们得以继续写作。由于他们写作的主题要经过奥古斯都的批准，所以他们倾向于美化皇帝和他的事业。相比之下，奥古斯都并不支持诗人奥维德，把他永久驱逐出罗马。

维吉尔和《埃涅阿斯》

公元前31年，奥古斯都在亚克兴角战役中战胜安东尼和克利奥帕特拉。同年，维吉尔回到那不勒斯，开始了一部史诗的创作，旨在比肩荷马的《伊利亚特》，为罗马提供一个宏伟的建国神话。维吉尔之前写了两部田园牧歌：《牧歌集》和《农事诗》。后者以赫西俄德《工作与时日》为模板，歌颂了艰苦工作的重要性，以及在恶劣的自然中建立秩序的必要性，最重要的是，赞扬了农业生活的美德。

《农事诗》的政治意义在于歌颂奥古斯都把土地赠送给内战退伍军人。诗中对意大利神话和传统的推崇也为后来的《埃涅阿斯纪》奠定了基础。这首诗以六音步扬抑抑格写成，与荷马在《伊利亚特》和《奥德赛》中所用的韵律相同。在六音步扬抑抑格诗行中，每一行由六个韵律单位，即"音步"组成，每个音步遵循扬抑抑格（长，短，短）或者扬扬格（长，长）。据说，维吉尔创作这首诗的速度为一天不到一行，以完善他对格律的理解，为长诗做好准备。

《埃涅阿斯纪》的故事开始于迦太基。特洛伊战争结束后，埃涅阿斯和他的部下遭遇风暴，来到迦太基，受到腓尼基女王狄多的欢迎。一次暴风雨中，埃涅阿斯和狄多躲在一个山洞避雨，在那里，女王爱上了特洛伊英雄，心甘情愿地把自己交给了他。女王认为自己已经结婚，但是埃涅阿斯受到其父鬼魂的提醒，认为自己肩负责任，理应完成神明的先决之事。埃涅阿斯知道自己必须踏上注定的旅程。愤怒的狄多指责埃涅阿斯，祈求他留下来，遭到埃涅阿斯拒绝，她便发誓要在她死后缠着他，并在迦太基和他的后代之间种下永恒的仇恨。当埃涅阿斯的船远航时，她爬上火葬堆，倒在剑上自杀。冥界的女神见到她很惊讶。在他们看来，她的死既不值得，也不必要，只是悲哀。维吉尔传达的观点是冷酷无情的：在对国家的责任面前，所有个人的感情和欲望都必须牺牲。公民义务优先于私人生活。

某种意义上，这首诗讲述了埃涅阿斯建立罗马的故事，但它同样也讨论了人类命运，以及为实现和维持文化基础价值原则所付出的巨大代价，感人至深。维吉尔清楚地知道，骁勇善战的奥古斯都声称自己是埃涅阿斯的直系后裔，但无论战争多么必要，这首诗依然把战争描摹成一场道德悲剧，这一点极其重要。

史诗的第7卷，维纳斯给了埃涅阿斯一件由火神伏尔坎打造的盾牌。这枚盾牌展示了罗马后来的历史中的重要事件，包括在阿克兴海战中的奥古斯都。但在全诗快要结束的那场毫无意义的杀戮中，就像埃涅阿斯和特洛伊人与图尔努斯和意大利人的战争一样，维吉尔表明，只有一件事情比不为亲友复仇更糟糕，那就是为他们复仇。从这个意义上讲，该诗是对和平的深深渴求，而这也是奥古斯都毕生追求的。

贺拉斯体颂歌

昆图斯·贺拉斯·弗拉库斯，被称为贺拉斯（公元前65年至公元前8年），是维吉尔的密友。奥古斯都的改革给贺拉斯留下了深刻的印象。可能是由于奥古斯都对其的庇护，贺拉斯对皇帝忠心耿耿，他许多颂歌中的两首直接歌颂了奥古斯都，这些颂歌由贺拉斯精心创作，没有固定的格律。贺拉斯的颂歌模仿了希腊的先例。以下几行是《歌集》第三卷第五首颂歌的开头，简称《颂歌》：

朱庇特的雷声表明，他统治着天堂；
从此以后，大地将拥有奥古斯都
他是大地之神，不列颠的敌人
波斯人也在他的统治下弯腰。

图 3.8

这些颂歌的主题范围广泛，包括爱国宣言、诗人生活中的私人事件、乡村生活的欢乐（图 3.8）和葡萄酒的乐趣等等。贺拉斯的别墅为其提供了一个逃离罗马生活的机会。希腊崇敬美，罗马强调责任与义务。除了贺拉斯之外，没有一位罗马诗人能更优雅地将两者融为一体。

奥维德《爱的艺术》与《变形记》

奥古斯都对诗人的支持并没有体现在被称为奥维德（公元前 43 年至公元 17 年）的普布留斯·奥维第乌斯·纳索身上。奥维德擅长情歌创作，这些情歌旨在满足罗马贵族众所周知的性放荡，他们无视奥古斯都和莉薇娅以家庭为中心的生活方式。奥维德的《爱的艺术》和一些秘密的轻率行为激怒了奥古斯都，作为惩罚——可能更多因为他的轻率行为，而不是诗歌——奥古斯都将他永久流放到黑海的托米斯镇，帝国最偏远的地方。《变形记》是在奥维德被流放之前的几年里创作的，是一个故事集，描述超自然的形状变化：从神到人，从有生命的到无生命的，从人到植物。

在《爱的艺术》中，诗人描述了他对虚构的科林娜的渴望。奥维德描绘了罗马各种与女人交往的地方，从门廊到游戏室，从赛马会到宴会，尤其是任何提供葡萄酒的地方。他声称，女人和男人一样热衷于私密之事；她们只是不追逐男人，"就像捕鼠器不追逐老鼠一样。"他建议，和你渴望的女人的丈夫成为朋友。对她撒谎，告诉她你只想做她的朋友。他说，"如果你想要一个女人爱你，那么做一个可爱的男人。"

虽然奥维德声称，"我的生活是值得尊敬的，但我的灵感充满了玩笑。"他可能依然对维吉尔的名声充满了渴望。他早期主要作品《爱情三论》开头，以自嘲的方式大量引用维吉尔的史诗，这首史诗以著名的短语"我唱的武器和男人"开始：

> 武器，战争，暴力——我快要结束
> 一部正常史诗的创作，诗行格律自然是——
> 六音部。但（他们说）丘比特窃笑着
> 每隔一行砍下一个音步。
> "可恶的小家伙，"我告诉他，"谁让你来检查音步的？"

尽管如此，奥维德在《变形记》中依然使用了六音步扬抑抑格，并在诗的开头明确了其史诗的本质：

> 我意在讲述身体变成
> 不同的形式；促成这些变化的神明，
> 将帮助我——我希望如此——通过一首诗
> 从世界起源到我们的时代！

如果说《变形记》表面上更像是一部故事集，而不是一部史诗，那么可以说几乎没有诗歌对后来的文学做出如此重要的贡献。它详尽地参考了所有最著名的古代神话，加上埃及、波斯和意大利的故事，时至今日，依然可以作为一个标准的参照物。同时，它也讲述了自己的故事，打动人心，令人难忘。例如，阿克特翁的故事警示了人们神的力量。一天，阿克特翁和他的狗外出打猎，碰巧看到处女女神黛安娜正在洗澡。女神把他变成了一头雄鹿，以防止他说出看到的一切。当他的狗野蛮地把他撕碎时，他的朋友们大声呼喊他，为他没能目睹这一猎杀而遗憾。而他的确在场：

> 他确实在场，无论他多么希望自己不在，

也无论他多么希望自己只是观看

而不是亲身感受他的狗的野蛮行径

在纳西索斯的故事中，伊可爱上了年轻貌美的纳西索斯，然而纳西索斯拒绝她之后，她就消失了。根据奥维德的叙述，纳西索斯爱上了自己在克里图姆纳斯泉水中的倒影，不可避免地沉沦了，他最终死在池边，身体变成了水仙花。这样的故事中，亚里士多德对物质本质的定义，即本质与变化的二重性不再成立。奥维德似乎否认人类本质的存在，他断言所有的东西都会改变。对于后世读者，从莎士比亚到弗洛伊德，奥维德的神话提出了人类本质和心理的核心问题。

奥古斯都和大理石之城

奥古斯都掌权时面临诸多问题，其中最主要的是罗马的基础设施。城市简直一团糟。塞涅卡的对策是鼓吹斯多葛主义，他认为已经没有必要改变罗马，而应尽可能把注意力转移到别的问题上。奥古斯都的对策是呼吁进行一系列的公共项目，这些项目将对人民大有裨益，也对他自己有利。奥古斯都计划中浩大的工程将为帝国起到宣传作用，不仅突出了他的权力，也强调了他作为"祖国之父"这一角色对人民的关心。这些公共工程能够，也的确使得人民对奥古斯都忠心耿耿。

罗马城随心所欲地延伸，毫无章法，原先占据的七座山沿着扩张到了台伯河旁的山谷。相比之下，帝国所有的省会城市都设计为严整的网状，主干道上竖立着柱廊，通向行政中心，那里拥有许多公共设施，如浴室、剧院和凯旋门。相比之下，罗马显得有些凄惨：住房条件恶劣，水资源不足，粮食短缺，受地理条件的限制，城市非常拥挤。

奥古斯没能大幅改善住房问题。他建造了渡槽，丰富了城市的水资源。最重要的是，他实施了一项建筑计划，旨在为城市居民提供舒适的公共空间，使他们能够逃离拥挤的公寓，他一度声称自己一年内修复了82座寺庙。他自夸道，"我得到一座砖砌的城市，留下了一座大理石之城"，这很大程度上是因为他在砖墙上贴了许多大理石饰面。到公元 2 世纪的时候，这座城市将成为世界上最美丽的城市之一，但它的美丽只是停留于表面，从奥古斯都时期开始，住房状况几乎没有改善。

公共工程：渡槽和拱门

奥古斯都大力发展公共工程、建设纪念碑，这逐渐演变为一场统治者与其前任之间的竞争，而这些工程流传了下来。建筑师维特鲁维（公元前 1 世纪晚期至公元 1 世纪初大受欢迎）的作品反映了奥古斯都的野心。作为尤利乌斯·恺撒的军事工程师，同时受到奥古斯都的庇护，维特鲁维写下了《建筑十书》。全书共十卷，这是欧洲建筑领域唯一一部流传至今的著作。1000 多年后，当文艺复兴时期的艺术家开始将目光转向古典设计时，这部著作大放异彩。书籍规模宏大，符合庇护人的建筑野心，涉及城镇规划、建筑材料、施工方法、寺庙建设、古典模板和比例规则。

维特鲁维还充分讨论了罗马最紧迫的问题之一：如何满足城市对水的需求。事实上，朱里亚·克劳狄王朝，即从奥古斯都到尼禄（公元 54 年至公元 68 年在位）这段时期最重要的建设之一，是一个巨大的渡槽：克劳狄仁亚水道桥。罗马另辟蹊径，完善了拱门和拱顶的建设，渡槽便依赖这一发明跨越峡谷，将水输送到数千米以外的城市。克劳狄仁亚水道桥从 64 千米以外把水输送到城市的中心地带，而不是像喷泉、游泳池和公共浴池那

图 3.9

样供私人使用。

渡槽的建设主要依靠拱门。尽管美索不达米亚、埃及和希腊等文化的建筑艺术中都包含拱门，但罗马人完善了这种建筑形式。显然，他们是从伊特鲁里亚人那里学习了建造拱门的原理，但他们也进一步发展了这些原理。位于法国南部尼姆附近的加尔德桥（图3.9）就是一个绝佳的例证。

斗兽场

罗马斗兽场的内部走廊利用了桶形拱顶和交叉拱顶。这个巨大的竞技场（图3.10）由前巴勒斯坦指挥官韦帕芗建造。尼禄生活奢靡，遭到驱逐，随后自杀，韦帕芗便继承了他的王位。尼禄的宫殿浮华铺张，被称为黄金屋。斗兽场便建立在黄金屋对面，正对着一个36米的太阳神尼禄雕像，斗兽场便以这个巨人雕像命名。斗兽场面积巨大，呈椭圆形，可容纳观众约50000人，在几分钟内便可通过76个带有拱顶的拱廊尽数进出。

这些拱顶由混凝土浇灌而成，就像拱门一样，美索不达米亚人、埃及人和希腊人都会利用混凝土，但罗马人完善了混凝土浇灌技术，显然，罗

图3.10

马人是向伊特鲁里亚人学习了浇灌混凝土的原理，罗马人利用的混凝土加入了附近那不勒斯和庞贝的火山岩，凝结速度更快，比任何已知的建筑材料都要坚固。斗兽场的木制舞台覆盖着迷宫般的房间和隧道，里面住着角斗士、运动员和用于娱乐大众的野生动物。建筑的顶层有一个雨篷，利用滑轮和绳索，可以保护部分观众免受烈日的烤灼。每层楼都采用了不同的柱式建筑：一楼是塔司干柱式，二楼是爱奥尼克柱式，三楼的科林斯柱式是罗马人的最爱。所有柱子都是附墙柱，纯粹用于装饰，没有任何结构上的作用。因此，从外部观察，建筑立面底部元素最为沉重坚固，顶部元素最轻盈美观，保证了建筑的结构，并给人带来视觉上的享受。

罗马帝国城市广场

罗马斗兽场位于罗马广场的东端。这一建筑工事是罗马五贤帝最浩大的工程之一，在他们的统治下，罗马日益繁荣。这五位皇帝分别是涅尔瓦、图拉真、哈德良、安东尼·庇护以及马可·奥勒留。罗马城市广场是罗马的主要公共广场，是罗马宗教、仪式、政治和商业生活的中心。最初，罗

图 3.11

马城市广场类似于希腊的阿格拉广场,用于集会,位于城市的中心。渐渐地,罗马城市广场也拥有了象征意义,象征着皇权,正是这种皇权给罗马公民带来了和平与繁荣。

在公元前 46 年,恺撒大帝首次建立起他自己的城市广场,位于罗马城市广场的北部。奥古斯都后来铲平了它,修复了维纳斯神庙,并开始建立自己的城市广场与复仇者玛尔斯神庙。

于是,历代皇帝之间的竞争开始了:每个人竞相建立更蔚为大观的城市广场,以此来超越他们的前任。这些帝国城市广场线性排列,位于罗马城市广场的北边,并与其平行,而罗马城市广场多年来也在不断重建。结果,城市中心建筑极度密集。

这些城市广场中,建立时间最晚、面积最大的是图拉真的广场,包括图拉真纪功柱(图 3.14)、图拉真市场和乌皮亚巴西利卡(图 3.11)。巴西利卡是一种巨大的长方形建筑,有一个圆形的附属建筑,称为半圆形后殿,位于教堂的一侧或双侧,易于进出。这是一个通用建筑,可以适应多种用途。

这座城市的稳定和繁荣,一定程度上是由于除了马可·奥勒留之外,皇帝没有可以继承其帝国统治的子嗣。因此,每位皇帝只能从元老院中选出最能干的人,作为他的继任者。公元 180 年,马可·奥勒留的儿子康茂德掌权,人们很快意识到,子承父业并不一定是一件好事情。

凯旋门和纪念柱

韦帕芗统治期间,犹太人反对罗马干涉他们的宗教活动,进行武力抵抗,韦帕芗的儿子提图斯在巴勒斯坦击败了犹太人,他的军队在公元 70 年洗劫了耶路撒冷的第二圣殿。为了纪念这一胜利,罗马建造了一座纪念拱门。最初,提图斯凯旋门

图 3.12

图 3.13

顶部是一座雕像，由一尊四匹马拉着的战车和一个司机组成。因为胜利的军队穿过了拱门，所以这种拱门被称为凯旋门，由一个简单的桶形拱顶组成，封闭在一个矩形内，装饰有雕塑和附墙柱（图3.12）。凯旋门对后来的建筑影响深远，对文艺复兴大教堂的正立面构造的影响尤为重大。整个罗马帝国范围内建造了数百座类似的拱门，大多数建筑并不是胜利的象征，但和所有罗马纪念性建筑一样，它们旨在象征罗马的政治力量和军事实力。

提图斯凯旋门由混凝土浇灌而成，表面是大理石，内墙装饰有叙事浮雕，其中一幅图中，提图斯的军队正在行进，带着耶路撒冷第二圣殿的宝藏（图3.13）。在图画的中心位置，士兵们

图 3.14

图 3.15

抬着一个柜子，人们推测可能是金约柜，金约柜的后面跟着一个大烛台，那个神圣的犹太烛台，也是用金子做的。金子的重量压得士兵直不起腰来，却依然坚定地大步向前。雕刻非常深邃，雕刻家运用浅浮雕将近处的人物和物体刻画得较浅，远处的事物则情况相反，这创造了一种真实的空间感，当光和影投射在浮雕上时，雕刻甚至会产生一种动感。

罗马人喜爱的另一种纪念建筑是纪念柱，具有类似的象征意义，不仅暗示着权力，而且还暗示着阳刚之气。像凯旋门一样，它具有砖石结构，是一个由混凝土浇灌而成的平台，用于雕刻叙事浮雕。在罗马五贤帝统治时期，两位皇帝图拉真和马可·奥勒留建造了纪念柱，来庆祝他们的军事胜利。其中，图拉真纪功柱也许是罗马军国主义特征最为完整充分的艺术再现，柱子上刻画有图拉真在达基亚军事行动中的表现，他指挥军队横跨多瑙河，来到现在的匈牙利和罗马尼亚。柱子上共有 150 个场景，螺旋式排列。如果使这些场景左右相接线性展开，整个故事将长达 190 米（图 3.14 和 3.15）。为了消除阴影的影响，使整个柱子更加清晰，雕刻家应用了浅浮雕来刻画故事。在柱子的底部，故事开始于罗马军队在浮桥上穿越多瑙河，一旁，一位河神饶有兴致地看着他们行进。战斗场面占据不到整个纪功柱的四分之一。相反，柱子记录了罗马人建造防御工事，收割庄稼，参与宗教活动。总而言之，图拉真纪功柱上的 2500 位人物都在实现罗马人眼中的注定之事——他们正在把文明的果实带给世界。

图 3.16

万神殿

哈德良的万神殿同样也是最能体现罗马五贤帝野心的建筑工程之一，可以与图拉真城市广场相提并论。万神殿是"众神"的庙宇，罗马众神的雕塑被放置在神殿内部的壁龛中。从正面观察，这座罗马神庙最初建立在一个高的讲坛上，有八根巨大的科林斯式圆柱和纵深的门廊，后面是巨大的青铜门（图3.16）。神殿俯瞰着其前部一块长方形的空地（图3.17），照片中体现出的建筑，其宏伟壮观程度与建筑本身相比仅仅只是冰山一角。如今，空地和建筑底座都湮没在现代罗马的街道中。图3.16显示了万神殿今天的样子。

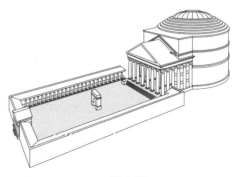

图 3.17

图 3.18

从建筑的正立面，我们无法看出门后有什么。万神殿的内部空间呈圆柱形，有穹顶，这是 20 世纪前欧洲地区建造的最大的穹顶（图 3.18）。整个建筑呈现完美的半球形。穹顶由 8 个巨大的支撑物支撑。穹顶底部不断向上收紧，顶部的圆形开口处只有 1.8 米厚，直径达到 0.91 米。嵌入式面板进一步减轻了屋顶的重量。穹眼让光线透进万神殿的内部，形成一个圆形光点，随着一天内太阳的变化而移动。（雨水也能够通过穹眼进入神殿内部，通过地板上的小开口排出。）对于罗马人来说，这束光很可能象征着朱庇特的眼睛，永远注视着国家 照亮前进的道路。

万神殿内部面积广阔，反映了宇宙，即天堂的穹顶之广阔。美索不达米亚和埃及建筑艺术指导下的纪念性建筑，外部结构复杂，而希腊建筑是一种雕塑活动的结果，其组分协调一致，但罗马人重视纯粹的规模，包括广阔的室内空间。与图拉真城市广场中的乌皮亚巴西利卡（图 3.11）相同，万神殿主要致力于创造一个统一、完整、连贯的内部空间。

因此，万神殿在某种意义上也象征着帝国：罗马帝国也是一个统一、连贯的空间，北至英格兰北部的哈德良长城，南达直布罗陀巨岩，横跨北非和小亚细亚，覆盖了整个欧洲地区，除了现在的德国北部和斯堪的纳维亚半岛。像罗马建筑一样，帝国由不同部分组成，这些部分受到比例和模式的约束，在一个统一的整体中达到协调一致。如果说，帝国为自我歌颂而建造的纪念碑宏伟壮观，那么帝国本身将更加令人惊叹。

庞贝古城

公元79年，在提图斯皇帝统治时期，那不勒斯东南部的维苏威火山爆发，将海滨城市庞贝掩埋在3.9米高的火山灰和岩石中。它邻近的城市赫库兰尼姆被铺天盖地的火山覆盖，这些高温灰烬达到22.8米高，之后便凝固了。住在附近的退休老人老普林尼是罗马海军的指挥官，写下了《博物史》，这是一部囊括了所有当代知识的百科全书。火山爆发时，他和他的侄子小普林尼（约公元61年至约公元113）住在一起。

老普林尼对当时奇异的自然现象很感兴趣，前往维苏威火山，在那里，他吸入了有毒气体，窒息而死。小普林尼和他的母亲一起活了下来。在庞贝城的20000名居民中，2000人死亡，其中大部分奴隶和穷人，而富人早在接收到地震预警后逃离了这座城市。

现代罗马日常生活的许多方面都受到维苏威火山爆发的直接影响。那些幸存者匆忙离开了家园，失去的东西无法找回。埋在灰烬下的不仅是房屋和建筑物，还有食品和绘画、家具和园林雕塑，甚至还有色情艺术和涂鸦艺术，后者包括一些常规的"撒克塞撒斯到此一游""马库斯爱斯潘杜莎"，但同时也包括一些令人意外的机智话语，"我很惊讶，哦，墙，这些涂鸦者的愚蠢是如此无聊沉重，而你在这重压下竟没有倒下。"当18世纪，庞贝古城的挖掘工作开始时，人们发现许多住宅和文物受到凝固的熔岩和火山灰保护，都较为完好，逃避了时间的蹂躏。但18世纪的挖掘团队也发现了一些意想不到的东西。被困者的尸体腐烂，形成空洞，在填补这些空洞时，他们体会到了死亡的可怕。

壁画

庞贝古城中，许多楼层都装饰有马赛克。天井、大厅、餐厅和别墅各处接待室的墙壁均装饰有绘画。艺术家们通过混合石灰和肥皂溶液制作颜料，有时加入少量蜡，用一种特殊的金属或玻璃抛光，然后用布料擦亮，

图 3.19

甚至连小房间卧室的壁画都十分精美。

公元 2 世纪，讽刺作家、修辞学家卢西安（约公元 120 年至 180 年）描述了他心目中的完美住宅——"奢华，但其程度仅仅足以衬托出一个谦逊貌美女子的美丽。"他继而描述壁画：

这些装饰——墙上的壁画，其色彩之美，以及每一个细节的美、精准和动人——都可以与春天的面容、绚丽的田野相媲美，然而后者会褪色、枯萎、变化，它们的美会消逝，前者却是永恒的春日，永恒的田野，永恒的绽放。

莉薇娅别墅位于罗马城外的第一门。住宅中，一幅壁画中描绘的花园就恰好体现了卢西安眼中的美：水果丰盛新鲜，鸟儿高声歌唱，花朵竞相开放（图 3.19）。画中描绘的花园好似房间的一部分，与房间融为一体，仿佛莉薇娅、奥古斯都和来访者可以随时穿过墙壁，进入他们的"永恒"花园。因此，这幅壁画虽然以自然主义手法呈现，但仍然是理想化的结果。

提沃利的哈德良别墅

"多姆斯"指的是属于罗马富裕城市居民的联栋房屋，而别墅作为乡村住宅通常更为豪华，其中最豪华的是提沃利的哈德良别墅，位于罗马以东约28.9千米的萨宾山脚下，1.2平方千米的斜坡上，别墅俯瞰着周围的乡村，其建筑独具一格，水景别出心裁，花园巧夺天工，三者浑然天成。几乎每次拐弯都能带来新的风景，令人惊叹。这些建筑模仿了哈德良在帝国范围内最喜欢的几个地点，包括雅典阿格拉的柱廊（见第2章图2.2）、埃及的托勒密首都亚历山大和雅典的希腊学院，柏拉图就在这个学院中，乘着橄榄林的阴凉，与学生交谈。这一建筑群最引人注目的元素之一是一个长长的反思池，叫作运河（图3.20）。运河四周围着柱廊，拱形和过梁山形墙交替排放在柱廊上。哈德良复制了古希腊最为著名的一些雕塑，并将复制品放置在柱子之间，其中包括掷铁饼者的复制品，其青铜原件最初由希腊雕塑家米隆于公元前5世纪中期铸造。哈德良对希腊雕塑迷恋有

图3.20

加，他甚至让人复制了从雅典卫城埃瑞克提翁神庙上的女像柱（见第2章图2.25），放置在别墅中。从别墅的建筑风格和雕塑特性来看，哈德良别墅彰显了罗马帝国巨大的影响力。

中国

道家、儒家和法家是如何影响中国早期文化的？

华北平原位于黄河流域，面积广阔，土地肥沃。

大约在公元前7000年，该地区的山谷气候比现在更加温和，植被覆盖率也更高。当时的居民开始在土壤上耕种，主要种植小米等作物。考古学家根据陶器风格和玉器品质的研究，将这一时期的居民划分为至少三个独立的文化群体。

在新石器时代，部落民族使用石器，尽管他们很早就开始驯养动物，但仍然保留着萨满式传统，从事狩猎和植物采集活动。后来，该地区的居民将其视为国家的中心，并称之为"中原"。在接下来的几千年里，随着中国从农业社会转变为以城市为主导的国家，中原地区的中国文化开始与同时期的中东和希腊文化相互融合。

大约公元前3世纪，

图 3.21

罗马开始建立起对地中海国家的帝国统治，而与此同时，中国的统一程度已经达到了相当高的水平。中国在中原以北的丘陵地区修建了长城（图3.21），以保护领土免受来自北方民族的入侵。长城的一部分在几个世纪之前已经建成，后来的皇帝下令对这些部分进行重建并将它们相连。

长城划定了中国的东北和西北边界，新的道路和运河系统相继建立起来，将整个国家连接在一起，并建立了一个庞大的官僚系统。当时的中国具有帝国性质，由皇帝领导，征收税款，编纂法典，并控制之前敌对的附属国。在中国悠久的历史中，统一始终是一个突出的问题，而秦朝首次在中华大地上实现了统一。

中国早期文化

公元前 2 世纪中叶，中国的领导者以首都为核心对国家进行统治。国家之规模庞大，文化之辉煌，与同时期的西方帝国不相上下。举例来说，今天郑州一带的地下埋藏着一个古代大都市，曾经一度辉煌，并拥有巨大的土制城墙。由于该地区石矿资源稀缺，而茂盛的森林提供了丰富的木材，因此人们使用木材来建造城市。虽然这是一项创举，但用木头建造的城市很容易发生火灾，并且在面对军事攻击时易受攻击。

然而，通过流传至今的早期文字和帝王陵墓，我们对中国早期文化有了一定的了解。甲骨文和刻在礼仪青铜器皿上的最古老的中国文字，与现代汉语有着密切的联系。考古学家发现，中国的皇家墓葬与埃及的墓葬一样，装饰品、器具、奢侈品和服饰极其丰富。通过这些历史遗迹，我们可以窥见中国古代生活的画面。

商朝（约公元前 1600 年至公元前 1046 年）

根据记载，商汤建立了商朝。这个国家由相连的村庄组成，横跨黄河下游流域的平原。然而，这些村庄之间常常被隔开，处于敌对状态，因此国家的边界并不清晰，领土也不连续。

随着时间的推移，王族的居住地逐渐发展为城市中心。城市有城墙，

图 3.22

城内点缀着贵族的宫殿或寺庙。王城附近也出现了有组织的手工艺品生产中心，生产了大量的青铜器皿、精致玉器和奢侈品。商朝的贵族组织起了军队，现存的铭文中提到了当时多达13000人的军队，他们负责保护国王并控制农村。

《易经》是根据商代发展的思想编纂而成的著作，是一本解读宇宙运行的指南。根据《易经》，如果一个人想要了解自己的生活或处境，他可以扔一组稻草或钱币，根据落下后呈现的组合来确定是《易经》中六十四卦中的哪一卦。（据说，伏羲整合了八卦，两两组合为六十四卦。）每个卦代表一种情况，正如书名所示，它代表的总是过渡——从一个环境到另一个环境的变化。《易经》规定了一些因时制宜的行为，因此它被认为是一本智慧之书。

这种智慧基于一个简单的原则——秩序源于平衡。这是中国人与古埃及人共有的观念。中国人相信，随着时间的推移，通过一系列的变化，所有的事情都朝着平衡的状态发展。因此，当事物失去平衡时，占卜者秉承"宇宙趋向于自我校正"这一原则就能够可靠地预测未来。

商朝君主认为，"宇宙的基础"是建立在乾（天，创造，雄性）与坤（地，接受，雌性）的和谐之上的，阴阳（图3.22）是两者的象征。"阴"代表软、暗、湿、凉；"阳"代表硬、亮、干、暖。阴阳结合创造了无尽的变化循环，从早到晚，跨越四季。它们平衡了5种元素（金、木、水、火、土）和5种创造力量（风、寒、暑、湿、燥）。阴阳象征着和谐统一，象征着万物之间的关系和永不停歇的相互作用，其每一面都包含一个属于对面的小圆圈，意味着阴阳之间存在共生关系。

阴阳图案描绘的对立与联系也体现在商代最伟大的艺术成就，即青铜铸造中。为了铸造青铜，必须先完善一个负模，然后将熔化的金属倒入其中，形成正模。通过制作觥（图3.23）或其他盛酒器皿，商发展了一种极其复杂的青铜铸造技术，比以往任何时候任何国家使用的技术都要先进。这些铜器用于盛放祭祀祖先的食物、水和酒，存放于祠堂，供宴会用。像正式的餐具一样，每种容器都有特定的形状和用途。

举行祭祖仪式是家族首领最庄严的职责，宗教和政治色彩浓厚。这些器皿的形状最初源于新石器时代的陶器，但青铜器渐渐加上了魔幻、超自然的生物作为装饰，尤其是龙。在商朝，青铜器是政治权力的象征，统治者互赠青铜，暗示着庇护关系，并且每个家庭允许拥有的青铜器数量都有着严格的等级规定。

图 3.23

周朝（公元前 1046 年至公元前 256 年）

在商朝，人们认为只有他们的统治者能接触到天神。然而，在公元前 1046 年，一个被称为"周"的部落推翻了商朝。周的首领声称商朝因为不施善治，失去了天命——即天神赋予商王的统治权。周人称，统治者的合法性源于上天的认可，商则因其腐朽、奢侈失去了这种青睐。即便如此，周人仍与他们推翻的上层人士通婚，并努力保留和恢复他们所崇尚的商文化。实际上，《易经》和阴阳的概念虽然源自商代，却都是在周代编纂成文的。

周朝推进了文化与哲学的发展，比如中国最古老的诗集《诗经》，至今仍是中国学校的必修课。按照传统，政府官员被派遣到农村，记录表达人民感情的歌词。这本诗集在周朝首次编纂而成，流传至今，包含了公元前 11 世纪至公元前 7 世纪的 305 首诗歌，涉及生活的方方面面，有爱情诗、歌颂统治的歌曲、祭祀歌曲和民歌。《诗经》对自然界进行了充分描述——提及 100 多种植物，还有 90 多种动物和昆虫。婚姻嫁娶、家庭生活、衣食住行都可以是诗歌的主题。庆祝丰收是最古老的诗之一，因为丰收代表家庭与自然的和谐，象征着家族祖先与自然界同循环，从生到死，从种植到丰收，也象征着宇宙的统一。

《诗经》与《道德经》创作年代相近,后者为道家的主要哲学论著。"道"植根于自然之中,要想"得道",必须"无为"。(据说,讲道的人不晓得道,晓得道的人不说道。)生活在公元前6世纪的老子是这本书的作者。从本质上讲,这部作品论述了万物的统一性质:"道生一,一生二,二生三,三生万物。"道家认为只有那些生活简朴的人才能理解万物,为此,道学家遵循严格的饮食习惯、进行呼吸练习、定期冥想。

如果说道教试图超越物质世界,那么周朝发展起来的另一个伟大的思想流派则试图定义人们在物质世界中正确的行为方式。周朝统治了中国大部分地区,直到公元前711年,国家内部发生矛盾,导致政变,迫使周朝东迁首都。从那时起,周统治者的权力逐渐衰落。到公元前256年周朝的瓦解,中国出现了更严重的政治动荡,交战的政治派别充其量只是名义上效忠皇帝,实际上则妄图掌权。许多人眼中中国最伟大的哲学家、教育家孔夫子对国家境况提出了自己的见解。

公元前551年,皮西特拉图斯在雅典掌权的前一年,孔子出生于山东省的一个贵族家庭。到二十出头,孔子已经开始教授一种现在被称为"儒家"的生活方式。儒家思想认为,如果每个人都品德高尚,那么家庭就会和睦相处。如果这个家庭和睦相处,那么这个村庄就会遵循它的道德原则。如果村庄之间关系融洽,那么这个国家就会和平繁荣。

儒家的核心为仁。孔子认为这些价值能够引导周朝,如自制、礼教、孝顺、德行。根据历史记载,孔子编纂了《易经》《诗经》和六经中的四部:囊括历代统治者演讲的《尚书》;规定行为准则的《礼记》;记载公元前5世纪之前中国历史的《春秋》;以及一本丢失的音乐专著《乐经》。

孔子尤其重视《诗经》。他曾经对弟子说,"小子,何莫学夫《诗》?《诗》可以兴,可以观,可以群,可以怨;迩之事父,远之事君;多识于鸟兽草木之名。"

公元前479年孔子去世,他的弟子将他的语录收录在一本名为《论语》的著作中。如果说《道德经》是一部精神向导,那么《论语》是一部实用作品。孔子教诲的核心是"礼",即对祖先的崇敬,体现在行为上。这种虔诚和尊敬指向儒家的第二个原则,"仁",即仁爱和同情心,这是一种理想的人际关系：尊重自己，也同样地尊重他人。仁表现为慈善、礼貌，尤其是正义。在礼和仁的指导下，德是个体，尤其是统治者道德力量的源泉。在这些前提下，文随之出现。诗歌、音乐、绘画等艺术都揭示了一种内在的秩序与和谐，也反映出国家内部的秩序与和谐。像领导者的优秀一样，艺术的光辉也激发美德。中国的道德秩序像希腊人的一样，不是依靠神令或权威，而是依靠人民自己的正确行动，强调尊重长者、权威和道德，这使得儒家思想在统治者和其庇护的艺术家中极受欢迎。在一个单一的伦理体系中，儒家在皇帝、国家和家庭中建立了等级秩序，反映了宇宙的结构。到公元前 2 世纪初，汉朝（公元前 206 年至公元 220 年）采用儒家作为中国的正统思想，任何具有政治野心的人都需要彻底学习儒家经典。

中国的王朝

罗马帝国的崛起依靠对外扩张，中国王朝则通过其中心的巩固建立起来。

秦朝（公元前 221 年至公元前 206 年）：组织和控制

公元前 221 年，位于中国西部的诸侯国秦国征服了其他诸侯国，完成统一，战国时期就此结束。秦始皇（公元前 221 年至公元前 210 年在位）自称为"始皇帝"，他很快就实现了社会的稳定。为了阻止北方的游牧民族侵略者，秦始皇下令修建了长城（图 3.21）。这座防御工事主要由士兵建造，由罪犯和来自全国各地的征丁增建，每个家庭每年都必须提供一名身体健壮的成年男性参与建设。长城由夯土制成，连续、水平地铺筑了树木枝条加固，表面嵌有石头，瞭望塔占据了长城的制高点，军营设置在长城下方的山谷中。与此同时，秦朝修建了近 6840 千米的公路，连接了中原和境内最远的地区。到公元前 2 世纪末，中国的面积达到近 388 万平方千米，拥有大约 3.5 万千米的公路。

只有组织能力非凡的行政官僚机构才能完成如此庞大的事业。的确，在秦朝统治中国的 15 年里，文字和货币得到了统一，所有的车轴也统一为相同的宽度，来适应道路上现有的车辙（从而给贸易和旅行带来便利）。不仅如此，秦王朝还引入了度量衡体系，划分行政省份，部分留存至今。

秦始皇陵大概是秦王朝组织和控制的最佳例证。秦始皇死后，真人大小的陶制卫兵俑排成军队队形，放置于秦始皇陵墓旁边的坑中。与长城一样，这项工程十分浩大，需要大量劳动力，我们知道，为了完成这项工程和其他工程，秦王朝招募了大量的工人。

事实上，为了巩固其统治，秦朝压制言论自由，迫害学者，焚毁典籍，通过各种方式行使绝对权力。韩非子的著作构成了秦王朝的思想体系基础。韩非子死于公元前233年，比秦王朝实现统一早12年。与韩非子理论相对的孟子（约公元前370年至公元前300年）是一位哲学家、圣人，将儒家正统思想编纂成册。他四处游行，主张"性本善"。他认为，由于社会无法培养民众，给他们带来积极刺激，才会导致恶劣的品格。而在积极氛围中，个人能够意识到自己为善的能力。而另一方面，韩非子认为人类天生自私自利。根据韩非子的哲学，国家应该对个人施加压力，因为除了国家以外，没有任何一个机构能让个人产生足够的恐惧，从而规范自身行为。秦朝遵循法家中央集权，再加上为其大规模的民用项目征收沉重的税负，很快导致了叛乱，秦朝在执政仅15年后就垮台了。

汉朝（公元前206年至公元220年）：文化繁荣

汉朝取代了秦朝，掌握了大权，实现了长达400多年的智力文化增长。汉朝统治者将儒家尊为正统，并建立了一个培训官员的学院。在秦朝，文人的权利遭到剥夺，而在汉朝，他们得到尊重，甚至得以参与国家的统治。

在汉武帝的统治下，中国文学艺术蓬勃发展。公元前112年，他建立了乐府，雇用了829名工作人员，负责收集平民的歌曲。民间乐府歌的风格在汉代乃至整个中国诗歌史上都受到宫廷诗人的广泛模仿，句子长短不一，通常是一句五字，并强调日常生活的欢乐和变迁，刘细君的一首诗是一个很好的例子，公元前110年左右，她出于政治原因嫁给了居住在中国西北大草原上的游牧民族乌孙国王。她到达的时候，国王已经老态龙钟，几乎不会说汉语，与她基本上没有共同点，两人每隔半年才会见面。她在思念家乡时曾经作了一首《黄鹄歌》：

> 吾家嫁我兮天一方，远托异国兮乌孙王。
> 穹庐为室兮旃为墙，以肉为食兮酪为浆。
> 居常土思兮心内伤，愿为黄鹄兮还故乡。

这首诗的最后两行——可以称为刘细君想象力的飞驰——是中国诗歌的典型特征：自然之美超越了时间和主人公的悲惨境遇。

从刘细君的诗中可以看出，女性诗人和学者在汉代普遍存在，并受到尊敬。但是，从诗中内容来看，妇女在社会中权力有限。中国传统家庭是按照儒家的基本原则组织起来的：年长的家庭成员经验丰富，因此比年轻的更优越；男性比女性优越。因此，虽然祖母可能能够对她的孙子施加控制，但她对丈夫是绝对服从的。汉朝末期的一首诗以女性的困境为主题，其作者是当时最多产的诗人之一，男诗人傅玄。但他的所有作品中只有63首留存下来。乐府诗《豫章行·苦相篇》是他的代表作品。

> 苦相身为女，卑陋难再陈。
> 男儿当门户，堕地自生神。
> 雄心志四海，万里望风尘。
> 女育无欣爱，不为家所珍。
> 长大逃深室，藏头羞见人。
> 垂泪适他乡，忽如雨绝云。
> 低头和颜色，素齿结朱唇。
> 跪拜无复数，婢妾如严宾。
> 情合同云汉，葵藿仰阳春。
> 心乖甚水火，百恶集其身。
> 玉颜随年变，丈夫多好新。
> 昔为形与影，今为胡与秦。
> 胡秦时相见，一绝逾参辰。

图 3.24

这首诗一针见血，给人带来强烈的画面冲击。往昔，她与丈夫，像形和影一样不能分离。最后一行，他们的关系疏远至如同互不相见的参星和辰星。

通过现存诗歌中描述的家庭生活场景，我们可以对汉朝的家庭有所了解，而我们对家庭建筑的理解则来源于陶俑。陵墓内发现了一座房子的雕塑，可能用于供死后的人们居住，房子有4层，顶部是一个瞭望塔（图3.24），家庭成员居住在中间两层，底层用于圈养家畜，可能包括猪和牛，房子前面有一个院子。

这座房子的基本建筑形式常见于世界各地——矩形大厅，柱子支撑着屋顶和上方楼层，墙壁不起承重作用。更确切地说，墙壁用于分隔室内不同房间，也用于将室内和室外的空间区分开来。中国建筑的不同之处在于其屋顶的宽檐，这也是东亚建筑的标准特征。建筑的正立面装饰精美，庭院的两侧装饰有彩绘树木，都为建筑增添几分俏皮的魅力。

马匹除了用于打仗，还促进了丝绸之路沿线贸易的增长。丝绸之路长约8046千米，从黄河流域一直延伸到地中海。中国人沿着这条贸易路线与别的国家交换他们独一无二的商品：丝绸。在今天湖南长沙郊区发现的轪侯夫人墓中，一条丝绸（图3.25）体现了汉代丝绸的高质量：它描绘了阴间、人间和天界的场景，表现了汉朝人的宇宙观。龙的尾巴、盘绕的蛇、长尾巴的鸟和飘逸的帷幔用曲线描绘，绵延不断，统一了三界。在天界的右角，T型横杆的上方，有一个太阳的图像，里面有一只乌鸦，在另一角里有一轮新月，上面有一只蟾蜍。日月之间有一尊神，身上缠绕着红色蛇形长尾。已故的妇人站在丝绸中部的白色平台上，三个侍从站在她身后，两个人跪在她面前，拿着礼物。在阴间的一个白色平台上，青铜器皿里装着为死者准备的食物和酒。

汉朝人创造力极强。在西方，纸莎草作为书写媒介具有一定局限性，于是在帕加马，人们发明了羊皮纸。但早在公元前105年，负责制造武器工具的太监、朝廷侍从蔡伦发明了植物纤维纸，普遍提高了中国人的读写能力，使其远远高于同时期的西方人民。虽然现代技术已经简化了造纸过程，但蔡伦的造纸方法基本上没有变化——经过软化的植物纤维先悬浮于水中，然后用模具轧成薄片、定型、干燥。该方法受到贸易推动。汉朝人也开始绘制地图，成为世界上第一个制图的民族。他们进行了农业技术创新，发明了独轮车和马颈轭。他们制造的地震仪形式简陋但功能强大，并且可以测量地震的震级。但是，中原地区与北方游牧民族持续交战，需要资金来支持其军事行动和官僚体制，许多农民由于不能承担增加的税负，被迫放弃土地，随后发生了民众起义。到了公元3世纪，汉朝已经完全瓦解，

图 3.25

中国政局再次混乱不堪，这一局面从公元 220 年持续到公元 581 年，直到下一个王朝重获其统治权力。

古印度

印度教和佛教信仰是如何影响古印度文化的？

大约公元前 2700 年，印度文明诞生于印度次大陆西北角的印度河沿岸，也就是现在的巴基斯坦，一个被称为信德的地区，该地区的名字也是印度一词的起源。最早的印度人生活在印度河流域的两个大城市——印度河岸的摩亨佐－达罗和今天拉合尔市拉维河下游的哈拉帕。这两座大城市一直繁荣到公元前 1900 年左右，大致与苏美尔、古埃及王国和爱琴海的米诺斯文明同一时代。

这些城市是在 20 世纪 20 年代初被偶然发现的，从那以后，挖掘工作

图 3.26

一直在继续。保存最完好的遗址是摩亨佐-达罗。这一建筑群建立在城市的防御工事上，可能是政治或宗教中心，周围有15.24米的高墙。建筑物中间有一个巨大的水池（图3.26），也许是一个公共浴室或是一个仪式场所，边缘铺有用石膏灰泥黏合的防水砖块。侧壁的砖上覆盖着一层厚厚的沥青（天然焦油），以防止水从墙壁渗到上层结构。水池是露天的，四周围有砖砌的柱廊。

在城墙外，防御工事下方的城市面积约15.5至18平方千米，有宽阔的大道和狭窄的巷子，大致呈网状分布。城市人口约为2万到5万。城中大多数房子都是两层楼高，围绕着中央庭院建造的。城市覆盖有一个有盖排水系统，排水管道穿过大街小巷，把垃圾和雨水引到河里。房屋由标准尺寸的烧结砖建造，每块砖的比例为1∶2∶4。与当时其他文明使用的晒干砖不同，摩亨佐-达罗的砖是烧制的，更加耐用。这些都说明了当时的文明达到了一定的技术水平和成熟度。

图 3.27

图 3.28

印度文明的艺术包括人和动物的雕像，由石头、赤土、青铜或其他材料制成——包括在摩亨佐-达罗发现的祭司王（图3.27）赤土陶器，以及人们佩戴的各种装饰物，包括珠子和石制手镯。出土的2000多枚小印章由滑石雕刻而成，表面涂有碱，烧制成明亮的白色，其中许多描绘的动物，即使雕刻在这么小的印章上也显得十分逼真自然（图3.28）。这种具象艺术中，很少有对战争和俘虏的描述。正如这枚图章的顶部所示，山谷里的人们使用一种文字，但这种文字仍然没有被破译。

公元前1500年左右，来自北方的游牧民族雅利安人入侵印度河流域，当地居民沦为奴隶，就此开启了世界历史上一种持续时间最长的社会阶层划分制度——印度种姓制度。到公元前1世纪初，这些种姓以职业为依据划分为5个主要的群体：底层是一个"种姓之外"的群体达利特，他们的职业或习惯被视为不洁。排在倒数第二层的是首陀罗：没有技能的工人。中间是吠舍：工匠和商人。然后是刹帝利：统治者和战士。最高层的是婆罗门：祭司和学者。

印度教与吠陀传统

雅利安人带来的宗教认可了印度的种姓制度。这种宗教基于对雅利安神的圣歌，这些圣歌被称为《吠陀》，是用雅利安人的语言梵语写成的。贯穿整个印度文明的吠陀时期（约公元前1500至公元前322年）就由此得名。《奥义书》由《吠陀》演变而来，涉及哲学、内容神秘，其创作时间可以追溯到公元前800年以后的某个时候。综上所述，《吠陀》和《奥义书》构成了印度教的基础，婆罗门（宇宙的本体）构成了印度教的中心。印度教没有任何教义体系，也没有任何标准规范，其最重要的特征是其信仰和神明的多样性。事实上，在印度河流域的各个遗址，挖掘出了数幅母亲女神的图像、阳具式样的石头以及一枚印章，上面印有类似印度教湿婆神的图像，学者有根据相信，印度教的某些方面和概念从印度河文明中幸存了下来，并被纳入了吠陀宗教。

《奥义书》认为，所有存在都是假象的交织，感官获得的体验完全是虚幻的，只有婆罗门是真实的。一个著名的故事说明了这一概念：一只幼年失去父母的老虎得到了山羊饲养，于是它学会了吃草，发出山羊的声音。但有一天，它遇到了另一只老虎，老虎把它带到游泳池里看自己。在那里，它通过水中的倒影中发现了自己的真实本质。个体灵魂需要发现同样的本质，一个将它从无休止的出生、死亡和再生循环中解放出来的本质，并将这种本质与涅槃——一个没有忧虑、痛苦和外部世界的地方或状态——中的婆罗门结合在一起。

婆罗门、毗湿奴和湿婆

随着印度教的发展，所有存在的神圣源头，婆罗门的功能被划分给三个神：创造者婆罗门、保护者毗湿奴和毁灭者湿婆。毗湿奴是印度最受欢迎的神之一，作为保护者，他代表着仁慈、宽恕和爱，并且像其他两个印度教神明一样，他有能力成为人类，因为他对人类怀有无边的爱意，他化为人形的次数比其他神明更多。毗湿奴最著名的化身之一是印度教最古老的史诗《罗摩衍那》(罗摩衍那之道)中的罗摩，由蚁垤于公元前550年写成。和古希腊的荷马一样，蚁垤将许多现存的传说和神话汇集到一个故事中，在这个故事中，他讲述了罗摩王子和他的王后悉多的生活。两个主角都是印度教主张的生活典范：罗摩是理想的儿子、兄弟、丈夫、战士和国王，悉多热爱、尊重、服侍并绝对忠诚于她的丈夫。这些人物面临道德困境，他们的对策必须遵循良好和正义的行为，反映了构成所有存在的宇宙道德秩序。对印度教徒来说，正确的行为可以带来宇宙的和谐；坏的行为可以引发规模巨大的悲剧，如洪水和地震。

毗湿奴的一个同样重要的化身是后来印度史诗《摩诃婆罗多》中的驾车手奎师那，该史诗创作于公元前400年至公元400年的某个时间点。在《摩诃婆罗多》的第6卷薄伽梵歌中，奎师那帮助了战士阿尔诸那。战士的天职是打仗和消灭敌人，而印度教禁止杀戮，这一矛盾折磨着阿尔诸那。奎师那向阿尔诸那解释说，作为一名刹帝利，也就是说，作为一名战士，他不受印度教杀戮禁令的约束。事实上，通过英勇战斗、履行职责，他可以从永无止境的生、死循环中解脱，并在精神上向着婆罗门迈进。

但是毗湿奴之所以广受欢迎，可能最终归因于他对性爱的歌颂，对印度教徒来说，这象征着自我和婆罗门绝对精神的融合。《毗湿奴往世书》汇编于公元500年。书中，毗湿奴化身为奎师那，一个接一个地诱惑着他的信徒。在书中一个故事中，他勾引了一整群挤奶女工："没有他，她们度日如年；不顾丈夫、父亲、兄弟（徒劳）的禁止，她们夜晚外出和她们爱着的奎师那玩耍。"受到勾引并不意味着这些挤奶女工是不道德的，但这个故事表明，她们的灵魂不可避免地寻求着与神明的结合。

婆罗门创造了世界，湿婆继承了婆罗门的遗产，使世界体现出周期循环。因为对印度教来说，旧世界的毁灭伴随着新世界的建立，湿婆作为毁灭者，既是积极的也是必要的。从这个意义上说，湿婆拥有生殖能力，其存在经常被描绘成林伽（阳具），通常雕刻在寺庙或神殿的石头上。

女神提毗

印度教重视女神崇拜。村民往往视女神为他们的保护者，而女神提毗在印度各地受到多种形式的崇拜。她代表女性，没有她，代表意识或歧视的男性方面便会失去功能和意义。例如，另一本形如《毗湿奴往世书》的《提毗往世书》写于公元500年。书中，毗湿奴在大海上熟睡，因此，婆罗门失去了创造的能力。提毗介入，杀死了导致毗湿奴长睡不醒的恶魔，并唤醒毗湿奴。从而延续生命的循环。

提毗与原始宇宙能量沙克提同义，代表着在穿梭于整个宇宙的动力。性力派是印度教的一个支派，认为提毗是最高的婆罗门，所有其他形式的神，无论男女，只是提毗的各种表现形式。但提毗有一些特殊的表现形式。在12世纪的一个微型雕刻中，提毗被描绘为杜尔伽（图3.29），一个十六臂

图 3.29

的水牛杀手。凶猛的恶魔马希沙战无不胜，威胁要摧毁世界，但杜尔伽前来救援。在雕刻的画面中，她刚刚砍断了水牛的头，矮胖的马希沙头发由蛇头组成，从水牛被斩首的身体中显露出来，虽然他的脚趾被杜尔伽的狮子咬了，马希沙却还是爱慕地仰望着她。杜尔伽平静地微笑着，优雅地踏在水牛身上，抓着马希沙的头发举起他来。

佛教："真理之路"

印度教的特征在于其自由的思想和交易，其他宗教运动也受到启发，得到发展。佛教就是其中之一。佛教的创始人释迦牟尼生活在公元前563年到公元前483年，他原本为乔达摩·悉达多王子，释迦族的太子——释迦牟尼意为"释迦族的圣人"，从小便受到培养成为统治者。受到人间疾苦的困扰，他放弃了父亲宫殿奢华的生活，生活在荒野中。6年来，他坐在菩提伽耶的榕树下冥想，终于得到启发。此后不久，他在鹿野苑进行了第一次教学，阐述了4个崇高的真理：

1.生活是痛苦的。

2.这种痛苦来自无知。

3.无知是可以克服和消除的。

4.克服这种无知的方法是修八正道：正见、正思维、正语、正业、正命、正精进、正念、正定。

参悟了这些真理，一个人便有能力克服所有人类痛苦的根源，也就是对物质的渴望。不仅如此，他还能从世界的幻象中解脱，从出生、死亡和再生的循环中解脱，最终达到涅槃。这些原则总结在《法句经》中，是佛教最受欢迎的经文，由423句释迦牟尼的佛语组成，按主题排列成26章。其梵语名称"Dhammapada"由"dhamma"和"pada"组成，前者是正式梵语"dharma"的通俗形式，意为道德真理，后者意为"脚"或"步"，因此，其梵语名意为"真理之路"。这部著作充满智慧，表达优美，广受称赞。

释迦牟尼后来被称为佛陀（意为"开悟者"），他教导了40年，直到80岁去世。他的追随者主张，任何人都能成佛，有能力看到世界的终极本质。那些几近完全开悟的人在涅槃之前承诺帮助他人成佛，后来被称为菩萨，意为"以智慧为本质的人"。在艺术作品中，菩萨穿着印度的王子装束，而佛陀则穿着僧袍。

孔雀王朝

　　佛教成为孔雀王朝的官方国教，于公元前 321 年至公元前 185 年主导印度。旃陀罗笈多（约公元前 321 年至公元前 297 年在位）在印度东部建立了孔雀王朝，其首都是恒河边的华氏城（现在的巴特那）。公元前 326 年亚历山大大帝入侵印度之后，旃陀罗笈多利用印度河流域的权力真空，迅速向西扩张帝国。公元前 305 年，希腊化时期的希腊统治者塞琉古一世是亚历山大帝国之后三个国家之一，塞琉古王朝的统治者，他试图再次征服印度。他和旃陀罗笈多最终签署了和平条约，并建立了塞琉古希腊和孔雀帝国之间的外交关系。几位希腊大使很快入驻帝国朝廷，这是东西方关系的开始。旃陀罗笈多的继承人是他的儿子宾头娑罗（约公元前 297 年至公元前 273 年在位），那时，朝中仍有一位希腊大使。他向南扩张帝国，几乎完全征服了印度半岛，孔雀帝国成为当时最大的帝国。他的儿子阿育

图 3.30

王（约公元前 273 年至公元前 232 年在位）继承了他的统治。

阿育王把佛教确立为国教。在公元前 261 年的一次战争中，作为一名战士，他对自己造成的杀戮感到震惊。目睹一个僧人在尸体中慢慢行走之后，阿育王开始谴责暴力和武力，并传播佛陀的教义。从那时起，"残忍的阿育王"开始被称为"虔诚的信徒"。罗马布匿战争过程中，阿育王奉行非暴力政策，禁止对动物进行不必要的屠宰或残害。狩猎遭到禁止，虽然阿育王依然允许以食用为目的有限狩猎，但他提倡素食主义。他为人和动物建造医院，鼓励以人道主义对待所有生物，并对其臣民一视同仁，无论政治立场、宗教属性或种姓。他还开始了一场大规模的佛教建筑运动，在整个帝国内建造了多达 8400 座佛龛和纪念碑。很快，佛教传遍了印度，来自中国的佛教僧侣前往印度观察佛教习俗。

桑奇大塔

在阿育王建造的佛教纪念碑中，最著名的是桑奇大塔（图 3.30），扩建于公元前 2 世纪。佛塔是一种葬丘，其中最早的 8 座是在公元前 483 年左右建造的，作为存放佛祖残骸的圣物盒，被分为八部分。公元前 3 世纪，阿育王打开了原来的 8 座佛塔，进一步细分了佛祖的遗物，将它们分散保存在许多其他的佛塔中，可能包括桑奇大塔。

佛塔具有深刻的象征意义，首先由一个碎石和泥土制成的半球形穹顶组成，表面铺有石头，使人想起了天穹（图 3.31），穹顶上有一个方形的

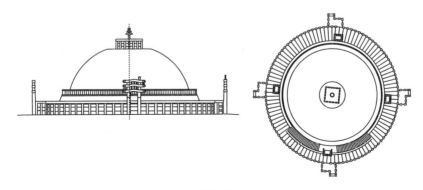

图 3.31

小平台，平台的中心是一根桅杆，支撑着三个被称为沙特拉斯的圆盘，象征着菩提树，因为佛陀是在菩提树下得到启发，也象征着佛教意识的三个层次：欲望、形式、无形——灵魂经过三个层次依次提升，最终得到启发。穹顶设在一个凸起的基座上，基座顶部周围是走道。当前往佛塔的朝圣者在走道上绕圈时，他们正沿着佛祖的道路，从觉醒走到启发。整体称为曼陀罗（意为"圆"），佛教的宇宙示意图。

阿育王的传教志向与他父亲和祖父的军事热情相当，他派遣佛教使者远赴叙利亚、埃及和希腊西部。西方对这些交流的历史记录已经不复存在，因此，传教对西方思想的影响尚不明晰。

回顾

3.1 了解罗马帝国的特征、双重起源，以及罗马共和国对其的影响。

罗马文化起源于希腊和伊特鲁里亚文化。伊特鲁里亚人给罗马人带来了一个建国神话：罗穆卢斯与雷穆斯的传说。维吉尔的《埃涅阿斯纪》是另一个建国神话。据传说，罗穆卢斯建立了庇护制度，确立了虔敬的概念，将罗马贵族和平民区分开来。请解释这个制度。

在 1 世纪罗马共和国时期，修辞学家西塞罗的文字极富说服力，使拉丁语成为帝国的主要语言。他写的《论责任》将虔敬定义为罗马价值。那个时代半身像如何体现这种价值？

公元前 27 年，元老院授予屋大维奥古斯都的名号和统治整个帝国的权威。奥古斯都是如何在纪念雕塑中理想化自身形象的？他的妻子莉薇娅和他的家庭在公众面前的形象是怎样的？他希望他的家庭体现怎样的价值观？

在奥古斯都的统治下，罗马文学也蓬勃发展。但是奥古斯都的最大成就，也是之后统治者的最大成就，是把罗马打造成为奥古斯都口中的"大理石之城"。为什么罗马皇帝要开展这么多的公共工程？它们代表什么？在私人领域，穹顶建筑如何反映罗马的价值观？

3.2 了解中国早期文化中蓬勃发展、相互竞争的思想流派——道家、儒家和法家，总结其影响。

商朝和周朝时期，中国哲学的两大流派应运而生：道家是一种以自然和谐为基础的无为主义，而儒家则是一种以个人修养为基础的实用主义政治哲学。阴阳哲学符号也是在这一时期被设计出来的。你知道阴阳哲学在《诗经》和后来孔子哲学中的作用吗？儒家对中国的运作有何影响？为什么道家不适合作为一种政治哲学？

在秦始皇的领导下，秦朝统一了中国，并开展了大量的建筑工程，包括长城、庞大的道路网和由近8000名真人大小的士兵俑守卫的皇帝陵墓，这些工程几乎需要完全重组中国社会。残忍的独裁者掌握集权，使这种重组成为可能。韩非子的法家思想如何支撑皇帝的做法？请比较秦朝的大型建筑工程与西方罗马帝国的建筑工程。

在汉代，被秦国剥夺权利的学者和作家重新受到尊敬。汉文化是如何反映儒家价值观的？

3.3 讨论印度教和佛教对印度文化的影响。

公元前2000年之前，印度河流域的摩亨佐－达罗等城市出现了成熟的文化。但大约在公元前1500年雅利安人入侵后，印度教在印度占据了主导地位。《吠陀》和《奥义书》是佛教的两部基本文献，三个主要的神是创造者婆罗门、保护者毗湿奴和毁灭者湿婆，后者同时也是一个伟大的舞者，代表了创造和毁灭的循环，以及出生、死亡和重生的神圣节奏。这种宗教与阿育王采用的国教佛教有什么共同之处？阿育王是怎样传播佛教的？

延续和变化：基督教罗马

在整个帝国历史中，罗马一直是一个多神教的国家，几十种宗教可以在罗马共存。但基督教渐渐在帝国中占据主导地位，开始威胁罗马公民的政治和文化身份。罗马人的基本身份不再是罗马人，而逐渐变为基督徒。

在公元235年几位皇帝倒台后的混乱岁月里，为了应对帝国权威受到的威胁，人们指责基督徒为罗马大部分麻烦的根源，因为他们的宗教遍布整个帝国。到3世纪末，罗马帝国大约有500万基督徒，接近人口的十分之一。罗马有一个特别大的基督教会，具有相当大的影响力，因为人们认为这个教会受到了耶稣最初的门徒彼得和保罗引导。公元303年，戴克里先皇帝（公元284年至305年在位）发动了对基督徒的猛烈迫害，这一过程持续了8年。

戴克里先意识到罗马教会几乎控制了帝国其他教区，因此将其视为对皇权的直接威胁。他禁止基督教崇拜，下令摧毁教堂，焚烧书籍，并逮捕所有主教。基督教徒被迫向皇帝献祭，否则将被判处死刑，而罗马的非基

图 3.32

督教徒则认为皇帝是神圣的。成千上万的人拒绝屈服，他们的殉道行为不仅没有削弱教会的力量，反而助长其势力。

305 年，戴克里先身体情况不佳，就此退位。罗马迎来了一段动荡时期。312 年 10 月 28 日，罗马入口处的米尔维安桥上，被称为"君士坦丁大帝"的君士坦丁一世赢得了一场决胜战斗，成功登基。两年之前，传说当君士坦丁从高卢向罗马进发时，看到了太阳神阿波罗，伴随着胜利女神尼姬和罗马数字 XXX，这象征着他将统治的 30 年。到了他生命尽头，他转而声称当时看到的是一个十字架，位于太阳上方，到那时，十字架成为一个愈发普遍的基督象征，传说也日益流行："在这个标志中，你将征服。"无论如何，可以肯定的是，在米尔维安桥之战中，君士坦丁命令他的军队用十字架装饰盾牌，装饰也许还包括代表基督或吉祥的希腊字母 chi 和 rho。君士坦丁本人在 312 年重申对罗马国教的信仰，但他又在一年内颁布了《米兰敕令》，允许宗教自由，结束了帝国的宗教迫害。

君士坦丁在罗马的建筑工程将给后来的基督教建筑带来持久的影响，特别是他在帝国广场南端的一座巴西利卡上的作品。最初由马克森提乌斯建造，这座建筑是罗马最后一座伟大的帝国建筑（图 3.32）。像所有罗马巴西利卡一样，马克森提乌斯和君士坦丁巴西利卡是一个巨大的长方形建筑，有一个圆形的附加结构，称为半圆形后殿，位于一端或两端，易于进出。同样，它也是一个行政中心——法院、会堂、会议厅。建筑高高的拱形天花板是模仿罗马大型浴场建立的。它的正厅高达 34.7 米。参观者可以通过东南端的三重门廊进入，沿着正厅向下约 91 米，可以看到建筑另一端的半圆形后殿，这是建筑亮点。以半圆形后殿为重点的巴西利卡将对后来的基督教教堂产生巨大的影响，后来的教堂利用建筑巨大的内部空间举行宗教仪式，引起敬畏。

图 4.1

第**4**章

采邑制、修道院、朝圣

欧洲中世纪早期

学习目标 >>>

◎了解盎格鲁－撒克逊文化如何体现在其艺术和文学中。

◎讨论查理曼大帝对中世纪文化的影响；了解他建立的传统。

◎定义罗马式风格，了解朝圣教堂和克吕尼修道院怎样体现这种风格。

◎了解宫廷爱情的传统；说明这一时期的文学作品是怎样体现这种爱情的。

　　萨顿胡墓地位于现在英格兰东英吉利萨福克郡的伊普斯威奇附近。那里，一个土堆中埋葬着一副盎格鲁－撒克逊人的遗骸，他有权有势，可能是 7 世纪的一位国王（在遗址发现的硬币年代为 7 世纪 30 年代末）。土堆中还葬了一艘船，稍大于 1904 年挪威奥斯陆郊外奥斯伯格一艘类似的陪葬船（图 4.1）。萨顿胡的陪葬船被拖上了德本河边一座 30 米高的小山，埋在一条沟渠里。船首和船尾中间建了一座房子，里面摆放着棺材，周围是一堆装饰华丽的物件和盔甲：来自法国的金币，来自东地中海的银汤匙和碗，以及一把木竖琴，填平了沟渠，形成了一个土堆。1300 年来，它一直保持着原状，高高地耸立在德本河口之上，仿佛一位死去的勇士，永远眺望着大海，守卫着东英吉利。

　　该遗址于 1939 年首次发掘，里面只有两个物件上有着基督教文化的痕迹——两把银汤匙上刻着希腊文的 Saulos 和 Paulos 两个名字，分别指希伯来《圣经》中的扫罗王和新约中的圣保罗。事实上，406 年罗马人离开之后不久，基督教在英国几乎完全消失了。在接下来的两个世纪里，英国统治者受到罗马影响，日耳曼和阿尔卑斯山以北的欧洲部族成为英国的雇用兵，并开始了独立活动，他们的盎格鲁－撒克逊文化清楚反映了日耳曼和阿尔卑斯山以北的欧洲人的价值观和传统，很快就主导了英国文化。然而，7 世纪 30 年代末，萨顿胡墓地建成时，基督教在英国开始重新出现。有人认为，精心策划的萨顿胡墓葬仪式，包括基督教禁止的火葬，以及用人和动物祭祀，是对基督教习俗的公然蔑视。

　　在公元 7 世纪的墓葬中，萨顿胡墓地充其量只是盎格鲁－撒克逊文化一个粗糙的雏形，但却比其他所有的考古遗址更能体现该文化。被埋葬着的一定是一个领主或首领，拥有忠心耿耿的追随者，这是中世纪封建社会的基础，这一社会制度后来主宰了欧洲大陆。封建制度与罗马的庇护制度有关（见第 3 章）：庇护人通常是贵族，庇护着为他工作的人，以换取后者的忠诚。在中世纪，这种关系发展成为一种以农业为基础的经济制度，租户有义务为贵族服务（通常是在军事方面），并向后者支付货物或农产品，以换取土地（即采邑的使用权）和来自贵族的保护。

早在 6 世纪，英格兰地区便出现了采邑制度的雏形。盎格鲁－撒克逊人只占约 100 万总人口的十分之一，控制了土地；其余的是不列颠人，主要负责耕种。盎格鲁－撒克逊人从这种关系中获取了大量财富，从萨顿胡墓地中发现的宝藏中可见一斑。控制采邑的贵族们效忠于拥有国家所有采邑的国王，作为他们忠诚的回报，国王会用黄金、武器和精美的个人装饰品来奖励他的贵族，比如埋藏在萨顿胡墓地的文物。

当基督教重新在盎格鲁－撒克逊人统治的英格兰大地上出现时，教会改写了封建制度：被庇护人不再效忠于贵族，贵族也不再效忠于国王，而是所有人都效忠于基督教的上帝。英国人和盎格鲁－撒克逊人都可以向教会赠送礼物，作为回报，教会为他们带来的不是保护，而是救赎。很快，教会变得富裕起来。为了装饰圣所，教会追求与封建领主个人收藏同样精美绝伦的手工艺品，同时将基督教的主题和意象融入日耳曼和阿尔卑斯山以北的欧洲杂糅、肉欲的风格中。教会还获得了一大笔地产，由一位本身就是封建领主的神职人员管理。这些土地上很快发展起了大型修道院，志同道合的人汇聚于此，追求宗教的完美，修道院从而成为学习中心。

这些修道院很快就开始提倡通过宗教朝圣进行赎罪，部分原因似乎是由于欧洲城市化进程加快，以及卫生条件日益恶化，导致了疾病的传播。朝圣者相信，疾病是与罪恶息息相关的，他们寻求赎罪的方式，使自己免于疾病、传染病和来世的永久诅咒。到 1100 年，每年都有数千名朝圣者前往耶路撒冷和罗马。大批朝圣者横跨欧洲，前往今天西班牙西北角的圣地亚哥－德孔波斯特拉，大使徒圣雅各的遗体安息于此。在不久之后的英格兰，朝圣者将前往坎特伯雷，去往坎特伯雷大主教圣托马斯贝克特的圣殿礼拜，大主教曾坚定地支持教会地位高于英国国王，导致他于 1170 年遇刺身亡。

这一章概述了封建社会的崛起，以及中世纪的统治者和基督教会适应封建习俗的过程。将这些封建传统编纂成册并严格遵循的重要统治者是查理曼，他不仅梦想着一统欧洲，而且还期望在同一个行政和政治官僚体制中统一教会和国家。虽然查理曼的帝国在814年随着他的逝世而解体，但在他去世后的30年内，后来的统治者沿袭了他的传统，如受到奥托王朝统治影响的德国国王，建立了一个内部联系紧密的政治官僚体制，并倡导艺术。但与此同时，教会与国王不断竞争着群众基础：在建筑、艺术和礼拜仪式的音乐中，教会试图从情感方面感染人民，号召他们放弃世俗的政治抱负，追求进入天堂。朝圣地点的教堂和沿途的其他教堂都是为了容纳大量朝圣者而设计的，这就产生了今天的罗马式风格。一种新的世俗文学也出现了：描绘宫廷爱情的诗歌和散文。

盎格鲁 - 撒克逊艺术风格与文化

我们能从盎格鲁 - 撒克逊文化的艺术和文学中学到什么？

萨顿胡遗址中发掘出的一个囊盖（图 4.2）很好地体现了这种非基督教日耳曼文化的艺术风格。囊盖的边缘嵌有金属丝花纹，形成不同区块，每一小块中都填有彩色搪瓷玻璃，用半宝石（囊盖上的是石榴石）薄片隔开。囊盖顶部的中心位置是动物交织纹饰，有两对相对的动物和鸟，其线条被拉长，不断弯曲缠绕，形成装饰，这是斯堪的纳维亚艺术中常见的图案。下方，两只瑞典鹰喙沿弯曲，分别钳制着一只鸭子，两边的图案如出一辙：一个男性形象站在两只动物之间。在基督教时代之前，这种动物风格主导着整个日耳曼和斯堪的纳维亚世界的珠宝设计：它左右对称，融合了有机交织的几何形状，突出了动物的形象。整个中世纪早期，手稿、石雕、教堂砖石和木雕的制作都采用了这种风格。

在许多方面，英语受到了盎格鲁 - 撒克逊传统的影响。英语中对一周

图 4.2

七天的称呼源于撒克逊诸神的名字：星期二（Tuesday）和星期三（Wednesday）是以撒克逊两位战神提尔（Tiw）和沃登（Woden）的名字命名的。星期四（Thursday）以雷神索尔（Thor）的名字命名，星期五以沃登的妻子弗丽嘉（Frigg）的名字命名。同样，英语中的许多地名也与撒克逊传统有关，比如，"Bury"一词意同"fort"（堡垒），坎特伯雷（Canterbury）也就是"坎蒂（Cantii）部落的堡垒"；"ings"一词代表着部落和家庭，所以黑斯廷斯（Hastings）意为黑斯廷（Haesta）家族的所在地；"Strat"指罗马的道路；埃文河畔的斯特拉福德（Stratford-on-Avon）指罗马道路穿过埃文河。再比如，在多切斯特（dorchester）一词中，切斯特（chester）指罗马营地；威斯敏斯特（Westminster）一词中，敏斯特（minster）指修道院；诺丁汉（Nottingham）一词中，汉（ham）是指家。

益格鲁－撒克逊文化以国王和领主为中心，他们每个人都拥有自己的大片地产，国王和他的随从不断辗转于这些领主的住所，后者必须盛情款待国王，并对其忠心耿耿。封建社会中，拥有权势的人只是少数，大部分都是农民。其中一些是拥有 546 亩到 607 亩土地的自由平民。另一些人则从领主那里租借土地，通常是 121 亩，他们相应为领主提供货物：羊或谷物，并每周到领主的土地无偿工作两到三天。所有阶层都会雇用日工农奴和奴隶，这些通常是战争的俘虏。（有证据表明，到了 8 世纪，益格鲁－撒克逊人常在国外贩卖奴隶，尤其是在法国和罗马。）逃跑的奴隶会被判处死刑，那些对主人不忠的奴隶也会被判处死刑。

益格鲁－撒克逊法律是建立在"赎杀金"的基础上的，也就是一个人生命的价值。一个领主的赎杀金大约是一个平民的 6 倍，而奴隶的生命根本没有价值。如果一个领主被杀或受伤，他的家人或他本人有权得到最高固定费率的赔偿。但一个领主可以杀死或者伤害一个赎杀金为零的奴隶。女性与男性的赎杀金相同，但孕妇的赎杀金是普通妇女的三倍，即使没有怀孕，具有生育能力也能使妇女提高其身价。

英国最古老的史诗《贝奥武夫》

用古英语写成，英国最古老的史诗《贝奥武夫》能够最好地体现封建社会等级的森严。诗歌的开始，以格伦德尔为首的怪物频繁侵犯着国家，一位名叫贝奥武夫的年轻英雄远道而来，除掉了他们。接着，贝奥武夫回到了家乡瑞典，统治了 50 年，直到一条恶龙出现，威胁他的国家和人民，他向恶龙开战，勇气绝伦，展现了他捍卫国家、守卫人民的坚定信心，但最终被恶龙杀死。这一故事告诉我们的道理很简单：每个个体都必须为时代进步让路。

故事结尾，贝奥武夫的战士们在火葬柴堆上焚烧了他的遗体和财宝，与故事开头的埋葬形成呼应。

萨顿胡遗址中的发现，以及在奥斯伯格发现的那艘船（图 4.1）都表明，《贝奥武夫》一诗准确反映了中世纪欧洲北部气候的特征。这首诗用益格鲁－撒克逊语或古英语写成，大约写于公元 700 年到 1000 年之间，最初作为叙事诗口耳相传，后被转录为文字。诗歌有 3000 行，体现了那个时代独特的英语语言特征，直到 1066 年诺曼公爵征服者威廉入侵英国，英语和法语开始融合。这首诗以一种 10 世纪时期独特的手稿形式保存了下来，其更早的原稿在 18 世纪被大火烧毁。

异教风格与基督教风格的融合

在罗马人于 406 年撤出不列颠之后，基督教只出现于不列颠群岛的最西端——康沃尔、威尔士和爱尔兰。圣帕特里克在 432 年抵达不列颠群岛，461 年去世，在这段时间里，他改变了人们的信仰。大约在 563 年，爱尔兰的一位僧侣圣库仑在苏格兰的爱奥那岛上建立了一座修道院。他游历了苏格兰各地，并使苏格兰北部的皮克特人部落皈依基督教。大约在 635 年，一位来自爱奥纳的传教士在英格兰东北部诺森布里亚海岸外的林迪斯法恩岛上建造了另一座修道院，几乎与萨顿胡的异教葬礼同一时间。

与此同时，在 597 年，教皇格雷戈里一世（任职时期 590 年至 604 年）派遣了一个由 40 名传教士组成的使团前往英国，由本尼迪克特教区的主教奥古斯丁（公元 604 年）率领引导信仰异教的盎格鲁－撒克逊人皈依基督教。格雷戈里让奥古斯丁不要在一夜之间消除异教传统，而是要将它们融入基督教传统中，他在 601 年给奥古斯丁的一封信中写道："固执的头脑当然不可能一下子就根除所有的错误想法，想爬上山顶的人会一步一步地爬，而不是一跃而上。"

中世纪早期，这种融合了不同传统和理念的风格盛行于英格兰和爱尔兰，被称为希伯诺－撒克森文化，这一文化将盎格鲁－撒克逊的视觉文化与基督教的文本传统合二为一，并因此闻名于世。

在英国，基督教传教士的任务是把人民对其国王和领主的忠诚转变为对上帝的信仰。他们不能提供黄金或物质财富，只能提供救赎或精神上的满足，

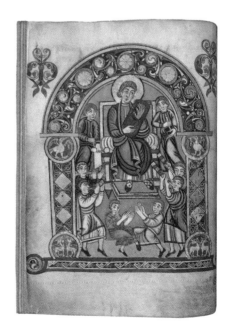

图 4.3

他们不得不运用更加微妙的信仰和希望，来代替萨顿胡的宝藏。传教士的策略很简单，他们使信徒的精神沐浴在物质的光辉中，用各式各样的精美元素来装饰手稿，用金银、珠宝和搪瓷装点基督教，并把它放置于一个最为宏伟的建筑中。此外，他们还把异教徒的庆祝活动融入基督教礼拜仪式中。

8世纪上半叶的一页手稿体现了上述融合，可能创作于坎特伯雷（图4.3）。书页描绘圣咏的创作者大卫稳坐王位，身旁簇拥着宫廷音乐家。这一幕同样描绘出《贝奥武夫》中的一个情节：贝奥武夫击败怪物格伦德尔后，赫罗思加的大厅里举行了一场盛大的庆典：

赫罗斯加的大厅里回荡着竖琴的高音，

有歌声，有笑声，有讲故事的声音，

宫廷诗人唱着故事，

快乐的丹麦人坐在草地长椅上喝酒，听着。

事实上，大卫是犹太－基督教中的"宫廷诗人"，只是他服从于基督教的上帝。更重要的是，大卫在手稿插图中弹奏的竖琴很像萨顿胡遗址发现的六弦木竖琴。由于场景边缘装饰采用了动物风格，我们可以确定，场景中描绘的庆祝活动能够受到所有盎格鲁－撒克逊贵族的认可。在接下来的几个世纪里，基督教将创造自己的宝藏、自己的庆祝音乐、自己的大礼堂（大教堂），招募自己的装甲战士进行自己的英勇战斗（十字军东征）。贝奥武夫的格伦德尔将意味着异教徒穆斯林和穆斯林的上帝——真主安拉。

加洛林王朝文化

查理曼是如何改变中世纪文化的，他给法兰克国王留下了怎样的传统？

虽然英国基督教化的速度很慢，但欧洲大陆却并非如此。732年，基督

教在瓦尔河谷图尔以南的法国普瓦捷
卢成立。在那里，法兰克国王查理·马
特击败了于711年进入西班牙并一直向
北推进的穆斯林军队，阿拉伯人于是撤
退到比利牛斯山脉以南，定居在西班牙。
法兰克来自从公元4世纪开始向西迁
移的许多日耳曼部落之一，就像英格
兰的盎格鲁人和撒克逊人一样。征服
了罗马之后，这些部落大多受到罗马
文化中大部分基督教信仰的影响，受
到影响最显著的是意大利的东哥特人、
高卢南部（法国）和西班牙的西哥特人、
北非的汪达尔人以及控制了现代法国
大部分地区的法兰克人。

图 4.4

　　在"查理大帝"查理曼（图 4.4）
的领导下，法兰克人将在一百年内控
制西欧的大部分地区。查理曼降服了一个又一个异教部落，迫使他们放弃
基督教信仰，归顺罗马的《尼西亚信经》。查理曼的王国逐渐扩大，包括
现在的法国、荷兰、比利时、瑞士、几乎所有的德国、意大利北部和科西
嘉岛，以及西班牙北部的纳瓦拉，还有更多的地区向他上贡。查理曼大帝
使得大片地区的人民归到了基督教麾下，作为回报，教皇利奥三世在800
年的圣诞节为他加冕，建立的王国后来被称为神圣罗马帝国。

《罗兰之歌》——封建制度与骑士价值观

　　查理曼的军事势力如史诗般强大。在他统治后的几个世纪里，歌颂他
功绩的故事以诗歌形式流传于整个欧洲，辗转于不同宫廷的职业艺人或吟
游诗人，以"武功歌"的形式表演出来。其中最古老，也是最著名的是《罗
兰之歌》，这首诗以史实为基础，后来带有了传奇色彩，最终成为一部史诗，

分成不同诗节，共长四千行，每行十个音节，口头流传了三个世纪，约在1100 年转录为文字形式。

《罗兰之歌》讲述了 778 年发生的一个故事。当时，查理曼的后卫部队由其侄子罗兰、罗兰的朋友奥利弗和其他同龄人领导，当查理曼军队从西班牙撤军归来时，后卫遭到了穆斯林军队的伏击。罗兰的英勇军队遭到了加奈隆背叛，加奈隆向敌军透露了罗兰穿越隆塞沃的路线，途中，罗兰的 2 万名士兵遭到了 40 万穆斯林的袭击。罗兰吹响了他的象牙号角，提醒查理曼小心撒拉逊人，但在那时，法兰克军队已经被击败了。查理曼发现罗兰的军队全军覆没，处决了背信弃义的加奈隆，随后与穆斯林激烈战斗。查理曼大帝取得了胜利，这归功于神的干预：查理曼的虔诚祈祷使太阳推迟了落山的时间，让他的军队有时间击败撒拉逊人。

骑士守则

《罗兰之歌》是封建社会骑士守则（chivalric code）最早的表现形式之一。骑士精神（chivalry）一词（来自法语中的"骑士"）表达了一个理想骑士应当有的品格。该诗可能更好地反映了 11 世纪（或诗的时间）的价值观念，而不是查理统治时期的 8 世纪左右的价值观。然而，这种精神的源头可以追溯到《贝奥武夫》。骑士，这些年轻的战士们遵循着一套虽不成文，却十分严格的行为准则：英勇战斗，忠于领主和同胞，尊重女性。虽然这些价值观不一定能够付诸实践，但封建主义和骑士精神是维持欧洲大陆社会秩序和政治和谐的有力机制，贯穿了整个中世纪。

提高识字率

整个欧洲境内，教会历来是文化的主要守护者。修道院是罗马人的文化中心，罗马人对学习的热情依旧，尤其喜爱修道院抄写员抄写的手稿，但大多数人依然不识字。亚琛的宫殿里，查理曼试图改善这种情况，这很快就吸引了著名的学者和艺术家，他们的努力得到了查理曼丰厚的回报。

其中最主要的是来自约克的阿尔昆（735年至804年）。他在782年成为查理曼宫廷学院的院长。他是这一时期最重要的语法学家和神学家之一，也是查理曼的私人导师。

阿尔昆在亚琛的主要目的是建立课程，以提高整个加洛林帝国的识字率。里昂、奥尔良、美因茨、图尔、莱昂等城市都成立了学校，旨在教授儿童阅读和写作的基本技能，并进一步学习文科和神学。到了798年，亚琛颁布了一项法令，命令帝国各地的教士和乡村神职人员为儿童开办学校，重点是教育男性，因为国家官僚体制内的工作未来将会落在他们头上。他们接受基督教教育，并将按照教会的原则领导国家。但有证据表明，女孩，特别是出身显贵的女孩，也能够进入阿尔昆创办的当地学校就读。

推广教育还有一个更具体的宗教动机：查理曼相信，为了传播福音，人们需要学会在教堂大声阅读和唱诗，更需要掌握《圣经》中的基本真理。因此，教育发挥了教会的传统作用，将教会命运以及帝国命运与个人命运紧紧结合在一起。阿尔昆出版了旧约和新约经文内容，供弥撒时阅读，以及一本有关礼拜仪式的书，785年，帝国范围内所有教堂都必须使用这本书。在阿尔昆生命中的最后八年，他致力于制作一个拉丁语通俗《圣经》的修正版本，这是整个中世纪的标准版本。

中世纪的修道院

修道院是加洛林文化的核心，可以说是其最重要的建筑。在加洛林时代之前，欧洲各地的修道院差异很大。在意大利，独身法则几乎从未付诸实践，修道院的生活颇有趣味。而在其他地方，比如爱尔兰，修道院更加朴素、禁欲，但其活跃的学术氛围仍然吸引人们前来求职。修道院的氛围和规则各不相同。

在法兰克王国的所有修道院内，查理曼都推行两个世纪前意大利修道士圣本笃的规则。圣本笃将修道院生活定义为一个由志同道合的个人组成的团体，人们选出修道院院长，所有人都在修道院院长的指导下寻求宗教的完满。修道士们过着旨在追求宗教完美的家庭生活：他们没有物质财富，接受世俗的贫穷；他们必须定居于一个地方，不能到处流浪，以保证社区的稳定；他们永不嫁娶，守护自己的贞操。每一天被分为八个部分，制定了日程表，规定了每天日课的祈祷时间安排，人们在一天内从清晨到就寝的八个特定时间点背诵圣咏、唱诵圣歌、吟诵祈祷。在礼拜的间隙，修道士学习、工作，早餐清淡，晚餐相对丰盛。他们信奉教团的座右铭"祈祷和工作。"

修道院的女性

虽然宗教使妇女的职业选择不再局限于家庭主妇或工人，但一般只有贵族出身的女孩能够参与到修道院的生活中。在修道院的体制中，妇女可以获得很高的声望。圣本笃的妹妹斯高拉谛加是附近一个修道院的院长。惠特比修道院院长希尔达主管的修道院是盎格鲁－撒克逊境内最著名的修道院，住着修道士和修女。她最重要的举措之一是在惠特比开创了大公会议，试图调和英格兰教会中凯尔特派别和拉丁派别的矛盾。中世纪教会最初由男性主导，希尔达是那时教会中占据显赫地位的少数女性之一。

甘德谢姆的赫罗斯维塔从未获得希尔达那样的政治声望，但她是那个时代著名的剧作家之一。她的剧作被传唱至 15 世纪末，强调了女性的力量和自我价值，使她们能够在逆境中始终谦虚、坚守贞操，不懈地面对挑战。

当时最重要的女性之一是宾根的希尔德加德。她主管着宾根的修道院，位于德国法兰克福附近。希尔德加德八岁时进入修道院，最终成为修道院的院长。她成就非凡，制作了一些书册，涉及自然科学、医学和疾病治疗领域，还创作了恶行与美德之间富有寓意的对话，以及大量的宗教歌曲（见下一节，修道院音乐）——她是第一位基督教女性预言家和神秘主义者，并因此闻名于世，她的先驱是德尔菲的女祭司（见第 2 章）。她观察到的异象被记录在《认识主道》一书中。教皇宣称这本书受到神的启发。希尔德加德倡导教会改革，坚定不移，热忱有加，她明白改革使她拥有批评世俗和教会领袖的权利，甚至是批评教皇本人。

《认识主道》的一页（图 4.5）说明了这一段。希尔德加德正在记录她受到的神圣启示，她的抄写员正等着转录她的话。这些插图是由希尔德加德本人直接监督画成的。

本书随后记录了希尔德加德预见到的恶魔形象：恶魔化身为一只可怕的虫子，掌管着一个充斥着物质的市场。在描述了这一场景之后，她解释了场景中一些主要的元素。希尔德加德渴望解释自己的话语，体现了中世纪宗教文学的典型目的：教育和指导。但更重要的是，希尔德加德的《认识主道》与那个时期其他预言性的神秘主义作品一样，都归结于一种直觉，想要把那些不可知生动地呈现在听众的脑海中。就像德尔菲的女祭司一样，希尔德加德通过启示和异象直接与神沟通。

图 4.5

修道院音乐

希尔德加德创作的作品多于 14 世纪之前的任何一个音乐家，她的《美德典律》由 82 份曲篇和文本组成，书中，希尔德加德将善与恶的冲突戏剧化：面对 16 种美德的化身，恶魔从不唱出自己的台词，而是大声吼叫。希尔德加德所有的礼拜仪式作品都收录在《上天启示的和谐旋律》一书中。像《认识主道》一样，希尔德加德的音乐旨在阐明宗教真理。她相信通过歌唱和演奏音乐，人的身体、大脑、心合而为一，教徒之间的不和得以消除，人间从而达到天堂的和谐状态。

在希尔德加德作曲的时代，礼拜仪式，特别是其音乐，已经得到查理曼的统一。虽然没有记录那个时代旋律的书面材料留存下来，但大多数学者认为查理曼采用了一种被称为"格里高利圣歌"的形式——以教皇大贵格里高利的名字命名，就是他 597 年派遣了奥古斯丁到英国。单声圣歌由单曲调音乐（一个或多个声音演唱一个没有和声的单一旋律）组成。格里高利圣歌的风格可能源于古代犹太人唱诵圣歌的方式，其最简单的形式是无伴奏合唱，即"阿卡贝拉"，按照音节（每个音节对应一个音符）演唱。通常增添一两个音符来强调每句的最后一个单词：

圣歌 109 的第一句"耶和华对我主说：你坐在我的右边"，其四线谱将成为格里高利传统乐谱，每一个音符或一个纽姆用一个小方块表示，因此被称为纽姆乐谱。纽姆乐谱中，一个音节不再对应一个音符，而对应两到三个音符。在中世纪晚期的圣歌中，一个音节可以对应许多音符，这种模式被称为花音（melismatic）圣歌：

弥撒

自古以来，弥撒就是基督教会的重要仪式，是圣餐的庆祝仪式。为了纪念耶稣，神职人员在弥撒期间喂教徒吃面包，说"这是我的肉体"，喂他们喝酒，说"这是我的血"，耶稣在最后的晚餐时也是这样喂他的门徒的（《哥林多前书》11：24-25）。在庆祝圣餐时，基督徒能够感受到基督的存在。在中世纪的弥撒中，《垂怜经》通常是第一个或第二个环节，由三句话组成：首先唱诵三遍"上主，求你垂怜"，接着唱诵三遍"基督，求你垂怜"，然后又是三遍"上主，求你垂怜"，但配有不同的音乐。三句话各重复三次，每一次都具有深刻的象征意义，数字三表示三位一体，三的平方表示绝对完美。

宾根的希尔德加德创作的单声圣歌产生的音乐效果与众不同。与那个时代大多数圣歌狭窄的音域相反，她运用极高或极低的音符来创造"高耸的拱"，音域跨度极大，她相信，这些拱将天地连在了一起。虽然在传统的单声圣歌中，两个相邻音符在钢琴上对应的位置最多相差两到三个键，但希尔德加德创作的音符之间音域跨度更广，有时在钢琴键盘上的跨度达到四到五个音符，使音乐有了一种在神界和世俗之间移动的感觉。她谱的旋律音调飞快地上升，仿佛要飞向天空。她将纽姆乐谱与花音圣歌结合起来：前者植根于日常生活，而后者则暗示着救赎的喜悦。

决定一首单声圣歌旋律的关键因素是它在礼拜仪式中的作用，从查理大帝时代到 16 世纪，这一原则保持不变。某些以圣咏为重点的圣歌是专门按照神职人员的日程表（小时）创作的，由那些与世隔绝的修道士和修女演唱。圣本笃要求神职人员每周背诵全部 150 首圣咏。

弥撒有它自己的单声圣歌曲目。每间教堂和修道院每天早上 6 点至 9 点举行一次庆祝活动，任何受浸成员都可以参加。有些元素普遍存在于所有弥撒，比如唱诵《尼西亚信经》（见第 4 章）用的音乐，而一些元素只在礼拜年的特殊星期日或节日弥撒中出现。礼拜年有两个重要节日，圣诞节和复活节，每个节日之前都有一段忏悔的时间。

查理曼创建了几所唱诗学校，使礼拜仪式标准化，其中包括圣加尔的一所学校，帝国的所有唱诗班指挥都在学校接受教育。公元 789 年，查理曼下达命令："每一个主教都要讲解圣咏、乐谱、圣歌、年岁和季节的计算以及语法。"

法国卡佩王朝与诺曼征服

9 世纪中叶，从斯堪的纳维亚来的维京海盗诺曼人入侵阿尔卑斯山以北的欧洲，他们以那些孤立而富有的修道院为目标，劫掠、扫荡了整个阿尔卑斯山以北的欧洲海域，带来了毁灭性的灾难。他们甚至早在 793 年就劫掠了林迪斯法恩修道院。维京海盗的入侵使前帝国四分五裂，使贵族、平民和农民不得不依附于任何可能提供军事保护的人，从而巩固了封建制度。到了 10 世纪，维京人已经勘探、劫掠了北美（利夫·埃里克森于 1000 年到达）、冰岛、格陵兰、不列颠群岛和法国等地，并在各地建立了领地。维京人在 845 年包围了法国巴黎，并控制了塞纳河下游河畔区域。915 年，法兰克国王查理三世被迫将该地区的永久统治权交付给当地的领导者罗尔夫，罗尔夫从而成为诺曼底的第一位公爵。

位于现在法国的西加洛林帝国其他部分仍然四分五裂，各路伯爵和公爵争权夺势。987 年，雨果·卡佩最终被选为国王，他是法兰西岛的领主，法兰西岛从巴黎及其周边地区向南一直延伸到卢瓦尔河谷的奥尔良。雨果建立了卡佩王朝，统治了 350 年，他从一开始就重视建立一个严密的行政官僚体制。卡佩的统治与诺曼底公爵的关系十分紧张，公爵们高度自治，甚至声称自己独立于卡佩王朝。

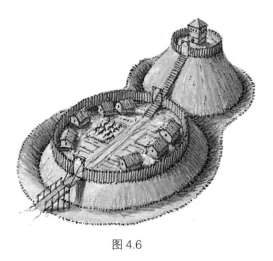

图 4.6

诺曼人于 1066 年入侵英国，著名的巴约挂毯讲述了这个故事。英格兰和法国北部地区因此合并为一个国家，征服者威廉一世是唯一的国王，少数男爵在英吉利海峡两岸拥有地产。为了抵抗撒克逊人的进攻，也为了安抚他们，诺曼人建造了土丘 – 外庭式城堡（图 4.6）。土丘是一个凸起的土墩，外庭则是其底部的封闭庭院。考古学家估计，诺曼人在 1066 年至 1086 年间建造了 500 座这样的城堡，即每两周建造一座，事实上，这种防御工事可以在短短八天内建成。随着时间的推移，由于木质结构容易着火，土丘 – 外庭式城堡很快被精致的石头城堡取代。

由于害怕丹麦的入侵，威廉一世下令在全国范围内进行一次全面调查，以便能更准确地估算可以筹集多少税款来建立一支新军队。《末日审判书》一书估计英国人口约为 100 万，国家财富整整四分之三掌握在国王和 300 个地主手中：其中 200 人是法国贵族，只有 2 人是英国人，另外 100 人是大主教、主教和修道院院长。其余土地都掌握在小农场主手中，90% 的人口在这些土地上劳作。存在一些自由民，但大多数人都会效忠于当地的一位领主。10% 的人是农奴，根本没有土地。《末日审判书》使我们对中世纪社会以及其贫富之间的巨大鸿沟有了更加深入的了解。

朝圣教堂与罗马式风格

朝圣教堂和克吕尼修道院如何体现了罗马式风格？

在整个中世纪，基督教徒通常前往圣地或保存圣物的地点进行宗教朝圣。人们相信，如果他们能够亲近神圣的物体、人物或地点，那么他们关于宽恕、疗愈、生育和其他事情的祈祷便更有可能灵验。朝圣也是表示虔诚的方式，体现了朝圣者的信仰，在某种程度上更是一种忏悔的行为。随着欧洲城市化进程加快，其卫生条件日益恶化，疾病不断传播。朝圣者相信，疾病与人的罪恶息息相关，他们渴求赎罪，从而免于疾病的侵袭，摆脱来世的永恒诅咒。

也许是因为比耶路撒冷和罗马近，圣地亚哥－德孔波斯特拉是 11 至 13 世纪最受欢迎的朝圣地点，因创造多个奇迹而闻名于世。12 世纪中叶，法国南部的修道士用拉丁文写成的《圣地亚哥－德孔波斯特拉朝圣者指南》问世，描绘了贯穿法国和西班牙主要朝圣路线的城镇和纪念碑。

不久，特殊的朝圣路线发展起来，朝圣者可以沿途参观其他圣地。这些圣地存放着基督教圣徒和殉道者的圣人遗物。在中东地区，十字军为了争夺耶路撒冷和其他基督教圣地的控制权而与穆斯林作战，购买了这些圣人遗物，然后在西方转售，这些不能确定其真实性的物件接着被船运到各个圣地。据说，圣母玛利亚生基督时穿的外衣就被收藏在夏尔特尔；维兹莱是通往圣地亚哥－德孔波斯特拉四条路线之一的起点，在那里，朝圣者可以向抹大拉的玛利亚的尸骨祈祷。

孔克的圣弗瓦教堂是最古老的著名朝圣教堂之一（图 4.7）。根据一位艺术历史学家，这是罗马式风格的最早体现之一，因为它重新采用了罗马建筑的传统元素。从马克森提乌斯和君士坦丁巴西利卡开始建立的巴西利卡传统指导了罗马式教堂的平面设计，但桶形拱顶取代了老圣彼得大教堂等建筑的木质天花板，使得建筑更不易受火灾侵袭。

新朝圣教堂的大门是仿照罗马凯旋门建造的，但他们庆祝的是基督教上帝的胜利，而不是世俗领袖的胜利。这种建筑传统可以追溯到几乎整整 1000 年前，而复兴这种传统部分是因为缺乏技术创新，而不代表人们回归了罗马哲学传统。然而，基督教采用罗马建筑风格，也突显出了基督教长期以来对犹太教传统的排斥，以及对希腊罗马西部日益强烈的归属感，宗教狂热从而席卷这了个时代。

图 4.7

　　孔克的圣弗瓦教堂收藏着孩童圣弗瓦的圣人遗物，她因拒绝崇拜异教神祇而于 303 年殉教，遗体被盛放在一个装饰着精美珠宝的圣髑盒中（图4.8），这是一个用来保护和展示神圣遗物的容器，矗立在教堂的唱诗班里，朝圣者可以从回廊看到它。圣髑盒的头部巨大，是从一个晚期罗马木制面具中获得的，上面覆盖着金箔。装饰圣髑盒的宝石中有许多都是朝圣者的礼物。圣弗瓦的真实遗体被安放在圣髑盒后面的凹处，圣髑盒下方，她的王座背面雕刻了一个十字架，表明圣弗瓦殉道与基督殉道之间的联系。

　　与最大的朝圣教堂一样，圣弗瓦教堂需要容纳大量的游客。它的西门很大，直接通向中庭（图4.9），中庭、唱诗班和半圆形后殿的周围都环绕着宽阔的过道，形成回廊。侧过道的上方有一个双层走廊：既能容纳更多的人，又能在结构上承担中庭桶形拱顶的额外重量，这些拱顶是罗马式建筑的特色之一。正如我们在第 3 章中看到的，桶形拱顶是一种细长的拱形砖石结构，用于覆盖建筑内部空间，形状像半圆柱体。在罗马式教堂中，这种拱顶创造的空间让朝圣者能够抬起眼睛，他们的思想从而被引向天堂。

　　在教堂装饰方面，每个朝圣教堂都不甘示弱。11 世纪，法国本笃会修道士拉乌尔·格拉贝写道："在世界各地，特别是在意大利和高卢，都在重建教堂……基督徒们相互竞争，都想建立更神圣的教堂。"教堂的大门特别

重要，它不仅率先映入访问者眼帘，也
标志着世俗和神圣空间之间的界限。入
口处拱门下方的空间叫作门楣中心，雕
满了浮雕。

罗马式门廊的所有部分都装饰有浮
雕：过梁、门窗边框、门间柱和穹窿。
孔克的圣弗瓦教堂的门楣中心上描绘了
《最后的审判》（图4.10和4.11）：
基督位于中心位置，举起右臂欢迎得到
救赎的人。他低垂的左手指向地狱，被
诅咒者将去往那里。他头戴王冠，坐在
曼多拉上，曼多拉是一个杏仁形状的椭
圆光圈，象征着神性，这个图案从远东
通过拜占庭传入西方世界，罗马式艺术
家广泛使用这个图案。基督脚下，为灵
魂称重被描绘成天使长米迦勒和绝望恶
魔之间的较量，恶魔用食指压着秤，试
图作弊，却最终未能战胜灵魂的善良。

门廊被隔断为两部分：左边是天堂，
右边是地狱。一边，天使欢迎得到救赎
的人，而另一边，一个手持大棒的恶魔
将被诅咒的人推向地狱的血盆大口。得
到救赎的人坐在天国的拱门之下，平静、
有序，而地狱却一片混乱。撒旦站在右
门廊的中央，监督着对人类的各种残忍
折磨。撒旦的左边，一个象征着骄傲的
人从高高的马鞍上被扔下，干草叉刺穿
了他的身体。在他们旁边，有一个袒胸
露乳的淫妇和她的情人，等候着愤怒的

图4.8

图4.9

图 4.10

图 4.11

撒旦。一个象征贪婪的人被高高挂起，脖子上围着钱包，脚边站着一只蟾蜍。恶魔撕裂了诽谤的舌头。撒旦正上方的三角形小空间里，两只看起来凶神恶煞的兔子用唾液烤熟了一个偷猎者。在左边相应的三角形空间里，一个人将一把刀插入自己的喉咙自杀了，变成了受诅咒的灵魂，而一个魔鬼正在吞噬他的大脑。附近，另一个驼着背的魔鬼刚刚抓住一个受诅咒灵魂的竖琴，用钩子撕裂了他的舌头。这些场景是为了使朝圣者转向基督的右边，而不是左边。

　　中世纪最著名的布道《论人类境遇之苦难》就是围绕着上述主题，教皇英诺森三世（任职时间 1198 年至 1216 年）在升任教皇之前写下了这份材料；在他当选后，主教一致同意把这份文本作为教会的官方教义。布道中，英诺森猛烈抨击人们的苦难、价值的缺失、人性的弱点、愚蠢、自私、卑鄙和罪恶，认为人的肉体，无论生死，都是腐烂的："活着的时候，人会产生粪便和呕吐物；在死亡中，他会腐烂、发出恶臭。"

这种描述旨在让人心生敬畏，是一种"死亡提醒"，面对这种可能，朝圣者甘愿忍受旅途中肉体的艰辛和相当大的危险。有些人随身带着许多贵重物品——金、银、珠宝，至少足以支付食宿费用的钱。如果他们在旅途中热情好客，可能会招致窃贼，甚至杀人犯，土匪们也会在朝圣路线上横行霸道。

克吕尼与修道院传统

克吕尼修道院是罗马最有影响力的修道院之一。和查理曼的圣加尔相同，克吕尼也成立于约 910 年，是一个经过改革的本笃会修道院。克吕尼教士团在教会等级体系中享有特殊地位，可以跳过所有封建或教会的统治机构，直接与教皇对话，世俗统治者无权控制修道院（这是我们现代政教分离的根源）。此外，克吕尼教团坚持要求修道士和修女保持独身。教会成为他们唯一的主和配偶。其他修道院并不要求神职人员保持独身，直到 1139 年才正式要求天主教神父这么做。在那时，克吕尼修道院院长是欧洲最有权势的人；格·德·瑟缪尔在 1049 年至 1109 年期间统治着这座修道院，是所有院长中最有影响力的一位。1088 年，在莱昂国王阿方索六世和卡斯蒂利亚的资助下，瑟缪尔开始为修道院建造一座新教堂，位于西

图 4.12

班牙北部，被称为克吕尼第三教堂，因为它是在该地点建造的第三座教堂，当代人称之为"照耀地球的第二个太阳"（图4.12）。18世纪末，法国革命者摧毁了大部分建筑，只有南面耳堂和塔楼的一部分幸存至今。

十字军东征

十字军为何东征，东征达到了什么目标？

1095年11月25日，教皇乌尔班二世在克莱蒙（现克莱蒙费朗）大公会议上为第一次十字军东征做宣传。第一次十字军东征的动机不明，但我们可以确定的是，638年阿拉伯人占领耶路撒冷之后，信奉基督教的人们普遍希望能够恢复自由进出耶路撒冷的权力。按照封建制度，长子继承家产，家族中的次子被剥夺了继承权，受长兄支配。在这样的制度下，兄弟之间开始互相仇视，侵占对方的土地。十字军东征将这些被剥夺继承权的人们组织了起来，承诺给予他们金钱和精神上的回报。乌尔班说，"耶路撒冷是世界的肚脐；土地比别地都要丰饶，像是另一个天堂……为了使罪恶得到赦免，你们也要信仰天国的不朽荣耀，踏上旅程。"

第一次十字军东征受到多种力量推动：国内出现宗教狂热；统治者希望通过驱逐欧洲境内对立的贵族来减少国内冲突；人们渴望捍卫基督教文明；被剥夺公民权的年轻贵族被承诺得到金钱奖励；贵族阶层本身满腔热血和冒险精神的驱使。第一次十字军东征是基督教文化的低谷。

1098年底，在摧毁了安提阿城之后，法兰克福军队袭击了马拉市（现在的叙利亚马纳尔特·努曼）。阿拉伯历史学家伊本·阿西尔写道："三天之内，军队招募了很多人，杀死了十多万人，俘虏了许多人。"一些人认为这无疑夸大了事实，因为当时该市的人口还不到一万。

第一次十字军东征取得了军事意义上的成功。到11世纪中叶，伊斯兰军队重新占领了中东的大部分地区，这也带来了1147—1149年间的第二次十字军东征和1189年的第三次十字军东征。从政治和宗教角度来看，前三次十字军东征都是失败的。基督教徒非但没有从穆斯林的控制下解放圣地，反而还巩固了穆斯林对耶路撒冷的统治。不过基督徒确实成功地刺激了西方与东方的贸易，来自威尼斯、热那亚和比萨的商人跟随十字军进入该地区。不久，这些新市场创造的新财富流入欧洲。1202 年的第四次十字军东征几乎完全是为了商业利润：威尼斯同意输送大约 3 万名十字军战士，以便摧毁其在亚得里亚海和爱琴海沿岸的商业对手，特别是君士坦丁堡。

阿基坦的埃莉诺与宫廷爱情艺术

宫廷爱情是什么？这一时期的文学作品如何体现宫廷爱情？

在第二次十字军东征中，阿基坦的埃莉诺陪同她的丈夫，国王路易七世，一同加入了中东的战斗，意在帮助伤病员。参与战争的还有 300 名有同样目标的女性，她们都穿着盔甲，手持长矛。这些妇女中的大多数最终安全返回欧洲。她们从未参加过战斗，但她们的行为体现了超凡的社会责任感和个人勇气。当代批评家对这些参战妇女普遍持批评态度，但这种行为说明在中世纪，妇女的社会地位正在发生改变。

从各个方面来看，埃莉诺都非常独立。1152 年 3 月，路易以双方之间存在血缘关系为由宣布与她离婚，但他离婚的真正原因是怀疑她与人通奸。埃莉诺抓紧巩固了自己的地位，在路易宣布离婚的八周后，她嫁给了亨利，不久后成为英国国王亨利二世的妻子。他们育有八个孩子，包括未来的英国国王：狮心王理查德和约翰。但埃莉诺和亨利的关系却一点也不融洽。亨利待她不佳，背叛了她。1170 年，埃莉诺最终放弃了英国，前往法国。1173 年她在普瓦捷，鼓励三个在世的儿子理查德、约翰和杰弗里反抗他们的父亲，亨利最终对她的干预做出了反应，1179 年带她回到英国，软禁了她。1189 年，埃莉诺去世。

在普瓦捷生活的十年里，埃莉诺和路易七世的女儿，香槟的伯爵夫人玛丽将这座城市变成了一个世俗文化的中心，一种全新文学运动发源于此，人们开始歌颂宫廷爱情。就是从那时开始，人们创作了第一个千年中伟大的口头诗歌，比如《贝奥武夫》和《罗兰之歌》。此外，埃莉诺那个时代的游吟诗人创作的诗中，有 2600 多首诗流传了下来，其中一些的伴奏音乐也流传至今。

游吟诗人的诗歌起源于法国南部普罗旺斯罗纳河下游河谷附近的地区，之后不久便向北传播开来。游吟诗人大多是男性，只有少数是女性，他们通常以七弦琴或琵琶伴奏。可以说，他们的诗歌"发明"了我们今天熟知的浪漫爱情——不是与爱情有关的情感，而是与爱情相关的传统和描述。主要的感受是渴望：骑士或贵族对一个女性的渴望（通常是因为对方已婚或地位较高而无法满足）（图 4.13），当游吟诗人为女性时候则情况相反。因此，爱就是折磨，令人迷茫到不知所措，心里除了心爱的人什么都没有，失去食欲，晚上睡不着觉——简而言之，为了一个梦而无法正常生活。此外，宫廷爱情还有准宗教的一面：一个人受到世俗欲望的困扰，自己能够抵抗这些诱惑、克服人性的弱点，说明他的精神是纯洁的。在宫廷爱情的传统中，为了赢得心爱之人的青睐，陷入爱河的骑士或贵族最终必须愿意做任何事情。事实上，宫廷爱情中对心爱之人的忠诚，不亚于封建制度中对主的忠心。宫廷爱情的确使女性沦为男性欲望的对象，但在某种程度上，这种爱情也让女性得以分享丈夫拥有的权利。

女游吟诗人中，我们知道的大约有 12 位。其中最好的一位是普瓦捷伯爵威廉的妻子贝特丽兹·德·迪亚，她在结婚时爱上了一位骑士，根据一位当代编年史家的说法，她创作了"许多好歌"献给他，这些 12 世纪末或 13 世纪初的歌曲中有 4 首幸存下来。贝特丽兹的《我所遭受的痛苦是残酷的》充分展现了一位女游吟诗人拥有的言论自由：她显然为自己选择忠于丈夫而感到遗憾，事实上，这首诗在坦率地邀请心爱之人通奸。

图 4.13

这样的诗歌得以幸存，并广为人知，突显了这个时代宫廷女性超凡的个人自由。事实上，我们知道，贵族妇女，尤其是法国贵族妇女，在这一时期获得了许多权利，其中包括拥有、管理财产和立遗嘱的权利，一部分是因为在十字军东征或其他战争期间，妇女必须管理丈夫的财产，她们也可以自由地向丈夫以外的爱人坦白新生，这表明埃莉诺与亨利二世臭名昭著的关系并不是独一无二的。

浪漫传奇：克雷蒂安·德·特鲁瓦的《兰斯洛特》

因为宫廷爱情的诗歌通常用方言——日常生活的通用语言——写成，而非受教育程度高群体使用的拉丁语，所以更多的读者能够欣赏到它。更长的诗歌，如《罗兰之歌》，也开始广泛流传，其中一些是散文形式。

当时最受欢迎的作品之一，克雷蒂安·德·特鲁瓦的《兰斯洛特》出现在1170年左右。这首诗围绕着传奇的英国国王亚瑟的宫廷骑士兰斯洛特的冒险经历，聚焦于兰斯洛特与亚瑟妻子桂妮维亚的宫廷爱情，这本书是中世纪浪漫主义的典范。"罗曼史"一词源于古法语中的"罗马人"一词，指的是人民的方言，即日常语言，而不是拉丁语。中世纪浪漫主义是旨在娱乐广大观众的冒险爱情故事，把查理曼、亚瑟王的故事和罗马传说当成真实历史来记述。

《兰斯洛特》的副标题是《马车骑士》，故事开头，果尔国王之子麦丽阿干特骑士在耶稣升天节向亚瑟王和他的朝廷发出挑战，声称已将亚瑟王的许多骑士关在监狱里，但是如果有骑士敢护送美丽的桂妮维亚王后进入森林，并保护她不受伤害，自己愿意释放他们。亚瑟的哥哥凯自告奋勇，亚瑟同意了。高文爵士和其他圆桌骑士知道凯不是一个合格的骑士，就赶紧追随他的脚步去往了森林，但为时已晚，战斗已经结束，只剩下一匹孤单的马。兰斯洛特带着高文的一匹马冲去追捕绑架了桂妮维亚的麦丽阿干特。高文追上了兰斯洛特，发现借出的那匹马经过了激烈的战斗后已经死亡，而兰斯洛特正步行着，牵着一辆用来运送罪犯上刑场的马车。一个矮人驾驶着马车，他告诉兰斯洛特，如果登上马车，兰斯洛特很快就会知道桂妮维亚的命运。登上这样一辆马车是一种极大的耻辱，但兰斯洛特勉强同意了。

图 4.14

第二天，兰斯洛特和高文从一个站在岔路口的少女那里得知了通往麦丽阿干特的国家——果尔的路。

两条岔路都通向果尔，高文选择了危险的水下大桥，兰斯洛特选择了更加危险的剑桥。赢得许多挑战、抵挡许多诱惑之后，兰斯洛特终于到达剑桥，依靠对桂妮维亚的爱，他成功过桥（图4.14）。他随后击败了麦丽阿干特，但在桂妮维亚的命令下饶了他一命。桂妮维亚对兰斯洛特之前迟迟不登上马车而感到生气，便对他态度冷淡，这使他很失望。她解释说，他不应该认为骄傲比爱情更重要。高文本打算在兰斯洛特失败之后，独自对抗麦丽阿干特，但兰斯洛特一举击败了麦丽阿干特，兰斯洛特和桂妮维亚也和解了。桂妮维亚同意晚上在麦丽阿干特的城堡秘密会见兰斯洛特。他跪在她面前，"亲热地抱着她，认为她比任何圣人遗物都珍贵"，这个场景中，"爱的宗教"与精神的狂喜相辅相成，肉体上带来极大的愉悦感，叙述者甚至无法形容，"因为在一个故事中它没有立足之地"。这一融合继承了伊斯兰教的传统：将肉体之爱比喻为上帝之爱。也继承了伊斯林教西班牙宫廷中流行的情歌传统。

在基督徒的心目中，中世纪浪漫主义和游吟诗人诗歌中宣扬的对女性的爱等同于对圣母玛利亚的爱。作为天堂之母和基督之母，也作为审判席位和可怖地狱之间富有同情心的调解人，人们愈发认为玛利亚等同于骑士传统中的女性，被加冕为天后，监督着她的天庭。人们唱歌歌颂她，建造大教堂纪念她（所有名为"圣母院"的大教堂都是为了纪念她），圣母崇拜也围绕着她发展起来。

回顾

4.1 了解盎格鲁－撒克逊文化如何体现在其艺术和文学中。

萨顿胡墓地比其他所有的考古遗址更能体现盎格鲁－撒克逊文化。被埋葬在土堆里的是一位领主或首领，拥有忠心耿耿的追随者。你能描述领主和追随者之间经济关系的本质吗？这种关系在史诗《贝奥武夫》中是如何体现的？这种关系与罗马的庇护制度相比有什么异同？

虽然《贝奥武夫》不是一首基督教诗歌，但它符合基督教价值观的主题，教导读者权力、力量、名望和生命本身都是短暂的。罗马统治结束后，基督教只在不列颠群岛最远的康沃尔、威尔士和爱尔兰地区幸存下来。但是在 597 年，教皇格雷戈里一世派遣了一个使团前往英国，由本尼迪克特教区的主教奥古斯丁率领，引导信仰异教的盎格鲁－撒克逊人皈依基督教。格雷戈里让奥古斯丁不要试图消除异教传统，而是将其与基督教传统融合起来，修道院的手稿如何反映这一点？

4.2 讨论查理曼大帝对中世纪文化的影响；了解他建立的传统。

查理曼大帝控制了欧洲大陆的大部分地区，建立了神圣罗马帝国。许多诗歌赞颂了查理曼的功绩，其中最著名的是《罗兰之歌》。这首诗反映了怎样的封建价值观？它和《贝奥武夫》有什么不同？《罗兰之歌》体现出的价值体系为何被称为"骑士守则"？

可以说，修道院是加洛林时代最重要的机构。查理曼强制所有修道院执行圣本笃的规则，并在圣加尔省建立了他心目中理想的修道院。圣本笃的规则是怎样？音乐在宗教生活中扮演什么角色？妇女在宗教生活中扮演什么角色，宾根的希尔德加德是如何脱颖而出的？

4.3 定义罗马式风格，了解朝圣教堂和克吕尼修道院怎样体现这种风格。

由于基督教徒开始进行朝圣，前往收藏着圣人遗物的教堂，忏悔他们的罪过，所以法国孔克的圣弗瓦修道院等教堂成为中世纪西方文化的焦点，这些教堂都是罗马式的。你如何定义这种建筑风格？

克吕尼修道院掌管着大多数朝圣教堂，是所有朝圣教堂的典范，其院长是欧洲最有权势的人之一。音乐是克吕尼礼拜仪式的重点。你能描述一下克吕尼的音乐风格吗？这些传统与查理曼时代的音乐传统有何不同？克莱沃尔的圣伯纳德为何反对克吕尼修道会？

4.4 了解宫廷爱情的传统；说明这一时期的文学作品是怎样体现这种爱情的。

阿基坦的埃莉诺陪同她的丈夫，法国国王路易七世进行了第二次十字军东征。在普瓦捷，埃莉诺和她的女儿香槟的玛丽发起了一场庆祝宫廷爱情艺术的文学运动。宫廷爱情如何反映封建传统？又如何反映某些宗教理想呢？中世纪浪漫主义和游吟诗人的作品如何体现这些价值观？

延续和变化：新都市风格——哥特式风格

大约从 1050 年到 1200 年，罗马式艺术和建筑蓬勃发展，尤其是在法国南部的朝圣路线上。但是在 11 世纪 40 年代，一种新的风格开始在北方出现，这就是今天所知的哥特式风格。新教堂位于巴黎郊外的圣但尼和沙特尔，拥有高耸的尖塔和彩色玻璃窗，装饰雕塑大量涌现。尖顶拱门与罗马式桶形拱顶的圆形拱门不同，将室内空间提升到了新的高度。所有这些新的元素都可以在罗马式建筑、普瓦捷华丽的彩色玻璃、朝圣路线上教堂大门的浮雕以及丰特奈修道院的尖顶拱门中找到源头。与罗马式风格一样，大多数新的哥特式大教堂都是为了收藏珍贵文物和容纳大批朝圣者而建造的。

罗马式风格是乡村修道院生活的产物，与世俗隔离开来，但哥特式风格是新兴城市的产物，聚集在那里的手工艺行会、工匠、商人、律师和银行家影响了这种风格。哥特式风格的诞生，标志着西方文化从以精神为中心开始迈向以世俗为中心。旅行的主要目的不再仅仅与宗教相关，而变成了贸易的需求。商人和银行家的重要性与日俱增，工匠产业兴旺起来，统治者变得更加雄心勃勃。事实上，个人的抱负和成功不再取决于宗教成就，而更多地和现实生活联系起来。

哥特式风格并没有完全摒弃宗教元素。虽然建筑旨在唤起强烈的精神感受，但我们也看到了建筑师对世俗事物开始重新产生兴趣。这种转变在天使的两个形象中表现得很明显。韦泽莱大教堂柱头上刻画的天使扁平、扭曲（图 4.15），与兰斯大门上的天使体现出的高度自然主义（图 4.16）形成了鲜明对比。这位罗马式天使的轮廓被刻画出来，翅膀被展平在身后，垂袍覆盖着他的身体，平行的浅线条形成带状区域，体现了衣物上的褶皱。但哥特式天使仿佛脱离了浮雕的石头背景，要来到观众眼前，栩栩如生。罗马式天使的性别不能确定，但兰斯的雕塑明显是女性角色，看起来像是以真实的人类为模板雕刻的，罗马式雕塑的刻板传统已荡然无存。哥特式天使迷人的微笑和精致的身影，使其更加贴近世俗。她仿佛变成了世俗世界的一部分，我们几乎忽视了她头上的光环，这是罗马式风格的传统。

图 4.15

图 4.16

图 5.1

CHAPTER 5

第**5**章

哥特式风格与自然主义的重生

求知时代的城市生活和宗教生活

学习目标 >>>

◎概述法国哥特式风格独特的思想、技术革新和风格发展。

◎解释巴黎大学为何在中世纪的高等教育机构中一枝独秀。

◎了解辐射式哥特风格。

◎对比锡耶纳和佛罗伦萨的艺术和公民生活。

◎评价方言文体在欧洲文化中传播的影响。

　　1144 年 6 月 11 日，国王路易七世、王后阿基坦的埃莉诺和许多显要人物前往巴黎以北几千米的圣德尼教堂，为皇家教堂成立了一个新的唱诗班。这是国王个人领地法兰西岛的点睛之笔，由圣德尼的院长絮热设计。这个唱诗班很快刺激了一种全新建筑和装饰风格的诞生，我们现在称之为"哥特式风格"，这最初是一个贬义词：16 世纪的意大利，人们认为阿尔卑斯山以北的欧洲的古典传统艺术风格遭到了侵略者哥特人的破坏，所以当真正的哥特式风格出现的时候，人们称之为"现代作品"或"法国作品"，强调了风格上的革新和那个时代的特点，以及这种风格的起源地。

　　到 12 世纪末 13 世纪初，法国北部的各个城镇竞相效仿絮热在圣德尼教堂中的设计。哥特式大教堂（图 5.1）在查特里斯如雨后春笋般涌现，就在法兰西岛以西的厄尔河，北至鲁昂、亚眠和博韦，东达拉昂和兰斯，南及布尔日，蔓延至巴黎。欧洲其他大部分国家也开始纷纷效仿。

　　随着这种新哥特式风格的兴起，西方建筑和装饰中出现了一种新的审美标准。一种新的砖石建筑发展起来，最终导致了复杂的石方工程，非常轻巧，建筑顶部更加高耸，给人一种崇高感。哥特式建筑中，华丽耀眼的彩色玻璃与日益回归古典传统的自然主义雕塑相辅相成。一种全新的、更丰富的礼拜仪式也随之发展起来，到了 13 世纪，复调音乐开始使用一种新的乐器伴奏——风琴。法兰西岛是这些发展的中心。1200 年，巴黎大学成立于法兰西岛，一位名叫托马斯·阿奎那的年轻多米尼加修道士发起了那个时代最重要的神学辩论，开创了一种求知方法，我们至今仍将其与高等教育联系在一起。

　　精致、华丽的哥特式建筑发展于北部，与巴黎的路易九世王朝有密切的联系。不久后，这种建筑风格便传入了意大利，并融合了佛罗伦萨和锡耶纳当地独特的艺术传统，13 世纪和 14 世纪期间，这两座城市不断争夺着更加卓越的地位。在这场竞争中，现代西方城市诞生了。罗马共和国（见第3章）和雅典黄金时代（见第2章）都是现代西方城市的基础，但佛罗伦萨和锡耶纳区别于这些早期共和国的地方在于，其城市居民开始试图表达一种市民自豪感：这些中世纪晚期城市的教堂、纪念碑和建筑物不是当时优秀统治者的杰作，而是人民自己的杰作。正是因为人民成为那个时代伟大的艺术庇护人，一种新的文学形式得以发展，这种文学用意大利文而不是拉丁文写成，往往侧重于描绘普通人日常生活的平凡点滴。市民们真心感谢上帝赐予他们幸福，并通过建造、维护和装饰大教堂来表达这种谢意。他们为修道院的教士团建造教堂，服务于城市的百姓。与法国一样，圣母崇拜给予了两个城市艺术灵感，市民们都视圣母为城市的守护神。

虽然两座城市都经历过起起落落，但圣母始终保佑着城市的人民。1348年，两个城市多达一半的人死于瘟疫。对许多人来说，黑死病象征着愤怒上帝的复仇，对人民罪孽的惩罚。但另一方面，艺术家、作家、商人和学者挖掘了更多的个人自由和机会。瘟疫期间，生灵涂炭，面对眼前的残酷现实，艺术家们创作出了更加直白的作品，其中的自然主义风格也愈发明显。

圣德尼和哥特式大教堂

哪些思想、技术革新和风格发展标志着哥特式风格在法国的兴起?

早在修道院学校学习期间，修道院院长絮热就已经梦想着将圣德尼修道院打造为法国最美丽的教堂，这在一定程度上是因为他渴望占领法兰西岛周边更广阔的领土。絮热的设计使得皇室领地成为法国文化的中心，皇室建筑富丽堂皇、精美绝伦，胜过其他所有的建筑。

经过仔细的规划，絮热于1137年开始开展修道院的建筑工作，用金色

图 5.2

粉刷已有近 300 年历史的墙壁，突出华丽感。他增添了一个新的立面，带有双塔和一个三重大门。在回廊的后面，他又添了一连串小房间，围成圆形，光线都是通过彩色玻璃窗透进来（图 5.2）。絮热写道："不可思议的光芒透过彩色玻璃窗，照亮整个教堂，使其昼夜明亮。"

这光芒宣告了新的哥特式风格诞生。在做准备工作时，絮热阅读了圣德尼原著的内容，根据这些内容，光是神圣精神的物质和实体表现。后来，絮热回顾了他所取得的成就，并解释了他美化圣德尼的宗教理由：

不要为了金子和钱财惊叹，而应欣赏作品的工艺。

光明是神的创造；这创造既然是光辉的，就应当照亮人心。

人们才能接受光明的洗礼，到达真理，基督是大门。

因此，教堂的美丽旨在使灵魂升华到上帝的境地。

当路易七世和埃莉诺于 1147 年离开法国，参加第二次十字军东征时（见第 5 章），也就是在絮热建立唱诗班三年之后，国王和王后没有留下足够的资金来完成教堂的建筑工作。絮热于 1151 年去世。一个世纪后，教堂终于完工了。建筑中最初的雕塑和彩色玻璃装饰大部分遭到了 18 世纪末法国大革命的摧毁，虽然 19 世纪和 20 世纪，人们修复了一部分教堂，但只剩下了五扇彩色玻璃窗，要想看到教堂全貌，我们必须借助仿照其设计建造的其他教堂，其中最主要的是位于查特里斯的圣母大教堂，它和法国及其周边地区的其他哥特式大教堂一样，都是从巴黎汲取灵感的。

大教堂的尖顶俯瞰着城镇和乡村，在几千米之外从各个方向都能看到，仿佛是世界的中心（图 5.3）。事实上，查特里斯是法国谷物种植带的中心，

图 5.3

随着法国的谷物出口到整个地中海地区，城市的经济蓬勃发展。但更重要的是，查特里斯是圣母崇拜的宗教中心，在整个 12 和 13 世纪，圣母崇拜在西欧的宗教生活中扮演着越来越重要的角色。这一教派的盛行显著促进了那个时代教堂规模的不断扩大。基督徒崇拜圣母玛利亚，视她为基督的新娘，教会的化身，天堂的女王，上帝和人类之间的主要调解人，帮助人类寻求救赎——这一角色尤为重要，圣母玛利亚可以拯救有罪之人免受永恒的诅咒。法国大教堂尤其重视圣母崇拜，从这些教堂的名字"圣母院"中就能看出来。

1140 年至 1150 年是查特里斯第一个建筑时期，之后不久，朝圣者蜂拥至大教堂，向教堂中耶稣出生时圣母穿的外衣表示敬意。这件圣人遗物被收藏在大教堂里，具有非凡的治愈能力。但在 1194 年，原始建筑遭到大火烧毁，剩下的只有其西立面、几扇彩色玻璃窗和圣母外衣。人们认为，

图 5.4

窗户和外衣幸存下来，象征着上帝的保佑，带着对此的感激之情，人们开始了大规模的重建工作。皇室和地方贵族给予了财政支持，地方行会提供了资金和劳动力。

在罗马式风格的西立面后方，矗立着一座教堂，许多人认为这是所有哥特式教堂中最宏伟的一座，其彩色玻璃在欧洲是无与伦比的。

彩色玻璃

查特里斯的彩色玻璃非常复杂，这一哥特式建筑（在下一节中讨论）特有的创新使墙壁不再需要承受结构的重量，玻璃同时也开始嵌入墙壁。

所有哥特式教堂的彩色玻璃都旨在向大部分没有识字能力的听众生动描绘《圣经》的故事，这门艺术使人们能够自己阅读《圣经》故事。在查特里斯，175 块玻璃镶板上画有4000 多个精致的人像，用絮热院长的话来说，"以便向大众……展示他们的信仰。"有两扇窗户在圣母崇拜中的起到

了显著作用, 其中一幅描绘了
所谓的耶西之树 (图 5.4),
这是 12 和 13 世纪手稿、壁画、
雕塑以及彩色玻璃共有的一个
主题, 在基督降临期, 基督徒
们依然纪念着与耶西之树相关
的传统。人们认为耶西之树代
表着是基督的谱系, 这些树把
圣母玛利亚描绘成大卫王的父
亲耶西的后裔, 这就应验了《以
赛亚书》(11:1) 的预言: "耶
西的茎必长出一根小棒, 他的
根必长出一根树枝。"大多数
耶西之树的根部都描绘着侧卧
的耶西, 从他的肚脐中长出一
棵树, 树的高枝上有犹太地的

图 5.5

诸王和先知, 最上面是基督和玛利亚, 圣母有时抱着婴儿耶稣, 但在图中,
与圣德尼一扇窗户中描摹的画面一样, 圣母出现在耶稣的下方。由于耶西
之树把玛利亚刻画成皇室血统的后裔, 这一元素在圣母崇拜中扮演了重要
的角色。

　　大教堂北耳堂中的第二扇窗户也令人想起玛利亚的形象 (图 5.5)。玫
瑰花窗象征着圣母玛利亚是神秘的玫瑰, 人们相信这是耶西之树的根, 直
径 12.8 米。

　　查特里斯彩色玻璃的覆盖面积超过 2972 平方米, 这么多窗户的整体效
果令人难以想象。 这些窗户是皇室、贵族和商会捐赠的。通常, 教堂外部
光线大约是内部光线的 1000 倍。因此, 在相对黑暗的中庭中, 背光的窗户
似乎散发着一种空灵的光芒, 象征着超越时间和空间的宗教精神之美。

哥特式建筑

随着哥特式风格的发展，建筑方面也有所创新，这些创新使崇拜者的灵魂得以升华，进入宗教境地。其中最重要的创新是扇形肋拱顶。罗马式建筑师已经懂得建造扇形肋拱顶，但哥特式建筑师能够更加熟练地掌握这一技术。扇形肋拱顶是交叉拱顶的一种形式，采用尖拱，可以达到比圆拱更高的高度。拱顶的交叉处安装有被称为肋的结构，拱顶通过肋向外、向下延展。工人们首先搭建好肋结构，用于支撑脚手架，建构砖石带。这些肋结构实际上是一个"骨架"，填满了轻质砖石构成的"表皮"。扇形肋拱顶没有沿用罗马式风格建筑内外沉重庞大的石方工程，取而代之的是一种轻盈、细长的柱子、肋结构和窗子，依次指向建筑上方，仿佛脱离了重力的制约，让观者的视线转向天空。中庭高度非常高，在视觉和精神上都给观者带来一种崇高之感，使他们心生敬畏。

在这一点上，尖顶拱门也比圆形拱门更占优势。事实上，尖拱的结构特性显著影响了哥特式建筑风格——拱越平、越圆，向外对支撑墙施加的推力或压力就越大。通过减少向外的推力，尖顶拱门能够嵌入更大的窗户和更轻的扶壁，这些支柱一般被嵌在外墙上，用于支撑拱顶，并加强拱顶。，查特里斯大教堂的外部墙壁也有飞扶壁（图5.6）这个结构重

图 5.6

图 5.7

量更轻，窗户也更多，扶壁从墙壁向外延伸，利用拱门使扶壁的支持力集中到墙壁顶部，因为顶部最容易因为受到拱形天花板向外的压力而坍塌。飞扶壁本质上是一个巨大的石头结构，拱顶向外的推力使其紧贴墙壁。拱形天花板向下的推力仍然由墙墩和墙壁承担，但同时也受到飞扶壁的支撑，从而最终受到地面的支撑。飞扶壁有助于将拱顶的重量分散到更多用于支撑的石块上，减小了墙壁的厚度，但却没有减小拱顶受到的支撑力。正如巴黎圣母院中雄伟的飞扶壁，这一结构还在视觉上起到了震撼人心的效果，从侧面看上去像是拱起的翅膀，仿佛丝毫不受地心引力影响。

在 13 世纪，建筑师开始用愈发精致的元素装饰大教堂的外部。建筑的顶部、尖塔和山墙上都添加了边缘卷起的卷叶形花饰，像是树叶，向外弯曲。顶部还有屋顶装饰（finials），呈节状，一些家具上也能找到这种装饰。这些元素采用了不同的材质，查特里斯大教堂（图 5.3）缺少这些元素，而亚眠大教堂（图 5.7）广泛采用了这些元素，对比两者便可以看出其使用材料的不同。亚眠的正立面也装饰有精美的雕塑，大部分雕塑都是由亚眠本地的一个大型作坊在 20 年里制成的，使得建筑的整个外观有一种统一和连贯的感觉。

哥特式雕塑

纵观建筑雕塑的发展，从查特里斯大教堂西大门的装饰到南耳堂大门的雕塑，最后到兰斯大教堂西门的装饰雕塑，我们可以看到，约一个世纪中，哥特式雕塑家开始将雕塑的古典法则重新引入西方艺术。

查特里斯大教堂西大门边框上的雕塑（图 5.8）垂直雕刻，形成了狭长的装饰带，指向地面，虽然看上去是拜占庭式风格，但在描摹人体方面却有了明显的进步。除了这一雕塑带，大教堂中还有五处雕塑，位于大教堂皇家入口三个门道的侧壁上。中心入口的弧形顶饰描绘了稳坐罗马皇位的基督，北入口的弧形顶饰描绘了基督的升天，南入口的弧形顶饰描绘了沐浴在皇室光辉中的圣母玛利亚和圣子。门框上的雕塑描绘了希伯来《圣经》中的一些人物，人们认为这些人是基督的前身。这些作品与罗马式风格浮

图 5.8　　　　　　　　　　　　　　　图 5.9

雕没有什么共同之处，孔克的圣弗瓦大教堂中的弧形顶饰《最后的审判》就是罗马式浮雕的代表作品（见第 4 章）。虽然查特里斯大教堂中的形象都受到柱廊的制约，但雕塑家技艺高超，雕塑本身也占据了柱子前方的一块空间。

1195 年，大火烧毁了查特里斯大教堂，在重建工作中，耳堂大门采用了新的雕塑形式，这些雕像和西大门边框上的雕像一样，立在柱廊前，但它们的形状却不受柱廊的影响（图 5.9）。这些雕像直接立在地面上，面部表情生动，好像真的能够看到我们一样：隔柱右边的修道士雕像看上去对人们关心有加。柱子左边的圣西奥多骑士肖像尤其引人注目，从古至今，这是圣西奥多第一次在雕塑中呈现悠然自得的姿态：臀部微微向右撅起，重心落在右脚上。换句话说，他呈现一种对位姿态。（公元前 5 世纪的希腊雕塑通常采用这种姿态，如第 2 章图 2.26 中"长矛手"。）他佩剑腰带的重量似乎把他的斗篷拉到了右边，在腰带下面，斗篷回到左边的区域。西大门严格的垂直分布已经成为过去。

图 5.10

兰斯的雕塑与罗马式传统风格相去更远。报喜天使不再受到背景结构的束缚（图5.10），向圣母玛利亚（位于右侧天使边）报告她怀孕的喜讯。右边的两个人前来探访：玛利亚告诉她的表妹伊丽莎白自己怀孕了，伊丽莎白随即宣布玛利亚的子宫孕育着的是圣婴。值得注意的是，左边人物的衣袍褶皱清晰、柔和，而右边人物的衣袍是罗马式的，十分复杂，两者之间有很大不同。其中更早雕刻的玛利亚形象与另一个玛利亚形象几乎没有相似之处。前者的雕刻家可能接受了罗马传统风格的教育，而后者的雕塑家寻求减小雕塑体积，从视觉上减轻雕塑重量。

和教堂的两座塔楼一样，查特里斯大教堂两对雕塑也大有不同（图5.3），这既反映了罗马人不再像先前那样强调平衡和对称，也说明两对雕塑建造于不同时间。然而，这两对雕塑却体现了相同的情感倾向——天使和蔼地微笑，严肃而明智的伊丽莎白关怀众生。这些形象的年龄大小对比也显而易见，而在罗马式风格的传统中，雕塑家并不在意年龄。简而言之，这些是自罗马时代以来最自然、写实的人类雕塑。哥特式风格盛行的时期，艺术家们发展了一种新的视觉语言，艺术家们不再通过抽象化和象征性的类型来叙述《圣经》故事，而是通过对个体身体的描绘，可信度更高。这种新的语言使得耶稣、玛利亚、圣徒，甚至报喜天使拥有了人格。

哥特式大教堂日益复杂的音乐

哥特式大教堂空间广阔，墙壁由石头制成，因此获得了绝佳的音响和灯光效果，像兰斯大教堂中一样，教堂的雕塑也是活泼的。教会领袖很快就利用这种特质设计了他们的礼拜仪式。在巴黎的圣母院学校，第一部音乐集《奥尔加农曲集》（复调巨著）于1160年左右以手稿形式广泛发行，由两个部分组成。曲集中的许多作品由匿名作曲家所作，也囊括了作曲家莱奥宁的作品。《奥尔加农曲集》中的音乐按照一定顺序排列，为教堂日历上的所有节日提供音乐。《奥尔加农曲集》创作于一个特定时期，那时，大多数复调音乐仅以口头形式创作和传播，这部作品之所以如此重要，是因为它代表了现代意义上"作曲"的开始，由仅一位作曲家创作的音乐就此诞生。

12世纪末，莱奥宁的后辈佩罗坦修改并重新谱写了《奥尔加农曲集》。他最著名的作品之一是《将看到》，这是一首四声部复调作品，以同名的传统单声圣歌为基础，一般在巴黎圣母大教堂的圣诞弥撒时演唱。唱诗班用流畅的单声圣歌演唱整首曲子，而三位独唱者采用对位法演唱第二、第三和第四声部，与单声圣歌相反。独唱者的节奏清晰而又相互交织，逐渐加强，最终达到持续的和谐与平衡，令会众心生敬畏之感。音乐似乎不断高涨，与大教堂的建筑相呼应，把信徒提升到新的信仰高度。

歌词很简单，但是因为每个音节都是在一系列音符和节奏中演唱的，所以音乐表演几乎需要12分钟。以下是拉丁文及其译文：

Viderunt Omnes Fines Terrae Salutare dei Nostri. Jubilate Deo omnis terra.

地球尽头的人都能看见我们神的救赎。整个地球的人都要赞美上帝。

Notum fecit Dominus salutare suam. Ante conspectum gentium revelavit justitiam suam.

耶和华已经宣告他的救赎。在人民面前，他显露了他的正义。

这种节奏创新的复杂性反映了哥特式大教堂立面日益复杂的结构，包括尖顶、山墙、卷叶饰和屋顶装饰。一种更为复杂的音乐形式从这个复调发展而来：经文歌，由三个（有时是四个）声部组成。男高音部一般演唱以教会圣歌为基础的传统曲调，这些曲调可以演唱，也可以用风琴演奏，在许多歌曲中，风琴开始取代唱诗班。由于演唱礼拜仪式歌曲所需的大型合唱团很难组织，所以这种改变带来了一些便利，风琴的起源可以追溯到公元前 4 至公元前 3 世纪的希腊，当时发明了水压管风琴，人们利用水压将空气推过管道。到了公元 9 世纪，人们改进了该乐器的构造，开始使用手动风箱，增大气压来推动空气通过管道。无论是哪种方法，风琴都能产生许多乐音，通过大教堂的中庭产生回音。中世纪，风琴受到越来越多人的青睐，成为每个大教堂的必备乐器。经文歌中，两个或三个声部旋律交织，音调高于男高音部。

到了 13 世纪末，人们用拉丁语或方言演唱经文歌，甚至可以同时用两种语言唱。经文歌可能由两个、三个或四个部分构成，这些部分在歌词内容上联系并不紧密：神圣的拉丁语圣咏可以与法国的方言情歌一起演唱，甚至可以与街头小贩的叫卖一起演唱。所有这些曲调就像哥特式立面的复杂元素一样——平衡中不乏竞争，和谐中不乏碰撞。简而言之，这些音乐元素反映了教会与国家、信仰与理性之间的矛盾，这些矛盾也定义了这个时代。

在高等教育的中心，这些矛盾十分突出。音乐是普通文科课程的一部分，与算术、几何和天文学共同组成并列的四科（数学艺术），这些学科都以比例和宇宙和谐为基础。（其他的文科课程构成了三科，与语言艺术有关：文法、修辞学和辩证法。）巴黎圣母院大教堂学校旨在培训神职人员，强调音乐是一种重要的礼拜仪式工具。但到了 12 世纪中叶，大教堂的学校开始允许非神职人员作为学生参加讲座。1179 年，一项由教皇颁布的法令要求学校为非神职人员提供教育，这项法令最终导致了大学的崛起。

大学的崛起

为什么巴黎大学在中世纪的高等教育机构中脱颖而出？

　　基督教欧洲第一所授予学位的大学成立于意大利博洛尼亚。在那之前的 10 世纪，西班牙科尔多瓦成立了著名的高等教育中心。更早时，卡鲁因大学于 859 年成立于摩洛哥非斯城。没有担任神职的学生和教授虽然与清真寺的马德拉沙关系密切，但他们追求的知识已经超出了宗教的范畴，这种对知识的共同追求成为基督教欧洲新兴大学体系的典范。起初，"大学"一词仅仅是指学生和教师之间的联盟，两者之间关于教学达成了一定协议。大学生是学院学生的总称，指的是有着共同兴趣的学生群体，或者与博洛尼亚大学一样，指来自同一地区的学生群体。博洛尼亚大学很快就建立了自己的法律研究中心（图 5.11），这是一门高级学科，学生们必须先掌握"自由七艺"才能进行这门学科的学习。

　　学生必须精通拉丁文，教授在学生前四年学习的所有课程中都教授拉丁文。学生阅读古希腊人——亚里士多德、托勒密、欧几里得著作的拉丁版本，希波的奥古斯丁创作的《论基督教教义》和波伊提乌关于音乐和算术的著作都是必读书目。为了获得文学学士学位，学生们必须经过三到五年的学习，并参加口试。要获得一个特定领域的硕士学位，学生必须推进他们的学业，进一步学习，才可能有资格教授神学、从事医学或法律。博士学位还需要额外四年的学习时间，并在博士考试委员会面前进行论文答辩。

　　巴黎大学成立于 1200

图 5.11

年，不久之后，英国的牛津大学和剑桥大学相继成立，这些北方的大学强调神学研究。在巴黎，人们组织了一个学院系统，首先旨在为学生提供住宿，然后可以帮助他们集中精力接受教育，其中最著名的组织于 1257 年由罗伯特·德·索邦为神学学生组织，以他的名字命名，到今天仍然是巴黎学生生活的中心。

爱洛伊丝和阿贝拉尔

巴黎大学因其教学质量而闻名遐迩。当时的书籍全部由手写稿组成，所以非常昂贵，学生们只能依赖听课和大量的笔记学习。皮埃尔·阿贝拉尔是一位杰出的逻辑学家，也是《是与否》一书的作者，他是当时最受欢迎的讲师之一。学生成群结队地聚集在一起听他讲课。教学时，他善用辩证法，提出不同的观点并寻求统一。这种教学方法起源于苏格拉底，但苏格拉底式的对话靠一位聪明的老师主导，学生提出问题，有时甚至是愚笨的学生，而阿贝拉尔的辩证法中，对话主体之间是平等的。对阿贝拉尔来说，一切都是值得怀疑的。他曾发表这些著名的评论："通过怀疑，我们探索，通过探索，我们得到了真理。"

阿贝拉尔反复强调，对许多问题，不同的教父——以及《圣经》本身——持有对立的观点，这一说法显然给教会人员带来了困扰。此外，辩证法本身也挑战了人们对上帝的绝对信仰和教会的权威。克莱尔沃的圣伯纳德尤其反对阿贝拉尔的说法，1140 年，圣伯纳德成功以异端罪名起诉了阿贝拉尔。到那时，阿贝拉尔作为一名教师依旧名声在外，但长期以来，他的道德立场一直受到质疑。1119 年，他与自己的私人学生爱洛伊丝发生了一段恋情。阿贝拉尔背叛了人们对他的信任，爱上了自己的女学生，在她叔叔家辅导她时引诱了她，让她怀了孕，这是一种耻辱。爱洛伊丝的叔叔得知她怀孕了，勃然大怒，雇了几个恶棍在床上阉割了阿贝拉尔。阿伯拉尔回到圣德尼修道院，受到了絮热院长的庇护。爱洛伊丝加入了一个修道院，后来成为圣灵修道院院长。圣灵修道院是一个小教堂，也有教室，由阿贝拉尔建立。

妇女教育

爱洛伊丝的故事展示了中世纪妇女教育的情况：因为女性不能进入大学学习，聪明的爱洛伊丝成为阿贝拉尔的私人学生。但也存在一些例外，尤其是意大利，在博洛尼亚大学，诺韦拉·德·安德烈埃教授哲学和法律。在意大利南部的萨莱诺，医学主席由那个时代最著名的医生之一特罗图拉担任，但也有一些学者质疑她是否真的是一名女性，同时也存在有力证据表明，她的作品实际上整合了三位不同作者的作品。特罗图拉主要致力于减轻妇女的痛苦，写下的《论妇女疾病》一书，被中世纪人民称为《特罗图拉》。作者在开头写道：

由于妇女天生比男性虚弱，而且需要遭受分娩的痛苦，因此她们体内往往有很多疾病。……妇女由于脆弱、羞愧和困窘，不敢向医生透露（私密部位）疾病造成的痛苦。因此，她们的不幸值得同情，也存在一个特定的女性，触动了我的心，我必须正确解释她们的疾病原因，照顾她们的健康。

本书共分63章，论述月经、受孕、怀孕、分娩以及一般疾病等问题。书中提倡良好的饮食，主张情绪紧张会带来危险，并规定女性在分娩时必须使用鸦片制剂，否则将在未来几个世纪受到谴责。书中甚至解释了一个有性经验的女人可以如何假装处女。《特罗图拉》是中世纪妇科和产科领域的巨著，供助产士和医生参考。本书最初以拉丁文写成，被翻译成几乎每种的方言，并广为传播。

托马斯·阿奎那与经院哲学

1245年，来自意大利的道明会修道士，20岁的托马斯·阿奎那来到巴黎大学学习神学，并开始参与一场神学辩论。这场辩论始于阿贝拉尔和圣伯纳德之间的冲突，已经持续了100年：信徒是如何认识上帝的？通过心灵？通过脑子？还是两者兼而有之？我们是凭直觉认识真理，还是凭理性认识真理？阿奎那直接回答了这些问题，并很快成为该校最杰出的学生和讲师。

阿奎那在另一位道明会成员的陪同下来到巴黎，他的老师艾尔伯图斯·麦格努斯是一位德国人，在巴黎和科隆都教书，后来根据亚里士多德的理论对植物进行了生物分类。道明会成立于1216年，由西班牙牧师多米尼加创立，是一个致力于神学研究的教团。阿奎那和麦格努斯以及其他像他们一样的人陆续接受道明会的教育，很快就成为学者。他们进行的神学探索以阿贝拉尔的辩证法为基础，被称为经院哲学。

大多数神学家都能够意识到信仰与理性之间的冲突，但他们争辩道，由于两者都来自上帝，这种冲突从逻辑上看一定是理解有误。大学中非常流行理性探究和亚里士多德对现实的客观描述（见第2章），神学家开始担心学生们更多地被逻辑论证所吸引，而不关心结果的正确性；他们不去研究宗教真理和《圣经》，而是研究公元前4世纪开始的异教哲学。经院哲学试图调和上述两者，阿奎那的《神学大全》就是这一企图的例子。1265年，40岁的阿奎那应艾尔伯图斯·麦格努斯的请求，开始创作这本书，旨在撰写一部完全以古代哲学家的著作为基础的神学著作，以证明古典哲学与基督教的兼容性。书中几乎涉及了那个时代的所有神学问题，包括妇女在社会和教会中的地位、罪恶的原因、自由选择的问题，以及超值出售一件东西是否合法的问题。中世纪的综合性论文总结了传统学科所知的一切，富有权威性，而每一个受过高等教育的人的最终目的都是写出一篇综合性论文。

在一篇著名的文章中，阿奎那试图解决最大的问题，一劳永逸地证明上帝的存在。特别注意，这篇文章以亚里士多德的方法为基础，依靠观察和逻辑得出结论。

对阿奎那来说，以理性方法证明上帝的存在，就是他所说的"信仰的序言"，而他口中"信仰的条款"，必然是在这种理性证明的基础上发展起来的。因此，基督徒虽然不能理性地认识上帝的本质，但他们可以通过信仰感知上帝的神性，通过上帝在《圣经》和基督教传统中给予的启示，人们产生了信仰。然而阿奎那坚持认为，人们无法通过理性理解一些信仰的对象，包括化身。由于我们是通过信仰和理智两个方面得出真理的，通过信仰或理智得出的真理之间不应存在冲突。

虽然阿奎那的著作从来没有完全被保守的基督徒所接受，比如基督徒认为通过理性永远不能直接认识上帝，但阿奎那对基督教神学的影响是深远的。在阿奎那的论证中，他的知识达到了相当高度，《神学大全》像哥特式大教堂一样崇高，是一座用逻辑而不是石头建造的建筑，献给基督教的上帝。

路易九世的宫廷

什么是辐射式风格？

到了 13 世纪中叶，法国的哥特式风格已经得到较为长足的发展，石制花饰和装饰品愈发华丽，我们称之为辐射式风格。这种风格反映了巴黎路易九世的宫廷风格，整个欧洲都认为该风格意味着完美的统治。路易是一个天生的改革者，中世纪任何一位国王都比不上他。在他的统治下，包括阿奎那在内的学者在巴黎大街上公开辩论神学，与皇宫仅有一河之隔。路易相信思想自由，但更相信法治。他派遣皇家专员到各省检查王国政府的代表，确保他们公平对待人民。他废除了农奴制，并将私人战争定为非法行动——许多人认为私人战争是第一次十字军东征的最终动机。他改革了税收结构，赋予臣民在法庭上对判决提出上诉的权利。简而言之，他是个圣人，教会后来把他奉为圣徒路易。

教会特别珍视路易对教会的贡献。他对教堂和哥特式建筑历史最重要的贡献之一是圣礼拜堂皇家教堂（图 5.12），建造在离巴黎圣母院不远的城岛皇宫中心。路易指导了教堂设计，皇室成员可以直接从宫殿进入，与彩绘玻璃同一高度，象征着皇家的尊贵，而其他人则从下面一个较小的教堂进入，与地面同一高度。换句话说，他仿照查理曼大帝的设计为自己建

图 5.12

造了一座宫殿教堂，他与伟大的先帝之间从而产生了联系。

这座教堂相当于一个巨大的圣物盒。十字军东征期间，路易从君士坦丁大帝那里购买了基督受难时戴的荆棘皇冠和其他贵重物品，这些珍贵的艺术品注定要被收藏在圣礼拜堂。在哥特式时代，没有任何建筑能如此完整地体现出辐射式风格。这种风格体现了絮热院长的最初愿景：

神殿的美令我心旷神怡，宝石（彩色玻璃）的缤纷使我摆脱了外界的顾虑，而意义深远的冥想使我思考神圣美德的多样性，把物质的东西转移到非物质的东西上。在我看来，我仿佛置身于宇宙中一个陌生的地方，既不完全存在于泥土之中，也不完全存在于纯洁的天堂之中；借着神的恩典，我可以通过类似的方式从内部被传送到更高的世界。

观众沐浴在彩色玻璃反射的明亮光线下，几乎无法看清玻璃上《圣经》故事的细节。圣礼拜堂的设计目的是让信徒摆脱任何外界的牵挂，并将他们带到天堂般美丽的境界。它是精神的空间，光线拥有非物质性，在絮热看来，这种性质可与不朽灵魂的非物质性相比拟。建筑材料中，玻璃与石头的比例高于任何其他哥特式建筑，最细长的柱子用于分隔窗户。窗户下的墙壁下方有红的、蓝的和镀金的装饰，十分华丽，使石头看起来和玻璃仿佛融为了一体，金色星星的光从精致的深蓝色拱形天花板中撒下来。路易最大的愿望是把巴黎变成新的耶路撒冷，一个离天堂尽可能近的城市。对许多来访者来说，他通过圣礼拜堂尽可能达到了这一目标。

法国公爵宫廷中的哥特式风格

在14世纪，法国国王的权威虽然从未受到挑战，却被巴黎以外的公爵统治牵治。这些公爵中有国王的亲戚，包括安茹公爵、贝里公爵和勃艮第公爵，他们在各自的首都建造了宏伟的宫廷，雇用了大量的艺术家，装饰哥特式风格的宫廷，直接受到前一个世纪辐射式风格的影响。

勃艮第公爵的统治中心位于法国东部的第戎，他们控制着佛兰德斯地区，包括今天的荷兰、比利时和卢森堡。15世纪初，当勃艮第公爵从第戎迁往佛兰德斯时，他们最理想的目的地是布鲁日。在佛兰德斯地区的所有城镇中，布鲁日是第一个建造市政厅的（图5.13），其奢华的哥特式装饰堪比法国和勃艮第贵族的宫殿。布鲁日的政府至少在理论上独立于公爵权威，在政府建筑的设计上采用这种风格，不仅强调了其公民的自我价值感，

图 5.13

而且说明他们不再一味模仿贵族，日益独立。

到中世纪晚期，布鲁日的人口在 40000 到 50000 之间，与阿尔卑斯山以北的欧洲其他城市相比多很多。（大多数城市平均只有 2000 到 3000 名居民，而在整个阿尔卑斯山以北的欧洲，70% 的人口仍然生活在农村。）布鲁日的工资是这些城市中最高的，尤其是手工业者的工资，该市建立了当时世界上最健全的社会保障体系之一，其中包括 11 家医院和收容所。布鲁日的港口是主要贸易仓库之一，来自波罗的海的海鱼，来自波兰和俄罗斯的木材、谷物和毛皮，以及来自中欧矿场的银，都被用来交换珍贵的弗拉芒纺织品、服装，以及香料、糖、丝绸和棉花等商品，并通过威尼斯商船运输。15 世纪初，威尼斯船队每年向布鲁日和附近其他北部港口派遣 45 艘商船，每艘船都运载 250 多吨货物。

微型画传统

阿尔卑斯山以北的欧洲文化强调物质财富，相应地，其艺术风格也十分注重对现实的详细描绘。艺术方面，阿尔卑斯山以北的欧洲人对艺术的关注首先源于哥特式风格中精美的窗花饰，哥特式风格建筑的石制和木制装饰品中，花蕾和树叶常常交缠在一起。正如我们看到的那样，到 13 世纪中叶，在诸如兰斯教堂（图 5.10）等教堂的雕塑装饰中，自然主义艺术不断发展。15 世纪法国和勃艮第宫廷中，这两个倾向通过中世纪的微型画作品首次得到了融合。

微型画是艺术家在手稿上精心绘制的细节装饰，十分小巧，与彩饰有关，通常用蛋彩画颜料画在羊皮纸上。最著名的微型画家是林堡兄弟——保罗、简和赫尔曼，他们都是一位荷兰雕塑家的儿子。林堡兄弟于 14 世纪末移居巴黎，在那里受到他们叔叔的资助，他们的叔叔是宫廷画家、勃艮第公爵腓力二世。腓力二世死后，林堡兄弟开始为他的兄弟约翰·贝里公爵工作。15 世纪初，约翰是欧洲最富有的人，这不足为奇，因为他的臣民需要负担全欧洲最繁重的税款。有了这些税收，公爵资助了一些雄心勃勃的项目，为的是强调他的地位和利益。在他给林堡兄弟的所有工作中，最

图 5.14　　　　　　　　　　　　　　　图 5.15

重要的作品之一是《贝里公爵的豪华时祷书》，其创作始于 1411 年，是一本带有彩饰的祈祷书。5 年后林堡兄弟死于瘟疫，那时，这部作品仍未完成。

　　一本祈祷书的开头往往是一份日历，其中插入了彩饰，展示日常生活的场景，标明一年中各个月份的特殊日子。随后是一些简短的祷告词，在指定的八个祈祷时间唱诵。《贝里公爵的豪华时祷书》一书的日历部分使我们对贵族和农民的日常生活有了充分的了解。第一个日历月（图 5.14）和第二个日历月（图 5.15）的对比十分鲜明：第一个月的景象中，贝里公爵约翰正在主持新年宴会。当时，新年会举行一个交换礼物的仪式，人们尤其喜欢交换珠宝、金属酒瓶、搪瓷雕像和盐窖。比如，1411 年，约翰的一个女婿给了他一个银盐窖，作为新年礼物："鸵鸟的样式，有一个珍珠壳做的肚子，坐在一个漆成绿色的镀银阳台上"。公爵侧身而坐，身后是圆形防火屏。他身穿一件被称为豪普兰德的宽松蓝色大礼服，衣服上面有金色刺绣和钻石，边缘镶着毛皮。他面前的桌子中央有一件珍贵的新年礼物，用来储存食物。艺术史家布里吉特·布特纳在 2001 年《艺术公报》上发表的一篇文章中描述了一月份对应的场景：

> 林堡兄弟的微型画给人带来的感官冲击十分强烈——观众仿佛真的能够搬运、观察画中的物体，闻、品尝画中的食物；如果欣赏的时间够长，观众甚至能听到各种声音：切、倒、拖、揉的声音，镀金的皮带和金属器皿的叮当声，炉火的噼啪声，狗的吠声和人们的叫声。

公爵实际上是在大叫"上前来，上前来"，这些字眼以镀金字母的形式写在公爵的上方。场景的后方是一幅描绘特洛伊战争的挂毯，贝里公爵的宫廷未能保持其友好和庄重，导致了特洛伊战争的悲剧。

这种充满物质福利的辉煌景象与下一个场景形成了鲜明的对比。第二个月的景象中，我们看到三个农民在炉火旁取暖，其中一个可能是房子里的"女士"，她的裙子恰到好处地盖过膝盖，短衬裤得体地露出，而另外两个显然是农民，着装暴露。外面的雪景里还有另外三个人：一个人厚厚的衣服没能充分抵御严寒，正在往手上呼气；另一个人在砍柴，无疑是为了生火，供别人享用；第三个人骑着驴到远方的村庄去。与公爵生活的雅致世界相比，这些农民是庸俗、粗鄙的，并不比围栏里挤在一起的绵羊更加温暖；相比于公爵的盛宴，他们眼中的"盛宴"可能更接近鸟儿食用的菜籽；它们的住所甚至比它们饲养的蜂巢更远。

如果林堡兄弟（以及他们的赞助人约翰·贝里公爵）意在将公爵的生活与他人的生活相比较，那么公爵无疑是养尊处优的。但从另一个角度来看，按照中世纪的标准，效忠于他并为他耕种土地的农民也是相对富裕的。他们的农场显然整洁、繁荣。在一个场景中，一个人正骑着驴子到村子里去，也许是为了把木材卖给村民，这个画面反映了经济资本主义的开始。到了 15 世纪，封建主义正在消亡，中产阶级（穿蓝色衣服的"女士"也许是其中一员）开始形成，类似贝里公爵这样的势力开始衰落。然而，这些图像也强调了公爵持久的威望，和他对世界的掌控力。

锡耶纳和佛罗伦萨的城市和宗教生活

佛罗伦萨和锡耶纳的艺术和宗教生活有何异同？

欧洲南部地区的生活与北部地区的生活截然不同。到了13世纪，两个著名的城邦主宰了意大利的社会和政治：锡耶纳和佛罗伦萨。教会势力遭到大幅度削弱，虽然控制着大片地区，却几乎没有发挥什么真正的影响力。锡耶纳位于托斯卡纳的南部多山地区，是一个富饶农业区的中心，该地以橄榄油和葡萄酒闻名遐迩。佛罗伦萨坐落于阿尔诺河流域，位于该地区最富有的农业区。

这两个城市之间的竞争十分激烈，它们的分歧可以追溯到查理曼大帝时期，教皇和神圣罗马帝国皇帝还在争夺霸权。教皇派支持教皇，另一个皇帝派支持皇帝。人们普遍认为锡耶纳民众大多是皇帝派，而佛罗伦萨是教皇派的据点。但在两个城市中，两个派别都在争权夺势，对佛罗伦萨统治权的竞争尤其激烈。到了13世纪末，教皇对锡耶纳的皇帝派倾向进行了报复，取消了锡耶纳的银行特权，将其授予佛罗伦萨。因此到14世纪，佛罗伦萨成为托斯卡纳地区主要的政治经济强市。

锡耶纳和佛罗伦萨都是共和体制，没有归到贵族的统治之下。现代西方城市就这样从竞争中诞生了。佛罗伦萨和锡耶纳与先前共和国的不同之处在于公民权对表达公民自豪感的影响。

这两个城市的政府都由行会控制，行会通常是具有相似（往往是职业）利益的协会或团体，对其成员行使权力。领导锡耶纳的是早在1192年就成立的商业行会。最富有的商人家庭向外借贷（对他们的贷款收取利息，但教皇禁止这种做法），买卖蜡、胡椒和香料，以及佛兰德布料、鞋、袜子和腰带。其他行会，如石匠、木匠、旅店老板、理发师、屠夫和磨坊主组成的行会很快也成立了，但没有一个像商业行会那样强大。到1280年，商业行会的成员控制了市政府，不包括贵族，并宣布只有"优秀的大众商人"

才有资格在市政厅任职。到 12 世纪末，佛罗伦萨有 7 个主要行会和 14 个次要行会。最有声望的是律师行会，紧随其后的是羊毛行会、丝绸行会和布商行会。主要的行会还包括银行家、医生和其他商人阶层组成的行会。屠夫、面包师、木匠和石匠构成了小型行会的很大一部分。

锡耶纳和佛罗伦萨：公社和共和

中世纪晚期，锡耶纳一直是欧洲最强大的城市之一。1125 年锡耶纳作为一个自由的公社(人民为了共同利益聚集在一起产生的集体)建立了起来，比周边的封建城市更具有优势。到了中世纪晚期，人们总说"城市空气带来自由"，这种自由吸引了越来越多的人来到锡耶纳，让这座城市很快变得繁荣、无与伦比。

对于这个不断发展的城镇来说，一种新的政府模式至关重要。1338 年，画家安布罗乔·洛伦泽蒂创作的一幅壁画《好政府的寓言》（图 5.16）歌颂了这种模式，这幅壁画绘于锡耶纳市政厅的会议室和公共宫殿中。壁画

图 5.16

描绘了锡耶纳的真实面貌：商人们衣着华丽，在街上跳舞，一对夫妇在另一对夫妇拱起的臂弯下走过，后面跟着一些狂欢者，手拉着手跳舞。画面左边，三个人正在拱形门廊里玩棋盘游戏，他们右边是一家鞋店，后面是一间教室，教室里，老师在为一排学生授课，教室旁边是一家酒馆。在画面上方，石匠建造了一座新的建筑。城门外，画面右边的周边乡村十分繁荣：农民把牲畜和农产品运到市场，一些人耕种田地，另一些人在葡萄园里干活。最重要的是，赤裸身体的安全女神漂浮在天空中，一只手拿绞刑架，另一只手拿卷轴，提醒公民和平取决于正义。在地平线上，天空呈现不祥的暗色，这也许表明，锡耶纳的居民认为自己生活在唯一一个得到启蒙的地方。

　　和锡耶纳一样，佛罗伦萨也非常富有，这种财富是建立在贸易基础上的。到了 12 世纪，佛罗伦萨已成为西方纺织品生产的中心，并在欧洲贸易市场上发挥了核心作用。经过分类的羊毛和成品布料需要洗涤和漂洗，阿尔诺河为这一过程提供了充足的水源。这座城市的染色技术无与伦比，直到今天，佛罗伦萨红这种染料依然价格高昂，而其制作方法仍然是个谜。染料是从地中海各地甚至东方进口的。每年，佛罗伦萨商人都要前往英国、

葡萄牙、西班牙和佛兰德斯等地，为他们的工厂采购原毛。

佛罗伦萨的银行家和放贷者使该城成为世界贸易中的重要参与者。佛罗伦萨的银行家们发明了支票、信贷，甚至人寿保险。最重要的是，1252年，他们推出了欧洲第一种单一货币，弗洛林金币。到1422年，200多万弗洛林在欧洲各地流通，这是一个惊人的数字，因为一个家庭每年花费150弗罗林就可以达到小康生活，而最好的宫殿每年需花费1000弗洛林。佛罗伦萨是欧洲的银行，城市中的银行家是欧洲真正的贵族。

在佛罗伦萨，商人，特别是羊毛行会，控制着政府，他们被称为"肥人"，以区分于被称为"小人"的普通工人，后者大概占人口的75%，在政府事务中没有发言权。只有行会成员才能在政府中任职，他们的名字被写下来，放在皮包里，每隔两个月，人们会在一个公共仪式上抽取9个名字进入政府任职。（任期较短，以减少贪污的可能性。）这些被选中的领主被称为执政官，产生的政府被称为领主政府——领主广场因此得名，位于佛罗伦萨市政厅公共宫殿。九个执政官中，六个来自大行会，两个来自小行会，还有一个人负责领导。

共和体制的佛罗伦萨几乎达到了真正的民主，但也存在两个不够民主的方面：首先，各行会之间联系紧密。因此，总的说来，从行会成员中挑选不同的执政官几乎不带来政治上的差别；其次，从皮包中抽取姓名，这一过程可以很容易遭到人为操纵。然而，冲突不可避免，在整个13世纪，其他问题使得形势更加严峻，特别是教皇派和皇帝派之间的世仇。在佛罗伦萨，教皇派通常由商人构成，皇帝派通常由贵族构成，因此，派别往往是按照阶级划分的，这常常导致家庭纠纷和街头暴力。维奇奥宫的塔楼建在贵族乌贝提家族宫殿原有的皇帝派塔楼上，塔楼前方，乌贝提宫殿建筑群的其余部分被夷平，建成了一个广场。因此，市政厅和公众集会场所都代表着教皇派战胜了皇帝派，商人阶级战胜了贵族阶级。

绘画中日益增长的自然主义

虽然佛罗伦萨的守护神是施洗者圣约翰，但与锡耶纳一样，这座城市也仰仗圣母玛利亚的保护。她的肖像经常出现在佛罗伦萨的教堂和其他地方，据说，这些肖像创造了神迹。来自托斯卡纳和其他地区的朝圣者蜂拥至佛罗伦萨，接受圣母的恩典。就像在锡耶纳一样，每当城市受到战争、洪水、瘟疫的威胁时，人们都会列队举着圣母像穿过城市。这两座城市都受到圣母的保护，不久就开始竞争哪座城市能把她描画得更光辉伟大。在这一过程中，人们不再使用拜占庭圣像那种僵硬、抽象的方式来表现玛利亚的形象，而更多地把她描绘成一个有血有肉的真实人物。

杜乔和西蒙涅·马尔丁尼

1204 年，第四次十字军东征中威尼斯击败君士坦丁堡之后，拜占庭式的意象流行于整个欧洲。最早脱离拜占庭传统的艺术家之一是锡耶纳本地的杜乔·迪·博尼塞尼亚。1308 年，公社委托杜乔在锡耶纳大教堂的穹顶之下创作了《圣母子荣登圣座》（图 5.17）。

这一作品广受赞誉。一位同时代的编年史家记载道

这件作品被搬到大教堂的那天，商店关门了，主教带领着一大群虔诚的牧师和修道士，庄严地列队行进……公社所有执政官和全体人民，以及一个接一个手里拿着点燃蜡烛的人，都站立于画像旁，后面是虔诚的妇女

图 5.17

和儿童……按照惯例，在市政广场周围列队行进，所有的钟都在欢快地敲响，喇叭和风笛在吹奏，对这样一幅高贵的画充满敬意。

杜乔对其作品的伟大之处了然于心，在圣母玛利亚宝座的底部，他写道："上帝的圣母，给锡耶纳带来和平，也因为杜乔的画作而赋予他生命。"这表明，艺术家对自己的作品愈发虔诚和自豪，强调了艺术家在整个意大利社会中日益突出的地位。

杜乔的《圣母子荣登圣座》开始脱离拜占庭的圣像传统，并融入了哥特式倾向的自然主义。杜乔画中的圣子看上去像是一个真正的婴儿，而且有点胖乎乎的。同样，在圣母的长袍下，我们可以感觉到一个真实的身体。她的膝盖显得尤为突出，从膝盖上垂下来的长袍曲线柔和悠长，比拜占庭早期作品中僵硬而又棱角分明的长袍自然得多。四位天使从圣母宝座的上方凝视着孩子，像高傲的亲戚。跪在前排的圣徒都是独立个体而不是神的类型，从画面左边那位年迈、蓄有胡须的牧师中可以看出。他们都是这座城市的守护神，这突显出杜乔的画作既带有宗教意义，也具有现实意义。

图 5.18

　　杜乔的《圣母子荣登圣座》反映了锡耶纳艺术日益增长的现实主义，而锡耶纳公共广场市政会议厅里，西蒙涅·马尔丁尼的《圣母子像》则更具有自然主义色彩（图5.18）。1308年至1311年期间，西蒙涅从师杜乔，在大教堂创作《圣母子像》，他很可能是以这座教堂为原型来创作自己的作品的。西蒙涅的画作保存在一座公共建筑中，俯瞰着城市的管理和运作，比起杜乔的画作，西蒙涅的画作更生动地展示了托斯卡纳文化中神圣与世俗的融合。

　　西蒙涅壁画的一个伟大创新是圣母的皇冠，表明了她天堂女王的地位。她坐在神圣的"宫廷"中，这一元素揭示了法国宫廷诗歌在意大利日益增长的影响力。她成为人类行为的典范，在宗教方面象征着最崇高的世俗之爱和奉献，包括对政府正确行为的奉献。耶稣拿着一张羊皮纸，贴在壁画表面，强调世俗色彩，纸上写着："统治地球的人要热爱正义。"像杜乔的画一样，西蒙涅的壁画对城市居民起到了宣传作用。宝座的底部刻着这样一句话："天使般的小花，玫瑰和百合花，装饰着天堂草场，但不及忠告更令我愉悦。"这幅画暗示，玛利亚对世俗事务的关心不亚于对神圣事务的关心。从西蒙涅对圣母的现实主义刻画来看，玛利亚既有神性，也有人性。

　　这两部作品的艺术风格也不尽相同。像拜占庭的圣像一样，杜乔的圣母玛利亚没有戴皇冠，眉毛与鼻子相连。她披着蓝色的衣服，穿着橙色的内衣，圆形的头巾与头后的光环相呼应。画面上，她比服侍她的人大得多，这符合拜占庭绘画中的阶级规律。在西蒙涅的版本中，圣母和周围人物几乎是以相同比例被描绘出来的。与杜乔的绘画相反，西蒙涅作品中的圣母坐在一个很深的树冠空间里，王座后面是精致的哥特式拱门。玛利亚的两个膝盖都看得见，圣子稳稳地立在其中一个膝盖上。她的头和脖子没有被一个象征着包罗万象的头巾裹着，而是呈现出完整的圆形，戴着王冠，上面轻柔地盖着同样圆形的裙裾，从圣母脖子后的阴影中可以看出形状。她的长袍不是传统长袍，而是由华美、透明的丝绸制成的，我们可以透过衣物看到她的右臂。最重要的是，她瓷白色的皮肤略带粉红，使得她的肤色更加写实。血液流过她的身体，给她的脸颊增添了血色，她的肉体带有生命的气息。事实上，她体现了西方艺术自古典时代以来一直缺失的一种审美标准——与灵魂之美相对的肉体之美。

奇马布埃和乔托

佛罗伦萨也有优秀的圣母画像大师。早在杜乔活跃于锡耶纳之前，一位名叫奇马布埃的画家就为佛罗伦萨的圣三一教堂的创作了一幅大型的圣母像，画于祭坛之上（图5.19）。奇马布埃的《宝座中的圣母子》巩固了他作为佛罗伦萨主要画家的地位。虽然这幅画中的拜占庭风格十分明显——画中对人物形象的描绘也体现出拜占庭风格中的阶级规律，圣母像比她周围的人物都要大——但这幅画在其他方面都是超凡脱俗的。首先，绘画面积巨大，高近3.6米，开启了大型祭坛绘画的传统，这突出了祭坛在教堂中的关键地位。但最重要的是，奇马布埃关注空间体积，用自然主义的表达方式来处理人物形象。宝座尤其值得玩味，为场景创造了一种独特的空间，天使仿佛站在建筑的边框上，尤其是画面前方的两个。圣母和圣子都是拜占庭式风格表现的人物，而王位下方的四位先知却有着明显的个人风格，这表明这个时代对个体性格的日益强调，这是该时期文学一个

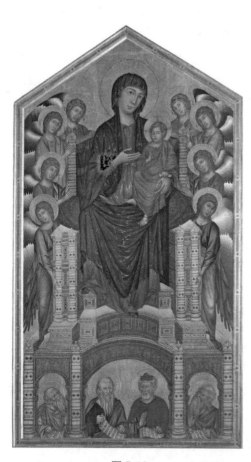

图 5.19

特别重要的特征，我们将在后面的章节中介绍。这些高度个人化的形象还告诉我们，意大利艺术家能够更加熟练地使用蛋彩画颜料作画，能够通过越来越多的细节描绘世界。图中最有趣的是圣母脚的位置：右脚支撑在王座上，姿势随意。

一个古老的故事中，有一天，奇马布埃发现了一个极有天赋的牧羊人，名叫乔托·迪·邦多纳，并教他绘画艺术。这个学生很快就超过了老师。瓦萨里评价道，乔托将"艺术驶向一条可以称为真正的道路上，学会了从生活中准确地汲取营养，从而结束了古希腊粗糙的艺术。"

图 5.20

乔托的《宝座上的圣母》（图 5.20）描绘了大约 1310 年的天使和圣人，这幅画创作于奇马布埃的《宝座中的圣母子》之后仅仅四分之一个世纪，它代表了艺术风格向自然主义的显著转变，就像西蒙涅的《圣母子像》到杜乔的《圣母子荣登圣座》之间的转变一样。虽然画中保留了拜占庭式的人物阶级规律——圣子几乎和天使一样大，圣母的大小是天使的三到四倍——但它在空间上是合理的，奇马布埃的画却不合理。乔托显然学会了准确地写实，他对人类形象的描绘彰显了他的技巧。他擅长绘画脸部，能够表现出不同情感和性格，这一技巧在斯克罗维尼礼拜堂的壁画中尤为明显，这座教堂是以资助建造教堂的家庭命名的。该礼拜堂也称为阿雷纳礼拜堂，以其所在的古罗马竞技场命名。画家以描绘真实人类的手法来描绘基督、处女和圣徒，使他们更加人性化。

方言文学在欧洲的传播

什么是方言文体？什么造成了这种文体的传播？

到 12 世纪初，欧洲境内几乎所有受过教育的人和文学作品都使用拉丁语，渐渐地，作家们开始将他们的读者拓展到普罗大众，并开始用方言——人们日常生活中说的语言——写作。法国人主宰了十二世纪的文学世界，创作了包括《罗兰之歌》和《兰斯洛特》在内的文学巨著。到了 14 世纪初，意大利境内各处也萌生出方言作品，并传播到了欧洲的其他地方。

但丁的《神曲》

诗人但丁·阿利基耶里是中世纪意大利最伟大的方言作家之一。大约 1308 年，但丁开始了《神曲》的创作，这体现了文学最伟大的想象力，这首诗记录了基督徒的灵魂从地狱，到炼狱，最后得到救赎的旅程，由《地狱》、《炼狱》和《天堂》三卷组成。这绝非一次轻松的旅行。但丁是诗歌中的主角，受到了罗马诗人维吉尔的引领，维吉尔是《埃涅阿斯纪》的作者。

维吉尔不能引领但丁进入天堂，因为但丁是异教徒，不能得到救赎，因此被困在地狱的第一层，幽冥，一个没有折磨的悲哀之地，居住着善良的异教徒、伟大的哲学家和作家、未受洗礼的孩子和其他不适合进入天堂的人。这一层中除了维吉尔，还有恺撒、荷马、苏格拉底和亚里士多德，这里没有惩罚，气氛平和，但令人悲伤。事实上，维吉尔是人类理性的典范，在《地狱》中，维吉尔和但丁研究了人类的各种罪恶。但丁地狱里的许多人物都和他同一时代——来自拉文纳和里米尼的情侣保罗和佛兰切丝卡达，放高利贷的雷吉纳尔多·斯克罗维尼等等。但丁也非常重视他的家乡佛罗伦萨中教皇派与皇帝派的竞争。他个人支持教皇派，但教皇派别内部分裂严重，分为黑派和白派，分别是教皇的银行家和政府的银行家。但丁作为行政官之一，即佛罗伦萨公社的九个领袖之一，努力弥合派别内部的分裂，导致自己从 1302 年开始流亡了两年。苦恼之下，但丁再也没有回到佛罗伦萨。

但丁的地狱有九层，每一层罪人接受的惩罚都比上一层更可怕。在这首诗的第一章中，诗人迷失在一片黑暗森林中，维吉尔前来拯救他，答应带他"前去一个永恒的地方"。在地狱里，他们俩见到了被自己的激情送进地狱的保罗和佛兰切丝卡达。他们告诉但丁，他们的不正当爱情是受到克雷蒂安·德·特鲁瓦《兰斯洛特》的鼓励。这对情侣将永远受到不和谐爱情的折磨，能够触碰彼此，却无法使他们的爱情得到圆满。下一层地狱有贪食者，注定要像猪一样在自己的粪便中打滚。换句话说，罪人不是因为他们的罪恶受到惩罚，而是在他的罪恶中受到惩罚。但丁发现，受到理智影响的不诚实比任何不合理的激情更为罪恶，因此奉承者、伪君子和说谎者占据了下一层地狱。暴力的人更下一层，永远沉浸在沸腾的血液中。最后，在地狱的最底层，背叛者被囚禁在冰里，"就像玻璃里的吸管"。而在地狱最底层的最底部是来自托斯卡纳各地的教皇派和皇帝派，他们背叛了城市的福祉。最后，在第 34 章，但丁再次融合了异教和基督教世界，撒旦咀嚼着最坏的叛徒——犹大（人们认为他背叛了耶稣）和布鲁图和卡修斯（暗杀恺撒的人）。

在《神曲》描绘的世界中，维吉尔作为理性的化身，只能引领但丁进入地狱和炼狱，因为要进入天堂，信仰必须战胜理性，这对罗马异教徒来说是不可能的。但丁在天堂的向导是贝阿特丽采，他一生的挚爱。贝阿特丽采是佛罗伦萨贵族福尔科·波蒂纳里的女儿，两人第一次见面时，贝阿特丽采 9 岁，但丁 8 岁。他在他的第一部重要作品《新生》中描述了与她的相遇："爱主宰了我的灵魂……并开始对我有如此大的影响力……我必须为爱做所有事。爱经常命令我努力去见这位年轻的天使，她的举止在我眼里是如此高尚、值得称赞，以至于可以说她确实验证了诗人荷马的这句话——'她似乎不是凡人所生，而是上帝所生。'"

　　但丁在 1293 年写下了这些话。在那十年之前，18 岁的贝阿特丽采与
西蒙涅·迪·巴尔迪结婚，这场婚事在女方 8 岁时就定下了。这场婚姻只
持续了 7 年，贝阿特丽采 25 岁时就去世。但丁对她的爱是经典的宫廷之爱，
标志是以一种未能得到满足的肉体欲望，这必然转化为一种精神上的渴望。
在神曲的结尾，当但丁"在巨大的闪光中"沉思时，这种渴望引导他去理
解上帝的爱，一种他几乎找不到语言来表达的幻象。

黑死病及其影响

　　1316 年和 1317 年，就在但丁去世前不久，欧洲各地作物歉收，导致
了欧洲大陆有史以来最严重的饥荒。两个夏天里很少有阳光（没有人知道，
印度尼西亚的火山爆发将大量的火山灰送入了大气层）。此外，在 1000 至
1300 年间，非洲大陆的人口翻了一番，甚至在粮食大丰收的时节也可能无
法做到自给自足。之后的一个世纪里，雨水太多，谷物收成不好，在这黑
暗的岁月中，不要说吃得好，人们有粮食吃就已经非常幸运了。在 1347 年
12 月，鼠蚤给西西里岛带来了腺鼠疫，老鼠搭乘了四艘热那亚船只，从黑
海贸易中心卡法城启航。

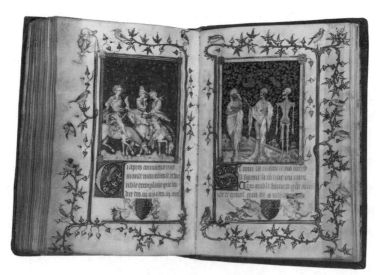

图 5.21

这种疾病首先感染腹股沟或腋窝的淋巴腺体，腺体慢慢充满脓液，变成黑色。这种炎症被称为腹股沟腺炎，这种疾病因为其黑色的腺体而有了另一个名称——黑死病。由于黑死病通过啮齿类动物携带传播，富裕的家庭成员也很容易感染，几乎没有人幸免。这种疾病对所有人一视同仁——大主教、公爵、庄园领主、商人、劳工和农民都被黑死病击倒（图5.21）。对于那些从瘟疫中幸存下来的人来说，生活被持续的葬礼填满。在许多城镇的居民放弃了传统的葬礼仪式，将死者埋葬在乱葬坑中。到1350年，这一疾病肆虐于整个欧洲大陆，除了少数远离传统贸易路线的领土。在托斯卡纳，城市人口的死亡率接近60%。在佛罗伦萨，6月24日是该市守护神——施洗者圣约翰的节日，据报道，1348年的这一天，1800人死亡，第二天又有1800人死亡，两天内的死亡人数内约占该市人口的4%。1363年、1374年、1383年、1388年和1400年，再次爆发了严重的瘟疫。

黑死病后的文学：薄伽丘的《十日谈》

视觉艺术对现实的写实描绘一直延续到文学作品中。在文学作品中，方言语言直接，适合表达真理。《十日谈》是一部散文故事集，从瘟疫中幸存下来的佛罗伦萨作家乔万尼·薄伽丘直接、坦率地描写受到瘟疫蹂躏的佛罗伦萨，创作了故事集中的100篇故事。

薄伽丘描述了一个崩溃的世界。瘟疫造成的社会混乱体现在大量统治阶级的死亡中和男性阶层的崛起中，他们本应是教堂建筑、财宝和圣衣的守护者，但现在却充斥着一群卑鄙的雇佣掘墓者。所有的传统都遭到抛弃。

然而，在这种黑暗的现实氛围中，薄伽丘开创了一种完全不同的东西，其作品的力量来源于此，这意味着社会已经做好了重生的准备。

整部作品都笼罩着潜在丑闻的阴影——当然，这种氛围超出了正常社会行为的范畴，进入了一个新的道德层次，之前的佛罗伦萨和新环境之间的差异就证明了这一点。

读者意识到，这座田园般的岛屿被黑死病的恐怖所包围，故事背景中透出的肉欲气息仿佛是一个用于逃避日常生活现实的避难所，许多最伟大的小说都有着同样的气息。

小组成员决定，每一天他们都会聚集在一起，每个人讲述一个故事，来娱乐其他人。正如其中一个年轻人狄俄涅所说，"我恳求你们，要么与我一起欢乐、大笑和唱歌（在你们尊严允许的范围内），要么把我送回那个受灾的城市。"狄俄涅实际上是在请求成员们不要过分强调自尊，他身上的世俗特质也使得薄伽丘超越之前得到认可的文学教条。接下来的100个故事中，有很多都是粗俗下流的，但讲述这些故事的十个人都是贵族。他们的许多故事都谈及下层阶级，尤其是中产阶级，这些角色精明、机智，独树一帜、足智多谋，拥有淫秽的欲望，行为肆无忌惮，引进了一种社会现实主义以前没有探索过的西方文学。故事中的日常生活是对真实生活的写实，这也许意味着死亡的阴影正笼罩着人们。薄伽丘的故事以一种独特的方式表达生活现实，这是中世纪体现骑士精神的经典故事无法做到的。薄伽丘的世界是由血肉之躯组成的，而不是身着闪亮盔甲的骑士。如果说《十日谈》的世界是虚构的，那么这本书对人类心理运作模式的深刻揭示，也代表了一种前所未有的文学现实主义。

彼特拉克十四行诗

薄伽丘最好的朋友之一是巡回学者兼诗人弗兰齐斯科·彼特拉克（图5.22）。彼特拉克在法国的阿维尼翁附近长大，并度过了生命中的大部分时光，1309年，教皇在那里确立了自己的统治地位。彼特拉克在蒙彼利埃和博洛尼亚学习，并游历了法国北部、德国和意大利。他总是在搜寻、收藏价值不菲的古代文学作品手稿，抄写那些他无法从修道院图书馆那得到的手稿。1351年，他给一位朋友的信中写道，这些手稿是用古典拉丁文书写的，僧侣们很难破译，有可能就这样失传。

这种情况导致了巨大的学术损失。有些难以理解的书籍不再被大量抄写和分发，也不再被大众普遍了解，因此完全被忽视，最终走向灭亡。因此，我们这个时代渐渐使得知识之树的果实落下，其中包括最甜蜜、最丰硕的果实；也丢掉了最杰出的天才们彻夜劳动的成果，我几乎想说，这些东西比世界上任何东西都更有价值。

正是彼特拉克重新发
现了罗马演说家和政治家
西塞罗被遗忘的作品，他
自己的私人图书馆里收藏
有 200 多本经典著作。他
说服薄伽丘把希腊学者利
奥·彼拉多带到威尼斯来，
教他们阅读希腊文。薄伽
丘学会了希腊语，但彼特
拉克却因无法忍受彼拉多
的粗鲁无礼没有学会。然
而，两人都得益于彼拉多
把《荷马史诗》以及他的
希腊诸神谱系翻译成拉丁
语散文。

彼特拉克最伟大的作
品大概是他的诗集《抒情
诗集》，由三百多首诗歌

图 5.22

组成，灵感来源于他对劳拉的爱。1327 年，他在阿维尼翁第一次见到劳拉，
当时他正在那里为一位富有影响力的主教工作。她那时 19 岁，是萨德侯爵
的 19 岁妻子。彼特拉克是否曾向劳拉表白过他的爱，或者只是将爱倾注在
他的诗句中，这仍是一个问题。

彼特拉克写给劳拉的诗大部分采用意大利十四行诗的形式。这种诗体
也被称为"彼特拉克十四行诗"，因为他完善了这一形式。彼特拉克十四
行诗由十四行组成，分为两部分：前八行诗提出一个问题，后六行诗试图
解决问题或得出问题无法解决的结论。前八行诗被进一步分为两个四行诗，
第一个提出问题，第二个提出解决问题的思路。彼特拉克写给劳拉的许多
诗句都是在她于 1348 年死于腺鼠疫之后创作的，看来她的死是彼特拉克将
这些诗句公之于众的原因。他的悲痛欲绝在十四行诗 338 的下面三行中表

现得很明显：

> 大地、空气和海洋应该一起哭泣，
>
> 因为人类的血统一旦消失，
>
> 就会变成一片没有花朵的草地，一个没有宝石的戒指。

然而，爱情诗更有影响力。其中最著名的一首是十四行诗134。在这首诗中，彼特拉克直面自己对劳拉的爱，探讨了他情感的复杂性。

这类诗歌将产生持久的影响，尤其是在英国伊丽莎白时代的诗歌中，因为它们似乎捕捉到了爱的所有情感波动。

乔叟的《坎特伯雷故事集》

第一个翻译彼特拉克作品的英国人是乔叟。乔叟受过良好的教育，能读懂奥维德和维吉尔的拉丁文原著，是一位中产阶级官员和外交官。1368年，他和彼特拉克都受邀参加米兰大教堂的婚礼，四年后，他来到佛罗伦萨，在那里他可能遇见了薄伽丘。乔叟的代表作《坎特伯雷故事集》大致是仿照薄伽丘的《十日谈》写成的，但乔叟是用诗句而不是散文写成的，而且是用英雄双行体写成的。像《十日谈》一样，《坎特伯雷故事集》这是一部故事集。一群从伦敦前往坎特伯雷大主教圣托马斯·贝克特圣殿的朝圣者讲述了这些故事。1170年，在一次关于教会权利和特权的争执中，贝克特在坎特伯雷大教堂被亨利二世国王的追随者谋杀。

乔叟原本计划写120个故事。但在他去世之前，他只完成了22个故事和另外两个故事的片段，故事中的角色都体现了不寻常的性格和社会类型，作者对人物和叙述者的描述都十分成熟，因此故事充分反映了这个时代的现实主义。

乔叟完成了他之前很少有作家能完成的事情——通过生动的细节和描写创造了人物和个性。从现实主义角度来看，这些故事有时与薄伽丘的故事不相上下，但朝圣者的多样性和他们的道德品格至少创造了一个与薄伽丘同样深刻的道德世界，其深度甚至可与但丁媲美。乔叟笔下的人物来自三个阶层——贵族、神职人员和平民——这使得一些人称他的作品为"地产讽刺",一种对他那个时代社会关系的批评。

乔叟用他那个时代的英语写了《坎特伯雷故事集》,我们现在称之为中世纪英语。1066 年诺曼人入侵后,普通人讲盎格鲁 - 撒克逊语(或古英语),贵族讲法语,学者依然使用拉丁语。在乔叟的时代,一种新的口语,中世纪英语,在普通人中取代了盎格鲁 - 撒克逊语。它结合了法语、盎格鲁 - 撒克逊语和斯堪的纳维亚语的元素。乔叟本人会讲法语,他选择用他那个时代的中世纪英语(实际上是伦敦方言,当时全英国使用的五种方言之一)书写坎特伯雷故事集,这是英语史上的一个重大发展。

在 1385 年之前,大约在乔叟开始创作坎特伯雷故事集的时候,英语已经取代法语成为儿童的教学语言。到 1362 年,首席大法官用英语进行开庭演讲。同年,议会颁布了《诉讼条例》,规定"在他(国王)任何法院、任何法官面前提出的诉状……应以英语进行上诉、陈诉、辩护、答辩、辩论和审判。"不过,答辩是以拉丁文记录并保存的。到该世纪中叶,贵族虽然从小就讲法语,但也会讲英语。乔叟的伦敦方言之所以成为主流,很大程度上要归功于乔叟作品的伦敦印刷商威廉·卡克斯顿,他在自己所有出版物中都使用了这种语言——英国知识、政治和商业中心的英语,从而使其成为标准语言。

乔叟明白,这种新式方言英语能够再现 14 世纪真实的英国生活。他对现实中人们讲话的韵律和措辞非常敏锐,这也使得他笔下的人物活灵活现,让他们讲述的故事更加可信。

克里斯蒂娜·德·皮桑:最早的女权主义者

从阿基坦的埃莉诺(见第 4 章)的故事中我们可以看出,妇女开始在欧洲宫廷中发挥越来越重要的作用。1404 年,勇敢的勃艮第公爵腓力委托克里斯蒂娜·德·皮桑为他死去的哥哥写一本传记,书名为《英明的查理五世国王的风度和事迹》。克里斯蒂娜在法国宫廷受到她父亲的教育,这显然违背了她母亲的意愿。她的父亲是一位著名的威尼斯医生,被任命为查理五世国王的宫廷占星家,她的丈夫、秘书和国王的公证人进一步促进

图 5.23

了她的教育。但当她的父亲和丈夫去世时，她需要抚养自己的母亲、侄女和三个孩子，为此，她成为欧洲历史上第一位女性职业作家。

渐渐地，她成为一名知名作家，她同样承接抄写和插图工作，她最初因为诗集和民谣集获得成功。1402年，她因抨击13世纪流行的诗歌《玫瑰的浪漫》而广为人知，认为这首诗包含对女性的厌恶和贬低。两年后，在她的《妇女城》一书中，她再次抨击男性厌恶女性。在与理性女士、正直女士和正义女士之间富有寓意的辩论中，她细数了历代女性的成就（图5.23）。她最直接的灵感来源是薄伽丘的《列女传》，但她的写法完全不同，只刻画妇女的正面形象，并将异教和基督教混为一谈。她所在城市的女王是圣母玛利亚，这一形象的重要性证明了女性在基督教中的中心地位。因此，她在开篇就提出了问题：为什么男性如此喜爱贬低女性？

然后，德·皮桑转向上帝寻求指导，并通过梦境得到了答案。在梦中，三位富有寓意的女士鼓励她建造一个理想的城市，居住着各种各样的女性，包括萨福和她自己的名字圣徒，所有人都将帮她赋予女性全新的定义。

德·皮桑的写作背景是英法百年战争，这场战争从1337年持续至

1429 年，其起源可以追溯到 1216 年，当时，英国诺曼人（1066 年从法国入侵英国）最终失去了对欧洲大陆所有财产的控制。14 世纪初，法国王位的争夺日益激烈，英国国王宣布自己为合法继承人。于是，战争开始了，很大程度上是因为英国诺曼人想夺回他们的家园诺曼底。这场战争自始至终是在法国领土上进行的，虽然法国人是英国人的三倍，但由于两项技术革新，英国人取得了胜利。首先，1.8 米长的长弓使英国步兵能够刺穿法国人的链甲。其次，火药和加农炮的应用使装甲变得不堪一击。英勇的肉搏曾是骑士的理想，但在英法战争中，这种模式已经过时了，自《罗兰之歌》以来，整个法国文学传统所主张的忠诚、荣誉和勇气准则也不再时兴。

拯救法国人的是一位名叫圣女贞德的妇女，这给男权传统带来了更大的冲击。她是一个 17 岁的农妇。她拜见法国国王，恳求他允许自己听从圣人的召唤，把英国人赶出法国，克里斯蒂娜·德·皮桑对此欣喜若狂。她于 1418 年退休，来到修道院。勃艮第军队抵达巴黎时，许多人被迫逃到城外寻求保护。在她去世的前一年，德·皮桑写了一首诗歌，有 61 节，赞美圣女贞德的成就。

对克里斯蒂娜来说，贞德的成就不仅是法国的胜利，也是女性的胜利。然而，克里斯蒂娜没有活到贞德被英国人俘虏的那一天。贞德遭到背叛（很可能是勃艮第法国人出卖了她）。1431 年 3 月，她以异教徒罪名遭到审判和处决。圣女贞德自称能够听到圣人的召唤，这种神秘主义就像之前宾根的希尔德加德的神秘主义一样（见第 4 章），破坏了教会的权威和（男权）等级制度。她面临的主要指控却是女扮男装！换句话说，神职人员认为现有的性别成见来源于上帝的意志，而贞德却敢于挑战这种性别成见。除了圣女贞德之外，可能没有任何人能更好地体现中世纪晚期社会中妇女日益增强的自信和所有人的个人价值感。15 世纪接下来的事件中，这种价值感将越来越多地影响欧洲社会。

回顾

5.1 概述法国哥特式风格独特的思想、技术革新和风格发展。

哥特式风格起源于巴黎北部的圣德尼修道院，于1144年落成，是圣德尼修道院院长絮热的作品。彩色玻璃如何体现他的野心？查特里斯大教堂位于西南部，很快效仿了圣德尼修道院的风格，其初始建筑于1194年被一场大火烧毁，只剩下西立面。之后，教堂得到重建，许多人认为重建后的建筑比任何哥特式大教堂都要宏伟，其彩色玻璃在欧洲境内无与伦比。

随着哥特式风格的发展，重要的建筑创新有助于使信徒的灵魂升华到精神境界。是什么使哥特式大教堂的超高中庭成为可能？音乐在信徒灵魂的升华过程中起到了怎样的作用？在13世纪，建筑师如何美化大教堂的外观？他们的雕塑项目如何再经典化了西方艺术？

哥特式大教堂空间广阔，墙壁由石头制成，因此获得了绝佳的音响和灯光效果。在巴黎的圣母院学校，第一部音乐集《奥尔加农曲集》（复调巨著）于1160年左右以手稿形式广泛发行，由两个部分组成，其中大部分作品都由莱奥宁和佩罗坦所作。他们最重要的创新包括对对位法的强调和经文歌的复杂音乐形式。风琴在新式音乐中扮演怎样的角色？

5.2 解释巴黎大学为何在中世纪的高等教育机构中一枝独秀。

1179年，一项由教皇颁布的法令要求学校为非神职人员提供教育，这项法令最终导致了大学的崛起。巴黎大学因其高教学质量而闻名遐迩，彼得·阿贝拉尔是该校最著名的讲师，以辩证法教授学生。你如何描述辩证法？这种方法与苏格拉底的方法有什么不同？巴黎大学最重要的学者可能是托马斯·阿奎那，他将阿贝拉尔的辩证法与自己的经院哲学相结合。什么是经院哲学？阿奎那的《神学大全》是如何反映经院哲学的？

5.3 了解辐射式哥特风格。

到了 13 世纪中叶，法国的哥特式风格已经得到较为长足的发展，石制花饰和装饰品愈发华丽，我们称之为辐射式风格。这种风格怎样体现在巴黎的圣礼拜堂中？辐射式风格中的物质富足又是怎样体现在微型画中的？

5.4 对比锡耶纳和佛罗伦萨的艺术和公民生活。

托斯卡纳地区有两个城邦竞争十分激烈：锡耶纳和佛罗伦萨。这两个城市都是共和体制，他们成功的关键在于一种新的政府形式：教会和国家紧密结合。锡耶纳于 1125 年建立了一个自由公社。什么是公社？到了 12 世纪，佛罗伦萨已成为西方纺织品生产中心，并在欧洲贸易市场上发挥着关键作用。和锡耶纳一样，佛罗伦萨的银行家和放贷者使这个城市在世界贸易中扮演着极其重要的角色，佛罗伦萨的行会也控制着公社。你会怎样定义行会？

在锡耶纳和佛罗伦萨，艺术家们开始打破拜占庭风格传统。艺术先驱之一是杜乔，他开始将哥特式自然主义风格倾向融入绘画，并为锡耶纳大教堂创作了圣母子像。西蒙涅·马尔丁尼为市政厅创作的圣母子像中，自然主义倾向更加明显。你如何评价两者的异同？佛罗伦萨也有描绘圣母肖像的艺术大师：奇马布埃和乔托，从自然主义角度来看，后者为何比其他艺术家更胜一筹？

5.5 评价方言文体在欧洲文化中传播的影响。

12 世纪初，作家们渐渐开始将他们的读者拓展到普罗大众，并开始用方言。你如何定义方言？这种新语体文学作品的读者有什么特征？中世纪意大利最伟大的方言作家之一是诗人但丁·阿利基耶里，他的《神曲》记录了基督徒灵魂从地狱到炼狱，最终得到救赎的旅程，分为三卷，分别是《地狱》《炼狱》和《天堂》。但丁的诗是如何体现史诗的传统的？锡耶纳和佛罗伦萨的画家是如何描绘圣母像的？而但丁为什么唯独喜爱乔托？黑死病之后，方言文学对生命的现实主义描绘得以延续。是什么促使乔万尼·薄伽丘在《十日谈》中再现真实的生活？什么吸引了乔叟采用方言？克里斯蒂娜·德·皮桑如何用另外一种方法表现当代生活的现实？

延续和变化：死亡之舞

我们不知道到底是谁于 1474 年在墙上画下了一系列壁画，记录了死亡之舞，这些墙壁支撑着安放逝者尸骨的房子，位于巴黎费罗内里街的圣婴公墓。这些画作无疑是受到一位神职人员的启发，这位神职人员致力于培养教区居民的基督教情怀和宗教情感，并提醒他们死亡时应尽的基督教义务。画面上的列队中有人类社会的每个阶层和团体，教皇和皇帝站在队伍的最前面（图 5.24），一个傻瓜和一个作家站在队伍的最后。壁画旁边写着巴黎大学校长简·德·吉尔森的诗句：

> 根据神圣的判决，
> 无论你有多少财产，
> 品行是好是坏，你都会
> 被虫子吃掉。唉，看看我们，
> 死了，臭了，烂了。
> 你也会有这么一天。

黑死病给艺术带来了毁灭性的打击。在锡耶纳，安布罗·洛伦泽蒂是黑死病的众多受害者之一。在佛罗伦萨，乔托的优秀学生几乎都被疾病击倒。但是，由于瘟疫带走的是生命，而财产安然无恙，导致人口的大幅减少，而人均财富相应增加。能够幸免于难，心存感激的幸存者投资于宗教艺术——礼拜堂和医院、祭坛画和许愿雕像——也希望以后能够免于疾病。画家和雕塑家转而描绘基督的苦难，圣母的悲哀而不是快乐，以及圣人神迹。善终和战胜死亡成为艺术和文学刻画的重要主题。乔托的现实主义艺术以及彼特拉克、薄伽丘和乔叟的作品中都体现了新人文主义，即对个人价值和个人潜力的信仰，这表明瘟疫并没有战胜西方世界的想象力，反而激发了它。

图 5.24

然而，黑死病使得死亡的幽灵在人们的想象力中根深蒂固，这一情况在西方社会至少持续了 400 年。圣婴公墓的面积与一个大型城市街区面积相当，位于今天的巴黎中心区，里面埋葬了许多死者。但在 18 世纪中叶，公墓中尸体爆满。到了那时，许多人至少对感染有了初步了解，认为这个墓地容易滋生疾病。1780 年 12 月 1 日，费罗内里街地窖的一堵墙发生了爆炸，将有毒气体和液体释放到了街道上，墓地被永久关闭。公墓的房屋被拆毁，墙上的死亡之舞也不复存在。死者被重新埋葬在采石场挖掘的墓穴里，位于城市街道的地下。今天，公墓成为一个旅游景点。

死者的大规模迁移，象征着将死亡的幽灵从城市的日常生活中驱逐出去，这一运动最终在 1804 年达到了高潮，那一年，拿破仑皇帝颁布了关于葬礼的皇室法令。从那以后，城市内禁止埋葬。如果空间足够，每具尸体都将拥有一块永久的土地，位于城外的四个花园中的一个，其中包括具有田园风情的拉雪兹神父墓地，即使在今天，公墓的山丘和小径也吸引着巴黎人。所有这些都是为了帮助吸收内务部口中的"死的烟雾"。根据规划，在这些新的乐土上，孩子们会定期给坟墓献上鲜花。作为一种景观花园的墓地，便从此诞生了。

图 6.1

CHAPTER 6

第 **6** 章

文艺复兴

佛罗伦萨、罗马和威尼斯

学习目标 >>>

◎讨论美第奇家族对佛罗伦萨艺术和人文主义思想发展产生了怎样的影响。

◎说明佛罗伦萨的人文主义宫廷怎样为意大利其他宫廷起到带头作用。

◎评价教会资助对罗马文艺复兴盛期艺术产生了怎样的影响。

◎比较文艺复兴时期的威尼斯以及佛罗伦萨和罗马的社会形态和艺术风格。

◎总结文艺复兴时期意大利妇女的地位。

文艺复兴一词来源于意大利语中的"重生"。由于历史学家宣称，意大利，尤其是佛罗伦萨，将会改变中世纪的信仰和价值，这个词在19世纪得到了广泛传播。中世纪是一个信仰的时代，人们主要寻求灵魂的救赎，而文艺复兴时期是一个智力探索的时代，人们重燃了对古典艺术和文学的兴趣。在这一时代，人文主义者努力以更加精确和科学的方式理解人类的本质及其与自然界的关系。

本章追溯至15世纪意大利境内人文主义文艺复兴城邦的兴起，这些城邦成为意大利的文化中心，本章主要讨论佛罗伦萨、罗马和威尼斯。在佛罗伦萨，美第奇家族的财富来自可观的银行利润，他们做出了很大贡献，将这座城市打造为其他城市竞相效仿的典范。

在罗马，教会愿意将供教皇支配的财富资助给艺术家和建筑师，旨在使这座城市恢复其1000多年前罗马帝国鼎盛时期所享有的辉煌地位，这从根本上导致了城市的复兴，成为一个全新的重要文化中心。通过威尼斯，来自阿尔卑斯山以北的欧洲的货物得以流入地中海，来自地中海和东方的货物也能够流入欧洲，威尼斯自认为是世界上最国际化、最民主的城市。在这种开放的环境中，艺术蓬勃发展。

作为艺术品的城市：佛罗伦萨和美第奇家族

美第奇家族对人文主义的佛罗伦萨起到了怎样的作用？

佛罗伦萨是意大利15世纪最著名的城市。城市以大教堂为中心（图

6.1），由实施统治的美第奇家族精心打造而成，后来的学者甚至将这座城邦视为一件艺术品。美第奇家族是佛罗伦萨中最有权势的家族，主导城中各项事务。1418年他们成为教皇的银行家，开始了统治；1494年，愤怒的市民们把他们赶下台。15世纪，美第奇家族的成员都是银行家，在比萨、罗马、博洛尼亚、那不勒斯、威尼斯、亚维农、里昂、日内瓦、巴塞尔、科隆、安特卫普、布鲁日和伦敦都设有办事处。美第奇家族从未直接统治佛罗伦萨，而是在幕后管理其事务。

1401年，美第奇家族举办了一场比赛，意在选出一位设计师来设计城市洗礼堂北边入口的两扇铜质大门。（洗礼堂通常矗立在大教堂前，用于举办基督教的洗礼仪式。）这场比赛最能够体现意大利文艺复兴的本质，也能很好地预示美第奇统治的特色（图6.1）。

从许多方面来说，为洗礼堂大门寻找最佳设计的竞赛能够举办，这件事本就使人大跌眼镜。城邦中多达五分之四的人口死于1348年的黑死病。1363、1374、1383、1388和1400年，瘟疫又卷土重来，但情况不那么严重。最后，在1400年夏天，瘟疫又开始传播，12000名佛罗伦萨人死于此次瘟疫，约占剩余人口的五分之一。也许行会希望，使洗礼场所焕然一新可以安抚愤怒的神祇，让人民免于瘟疫。另一方面，公民的自豪感和爱国情怀也受到了威胁。北方的强大城邦米兰包围了佛罗伦萨，封锁了比萨海港，限制了经过这个海港进行的贸易。佛罗伦萨的命运似乎悬而未决。

因此，比赛不仅仅注重设计师的艺术天赋。人们普遍认为，如果上帝喜爱洗礼堂的设计，那么获胜者的作品很可能让城市获得救赎。事实上，1402年的夏天，比赛结束时，米兰公爵死在佛罗伦萨城墙外的营地里，围攻结束了，佛罗伦萨幸免于难。如果这一结局并不归功于羊毛行会，那么将没有人能否认这一巧合。

34位评委——艺术家、雕塑家和知名人士，包括一位美第奇家族成员——从7位参赛者中选出了获胜者。每位参赛的艺术家都需要制作一个青铜浮雕板，规格53.34厘米×44.4厘米，呈四瓣状，描绘希伯来《圣经》中关于以撒牺牲的故事，（《创世记》22章）。只有两个设计没有遭到淘汰，两个作品都出自鲜为人知的24岁金匠之手：菲利波·布鲁内列斯基（1377

图 6.2　　　　　　　　　　　　　　　　图 6.3

年至 1446 年）和洛伦佐·吉贝尔蒂（1378 年至 1455 年）。

　　以撒牺牲的故事讲述的是上帝如何考验族长亚伯拉罕的信心，吩咐他牺牲自己唯一的儿子以撒。为了执行这一指示，亚伯拉罕带以撒来到旷野，但在最后一刻，一位天使拦住了他，暗示上帝已经见证了亚伯拉罕的信仰，愿意将要求的祭物换成一只公羊。布鲁内列斯基和吉贝尔蒂都描绘了故事中的同一场景：天使介入的那一刻。布鲁内列斯基将以撒置于画面的中心（图 6.2），其他的人物位列周围，人物的多少和类型可能是由评委规定的。当天使抓住亚伯拉罕的手臂，阻止他把刀子刺进儿子的胸膛时，亚伯拉罕和天使之间的对抗十分戏剧化，也充满了现实意味，这种效果是通过人物的动作实现的。相反，吉贝尔蒂将牺牲的场景刻画在面板的一侧（图 6.3）。他用优美的和谐感代替了身体的紧张感，使以撒和亚伯拉罕的身体弯曲成一个整体，裸体的以撒转身面对亚伯拉罕。吉贝尔蒂的作品中，右上角天使比布鲁内列斯基的天使更动态，这位天堂的访客似乎是从高空冲下来的，画家通过短缩法呈现这种效果，人物看上去像是在快速从画面的场景中退场。此外，从祭坛下方，到其他人物后部上方一块巨大、露出的岩石，形成了明显的对角排布，其空间感比布鲁内列斯基的作品更加真实、生动。

　　两部作品在艺术方面存在差异，但这场竞赛的结果可能是由用料多少决定的。布鲁内列斯基分别雕刻了每个人物，然后在浮雕背景上组装起来。吉贝尔蒂只单独雕刻了以撒的尸体，与他的对手相比，这种方法省下了三分之一的青铜原料，还使得成果作品更加牢固，这使吉贝尔蒂处于优势地位。布鲁内列斯基失望地离开佛罗伦萨，前往罗马，永远放弃了雕塑。他们的比赛突显了意大利文艺复兴时期对个人成就的日益重视：在装饰公共空间方面，个体工匠的工作正渐渐取代行会或作坊的集体努力。评委们重视布鲁内列斯基和吉贝尔蒂的创意，他们创造的形象抛弃了浮雕的传统，并不刻画在一个浅的平台上，而是试图创造一种深邃的、后退的空间感，增强画面的真实感。

作为人文主义者，吉贝尔蒂和布鲁内列斯基珍视古代的艺术模型，并从古典雕塑中汲取灵感——比如，吉贝尔蒂的作品中，裸体以撒扭曲的躯干。但最重要的是，他们创作的艺术品在广泛的信仰危机中俘获了人们的芳心，他们的竞争昭示着一种全新的艺术，这种艺术将会定义意大利的文艺复兴。

天堂之门

在接下来的 22 年里，吉贝尔蒂一直进行着洗礼堂北门的建筑工作，设计了 4 排垂直的 28 块门板来展示新约的故事（最初的主题是希伯来《圣经》，但行会改变了主意）。在 1424 年完工后，羊毛行会立即委托吉贝尔蒂完成洗礼会东侧大门的设计建造工作，这需要他再花 27 年的时间。东侧大门被称为天堂之门，因为它们通向天堂，源于意大利语，指洗礼堂和其教堂入口处之间的区域，这些门由十块正方形门板组成，描绘了希伯来

图 6.4

图 6.5

《圣经》中的场景（图 6.4）。场景周围还描绘了其他《圣经》人物，还包括一幅作者的自画像（图 6.5）：这位艺术家的头微微低垂，也许是出于谦卑，也许是因为其所在位置刚好高于到访者的头，所以他可能正在看着到访者。这一骄傲的形象既标志着吉贝尔蒂作为艺术家的个人价值，也是一次大胆宣告。

东侧大门的每一块门板都描绘了同一故事中的一个或多个事件。例如，左上角的第一块门板（图 6.6）包含了《创世记》的四个故事：左下角是亚当的诞生；中心是夏娃的诞生；亚当诞生的背后一段距离处是撒旦的诱惑；右下角是人类被驱逐出天堂。这种在同一门板中按序描绘连续事件的手法可以追溯至中世纪的艺术。但是，如果存在插叙，那么故事的大走向将是连贯、现实的，形成一个连续的作品，从画面前方向别处延伸。这些形象可以追溯至古希腊和古罗马的雕塑，左下角的亚当类似于帕特农神庙东侧山墙斜倚的神（见第 2 章图 2.29），右上角的夏娃相当于希腊化艺术中的维纳斯；可以比较公元前 4 世纪普拉克西特利斯创作的《克尼多斯的阿佛洛狄忒》（见第 2 章图 2.37）。

吉贝尔蒂企图仿效之前的艺术家，在现实空间中创造写实的人物，正如他在回忆录中所写的："我努力依靠所有的尺度和比例来观察，并努力模仿自然……在平面上人们可以看到，近处的形象看起来更大，远处的形象则更小，正如现实生活中看到的那样。"远处的人物不仅看起来更小，人物在画板上的投影也相应缩小了，因此最远的元素浮雕很浅，几乎不高于镀金的青铜表面。

中世纪的艺术家认为，自然界没有完美地反映神的意志，不值得人们

图 6.6

图 6.7

的关注，文艺复兴时期的艺术家认为物质世界就是神明意志的体现，因此需要去详尽地描绘。从某种意义上说，理解自然就是理解上帝。吉贝尔蒂雕刻的门板说明文艺复兴时期，人们日益渴望尽可能准确地反映自然，这一愿望是绘画艺术中透视法发展的主要动力。

这项建筑工作也具有政治意义。所有门板中，只有一块门板讲述了一个单一的故事：所罗门和示巴的会面（图 6.7）。建筑构造高度对称，所罗门和示巴位于中心位置，很可能象征着人们盼望已久的统一：东正教和西方天主教的统一。人们往往将所罗门与西方教会联系在一起，而阿拉伯示巴国女王示巴的形象则象征着东方。科西莫·德·美第奇（1389 年至 1464 年）资助了 1438 年在佛罗伦萨召开的一次大公会议，而吉贝尔蒂于前一年完成了这扇门板的建筑工作，统一成为可能，甚至有可能成为现实。这将恢复分裂教会的对称和平衡，就像吉贝尔蒂在他的艺术中实现平衡和对称那样。在其他所有门板都描绘了多个事件、围绕多个主体的情况下，这一占据了整块门板的单一事件最重要的意义在于体现了教会寻求的统一。

佛罗伦萨大教堂

佛罗伦萨大教堂（图 6.1）的建造工作始于 1296 年，由羊毛行会控制的大教堂歌剧院主持。这座大教堂旨在成为托斯卡纳全境最美丽、最宏伟的教堂，直到140年后才祝圣，即使在那时，建筑工作也没有完成。多年来，教堂的设计和建造成为一个团队项目，建筑小组的成员不断变化，提出了一个又一个教堂模型，将建筑细节提交给歌剧院，歌剧院可以拒绝或采纳。

布鲁内列斯基的穹顶

在访问罗马期间，布鲁内列斯基仔细测量了古代建筑的比例，包括斗兽场、万神殿、卡瑞卡拉浴场的遗迹和尼禄的黄金屋。通过这些研究，布鲁内列斯基为佛罗伦萨大教堂设计的穹顶获得了肯定，这一设计使他成为文艺复兴时期佛罗伦萨的天才之一，名声从那时流传至今。

布鲁内列斯基的穹顶设计解决了一系列问题。首先，他的设计不再需要临时木制脚手架，这种脚手架通常用于支撑向上延展的拱顶。布鲁内列斯基认为，从穹顶外部可以看到的8个肋拱和屋顶下的8对较细的肋拱穿插排放，由9组水平结构连接，形成一个巨大的建筑骨架，就能够支撑起穹顶，不过批评家们却持不同意见。

布鲁内列斯基于1436年完成了穹顶的建设。后来他设计了一个灯亭（穹顶顶部的一个有窗炮塔，在图6.1中可见）覆盖穹眼，对穹顶上进行最后的修缮。这一结构由20多吨石头制成。布鲁内列斯基设计了一种特殊的吊车，把石头吊到穹顶的顶端，但1446年他去世时，灯亭结构的建筑工作才刚刚开始。

"天使之歌"：教会与城邦的音乐

佛罗伦萨大教堂于1436年3月25日被重新命名为圣母百花大教堂。为了在原本的佛罗伦萨大教堂进行祝圣，布鲁内列斯基修建了一条长达304米、高1.8米的走道，装饰有鲜花和香草，引导著名的宾客进入大教堂，其中包括教皇尤金尼乌斯四世和他的随行人员：7名红衣主教、37名主教和9名佛罗伦萨官员，包括科西莫·德·美第奇，他们在众人的注视下走进教堂。一进门，客人们就听到了一首全新的音乐作品，主题是当下时兴的花卉，名为《玫瑰初开》，由法国作曲家纪尧姆·迪费（约1400年至

1474 年）特别为祝圣所作，他曾在法国和意大利工作。这首歌曲是一支经文歌，自 13 世纪中叶以来，这种复调声乐作品愈发受到欢迎。迪费创作的经文歌结合了人声和乐器声，使得声音更加洪亮、浑厚，（在教堂表演中是否使用管风琴以外的乐器，这一争议在天主教会中持续了许多个世纪。）作曲所依据的固定旋律不是一种而是两种声音，两种声音都以不同的节奏行进。

迪费的经文歌也反映了耶路撒冷所罗门圣殿中理想比例的思想（见第 1 章）。根据记载，圣殿的比例遵循 6：4：2：3 的比例法则，其中 6 为建筑物的长度，4 为中庭的长度，2 为宽度，3 为高度。佛罗伦萨大教堂遵循同样的比例，迪费的作曲也反映了这一点，他将固定旋律重复了四遍，每个二全音符（相当于现代音符中的两个完整音符）依次以 6、4、2 和 3 个单位音符为基础。一个听完整部作品的人写道："仿佛是将天使和神圣天堂的交响乐、歌曲送到了人间，在我们耳边低唱，这种甜蜜超脱世俗、不可方物。"鉴于这种评价，人们认为迪费是 15 世纪最伟大的作曲家，也就不足为奇了。佛罗伦萨人还邀请他创作一部新的作品，来纪念他们新大教堂及其穹顶的祝圣，通过这次创作，迪费歌颂了大教堂和其所在城市的伟大。

科学透视与自然主义再现

文艺复兴时期，除了布鲁内列斯基的穹顶和迪费的音乐之外，最能体现的发明精神莫过于科学或直线透视，这种方法使艺术家能够将三维空间转换成二维表面，从而使这个时代的需求——以自然主义手法再现物质世界——得到满足，为后来的"好设计"奠定基础。"好设计"更多地指的是作品的构思、概念，而不是单纯的绘画作品。乔尔乔·瓦萨里的作品《艺苑名人传》为我们提供了有关 14、15、16 世纪意大利文艺复兴时期艺术最重要的一些信息。他对"好设计"的定义如下："设计就是以各种形式模仿自然界中最美的事物，无论是通过绘画还是雕刻，这需要一只手、一个天才来将佛罗伦萨境内可见的一切精准、正确地转移到雕塑和浮雕中，无论这些元素是在画板、纸板还是其他表面上。"

布鲁内列斯基、阿尔伯蒂与科学透视法的发明

正是布鲁内列斯基在 15 世纪的前十年的某个时候首次掌握了科学透视法的艺术，古希腊人和罗马人对这种方法至少拥有一定了解，但他们的方法已经失传了，布鲁内列斯基一定借鉴了他们的经验，来重新发明这种方法。他对阿拉伯科学中光学的研究也有助于他的理解，其中尤其有用的是阿尔哈曾的《光学宝鉴》。这本书综合了欧几里得、托勒密和盖伦的经典作品，他们对几何学原理的理解，以及几何学所激发的平衡感和比例感，影响了布鲁内列斯基建筑作品的方方面面。

最让布鲁内列斯基着迷的是几何学揭示的透视法则。当他勘察罗马遗迹，在平面纸上绘制三维建筑模型时，他掌握了法则的精妙之处。回到佛罗伦萨后，他在自己的建筑作品中阐释了透视原理。1435 年，建筑师莱昂·巴蒂斯塔·阿尔伯蒂在他的论文《论绘画》中将布鲁内列斯基的发现编纂成册。阿尔伯蒂认为绘画是一种智慧的追求，致力于尽可能准确地再现自然。一幅画的构图应该建立在各部分有序排列的基础上，这依赖于通过一点透视法来创造空间感。他逐步说明了如何创建此类空间，并提供了示意图。该方法的基本原理是：（1）视场中的所有平行线似乎都汇聚在地平线上的一个灭点(想象一下在远处合并的火车轨道)；（2）在图画平面——画板或画布上的二维平面，观众透过这个平面可以感知到三维世界。这些平行线呈对角线形式，被称为正交直线；（3）人或物沿着这些正交线接近灭点时不断缩小；（4）灭点直接对着观众的眼睛，观众站在最佳观赏点，意味着将个人（画家和观众）置于可视范围的中心。

绘画中的透视与自然主义——马萨乔

虽然阿尔伯蒂将他的《论绘画》献给布鲁内列斯基，但他同时提到了其他几个佛罗伦萨艺术家，其中之一是马萨乔（1401 年至 1428 年），他的自然主义代表作是《纳税银》（图 6.8）。14 世纪 20 年代，布朗卡奇家族的一位成员委托马萨乔创作这幅作品，用于装饰佛罗伦斯圣玛利亚·德尔·卡迈纳教堂的布朗卡奇礼拜堂。这幅画描绘了《马太福音》（17：24-

图 6.8

27）中的一个故事：面对前来收税的罗马税吏，耶稣吩咐圣彼得去加利利海捕鱼，他会在鱼的嘴中找到所需的钱财，这一场景位于画面的中心，其后方的左边，圣彼得找到了钱，右边，圣彼得正在交付税款。这幅画的灭点在基督头的后面，右边建筑的正交点汇合于此。事实上，画面上的建筑似乎是为了引导观众的眼睛看向基督，将他视为作品中最重要的人物。

另一种被称为气氛透视的方法也使得这幅画的自然主义风格更加明显。气氛透视法的原理是：虽然越接近地平线，天空的颜色会越泛白，但大气中的烟雾会使远处的元素显得更加模糊，颜色也会显得偏蓝。因此在这幅壁画中，画家只是粗略地勾勒了远方山上的房屋和树木，就像隔了一层朦胧的雾气。画面左边树木贫瘠，且越来越小，这也说明，利用透视法来体现空间感时，遥远的形象会显得更小（海边，圣彼得的形象也很小）。

也许画中最能体现自然主义风格的是人物本身，他们的仪表姿态充满动感，他们的个性，以及他们对故事的情感投入，是对现实生活的绝佳模仿。

图 6.9

在这里，人物形象完全是鲜活、真实的，这一特征在罗马税吏的对位姿态中尤其明显。我们可以看到，在中心场景中，他背对着我们，而在最右边，圣彼得正在交税给他。基督也将重心压在右脚上，这是马萨乔从古典艺术中借鉴来的自然主义手法。几乎可以肯定，圣约翰的金发来源于罗马的半身像。

独立雕塑中的古典传统:
多纳泰罗

马萨乔可能是从多纳泰罗（约 1386 至 1466 年）那里学到了古典艺术中表现重心的方法。多纳泰罗多年前曾陪同布鲁内列斯基去过罗马，他自己的许多作品似乎都受到了古罗马雕塑的启发。

多纳泰罗的《大卫》（图 6.9）旨在纪念希伯来《圣经》中战胜巨人歌利亚的英雄，虽然创作于马萨乔的《纳税银》完成后将近 15 年，但这部作品表明雕塑家完全吸收了古典传统。这是自古以来第一个真人大小的裸体独立雕塑，它以一种完全古典的对位姿势矗立着，让人想起希腊的雕塑作品，比如波利克里托斯的《长矛手》（见第 2 章图 2.25）。这部作品也进行了其他方面的艺术革新：人物呈现着一种更为夸张的对位姿势，手背抵着臀部。

这位年轻的少年目光灼灼，与他脚下歌利亚布满胡须的面部形成了鲜明的对比。多纳泰罗不仅赞美人的身体，还赞美年轻的活力，他创造的形象与佛罗伦萨一样充满这种活力。

人们很难想象这样一个身材瘦小的少年怎么能够杀死巨人，多纳泰罗没有将大卫描绘成传统的英雄形象，似乎是为了说明美德的力量无论以何种形式都能够战胜暴政。因此，这个年轻人可能代表着整个佛罗伦萨的活力和美德，以及这个城市对统治的顽强抵抗。1469年，雕像矗立在美第奇宫的院子里时，有着这样的题词："胜利者就是保卫祖国的人。全能的上帝粉碎愤怒的敌人。看哪，有一个男孩战胜了那个大暴君。征服吧，公民们。"通过这部作品，美第奇家族使得宗教形象世俗化，也含蓄地申明了他们的统治权力，这是全能上帝赋予他们的权利，他们分享了上帝的力量。

美第奇家族与人文主义

自14世纪初以来，美第奇家族一直是佛罗伦萨公民政治中的重要人物。这个家族依靠有技巧的贸易活动——尤其是银行家的货币贸易——聚敛了一大笔财富，成为该市许多小行会的强大资助者。他们的力量是通过科西莫·德·美第奇得到彻底实现的。

科西莫从他父亲那里继承了大量财富，保证了家族对这座城市政治命运的掌控。在不破坏共和政府形象的前提下，科西莫控制了总统职位的任命，掌握了幕后权力，他同时也通过赞助艺术发挥了相当大的影响力。他的父亲领导了圣洛伦索教堂的重建工作，圣洛伦索教堂矗立在一座早期基督教巴西利卡的遗址上，该巴西利卡于公元393年举行了祝圣。因此，圣洛伦索教堂代表了佛罗伦萨的全部基督教历史。父亲去世后，科西莫自己出资完成了教堂的建造和装饰。作为回报，教堂内摆放且只摆放美第奇家族的徽章。科西莫还为多米尼加教团重建了旧的圣马可修道院，增设了图书馆、回廊、分会室、钟楼和祭坛。科西莫使得佛罗伦萨全部的宗教历史变成了家族历史。

马尔西利奥·费奇诺与新柏拉图主义

科西莫是一位人文主义者，他对一位学者印象特别深刻，那就是年轻的牧师马尔西利奥·费奇诺（1433 年至 1499 年）。从 1453 年开始，科西莫一直资助着费奇诺翻译、解释柏拉图的作品和后来柏拉图或哲学家的著作。正如第 2 章所描述的，柏拉图的思想将那些永恒不变的和我们实际生活的世界区分开来，在现实世界中，没有什么是永远不变的。在柏拉图的领导下，费奇诺认为人类的理性属于永恒的维度，正如人类在数学和道德哲学上的成就所证明的那样，通过人类的理性，我们可以与永恒的维度进行交流。

费奇诺创造了"柏拉图式爱情"这个概念，描述两个人之间精神上的（而不是肉体上的）理想之爱。这一概念基于柏拉图对善、真和美的不懈追求。费奇诺思想来源于他对普罗提诺（约公元 205 年至公元 270 年）著作的研究，普罗提诺是一位柏拉图思想的希腊学者，他研究过印度哲学（印度教和佛教），相信存在着一个无法言喻、超然脱俗的存在，宇宙的其他部分都是由这个主体产生的，衍生出一系列次要的存在。对普罗提诺来说，人类的完美（和绝对幸福）是可以通过哲学思索在现实世界中实现的。这种新柏拉图主义哲学（我们现在的称呼）用当代的术语重塑了柏拉图的思想，深深吸引着科西莫。在古代伟大

图 6.10

的艺术和文学作品中，科西莫处处都能看到他所追求的善、真和美，因此他沉浸在当代和古典的艺术和文学中，并将其挥洒在他的城市里。

巨贾的家族建筑

1444 年，科西莫委托建造了一座新的家族宫殿，这将重新定义文艺复兴时期的家族建筑。他首先拒绝了布鲁内列斯基的一个设计，认为它太过宏伟。他建造了由米开罗佐·迪·巴尔托洛梅奥（1396 年至 1472 年）设计的宫殿，现在被称为美第奇·里卡尔第宫（图 6.10）。米开罗佐在宫殿内摆放了许多当代的艺术品（包括多纳泰罗的《大卫》，图 6.9）。底层楼高 6 米，由粗糙的石头砌成，意在模仿古罗马建筑的墙壁，体现美第奇家族对传统的坚持。第二层是生活区，墙壁外部被切割成光滑的石块，中间的连接清晰可见。第三层是留给佣人的，其外墙完全光滑，使得建筑的外立面显得从下到上愈发轻盈，甚至像是浮在空中。

美第奇宫成了佛罗伦萨富商别墅的标准。两年后，《论绘画》的作者，科西莫的亲密朋友和顾问，莱昂·巴蒂斯塔·阿尔伯蒂为佛罗伦萨贵族乔瓦尼·鲁切拉设计了一座房子，米开罗佐为科西莫设计的家族建筑或多或少体现了微妙的古典风格，而阿尔伯蒂的设计使得这种古典风格大放异彩，鲁切拉宫（图 6.11）作为家族建筑，实现了阿尔伯蒂的许多想法，这些想法收录在《论建筑艺术》中，该书于 1450 年出版。

阿尔伯蒂认为建筑是最高

图 6.11

的艺术，所有的建筑都必须恰当地反映它们的社会"地位"。因此，阿尔伯蒂眼中佛罗伦萨最重要的建筑——佛罗伦萨大教堂位于城市的中心，高高耸立，是佛罗伦萨的文化中心，统治家族的建筑也应该能够体现家族的稳定和力量。

这一原则通过鲁切拉宫体现得更加淋漓尽致。为了模仿罗马斗兽场，阿尔伯蒂采用了三个经典的柱式，分别运用于三层中：底部楼层采用托斯卡纳柱式（代替多利克柱式），第二层采用爱奥尼克柱式，顶层采用科林斯柱式。就像斗兽场的建筑一样，柱子附在墙上（也就是说，起装饰作用而没有建筑功能），且柱子之间有一个拱门。许多人认为阿尔伯蒂的计划过于宏伟，因为其以罗马斗兽场为原型，因此体现的不是罗马共和国，而是罗马帝国。然而，阿尔伯蒂的设计反映了当时佛罗伦萨的真实情况：这座城市采用世袭君主制，由美第奇家族统治，富裕、重商的贵族给予财政支持，这些贵族由像鲁切拉这样的家族组成。

尊贵者洛伦佐·德·美第奇……"我从学术中找到了快乐。"

1464 年，在科西莫去世以后，他的儿子皮耶罗（1416 年至 1469 年）追随他的脚步，倡导艺术，资助柏拉图学院，并致力于使佛罗伦萨成为欧洲的文化中心。但皮耶罗在他父亲去世五年之后就去世了。他 20 岁的儿子洛伦佐（1449 年至 1492 年）承担起了领导家庭和城市的责任，他在多个方面取得了辉煌的成就，在那个时代，人们称他为"伟大者"。

年轻时，洛伦佐曾接受过费奇诺的辅导，他最喜欢的活动之一就是晚上和朋友们的讨论，其中就包括费奇诺。他在 1480 年给费奇诺的信中写道："我的脑子被混乱的公共事务搅得一团糟，耳朵被喧闹的市民吵得快要聋掉，要不是能够通过学习得到放松，我也无法再与你们进行讨论了"。为了支持教育，他重建了比萨大学，并持续资助佛罗伦萨的柏拉图学院对希腊哲学和文学的研究。

洛伦佐的朋友圈中有许多当时最伟大的人物。其中有一个不出名的青少年名为米开朗琪罗·博纳罗蒂，洛伦佐对他制作的古希腊或古罗马羊头复制品很感兴趣，邀请这位雕塑家住在美第奇宫里，这个年轻人很快就加入了洛伦佐晚间的哲学讨论，这些讨论占据了洛伦佐很多晚上的时间。除了费奇诺，参与讨论的还包括作曲家赫因里希·依萨克、诗人波利齐亚诺、画家桑德罗·波提切利和哲学家皮科·德拉·米兰多拉。

桑德罗·波提切利：人文主义画家

这些讨论促使桑德罗·波提切利（1445 年至 1510 年）画出了他的《春》。这幅作品是受到伟大者洛伦佐的堂兄、费奇诺的学生，洛伦佐·迪·皮埃尔弗朗西斯科·德·美第奇的委托创作的（图 6.12）。在这幅画中，仙女被描绘成爱神维纳斯的形象，站在画面中间，其他神话人物站在周围，这些人物似乎正从右向左穿过花园。对洛伦佐宫廷中的人文主义者来说，维纳斯是一个寓言人物，代表着最高的道德品质。根据费奇诺的说法，维纳斯是"人道主义的化身。她的灵魂和头脑代表爱和慈悲，她的眼睛代表尊严和大度，她的手代表自由和宏伟，她的脚代表美丽和谦虚，她本人代表节制与诚实、魅力与辉煌。"西风之神泽费罗斯在维纳斯的右边，伸出了

图 6.12

自己冰冷的蓝色手掌，试图抓住春天的仙女克洛里斯。但是，站在仙女旁边的花神芙罗拉无视了西风的威胁，在小径上撒下了花朵。在维纳斯的左边，希腊三女神，宙斯的女儿和美的化身正在舞蹈，让人想起了15世纪60年代伟大者洛伦佐创作的三人舞蹈，洛伦佐称这种舞蹈为"维纳斯"，两个人围绕着第三个人跳舞。

画面左边，众神的使者墨丘利举起他的权杖，好像是要扫开一朵失散的云。他的头顶上，丘比特俯瞰着整个画面。

《春》抓住了美第奇的精神。从新柏拉图哲学的角度，这幅画把爱刻画成一种精神上的人道主义探索，但与此同时，洛伦佐并没有回避肉体上的愉悦，通过更加直接、现实的方式歌颂了爱情。洛伦佐也是一位多产的诗人，他最著名的诗作，1490年的《酒神之歌》倡导无忧无虑的处世方式，像他赞助的那些嘉年华、盛大庆典体现的那样，这些活动充满了彩车、带有神话背景的游行、舞蹈和歌曲。

赫因里希·依萨克：人文主义作曲家

洛伦佐对音乐的热爱能够与他对绘画和诗歌的热爱相提并论。音乐是佛罗伦萨市民生活的一个重要部分。1433年，佛罗伦萨大教堂歌剧院委托卢卡·德拉·罗比亚创作了8幅浮雕作品来歌颂音乐，并在圣器室北门上方的画廊展出（图6.13）。这些浮雕呈现了圣咏150：信徒要赞美上帝，需要通过"号角的声音……赞美诗和竖琴……销售鼓和舞蹈……弦乐器和风琴……和声调很高的钹。"卢卡年轻的形象正是快乐与和谐的

图 6.13

化身，使音乐成为人文精神的理想体现。

洛伦佐雇用了自己的家庭私人音乐大师，1475 年，洛伦佐聘请弗拉芒作曲家赫因里希·依萨克（1450 年至 1517 年）担任这一职务。依萨克掌管着美第奇家族的五个风琴，为洛伦佐的儿子们教授音乐，在佛罗伦萨大教堂担任风琴师和合唱团团长，很快与洛伦佐合作，为流行节日创作歌曲。

这次合作产生的许多歌曲乐谱都流传至今，这些音乐属于一种名为弗罗托拉的音乐流派，该名称源于意大利语的"胡说八道"或"撒谎"，曲风极其活泼轻松。这些弗罗托拉反映了意大利的一种音乐倾向，抛弃了复杂的复调和教堂音乐中的对位，而采用简单的和声和契合舞蹈的节奏。大部分弗罗托拉由三个部分组成，人声的音调最高。一般由女高音演唱主要旋律，两个较低的音部由鲁特琴和维奥尔琴 / 两把维奥尔琴 / 其他乐器 / 两个人声伴奏。

皮科·德拉·米兰多拉：人类位于世界的中心

洛伦佐宫廷的文化生活是以道德哲学为基础的。年轻的人文主义哲学家皮科·德拉·米兰多拉（1463 年至 1494 年）与洛伦佐一样，对寻求神圣真理有着浓厚的兴趣。1486 年，23 岁的皮科已编纂了约 900 篇神学和哲学论文，教皇英诺森八世（任职时间 1484 年至 1492 年）认为其中 13 篇带有异教色彩，皮科拒绝收回这些论文，英诺森于是谴责了所有900 篇论文。

皮科广泛阅读了希伯来、阿拉伯、拉丁和希腊著作，其思想基础就在于此，他相信所有智力上的努力都有一个共同的目的——揭示神圣的真理。皮科提议，他将在罗马的公开辩论中为自己的作品辩护，反对任何敢于与他对抗的学者，但教皇禁止了辩论，甚至将他监禁在法国了一段时间，但他逃离了。佛罗伦萨的洛伦佐为皮科提供了保护，公然挑战教皇的世俗，这是世俗权力与教会权力的对抗。皮科就这样成为洛伦佐人文主义宫廷的重要贡献者。

皮科在 1486 年创作的《论人的尊严》介绍了未能进行的辩论内容，也是人文主义的伟大宣言之一。书中，皮科认为人性是"伟大的存在链"中的一部分，这一存在链包括上帝、天使、人类、动物、植物、矿物和最原始的物质。这一思想可以追溯至柏拉图在《理想国》第7章中提出的善的思想，这是一种完美的思想，所有的造物都倾向于这种思想。普罗提诺的新柏拉图主义思想更进一步，提出物质世界，包括人性，只是神性的肤浅反映，但人类对知识的追求至少开始克服这一困难。皮科认为，人性在伟大的存在链中处于中间地位——不是根据自然法则，而是因为人们能够行使自己的自由意志。因此，人类并不固定在中间位置。从理论上讲，人类有能力实现自己的愿望，因此是上帝最伟大的奇迹。皮科写道："没有什么比人类更奇妙的了。"在他的《论人的尊严》中，上帝向亚当解释，他把亚当放在了"世界的中心"，并赋予了他塑造自己的纯粹潜能。

皮科认为，在这个以人为中心的世界中，哲学家是"来自天堂的圣物，而不是地上的"，这是因为哲学家"不关注自己的身体，而是栖息在头脑的内阁中"，是"某种更高的神性的一部分，披着人类的血肉"。因此，皮科认为，人们即使知道自己能够选择邪恶和无知，也必须寻求美德和知识。皮科将"判断自由"的思想推向了一个新的高度，他认为人类完全可以自由地行使自己的自由意志，这种自由意志的天赋使人类成为"最幸运的生物"。

这种思想反映了文艺复兴思想家对中世纪思想最重要的改革。艺术、文学和哲学是个人创造力的自由表达，如果其立意更加崇高，不仅可以歌颂所有的尘世创造，还可以歌颂所有的神圣创造。人类是一个小宇宙。

佛罗伦萨之外：公爵宫廷与艺术

意大利公爵宫廷的艺术和文学如何反映佛罗伦萨的人文主义价值观？

皮科作品中体现的个人自由意志，以及人们选择美德和知识的能力，启发了洛伦佐的朋友圈和意大利其他城邦的法院，这些城邦的领袖几乎都是贵族，而不是像美第奇这样的商人（美第奇已经把自己变成了贵族，只是没有加上贵族头衔）。每个宫廷都反映了各自公爵的价值观，而且常常也反映了公爵夫人的价值观。公爵们不一定采用佛罗伦萨的共和政体，但都拥有在佛罗伦萨得到充分发展的人文主义价值观。

乌尔比诺的蒙特费尔特罗宫廷

乌尔比诺是最著名的城邦之一，位于佛罗伦萨以东，横跨亚平宁山脉，由博学的军事战略家费德里戈·蒙特费尔特罗公爵（1422年至1482年）统治。费德里戈与各种人文主义者、学者、诗人和艺术家交往甚密，他向他们学习，并委托他们创作作品来装点乌尔比诺，他凭借自己的雇佣兵才干为这笔开支提供资金，对能够雇佣雇用兵军队的雇主来说，雇佣兵十分宝贵，同时价格高昂。费德里戈的宫廷同时也吸引了那些想学习高尚行为准则的年轻人。

巴尔达萨雷．卡斯蒂利奥奈和"全能的人"

这一时代最重要的著作之一写于1513年至1518年，回顾了1507年一群贵族在费德里戈之子古达保度·达·蒙特费尔特罗（1472年至1508年）的乌尔比诺宫廷中进行的对话，这些对话可能是虚构的。巴尔达萨雷·卡斯蒂利奥奈（1478年至1529年）的《侍臣论》采取了对话的形式，在对话中，乌尔比诺侍臣们激情雄辩、互不相让，力求描述完美的朝臣——受到的教育和行为举止最适合为王子服务的男人（或女人）。这本书直到1528年才出版，到1600年，它已被翻译成5种语言，并重印成57个版本。

《侍臣论》实质上回忆了卡斯蒂利奥奈在乌尔比诺宫廷的九年（1504年至1512年），卡斯蒂利奥奈称宫廷为"欢乐之所"，对话发生在1507年春天连续的4个晚上，采用了辩论形式，一些发言者的观点会受到另一些发言者的质疑和嘲笑。前两卷讨论了理想绅士的品质，其目标是成为一个全面发展的人，一个"全能的人"。最重要的是，侍臣必须是一个成就非凡的士兵（像费德里戈一样），不仅要精通武术，而且要在战争中表现出绝对的勇敢和完全的忠诚。他受到的通识教育必须包括拉丁语和希腊语和其他现代语言，如法语和西班牙语（进行外交活动所必需的），以及对意大利伟大诗人和作家的研究，如彼特拉克和薄伽丘，以模仿他们创作诗歌和散文的技巧，包括拉丁语作品和方言作品。侍臣还必须能够掌握绘画、欣赏艺术、擅长舞蹈和音乐（但必须避免使用管乐器，因为这些乐器会使脸部变形）。

米兰的斯福尔扎宫廷和列奥纳多·达·芬奇

与意大利其他公爵相比，斯福尔扎家族对米兰宫廷的统治不是那么合法。弗朗切斯科·斯福尔扎（1401 年至 1466 年）娶了米兰公爵的私生女，也是公爵唯一的继承人，从而获得了米兰的统治权。他自己的私生子卢多维科（1451 年至 1508 年）因肤色黝黑而被称为"摩尔人"。卢多维科从弗朗切斯科的兄弟，也是合法继承手中夺取了对这座城市的控制权，并于 1494 年宣布自己为米兰公爵。弗朗切斯科和卢多维科都明白，他们的统治是站不住脚的，他们通过艺术积极寻求人民的支持。他们欢迎来自意大利中部各地的艺术家来到他们的城市，并拥护人文主义。

这些艺术家中最重要的是列奥纳多·达·芬奇（1452 年至 1519 年）。1482 年，达·芬奇作为洛伦佐·德·美第奇的使者，首次来到米兰，向卢多维科·斯福尔扎赠送了一把可能是达·芬奇自己制作的银竖琴。卢多维科卷入了军事纷争，达·芬奇自称是一名军事工程师，能够制造伟大的"战争机器"，包括弩炮和类似于当今装甲车的有盖车辆。

事实上，达·芬奇永不停息的想象力推动他研究了几乎所有的事物：诸如风、风暴和水的运动等自然现象；解剖学和生理学；物理学和力学；音乐；数学；动植物；地质学；天文学，更不用说绘画和素描了。达·芬奇是一位人文主义者，深受新柏拉图主义思想的影响。他看到了各个领域之间的联系，并写道：

如果人的身体里有骨头，支撑、保护着血肉，那么世界就有石头，支持着地球；如果人的身体里有血液，肺部在血液中随着呼吸膨胀、缩小，那么地球就有海洋，随着世界的呼吸每六个小时潮涨潮落；如果说人的血管装着血液，在整个人体中分支，那么海洋分支成无限的水流，充满地球的身体。

列奥纳多笔记本上的著名解剖学研究（图 6.14）描绘了子宫中胎儿的奇迹，他认为这种机制类似于深藏在地球内部的奥秘。他在一份笔记中写道："我来到一个大洞穴的入口，立刻产生了两种感觉——恐惧和渴

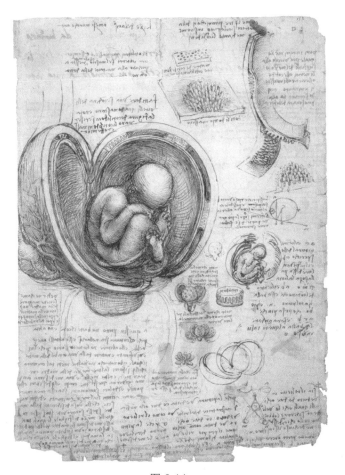

图 6.14

望——害怕那可怕的黑暗洞穴，同时又渴望看看里面是否有什么神奇的奥秘。"列奥纳多对人体的着迷——对他来说，人体既吸引着他，又使他厌恶——导致他在 1510 年至 1512 年制作了许多精确绘制的解剖图，其中就包括这幅图，这些作品很可能是在一位年轻解剖学教授的指导下完成的。

乔尔乔·瓦萨里的《艺苑名人传》于 1550 年面世，1568 年又进行了修订和增版，书中强调了达·芬奇的好奇心。

瓦萨里生于 1511 年，他本人永远不可能认识达·芬奇，但作为一名画家、建筑师和历史学家，他认识许多其他文艺复兴时期的艺术家，包括米开朗琪罗，他的《艺苑名人传》仍然是我们认识文艺复兴时期艺术的主要来源之一。书中，瓦萨里专注于展示他所讨论的每一位艺术家的个人创作天赋，列奥纳多是《艺苑名人传》中其他传记描写的典型。从一开始，瓦萨里就把他描绘成一个文艺复兴时期的典型形象。

1495 年，卢多维科委托列奥纳多为圣玛利亚感恩教堂的多米尼加女修道院食堂北墙画一幅纪念性壁画《最后的晚餐》（图 6.15），旨在让修道士们每次用餐都思忖着基督的最后一餐。《最后的晚餐》运用了改善过后的一点透视法（桌面朝观众倾斜），从视觉上延长了食堂墙壁，将建筑空

图 6.15

间带入绘画空间。

列奥纳多选择描绘的场景发生在基督向使徒们宣布其中一人将背叛他之后，每个使徒的反应都各不相同。圣彼得愤怒地抓起一把刀，而犹大转过身去，圣约翰似乎昏了过去。这幅画的灭点就在基督的头后面，吸引了观看者的注意力，并使基督成为作品中最重要的人物。他伸出双臂，在画的中心形成一个完美的等边三角形，这象征着平衡，象征着三位一体。 对于食堂来说，这幅画的独特之处在于列奥纳多运用了心理现实主义，我们可以从使徒的愤懑和困惑中看到这一点，他们纠缠在一起的身体扭动着，仿佛都被波澜不惊的基督吸引着。使徒们的人性都暴露了出来，包括犹大，而基督则沉浸在自己对他们的怜悯中。

达·芬奇喜爱在肖像画中揭示人的个性，这一点在他的《蒙娜丽莎》（图 6.16）中表现得最为明显：达·芬奇借助光线的效果，将画中的人物与她身后的风景融合在一起，这种技巧被称为晕涂法。这种画法产生的效果十分朦胧，像是在梦境中半睡半醒，让人想起黄昏。要达到这种效果，首先得给画面涂上许多层透明颜料来显色，这个过程被称为透明画法。最能引发观看者遐想的，是蒙娜丽莎神秘的性格，这么多年以来，观看者一直心存疑问：她是谁？ 她在想什么？ 她和达·芬奇是什么关系？ 达·芬奇画笔下的蒙娜丽莎性格与众不同，她似笑非笑的面庞说明画家捕捉到了她特殊的神秘情绪，画面中朦胧的光线又进一步加深了她性格的神秘性。显然，无论他从她的眼神中捕捉到什么，画家没有让其轻易从画笔下溜走。《蒙娜丽莎》的创作占据了达·芬奇多年时间，这幅画在 1513 年跟随他来到罗马，然后去往法国，在那里，国王路易十二为他提供了住处：位于昂布瓦斯附近的克卢克城堡，1519 年 5 月 2 日，达·芬奇于此处去世。

1499 年，查理八世统治下的法国人废黜了卢多维科，将他囚禁在法国，卢多维科于 1508 年死于法国。达·芬奇离开了米兰，最终在 1503 年回到佛罗伦萨。16 世纪初，卢多维科的两个儿子都曾短暂担任米兰公爵，但不久都遭到废黜，斯福尔扎家族的男性血脉无人传承。

图 6.16

教会赞助与罗马文艺复兴盛期

教皇的庇护如何影响罗马的艺术？

1402 年，布鲁内列斯基抵达罗马时，佛罗伦萨洗礼堂大门设计竞赛刚刚结束，这座城市看上去境况惨淡，人口从公元 100 年的 100 万左右减少到 2 万左右。这座城市面积较小，坐落在台伯河岸，对面是梵蒂冈和圣彼得巴西利卡，周围只剩昔日城市的废墟，荣光不复。在 150 年后的 16 世纪，这座城市的面积依然很小，和 3 世纪的城墙包围起来的面积相比相形见绌。古斗兽场位于现在的郊区，成为山羊和牛的牧场。曾经为城市提供淡水的古老渡槽已经不复存在。1309 年，法国国王试图攫取对教会和神职人员的控制权，于是教皇离开了意大利，在亚维农建立了新的教堂作为教会的根据地，当时教皇甚至放弃了这座城市。1378 年，罗马重新成为教会的所在地，继任的教皇却很少访问这座城市，更不用说住在这里了。除了废墟，这座城市几乎没有什么吸引人们的地方。正如我们已经看到的那样，布鲁内列斯基最喜欢的是罗马的废墟。

1420 年后，教皇马丁五世（任职时间 1417 年至 1431 年）将教会永远地带回了罗马，教皇的职责就是恢复这座城市的昔日辉煌。在宗教节日期间，可能有多达 10 万名游客涌入罗马，所以，正如一位教皇所说，要使这些人"被罗马的非凡景色震撼"，从而使得他们"面对那些仿佛是上帝之手打造的宏伟建筑，不断巩固信仰"。换句话说，教皇的神圣职责就是赞助罗马艺术和建筑。

罗马的艺术家大多来自佛罗伦萨。1481 年，波提切利和一些佛罗伦萨画家来到梵蒂冈，为西斯廷礼拜堂装饰墙壁。1505 年，教皇朱利叶斯二世（任职期间 1503 年至 1513 年）开始大规模重建圣彼得巴西利卡和梵蒂冈时，他命令米开朗琪罗离开佛罗伦萨前往罗马，并委托这位当年 30 岁的艺术家创作了重要的绘画作品和纪念碑。1508 年，米开朗琪罗的继任者是拉斐尔

（拉斐尔·桑西，1483 年至 1520 年）。这是一位来自乌尔比诺的年轻画家，大约于 1505 年来到佛罗伦萨，朱利叶斯委托他装饰教皇公寓。当时的罗马看上去一定像是佛罗伦萨的某个地方。1494 年 11 月，美第奇家族对佛罗伦萨的统治结束了。但 1512 年，美第奇家族在佛罗伦萨重新掌权，这归功于美第奇家族两位教皇巨大的影响力：伟大者洛伦佐的儿子乔凡尼·德·美第奇成为教皇利奥十世（任职时期 1513 年至 1521 年）；洛伦佐的侄子朱利奥·德·美第奇成为教皇克雷芒七世（任职期间 1523 年至 1534 年）。文艺复兴时期，无论是在教会内部还是在共和体制内、在罗马还是佛罗伦萨，贵族家庭的男性主导着政治世界。

布拉曼特与新圣彼得巴西利卡

1503 年，朱利叶斯二世当选教皇，之后不久，他委托建筑师多纳托·布拉曼特（1444 年至 1514 年）翻修梵蒂冈宫殿，并担任总建筑师建立新的教堂，取代旧的圣彼得巴西利卡，这是当时最重要的工程。教皇选定的建筑师布拉曼特曾在米兰与达·芬奇共事，列奥纳多对古罗马建筑史学家维特鲁维作品有很深了解，给朱利叶斯留下了深刻印象。维特鲁维认为圆圈和正方形是最理想的形状，波利克里托斯论述人体比例的著作《法则》原件已经失传，维特鲁维对该书的了解便成为唯一关于这本书的第一手资料。波利克里托斯的几何比例原则相当于毕达哥拉斯的"天体音乐"，即每颗行星产生一种音乐，这种音乐可以通过速度和与地球之间的距离两个数据确定，与其他行星产生的声音相协调，从地球上可以听到这种音乐，但无法辨认。因此，根据维特鲁维的说法，如果理想比例中，人的头部高度是总身长的八分之一，那么人的身体本身就符合八度音阶的理想音程，这一音程以相应更高或更低的音调重复原来的音符。列奥纳多在他的《维特鲁维人》中捕捉到了这一概念，在这幅画中，他将人体置于一个完美圆形的中心，圆形的下方嵌有一个正方形（图 6.17）。

在罗马，布拉曼特对几何图形的重视很快体现在他的建筑作品上，其中之一是一个独立的圆形礼拜堂，位于罗马的一座西班牙教堂：蒙托里奥的圣彼得教堂，礼拜堂就伫立教堂的院子中，这是圣彼得殉难的圣地。由于礼拜堂规模较小，而且其设计仿造了西斯都四世统治时期在罗马发掘的一座古典神庙，所以这座建筑被称为坦比哀多，即小教堂（图6.18）。这16根外立柱都是多利克式的——这些柱子的轴实际上是原装的古罗马花岗岩柱——上面的中楣浮雕刻画了基督教礼拜仪式的物件。

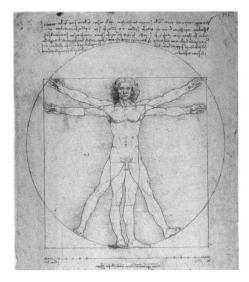

图 6.17

柱轴的直径决定了整个平面，每两根柱轴之间相隔四根柱轴的直径，形成的柱廊与圆形墙壁相距两个直径。坦比哀多融合了古典建筑艺术的风格，在其建筑设计中加入了最早的古典罗马柱，其各个组成部分都体现了数学中的秩序，该建筑是意大利人文主义建筑在文艺复兴盛期的具体体现。

旧圣彼得巴西利卡的翻新工作是一项更为浩大的工程，也是布拉曼特一生中最重要的工程。旧圣彼得巴西利卡是一座古罗马建筑，有一个长的中殿，两边是侧过道，过道两边分别立着柱廊，主大门对面的墙上嵌有一个半圆形后殿，附近有一个耳堂，大量参观者可以通过耳堂进入圣彼得巴西利卡。在新圣彼得巴西利卡的建筑计划中（图6.19a），布拉曼特参考了达·芬奇的图纸，采用了《维特鲁维人》中的正方形结构，将其置于十字结构（竖井和横井长度相等，中间相交）内，十字结构顶部有一个中央穹顶，旨在模仿万神殿的巨大穹顶（见第3章图3.16）。这些结构组成的中心设计本质上是一个内接在正方形内的圆。在文艺复兴时期思想中，这一中心设计和穹顶象征着上帝的完美。建筑工作始于1506年，朱利叶斯二世通过出售赎罪券资助了这项工程，得到赎罪券的人能够免受来世的惩罚，特别是能够免受炼狱的折磨。在天主教信仰体系中，人们死后在炼狱停留，并为其罪行遭受惩罚，那些想要更快进入天堂的人可以通过购买赎罪券来缩短他们在炼狱中的停留时间。从 12 世纪开始，教会就一直在出售这种赎罪券，朱利叶斯的建筑工程则加快了赎罪券的出售。（为了抗议教会出售赎罪券，马丁·路德于 1517 年在德国发起新教改革；见第 7 章。）新圣彼得巴西利的建立是一个非常昂贵的工程，但也有很多有罪之人愿意通过购买赎罪券来为其出资。1513 年和 1514 年，教皇

图 6.18

和建筑师相继去世，该项目暂时中止。1546 年，米开朗琪罗制定了最终的建筑计划平面图（图 6.19b）。

米开朗琪罗和西斯廷教堂

1494 年，美第奇家族倒台后，还不到 20 岁的米开朗琪罗离开了佛罗伦萨前往罗马。他在佛罗伦萨的前景一定很渺茫，在那里，多米尼加教团的一位修道士，圣马可修道院院长吉洛拉谟·萨伏那罗拉（1452 年至 1498 年）发挥了巨大的政治影响力。他首先拉拢了民众中的卫道士们，这些卫道士对上层阶级的行为嗤之以鼻，认为他们受到古希腊和古罗马文化中人文思想的蛊惑，道德败坏。萨伏那罗拉接着抨击了佛罗伦萨贵

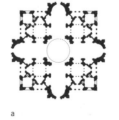
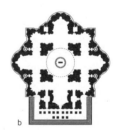

图 6.19

族，尤其是美第奇家族，他甚至组织了一群儿童去没收城市中的"无用之物"，从化妆品到书籍和绘画，然后点燃巨大的篝火，将这些物件一齐焚烧。由于萨伏那罗拉的布道与教会思想背道而驰，且他本人违抗了教皇的指示，拒不管理圣马可修道院，1497 年 6 月，愤怒的教皇亚历山大六世终于将他逐出教会。萨伏那罗拉被禁止进行布道活动，但他选择无视这一禁令。1498 年 5 月 28 日，他被强行带离圣马可修道院，与其他两名修道士一起被指控为异教徒，受到折磨，被吊起来直至濒死状态，最后被烧死在火刑柱上。他的骨灰随后被扔进了阿尔诺河。佛罗伦萨终于摆脱了暴政。

随着萨伏那罗拉的倒台，佛罗伦萨的执政团体迅速采取行动，以人人可见的方式昭告了共和体制的胜利。执政官将多纳泰罗的《大卫》（图 6.9）从美第奇宫迁至领主广场，这是执政官聚集在一起处理事务的地方。执政机构还要求米开朗琪罗于 1501 年返回佛罗伦萨，来雕刻一块有裂缝的巨大大理石块，其他所有雕塑家都无法对其进行艺术加工。这是另一座描绘《圣经》英雄大卫的独立雕像，但规模巨大。米

图 6.20

开朗琪罗勇敢迎接了挑战。

　　成品雕塑（图 6.20）超过 5.18 米，加上底座还会更高，有意模仿了多纳泰罗充满少年气的《大卫》，但随后又挑战了这种形象。米开朗琪罗描绘的是胜利之前的大卫，而非已经胜利的大卫。他自信满满，准备迎接他所面临的任何挑战，就像共和国也为迎接挑战做好了准备。这个人物的裸体和对位姿态来源于美第奇对古希腊艺术风格的着迷。雕塑中的大卫十分沉着，他身上英雄般的个人主义完美地捕捉到了人文主义精神。米开朗琪罗战胜了这块复杂的石头，把它变成了一件艺术品，他的同胞们都对其无与伦比的美丽赞不绝口。米开朗琪罗在罗马梵蒂冈西斯廷教堂天花板上完成的另一件作品很快就会达到与《大卫》相同的高度。

图 6.21

《大卫》的命运突显了时代的政治和道德动荡。工人们每晚在领主广场安放雕像时，那些支持美第奇流亡者的人都会向雕像投掷石块，他们正确地认识到：雕像象征着该市反抗所有暴政的意志，包括美第奇家族的暴政。另一群市民很快就反对这尊雕像的裸露，甚至在雕像被安放到位之前，一条铜叶制成的短裙就已经准备就位，以免公众受到任何潜在的冒犯。这条裙子早已不复存在，但它象征着这个时代的冲突，开启了文艺复兴盛期。

米开朗琪罗在罗马西斯廷教堂的作品仍然是这个时代最伟大的成就之一。就在新圣彼得巴西利卡即将动工的时候，朱利叶斯二世委托米开朗琪罗设计他的陵墓。这将是一座3层的纪念碑，宽7米，高10.6米，是米开朗琪罗对建筑的首次探索。在接下来的40年里，米开朗琪罗偶尔会在坟墓

上工作，但从一开始他的工作就不停地被打断。1506年，朱利叶斯亲自命令这位艺术家粉刷西斯廷教堂的13.7×39米的天花板，这座教堂是以朱利叶斯的叔叔西斯都四世的名字命名的，西斯都四世于1473年委托建造了这座教堂。教堂自建成以来，在新教皇选举期间，一直用作主教会议的会场。米开朗琪罗起初拒绝了朱利叶斯的委托，但在1508年，他重新考虑，签署了合同，并开始了这项任务。

朱利叶斯首先提议在窗户之间的拱肩上画满12使徒，然后在天花板上画满装饰性图案，但是，米开朗琪罗认为这个计划具有局限性，教皇于是让他随心所欲地画，米开朗琪罗主动开展了一项更有野心的项目——在天花板上绘画希伯来《圣经》第一卷《创世记》中的9个场景，周围环绕着先知、预言家、西比尔、基督祖先和其他场景（图6.21）。因此，天花板上的绘画将叙述摩西五经出现之前的事件，并与墙壁绘画叙述的故事相互补充。

米开朗琪罗在整块天花板上都运用了德拉·罗维尔家族纹章的元素：橡树和橡子，象征着教皇的恩赐，通常捏在裸体的年轻人手中，每隔一块中央嵌板的四角就坐着这些年轻人。这些嵌板的边缘装饰有青铜盾牌，突显了赞助人的军事实力。看起来像是有一座真实存在的建筑包含了这些结构，建筑的每一端似乎都向外面的天空敞开着，但这只是错觉。只有窗户上的拱肩和每个角落的"帆拱"（连接直线结构和穹顶的凹面三角形结构）是真实的。

9个中央嵌板分为3组，分别讲述了创世、亚当夏娃和诺亚的故事。这一系列故事从教堂祭坛上的光明与黑暗的分离开始，这一时刻与善与恶、真理与谬误之间的永恒斗争有关。事实上，这种对立是整个绘画工程的特点。天花板的中心绘有夏娃的创造。生与死，善与恶，天与地，灵与物，都围绕着这一中心场景。祭坛到中心嵌板的区域描绘了创世的故事，当时，夏娃还没有在伊甸园受到诱惑，世界上还没有善和恶的概念。右边嵌板同时描绘了撒旦诱惑夏娃和亚当夏娃被驱逐的场景。将目光接着移动到礼拜堂门的上方，我们能够见证人类堕落的早期历史，进入教堂的游客一抬头就能直接看到他们上方的诺亚醉酒，这是他们自身脆弱的象征。上帝创造

图 6.22

的美好和真理位于教堂的另一端，那是离游客最远的地方。

　　天花板上，《创造亚当》能够最好地体现精神世界与物质世界之间的冲突（图 6.22）。亚当是个凡人，看上去昏昏欲睡、消极，一副提不起兴趣的样子，而上帝明显更有活力，在天空中飞翔，背着一个鼓鼓的红色袍子，象征着子宫和大脑，创造力和理智。他腋下夹着一个年轻女子，可能是夏娃，预示着圣母玛利亚，上帝的左手触摸着一个婴儿的肩膀，这个婴儿可能象征着未来的基督。这一幕的含意是，上帝的手指马上就会触碰到亚当的手指，不仅给他注入能量，而且给他注入灵魂，不仅给他注入生命，也给他注入人类的未来。

　　1508 年 5 月到 1512 年，米开朗琪罗一直投身于天花板的绘画工作。通过对比他的成品画（图 6.24）和草稿（图 6.23），我们能够更清楚地看到他的进步。一副后期完成的作品《利比亚女先知》中，人物的双手在同一高度保持平衡，但当米开朗琪罗在创作这幅画时，人物的左手比右手更低，来凸显她转身向下的体态，这表明她正在向观众传达知识。这位艺术家特别注重左脚的描绘，认为有必要使四个小脚趾向后伸展。画中的人物显然

图 6.23   图 6.24

是男性。在重新润色左下角的人脸时，他使得人物的颧骨更加柔和，嘴唇更加丰满。在成品中，他弱化了模特突出的眉毛，隐藏了模特背部的肌肉，强调了臀部区域，使原本的男性素描女性化。《利比亚女先知》优雅而威严，展现了创作者精湛的技艺。

拉斐尔与署名室

大约在1505年，一位名叫拉斐尔的年轻画家从乌尔比诺来到佛罗伦萨，为佛罗伦萨的富裕公民创作肖像，并因此博得广泛关注。他还创作了一系列描绘圣母子的画作，十分漂亮，其主题可以追溯到拜占庭的圣像，甚至追溯到到锡耶纳画家杜乔和马尔蒂尼以及佛罗伦萨画家奇马布埃和乔托的作品（见第5章）。然而，这些早期画家努力实现的自然主义在拉斐尔的作品中达到了新的高度。他的画作栩栩如生——线条精准，色彩丰富，构图简单。

《小考佩尔圣母》（图6.25）就是一个例子。画面中的圣母和圣子都带有一种近乎天堂般的宁静——这在很大程度上是因为他们的头被拉斐尔画笔下天空的光芒映衬着。但让我们印象最深刻的是他们的人性——他们似乎是活着，能够真实地触摸到，圣子的脚趾踏在圣母右手上，圣母的左手支撑着圣子裸露的臀部。让场景具有真实感的是风景，来源于拉斐尔家乡乌尔比诺之外的圣贝纳迪诺教堂的真实景象。最重要的是，圣母若有所思的凝视使观者遐想连篇，

图 6.25

好像真的身临其境，陷入了深深的思索。神性和人性在这里达到了完美的平衡。

　　1508 年，年轻的拉斐尔离开佛罗伦萨来到罗马，当时米开朗琪罗正在绘制西斯廷教堂的天花板，朱利叶斯二世很快委托他为教皇在梵蒂冈宫的私人房间创作壁画。这些房间中的第一个是署名室，后来的教皇通常在此地签署正式文件，但朱利叶斯将其用作图书馆。朱利叶斯已经决定了主题：在四堵墙上，拉斐尔将分别绘制体现人文主义思想四个主要领域的壁画：法律和正义，《三大德行》；艺术，《帕纳索斯山》；神学，《圣体的争论》；哲学，以《雅典学院》为代表。显然，为了平衡古典异教和基督教信仰，实践朱利叶斯的人文主义哲学，其中两个场景——《帕纳索斯山》和《雅典学院》——采用了古典异教主题，另外两个采用基督教主题。

美第奇教皇

1513年，教皇朱利叶斯二世去世。在他去世前不久，米开朗琪罗完成了西斯廷教堂天花板的绘制工作，拉斐尔也完成了署名室的壁画绘制工作。朱利叶斯的继任者利奥十世名为乔凡尼·德·美第奇，是伟大者洛伦佐的儿子。利奥的就任将罗马置于美第奇教皇的统治之下长达将近21年，直到1534年克雷芒七世去世为止。这些美第奇教皇的资助对艺术产生了重大影响。

拉斐尔在署名室的工作结束后，利奥很快就雇他做其他工作。1514年，布拉曼特去世，虽然拉斐尔当时从未从事过任何重大的建筑工程，但利奥还是任命这位年轻的画家为教会建筑师。不久，利奥请拉斐尔为他创作肖像画。

《教皇利奥十世与主教朱利奥·德·美第奇和路易吉·德·罗西》（图6.26）创作于1517年，为拉斐尔的艺术指明了一个新的方向。画中的光线比署名室墙壁上鲜艳明亮的画作更加暗淡。拉斐尔以剪影形式呈现人物，人物坐在黑色的地面上，而建筑细节几乎不可见。虽然这三个人是一个整体，但他们看向不同的方向，每个人都专注于自己关心的问题。他们仿佛听到远处传来熟悉的声音，预示着不详，这使他们都停了一拍。此外，这幅画更加写实，人们几乎可以感觉利奥胡须上的一丝胡茬，而两位主教的胡须也同样真实。利奥貂皮边长袍的天

图6.26

鹅绒质地与主教斗篷的丝绸质地形成了鲜明的对比。教皇椅子上的黄铜旋钮像一面镜子一样反射着房间的其他部分，包括一扇明亮的窗户，与其他黑暗的场景形成对立。总而言之，这幅画戏剧性很强，仿佛我们见证了一个重要的历史时刻。

事实上，在1517年，教会面临着一些非常现实的问题。北面，在德国，马丁·路德发表了《九十五条论纲》，抨击教皇售卖赎罪券的做法，质疑教皇的权威（见第7章）。1512年，美第奇重新掌握了主宰佛罗伦萨的权力，主要通过其与罗马的联系来维持。这种权力不断受到威胁。与此同时，利奥试图从梵蒂冈掌控罗马和佛罗伦萨的教堂。虽然各方困难重重，但利奥的艺术赞助有增无减，他委托拉斐尔在教皇的公寓里布置更多的房间，并在挂毯上绘制一系列卡通（正常大小的图画，用来将设计转移到另一个表面上），盖在西斯廷教堂低处的墙壁上。利奥还委托艺术家为佛罗伦萨附近的圣洛伦佐教堂创作一系列作品，来纪念他的教皇任期。圣洛伦佐教堂是美第奇家族的陵墓，已经有近100年的历史了，利奥雇用米开朗琪罗在那里为最近去世的家庭成员设计了一个新的殡仪馆，即所谓的新圣器室。

1521年利奥十世去世后，一位荷兰的主教接替了他的职位，他不赞成美第奇教皇的艺术赞助，认为这既奢侈又不得体。他在位仅一年就去世了，当朱利奥·德·美迪奇接替他担任教皇，成为克雷芒七世时，艺术家和人文主义者反应热烈。作为主教，他曾委托拉斐尔等人创作重要作品，在米开朗琪罗设计建筑圣洛伦佐教堂的圣器室时，朱利奥与利奥合作密切。但克雷芒却无法维持他叔叔在罗马的赞助规模。这一失败的部分原因在于，1527年，神圣罗马帝国的皇帝查理五世的德国雇佣军洗劫了罗马，在这场危机中，该市许多艺术家的作坊被毁，导致许多艺术家离开了这座城市。

若斯坎·德·普雷和西斯廷教堂唱诗班

在美第奇教皇和主教的赞助下，拉斐尔、达·芬奇和米开朗琪罗的作品都极富创造性，这也是文艺复兴时期音乐家的共同特征，他们表演透露出来的精湛技巧尤其说明了这一点。1473年，西斯都四世于创立了西斯廷教堂唱诗班，其特点便在于其独创性，唱诗班只在教皇莅临时演出，通常由16至24名男歌手组成。唱诗班的曲目仅限于礼拜仪式中常见的复调歌曲：经文歌、弥撒曲和圣咏歌曲。所有曲目都有4个声部，童声男高音，男中音，男高音和低音。唱诗班通常没有器乐伴奏，演唱阿卡贝拉，"以礼拜堂中应有的方式"，这在当时并不寻常，大多数教堂唱诗班至少依靠风琴伴奏。

西斯廷教堂唱诗班吸引了来自欧洲各地的作曲家。1489年至1495年期间，合唱团的主要成员之一是弗拉芒乐派作曲家若斯坎·德·普雷（约1450年至1521年）。从1503年开始，若斯坎担任了费拉拉宫廷教堂的音乐指挥。他一生中写了大约18篇弥撒曲，将近100首经文歌，大约70首歌曲，包括3首意大利语弗罗托拉。

若斯坎的最后一首弥撒曲《鼓舌弥撒曲》写于1513年后的某个时候，是一首释义弥撒曲，主旋律不只在固定声部出现，而且以复调的模仿在各个声部上依次出现，贯穿整个作品或作品的一部分，从而使所有声部在节奏和旋律上保持平衡，这为整首曲子带来了复调的丰富质感，与定旋律弥撒曲形成鲜明对比。定旋律弥撒曲是一种单声圣歌（单声道的），其作曲基于一段固定旋律（见第4章）。若斯坎《鼓舌弥撒曲》的旋律来源于6世纪的一首著名单声圣歌，由中世纪最早的诗人和作曲家圣万南修·福多诺（约530年至609年）创作。若斯坎将原作改成了一首全新的曲子，但我们依然可以辨认出原作的旋律。

《鼓舌弥撒曲》开头的垂怜经（图6.27）以圣万南修单声圣歌的开口为基础。经过模仿点，若斯坎复调音乐中的所有声部都开始唱诵主旋律，使得所有四个声音在模仿中相互交织。这种对标准主题或多或少的创新证明了若斯坎的独创性和人文精神下的个人主义。它给礼拜仪式带来的表现力远远超过了单声圣歌的冷静。正是由于这种表现力，这些作品才成为若斯坎去世后最早被广泛演奏的复调作品之一。

如果说若斯坎·德·普雷代表了文艺复兴时期重塑音乐传统过程中人的创新性，那么政治哲学家可罗·马基雅维利（1469年至1527年）则代表了完全无视传统、遵循实用主义、追求个人利益的一类人。中世纪以来，就有不少论述为君之道的文学，马基雅维利的《君主论》就是这种文学传

图 6.27

统的一部分。但是马基雅维利革命性的政治实用主义又使它与同类作品区分开来。早期的人文主义教育基于这样的原则：只有人文主义教育能使人民过上有德行的生活。马基雅维利的《君主论》对这一假设提出了挑战。

马基雅维利在佛罗伦萨城邦任职多年，于 1498 年就任共和国第二国务厅的长官。他对古罗马统治者和公民的行为进行了深入的研究，尤其钦佩他们愿意以行动保卫国家。另一方面，他蔑视在他那个时代意大利内部城邦的争吵和不睦。他评估了当时意大利的政治形势，得出结论：只有最强大、最残忍的领导人才能给意大利人民带来秩序。

从马基雅维利的观点来看，任何领导者都应该表现出的首要美德是伦理实用主义。他认为，政治家的首要职责是维护国家及其制度，无论使用何种手段。因此，马基雅维利说，君主的首要任务和职责是发动战争。

一旦注意力转向战争，君主必须愿意牺牲道德权利以换取实际利益。因此"我们所生活的方式，应当生活的方式，会如此截然不同，以至于采取一种方式而不采取另一种方式，行动者不是在拯救自己就是在毁灭自己。"因此，"对想要维持地位的君主而言，应当学会去做出了善良以外的其他事情。"善良，在马基雅维利看来，在某种程度而言是一种相对品质。他说，一个君主"丝毫不要犹豫……蒙受对那些恶习的刁难，因为没有它们，他就无法维护自己的权威；如果他考虑一切，就会发现有些行为虽然看起来是美德，但是一旦遵循它们，就会招致灾难；有些事业虽看似邪恶，但如果追求它们，则将带来安全和幸福"。君主的幸福是极其重要的，因为他的幸福也是整个政权的幸福。

马基雅维利进一步指出，君主一旦卷入战争，征服了一个国家，就面临三种控制这个国家的选择：他可以摧毁这个国家，在这个国家生活，或者允许它拥有自己的法律。马基雅维利推荐第一种选择，尤其是当君主击败一个共和国时。

这可能是针对美第奇教皇的一个警告，他远在罗马，不理佛罗伦萨之事。马基雅维利最初计划将他的著作献给当时的教皇利奥十世乔瓦尼·德·美第奇。（他最终将这本书献给当时的佛罗伦萨公爵洛伦佐·德·美第奇，以期望获得政治上的支持）。他将从罗马历史中汲取的教训写在书中，旨在帮助意大利击退法国侵略者。

最后马基雅维利认为，君主应当令人敬畏，而不是爱戴。因为"比起那些获得爱戴的人，人们更怕冒犯一个让自己畏惧的人。"这是因为"爱靠着恩义这条纽带维系，而人类是可悲的生物，在任何时候，只要对自己有利，人们便会切断这条纽带。但恐惧是因惧怕潜在的惩罚产生的，惩罚永远不会放松。"

马基雅维利认为人类"善变""不诚实""头脑简单"。正如他所言，人类都是"可悲的生物"。因此，必须由一种不同于个人准则的道德来治理国家。这样的道德和伦理实用主义完全违背了教会的教义。1512 年，教皇尤利乌斯二世的军队占领了佛罗伦萨共和国，恢复了美第奇家族在佛罗伦萨的统治权，并解除了马基雅维利共和国第二国务厅长官的职务。马基雅维利当时蒙冤，被指控参与阴谋，意图推翻新的国家元首，遭到了监禁，承受了酷刑，最后被永久流放到佛罗伦萨山上的一个乡村家庭。正是在那里，马基雅维利于 1513 年开始了《君主论》的创作。

虽然《君主论》流传甚广，但这本书与基督教道德准则大相径庭，在16 世纪很难受到欢迎。在整个 17 世纪和 18 世纪，这本书受到的更多是谴责而不是赞扬，这主要是因为它似乎在维护君主专制。今天，我们把《论君主》

视为政治学的开创性著作。作为一本关于政治权力的著作，它为现代政治史上社会经常出现的权宜之计和两面性提供了合理化依据。

威尼斯的文艺复兴盛期

威尼斯文化与佛罗伦萨和罗马文化有什么不同？

15 世纪中叶，维托雷·卡巴乔（1450 年至 1525 年）的一幅画中，共和国的象征，圣马可的狮子（图 6.28）前爪落在陆地上，后爪落在海上，象征着这两种元素对城市的重要性。公元 6 世纪或 7 世纪，来自北方的伦巴第人入侵，迫使居住在波河三角洲的居民逃往沼泽遍布的环状珊瑚岛，该地后来成为威尼斯城。从那以后，贸易一直是威尼斯的命脉。

威尼斯四面环水，拥有天然的防御工事，作为一个更大的城邦，威尼斯还控制着波河以北的整个泛滥平原，包括帕多瓦和维罗纳两个城市，其势力范围继续向东延伸，几乎到了米兰，这片更大区域被称为内陆（来自

图 6.28

拉丁语 Terra Firma，意为"坚固的土地"），不包括城市的运河和岛屿。威尼斯人的贸易路线从内陆地区出发，横跨了北边的阿尔卑斯山，继续向东跨越小亚细亚、波斯和高加索。一位威尼斯历史学家这么记录 13 世纪的城市光景，"商品流经这座高贵的城市，就像水流经喷泉一样。"到了 15 世纪，这座城市已经成为时尚中心。1423 年，威尼斯共和国的终身领袖总督说："现在我们在丝绸工业上投资了 1000 万杜卡特（大约相当于今天 3900 万美元），我们每年的出口贸易收入为 200 万杜卡特（大约相当于 780 万美元）；城市中住着 16000 名织布工人。"这些织布工人生产的缎子、天鹅绒和锦缎在整块大陆都很受欢迎。在这股商品的浪潮中，更多的财富在不断涌动。威尼斯成为一个伟大的海军强国和卓越的造船中心，能够保护、丰富其海洋资源，这是任何其他欧洲城市（可能除了热那亚）都无法想象的。

威尼斯民众认为城市受到圣马可的庇佑，圣马可的圣人遗迹收藏在圣马可大教堂。在守护神的保护下，这座城市可以在和平中繁荣长生。在卡巴乔的画中，狮子的右爪拿着一本书，书上写有这么一句拉丁铭文："愿你平安，记住我的福音。"狮子的身后是圣马可广场，隔着环礁湖，广场上高大的钟形塔、圣马可教堂的穹顶和总督宫依稀可见。在大多意大利城市中，教会和政府实际上是分开的，但在威尼斯，城市的政治和宗教中心是平等的。和平、繁荣和一致的目标是这座城市最大的财富，威尼斯的公民对此坚信不疑。

威尼斯建筑

在文艺复兴时期，威尼斯发展出了一种精致的建筑风格，能够给观众带来强烈的感官冲击，这种风格受到了精致哥特式风格建筑正立面的影响，包括 1340 年开始建造的总督宫（图 6.29）。总督宫中没有任何迹象表明有必要创造一个防御空间来保护国家。两层楼都设置有开放式拱廊，采用了尖顶拱门，顶部呈开放的四叶形，两层楼的外侧都设置了环绕着建筑的有顶走廊，仿佛在邀请市民进入建筑内部。楼上石雕的菱形图案在原本看似巨大的立面上创造了一种轻盈感。装饰和石头的颜色——白色和粉红色——能够反射光线，这样建筑就会像镶嵌在公共广场上的宝石一样闪闪发光，反映出城市的财富和福祉。这种材质的强调，以及光线和阴影在精致表面上的作用，将成为威尼斯艺术和建筑的一大特色。

威尼斯的财富和福祉主要体现在这座城市弯曲的运河上，威尼斯境内最显赫的家庭就在大运河附近定居，其中最壮观的是康达里尼家族的首领建造的金屋（图6.30）。虽然这座房子建于文艺复兴时期，但它与总督宫（图6.29）一样，具有明显的哥特式风格特征。威尼斯宫殿和市政建筑保留哥特式元素已久，可能是因为市民认为继续使用哥特式元素标志着城市文化的稳定。

金屋的正立面并不对称，有三个不同的拱廊，这是其他中等规模威尼斯宫殿的设计特点。最初，康达里尼要求工匠用于雕刻精美花饰的石头涂上白色的铅和油，使它像大理石一样闪闪发光。用于点缀细节的红色维罗纳大理石被涂上油和清漆，以展现其最深沉、丰富的色调。防护矮墙上的球形，拱门底部的玫瑰形装饰，拐角处柱头上的叶子，建筑用的模型、窗饰、窗户和门廊拱门上的圆饰，都是镀金的——这就是这座房子名字的由来。

图6.29

图 6.30

最后，柱头的背景和其他建筑细节都涂上了非常昂贵的深蓝色油漆，这种深蓝是由进口的天青石制成的。

在科西莫·德·美第奇开始在佛罗伦萨建造美第奇宫（图 6.10）的 7 年之前，康达里尼就完成了金屋，但是两者的风格却相去甚远。康达里尼的宫殿，窗花和装饰十分轻盈，整体精致有加；而科西莫的宫殿正立面看上去十分辉煌、厚重，是一座石墙。前者通向运河；而后者从街道向内转弯。金屋是对个人财富和社会地位的炫耀和纪念；而美第奇宫体现了城邦的权威和势力。我们在威尼斯建筑中感受到的浮华和奢侈，对光线和空气的敏感，细节和设计的丰富，以及多变的图案和质感，都定义了威尼斯的视觉世界，定义了文艺复兴时期的威尼斯艺术和建筑。

威尼斯文艺复兴盛期大师：乔尔乔内和提香

乔尔乔内·达·卡斯特佛兰克（约 1478 年至 1510 年）和提香（约 1488 年至 1576 年）是文艺复兴盛期的两位威尼斯绘画大师，他们都是威尼斯大师乔凡尼·贝利尼（约1429年至1507年）的学生，1500年，达·芬奇的来访尤其启发了乔尔乔内。在16世纪的头十年，他们有时与贝利尼并肩工作，增加了对画面的控制，并通过上釉来叠加色彩，就像达·芬奇在他柔和、明亮的风景画中呈现的那样。他们的绘画作品就像威尼斯倒映在大运河上闪闪发光的宫殿，呈现了光和影的舞蹈，展示了细节与设计的丰富，以及图案和质感的多样。

乔尔乔内

达·芬奇的气氛透视绘画，如《蒙娜丽莎》（图6.16）中的神秘色彩在乔尔乔内的《暴风雨》（图6.31）中得到了充分的体现。人们第一次提到这幅画是在1530年，当时这幅画出现在一位威尼斯贵族的收藏品中，我们对其几乎一无所知，这使它变得神秘起来。画面右边，一个几乎裸体的年轻女人在哺育她的孩子，画面左边是一个衣衫褴褛的年轻人，穿着德国雇佣兵的服装，带着明显的自豪神情注视着妇孺。在他们之间，前方的地上立着一座山墙，顶部有两根破裂的柱子。一座老旧的木桥位于画面中间，搭在河上，远处闪电闪耀，照亮了拥挤的城市景观。我们不禁疑惑，这两个人物之间是什么关系？他们是夫妻吗？还是恋人？他们的风流韵事导致了一个孩子的出生？这些问题仍然没有答案。

乔尔乔内显然没有为这幅画打草稿。对这幅画的X光检查显示，原来站在年轻人位置上的是另一位年轻女子，她正踏进两个人之间的水池。1530年，这幅作品出现在一位威尼斯夫人的收藏品中，当时，

图 6.31

这仅仅是一幅画有士兵和吉卜赛人的风景画。虽然画的主题依然不明了，但似乎是在描写威尼斯人的日常生活。时至今日，它依然使我们着迷不已。

乔尔乔内没有为他的画作打草稿，瓦萨里在他《艺苑名人传》中指出，乔尔乔内作品中色彩和光线的艺术表现力背后隐藏的是绘画能力的缺失。瓦萨里声称，所有威尼斯艺术家都有一个弱点：他们的绘画技巧过于重视感官体验，而不像佛罗伦萨人那样巧妙运用科学透视法，追求线条的清晰，这体现出了他们的求知精神。

提香

从某种意义上说，瓦萨里是对的。正如许多提香的画作所表明的那样，感官，甚至是性，成为威尼斯艺术的一个重要主题。1510 年，乔尔乔内死于瘟疫，年仅 32 岁，他的朋友提香比他小 10 岁，完成了他未完成的几幅画。提香的画作《神圣与世俗之爱》（图 6.32）虽然缺乏他的长辈导师在《暴风雨》一画中捕捉到的神秘感，但同样也涉及两性关系，只是更加间接。

图 6.32

画面右边的裸体形象举着一盏灯，也许象征着神圣之光，将她与新柏拉图式的维纳斯形象联系起来，从而与神圣之爱联系起来。画面左边的人光鲜亮丽、衣着整齐，我们可以把她看作是"世俗女性"，或者说是世俗的爱情，手里捧着一束鲜花，象征着她的生育力。在两者之间，丘比特将手伸到喷泉的水池中。

这幅画是尼科洛·欧黑利欧1514年与劳拉·巴加罗托结婚时委托提香创作的。画中，左边穿着衣服的身影后面，两只兔子在草地上嬉戏，突出了这幅画的夫妻主题。这两个女性形象似乎象征着同一个女人的两个方面，从而体现了文艺复兴时期的女人为她的人文主义丈夫所扮演的角色，结合了古典和智慧，以及在婚姻中对性爱的坦诚歌颂。

提香的《乌尔比诺的维纳斯》（图 6.33）创作于 1538 年，是为乌尔比诺的吉多巴多·德拉·罗维公爵所画，更充分地体现了大多数文艺复兴时期妇女的性义务。这个"维纳斯"不是高高在上的，与其说她是一个虚幻的女神，不如说她是一个真实的女人，吉多巴多仅仅称她为一个"裸女"。

图 6.33

她盯着观赏者，也就是吉多巴多自己，她的表情说明她并未感到任何不自在。（显然，宫殿后面的侍女和女仆正在寻找合适的衣服给她穿。）她的手遮住自己的生殖器，吸引了人们的注意。她的狗，忠诚和欲望的传统象征，懒洋洋地睡在她脚边的白床单上。她要么是妓女，要么是新娘（仆人拿衣服的箱子是婚姻的传统象征）。无论她是什么身份，都代表着欲望。

随着 15 世纪 50、60 和 70 年代提香作品的不断发展，他的画风变得愈发松散、写意（见第 9 章），《神圣与世俗之爱》和《乌尔比诺的维纳斯》中清晰的轮廓给人带来感官体验通过提香的绘画方式得到了表达：在创作这些后期作品的过程中，提香会用他的手指和画笔的棒端作画，所以观众甚至可以在这些作品中感觉到提香的手。但是这些作品中，提香依然善于运用色彩，画面中暖色多样，釉面泛着光泽。他对颜色的运用定义了威尼斯的艺术。当人们谈到"威尼斯的颜色"时，他们想到的是提香。

意大利人文主义社会中的女性

意大利文艺复兴时期的女性获得了怎样的成功？

乔尔乔内和提香的绘画都涉及意大利人文主义社会中的妇女地位问题。为那些身份不明但代表着理想美的妇女画像仍然是司空见惯的事，特别是在威尼斯。提香的《美丽女子》（图 6.34）与《乌尔比诺的维纳斯》中的人物似乎是同一个（她也出现在至少另外两幅提香的肖像画中），但她的身份是一个谜，她也许是一个"真实"的女人，也有可能仅仅代表着提香眼中"真正的"美。彼特拉克的十四行诗和波利齐亚诺的诗歌都规定了女性美的典范。在《意大利文艺复兴时期的女性：性别、表征、身份》一书中，保罗·蒂纳利总结了这一典范："作家们称赞（画家们描绘的女性）卷发闪闪发光；肌肤白皙，就像雪、大理石、雪花石膏或牛奶；脸颊宛若百合花和玫瑰，眼睛像太阳或星星一样闪耀，嘴唇堪比红宝石，牙齿堪比珍珠，乳房堪比雪或苹果。"

人文主义价值观有助于重新界定整个意大利城邦中个人与国家的关系，并给予男性公民更大程度的自由，妇女也开始受益。虽然她们的作用仍可能被家庭生活局限，但她们的教育程度越来越高，更有能力维护自己的权益，中产阶级和上层阶级的妇女尤其如此。这些妇女中的一些凭借非凡的成就取得了显著的地位。

图 6.34

妇女教育

在人文主义意大利的宫廷中上，统治者的妻子及其女儿——终究会成为其他统治者的妻子，接受了人文主义教育。就像中世纪《妇女城》的作者克里斯蒂娜·德·皮桑一样，她们会说法语和拉丁语，能够用母语写出优雅的文章，熟悉意大利古典文学和方言文学，且至少掌握了数学和修辞学领域的知识。她们通常会成为优秀的音乐家和舞蹈家。此外，商人阶层的地位不断上升，聚敛了许多财富，也开始承担社会责任，因此，至少需要对行会成员的妻子进行某种程度的教育。

佛罗伦萨的商业体系要求每个人都通晓数学和会计学领域的实用知识，并具备阅读能力。能够让这些技能得以实践的行会是公共工程的主要赞助者，从大教堂和教堂到装饰它们的雕塑和绘画。总的来说，这些商业行会成员的妻子不仅熟悉丈夫的事务，而且熟悉城市的大事，许多人在这两方面都发挥了更积极的作用。事实上，由于妇女习惯于在13至17岁之间结婚，而且通常嫁给比她们年长得多的男子，她们往往继承家族企业。为了保持经济和个人独立，许多人选择不再婚。

例如，罗马最有影响力的妇女通常与教会高层有一定联系，通过血缘抑或婚姻，她们的兄弟、姐夫、叔叔和侄子都是主教或教皇，这些人的财富和慷慨使这座城市变得富丽堂皇。继承了丈夫的遗产之后，许多妇女都成为修道院的重要赞助人，她们因此能够摆脱为夫守寡的社会束缚。

妇女与家庭生活

不过，在大多数家庭中，丈夫积极参与公共生活，妻子负责管理家务。1443年，《论家庭》出版，其作者是曾创作《论绘画》、介绍了科学透视法原则的莱昂·巴蒂斯塔·阿尔伯蒂，书中，一位年轻的新郎向他的家庭成员介绍他的新娘：

> 我妻子在我家住了几天，她对母亲和家人的思念之痛开始变弱，我拉着她的手带她参观了整个房子……最后，我的妻子掌握了所有家居用品的位置和用途。然后我们回到我的房间，锁上门，我给她看了我的宝藏、银器、挂毯、衣服、珠宝，以及每一样东西的位置。

显然，对阿尔伯蒂来说，家庭是一个有秩序的体系，家庭中的每一件事物都有其适当的位置，就像透视绘画中的每一个物体都有其适当的位置一样，这并非巧合。女性的本分是服侍丈夫。

关于宫廷淑女的得体行为，我们所知道的都来自卡斯蒂利奥奈的《侍臣论》一书，在着重描绘贵族绅士行为时，书中详述了绅士对其夫人的期望。例如，乌尔比诺宫廷的对话者普遍认为，为侍臣服务的规则大多也应该是使其夫人受益。因此，她的成就应该显示出一种潇洒、漫不经心的轻松。

劳拉·赛瑞塔与鲁克雷西亚·马里内拉：文艺复兴时期的女权主义者

许多15世纪的妇女的教育水平超出了卡斯蒂利奥奈所要求的"文学、音乐、绘画知识"。其中最有趣的是劳拉·赛瑞塔（1469年至1499年），她是威尼斯内陆布雷西亚市一个显赫家庭的长女。11岁以前，她在一所修道院学校接受修女的教育，她在那里学习了阅读、写作、刺绣和拉丁文，直到她父亲喊她回家一起照顾兄弟姐妹，但他鼓励她继续学习。劳拉在父亲的图书馆中深入阅读了拉丁文、希腊文和数学材料。然而，15岁时，赛瑞塔选择成为一名母亲而没有继续学习，并嫁给了一位当地商人。2年后，她的丈夫去世，她又回到了她的书房。1488年，年仅19岁的她出版了《家书》，这是一本拉丁文手稿，收录了82封写给朋友和家人的信，大多数是写给女性的，着实令人意外，还有一篇古典风格的模拟葬礼演说。

赛瑞塔的一封信名为《捍卫妇女的自由教育》，是15世纪意大利最引人注目的篇章之一。这是对一位评论家的回应，这位评论家称赞她为天才，其言下之意是：真正的女性人文主义学者十分稀少，可能是她父亲替她写的信。在回信中，赛瑞塔解释了为什么很少有女性是学者，然后为自己的学识进行辩护。

赛瑞塔的论点与皮科·德拉·米兰多拉在《论人的尊严》中的论点不谋而合。妇女和男子一样，可以选择行使自己的自由意志，不断求知。如果亚当通过自己喜欢的任何形式展现自己，那么夏娃也可以。

百年后，威尼斯的情况几乎没有什么变化，鲁克雷西亚·马里内拉（1571年至1653年）的《女人的高贵和优秀以及男人的缺点和恶习》就证明了这一点，该书于1600年左右在威尼斯出版并广为传播。马里内拉是她那个时代最多产的作家之一，她发表了许多作品，包括一部田园戏剧、一些音乐作品、宗教诗句和一首史诗，颂扬威尼斯在第四次十字军东征中做出的贡献。但当时的文学中，她尖刻的反男子论调十分独特，《妇女的高贵和优秀以及男人的缺点和练习》回应了同时代的威尼斯人朱塞佩·帕西所写的一篇当代讽刺作品《妇女的缺陷》。

接受过人文主义教育的马里内拉很清楚，任何诋毁妇女的男子都是出于愤怒和嫉妒。

马里内拉认为，文艺复兴时期的妇女，而非侍臣，充分拥有卡斯蒂利奥奈眼中的道德美德和人文思想指导下的个人主义。但马里内拉最重要的特点在于，她坚持认为女性是自主的存在，而不应该完全与男性相关。

维罗妮卡·弗朗科：精通文学的交际花

威尼斯受教育程度最高的公民包括被称为交际花的高级妓女，她们不像只出售性服务的普通妓女，而是非常老练的知识分子，能够进入威尼斯的贵族圈子。"你会发现，这位威尼斯交际花是一位擅长修辞的优雅演说家，"一位17世纪早期的城市访客写道。尽管她们经常受到公众的嘲笑，且和城市里的犹太人一样，经常因为共和国的各种麻烦被责怪，但像鲁克雷西亚·马里内拉这样的作家认为，妓女是人类自身缺陷和欲望的产物，而不是故意犯罪的人。事实上，这群交际花主宰了威尼斯文坛，她们将宫廷爱情诗中的陈词滥调转变为坦率的色情隐喻，创作了许多诗歌，堪比赛瑞塔和马里内拉等人的女性主义作品，削弱了男性在意大利社会中的主导地位。

威尼斯的交际花中，最杰出的是维罗妮卡·弗朗科（1546年至1591年），她出版了两卷诗集：《三行体》（1575），其名字来源于但丁在他的《神曲》（见第5章）中首次采用的意大利诗体名称，以及《写给一些人的家书》（1580）。她还收集了其他著名作家的作品，并为交际花以及她们的子女创办和资助了一个慈善机构。

15世纪70年代，威尼斯一个著名的文学沙龙中，弗朗科的不雅名声开始传播。沙龙上，男女诗人阅读、交流各自的作品。弗朗科的诗歌颂扬了她工作时的性经历，并在略带遮掩的宫廷爱情传统中满足了交流者的欲望。她巧妙地运用双关语，把骑士的语言变成了卧室里的笑话。双关语是一种修辞格，有两种理解方式。这种双关既诙谐幽默，又色欲满满，形成了基本的威尼斯风格。

威尼斯文艺复兴盛期的音乐

文艺复兴时期，有文学造诣的妇女也有音乐造诣，几乎无一例外。维罗妮卡·弗朗科这样的交际花既会唱歌又会演奏。到16世纪的最后几十年，妇女也从事作曲工作，其中最著名的是威尼斯人马达莱娜·卡苏拉纳。

马达莱纳·卡苏拉纳的牧歌

马达莱纳·卡苏拉纳（约1544年至1590年）是第一位看到自己的作品付印的职业女性作曲家。 1566年，她的选集《欲望》在威尼斯出版。2年后，她把自己的第一本诗集献给了伊莎贝拉·德·美第奇·奥尔西纳，上面写着："我愿意……向全世界展示……男人虚荣的错误，他们坚信自己能够掌握最高的智力天赋，而认为这些天赋不能由一个女人平等分享。"

卡苏拉纳的已知作品几乎完全是牧歌。牧歌是一种含有三个及以上声部的声乐作品，16世纪，这种音乐在意大利流行起来，统治了那里的音乐世界。我们知道，弗罗托拉在每一节中都使用固定旋律，而牧歌是联篇创作曲式的，每句歌词对应的都是新的音乐（可以重复之前的主旋律）。这就使得音画成为可能。通过这种形式，音乐元素在意境或旋律上模仿歌词的含义。举例来说，表现痛苦时，音调会变得异常低沉，就像卡苏拉纳的《我的心不能死》。这首歌哀叹一段糟糕的恋情，歌唱者痛苦至极，正考虑用木桩刺穿自己的心脏。当她说她的自杀可能会导致她心爱之人的死亡时，"我知道你会死"一句运用了音画手段，旋律上升，说明对她来说，他的死可能不是一件坏事。

曼图亚和费拉拉宫廷的女士们因她们的声乐成就而闻名于世，费拉拉的"女性联盟"吸引了当时许多最著名的牧歌作曲家。然而，即使没有这样的团队，也可以只用一个声部来演唱牧歌和其他歌曲，也许还可以用长笛和鲁特琴来伴奏。歌词非常重要，但音乐主要还是采用表演形式。

阿德里安·维拉尔特对复调形式的创新

虽然卡苏拉纳十分成功，但在 16 世纪威尼斯，对牧歌的流行贡献最大的还是阿德里安·维拉尔特（1490 年至 1562 年）。他是一个荷兰人，在1527 年获得了威尼斯最重要的音乐职位，圣马可教堂唱诗班指挥。他给这份工作带去了一种深刻的人道主义精神，这是一种创新精神，但同时也承认过去音乐方面的巨大成就。维拉尔的主要兴趣在于复调音乐，如经文歌和牧歌，他给两种音乐形式都带来了一些激进的新思想，例如，1559 年出版的《新音乐》囊括了 27 首经文歌和 25 首牧歌，均包含 4 至 7 个声部，书中的大部分内容可能是在 15 世纪 30 年代末至 40 年代中期创作的。

不同于之前的牧歌——除了 14 世纪意大利诗人彼特拉克创作的一首十四行诗，《新音乐》中的牧歌不停以经文歌的形式重复完整的十四行诗，并改编了之前用于神圣音乐的对位法。维拉尔特的主要目的是尽可能清晰、冷静地表达彼特拉克的文字，他的歌词来源于彼特拉克十四行诗，给人庄重的感觉，很可能是为了将世俗歌曲提升到宗教经文歌的境界，从音乐的角度来看，两种形式同样重要。虽然彼特拉克的十四行诗涉及世俗之爱，但这种爱实际上是对精神之爱的隐喻。

维拉尔特对复调形式的热爱也带来了其他的创新。在圣马可教堂，他经常使用两个甚至更多合唱团来创造一种复调合唱风格，教堂两侧的合唱团以愈发复杂的形式相互唱和，预示着四个多世纪之后立体声音乐的效果。在维拉尔特于 1500 年出版了《分组圣歌》之后，这一创新得到了广泛关注。他还在礼拜仪式中增加了新的乐器演奏形式，包括管风琴短前奏和管风琴技巧前奏曲，也被称为"托卡塔"，旨在突出乐器的音域和演奏者的精湛技巧。这两种方法很快在欧洲吸引了很多人效仿。维拉尔特音乐的丰富不亚于威尼斯绘画的丰富——充满了光和情感。从情感表达方面来看，文字和声音是等价的。

回顾

6.1 讨论美第奇家族对佛罗伦萨艺术和人文主义思想发展产生了怎样的影响。

佛罗伦萨是文艺复兴的中心，这次文化的重生相当于一场建立在人文主义探究基础上的人类意识革命。1401 年的洗礼堂大门设计竞赛如何体现这种新的意识？洛伦佐·吉贝尔蒂设计的新大门——天堂之门——如何将文艺复兴的价值观体现得更加淋漓尽致？

到 1418 年，佛罗伦萨大教堂的八边形交叉结构上仍然没有穹顶。布鲁内列斯基赢得了穹顶的设计比赛，完成了那个时代建筑工程上无与伦比的壮举。1436 年 3 月 25 日，法国作曲家纪尧姆·迪费为大教堂的祝圣创作了一首新的音乐作品，是一首名为《玫瑰初开》的经文歌。迪费的作品如何歌颂布鲁内列斯基的壮举？

布鲁内列斯基也是文艺复兴时期第一位掌握科学透视艺术的艺术家。对科学透视的兴趣反映了怎样的价值观？雕塑家多纳泰罗的作品又是怎样反映这些价值观的呢？

科西莫·德·美第奇巩固了美第奇家族对佛罗伦萨政治的统治，他与众多人文主义者交往甚密。你如何描述马尔西利奥·费奇诺的新柏拉图主义哲学？它是如何重塑柏拉图思想的？科西莫的孙子，伟大者洛伦佐继承了美第奇家族的传统，他朋友圈内有许多当时最伟大的人物，包括作曲家赫因里希·依萨克、画家桑德罗·波提切利和哲学家皮科·德拉·米兰多拉。你能分别描述一下他们是如何各自体现人文主义原则的吗？

6.2 说明佛罗伦萨的人文主义宫廷怎样为意大利其他宫廷起到带头作用。

洛伦佐的宫廷启发了意大利其他城邦领袖的宫廷，这些领袖几乎都是贵族。在费德里戈·蒙特费尔特罗公爵的乌尔比诺宫廷里巴尔达萨雷·卡斯蒂利奥奈写下了《侍臣论》。这篇论文对"全能的人"的定义是怎样的？

在米兰，卢多维科·斯福尔扎委托列奥纳多·达·芬奇为圣玛利亚感恩教堂的多米尼加女修道院创作了《最后的晚餐》。你认为，达·芬奇作为一个画家最大的长处是什么？他的肖像画如何体现人文主义价值观？

6.3 评价教会资助对罗马文艺复兴盛期艺术产生了怎样的影响。

在 15 世纪，罗马城曾经的辉煌几乎完全消失了。但是从 1471 年西斯都四世登上教皇宝座开始，教皇及其主教的赞助改变了罗马，这一时期被称为文艺复兴盛期。这一时期的许多伟大作品，包括多纳托·布拉曼特建造的坦比意多和新圣彼得巴西利卡、米开朗琪罗绘制的西斯廷教堂天花板、拉斐尔绘制在署名室的壁画，都是由教皇朱利叶斯二世委托创作的。你如何描述朱利叶斯二世的性格？

文艺复兴时期的音乐家与同时代的其他艺术家一样，具有创新精神。西斯都四世于 1473 年创立了西斯廷教堂唱诗班，通常演唱阿卡贝拉（没有器乐伴奏）。1489 年至 1495 年期间，西斯廷教堂唱诗班的主要成员之一是弗拉芒乐派作曲家若斯坎·德·普雷，他的作品包括 18 首弥撒曲。

6.4 比较文艺复兴时期的威尼斯以及佛罗伦萨和罗马的社会形态和艺术风格。

15 世纪的威尼斯自诩为世界上最国际化、最民主的城市。它的宗教和政治中心——圣马可大教堂和总督宫——并排矗立，象征着和平、繁荣，和最重要的一致目标。大运河岸显示了威尼斯的财富和福祉，在这里，威尼斯城内最重要的家庭建造了他们的房屋。这些富丽堂皇的房子采用哥特式风格。应该如何解释这座城市对这种中世纪风格的喜爱？乔尔乔内和提香是 15 世纪早期最重要的两位威尼斯画家。他们的绘画风格与文艺复兴时期的米开朗琪罗和拉斐尔有什么不同？

6.5 总结文艺复兴时期意大利妇女的地位。

乔尔乔内和提香的绘画从各个方面反映了威尼斯人对妇女的态度。提香的《美丽女子》体现了对妇女怎样的态度？几位著名的女性追求的教育水平超过了卡斯蒂利奥奈所要求的"文学、音乐、绘画知识",其中包括劳拉·赛瑞塔和鲁克雷西亚·马里内拉,她们对男性的态度提出了直接反对。赛瑞塔的《捍卫妇女的自由教育》与皮科·德拉·米兰多拉的《论人的尊严》之间有什么关系?你怎么形容马里内拉眼中女性的地位?

威尼斯文坛由一群交际花主宰,她们的名声基于她们能够将性追求和智力追求结合起来,其中一位交际花,维罗妮卡·弗朗科的诗歌就是她们文学创作的典范。马达莱纳·卡苏拉纳是第一位看到自己的作品付印的职业女性作曲家,她创作了一种牧歌。圣马可合唱团指挥阿德里安·维拉尔特对这种音乐形式驾轻就熟。

延续和变化:帕拉第奥及其影响

提香的《神圣与世俗之爱》中体现了一种逃避现实的倾向,我们在薄伽丘的《十日谈》中首次看到这种倾向。在薄伽丘的故事中,一群年轻人逃离了佛罗伦萨的瘟疫,逃到了乡下,并讲述了一系列的故事来相互娱乐,其中的故事时而粗俗色情,时而正直道德。文艺复兴时期的人文主义者认为,隐居乡村是一个受人尊敬的古罗马传统,像贺拉斯这样的罗马诗人在他的颂歌中大量记录了隐居的乐趣:

我在乡下怎么打发时间?
问题的答案很简单:
午餐,饮水,唱歌,玩耍,
洗澡,晚餐,休息。

到了文艺复兴时期,富有的威尼斯家庭跟从古典先例,经常逃离城市的炎热和潮湿,来到市郊的私人别墅。安德烈亚·帕拉第奥(1508年至1580年)的圆厅别墅(图6.35)位于维琴察城外的山顶,是所有乡村别墅

图 6.35

图 6.36

的标杆。就像许多威尼斯建筑一样，这座房子的门窗面向市郊的灯光，而不是面向庭院的阴影。帕拉第奥建筑的四个侧面各设置了一个带有山墙的凉廊，通过宽阔的楼梯与建筑相连，用来欣赏风景。

圆厅别墅建于 15 世纪 60 年代，是为一个人文主义教士而建，其设计平面图让人想起达·芬奇的《维特鲁维人》（图 6.17）。事实上，帕拉第奥和达·芬奇一样，都曾是维特鲁威的学生，那么，圆厅别墅的中央穹顶仿照了万神殿（见第 3 章图 3.16）的设计就不足为奇了。事实上，在 16 世纪，万神殿和所有带有穹顶的圆形大房间都被称为罗通达。虽然没有万神殿那样的天花板和规模，但帕拉第奥的别墅拥有直径 2.13 米的穹眼，就像万神殿顶的穹眼一样，但今天，别墅的穹眼上覆盖着一个小型圆屋顶。穹眼的正下方是一个羊脸形状的石头排水沟，引导雨水流进地下室。虽然威尼斯依赖于内陆的农业经济，但圆厅别墅并不是一座工作农场，相反，这所房子是为家庭生活和娱乐而设计的。

帕拉第奥在威尼斯附近建了许多别墅，每一座都以不同的方式引起了人们的兴趣，构成了文艺复兴时期建筑的重要组成部分，影响了许多国家的建筑师，其影响力持续到后来的几个世纪甚至到了今天。帕拉第奥去世300 多年后，托马斯·杰斐逊仿照帕拉第奥的建筑，在蒙蒂塞洛建立了自己的乡村庄园（图 6.36），坐落在弗吉尼亚州夏洛茨维尔郊外的一座小山上，景色与圆厅别墅的景色完全相似。而与其不同的是，蒙蒂塞洛别墅位于一个农场的中心，杰斐逊在这座农场里不断地试验农业技术和方法。在帕拉第奥使用的基本几何元素中，杰斐逊感知到一种秩序与和谐，从他的观点来看，这种感觉似乎是他构筑新美利坚合众国的理想选择。

图 7.1

第 7 章

阿尔卑斯山以北的欧洲文艺复兴和宗教改革

贫富之间

学习目标 >>>

◎描述商业和商业财富对宗教和世俗绘画发展有何影响。

◎解释宗教改革的原因，并评价改革对当时文学艺术的影响。

　　15 世纪和 16 世纪的意大利并未垄断欧洲的艺术。在北部，弗拉芒城市布鲁日是一个主要的文化中心，在艺术和商业方面与意大利的城邦不相上下。作为阿尔卑斯山以北的欧洲的金融中心，这座城市是美第奇家族银行在该地区的业务所在地，拥有强大的商人阶层。布鲁日虽然地处内陆，但由于与北海相连，可以通过一条水道到达其他商业中心。水道入海口有锁，根据 16 世纪的一份报告，"看到海水通过一扇木门涌进涌出，真是令人惊异，这体现了人类的精妙的独创性。"水上贸易终止于城市中心。但是，沉重货物的卸货点位于更北的"起重机运河"。1290 年，城市已经在那里建造了一个大型的木质起重机，通过"起重机儿童"踩动一个圆筒来驱动（图 7.1）。

　　像贵族一样，这个城市繁荣的商人阶层积极支持艺术。本章概述了阿尔卑斯山以北的欧洲几个文化中心商业艺术市场的发展，尤其是布鲁日、安特卫普、巴黎和伦敦，这将永久改变西方艺术文化的性质。在市场竞争的推动下，创新精神主导着艺术。政府和商业的赞助开始与贵族和教会的赞助相抗衡，艺术工作室将越来越多地发挥商业作用。在伦敦，戏剧商行为获得足够的利润而竞争不断，各种阶层的观众会蜂拥至泰晤士河南岸观看这些戏剧。

　　但日益繁荣的背后还有更黑暗的一面。约翰·赫伊津哈在其关于这一地区文艺复兴兴起的著作《中世纪的秋天》中描述了生活中的隐患：

　　城市的穷人和病人饱受折磨；贫穷和疾病更可怕，给人们带来了更多的痛苦。病人与健康之人的生活形成强烈对比。冬天刺骨的寒冷和可怕的黑暗是具体的挑战。有钱有势的人肆无忌惮地贪婪享受着，他们与可怜穷人之间的差距比现在更大，带有毛皮边的办公长袍，明亮的炉火，觥筹交错，谈笑风生，柔软的床……带来了极致享受……

生活是如此的紧张而丰富，甚至能够忍受鲜血和玫瑰的混合气味。在地狱般的恐惧和童稚的笑话之间，在残酷的严厉和伤感的同情之间，人们蹒跚而行——就像一个巨人长有一个孩子的头，到处乱窜。在对所有世俗快乐的绝对否定和对财富和快乐的狂热渴望之间，在黑暗的仇恨与欢乐的狂欢之间，他们生活在极端之中。

教会没能够为人类提供什么慰藉，因为在许多人看来，教会是罪恶和腐败的中心。面对教会为了赞美上帝委托艺术家创造的宏伟艺术，阿尔卑斯山以北的欧洲人很可能会想起周围的贫穷和黑暗。事实上，人们的想象力中弥漫着一种悲观情绪。从悲观主义者的角度的来看，基督被钉死在十字架上意味着痛苦和苦难是必然的，而并不意味着的来世荣耀。在艺术上，这种悲观情绪反映在对苦难的详细刻画之中，尤其是在德国。与此同时，由意大利传播而来的人文主义思想也开始站稳脚跟。

艺术、商业和商人赞助

商业和商业财富如何影响阿尔卑斯山以北的欧洲宗教和世俗绘画的发展？

在布鲁日，绘画是一种主要的商品，仅次于布料。图像制作产业生产并出售了许多用于祈祷的小嵌板、私人用祈祷书、肖像画和城镇景观画。每年5月，布鲁日城市中都会开展一次大型集市，画家、金匠、书商和珠宝商会展出他们的商品。展会拥有180多个出租摊位，位于方济各会修道院的庭院和回廊。油画尤其受到欢迎，因为它们相对便宜。油画已有几个世纪的历史，中世纪的画家用油画来装饰石头、金属，偶尔画在石膏墙壁上。正如我们将要的那样讨论，油画使像扬·凡·艾克这样的艺术家能够在他们的绘画中加入细节、微妙的色彩和价值的渐变，从而产生了非凡的现实主义。对许多美术史家来说，这种细致的自然主义是阿尔卑斯山以北的欧

图 7.2

洲艺术最鲜明的特征。无论如何，到了 16 世纪，布鲁日版画家约翰内斯·施特拉丹乌斯创造了版画《扬·凡·艾克的工作室》（图 7.2），从而普及了凡·艾克的思想。这张照片显示，凡·艾克的布鲁日工作室仿佛一个工厂，像生产商品一样生产绘画，供日益壮大的中产阶级消费。

到了 15 世纪中叶，位于斯海尔德河畔的佛兰德斯城市安特卫普取代了布鲁日的地位。这段历史受到了地理因素的影响：布鲁日运河系统中，淤泥堆积，导致大型船只无法进入港口，安特卫普很快就利用了布鲁日的这一劣势。安特卫普的所有艺术品都通过集市出售，到 16 世纪中叶，在开展集市的建筑里进行了大量的艺术品交易，建筑附近住着近 300 名画家。仅在 1553 年一年时间里，西班牙和葡萄牙的船只就带着超过 4 吨的油画和 6400 米的挂毯离开了安特卫普码头，这些都是在集市上购买的。艺术品的交易是双向的，虽然安特卫普是该地艺术的主要分销中心，但它也从这里的文化中心收到了许多货物。那时，艺术和商业密不可分。

文艺复兴时期南北文化的最大差异之一是赞助的性质。在欧洲南部，最重要的赞助人是拥有相当政治影响力的家族。美第奇家族、斯福尔扎家族、蒙特费尔特罗家族以及教皇都通过赞助艺术来提高自己的政治声望。在阿尔卑斯山以北的欧洲，贸易造就了一个富裕而相对庞大的商人阶层，他们很快就能与法国和勃艮第的宫廷相媲美，成为当时最重要的赞助人。富有的贵族当然影响了艺术的发展，如勃艮第的菲利普·古德，但渐渐地，新兴商人阶层的品位主导了艺术作品的生产和销售，这一新的阶层是艺术家的新受众。在市场的推动下，艺术家们试图取悦这一新阶层，商人阶层的一些人也推动了几位油画大师的职业生涯。这些艺术家，包括罗伯特·康宾，扬·凡·艾克，罗吉尔·凡·德尔·维登和耶罗尼米斯·博斯，都与特定的文化中心联系在一起。

罗伯特·康宾在图尔奈

罗伯特·康宾（约 1375 年至 1444 年）所画的《受胎告知》（图 7.3）彰显了商人阶级日益增长的影响力。康宾是图尔奈市画家行会和元老会的成员，自中世纪以来，这座靠近佛兰德斯南部边界的城市以金属制品、珠宝和建筑雕塑而闻名。我们对康宾的生活知之甚少，但我们确实知道，由于他与情妇同居，生活放荡，康宾曾遭到图尔奈市元老的驱逐。他的惩罚后来被降为罚款，但这一事件说明了 15 世纪阿尔卑斯山以北的欧洲文化中

图 7.3

道德的严肃性，这种严肃性在后来的新教改革中会变得更加突出。

《受胎告知》由 3 个部分组成，被称为"三联画"。左边的画板描绘了绘画的赞助人，梅希林的英加布列赫特夫妇跪在地上，中间画板上的窗户装饰有他们的家族纹章。在一个弗拉芒中产阶级家庭的客厅里，圣母领报的魔力发生了。玛利亚坐在壁炉前一张木制长沙发的搁脚板上，正在专心致志地看书，她旁边的桌子上放有另一本插图丰富的图。长沙发每个角落的顶端装饰都描绘了狗，象征着忠诚和家庭生活，以及狮子，象征着耶稣和他的复活。天使长加百列从左边走向玛莉亚，几乎挡住了夫妇二人的视线，他们正在从门口往里看。七缕阳光照亮了房间，直射玛丽的腹部。在其中一缕光线上，一个背着十字架的微型基督飞进了房间（图 7.4）。康宾旨在告诉观众，基督的整个生命历程，包括受难，在受孕的那一刻就进入了玛利亚的身体。她身旁桌子上的蜡烛象征着"古老的信仰"（即犹太教），基督的"真理之光"进入了房间，熄灭了蜡烛，这一强有力的神学象征点燃了在中世纪西班牙和十字军东征期间爆发的反犹太情绪，这也是后来文艺复兴时期宗教裁判所反犹情绪的基础。宗教裁判所要求犹太人皈依基督教，否则将面临流放或死亡，之后，20 世纪发生了大屠杀。桌上花瓶里的百合花象征着玛利亚的纯洁，但由于百合花一共有三朵，所以它们也可能代表着三位一体。

隔壁房间的壁炉和长沙发与右边画板上的玛利亚相隔咫尺，在这个房间里，圣徒约瑟夫正在做木匠活，他面前的桌子上有一个最近完

图 7.4

成的捕鼠器，可能象征圣奥古斯丁的一个比喻：基督受难是一个陷阱，基督用自己的血做诱饵，诱捕撒旦。窗台上还有一个捕鼠器，显然是要出售的。约瑟夫在一块木头上钻洞，也许是用来压葡萄的，因此又映射基督的血——基督宣称圣餐中的葡萄酒是他自己的血。百叶窗被锁在上方的天花板上，因此，我们可以透过窗户看到一个典型弗拉芒小镇的主广场，也许是图尔奈。

图画中的圣母领报显然具有地方性质，且与资产阶级联系紧密。玛利亚是一名弗拉芒家庭主妇，约瑟夫是一名弗拉芒木匠，也是房子的主人，但他们两人在报喜的时候还没有结婚。时间崩塌了，新约变成了现在正在发生的事情，每一个元素似乎都是弗拉芒人日常生活中必不可少的一部分真实。这个中产阶级家庭的每一个物件除了拥有宗教上的象征意义之外，都有了一个真正存在的物质意义。

作为一幅祭坛画，康宾的三联画尺寸小到惊人，这也值得我们注意。如果根据设计，两个侧面的画板被折叠，覆盖在中央画板上，那么绘画的面积才刚刚超过 0.18 平方米，使其便于携带。弗拉芒艺术家明白，他们可以利用油画来调节画层的透明度，而其透明度取决于油画中颜料的密度。光穿透油画层，在观看者处被反射回来，产生宝石般的色彩光辉。这种油画中的彩色光线是弗拉芒油画的显著特征。

作为一种绘画媒介，油画还有其他优点，其干燥速度比蛋彩画颜料慢得多，并且通过添加额外的油可以进一步减慢干燥过程。缓慢干燥的油漆可以让艺术家混合极少量的颜料，创造微妙的色调效果，仿佛光线落在了物体上。此外，艺术家在油画中使用极其柔软、精细的画笔，使观众看不出笔画的痕迹，成品也显得栩栩如生，使观众产生一种错觉，以为是在看着真实的物体。弗拉芒艺术家深刻了解到了油画媒介能够增强光的效果，这背后隐藏的思想是：光代表着精神真理。因此，如果光线落在一件物体上，并在观众那里被反射回来，该物体至少带有更深的象征意义。从这个角度来看，世界和物体与创始者一起"发光"，画家们的作品体现了深远的宗教意为。

光线似乎是从康宾的画布里发散出来的。加百列的翅膀闪闪发光，这种效果是通过在油画表面涂上一层非常薄、几乎透明的油漆达到的——这

图 7.5

与达·芬奇上釉的过程相同（见第6章），达·芬奇的技术可能是从阿尔卑斯山以北的欧洲艺术家那里学来的。翅膀确实可以散发光线，使天使长具有物质存在性。精神也是真实的。事实上，大天使看起来和他头顶上的铜壶一样"真实"。

由于《受胎告知》和一些其他阿尔卑斯山以北的欧洲文艺复兴绘画便于携带，强调现实主义和物质性，它们给绘画艺术世界带来了新的可能性。南欧的赞助者通过进行艺术赞助获得了个人的满足感，甚至荣誉（比如佛罗伦萨美第奇家族的赞助）。但是在南欧，赞助行为是为了促进城邦、行会或教会的荣耀。相比之下，梅希林的英加布列赫特夫妇的动机似乎完全是私人的。在商人阶级的赞助下，油画开始变得像约瑟夫放在窗边出售的捕鼠器一样；也就是说，油画变成了一种商品。事实上，《受胎告知》的赞助人可能把这幅作品看作是一件交易品，而委托创作可能是一种获得救赎的行为，使他们免于炼狱，并为他们进入天堂铺平道路。康宾绘画的一个最显著的特点是场景的日常性，这种平凡使基督教圣迹场景获得欧洲绘画中前所未有的真实感，这种真实感是通过油画这一媒介得到增强的。

扬·凡·艾克在根特和布鲁日

对个人认同的歌颂标志了南北文艺复兴时期的艺术，这一特点在扬·凡·艾克为意大利商人乔凡尼·阿尔诺芬尼夫妇创作的双人肖像中尤为明显，阿尔诺芬尼是美第奇在布鲁日的利益代表（图7.5）。学者们仍在争论这件作品的意义和目的，但大多数人都同意这对夫妇是在一间卧室里，在两个见证人面前交换结婚誓言。其中一个是凡·艾克本人，可以通过房间后面的镜子中看到这位被反射的画家（图7.6）。（在镜子上方，他用拉丁文题字"扬·凡·艾克在这里，1434"。）最近有人提出的一个论点十分具有说服力：这一场面体现的是订婚而不是结婚，根据传统，抚摸双手象征着同意结婚，而且这一场景发生在一个荷兰家庭的前客厅，这种客厅通常有带檐篷的床，象征着好客。

这幅画充满了其他的象征元素。乍一看，这幅画把一个完全世俗的形

图 7.6

象转变为一个充满宗教意义的形象，这是阿尔卑斯山以北的欧洲艺术的一个特色。许多学者推测，这对夫妇脚下的小狗代表忠诚，而画面左前方和房间后方的两双鞋子说明这对夫妇站在神圣的地面上，因为他们举行的仪式就十分神圣。枝形吊灯上只有一支点燃的蜡烛，代表着上帝的存在。阿尔诺芬尼身后的窗台和桌子上摆放了水果，暗示着丰盛。在房间后面的高椅子顶上有一个雕刻的顶端饰，要么代表分娩的守护神圣玛格丽特，要么代表家庭主妇的守护神圣玛莎。旁边的除尘刷可能象征着妻子的家务。最重要的是，这幅画的主体庆祝这对夫妇的精神和物质幸福，从阿尔诺芬尼的毛皮长袍到富丽堂皇的红色天鹅绒床单，画中许多物件的材质都象征着我们所谓的"美好生活"，这是一个有着悠久古典历史的短语。

凡·艾克在油画创作中特别渲染物体的纹理，并对光线在物体表面上的反射加以利用，这反映了他对细节的热爱，这一点尤其体现在画中妻子的绿羊毛长裙和乔凡尼·阿尔诺芬尼的貂皮长袍上。这种对细节的热爱体现在看不出笔画的光滑表面上，是阿尔卑斯山以北的欧洲文艺复兴时期绘画的特点，这也是文艺复兴时期阿尔卑斯山以北的欧洲绘画区别于阿尔卑斯山以南的欧洲绘画的最大特点。

耶罗尼米斯·博斯在斯海尔托亨博斯

耶罗尼米斯·博斯（1450 年至 1516 年）出生于斯海尔托亨博斯（现在位于荷兰南部），并在那里生活、工作。这个城镇因为其羊毛和布料欣欣向荣。

　　博斯的作品中弥漫着一种特有的不祥之感，从中世纪的传统布道到令生灵涂炭的黑死病。由于阿尔卑斯山以北的欧洲的气候更加寒冷，生活条件更加恶劣，从 13 世纪 40 年代到 16 世纪，瘟疫周期性地肆虐城市。

德国传统

　　到 1500 年，佛兰德斯东南部德语区和东北部荷兰境内的城市开始迅速发展。1400 年至 1500 年，许多大城市的规模翻了一番。科隆是德国最大的城市，人口约为 4 万，纽伦堡、斯特拉斯堡、维也纳、布拉格和吕贝克都有 2 万至 3 万居民，成为重要的文化中心，但这些城市比佛罗伦萨、巴黎和伦敦都要小，这三个城市的居民都约有 10 万人。在所有这些城市中，白手起家的商人阶层愈发富裕，支持着艺术品的制造。16 世纪初德国画家的艺术风格介于凡·艾克细节丰富、光彩照人的油画和拉斐尔更注重线条、科学和古典的理想化风格之间，兼顾了两者。

　　情感与基督教奇迹：马蒂亚斯·格吕内瓦尔德的艺术

　　博斯重视对细节的精心渲染，也关注与其作品主旨有关的道德问题，这两点在马蒂亚斯·格吕内瓦尔德(约 1470 年至 1528 年)的作品中也很明显。多才多艺的格吕内瓦尔德曾担任美因茨大主教宫廷的建筑师、工程师和画家，他最著名的作品是《伊森海姆祭坛屏风》（图 7.7），这是一幅巨大的水晶壁画，创作于 1510 年至 1515 年间，是为圣安东尼修道院的医院绘制的。该修道院位于斯特拉斯堡附近的伊森海姆，专门治疗皮肤病患者，这些皮肤病包括梅毒、麻风病和麦角中毒（这是一种坏疽性疾病，因食用被麦角菌污染的谷物引起）。人们认为身体上的疾病是精神疾病的一种表现，因此格吕内瓦尔德的《伊森海姆祭坛屏风》，就像近 300 年前教皇英诺森三世的《论人类苦难》一样，旨在使这些罪人悔改。但更重要的是，这幅作品给在绝望中受苦的人民带来了希望，告诉他们不只有他们在受苦——基督也曾像他们一样受苦。

《伊森海姆祭坛屏风》描绘的耶稣受难是有史以来最可怕的，比南欧任何一幅耶稣受难绘画的细节都更加逼真。基督的肉体被荆棘撕裂；他的身体看起来很消瘦，苍白的皮肤紧紧地勒在腹部和肋骨上。他歪斜地被挂在十字架上，十字架承受着他的重压，变得弯曲，他的双手张开，痛苦地扭曲着，他的嘴唇也是蓝色的。格吕内瓦尔德使用的紫绿色和黄褐色几乎散发出腐烂的肉体气味，似乎是为了强调基督的病态。一切都是暗色的，就像《马可福音》（15：33）所描绘的场景一样："到了第六个小时，整个地面都被黑暗覆盖，一直到第九个小时。"祭坛的支座上绘有哀悼耶稣的画面，基督的身体僵硬如死尸，被安放在坟墓里。

这副祭坛绘画由一组固定侧翼、两组活动侧翼和一组覆盖在祭坛台上的滑动面板组成，使得作品得以通过不同的构造呈现。修道院医院里的病人整整一周看到的都是紧闭的侧翼，格吕内瓦尔德笔下耶稣被钉死在十字架上的可怕场景和哀悼基督，但在神圣的日子里，甚至可能在星期天，侧翼打开，绘画里面天使报喜和耶稣复活的场景得以显露出来，圣母子的旁

图 7.7

图 7.8

边陪伴着天使（图 7.8）。描绘天使报喜场景的画板中有一座哥特式教堂，天使在这里降临到玛利亚面前，玛利亚腿上的《圣经》翻到以《赛亚书》11：1："必有一根杖从耶稣的茎中出来，一根枝子从他的根中长出来。"她上方的活动侧翼上，圣灵的鸽子正在盘旋，沐浴在明亮的光中。中间的画板中，玛利亚正照料着圣子基督，这种场景可以令圣安东尼修道院医院的病人感同身受：用来清洁皮肤的亚麻布、一张床、一个浴缸、一条毛巾，甚至有一个便壶。在右边描绘了耶稣复活场景的画板上，基督从坟墓中破土而出，将罗马士兵炸倒在地，接着上升到一个半透明的光环中间。基督的皮肤现在是白色、纯洁的，与封闭画面中的绿色皮肤形成了鲜明对比。因此，救赎一直潜藏在病人的脑海中，在那一刻的痛苦和磨难之后，是来世永恒的荣耀和喜悦。

　　格吕内瓦尔德的祭坛画突出了人们对死亡的关注。面对自 1348 年黑死病以来一再发生的瘟疫，生命的脆弱和死亡带来的终极恐怖始终是人们关注的主题。《善终的艺术》能够成为最受欢迎的文本也就不足为奇了，这部作品的起源尚不清楚，但在 1460 年至 1500 年间，出现了用多种语言编写的 100 多种不同的版本。格吕内瓦尔德的祭坛作品是阿尔卑斯山以北的欧洲艺术的典型，它坚定地强调死亡的现实，通过最细微的细节将其呈现出来，但它也具有强烈的情感主义和几乎神秘的超越感，体现出独特的德国风格。

艺术细节与人文主义的相遇：阿尔布雷特·丢勒的艺术

1471 年出生于纽伦堡市的阿尔布雷特·丢勒代表了德国文化的一种趋势，这种趋势已经不同于格吕内瓦尔德建立在人文主义基础上的情感主义和神秘主义。到 1528 年去世时，丢勒已经成为文艺复兴时期主要画家之一，成功地将德国 - 荷兰哥特式风格与文艺复兴时期的盛行的透视法、经验观察和人物形象的理想美法则结合了起来。

和其他艺术家一样，丢勒也是一位油画大师。他 1500 年的自画像（图7.9）充分利用了油性颜料，创造了一个纹理丰富的表面。丢勒对自己高超的油画技艺了然于心，在画上题下了这些字句："因此，我，来自纽伦堡的阿尔布雷特·丢勒，在 28 岁时就用不朽的色彩来描绘自己。"丢勒主动将自己描绘成一种圣像，强调了"不朽"一词所体现的艺术含义。他正面的姿势、带有胡须的脸庞、强烈的凝视使人想起基督的传统形象。最起码，他希望我们从他的脸上能够看到神的启示。他写道："艺术来自上帝；是上帝创造了所有的艺术；画得有艺术感是不容易的，因此，没有天赋的人不应该去尝试，因为这是来自上天的启示。"对

图 7.9

丢勒来说，创造艺术是一种神圣的行为；它彰显了上帝的工作——从创造到基督的受难。

但是丢勒作为一个艺术家的真正成功来自他的版画创作。无论如何，到了 15 世纪末，他不仅被公认为一位伟大的画家，而且被广泛认为是当时最伟大的版画家，一位木刻和雕刻大师。1498 年，他完成了一系列的版画，描绘了天启的故事。在《启示录四骑士》中，瘟疫、战争、饥荒和死亡（图 7.10）是天启的主要征兆，抓住了人们普遍认为天启即将来临的心态。这些版画受到数千人模仿，这些复制品分布在德国和欧洲其他地方，不仅有效地确保了丢勒的声誉，而且保证了他一生的收入。

图 7.10

人文主义与宗教改革

宗教改革是什么？这项运动对那个时代的文学艺术产生了怎样的影响？

1529 年，阿尔布雷希特·阿尔特多弗（约 1480 年至 1538 年）创作的

《亚历山大之役》，精准反映了那个时代的普遍心态，即世界末日即将来临（图 7.11）。公元前 333 年，亚历山大大帝在小亚细亚的一个小港口城市伊苏斯平原上战胜了波斯的大流士三世，该地靠近土耳其与叙利亚的边界，这一胜利成为绘画的主题。当时，苏莱曼一世（1520 年至 1566 年在位）领导着奥斯曼土耳其人，已经控制了匈牙利，并准备围攻奥地利首都维也纳，而阿尔特多弗的家所在的雷根斯堡就在维也纳上游 321 千米处。虽然那时已经拿起了画笔，但为了抵御土耳其迫在眉睫的威胁，阿尔特多弗负责了雷根斯堡的防御工作。

这幅画以最精妙的细节呈现了伊苏斯之战：画面中间，亚历山大身穿中世纪盔甲，手持长矛，向大流士冲了过去，下面是指向他的红黄条纹旗帜。大流士乘着三匹白马拉的战车，向后撤退。这幅画中间的三分之一描绘了东地中海，海中央的岛屿是克里特岛。陆地上的山顶上方画着红海，右边是尼罗河三角洲。不宁静的天空与下面的战斗形成呼应，带有一种末日感。

亚历山大成功地击败了波斯人，但这幅画似乎表明，神圣罗马帝国的皇帝查理五世在和苏莱曼一世的战斗中却没有那么幸运。而事实上，苏莱曼一世在多次打击后没能够攻下维也纳，与此同时，雨雪天气使得将士们士气低落。于是，1529 年，在阿尔特多弗完成这项创作后不久，苏莱曼便撤回了包围城市的军队。但这幅画预示的末日却不止与土耳其的威胁有关。令查理五世尴尬的是，他的军队对他无力支付报酬而感到愤怒，于 1527 年将罗马城洗劫一空，他们监禁了教皇克雷芒七世（朱利奥·德·美第奇），并强迫他支付大笔赎金后才将他释放。基督教世界已经被这些事件撕得四分五裂，而马丁·路德（1483 年至 1546 年）却带来了更大的挑战。马丁·路德是一位来自德国维滕贝格的离群牧师，住在北边的易北河岸。1517 年 10 月 31 日，他在镇上的诸圣教堂门口张贴了《九十五条论纲》。这扇门就像是一个信息亭，用来发布与大学相关的信息，而且由于路德是大学的神学教授，这一地点似乎是抗议天主教会行为的绝佳场所。他的目标是改革教会，到 1529 年，他的运动被称为新教改革。在阿尔特多弗的创作过程中，教会内忧外患。在路德看来，罗马的解体标志着教会的道德破产和上帝对它的

ALEXANDER M DARIVM VLT: SVPERAT
CA SIS IN ACIE PERSAR: PEDIT: CVM EQVIT
VERO X M INTERFECTIS. MATRE QVOQVE
CONIVGE LIBERIS DARII REGC VM M HAVD
AMPLIVS EQVITIB: FVGA DILAPSI CAPTIS.

图 7.11

不满。从天主教的角度来看，路德对教皇权威的挑战预示着信仰的瓦解，这预示着第二次降临和审判日（他们确信，像路德这样的人会被直接送入地狱）。但双方都认为，天启似乎近在眼前。

伊拉斯谟的讽刺作品

整个 15 世纪的阿尔卑斯山以北的欧洲，伴随着这种日益高涨的天启情绪，一场被称为"现代虔诚"的新宗教运动席卷了一座又一座城市。非宗教人士被组织起来聚集在屋子里，他们虽然没有立下宗教誓言，却提倡采用类似修道士和修女的生活方式。这些被称为共同生活兄弟会的成员都努力将耶稣试图传递的思想付诸实践。这种流行的宗教运动所提倡的简朴生活与重商主义阶级的繁荣和物质享受以及人们眼中罗马教会奢侈腐败的生活发生了尖锐的冲突。

德西德里乌斯·伊拉斯谟（约 1466 年至 1536 年）是教会铺张的最坚定反对者之一。和路德一样，伊拉斯谟也是一位修道士和人道主义学者，他在鹿特丹长大，是共同生活兄弟会的成员之一，30 多岁时，他已经成为欧洲最有影响力的教育家之一，也是第一个利用印刷机传播他的作品的人文主义学者。

路德自己的反教皇情绪起码在一定程度上是受到伊拉斯谟作品的启发的。伊拉斯谟 1516 年将希腊文《新约》译成拉丁文，这给年轻的奥古斯丁主义者留下了特别深刻的印象。路德早期的老师和伊拉斯谟早期的老师一样，都是奥古斯丁主义者。因此，伊拉斯谟在《愚人颂》（1509 年）中对神职人员腐败行为的讽刺，以及他在一份匿名发表的小册子《尤利乌斯被拦在天堂门外》（1513 年）对教皇尤利乌斯二世的谴责，注定会给路德留下深刻印象。

1509 年，德西德里乌斯·伊拉斯谟住在他的朋友托马斯·摩尔（1478 年至 1535 年）位于伦敦的家中时，写下了《愚人颂》。就像后来的《尤利乌斯被拦在天堂门外》一样，这部讽刺当代社会罪恶和愚蠢的作品在伊拉斯谟的有生之年经历了二十多次再版。讽刺作品是一种表达现实与理想之间矛盾的文学体裁，自希腊罗马时代以来就一直潜伏在西方文化中。当时，阿里斯托芬在自己的喜剧中，贺拉斯和朱文诺在诗歌和散文中都利用讽刺来批判自己那个时代的文化。像伊拉斯谟和摩尔这样的人文主义学者，对这些经典了如指掌，并重振了这一题材。

《愚人颂》巩固了伊拉斯谟作为欧洲杰出人文主义者的地位，也是他最有影响力的作品。这部作品是以一个名为"愚人"（莫里亚）的人物口吻来写的，带有深刻寓意。她是一个傻瓜，行为也很愚蠢。借愚人之口，伊拉斯谟可以随心所欲地说任何他喜欢说的话，正如愚人提醒我们的那样，"愚蠢的人还有一个非常值得称赞的特性，那就是他们总是说真话。"伊拉斯谟几乎不放过愚人眼中"傻瓜团"中的任何人，尤其是所有神学家和教会官员。他特别抨击那些"持续通过赦免和赎罪券行骗"的人，这种情绪将深深影响马丁·路德。

伊拉斯谟散文的魅力很大程度上来自这种口头暴力的修辞力量，也来自文中的反讽，通过说出一件事来含蓄地表达另一件事——用"开玩笑的舌头"说话。事实上，反讽作为讽刺的主要工具之一，也体现在伊拉斯谟作品的标题中，《愚人颂》事实上就是谴责人类的愚蠢。

马丁·路德的宗教改革

对路德来说（图7.12），伊拉斯谟的讽刺作品还不够凝重。如果他和伊拉斯谟对教会的认识相同，那么教会的问题实际上非常严峻，不能简单地被形容为"愚蠢"。路德早年在教会的经历说明他是多么认真地对待自己的使命。1505年，22岁的他在埃尔福特加入了圣奥古斯丁隐士团，这一决定的动机源于他发过的一个誓：如果他在一次特别严重的雷暴中幸存下来，他将成为一名修道士。1511年，他搬到了维滕贝格的奥古斯丁修道院，并在1512年获得了神学博士学位。在1513年至1514年冬季学期，他开始在那里的大学讲课，他的主要课题是《圣经》。

他的所有作品都被编纂成册，出版于他死前一年，在全书的前言中，路德回顾了1513年至1517年间的信仰危机。

图 7.12

路德几乎完全拒绝了传统的教会教义。他争辩说，在上帝眼中，人类的道德与美德并不表现在善行或工作上，例如委托别人创作祭坛绘画，因为如果这是真的，人们就永远不知道他们是否做了足够的善事，是否值得拯救。这是使路德感到沮丧甚至愤怒的根源。路德确信，上帝接受所有的信徒，不管他们做了什么，而不是因为他们做了什么。他认为《圣经》驳斥了"教皇关于整个王国的邪恶思想，即基督徒无法确信上帝对他的恩典，如果这个观点成立，那么基督就完全没用了……因此，教会是魔鬼的王国，是用来折磨良知的"。在路德看来，基督已经为人类赎罪了，信徒们因此必然受到救赎。所以路德开始宣扬通过信仰而不是通过行为获得救赎。

就像他之前的但丁、乔叟和伊拉斯谟一样，路德对利用赎罪券来减轻炼狱惩罚这一思想尤其感到烦恼。从理论上讲，赎罪券为所有罪人铺平了通向天堂的道路，考虑到当时的天启狂热，赎罪券尤其受到大众欢迎。路德的主要攻击对象是多米尼加修道士台彻尔他四处游荡，售卖赎罪券，因而臭名昭著（图 7.13）。美因茨的大主教阿尔布雷特和教皇利奥十世共同雇用了台彻尔，来筹集资金，以偿还大主教的债务，并资助利奥重建罗马的圣彼得大教堂。出售赎罪券支持了这些项目的开展。

图 7.13

总的说来，路德憎恶教会赞助奢华的装饰项目，并同样憎恶其体现的世俗或物质主义精神，以及罗马主教的道德松懈。他渴望教会回到早期的精神道路上，远离腐化教会的权力和财富。路德发现，出售赎罪券的做法与圣经的思想背道而驰。

事实上，他反对意见的核心是阶级划分。只有富人才能负担得起为自己和家人赎罪的费用。如果穷人真的买下了这些赎罪券，他们就得牺牲家庭的幸福，不得不眼睁睁地看着自己通过辛苦劳动获得的收益在罗马开展最奢侈、最铺张的工程。这种不公正和不公平助长了路德的愤怒。

1518 年 8 月 7 日，路德受到传唤，必须在 60 天内到罗马面对其传播异端邪说的指控。正如伊拉斯谟所宣称的："他犯了一个大罪——他打了修道士的肚子，打掉了教皇的皇冠！"1521 年 1 月 3 日，教会驱逐了路德，这是不可避免的。他所有的著作都被宣布为异端邪说，并被下令烧毁。1526 年，在法国和土耳其的威胁下，为了维持国内和平，德国皇帝授予每块领土和城市自由决定权，自主决定是否跟随路德的脚步。然而，3 年后，他撤销了这一法令，导致 18 个德国州签署了一项抗议书，这一抗议行为使得新教徒一词得以诞生。

宗教改革的传播

在路德领导德国改革的同时，其他改革派也在法国和瑞士发起了类似的运动，还有一些人将他的思想改造得更加激进。路德的宗教改革之所以能产生如此大的号召力，既有政治上的原因，也有宗教上的原因。他在教皇权威的面前主张个人良知，而大众认为，正是这一思想把德国君主和英国国王亨利八世从困扰教会的教皇暴政中解放出来。对许多市民和农民来说，摆脱教皇权威似乎赋予了他们摆脱独裁统治的理由，无论是农民脱离封建领主，行会脱离地方政府，还是城市脱离君主。

托马斯·闵采尔与农民战争

到了1524年，德国各地的农民领袖公开要求路德支持他们争取政治和经济自由的斗争，特别是从农奴制中解放出来，其中许多是路德宗的教徒。路德对是否支持农民斗争而感到犹豫不决，但曾在维滕贝格学习的德国神职人员托马斯·闵采尔（约1489年至1525年）却没有犹豫，他坚信，教会的改革需要彻底废除封建主义的残余，彻底废除他所说的"不敬神的君主"统治，彻底废除他们手下那些自私自利的学者和牧师，他认为，路德位列其中。

路德实际上同情农民的困境，但他缺乏闵采尔的好战精神。闵采尔很快就组建了一支军队。几天之内，德国君主的军队就包围了闵采尔的军队，但闵采尔确信上帝是站在他一边的。于是，在农民战争中，闵采尔率领农民与王子作战。在随后的战斗中，君主的军队损失了6个人，而闵采尔军队的损失却多达6000人。10天后，闵采尔被处决。

农民战争不是孤立的事件。德国境内爆发如此激烈的情绪是整个欧洲社会长期经济不振的结果。随着人们对经济繁荣和适度社会自由的期望不断提高，普通民众活跃了起来，特别是农村农民，挫败这些期望的难度越来越大。

苏黎世的乌理治·茨温利

1519年，受到伊拉斯谟的影响，乌理治·茨温利（1484年至1531年）参与了瑞士大公教堂的神父评选。由于茨温利与一个女人公开生活在一起，并一同生下了6个孩子，他的候选资格受到了质疑。茨温利公然摈弃独身的传统，这激起了选民们的热情，他们原本就认为独身这一要求对神职人员十分不公平。茨温利当选后，不仅摒弃了神职人员自古以来的独身生活，而且挑战了许多传统，包括禁食、崇圣、朝圣的价值以及炼狱和变体论的观念。在最后一点上，他与路德的看法格格不入。在茨温利看来，圣餐是象征性的，而路德认为，圣餐的面包和酒蒙受圣福，面包和酒与基督的血和身体的确是共存的。如果两人能够在这一点上达成一致，一个统一的新教教堂可能已经出现。

茨温利很快在苏黎世发起了一个反偶像的计划：教堂中，所有可能激起圣像崇拜的意象都遭到清除。人们认为，这些作品体现了天主教对物质而不是精神幸福的追求。茨温利对罗马城中梵蒂冈装饰的华丽、昂贵和奢侈感到愤慨，他利用《十诫》中对于崇拜假偶像的禁止，辩称艺术旨在带来感官冲击，而与智力追求无关，这违背了正确的宗教精神，在任何礼拜场所都是不得体的。1523 年的 8 月，苏黎世的教堂遭到了关闭，长达 13 天，所有不敬的物品都被移走了。金属物品被熔化再利用，其余的被毁坏，墙壁被重新粉刷。茨温利欣喜若狂："在苏黎世，我们有一些明亮的教堂；墙壁是美丽的白色！"

到了 16 世纪 20 年代后期，瑞士的新教州和天主教州之间爆发了内战。新教徒赢得了第一次主要战役，但在第二次战役中，茨温利被天主教军队打伤，接着被草率处决，遗体散落在各处，他的遗物没能在他死后幸存下来。这场内战的双方最终达成了妥协，瑞士各州从此都可以自由选择自己的宗教。

日内瓦的约翰·加尔文

茨温利主张打破传统，于是 16 世纪 30 年代中期，苏黎世的日内瓦州爆发了反偶像运动，当时，当地居民成功地抗击了他们的君主（碰巧也是主教），并将权力授予市议会。1536 年 5 月，该市投票通过改革，开始"按照福音和上帝的话语生活，……废除弥撒、雕像、圣像和其他滥用圣权的物件"。两个月后，这座城市被反偶像者席卷，相关物件被清洗一空，约翰·加尔文（1509 年至 1564 年）来到了这里。

加尔文坚信这座城市可以成为正直道德和宗教虔诚的典范。4 年来，他一直致力于让日内瓦采用严格的道德规范，并与该市众多的天主教徒保持密切联系。1538 年，他坚称教会的崇拜和纪律属于神职人员，而不是政治家，导致他被驱逐出城市。但在 1541 年，这座城市召回了他，他开始进行他认为必要的改革。

加尔文相信宿命学说，认为人在来到世上之前，是由上帝"选出"获得救赎的，所有这样选出来的人，显然都过着令上帝满意的生活。事实上，后来的加尔文主义者渐渐相信，过着虔诚圣洁的生活，有时再加上商业上的成功，会使邻里更加确信自己是上帝的选择。加尔文在他的《基督教要义》（1536）中解释了这种选择："上帝神圣地预定了一些人得到永恒的救赎；既然没有人绝对肯定自己是选民之一，所有人都必须服从上帝的命令生活。"事实上，一个人可以凭直觉意识到自己的选民身份，但永远无法肯定。

为此，加尔文教派的日内瓦禁止跳舞和唱歌（"如果任何人唱不道德、放荡或无耻的歌，或跳小夜曲或其他舞蹈，他将被监禁三天……"）、酗酒（如果任何人被发现喝醉，他将为第一次犯罪支付 3 苏……第三次犯罪支付 6 苏，第三次犯罪支付 6 苏，并入狱）和渎神。妇女禁止涂抹胭脂、身着花边、佩戴珠宝；男人禁止赌博和打牌。殴打妻子的男子将受到严厉惩罚，这座城市很快就被誉为"妇女的天堂"。加尔文的教会法庭十分警惕，且不容异说，严格地监督城市道德体制。从某种程度上说，日内瓦变得像一个宗教警察国家。1553 年，发现血液肺循环机制的神学家兼科学家迈克尔·塞尔维特（1511 年至 1553 年）抵达日内瓦，在那之前，加尔文已经谴责他的神学著作是"所有时代中最不虔诚的胡言乱语"。塞尔维特认为婴儿洗礼是邪恶的，没有原罪这样的东西，三位一体是神话中守卫冥界之门的"三头刻耳柏洛斯"。他很快就遭到逮捕，并在一场缓慢燃烧的青木大火中死去。

然而，当加尔文完成这些改革的时候，他已经非常受欢迎了。在他于 1564 年去世之前，已有近 7000 名宗教难民抵达日内瓦，为自己的宗教活动寻求保护。其中许多人把加尔文的思想带回了他们的家乡，法国、荷兰、英国、苏格兰、波兰，甚至是新生的美洲。他们在日内瓦所学到的生活方

图 7.14

式十分简朴,在英国,他们很快就被称为"清教徒",加尔文时期日内瓦极低的宗教容忍度也随之传播,尤其传播到了北美的清教徒殖民地。

在这个过程中,加尔文主义的反偶像运动在整个欧洲蔓延开来,于1566年夏天达到了顶峰(图 7.14)。各个城镇的改革程度不尽相同。在纽伦堡,悬挂在圣洛伦斯教堂高祭坛上的一尊巨大雕像幸免于难,刻画着玛利亚和加百列,但根据市政厅的命令,雕像被一块布覆盖,直到19世纪才重见天日。在安特卫普,反偶像主义者摧毁了该市30座教堂的所有雕塑和油画,包括大教堂70座祭坛的大部分。在根特的圣巴夫大教堂遭到清洗之前三天,凡·艾克的根特祭坛画被地方政府拆除并藏在塔内。

亨利八世与英国圣公会

英国王室决定与新教改革者结盟,与其说是出于宗教精神,不如说是一个政治上的权宜之计。亨利八世(1509年至1547年在位)最初是一个虔诚的天主教徒,他在1521年递交给教皇利奥十世的小册子中攻击了路德,这为他赢得了"信仰的捍卫者"的头衔。但是在 1527 年，他迫切地想要一个男性继承人。他试图与他的第一任妻子——阿拉贡的凯瑟琳离婚。凯瑟琳生了两个孩子，只有一个存活下来。这个孩子名为玛丽。亨利八世请求教皇宣布他的婚姻无效，却遭到拒绝——毕竟他与凯瑟琳已经结婚 18 年了。亨利八世召集了后来的新教议会，议会很快承认英格兰教会的领袖是亨利八世，而不是教皇。英格兰现在公然藐视教皇，虽然亨利八世仍然拥有英格兰国王的头衔，但却不再是"信仰的捍卫者"。天主教会的新教化很快就开始了，其结果现在被称为英国圣公会。为了强调自己的统治，亨利不得不反抗罗马教廷，从而使英国新教合法化。

1536 年的《教会解散法令》进一步恶化了亨利与罗马教廷之间的关系，该法令解散了修道院，并出售了教会财产。亨利的高压法令主要是出于对金钱的需要，然而，亨利与罗马教会的争端，以及亨利关于维护自己英格兰教会领袖权威的诉求可能也起到了一定的作用。他需要相当多的财富来支撑他的众多产业和宫殿，以及随处可见的庞大宫廷。例如，1532 年的一天，国王和他的家人来到了加来城，据说，他们吃掉了 6 头牛、8 头小牛、40 只羊、12 头猪、132 只角、7 只天鹅、20 只鹳、34 只雉、192 只鹌鹑、192 只公鸡、56 只苍鹭、84 只幼母鸡、720 只云雀、240 只鸽子、24 只孔雀和 192 只鸭。仅宫廷的伙食就使亨利每年花费大约 900 万美元。

虽然修道院的巨额收入在教会解散后直接流入国王的金库，但是对他的财富贡献最大的还是修道院土地的出售。这件事使得伦敦发生了天翻地覆的变化。教会解散前，该市部分地区多达 60% 的财产掌握在教会手中，教会在城外也拥有大量财产。亨利八世把这些财产卖给了富有的绅士，他们在乡村的土地上建造庄园，在城市的土地上建造住宅。

修道院的解散不仅影响到伦敦的发展和皇室的财富，也影响到亨利八世的政治权力，这是因为通过亨利八世获得财产的人倾向于支持他与罗马教会的分裂，也是因为议会能够在不增加税收的情况下筹集资金。在政治上，这座城市在文艺复兴时期的欧洲是独一无二的，它既拥有自治权，也受到皇室统治。城市的市长既在国王面前充当城市的代言人，也是国王在该市的代理人。高级市政官担任治安法官，主持该市法院和监狱的工作，他们还控制了该市的慈善机构，协助征税工作，并通常在市议会中担任职位。因此，该市在君主的统治范围内实行某种类似民主的政治。亨利八世和他的继任者们，尤其是女王伊丽莎白一世（1558年至1603年在位）很少干预城市政治，作为回报，城市对君主忠贞不贰。

活字印刷术：传播思想和艺术的力量

如果没有半个世纪之前印刷机的发明，宗教改革不一定能够发生。1435年至1455年间的某个时候，德国美因茨市，约翰·古腾堡（约1390年至1468年）发现了一种用铅锑合金铸造单个字母的方法，木制的直立印刷机能够利用油墨和油性清漆制成的墨水印刷出这些经过排版的字。公元1045年，中国发明家毕昇发明了活字印刷术，使得西方第一次掌握了活字印刷技术，可以一遍又一遍地复制相同的文字。

1455年，古腾堡出版了他的第一部重要著作，《古腾堡圣经》（图7.15）。这是欧洲第一本运用活字印刷技术出版的重要书籍，原文是用希伯来文和希腊文写成的，被圣杰罗姆译成拉丁文印刷。这本书的字体深受哥特式手稿传统的影响，可能是因为印刷者想让作品看上去像是手抄稿件。另一本《三十六行圣经》，在1458年至1461年间迅速出版。到15世纪末，至少60个德国城市和200个欧洲其他城市利用印刷机大

图 7.15

量印刷各种书籍。出版商很快就出版了伟大的人文主义思想书籍。古腾堡在15世纪60年代早期出版了希波的奥古斯丁的著作、1465年出版了西塞罗的著作和1472年出版了但丁的《神曲》。1500年，意大利甚至印刷了阿拉伯文版的《古兰经》。

然而，比人文主义文本更受欢迎的是《圣经》，它是欧洲大陆最畅销的书籍。在那之前，《圣经》还是非常稀有，只有教堂和修道院才拥有。羊皮版的《圣经》需要170张牛皮或300张羊皮，因此价格昂贵得令人望而却步。后来，印刷《圣经》的成本降低，使《圣经》更加容易进入每个公民的家中。被逐出教会的马丁·路德致力于将伊拉斯谟的《新约》从拉丁文译成德文，用他的话说，"不是逐字逐句翻译，而是意义对应"。他的目的是把《圣经》用普通人在街上所说的语言呈现出来，使他们能够自己沉思《圣经》的意义，而不需要牧师的干预。天主教会不再是解释《圣经》的唯一权威机构。

路德的方言版《新约》出版于1522年。3个月内，3000份印刷本全部售完，第二次印刷很快就完成了。考虑到维滕贝格的总人口只有2500人，第一次印刷的销售量是一个不可思议的成就。到1546年路德去世时，《圣经》已经出版了3830个不同版本，共约100万册，其中许多是方言德文。

为印刷品和戏剧而写作：新人文主义者

大量书籍的突然出现不仅改变了知识的传播过程，也改变了知识的生产过程。突然之间，学者们可以在自己的个人图书馆里工作、写作，因为他们知道自己的想法很快就会付印出来。同样，作曲家可以看到他们的音乐付印，并传遍整个大陆。简而言之，印刷机创造了一种新的经济，改变了信息传播的速度。

印刷音乐

路德深知全体会众用本地语言合唱赞美歌的力量，这远胜过僧侣用拉丁语合唱、与信徒分隔开来的形式。虽然路德没有发明赞美歌的形式，但是他在 1524 年至 1545 年间，创作并编辑了九本赞美诗集，包括拉丁赞美诗、流行宗教歌曲和用宗教歌词改编的世俗曲目。路德最著名的赞美诗是《上帝是我们坚固的堡垒》（*Ein feste Burg ist unser Gott*），至今仍被广泛传唱。这首圣歌的旋律可能是由路德创作的，歌词则借鉴于《旧约（诗篇46）》——"上帝是我们的避难所，是我们的力量……"。全体会众的合唱，体现了路德对"除了上帝的话语之外，音乐应该得到最高的赞美"的感悟。

在英格兰，圣保罗大教堂的管风琴师托马斯·莫利（Thomas Morley）于 1598 年获得了英格兰女王伊丽莎白一世的特许经营权，允许他独家出版音乐书籍，并授予他"音乐印刷商"的头衔。这使得他成为英格兰最著名和最成功的音乐出版商之一，也为他的作品提供了广泛的传播渠道。他创作了众多小合唱曲（madrigal），其中许多受到印刷的意大利乐曲的启发。

莫利的作品有时采用非常短的文本，因此会重复多个短语。他的《火焰与闪电》（*Fyre and Lightning*）是一首为两个男高音而作的小合唱曲，歌词如下：

> 天堂的火焰和闪电降临
> 点燃那充满爱的心灵
> 哦，我心爱的花神
> 你是如此美丽却又如此凉薄

这首歌曲的音乐编排基于模仿，两个声部轮流互相模仿。有时，模仿非常接近，第二个声部紧随第一个声部，从而产生一种情感上的强烈升华。歌曲以两个声部在同声合唱中结束，这是一种声部和弦的合一运动，利用一个不和谐的和弦来强调最后一个刺耳的词。

托马斯·莫尔

当时最受欢迎的书籍之一是托马斯·莫尔的《乌托邦》。该书的拉丁文版本于 1516 年出版，很快被译成欧洲大陆上所有的语言。约翰·加尔文时期日内瓦是一个尝试乌托邦的绝好地方。他们以自己的方式建立社区，模仿莫尔的理想社会。但人们广泛认为这本书不仅描述了一个未实现的理想国家，而且是对英国政治制度的深刻批评。这一批判的核心在于莫尔对腐败的基督教社会和他眼中理想社会的含蓄比较。这个理想社会至少在一定程度上受到了探险家的启发，他们从美洲回来，描述了那里的情况。小说的叙述者本人就是一位探险家，他发现了一种岛屿文化，在这种文化中，人们分享货物和财产，战争遭到蔑视，个人虚荣心遭到鄙视，所有人都能接受教育（除了奴隶——这是莫尔文化批判的盲点），人人享有宗教自由。每个人（每天6小时）都为共同的利益而工作，为社会正义承担个人责任，而不是委托给某个更高的权威。平等、仁慈和慈善是所有人最推崇的美德。简而言之，乌托邦似乎与莫尔所在的英格兰截然相反。

《乌托邦》出版时，莫尔是亨利八世的私人秘书。一年之内，亨利提拔了莫尔，赋予了他顾问委员会的一个职位，似乎是为了表达对莫尔观点的一种支持。这是许多进步中的第一步，最终使莫尔于1529年被任命为上议院议长。在《乌托邦》一书中，莫尔花费大量笔墨讨论了许多宗教问题，这在很多方面预示着第二年即将开始的宗教改革政治。

最终，莫尔成为当时政治的牺牲品。他是一个狂热的天主教徒，但1535年，他坚称阿拉贡凯瑟琳的女儿玛丽是英国王位的合法继承人。亨利八世处决了他，不是因为他的宗教信仰，而是因为叛国罪。

威廉·莎士比亚："戏剧才是关键！"

伊丽莎白一世是亨利八世和安妮·博林的女儿。在伊丽莎白一世的统治时期，英国产生了许多伟大的剧作家，包括克里斯托弗·马洛（1564年至1593年）和托马斯·基德（1558年至1594年）。但威廉·莎士比亚（约1564年至1616年）即使在他那个时代也是公认的剧作大师。他写了37部戏剧：讲述英国历史的连环剧；采用当时流行主题的浪漫喜剧，如身份错误、性别之争、恋人的判断错误，等等；主题严肃的传奇小说，发生在不现实甚至奇异的背景中。莎士比亚还创作了11部悲剧。他死后，与他同一时代的演员汇编了他的第一部戏剧集，并于1623年出版（图7.16）。

莎士比亚的戏剧在环球剧院上演，但在1576年以前，英国没有固定的

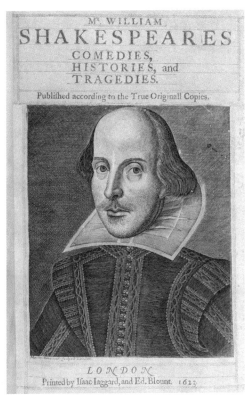

图 7.16

剧院。泰晤士河南岸，南华克的露天剧场被用来诱捕熊，许多旅店建造了天然的剧场，围绕着内院设计，从楼上的房间可以看到内部。贵族资助着演员行业，演员们穿着资助人的封建服装，成为资助人的仆人。詹姆斯·伯比奇属于莱斯特伯爵资助的一个剧团，被称为"莱斯特剧团"。1576 年春天，伯比奇在伦敦城墙外的肖尔迪奇剧院开业，演员和赞助人之间的关系发生了变化。剧团不再完全依赖他们的资助人，由于他们的戏剧受到欢迎，他们也可以依靠自己的戏剧来赚钱、养活自己。

伯比奇剧院的基本票价是 1 便士，这个数目在 1600 年可以买到一只鸡或两罐麦芽酒，那时，工人每天的工资是三四便士。因此，人们能够负担得起去伯比奇剧院观看演出的费用，这在一定程度上造成了剧院的成功。1 便士很快就成了伦敦所有剧院的标准票价。虽然公共剧场各不相同，但总的来说，它们都是露天建筑，由三层有顶的画廊组成（座位的价格在 3 至 6 便士之间）。舞台前面，一个露天的庭院区域形成了站位区。这些戏剧观众只需支付一分钱的入场费，在整个演出过程中一直站着，随意进出，边吃边喝，享受戏剧氛围。长方形舞台宽约 12 米，伸入庭院区域，舞台后面是通往更衣室和楼厅的出口，在楼厅，演员们可以密切注意他们下方舞台上的情况，舞台中央的活板门外可能会升起一个幽灵。

1598 年，伯比奇的公司由詹姆斯的儿子理查德领导，在关于租约的纠纷中，公司拆毁了肖尔迪奇剧院，并在南华克的河流对岸班克塞德重建了剧院，这一区域原本用于诱捕熊。理查德将剧院改名为"环球剧院"（图 7.17），剧院可以容纳 3000 人。班克塞德原有的大型剧院——天鹅剧院和玫瑰剧院可以容纳大约相同的人数。根据河上水手们的叙述，他们每天下午要送 3000 至 4000 名观众去对岸看戏。包括从伦敦桥上步行到达的游客，每天有多达 9000 名伦敦人来到剧场观看演出。

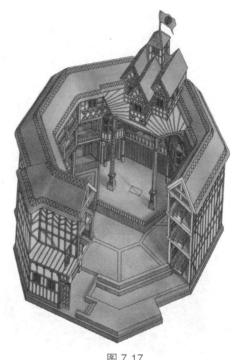

图 7.17

妇女被禁止登台表演，因此，男子——通常是男孩——扮演所有的女性角色，这需要精心打扮。舞台道具有时很少，只有一两把椅子、一个箱子或类似的东西，但有些剧团拥有精美的道具。那时没有照明，因此，在午后的光线下，剧作家可能会让一个资历较浅的演员举着火把或灯笼来模拟黑夜或暴风雨，观众不能够质疑，只能想象这一场景（就像他们不得不把男孩看作女人一样）。因此，伊丽莎白时代的戏剧往往注重虚幻与现实之间的关系，质疑什么是"真实"的，而什么是"不真实"的。

莎士比亚的作品由张伯伦爵士剧团在环球剧院演出，莎士比亚赚取 10% 的利润。他在写剧本时，脑海中浮现出的形象是剧团里特定的演员。莎士比亚自己只出演了次要角色，理查德·伯比奇（詹姆斯的儿子）担任主角，在莎士比亚的主要悲剧《理查二世》《罗密欧与朱丽叶》《哈姆雷特》《奥赛罗》和《李尔王》中扮演主角。虽然音乐在莎士比亚的戏剧中发挥了重要的影响，且戏剧中许多角色都有演唱歌曲的部分，但伯比奇扮演的人物却没有一个唱过一个音符，因为伯比奇本人是音盲。

《哈姆雷特》可以说是莎士比亚最伟大的成就，这是一种复仇戏剧，一种以谋杀为基础构建的戏剧，受害者的亲属必须为其复仇，通常是应被谋杀者鬼魂的请求。伊丽莎白时代的观众会认为这出戏的情节十分公式化，但这出戏的任何方面都不是平平无奇的。哈姆雷特是丹麦王子，他必须为自己遭到杀害的父亲报仇，他是戏剧历史上拥有最复杂、最矛盾性格的人物之一。在戏剧开始的部分，哈姆雷特父亲的鬼魂告诉他，杀害自己的是他的叔叔克劳迪斯。克劳迪斯意在篡夺王位，并迎娶哈姆雷特的母亲，父亲的鬼魂命令哈姆雷特为父报仇，戏剧就这样开始了。哈姆雷特一会儿表现得像一个狂热的疯子，一会儿又像一个感性至极的知识分子，他既对事物有深刻的洞察力，又对最明显的真理视而不见。即使拥有朋友的陪伴，哈姆雷特也是一个孤独的人，他喜爱自我反省，而又恰恰遭到这种行为的折磨。

尽管哈姆雷特的性格复杂而矛盾，但他是历史上英国舞台最受欢迎的角色，也是最常被人扮演的角色。他在我们面前是如此赤裸，就像一个无法愈合的伤口，要求我们的理解，然而自己却拒绝这种理解。事实上，《哈姆雷特》代表了一种新的性格观——不再是一个统一、连贯的存在，而是一个矛盾的、动态的性格，对自己和对他人一样神秘，和其梦想一样不可预测。从这个意义上说，哈姆雷特是第一个现代形象，他开创了一种人物的类型，在未来的几个世纪里，我们会愈发意识到这个类型是我们自己的翻版。

英国肖像画传统

欧洲富裕社会中，最重要的肖像画家之一是小汉斯·荷尔拜因（约1497年至1543年）。他的所有肖像画中，最有趣也是最能够体现画家野心的一幅作品是《大使们》（图7.18），画中描绘了两位驻亨利八世宫廷的法国大使。画中左边的让·德·丁特维尔委托汉斯完成了这幅画，右边的乔治·德·塞尔夫当选了拉沃尔的主教，两人都代表弗朗西斯一世的利益，因此也代表天主教会的利益。这两人来到英国宫廷，为的是与亨利协商。亨利坚持结束与阿拉贡的凯瑟琳的婚姻，并和安妮·博林结婚。他们还将协商后来英格兰教会与天主教会分离的问题。事实上，在 1533 年 1 月这幅作品被画出来之前 3 个月，亨利就与安妮结了婚。两位大使之间的桌子上有一个圆柱形的表盘，点明了当天的日期：1533 年 4 月 11 日。铺着瓷砖的地板直接复制了威斯敏斯特大教堂高祭坛前的圣地地板。瓷砖由来自罗马、埃及和中东的彩色玻璃和石头构成。通过这一设计，荷尔拜因意在表明大使们站在圣地上，正从事某种神圣的工作。观众与大使之间的颅骨采用了变形投影，说明两人明白等待我们所有人的命运。鲁特琴采用了完美

图 7.18

图 7.19

图 7.20

的线性透视，与颅骨扭曲的视角形成对比，说明一个人的观点决定了他能看到什么——这也许是外交带来的主要教训。十一根绳子中，有一根断了，可能象征着天主教和新教之间利益的不合。然而，大使之间双层桌子上的其他物品——路德教圣歌、地球、天体和天文仪器——都表明了人们在天主教和新教之间寻求平衡的意愿。

荷尔拜因在两次对英国的长期访问期间（1526 年至 1528 年，1532 年至 1543 年）创作了数百幅肖像画作品，其中许多描绘了亨利八世（图 7.19）以及他 6 任妻子中的 4 任，还包括英国朝臣和人文主义者的几十幅肖像画，同样还有描绘伦敦德国商人社区的许多作品。每幅肖像都表明了肖像主体的地位，并捕捉到了其身份带来的一两点神韵，在亨利身上，这体现为他令人钦佩的自信。

像她父亲一样，伊丽莎白也是许多肖像画的主题。后来，很少有英国画家能在描绘体积、质地和光线方面与荷尔拜因媲美。伊丽莎白一世的大多数肖像画，比如达恩利肖像（图 7.20），往往都注重精美的装饰效果。伊丽莎白的蕾丝领口、珍珠项链和镶有宝石的连衣裙在画面上都是平的，这使她看上去几乎没有身体，这与荷尔拜因对亨利八世身体的重点刻画恰恰相反。然而，伊丽莎白的肖像画却比其他人的肖像画最能表达她坚定不移的决心，甚至是坚忍，同时又能捕捉到她的美。从各方面讲，她既可以像一个普通的妓女那样满口脏话，又可以像一个最有教养的外交官那样魅力十足，这正是她这个年龄特有魅力的具体体现。

回顾

7.1 描述商业和商业财富对宗教和世俗绘画发展有何影响。

15 世纪初，佛兰德斯的商业活动中心是布鲁日。在那里，奢侈艺术品，尤其是绘画，被卖给了新兴的商人阶层，供当地消费和出口。弗拉芒画家把油画创作推向了一个新的高度。这些画中描绘的物体通常看起来十分逼真，观赏者仿佛真的能够触摸到它们。什么造成了油画的光泽？油画的哪些元素为作品带来了更高的现实主义感？耶罗尼米斯·博斯是如何利用这些效果的？

在德国，马蒂亚斯·格吕内瓦尔德的《伊森海姆祭坛屏风》刻画了残酷的死亡现实，但却具有超乎寻常的情感色彩。他的作品与弗拉芒画家的作品相比有何异同？神秘主义如何影响德国的艺术和文学？纽伦堡艺术家阿尔布雷特·丢勒试图将人们对细节表现的注重与他 1505 年及次年访问那里时，吸收的意大利人文主义传统结合，成为德国艺术最有趣的发展，他的作品如何体现了这种结合？

7.2 解释宗教改革的原因，并评价改革对当时文学艺术的影响。

　　1517 年 10 月 31 日，德国神父、教授马丁·路德在维滕贝格城堡教堂的门口张贴了他的《九十五条论纲》，他对教会的敌对情绪在许多方面受到了荷兰人文主义学者德西德里乌斯·伊拉斯谟的启发，伊拉斯谟创造了讽刺作品《愚人颂》来抨击罗马天主教会的腐败，并因此闻名。伊拉斯谟怎样"颂扬"人类的愚蠢？讽刺作品的特点是什么？反讽能够带来什么样的效果？

　　路德呼吁改革罗马天主教会，引发了长达三个世纪的社会和政治冲突。路德谴责赎罪券的发放，憎恶教会赞助的奢华装饰工程和罗马主教道德上的松懈，认为这些行为表现出了世俗的意味。什么是赎罪券？教会指控路德犯有异端罪，但他继续出版传单，挑战教皇的权威。

　　在德国，路德为个人良知辩护，反对教皇的权威，在农民看来，这似乎是他们从封建领主那里获得独立的正当理由。这种新发现的自由感产生了什么结果？苏黎世的乌理治·茨温利和日内瓦的约翰·加尔文都效仿了路德的做法，他们都相信，自己所在的城市可以成为道德正直和宗教虔诚的典范。两人都主张打破偶像崇拜，理由是什么？他们对待教会教义的态度与路德有何不同？亨利八世对英国教皇权威的挑战又有何不同？

　　约翰·古腾堡的印刷厂对宗教改革做出了十分重要的贡献，使得《圣经》成为畅销书。文本的广泛传播是如何助长改革运动的？托马斯·莫尔是如何利用这一媒介的？然而在英国，这个时代最伟大的艺术成就大概是戏剧，尤其是威廉·莎士比亚的戏剧。莎士比亚笔下的哈姆雷特在 17 世纪早期戏剧中有哪些独特之处？又如何反映了英国人对肖像画的喜爱？

延续和变化：天主教会的反击

　　没有罗马天主教会的强烈反应，就不可能有像宗教改革这样激进的运动。罗马教会很快就认识到了，新教对教皇道德权威的挑战预示着教会的垮台。然而，罗马天主教会对自身缺点得出了一些与批评者相同的结论。因此，为了自卫，天主教会发起了一场反改革，既要反击像路德这样的改

图 7.21

图 7.22

革派所捍卫的基本思想，又要实施自己的改革。

反宗教改革（见第9章）得到了神职人员和非专业人士的支持，他们成立了新的团体，如"现代虔诚运动"和"圣爱会"。这些团体鼓励人们回归伊拉斯谟倡导的简朴、合乎道德的生活和虔诚的原则。圣依纳爵罗耀拉于16世纪30年代创立了耶稣会，采用了更加强硬的方法，主张恢复对教会权威及教会等级制度的严格服从。该协会的第13条规则总结了服从的概念："如果教会说我眼前的白是黑，我将无理由相信。"1545年，教皇保罗三世召集了特伦特大公会议，以确定教会的教义，并建议针对教会对权力的滥用进行长足的改革，尤其是出售赎罪券的行为。

特伦特大公会议在1545年至1563年间又举行了两次会议，决定"通过绘画或其他表现形式描绘我们救赎之谜的故事"来对抗新教的威胁。特伦特大公会议表示，艺术应当倾向于清晰和现实主义，以增加观众的理解，使他们产生情感波动，从而唤起虔诚之感和宗教狂热。虽然特伦特大公会议最初旨在普遍提倡克制，但会议同时希望能够唤起听众情感，这一愿望导致教堂建筑越来越精致，朴素至极的加尔文派教堂（图7.21）在天主教宽敞的内部空间（图7.22）旁边，没有任何艺术装点，体现出一种情感上的空虚，但教堂的基本构造保持不变。在接下来的200年里，两个教会将在欧洲和美洲地区开展对基督徒灵魂的争夺。

图 8.1

第8章

相遇与对抗

全球互动强化的影响

学习目标 >>>

◎讨论美洲阿兹特克人出现之前的文化，以及西班牙文化受到了阿兹特克文化怎样的影响。

◎描述葡萄牙人对非洲生活的影响，说明两者接触以后产生的哪些仪式传统有助于非洲社区文化的生存。

◎概述与欧洲的接触给印度莫卧儿人带来的影响。

◎说明与世界更为广泛的接触给中国带来了怎样的影响，以及艺术是如何反映中国国家价值观的。

◎解释日本文化中精神生活和军事生活之间的紧张关系以及艺术赞助在日本文化生活中的重要性。

1519 年至 1521 年，墨西哥阿兹特克帝国被西班牙征服者埃尔南·科尔特斯（1485 年至 1547 年）和他麾下 600 人的军队征服。埃尔南的军队巧妙运用了军事技术，如火药、大炮和步枪。他的部队无意中给这片土地带来了疾病，征服的过程中也出现了一系列谎言和背信弃义的行为。阿兹特克人既没有枪也没有马，也没有很多衣服和盔甲，这些条件使他们看上去非常脆弱，甚至显得像是未经开化的民族。由于阿兹特克人经常洗劫墨西哥其他土著居民的村庄，掳走受害者用来献祭，这些居民对他们深恶痛绝，这也使他们变得孤立无援。

根据阿兹特克人的传说，在他们被驱逐出图拉时，他们文化的最高精神领袖是嗜血的战神威齐洛波契特里。威齐洛波契特里是在他的母亲地球女神夸特里姑的子宫中长大成人的，降生时，他挥舞着他的武器火蛇。一尊描绘夸特里姑的雕塑（图 8.1）可能最初矗立在阿兹台克首府特诺奇提特兰的威齐洛波契特里神殿中，位于城市中心的巨型神殿大神庙的顶上。她的头由两条带有尖牙的蛇组成，象征着从她被斩首的躯干流出的两条鲜血之河。她戴着一条项链，由人耳、断臂和一个人的头骨组成。她的裙子是由蛇交织而成的，对阿兹特克人来说，蛇既代表孩子的降生，也代表鲜血——也就是生育和斩首。

威齐洛波契特里从夸特里姑的子宫中降生时就已经是一个成年人。夸特里姑同时也是阿兹特克月亮女神科犹尔绍琪的母亲。一天，当夸特里姑在夸堤佩克山顶上清扫她的神庙时，一团从天上飘下来的羽毛竟然让她奇迹般地怀上了威齐洛波契特里。科犹尔绍琪认为她母亲的怀孕是一种耻辱，于是密谋杀害夸特里姑。就在那一刻，威齐洛波契特里诞生了。他斩首了背信弃义的姐姐，让她从夸堤佩克山顶上摔了下来。在坠落的过程中，每次磕碰，她都被进一步肢解，这就是阿兹特克人对月亮相位的解释。随着时间的推移，在月亮变暗的过程中，它的一部分消失了。

大神庙底座上的一个巨大圆盘（图8.2），直径超过3米，描绘了女神被斩首的场景。她佩戴着一条双头蛇构成的皮带，上面镶着一块颅骨，就像图8.1中她妈妈夸特里姑的项链那样。她的身体面朝观众，乳房松弛，她嘴中呼吸出来的似乎是她的最后

图 8.2

一口气。威齐洛波契特里战胜了月亮女神之后，命令阿兹特克祭司寻找一棵上面栖息着一只大鹰的仙人掌，打算以自己的名义在那里建立一座城市。他们很快就在特斯科科湖岸边找到了这个地方。仙人掌结出红色的果实，形状像威齐洛波契特里食用的心脏，鹰象征着上帝。阿兹特克人开始建造他们自己的伟大城市特诺奇提特兰，意为"多刺梨仙人掌的地方"。

人类学证据表明，大约1450年，科尔特斯出生之前，阿兹特克人渴望进行血祭，他们消灭了卡萨斯·格兰德斯的全部人口。卡萨斯·格兰德斯位于今天的墨西哥北部奇瓦瓦附近。这是一个拥有2000多套普韦布洛公寓的贸易中心。鉴于阿兹特克人的这种行为，其他部落愿意与科尔特斯合作。此外，科尔特斯还拥有优越的武器优势，他很快意识到他可以利用阿兹特克人的许多弱点。有关西班牙征服最重要的文献之一是狄亚哥·迪杜兰1581年创作的《新西班牙印第安人的历史》，该书呈现了科尔特斯技术上的优势（图8.3）。迪杜兰是一名多米尼加修士，能流利地说纳瓦特尔语。他笔下的历史是针对阿兹特克人进行广泛采访和交谈的产物，代表了为保护阿兹特克文化所做出的一致努力，讲述了阿兹特克人从其创世故事到被西班牙征服的历史。在这幅图里，科尔特斯麾下的将军之一，佩德罗·德·阿尔瓦拉多率领的部队正面对着阿兹特克由老鹰和美洲虎组成的军团。西班

图 8.3

图 8.4

牙人身穿盔甲，利用弩和火器作战，而阿兹特克人只有矛。

　　虽然阿尔瓦拉多的军队拥有技术优势，但他们的处境还是有些危险。托斯卡特节期间，他们数百名阿兹特克人遭到屠杀，他们对此愤懑不已，为了震慑西班牙人，围困了阿尔瓦拉多。迪杜兰《新西班牙印第安人的历史》中的插图描绘了这场西班牙人造成的大屠杀（图8.4）。在这些事情发生时，阿兹特克国王蒙特祖玛一直是西班牙军队的俘虏。科尔特斯曾保证与他友好相处，然而一旦他获准进入特诺奇提特兰，他就监禁了蒙特祖玛。这位西班牙征服者听说了阿兹特克人关于羽蛇神克查尔科亚特尔的神话以及墨西哥各地对其拥有的广泛崇拜。在这个神话中，克查尔科亚特尔的王位被他邪恶的兄弟战神泰兹卡特里波卡篡夺，逃到了墨西哥湾。

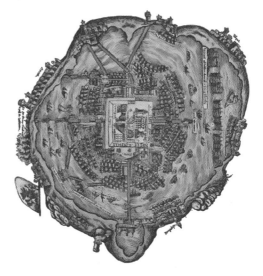

图 8.5

在那里，他突然全身着火，升上天空，成为晨星维纳斯。在另一个版本中，他乘坐一条由蛇组成的筏横渡大海，并承诺有一天会回来。据说，克查尔科亚特尔皮肤白皙，留着胡须。显然，蒙特祖马认为科尔特斯是返程的克查尔科亚特尔，毫无防备地欢迎了他。2年之内，科尔特斯的军队以西班牙的名义碾压了蒙特祖马的人民。当时的墨西哥拥有 2000 万至 2500 万居民，只有 200 万人幸存下来，其余的人被战争和疾病消灭。他们美丽的首都特诺奇提特兰被特斯科科湖的湖水包围（图 8.5），很快就成为新西班牙的首都，大神庙沦为废墟。

事实上，世界各地都有类似科尔特斯在美洲的帝国主义冒险，欧洲人不仅在美洲寻求建立自己的权力，还将影响范围扩大到了非洲、印度、中国和日本。本章考察了这一时期美洲、非洲、印度、中国和日本的文化，考察了欧洲在探索世界的过程中是如何改变的，以及欧洲自身是如何通过与这些文化的接触而改变这些文化的。然而与欧洲的接触并不是这些文化在那个时代经历的唯一互动，它们也相互影响着。从西方的角度来看，这些文化代表了一个更广阔的世界，以欧洲为中心。但从这些文化的角度来看，欧洲代表着边缘力量，是一股从外部入侵自己文化中心的文化力量。

美洲的西班牙人

西班牙人到达美洲之前拥有怎样的文化？西班牙人如何影响美洲的土著文化？

当科尔特斯进入阿兹特克岛首府特诺奇提特兰（图8.5）时，有20多万人住在那里。满载黄金的寺庙耸立在城市上空，花园里盛产鲜花和水果，市场上有各种各样的商品，主宰着城市生活；伯纳尔·迪亚兹（1492年至1584）是随科尔特斯的征服者之一，后来回忆起这一情景，最让他感到惊讶的是，阿兹特克文明和他们自己的文明一样先进。科尔特斯在给西班牙女王伊莎贝拉的信中写道："为了不让殿下对这座城市的描述感到厌倦，我只说一点：这些人的生活几乎和西班牙人民一样。由于他们开化程度不高，也远离上帝的知识，与所有文明国家隔绝，所以他们能够各个方面取得不俗成就确实是了不起的。"这种因为一个繁荣的文明与自己的文明不同，而认为其未经开化的想法，是西方人对待那个时代其他人民的典型态度。其他民族正是这样一个"他者"。作为一个其他的类别独立，西方殖民者无需将这些民族视为与自己平等，甚至相似的民族。

受到欧洲影响之前的美洲

事实上，在西班牙人到达美洲之前，美洲就已经发展出了伟大的文化。在今天的墨西哥北部干旱地区，以特奥蒂华坎为中心的一种文明蓬勃发展，这种文明有几分神秘，但影响巨大。到了公元4世纪，特奥蒂华坎已成为一个文化中心，其规模和影响力堪比君士坦丁堡。中美洲包括今天的洪都拉斯、危地马拉、伯利兹和墨西哥南部，公元250年至900年间，玛雅人在这块土地上建立了庞大的宫殿群，这些宫殿群既是他们文化的行政中心，也是他们的宗教中心。

这些文化之前还存在其他文化。早在公元前1300年，一个被称为奥尔梅克的前文学团体就开始居住在墨西哥湾南岸韦拉克鲁斯和塔巴斯科之间的地区，他们在社区的中心位置建立了巨大的仪式举行区，建立了巨大的金字塔形土墩，精英统治者和牧师住在其中。这些金字塔可能是墨西哥主要火山的建筑象征，也可能是坟墓，挖掘工作可能会让我们得到最后的答案。拉文塔非常接近今天的比亚埃尔莫萨城，在那里，3块巨大的石头头像守卫着平团南端的仪式举行中心（图8.6），第四块石头独自守卫着北端。每块头像重11到24吨，头饰上都各自有一个独特的徽章，类似于老式的美国皮革足球头盔。这些头像由玄武岩雕刻而成，然而最近的玄武岩采石场位于图斯特拉山脉以南80千米外。显然，这些头像的部分雕刻工作是在采石场完成的，然后被装载上木筏，先漂流到墨西哥湾下游，然后回到上游的最终目的地。中世纪晚期文化的许多元素，如金字塔、球场、镜子制作和历法系统，很可能起源于奥尔梅克时期。

图 8.6

特奥蒂华坎

在中美洲的前哥伦布文化中，数字无所不在。例如，特奥蒂华坎市的城市规划遵循网格状，其基本单位为57平方米，每一个细节都受这一方案的制约，传达出一种权力感和掌控感。一条被称为黄泉大道的宽阔大道贯穿全城（图8.7和8.8），连接着两个大型金字塔，月亮金字塔和太阳金字塔，每个金字塔周围都有大约600个小金字塔、500个车间、无数的广场、

图 8.7

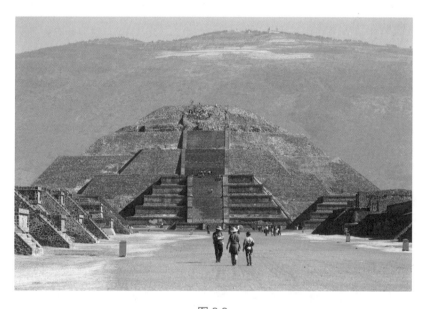

图 8.8

2000栋公寓楼和一个巨大的市场区域。太阳金字塔的设计标示了太阳从东到西的历程和恒星星座昴宿星在春分之时的升起，塔中的两个楼梯，每一个都包含182个台阶，将其顶点处的平台相加可以得到总共365个台阶。因此，金字塔象征着时间。这种刻画阳历的意象也出现在特奥蒂华坎的另一座金字塔中，克查尔科亚尔，上面装饰着364个蛇的牙齿。

大约在公元500年，特奥蒂华坎鼎盛时期，约有20万人居住于此，特奥蒂华坎因此成为世界上最大的城市之一。学者们认为，与月亮相关的女性神祇以及洞穴和山地仪式，都在特奥蒂华坎文化中发挥了重要作用，死火山塞罗戈多山前的月亮金字塔（图8.7）也支持这一理论。这座山仿佛采取了一个有利的角度，向北俯瞰着黄泉大道，山的两侧将金字塔纳入怀中。反过来，金字塔似乎将大自然的力量引导到城市的中心。

玛雅文化

南方的另一种文化，即玛雅人的文化，出现于特奥蒂华坎文化之前，并留存至该文化之后。玛雅人占领了几个地区：恰帕斯州和危地马拉的高地；危地马拉、洪都拉斯、萨尔瓦多、伯利兹和墨西哥恰帕斯州的南部低地；以及尤卡坦州、坎佩切州和金塔纳罗奥州的北部低地。这些国家从未统一成为一个单一的政治实体，而是由若干个小王国组成，国家之间为争夺土地和资源战争不断。

玛雅人拥有精巧的历法系统，使他们能够记录自己的历史，并且有证据表明，他们甚至能够预测未来。这种系统由两种相互关联的时间记录方式组成，一种是260天的日历，另一种是365天的日历。260天的日历可能基于人类的妊娠期，即孕妇第一次错过月经到最终分娩的时间。当两个日历同步时，两个日历显示同一天需要整整52个365天。在这种周期结束时，人们会广泛举行庆祝仪式。

玛雅历法拥有许多用途，《马德里抄本》（图8.9）就是一个例子，它是现存的4部玛雅法典之一，由56张涂有灰泥的树皮纸组成，两面都经过涂抹，除了一页只涂抹了一面。其内容包括超过250个独立的年鉴，将带有神圣和世俗意义的事件放在260天的中美洲仪式日历中。抄本特别记录

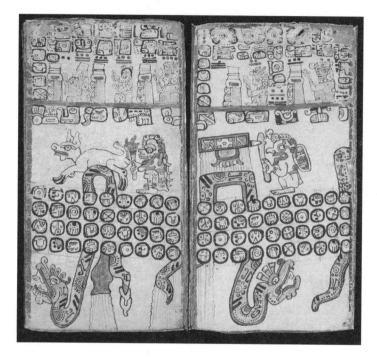

图 8.9

了与日常生活有关的事件（种植、照料庄稼、收割、编织和狩猎）、仪式、天文事件、献祭以及与之相关的神祇。每个页面下半部分都有四行水平的图形，由 20 个经过命名的日子相应的象形符号组成，形成 13 个循环。天蛇送来雨水，通过雷声与人们交流，这一意象缠绕着每行象形符号。在顶部两片较短的叶子上面，可以看到标准的数字占卜术。玛雅人用两种方式书写数字：一种是由点和线条构成的书写系统，如图所示，另一种是一组图形变体，数字 20 用月亮的象形文字表示，数字 0 则用壳状的象形文字表示。在印度数学家在印度"发现"数字 0 之前的几个世纪，0 已经在中美洲受到广泛使用。

帕伦克是重要的玛雅城市之一，也是所有玛雅遗址中保存最完好的其中一个。帕伦克的衰落发生在公元 850 年左右，该城市在丛林中销声匿迹长达几个世纪。1746 年，一位西班牙牧师听说了有关帕伦克仍然存在的传言，重新发现了帕伦克。帕伦克碑铭神庙面向宫殿的主要庭院，宫殿可能

图 8.10

是一个行政中心，而不是皇室住宅，神庙矗立于九个台阶之上，代表着玛雅地下世界的 9 个层次（图 8.10），铭刻着帕伦克国王的历史。我们知道，国王与美洲虎的概念联系紧密。有记载的第一位国王是库克·巴兰一世，根据铭文记载，他于 431 年 3 月 11 日建立了这座城市。帕伦克最有权势的国王是巴加尔一世，被称为"巴加尔大帝"（603 年至 683 年），实施了 67 年的统治，碑铭神庙就建在他的坟墓上。

　　1952 年，墨西哥考古学家亚尔伯托·鲁兹在金字塔下面发现了巴加尔大帝之墓的入口，入口藏在金字塔顶端寺庙石制地板块下面，鲁兹不得不对现场进行清理。这座墓穴位于建筑物的最底部，里面回填着石块碎片。当鲁兹到达坟墓时，他发现巴加尔的脸上戴着一个翡翠制的死亡面具。墓穴和更高的楼层之间连接有一根小管子，为死去的国王提供了一个永恒的新鲜空气来源，这也充当了现世人们和祖先之间的一种交流形式。巴加尔被埋在一个巨大的子宫形石棺中，石棺重达5吨多，上面覆盖着玉石和朱砂。

到了公元900年，养育了阿兹特克人的玛雅文化崩溃了，其原因包括人口过剩和随之而来的生态退化、政治竞争和战争等各种各样的事件。好在仍有大批人幸存下来，他们在曾经宏伟城市的废墟上恢复了简单的耕作。但在西班牙势力到达之后，对西班牙统治者来说最重要的是给这块土地带来基督教，使当地人摆脱"野蛮"的境况。西班牙人基本上抹杀了所有他们能够接触到的美洲土著文化传统，烧毁了他们所有的书籍，毁坏了他们能够得到的几乎每一份历史记录，一劳永逸地使后世的人们难以拼凑出他们文化的全貌。墨西哥城内很快建造了教堂，教会试图使当地人皈依天主教，这时，音乐礼拜仪式成了一个有力的工具。早在1523年，西班牙的修道士就在墨西哥特斯科科（墨西哥城以东）为美洲原住民建立了一所学校，并开始利用进口的风琴教授音乐，包括格里高利圣咏、复调的原则和作曲。在整个16世纪，传教士利用音乐、舞蹈和宗教戏剧来吸引土著居民，使他们皈依基督教。欧洲风格被本土化，本土文化被基督教化，就这样，一种融合的文化迅速发展。

秘鲁的西班牙人

西班牙人使得美洲本土文化基督教化，太阳神殿就是这种融合的一个有趣案例，这是所有印加遗址中装饰最为精美的一个。太阳神殿为纪念太阳神因蒂而建，面朝印加帝国旧首都库斯科的主广场（图8.11），最初的建筑装饰有700片镶嵌着翡翠和绿松石的金箔，能够反射从窗户射入的阳光。院子里摆满了金色的雕像——西班牙编年史学家皮德罗·齐耶萨·迪里昂在16世纪中叶写道："用金子制成的玉米秆，茎、叶和穗都是金色的。除此之外，还有20多只金子制成的羊（美洲驼），旁边是小羊羔以及负责看守的牧羊人，都是用金子制成的。"

1533年，弗朗西斯科·皮萨罗（1474年至1541年）带领着180人

图 8.11

的军队探索秘鲁，使得西班牙最终征服了这块地方。皮萨罗的军事战略基于单纯的骗术，他俘虏了印加皇帝阿塔瓦尔帕，后者向皮萨罗提供了价值13420磅黄金和26000磅白银的赎金，皮萨罗接受了赎金，却处决了这位毫无戒心的皇帝。接着，皮萨罗大肆掠夺秘鲁的金银器皿，这些器皿在秘鲁对太阳（金）和月亮（银）的宗教崇拜起到一定作用，包括库斯科太阳神殿的大量装饰品也都与该宗教崇拜有关。另外，西班牙神父迅速根据自己的想法改造了圣殿的地基，在最初的印加地基上建造了一座多米尼加教堂兼修道院。根据传统，印加人聚集在太阳神殿的圆形城墙边礼拜。因此，圣多明各的半圆形后殿特意建在城墙上方，以强调基督教对原住民遗址的掌控能力。

　　虽然西班牙人的传教热情高涨，但他们进行殖民活动的主要动机还是为了获得黄金、白银和其他宝藏。在这一过程中，美洲新世界的大量财宝被运回西班牙。第一批"皇家五一"（即科尔特斯宝藏收集中的五分之一，按照合同归国王所有）抵达布鲁塞尔时，德国艺术家阿尔布雷特·丢勒目睹了这一景象：

　　我看见了那些带给国王的东西，来自新黄金国度：一个完全由黄金制成的太阳，宽 1.8 米。同样，一个完全由银子制成的月亮，与太阳大小相当；还有各种各样的新奇物件，比如他们的武器、盔甲和导弹；怪异至极的衣服、床上用品和各种供人使用的奇怪物品，所有这些让人惊叹不已。这些东西都很珍贵，价值十万荷兰盾。但在我的一生中，没有比这些物件更让我心生欢喜的物件，因为我在他们中间看见了惊人的艺术品，这些身处遥远国度的人们拥有聪明才智，同时心灵手巧，令我赞不绝口。事实上，再多的语言都无法描绘当时我眼前的东西。

　　类似的描述使人们开始相信黄金国的存在。在那里，整个城市都由黄金建造而成。征服者们追随皮萨罗的脚步，在皇室的命令下继续探索秘鲁，却始终无法找到黄金国。被带回的金银宝藏被熔化成货币，对在战争状态中的西班牙君主来说，货币的使用价值比金银财宝的艺术价值要重要得多。事实上，这一过程中几乎没有金银器物幸存了下来。

西非文化与葡萄牙人

　　葡萄牙人对西非人的生活产生了什么影响？仪式是如何保护传统文化的？

　　与西班牙一样，葡萄牙也在积极地开展航海活动，寻求贸易机会，但他们探索的重点是非洲和东方，而不是美洲。1488 年，巴尔托洛梅乌·缪·迪亚士（约 1450 年至 1500 年）在西非的海岸进行考察时，被一场突如其来的风暴吹到了遥远的南方，他接着转向东北方向，发现自己绕到了好望角的另一侧，进入了印度洋。迪亚士之后的 1497 年，瓦斯科·达·伽马（约 1460 年至 1524 年）率领 4 艘船绕过了好望角，在离开里斯本 10 个月零 14

天后抵达了印度的卡利卡特。1500年，佩德罗·卡布拉尔（约1467年至1520年）企图重走一遍达·伽马的印度航线，从非洲出发了。他向西航行太远，来到了现在的巴西，他将其归为葡萄牙的领土。

西非土著文化

葡萄牙人来到这里时惊讶地发现，这块地区早已拥有了稳固、繁荣的文化。几个大国统治着被称为"萨赫勒"的西非地区，这是一片草原，连接了撒哈拉沙漠和西部、南部较为温和的地带。这些王国中，最重要的是马里帝国，这表明早在历史上第一个千禧年结束之前，伊斯兰教就已经对北非的大部分地区产生了巨大影响。沿着非洲中部西海岸再往南是强大的伊费国，居住着约鲁巴人，以及贝宁王国。

伊费文化

伊费文化是西非最古老的文化之一，大约从公元8世纪开始沿着尼日尔河（现在的尼日利亚）发展起来。该文化以伊夫城为中心，到1100年，已经能够利用黏土和石头制作极其自然逼真的纪念性肖像雕塑。不久之后，他们也学会了制作优雅的黄铜雕塑。

《奥尼（国王）头像》就是一件伊费文化铜器（图8.12），纵向的平行线条刻满了脸部，体现了划痕产生的装饰效果。人物颈部下方的洞表明，人物头部可能被固定在一个木制的人体模型上，在纪念仪式中，这种人体模型可能会穿上伊费宫廷的皇室长袍。头皮线条上的小洞说明国王的

图 8.12

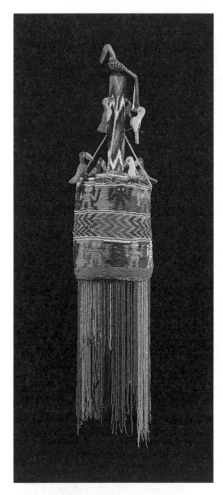

图 8.13

头部装饰有头发，或者某种面纱。对于伊费文化来说，头部是最重要的，它是精神的家园，说明国王能够统治世界并且带来繁荣，伊费文化的福祉需要依靠国王的头脑。由于该文化没有留下有关人民文化信仰的书面记载，我们只能通过观察他们的后代来更好地理解他们的古老文化。

约鲁巴人现在的人口总数约为 1100 万，他们的起源能够直接追溯到伊费文化。约鲁巴人的宇宙观由生者的世界和神明的世界组成。众神被称为"奥丽莎"，其中有创造世界的原始神明，有象征自然力量的神祇，如雷电，还有已经长生不老的祖先英雄。连接这两个世界的是国王，他是神明在这个世界上的代表。因此，国王的头颅是神圣的，他的皇冠（图 8.13）高高举过头顶，象征着他的威严和权力。他的脸庞前挂着一排排珠子，用来保护与他见面的人，使他们不用承受他强烈的视线。皇冠上有多种多样的意象，但往往描绘的是有关生命起源的神话，类似于世界各地发现的起源传说（见第 1 章）。约鲁巴人的第一个国王名为奥杜杜瓦，许多起源传说中都有他，后来所有的国王都是他的后裔。根据传说，奥杜杜瓦奉命在地球的多水地区创造一片陆地，以便人类繁衍居住。接着，奥杜杜瓦潜入水中，用一个小蜗牛壳将岸上的泥土往水里倒。然后，他在沙子上放了一只鸡，让它不断踩踏，从而扩大沙地，创造陆地。最后，他种下了一些棕榈仁。他当时改造的土地就是伊费，时至今日，伊费仍然是约鲁巴最神圣的遗址。

贝宁文化

大约在1170年左右，位于尼日尔河流域伊费东南约241千米的城邦贝宁要求伊费的奥尼为他们的领地提供一个新的统治者。奥尼派遣奥兰米安王子来到了贝宁，建立了一个新的王朝。奥兰米安显然对这里的境况非常恼火，于是把他的新国家命名为"烦恼之地"。贝宁就是在这块土地上出生的。几年后，贝宁公主怀上了奥兰米安的孩子，奥兰米安回到了故乡。他们的儿子艾维卡成为贝宁的第一个国王，贝宁文化也称他们的统治者为"欧巴"。艾维卡的统治时间从1180年持续到1246年。

首都贝宁城已经建成了庞大的城墙和护城河系统。到15世纪，该系统已成为世界上最大的人造土石方工程。考古学家帕特里克·达林已经研究城墙和护城河系统长达几十年，据他记载，城墙总长约16000米。这些土方工程由护城河组成，河里的泥土堆积在护城河旁边，形成高达18米的城墙。一千多年前，这些护城河可能就已经被挖掘出来了，为的是保护他们的居民区和农田免受森林大象的夜间袭击。随着贝宁的发展，线性土地边

图8.14

图 8.15

界划定了部族或家族的领地，同时也象征着物质世界和精神世界之间的边界。19 世纪末，当英国人到达这里时，城墙大体上仍然完好无损（图 8.14），但该工程很快就被英军摧毁了，城墙的残骸也渐渐被现代城市化所吞噬。

像北方的伊费一样，贝宁统治者也创造了他们统治者祖先的生动形象。20 世纪上半叶，贝宁宫廷历史学家雅各布·埃加韦尔巴酋长（1893 年至 1981 年）认识到，贝宁文化的许多口语传统面临失传的危险，他尽可能多地记录了传统故事和历史，并在其《贝宁简史》中予以发表。

贝宁的艺术家们通常是皇家铸工行会的成员，他们住在贝宁宫殿外的自己的住处，直到今天他们还住在那里。只有欧巴能够向他们订购铜器，通常是纪念性头像，搭配皇室服装，来纪念国王的皇室祖先（图 8.15）。（图 8.15 所示的头像是 16 世纪中叶制作的，但在贝宁文化制造青铜的初期就产生了这种头像。）与伊费文化一样，欧巴的头颅是精神的家园，象征着欧巴有能力组织世界，并给世界带来繁荣。

有一种口头文学形式名为投献诗，专门描述和纪念这种艺术力量。投献诗是西非文化的重要组成部分，人们相信，诗人通过赞美某物就能够对这种事物产生影响。在西非文化中，几乎每个人都会创作投献诗。这种形式的诗歌经常使用一种被称为回指的诗歌手法，即在连续的句子开头重复词语和短语。由于西非语言的特殊性，这种重复通过翻译几乎不能够在另一门语言中呈现出来。这些诗歌意在创造一种强大而持续的节奏，形成一个高潮。

西非音乐

贝宁投献诗中通过节奏驱动的高潮与非洲音乐整体上有很多相似之处。事实上，投献诗可能就是由音乐伴奏的。非洲音乐是非洲人民日常生活的一部分，在诗歌、仪式和舞蹈中时常出现，非洲的视觉艺术也能使人联想到特定的音乐。西方普遍认为，音乐可以从日常经验中分离出来，从情感上来说，这种观点对非洲人而言几乎不可理喻。非洲音乐通常由一段没有和声的旋律组成，其本质是共有的，旨在通过促进团体活动来鼓励社会凝聚力。因此，整个非洲大陆上最普遍的音乐形式之一是应启音乐，在这种音乐中，呼者即独奏者首先演唱歌曲，社区合唱团对之前的歌曲做出回应。

应启音乐十分复杂。比如，约鲁巴语是以声调为基础的；任何一个约鲁巴语音节都有3种可能的声调，而声调决定了音节的意义。约鲁巴人利用被称为"说话鼓"的音乐信号系统来呈现他们的讲话，用3种巴塔鼓演奏，分别模仿语言的3种音调。在鼓乐仪式中，鼓是为约鲁巴众神敲响的，用来演奏献给这些神明的投献诗。这种音乐的特点在于其结构中的复节奏。相互贯穿的节奏和音调产生的不同"声音"多达5到10种，经常在应启音乐中反复出现，并相互对立。这种与主旋律背道而驰的音乐呈现方法是西非音乐的典型特征，至今仍存在于西方爵士乐的"不规则鼓点"中。

葡萄牙与奴隶贸易

在巴尔托洛梅乌·缪·迪亚士对非洲西海岸进行勘探之后，欧洲和非洲商人很快就加强了对人民的剥削，这种做法已经在两大洲普遍存在，这种针对人类劳动力进行的贸易最终将达到的规模和覆盖的范围都是前所未有的。葡萄牙来到非洲掠夺劳动力的资金主要来自一位佛罗伦萨银行家和一群来自热那亚的金融家。在 4 个世纪的时间里，葡萄牙人利用中间通道将数百万非洲人运送到大西洋彼岸，该航线之所以这样命名，是因为其构成了一个三角贸易体系的基础：从欧洲到非洲，从非洲到美洲（中间通道），再从美洲到欧洲。到底有多少奴隶穿越了边境，没有人能给出确切的答案，估计在 1500 万到 2000 万之间。统计的问题一部分在于，航行过程中，在疾病和恶劣条件中死去的人数不详。例如，1717 年，一艘船上原本有 594 名奴隶，而抵达布宜诺斯艾利斯时，船上只剩下了 98 人。这种情况可能并不少见。

至少在短期内，葡萄牙人在贝宁享有一定的地位，人们认为他们是水下世界的访客，来自海神奥罗昆的王国。贝宁人民认为葡萄牙人拥有鲇鱼的特性，因为他们既可以"游泳"（利用船只），也可以在陆地上行走。在贝宁人民的眼中，鲇鱼是神圣的，他们认为鲇鱼象征着改革和权力：整个夏天，鲇鱼都在干燥的泥滩上一动不动，直到秋天下雨时才获得"重生"，所以鲇鱼象征着改革；鲇鱼能够产生强烈的电击，它的刺也是致命的，因此象征着力量。同样，葡萄牙人似乎在海洋中诞生，也拥有致命的"刺"——他们的步枪和射击。

欧巴伊塞吉（约 1504 年至 1550 年）在仪式场合佩戴的一个胸饰是一只象牙面具，

图 8.16

面具王冠上有一个装饰性的设计，体现了鲇鱼和葡萄牙人之间的联系（图8.16和8.17）。吊坠描绘的可能是欧巴的母亲，即依尤巴。伊塞吉的母亲名叫伊迪娅，她是第一个正式担任依尤巴职位的妇女。当尼日尔河下游的伊加拉人扬言要

图 8.17

征服贝宁时，伊迪娅组建了一支军队，帮助伊塞吉击败了伊加拉军队，威力惊人。这可能部分归因于她对葡萄牙士兵的征用，为了表示对葡萄牙方面援助的感谢，依尤巴的衣领上装饰有留着胡子的葡萄牙水手，水手和鲇鱼的形象交替出现在她的皇冠上。

葡萄牙商人和随之而来的天主教传教士并没有带来什么深远的影响，但他们的影响的确是真实存在的，有时甚至带有一定毁灭性。与葡萄牙人的接触并未让贝宁文化产生什么实质性变化。甚至在当代的仪式和庆典中，欧巴依然沿袭了传统，腰间佩戴着形如依尤巴面具的5、6件复制品，也会佩戴传统的珊瑚珠头饰。虽然西方的神职人员试图打压贝宁人的口语传统，但这些传统依然存在，如投献诗。唯一使非洲文化产生重大变化的时间可能是刚刚过去的半个世纪。然而，葡萄牙和西方文化却受到了奴隶制度的影响，在非洲、中东和伊费（他们的奠基城市）的约鲁巴人都长期实行这种制度。

起初，贝宁人主要利用黄金、象牙、橡胶和其他利用树林生产的产品从葡萄牙人那里换取黄铜，也换取一些珠子。这种贸易的标准媒介是一种被称为马尼拉的马蹄形黄铜制品，16世纪早期的一件贝宁匾牌刻画了一名葡萄牙战士，上面就有五件马尼拉（图8.18）。这些金属匾牌被用来装饰宫殿，尤其是皇家祭坛。这块匾牌上，士兵带来了材料，而这种材料正好是制作这块匾牌的原料之一。如果说士兵的武器代表着他的力量，那么至少从贝宁的角度来看，这种力量服务于贝宁的国王。

葡萄牙人也带回了成千上万的小物件：护身符、小首饰等，他们称之

图 8.18

为 "fetisso"，这是一个 16 世纪非洲语和葡萄牙语的混合词，用来指代那些人们认为有魔力的物件，类似西方文化中的念珠或圣髑盒，现代英语中的 "fetish（恋物癖）" 一词就来源于此。然而，贸易活动最终将魔爪伸向了奴隶。之前，非洲人就已经长期向外来商人出售奴隶，这些奴隶通常是来自邻国的战俘，但葡萄牙人的到来使这种奴隶贸易愈演愈烈。大约在 1492 年左右，一个新的时代刚刚开始，欧洲约有 14 万到 17 万来自非洲的奴隶，但到 1551 年左右，葡萄牙人开始向巴西的糖料作物种植园运送数以千计的额外奴隶。事实证明，战争俘房的人数远远不够，葡萄牙人从非洲带走了所有能带走的人。他们给奴隶戴上锁链，给他们打上烙印，而且常常把他们活活累死。简而言之，葡萄牙人开创了一种文化霸权，为种族剥削铺平了道路。这种剥削活动自从形成以来就一直困扰着西方世界。

生存策略

　　几乎所有的非洲文化都主张集体福祉优先于个人福祉，面具舞就是对这种信仰的一种强调、保障和歌颂。面对欧洲带来的文化挑战，要保证非洲文化的完整、延续，舞蹈成为一个尤为重要的工具。实际上，面具舞作为一种仪式活动，遍布整个非洲大陆的所有文化中，可谓非洲文化的焦点。这种舞蹈是雕塑家、舞蹈家、音乐家和其他人创造和努力的结晶。最初，面具舞只是大型仪式的一部分，该仪式与人类发展的历史、季节的更替以及一年中的农业活动有关。但近年来，这种舞蹈已经变得愈发商业化，成为一种与其最初社会背景脱节的娱乐形式。一张独一无二的现代照片捕捉了班达面具舞的一个瞬间（图 8.19），巴加族是这种舞蹈的表演者。班达面具舞通常在夜晚进行，周围只有火把提供照明，但 1987 年，为了方便拍摄，村民们同意在黄昏时开始表演。当晚，耶鲁大学美术馆非洲艺术馆馆长弗雷德·兰普拍下了这张照片，该照片是现存唯一一张记录了正宗班达面具舞表演的照片。

班达面具融合了不同物种的特质：鳄鱼的下巴、人类的脸、女性精致的发型、蛇的身体、羚羊的角、鹿的耳朵，以及位于两只角之间的变色龙尾巴。在入会仪式、丰收仪式和葬礼上通常会表演班达面具舞，表演中惊人的杂技远近闻名，戴着面具的表演者旋转着升到高空中，接着又旋转着落到地面，仿佛根本不需承受面具带来的巨大重量。就像第 1 章讨论的洞穴壁画一样，人们认为班达面具拥有一种力量，能够带来改变（变色龙的尾巴象征着这一点），正如青春期到成年期的过渡，秋季到冬季的变迁，生命到死亡的转变。面具将自然界的各种生物融入一张面庞中，从而体现了群体的集体意识。

有趣的是，非洲文化中没有"面具"这个总称，每个面具都有一个特定的名字，通常是面具呈现的祖先或超自然生物的名字。自欧洲和非洲相遇以来，在仪式场合使用与灵魂世界相关的物件便成为非洲的一种传

图 8.19

图 8.20

统。几乎可以肯定，虽然之后的西方文化和伊斯兰文化不断对非洲大地施加影响，但这种传统依然生生不息。这些仪式信仰、传统和习俗中的许多可以追溯到几个世纪以前，旨在建立一种更加真实的文化连续感。

为了保持文化的连续，在仪式场合使用与出生、死亡和祖先灵魂世界有关的物品是一个关键传统，约鲁巴文化中精美的双胞胎雕塑就是这种性质的物件（图8.20），通常雕刻于一对双胞胎过世之后。约鲁巴人的双胞胎出生率在全球范围内都排得上号，每1000名新生儿中有45对双胞胎。双胞胎通常比单胎婴儿弱小，所以更容易死亡。去世双胞胎的母亲会向雕塑家慷慨给予食物，雕像完成后，母亲会将雕像包裹起来，背在背上，仿佛它们拥有生命，村庄里的妇女会陪伴在母亲身旁，为她唱歌。这位母亲接下来需要进行许多步骤，来纪念自己死去的孩子：清洗双胞胎雕像，用粉和油擦拭他们的身体，准备他们最喜欢的食物（豆子和棕榈油），并给雕像穿戴上华丽的衣服和珠子，好像他们还活着一样。人们相信，通过这种方式，死去双胞胎的灵魂将给其父母带来财富和好运。

印度和欧洲：跨文化交流

与欧洲的接触对印度莫卧儿人有何影响？

在新西班牙发展起来的多元社会中，文化的交融十分明显，同一时期的印度艺术也体现了这一倾向。但在印度，这种文化融合的气氛并不紧张，很大程度是因为17和18世纪印度领导人对外来势力表现出了包容的态度，事实上，他们对这些势力表示出欢迎的姿态。

印度莫卧儿建筑：泰姬陵

沙赫贾汗吉尔对鸦片和酒精上瘾，1627年，在主题为"祝愿他长命千岁"的微型画完成后不久，他去世了。他的儿子沙贾汗（1628年至1658年）对绘画创作的鼓励程度虽然不及他的父亲和祖父，可是他大力赞助了建筑工程。他对印度建筑最重要的贡献是泰姬陵（图8.21和图8.22）。泰姬陵是世界上最美丽的建筑之一，这座陵墓是沙贾汗为她心爱的妻子玛穆塔兹·玛哈尔建造的，她在为沙贾汗生下第14个孩子时难产而死。

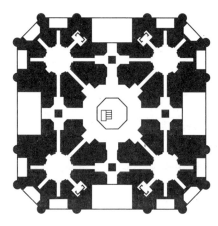

图 8.21

泰姬陵坐落在印度北部阿格拉的亚穆纳河岸边，四周是花园，模仿想象的天堂而建。花园被宽阔的小径、清澈的池塘和喷泉分割成不同区域，喷泉的周围原本排列着果树和柏树，分别象征着生与死。在建筑的西面，是一座由砂岩建造而成的清真寺位于角落，用于礼拜仪式。泰姬陵俯瞰着花园，池塘中倒映出了这座精美、壮观的陵墓建筑。

这座白色的大理石建筑建在一块高大的大理石底座上，每个角上都有一座宣礼塔，底座的三块区域分别对应陵墓的三层，与建筑整体结构融为一体。每座宣礼塔的顶端都设置有印度宫殿的传统装饰品，皇家伞形亭阁，宣礼员可以在这些亭子中召唤信徒到清真寺进行礼拜。泰姬陵的主要建筑大致呈正方形，但每个角落都被切去了一点，形成了一个不太明显的八边形。

图 8.22

建筑的正立面是相同的：中央是一个主拱，两侧均设置有双层结构，每层都有一个小的主拱。建筑正立面上的这些空隙使得建筑物看上去仿佛没有重量。位于屋顶四角的四个八边形皇家伞形亭阁与建筑中心洋葱形状的穹顶相连，穹顶鼓起，形成的曲线十分优雅美观。从正面观察建筑，还能看到许多铭文和阿拉伯花饰，由玛瑙、珊瑚、绿松石、石榴石、青金石和碧玉等半宝石镶嵌而成，非常精致、轻盈，这些宝石并不引人注目，而是凸显了建筑整体的洁白。

1658 年，沙贾汗病重，他的四个儿子展开了权力的斗争。保守的奥朗则布（1658 年至 1707 年在位）最终获得了胜利，将他的父亲软禁在德里红堡里。奥朗则布恢复了传统的法律形式和崇拜习俗，甚至恢复了对形象艺术的禁令，结束了他父亲和祖父统治下的多元化莫卧儿王朝。从德里红堡的房间中，沙贾汗可以眺望到亚穆纳河对岸的泰姬陵，他坚信自己最终能在天堂中与他的妻子安息。

的确，沙贾汗最后葬在他妻子的坟墓旁，在泰姬陵中央大厅下方的墓穴里。两座坟墓的上方都立有大理石纪念碑，印度北部工匠在上面镶贴了精美的宝石和半宝石。

中华民族：孤立与贸易

在与更广泛的世界贸易的同时，中国是如何抵御外国影响的？

阿克巴和贾汗吉尔统治下的印度艺术体现出了一种文化融合。然而当欧洲人抵达中国海岸时，这种倾向遭到了中国人的普遍抵制。原因有很多，但最重要的原因是中国人坚信自身文化的优越性。例如，几个世纪以来，中国人一直抗拒着北方草原民族的影响，同时也注重隔绝外部势力。

唐朝的长安，长治久安之城

并不是说，中国人完全脱离了世界舞台。公元 618 年，唐朝恢复了和平与繁荣，除 10 世纪出现短暂的动乱外，这一理想局面在中国持续了 660 年。唐朝拥有公元 500 年至 1000 年期间世界上最大、组织最良好的政府，其首都位于丝绸之路的东端，长安，意为"长久安宁之城"。这座城市也曾是汉朝的首都。唐朝恢复丝绸之路沿线的贸易之后，也制定了详细的计划来振兴这座城市。到了 8 世纪，居住在长安城墙内的人口已经超过了 100 万。长安城墙总长约 41.8 千米，围成的面积约达到 108 平方千米。城墙外的居民数量也差不多，包括朝鲜人、日本人、犹太人和基督教徒。中国唐朝的皇帝与波斯保持着外交关系。

那时，长安是世界上最大的城市，城市规划经过了精心构思，呈网格状，突出了唐朝对社会秩序的重视，他们相信，这种安排也反映了宇宙的秩序（图 8.23）。这座城市拥有 108 个坊里，每一个坊里都像是一个小型城市，拥有自己的围墙、内部街道，大门会在夜间上锁。天文学家根据正午太阳的阴影和夜晚北极星的位置排列街道，从而使城市朝向 4 个正方向。皇宫坐北朝南，象征着皇帝对整座城市的掌握，以及对国家的掌握。中国皇帝通常背朝北方，据说，恶灵就是从这个方向来的。政府建筑位于皇宫前面，伸出一条 152 米宽的大道，通往南门。

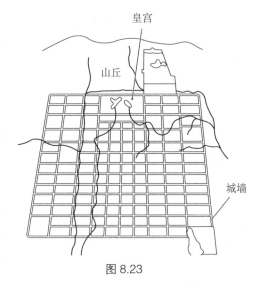

图 8.23

唐朝把教育放在第一位。长安的皇家学校为政府培训了所有政府官员，学术成就受到高度重视。儒家和道家哲学主导了艺术，尤其是诗歌。唐代的两位诗人，道家的李白（701 年至 762 年）和儒家的杜甫（712 年至 770 年）在诗歌创作中占有特殊地位，二人都受到了《诗经》（见第 3 章）的启发，但并没有止步于此。他们的风格不尽相同，下面两首短诗就能够体现出来：

夏日山中

李白

懒摇白羽扇，裸袒青林中。

脱巾挂石壁，露顶洒松风。

绝句

杜甫

江碧鸟逾白，山青花欲燃，

今春看又过，何日是归年？

李白和杜甫都是唐代著名诗人。春日的夜晚，他们聚集在桃李园中，在月光下饮酒、挥洒自己的诗意，并因此闻名。李白和杜甫也擅长诗歌、书法、绘画、政治和哲学。他们擅长各种领域，是 500 年后西方"文艺复兴人"的先驱。同时，他们也体现了唐代文化的复杂特征：强烈、充满活力、富有激情又具有同情心，既现实又理想，既包含强烈的个人情感，也包含献身公共事业的精神。

宋朝的杭州，人间天堂（公元 960 年至 1279 年）

杭州是中国南宋时期（1127 年至 1279 年）的首都，拥有近 200 万人口。到了 13 世纪，杭州的繁荣程度已经超过长安。第一个看到杭州的西方人马可·波罗（1254 年至 1324 年）称其为"世界上最辉煌的城市"。马可·波罗在他的《马可·波罗游记》中详细描述了他的杭州之旅。根据他的叙述，他作为忽必烈汗的大使首次访问了杭州。忽必烈汗直到 1279 年才征服南宋。所以，当马可·波罗第一次看到杭州时，它仍然是一座宋朝的城市。城市里的湖泊和公园非常美丽，到处都是双层的茶馆，游客可以从第二层看到点缀在海岸上的宫殿、宝塔和寺庙，这座城市因此被称为"天堂之城"。城市面积约 517 平方千米，城墙高约 9 米，瞭望塔高高耸立在城墙之上。城墙内有一套成熟的运河系统，大约有 12000 座桥梁遍布于上，这一定让马可·波罗想起了他的家乡威尼斯。这些运河的源头是西湖，这是中国最著名，也可能是最美丽的湖。水上的船只运载着美丽的女性和游玩者，作家和艺术家则聚集在岸边宁静的图书馆和寺院里。

马可·波罗写道："这座城市有 12 个手工艺行会，每个行会有 12000 所房子供工作者居住。每所房屋至少住有 12 名男子，有些有 20 人，有些有 40 人，包括师傅手下的学徒。由于需要为全国各地供应产品，所有这些工匠都得到了充分的就业。"每个行会实际上都是由同一个省的人组成：杭州有来自东部安徽省的茶商和布商，来自宁波市的木匠和橱柜匠等。大家聚集于首都，享受着商业贸易带来的利益。市场上到处都是食品、丝绸、香料、鲜花和书籍。

这些习惯于"精致生活"的公民显然具有非常好的生活条件。马可·波罗记录道："市民的住宅修建得很牢固，装饰很精美。市民们十分喜爱装饰、绘画和建筑，他们在这些方面的花销会使你大吃一惊。"换句话说，杭州是亚洲文化的中心，是除了马可·波罗之外所有西方人的想象都无法企及的一座城市，在许多方面远远超过了西方的成就。

宋朝非常繁荣。宋朝时期的中国是世界上最大的钢铁生产国，商人阶层十分活跃，不仅在丝绸之路（见第 3 章）沿线开展贸易活动，还会乘船前往东南亚海域进行贸易。他们的财富不断扩张，对政府的影响力也越来越大。活字印刷术的发明对宋朝的兴盛至关重要，宋人开始在纸张上印刷书籍。印刷技术使中国的知识传播发生了革命性的变化。（西方人眼中为知识传播带来革命性影响的古腾堡活字印刷在 400 年之后才出现。）商人们的孩子们进入公立、私立和宗教学校，依靠新印刷出来的课本学习，为科兴趣考试做准备，其中就包括《诗经》。那时，中国所有政府官员都必须阅读这本书，也包括一些不同学科的专科全书。 这一受过高等教育的新政府官员阶层恢复了儒家思想的主导地位，并在道教和佛教的基础上进一步强化了儒家思想。佛教被正式认定为外国宗教，遭到人民的拒绝，但佛教对宇宙的解释为儒家思想提供了宝贵的形而上学元素。因此，这些新官员在新儒家思想的教导下，给中国政府灌注了一个根深蒂固的信念：和谐社会反映了宇宙亘古不变的道德秩序。

对宋朝的文人来说，佛教禅宗的发展尤其重要。"禅"源自梵语，意为"冥想"。和道教一样，禅宗教导人们通过与自然和谐相处来获得幸福。禅宗主张通过静坐冥想，与道、理合为一体，理的概念来源于儒家思想，指自然的原理或内在结构。禅宗认为古典佛教的传统经文、仪式和寺院规矩并不重要，因为佛陀的精神是每个人与生俱来的，通过冥想便可发掘。因此，修行禅宗的诗人和艺术家认为他们是自然精神自我表达的工具。

宋朝的中国画尤其体现了宋朝的本质。山水画成为宋朝艺术中最主要、最受推崇的个人哲学表现手段。人们认为，山水暗含了万物背后的根本原则，并通过物质元素体现出来。艺术家的任务与对道的追求非常相似，就是揭示自然界的永恒原理，揭示山、瀑布、松树、岩石、芦苇、云彩和天空的永恒本质。人的形象在自然面前显得微不足道，与风景相比也是相形见绌。

这一时期的绘画一遍又一遍地描绘山谷和后方高高的山顶，小路、瀑布、岩石峭壁和高大的松树在画面中一路上升，体现着"道"的精神，脱离了人类世界，并获知了自然界的永恒原则。

元朝（1271 年至 1368 年）

在西方受到中世纪洗礼的同时，中国一直受到北方游牧部落的威胁。1126 年，中国东北的金朝征服了北宋都城汴京，宋朝势力不得不向南撤退至杭州。1279 年，南宋向成吉思汗的孙子忽必烈屈服。忽必烈迁都至今天的北京，将其改造成了一个网格状排布的城市，在周围建立了城墙，并扩建了大运河为城市供水。

成吉思汗及其后裔成立了元朝，控制着政府的最高职位，但同时也靠政府官员来征税并维持秩序。

马可·波罗抵达中国时，宋朝的文人画家不愿屈服于元朝贵族的统治，纷纷隐退。但在流放期间，他们以一种新的艺术风格来象征他们反抗。有关竹子的画作比比皆是，因为竹子可以弯曲却不会被折断，就像中国人一样。郑思肖的写意山水画《墨兰图》（图 8.24）创作于 1306 年。该

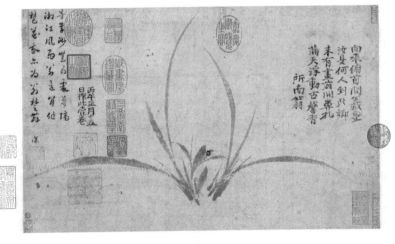

图 8.24

作描绘出兰的野逸、不畏风霜、孤高自傲、无人花自馨的高尚品格。画幅正中为一株墨兰，兰花无土无根，乃郑思肖一贯风格特点，寓意故国山河土地已沦陷，无从扎根。然而兰花不需要土壤就能够生存，可以长在岩石里，也可以长在书上，仅仅靠周围空气中的水分就能维生，甚至能够茁壮成长。

早春图

图 8.25

在北宋画家郭熙的《早春图》（图 8.25）里，我们在大自然的背景下几乎感知不到人的存在。山所呈现的自然是包罗万象的，有力、庄严，象征着永恒。这幅画的构图以汉字"山"为基础。郭熙同时是一名书法家，笔法行云流水，这既体现在绘画整体的架构上，也体现在用墨水画下的线条上，这些线条呈现了优美的风景。和书法家一样，郭熙注重绘画线条的平衡、节奏和移动。

他的儿子郭思将他的山水画思想记录在一本名为《林泉高致》的书中。书中谈到，《早春图》中心的山峰象征着皇帝本人，高大的松树象征着理想、和谐的宫廷。皇帝周围的其他人各司其职，就像画中山峰周围的树木和小山构成了自然的秩序和韵律。

明朝（1368 年至 1644 年）

蒙古人的统治终于在 1368 年被推翻，朱元璋（1368 年至 1398 年在位）把最后一个元朝皇帝赶到了戈壁沙漠，自立为明朝的第一个皇帝。

明朝皇帝害怕北方草原民族再次入侵，为了自卫，他们建立了中国历史上最为专制的政府。朱元璋征召了数千名工人来加固中国的长城，以抵御北方的侵略，在工程项目中死亡的人数不计其数。他组建了庞大的军队，并集结了一支海军以抵御海上的入侵。元朝时期，艺术家们的自由受到了严重限制，这种情况在明朝更甚。然而，出于对学术和艺术的尊重，皇帝朱棣（1402 年至 1424 年在位）委托编纂了一部权威的中国百科全书，11095 卷的《永乐大典》。他还在忽必烈时期故都的遗址上建造了北京的皇宫建筑群（图 8.26），被称为"紫禁城"。这是他统治时期的建筑象征。

紫禁城的名字意在说明只有为皇帝执行公务的人才能进入它的大门。18 世纪，清朝（1636 年至 1912 年）对其进行了大规模重建，但建筑总体设计依然是明朝风格，以蒙古人建造的皇宫建筑为基础。事实上，蒙古人当时将北京的北部全部划为自己的生活区，而汉族居民只住在北京南部三分之一的区域内。明朝皇帝保留了这种划分，允许大臣和官员住在北部，即内城，平民住在南部，即外城。

紫禁城位于内城中心。北京城内和唐朝首都长安一样，也呈现出网格状排布，紫禁城的规划也呈现出网格状，沿着一条南北轴线，遵循风水原则（图 8.23）。根据道教思想，气能够流经大地，沿着山脉、小河和溪流，影响着周遭居民的生活。人们相信邪恶的势力来自北方，所以这座城市面朝南方开放。因为人们认为皇帝与宇宙的力量密切相关，是神圣的，因此，风水的思想在皇家院落的建筑工程中尤为重要。

紫禁城占地 72 万平方米，周围的城墙高 10 米。紫禁城内的建筑和房间总数达到了 9999 间，都是用钉子建造的，9 个钉子成一排。汉语中的数字 9 与"久"同音，再加上那时候的人们认为 9 是正数的极值，也是单数的最大值，所以只有皇帝能够使用这个数字。建筑群中的建筑沿袭了商周

图 8.26

时期的传统连梁柱设计。

　　皇帝和后宫成员很少离开紫禁城。来访者从午门进入，然后穿过金水河上的5座拱形大理石桥。院子对面是太和门，另一边是一间巨大的院子，可以通向太和殿。举行重要的国事活动时，皇帝会坐在太和殿的宝座上，背抵着北方的草原势力，面向南方。太和殿的后面是更加私密的空间，日常生活区。人们认为，建筑群的平衡和对称反映了宇宙的和谐，紫禁城位于世界的中心，是皇帝统治的建筑象征，也是他作为天子维护国家秩序、平衡与和谐的职责所在。

绘画与诗歌：流派的竞争

当时，绘画被视为奢侈品，朝廷和新兴的商人阶级都会购置绘画。许多绘画结合了意象和诗歌，后者通常以艺术家自己的书法风格写成。

明末，一位名叫董其昌（1555年至1636年）的文学家、书法家、理论家和官僚写下了一篇文章，从此影响了我们对中国绘画历史的认识。然而也有许多学者认为这篇文章过分简化了历史，这些人里也包括与董其昌同一时代的学者。董其昌把中国画的历史分为南、北两宗，但这一划分与地理无关。决定画家流派的不是他的所在地，而是他的风格与手法：如果他的风格离经叛道、激进，并富有创造性，那么他是一个南宗画家，就像佛教禅宗的南宗一样；如果他的风格沿袭了传统，且趋于保守，那么他是一个北宗画家，就像佛教禅宗的北宗一样。

北宗

宫廷画家殷宏活跃于15世纪末16世纪，他的《孔雀牡丹图》就属于北宗（图8.27）。这幅画体现出优雅的装饰性风格，突出了画家的绘画技巧。它基于中国传统绘画，运用了丰富的色彩。宋朝时非常流行花鸟画。与前文提到的《早春图》一样，殷宏的作品也直接象征着皇帝。《早春图》中，中央的山峰象征着皇帝，低矮的小山和树木象征着皇帝的附属品。而在《孔雀牡丹图》中，孔雀象征着皇帝，周围的小鸟象征着朝臣，他们聚集在一起，敬畏皇帝，服从皇帝的统治。

南宗

南宗比北宗低调得多，画家更喜欢运用水墨，而不是丰富的色彩；他们更喜欢自由的笔触（体现了绘画的抽象本质），而不是一板一眼的线性手法。对南宗画家来说，现实不存在于物质世界，而存在于人的头脑中，因此，自我表达才是最终目的。此外，南宗艺术风格的作品更加系统地综合了每个文人都应该掌握的3项技能：诗歌、书法和绘画。

沈周（1427年至1509年）的南宗作品《杖藜远眺图》使中国传统山

图 8.27

水画风格变得激进起来（图 8.28）。在宋代早期的山水画中，自然世界的统一力量使人的形象相形见绌。然而在明代画家沈周的画中，诗人是中心人物。他望向一个悠远的地方，那里悬挂着他内心的映照：

> 白云如带束山腰，
> 石磴飞空细路遥。
> 独倚杖藜舒眺望，
> 欲因鸣涧答吹箫。

一个将自己置于绘画和诗歌中心的艺术家是不会想进入政府机构的。的确，沈周生活在远离京城的苏州地区。但有趣的是，明代理论家董其昌偏偏最喜爱他和其他南宗文人画家的绘画风格，这一风格也将成为清代占主导地位的正统画风。

图 8.28

奢侈艺术

　　明朝宫廷奢侈的生活方式使得装饰性的奢侈品被大量生产。此外，兴旺发达的贸易让许多中国商人变得越来越富有，他们开始为自己收集绘画、古董、精美家具和其他高质量的物品。漆器在当时非常流行。漆树的汁液是一种透明的天然清漆，涂在木材、纺织品或其他易腐材料表面，能够使其隔绝空气、防水、耐热和耐酸。涂有许多层薄漆的表面可以被雕刻上各种图案。家具、碗、碟和其他小物件等漆器产品在当时广受欢迎。

　　瓷器是中国人与其贸易伙伴最珍视的商品之一。公元 1004 年左右，景德镇的人完善了制作瓷器的工艺，到了明朝初，景德镇已经拥有 20 座窑。1424 年，朱棣逝世时，窑的数量几乎翻了 3 倍，达到了 58 个。

　　明代的手工艺者先在未经过烧制瓷器表面涂上钴蓝色的釉，再用一层白釉将其覆盖，最后进行烧制。朱棣统治期间，中国瓷器的外观有了很大的改善。这在很大程度上是因为朝廷官员郑和（1371 年至 1435 年）带领着朱棣的 317 艘船只组成的舰队，在 1404 年至 1435 年间进行了 7 次远征，穿越东南亚的大洋，到达印度、沙特阿拉伯和非洲海岸。在其中一次贸易任务中，郑和用中国的产品换取了一种钴矿石，这种钴矿石可能来自波斯的卡尚，含铁量高，含锰量低（与中国的矿石正好相反），这使得矿石的颜色更加饱满。明代艺术家最喜欢的图案是鱼、海浪和海中怪物，尤其是龙，因为它们象征着皇帝。据说，皇帝的血管里流淌着龙的血液（图 8.29）。龙的形象在明代艺术中随处可见，从纺织品，到漆器，再到玉雕。图 8.29中一对花瓶呈镜像堆成，龙的外形精致，看上去就像是在模仿对方飞行，它们的姿态实际上对应着太极拳中的优雅动作，这是中国武术的一种，有单人形式，也有双人形式，被称为"推手"，两条龙的爪子伸向对方，使人想到太极拳中的"推手"。这对花瓶创造了一种平衡感，就像阴阳平衡一样，这实际上是也是太极的符号。

图 8.29

日本：朝廷赞助与宗教传统

宗教生活和军事生活之间的紧张关系怎样影响日本文化？赞助制度如何使这种紧张关系进一步恶化？

人们普遍认为，佛教是在大和时期从中国传入日本的，但在那之前，一些日本人可能已经接触过佛教。据《日本书纪》记载，公元552年，朝鲜百济地区的国王向日本统治者赠送了一尊佛像和一套佛教圣典。日本的书面语言本就以中国的文字为基础，因此一些人认为，日本人同样也可以对佛教进行本土化改造，但并非所有人都对佛教持欢迎态度。大和时代的日本有三个强大的敌对宗族：苏我氏、物部氏和中臣氏，这些家族中都有成员与天皇结成姻亲，因此每个家族都与皇室有一定联系。其中，掌管天皇军队的物部氏和负责神道祭祀的中臣氏都反对佛教传入日本，但负责国家事务的苏我氏经常与朝鲜人和中国人接触，被佛教深深吸引，因此大和天皇允许他们在自己的宗族内实践这种宗教。

后来的几个世纪，这些势力对日本文化产生了持续的影响。早在708年，中臣氏的直系后裔藤原氏就在飞鸟地区西北方的奈良县建立起了新的都城，并对日本进行了500年的统治。都城遵循了中国城市规划的原则，是模仿长安城而建的（图8.23），东西长4.3千米，南北长约5千米，中心有一条宽阔的南北走向大道，终点是平城宫。藤原氏虽然曾对有佛教倾向的苏我氏嗤之以鼻，但他们在奈良正式接受佛教为国教，并建造了宏伟的寺院和修道院。

平安时代：宫廷雅致

早在公元7世纪，佛教和日本神道教就开始相互影响。公元8世纪，人们认为奈良大佛是神道教的太阳女神，将佛教仪式纳入神道教宫廷仪式。公元784年至794年间，日本首都迁至平安京，也就是现在的京都。据记载，此举是为了使世俗朝廷不受奈良县佛教徒的影响。平安京很快成为世界上人口最稠密的城市。

在平安京，艺术在优雅和精致的氛围中蓬勃发展。性别决定了日本平安时代的宫廷生活：男人参与公众生活，女人则更加低调地生活。事实上，在那个时代，人们很少能在公共场合见到贵族妇女。贵族妇女可能会前往佛教寺庙，但公众并不会看到她；她也可能会接待一位男性访客，但两人会隔着一组可移动的窗帘交谈。妇女也会接受高等教育，能够为平安时代的宫廷美学做出贡献。许多宫廷集会都是为了诗歌比赛而举行的，参与者有男有女。诗歌通常是为他人（朋友或情人）所作，并通常会得到答复。

日记是一种重要的文学形式，它向我们展示了平安时期宫廷生活的许多情况。女官紫式部（约973年至？）都是用一种纯日语的全新文字系统书写的，这种文字系统被称为"平假名"。从9世纪初开始，平假名逐渐取代了汉字，作家能够通过读音拼写日语。然而，日本的大学课程仍然以中国经典和历史为基础，国家和政府的正常运作仍然需要使用汉语。汉语是男人们的语言。由于平安时代的宫廷极力反对妇女接受中文教育，所以她们的课本都是用平假名写成的，可是实际上，许多宫廷妇女对中文相当熟悉。

平假名在日本流行了起来，连男性也认为使用平假名更加便利，这鼓励了日本新诗歌形式的发展，尤其是和歌。一首和歌有 5 句共 31 个音节，通常以大自然和季节的变化为主题。和歌是日本诗歌形式的典范，其中以"俳句"尤为著名。这是从和歌前三行发展而来的一种诗歌形式，由 3 句共 17个音节组成。

除了撰写日记之外，紫式部还创作了一部长篇小说《源氏物语》。直到 18 世纪，没有西方小说能够与其规模比肩。《源氏物语》讲述的是皇太子源氏的故事，他的母亲是天皇最宠爱的妻子，但是由于母亲的位份太低，源氏无法继承王位。故事中很大一部分发生在平安宫的住宅和花园内。小说描写的不仅是一个感人的浪漫故事，还描绘了主人公从出生到死亡长达 75 年的生活，为读者呈现了一幅世纪之交日本社会生活的生动画面。

镰仓时期（约 1185 年至 1392 年）：武士和幕府

平安时代的天皇们开始依靠地方士兵部族——武士来进行军事控制，尤其是在乡村地区。随着时间的推移，这些部族变得越来越强大，到了1100 年，他们已经成为日本军事和政治生活中的一支主要力量，这开启了镰仓时代。镰仓时代得名于这些部族中最著名的一个部族源氏所在的位置。源氏获得了新的权力，这从很多方面说明，以家族为基础的权威体系得到了复兴，这种体系至少从大和时代起就深深植根于日本社会。然而不可避免的是，源氏的崛起也导致了激烈的竞争，就像大和时代一样，这最终导致了战争。

佛教净土宗艺术

　　战争渐渐蔓延至全国，许多日本人认为战争宣告了末法时代的来临，
这是佛教的第三个时期，从佛陀释迦牟尼佛死后 2000 年（正法 1000 年，
像法 1000 年）开始，将会持续一万年。末法期间，没有人能够获得启蒙，

图 8.30

社会将陷入堕落和腐败。佛教净土宗似乎为这一时代的没落提供了一条出路，这种思想起源于公元6世纪末期的中国，是大乘佛教的一种特殊形式。大乘佛教的教徒认为，对众生的同情是信仰的基础，一个人的终极目标不是涅槃，而是成佛。除了释迦牟尼以外，他们也承认其他佛祖，其中包括阿弥陀佛，即无量光佛或无量寿佛，居住在被称为西方净土的天堂。佛教净土宗早在公元7世纪就传入日本，中国的阿弥陀佛在日本传播开来。净土宗主张，通过咏唱《南无阿弥陀佛（阿弥陀佛颂）》，信徒将获得重生，进入西方净土的天堂，并得到在人间无法得到的启蒙，这一点对日本人的吸引力尤为显著。

人们普遍认为，只要在吟唱圣歌时足够虔诚，即使是最卑鄙的罪人也可能会进入西方净土，这一点通过很多艺术形式呈现了出来。其中最受欢迎的一种是来迎图（图8.30）。画面中，佛祖立于云端，周围环绕着25位菩萨，即将降临在一位贵族家中的游廊上。京都平等院凤凰堂的门上绘有十幅主题相关的绘画，这幅画就是其中之一。绘画尤其胜在对风景的艺术处理，山脉并不是由崎岖的线条构成，这与中国山水画的特色正好相反。大和时代最早的几幅画甚至已经表现出了日本绘画的这一特点，该画中描绘的是平安时代的郊区，坡地线条平缓，最高处立着松树。描绘日本山水的神道教绘画最早出现在11世纪中叶，与图9.31同时，这可能并非偶然。佛教净土艺术同时体现了神道教对自然的崇敬，这也就不足为奇了。

军事文化艺术

1185年，源氏击败了主要竞争对手平氏，开启了镰仓时代，两个家族之间的权力斗争主导着平安时代的最后几年。13世纪，一位不知名画家绘制了《平治物语绘卷》（图8.31），在1160年的一场重要战役结束约一个世纪后记录下了这一事件，体现了平安时代藤原氏与镰仓武士宗族之间的复杂关系。1156年，后白河天皇（1127年至1192年；统治时期1156年至1158年）从藤原氏手中夺回了旁落的实权，成为摄政王，占据日本政府的最高职位。藤原氏试图控制政府，但遭到了后白河天皇的阻止。于是，

图 8.31

　　1157 年，藤原氏拉拢了当时两个最强大的武士部族之一源氏，以帮助他们发动政变、监禁天皇。藤原信赖率领军队夜袭皇宫，囚禁了天皇，并将宫殿焚为白地，《平治物语绘卷》中的《三条殿夜讨卷》呈现了这一事件。画面周围是向左下方 45 度倾斜着的建筑，建筑中间，熊熊大火席卷而来，黑烟滚滚上升，骑兵、战士、逃亡的妇女、尸体和画面前方奄奄一息的人们都展现了当时的混乱和暴力。武士们分为骑兵和射手，身穿厚重的铁甲，画中许多人都举起了他们的弓箭，弓箭上宽下窄，能够贯穿马的脖子。事实证明，源氏的胜利是短暂的，叛乱很快被另一个强大的部落平氏镇压。在接下来的 20 年里，平氏受到退位的后白河法皇庇佑，成功地控制了日本的朝廷。但在 1185 年，源义经（1159 年至 1189 年）率领源氏武士军队，击败了平氏，几乎杀死了平氏部族的所有男性成员和他们的妻儿。

　　源义经的哥哥源赖朝（1147 年至 1199 年）没有参加镰仓的战争。战争一结束，他就迅速消灭了该地区的所有与他竞争的武士，包括他自己的兄弟。源赖朝下令追捕源义经，导致源义经最终切腹自尽。源赖朝要求所有武士领主宣誓效忠他，不然将会落得和他弟弟同样的下场。他很快控制了日本群岛的大部分地区，在镰仓建立了统治，使日本政府摆脱了平安贵族和奈良佛教的影响。有趣的是，源赖朝从未考虑登上皇位，后来的武士统治者也没有这么做。相反，他认为自己的职责是辅佐天皇，就像藤原氏辅佐平安天皇一样。1192 年，日本朝廷授予他"征夷大将军"的称号，源赖朝成为幕府将军，即所有武士的总司令，他手下的幕府统治了这个国家150 年。

从许多方面来看，源赖朝幕府的特点是他即刻实行的土地改革，他把那些之前属于敌人的土地赠送了给他的追随者。到了 15 世纪，这些新的土地拥有者被正式称为"大名"。这些人对幕府将军绝对忠诚，热爱军事艺术，注重自己的荣誉和名声，并以他们的家庭或家族为傲。1600 年到 19 世纪中叶，日本享有了一段漫长的和平时期，一位大名将这些价值观编撰成册，并加以补充。那时，大名阶级的军国主义离当时的行为准则武士道精神越来越远。时至今日，武士道仍然影响着日本社会的方方面面。

室町时代（1392 年至 1573 年）：文化赞助

大名阶级很少挑战皇帝的权力。他们是朝廷的重要赞助人，也是宫廷工艺品的主要消费者。与此同时，日本本土佛教禅宗的哲学思想也深深地吸引着他们，这种禅宗由中国的禅宗佛教演变而来。整个12世纪和13世纪，禅宗教义在日本愈发根深蒂固。禅宗规律、清修的生活方式与平安时代寺院奢侈的生活方式形成了鲜明对比。禅宗主张通过冥想和自我否定获得开悟，就像佛教净土宗（两个宗派之间相互竞争）一样，是一种有着特别吸引力的宗教实践。

1392 年，幕府家族足利氏对日本社会影响巨大，他们的据点位于京都室町。那时，大名争权夺势，导致了残酷的内战。虽然京都内部粮食不足，城市已经接近全面崩溃，但足利幕府将军仍然在城市周围建造了精美的宫殿，来躲避城墙外的混乱。鹿苑寺的金阁寺（图 8.32）是当时最精致的建筑之一，是足利幕府将军足利义满 (1358 年至 1408 年) 退休后的住处。中心宫殿的建筑工作开始于1399 年，仿效了中国的建筑，一楼用于休闲，可以从那里观赏湖泊和庭院。二楼的前部有一个宽敞的阳台，用于赏月。顶层是一座小型佛教净土宗寺院，里面有 25 尊菩萨像，和一尊来自西方净土天堂的阿弥陀佛像。鹿苑寺建筑周围的庭院景色千变万化，这种多样性和

图 8.32

整体的统一性形成了对比。足利义满关注艺术,这是一种政治手段,旨在增加他幕府的权力,并使其更加合法。因此,他和后来的足利幕府推动了那个时期绘画和园林设计领域最重要的一些艺术进步。他们也创造了新的艺术形式,比如茶道和能剧。

禅宗庭院

禅宗到底对日本艺术产生了多大的影响,这是一个难以回答的问题。日本禅宗艺术设计简约,善于意会而非直接呈现,并通过无序和不对称来控制平衡感，这些都与日本人自身的喜好有关。毫无疑问的是，庭院是室町时代日本禅宗寺院的一个普遍特色，尤其是枯山水庭院。长期以来，日本园丁一直将水视为园林艺术中的一个主要元素，但京都附近的泉水和山涧很少，鹿苑寺中金阁寺周围的小溪和池塘对园丁来说已经成为不可能，于是他们愈发注重岩石和精心修剪的植物，使这些元素成为园林设计的主要特征。

　　大仙院的庭院就是这样一个绝佳的设计。大仙院位于京都，是大德寺的一个子庙，由相阿弥设计，宗峰妙超（1465 年至 1548 年）于 1509 年建

图 8.33

立而成。大仙院实际上是一系列独立的花园，排布在宗峰妙超的住宅周围，该住宅装饰有相阿弥的各种绘画。住宅两侧的庭院实际上是一个微型山水景观，直立在地上的石块象征着一座山（图 8.33），石块上白色石英的痕迹模拟了顺流而下的瀑布，形成了一条由白色砾石构成的河流。上方，一块白色石板如同一座桥梁，横跨河流，连接了小溪中的岛屿。再往下，一块船形岩石在宽阔的河面上航行。住宅的另一边，碎石流入一大片象征着海洋的广阔区域中，这块区域由经过仔细梳理的白色碎石组成，象征着波浪，中间两个由相同材料制成的圆锥体十分引人注目，模拟的可能是两座火山岛。总览全景，鹅卵石从山顶流到海洋，也许象征着时间的流逝，甚至可能象征着佛教禅宗哲学家从早期的复杂和混乱走向启蒙的普遍本质。

茶道

12 世纪末，镰仓时代早期，抹茶（或碾茶）从中国传入日本。镰仓时代后期，茶叶竞赛已经开始流行起来，参赛者通过品尝，来确定茶叶的种类和其生长地区。到室町时代早期，人们开始将饮茶的规矩编撰成册，佛教禅宗寺庙也承担了这一工作。16 世纪，这些规矩被总称为"日本茶道"。专门为品茶而设计的小房间通常挂着书法卷轴或摆放有书法屏风，在这里，客人能够把日常生活的烦恼抛在脑后，进入一个轻松、和谐、相互尊重的永恒世界。主人会收集一些从中国进口的书画作品，通常是唐物。其中，足利义满的孙子，足利幕府将军足利义政拥有最精美的中国藏品。

15 世纪末，禅宗僧人村田珠光改变了这一情况，日本茶道不再需要摆放唐物，而是更倾向于摆放一些带有"侘寂"性质的物件，即那些朴素、简约、并带有时间痕迹的物件。他们认为，这些器物比来自中国的物品更能够反映日本风格，村田珠光是这样评价这种风格的："只有若隐若现的月亮才有美感。"为了品茶，主人常常会收集一些绘画和书法，以及各种不同的茶具和器皿——茶壶、水壶、搅拌器、茶叶盒和最重要的茶碗，每个茶碗都形状美观，材质优良，广受赞誉。灯光下宁静的氛围中，主人和客人坐在铺着编织草席的榻榻米上泡茶、品茶，欣赏着周围精致的物件，这些物品体现了主人的艺术情操。主客都陷入一种冥想的状态，将品茶变成一种高雅的艺术形式，即侘茶。

有趣的是，体现日本经典茶道的侘茶并不是在宫廷中得到发展，而是在富商阶层中。人们通常认为，来自堺市的两位商人武野绍鸥（1502年至1555年）和千利休（1522年至1591年）创造了这种艺术形式，后者是这样定义的：

朴素小屋中的日本茶道以佛教思想为基。最重要的是清苦，旨在实现精神上的解脱，过分注重泡茶的场所和茶点的味道强调了世俗意味。品茶的场所不漏水，准备的食物足以驱散饥饿，那就足够了，这符合佛陀的教诲，也是日本茶道的精髓。第一步应取水、拾柴，然后把水煮开，泡茶。先向佛陀献上一些茶水，然后请客人品茶，主人最后饮茶。

武野绍鸥和千利休为日本茶道的发展做出了巨大贡献，这预示着日本文化将发生重大变革，商业贸易带来的利益渐渐主导了社会，取代了统治日本社会数百年的军事阶级。

能剧

包括足利义满和足利义政在内的足利幕府将军也积极鼓励能剧的发展，这是一种重要的文学体裁。观阿弥（1333年至1384年）和他的儿子世阿弥（1363年至1443年）构想了一个集音乐、吟诵、舞蹈、诗歌、散文、哑剧和面具于一体的戏剧形式，以创造一个崇高的世界，这个世界基于"幽玄"的概念，指的是能剧表面形式之下那些模糊的、精神的深邃（或无作为中的静止）。

"能（Noh）"意为"成就"，指戏剧主人公的精湛表演，这些演员必须解决内心的冲突，才能得到灵魂的安宁。能剧分为5种，包括"修罗物"和"蔓物"。前者在世阿弥之前的年代并不存在，剧中的主要角色是武士阶层的历史人物，来源于源平合战，之前提到的卷轴绘画《三条殿夜讨卷》

也来源于此（图 8.31）。

能剧与西方戏剧截然不同，演员通常会戴上精美的面具，还有合唱团利用管乐器和鼓的声音为能剧的叙事伴奏。观众对能剧的情节了如指掌，因此情节几乎无关紧要，也不能推动戏剧向前发展。演员以一种特殊的方式说他们的台词，而不会像平时说话一样有声调的曲折。有三只鼓和一只笛子为演员的台词伴奏，他们的动作会以舞蹈方式呈现出来，表演持续的时间比单纯阅读剧本要长得多。虽然能剧通常拥有优秀的剧本，但如果没有非语言元素，戏剧的整体效果将会大打折扣。

安土桃山时代（1573 年至 1615 年）：外来影响

在足利幕府的赞助下，日本文化蓬勃发展。但日本也经历了多年内战，内耗严重。到了 16 世纪中叶，足利氏家族已经失去了一切权力，各位大名又重新控制了各省。其中的织田信长（1534 年至 1582 年）是一位小城主的儿子，他组建了足够强大的同盟，将整个国家置于一个统一的政府之下。到了 1573 年，织田信长已经将足利氏家族的成员全部赶出了京都，开创了安土桃山时代。织田信长的城堡位于安土城琵琶湖畔，他的继任者丰臣秀吉（1537 年至 1598 年）的城堡位于桃山，这一地区因后来在城堡遗址上种植的桃树而得名，因此这一时代被称为"安土桃山时代"。

织田信长的胜利得益于葡萄牙商人给日本带来的火药和火器。在他的统治期间，西方在日本各地大大扩展了贸易规模。1543 年，葡萄牙商人首次进入日本海域，日本大名很快从葡萄牙人那里了解到了西方的火器。在接下来的 30 年之内，国内的冲突都有了枪和炮的参与，直到 1590 年，丰臣秀吉结束了内战。几乎在同一时间，耶稣会的创始人之一，神父方济各·沙勿略（1506 年至 1552 年）于 1549 年到达鹿儿岛市，准备在日本传播基督教。到了 15 世纪 80 年代，已经有多达 15 万日本人皈依了天主教。

火药的引进促使安土桃山时代的统治者建造比早期幕府更大、防御能力更强的城堡。然而，城堡的建立主要旨在向世界宣告大名的权力和威严，大阪附近的姬路城（图8.34）就是以这样的目的建造起来的。和那个时代的大多数城堡一样——全国各地建有约40座城堡——姬路城建在山顶上，城堡顶部有一个"天守阁"。这是一个用于防御的最后避难所，就像英国城堡顶的哨所一样。山坡下面是一堵巨大的石墙。

最初的天守阁只有一座，高三层，后来又增加了三座天守阁，其中两座高三层，一座高五层，形成的堡垒几乎

图 8.34

坚不可摧，外观也十分精致，屋顶的线条由白色石膏勾勒而成，状若翅膀，三角形的山墙铺有瓦片，十分尖锐。由于该城堡体现出了一种高贵优雅的气质，姬路城也被称为"白鹭城"。

日本的外国商人，主要是葡萄牙人和荷兰人，很快就影响了日本绘画，尤其影响了一种被称为"南蛮"的新型屏风绘画，其中，"南蛮"指的是从南方乘船而来的"野蛮"西方人。这种绘画最喜欢描绘外国大帆船抵达京都港口的场景（图8.35）。船员从船上卸下货物，船长和他的手下穿过城市的街道，前往京都的耶稣会教堂，那里的神父是皈依基督教的日本人。

这些绘画展现了一种文化融合，因此是独一无二的，日本人与欧洲人以及亚洲城市的贸易取得了前所未有的繁荣，鼓励了这种文化融合。葡萄牙人充当了中日之间的交流通道，用日本的银子来交换中国的生丝，日本

图 8.35

人将这些生丝加工成质量上乘的纺织品，特别是和服。只有新西班牙的文化融合能够比得上当时的情况。

安土桃山时代的大名委托创作了许多种类的屏风来装饰他们的宫殿和堡垒，南蛮屏风只是其中之一。传统的日本房间大多是开放式的，基本没有家具，可以通过在这些房间里放置屏风，分隔空间区域，来弱化空间的突兀。屏风常常放置在重要人物的身后作为背景，也用来划分出就餐区、待客区和休息区。除南蛮屏风之外，屏风上还会画有都市风光、神话场景、战争场面、戏剧表演、宫廷生活和郊外景象。

日本闭关锁国

织田信长的继任者丰臣秀吉十分不信任基督教。到 1587 年，他已经禁止日本人进行相应的宗教实践，1597 年，他甚至处决了 26 名耶稣会士和方济会士，其中既有西班牙人也有日本人。之后的统治者奉行日益孤立主义的外交政策。1603 年，丰田秀吉的继任者德川家康（1542 年至 1616 年）在他位于江户（现在的东京）的城堡建立了一个幕府，这个幕府稳定地运行了 250 年。1614 年，基督教被全面禁止，即便是外国人也不能够进行基督教活动。新德川幕府将天皇定为官方国家元首，但幕府将军才是有效的领导人，幕府领导下的 250 多个地方大名能够行使地方权利。德川幕府于 1635 年禁止日本人出国旅行，1641 年限制与荷兰人和中国人的贸易，前者的行动范围被限制在长崎港口的一小片地区，后者则被限制在长崎市内的四分之一。

1853 年，美国海军将领马修·佩里率领着四艘军舰驶入了东京湾，并带来了美国总统的一封信，要求日本人接待美国海军。第二年，日本重新对各国正式开放其港口。

回顾

8.1 讨论美洲阿兹特克人出现之前的文化，以及西班牙文化受到了阿兹特克文化怎样的影响。

中美洲的文化是复杂的，那里的人们拥有非常精确的历法系统和宏伟的城市，然而该文化同样也是落后的，没有能够运输货物的野兽、车轮、青铜和铁器件。特奥蒂华坎这样的城市以及之后南部玛雅文化的所在地（比如帕伦克）如何体现其复杂的文化水平？当西班牙征服者到达美洲时，他们发现了高度发达的阿兹特克文化。西班牙人来到这里是为了掠夺传说中美洲的宝贵金属财富。你认为，欧洲探险家和殖民管理者为何极力打压美洲的本土文化？

8.2 描述葡萄牙人对非洲生活的影响，说明两者接触以后产生的哪些仪式传统有助于非洲社区文化的生存。

到 1200 年，以西非城市伊费为中心的约鲁巴文明开始制作优雅的黄铜雕塑。首都贝宁开展了一个大型建筑工程，由护城河和城墙组成，由约鲁巴人引进的失蜡铸造工艺在这里得到了完善。这些雕塑有何意义？投献诗又是如何体现这些意义的呢？ 1500 年后，葡萄牙奴隶贸易通过中间通道将数百万非洲人运送到大西洋彼岸。16 世纪西非制作的许多艺术品中都能明显看到葡萄牙文化的影响。葡萄牙人初次到达非洲时，非洲人民有怎样的反应？ 西非艺术如何体现出葡萄牙文化的影响？非洲文化沿袭了其仪式习俗和传统，保持了自身文化的特性。 其中，舞蹈对保持文化延续性起到了怎样的作用？非洲的雕塑拥有怎样的力量？

8.3 概述与欧洲的接触给印度莫卧儿人带来的影响。

泰姬陵是莫卧儿的一大建筑成就。这一陵墓反映了怎样的审美？

8.4 说明与世界更为广泛的接触给中国带来了怎样的影响，以及艺术是如何反映中国国家价值观的。

唐朝都城长安的城市规划反映了何种信仰？唐人重视艺术，他们自己在陶艺方面就十分有天赋，也重视教育。儒、释、道三派哲学影响了政府事务。这些哲学思想又给李白、杜甫等诗人的诗歌创作带来了怎样的影响？

1274 年，马可·波罗访杭时，杭州仍是南宋的都城。城市的繁荣程度令人叹为观止，兴旺的商人阶级很大程度地控制了城市，他们的子孙得益于活字印刷术的发明，能够为科举考试做准备。通过对中国古典文学的研究，这些学生学到了什么？ 这一时期的许多诗人和艺术家信奉新儒家禅宗。他们的作品如何反映这种信仰？

1279 年，南宋落入蒙古领袖忽必烈手中。作为元朝的开国元勋，忽必烈迁都北京，对中国实行统治。南宋的文人画家不愿服务于元朝贵族的统治，退居他乡。他们的这种反抗如何体现在他们的作品中？

北京的皇家建筑群紫禁城的设计汲取了什么样的文化传统？董其昌作了一篇文章，将中国绘画分为南、北两宗。它们有怎样的特点？这些传统与世界其他地方的绘画有怎样的关联？

8.5 解释日本文化中精神生活和军事生活之间的紧张关系以及艺术赞助在日本文化生活中的重要性。

大和时代末期，佛教的拥护者和反对者争权夺势，纷争不断，平安时代相对更加稳定，但这一冲突仍未结束。平安时代的宫廷极其优雅和精致。你如何描述宫廷中女性的生活？新的日本文字书写系统——平假名——不同于中国人的汉字，这种系统对宫廷女性的写作产生了怎样的影响？为什么？平安时代宫廷中最重要的女性作家之一是紫式部，她的代表作是《源氏物语》和《紫式部日记》。不同部族之间的冲突导致了平安时代王朝的灭亡，于是，武士接管了这个国家。其中最强大的武士源赖朝获得了幕府将军的头衔，并建立了第一个幕府，开启了镰仓时代。他将自己的政府与平安的宫廷和奈良的佛教隔离开来，但宫廷和佛教依然生生不息。哪种形式的佛教变得越来越流行？为什么？室町时代，足利幕府的崛起终于平衡了地方军事统治者大名日益强大的权力。在这场常常上升到内战程度的战争中，幕府将军成为日本文化的大力赞助者。他们为什么如此关注艺术？日本的庭院设计、茶道和能剧分别体现了日本人的哪些偏好？安土桃山时代，与葡萄牙人的贸易是怎样影响日本文化的？

延续和变化：日本佛教禅宗的影响

1853 年，日本重新向各国敞开大门，进行对外贸易。过去 11 个世纪中，在日本发展起来的文化几乎立即对西方产生了影响。19 世纪的西方艺术家，包括克劳德·莫奈、文森特·凡·高和玛丽·卡萨特，都对日本版画着迷不已，这些版画充斥着欧洲和纽约市场，造成了雪崩般的景象。能剧在西方作家中引起了相当大的轰动。德国剧作家贝尔托特·布莱希特和爱尔兰诗人威廉·巴特勒·叶芝分别创作了一部能剧，美国诗人埃兹拉·庞德则改编了许多传统能剧。西方痴迷于日本佛教禅宗哲学，事实上，这一哲学体系的构筑或多或少地透露出吸引现代西方民众的目的，尤其从其形式中可见一斑。

日本学者铃木大拙（1870 年至 1966 年）是日本禅宗现代哲学最有影响力的传播者。1921 年，他和妻子开始出版《东方佛教徒》，这是一本主要面向西方人的英文季刊。他的《禅论集》于 1927 年在伦敦出版，并在1933 年和 1934 年进一步得到补充，稳固了铃木的声誉。1936 年 4 月铃木应邀前往伦敦，在世界信仰大会上发表演讲，那时，他遇到了 20 岁的阿伦·瓦兹。同年晚些时候，瓦兹出版了一本具有影响力的书籍《禅道》。

第二次世界大战时，铃木大拙隐居在镰仓市的一座重要禅宗寺庙——圆觉寺。1949 年，他搬到加利福尼亚，然后搬到了纽约市。1952 年到 1957 年，他在哥伦比亚大学指导有关禅宗研究的研讨会。作曲家约翰·凯奇参加了其中两年的研讨会，这些研讨会深刻地影响了他的音乐方向。其他一些 20世纪的西方知识分子也吸收了铃木大拙的教诲，包括精神分析学家卡尔·荣格；诗人托马斯·默顿、加里·斯奈德和艾伦·金斯伯格；小说家杰克·凯鲁亚克；还有陶瓷艺术家伯纳德·利奇。

20 世纪 60 年代至 70年代，包括小野洋子在内的许多亚洲艺术家、作曲家和设计师参加了国际激浪派运动，这一运动推广了禅宗哲学实践，将提出谜题作为引导学生获得启蒙的一种方式。小野洋子的另一位激浪派同胞是在韩国出生的白南准（1932年至 2006 年），他是视频

图 8.36

艺术的伟大创新者之一。1974 年，他创造了作品《电视佛》（图 8.36），并提出这样一个谜题：如果佛陀今天依然在世，他将如何从他周围的文化中抽身出来潜心冥想以求开悟？面对着自己在电视屏幕上反射的形象，他将如何避免自我沉迷？或者他是否能够成功避免这种自恋情绪？自我反思到底意味着什么？面对白南准的作品，日本禅宗大使可能会提出这些问题，现代观众可能也会提出类似的问题，这一点能够说明东方哲学对西方思想到底产生了多大的影响。

图 9.1

CHAPTER 9

第9章

反宗教改革与巴洛克风格

情感、探究与绝对力量

学习目标 >>>

◎解释矫饰主义，说明反宗教改革如何催生这种风格。

◎描述巴洛克时期的艺术、音乐和文学如何体现巴洛克风格。

◎讨论北方发展起来的世俗巴洛克风格。

◎解释绝对主义，讨论其对艺术的影响。

1562 年，36 岁的米兰艺术家朱塞佩·阿尔钦博托离开了意大利，前往维也纳哈布斯堡王朝的宫廷。哈布斯堡王朝的统治者也统治着神圣罗马帝国与西班牙王国，因此控制了美洲的大部分地区，这一地区聚敛了西半球所有的财富。彼时，阿尔钦博托对自己的未来一定充满希望。1549 年至 1558 年间，阿尔钦博在米兰大教堂设计彩绘玻璃。1556 年，他开始为蒙扎大教堂创作壁画。1560 年，他给科莫大教堂送去了一幅挂毯卡通。他还在米兰从事绘图工作，描绘动物、鸟类、花卉和植物，远近闻名。1553 年，他创作的一幅绘画描绘了甲虫、毛毛虫、蚱蜢、变色龙、蜥蜴和火蜥蜴。然而，在前往维也纳之前，阿尔钦博托的工作非常简单，只创作了一系列侧写半身像，描绘由植物构成的四季和四元素，这些植物同时也构成了人物的脑袋。

《夏季》（图 9.1）一画中涵盖了夏季哈布斯堡王朝拥有的所有农产品：人物的眼睛是一颗醋栗，脸颊是一只桃子，下巴是一只梨，但画面中也有一些不太常见的作物品种，如玉米（1525 年从美洲新大陆引入欧洲）和茄子（在西班牙的安达卢西亚很常见，但北部气候不利于其生长）。阿尔钦博托把他的签名融入了组成人物衣服领口的谷物中，并在人物肩膀上标注了作画的年代。

阿尔钦博托到底为何创作这些画，我们无法给出一个确切的答案。神圣罗马帝国皇帝马克西米利安二世 (1564 年至 1576 年在位) 的宫廷位于维也纳，宫廷中的人们普遍将这些绘画视作政治隐喻。意大利人文主义学者乔瓦尼·巴蒂斯塔·丰泰奥创作了一首诗歌——由 308 节组成——来赞美这些画作，并于 1569 年的新年将诗歌呈送给了马克西米利安。四季和四种元素代表了整个宇宙，构成宇宙的各种事物和谐共存，这是由于皇帝的统治给世界带来了和平与繁荣。我们也知道，皇帝对他的植物园非常上心，园中到处都是异国的树木，结出的果实会在宫廷晚宴上出现。他还拥有一群珍稀的野生动物，包括一头大象，宫廷的科学家可以对它们进行研究。也许正是这种异国情调使我们对那个时代的宫廷有了更多了解，哈布斯堡王朝的宫廷喜爱所有从未见过的事物、从未听过的智慧发明和从未享受过的娱乐方式，阿尔钦博托的画满足了上述所有要求，这些画作奇妙绝伦，也完全是独一无二的。

　　阿尔钦博托的作品代表了欧洲艺术的一个新倾向。这是一种具有创造性的艺术。新教改革发生时，天主教会要求艺术家注重礼节和克制，而这种艺术反驳了天主教会的要求。教会方面明白，是神职人员的过分行为导致了新教改革，但神圣罗马帝国皇帝查理五世（1519 年至 1558 年在位）却一直保持着和法国国王弗朗索瓦一世的对立关系，削弱了教会方面政治对策的效果。虽然两位国王长期不和，但他们都明白必须解决新教改革带来的威胁。他们说服教皇于 1545 年召集了特伦特大公会议，旨在为教会计划一条改革的道路。会议上提出，主教们的生活方式要回归"纯朴、热心事奉上帝、藐视虚荣"，同时，教会的艺术和音乐也应该反映这些价值观。教会在意大利建立了宗教裁判所，来执行反宗教改革的措施。西班牙的宗教裁判所成立于 1478 年，旨在驱逐所有非基督教的西班牙人，或使他们皈依基督教，也驱逐那些信奉神秘主义某个流派的天主教修女和神父，他们的宗教实践受到犹太教神秘主义小册子的指导。

　　虽然早期的反宗教改革运动试图在生活中各个领域施加一种克制感，但一种更为世俗的艺术方法也出现了，以阿尔钦博托为代表，这种方法源于文艺复兴时期对艺术天才和原创的热爱。宫廷愈发支持那些非宗教主题的艺术创作，这些艺术品没有遵循天主教会改革要求的秩序和克制感。宫廷的公共艺术与天主教的要求几乎一致，而另一方面，宫廷方面认为私人艺术可以体现出独创性和异域风情，两个方向之间出现了明显的划分。在其他较为次要的文化中心，比如意大利北部的王室宫廷，艺术家们可以自由地追求创新，这种创新精神曾是文艺复兴时期的标志，尤其体现在非宗教意象领域。曼图亚的贡萨加宫廷中和费拉拉的德埃斯特宫廷中发展起来的绘画和雕塑风格受到了米开朗琪罗晚期作品的启发，因其自由探索的精神、精湛的技艺、古怪的风格和直接的肉感而闻名于世。

我们将这种风格称为"矫饰主义"。一般来讲，矫饰主义是一种高贵、优雅的风格，艺术家经常会放大、扭曲艺术品的正常比例，以检验美和理想的边界。这种风格能够反映艺术家技艺的精湛和老练，是一种几乎与特伦特大公会议的要求截然相反的艺术风格，并产生了一种同样自由并极富创造力的文学。一些艺术家最终成功平衡了反宗教改革运动的艺术要求和矫饰主义得来的原创性，创造了一种新的风格，为巴洛克时期的到来铺平了道路。

本章主体即是从矫饰主义到成熟巴洛克风格的转变。巴洛克风格的决定性特征之一是关注艺术作品引起的观众情感共鸣。人们普遍认为"巴洛克"一词来源于葡萄牙语"barroco"，意为"大而形状奇特的珍珠"。这个词最初带有贬义，指一种非常华丽而奇怪的风格，甚至不够美观。巴洛克风格首先在罗马，尤其是梵蒂冈发展起来，是一种旨在推进反宗教改革运动的艺术和建筑风格，该风格在威尼斯得到了进一步发展。17 世纪的威尼斯是欧洲音乐活动的中心，巴洛克风格也成为欧洲皇室宫廷的标志性风格。到 18 世纪初，几乎所有的欧洲皇室宫廷都效仿了位于凡尔赛的路易十四宫廷。路易成功维护了他对法国人民、贵族和教会的巨大影响力，他统治的时代被称为"绝对主义时代"。

"绝对主义"一词一般用于形容那些在其统治范畴内中央集权的强大君主国，其皇权通常是神赋予的。这一模式起源于中世纪。那时，由教皇指定欧洲各国的国王，这一传统甚至能更早地追溯到古美索不达米亚和古埃及那些半人半神的国王。但到了 17 世纪，即使教皇不承认其合法性，国王的神权也依然存在。路易的宫廷传教士和其子导师雅克 - 贝尼涅·波舒哀主教（1627 年至 1704 年）对绝对主义本质的定义最为著名。在培养年轻的王子，使其为将来继承皇位做准备时，波舒哀创作了《源于圣经的政治》，用来描述政治权力的来源和适当的执政方式。他在书中写道：

上帝是无限的，上帝是一切。君主作为一个君主，不再是一个私人个体：他是一个公众人物，体现国家的全部；所有人民的意志都包含在他的意志中。正如所有完美和力量都统一于神，所有个人的全部力量都统一于君主。一个人竟能体现出如此伟大的气概！你在国王身上看到了上帝的形象，就能体会到皇室的威严。

当然，绝对主义也影响到了政治的一些方面，这些方面导致了特伦特大公会议的出现。即使欧洲大陆君主经常交战，但他们一致坚信皇权的力量，坚信他们的实际权威高于教皇，虽然这种权威可能得不到官方认可。不仅如此，他们还坚信艺术能够在维持这种权威方面起到作用。在法国，路易十四使出浑身解数，让法国人民（以及欧洲的其他宫廷）对他的威严和权力了然于心。英国君主竭力强调和维护其神授的统治权，同时与反对绝对主义的清教徒派别展开权力的斗争。西班牙的国家财政无力偿债，绝对主义的推行受到影响，但腓力四世邀请了欧洲大陆一些最伟大的艺术家来到其宫廷，以此彰显他的绝对权力。

早期反宗教改革与矫饰主义

矫饰主义是什么？反宗教改革如何催生这种风格？

1493 年，哥伦布到达美洲的第二年，教皇亚历山大六世下令新大陆归教会所有，他决定将其全部租给西班牙（他自己就是西班牙人）。亚历山大的教宗诏书明确表示，如果没有教皇的允许，或者与教皇的经济利益不直接挂钩，任何国家都不能占领这些领土。因此，从教会方的观点来看，法国和英国之后对北美的殖民实际上是一种强盗行为。

西班牙国王查理五世是教皇声明的直接受益者。在他眼中，美洲只有一个用处——为他和法国弗朗索瓦一世之间的长期战争提供资金。这两个国家自 1521 年以来就一直处于战争状态，但战争在很长一段时间内都没有明确的结果。教皇在反对新教改革的运动中需要与他们二人结盟，但令查理五世尴尬的是，1527 年，正是他的军队洗劫了罗马，监禁了教皇克雷芒七世（朱利奥·德·美第奇）。

查理五世和弗朗索瓦一世之间的敌对状态可以追溯到1521年，那一年，查理被选为神圣罗马帝国的皇帝。马克西米利安皇帝去世后，查理打算竞选皇帝。出于礼貌，他告知了弗朗索瓦，后者回复道："陛下，我们都在追求同一位夫人。"教皇支持弗朗索瓦，但查理从奥格斯堡的一家银行获得了 50 万弗洛林的贷款，并买下了 7 位选民的选票。

查理的帝国统治范围是巨大的，一部分是继承得来，一部分是通过姻亲，包括他的出生地荷兰（他出生于根特）、伊比利亚半岛、意大利南部、米兰、奥地利、现在德国的部分地区，以及弗朗什－孔泰。除此之外，他还统治着神圣罗马帝国的土地，包括整个德国、瑞士和意大利中的更多区域。由于幅员辽阔，查理的领地容易受到来自四面八方的攻击。比如，1526 年，奥斯曼帝国皇帝苏莱曼一世应弗朗索瓦的请求，杀死了查理的姐夫，匈牙利的路易二世。面对危机四伏的环境，查理声称自己主张和平，这样，教会和天主教国王才会将注意力集中在新教改革带来的威胁上。1544 年，查理终于从荷兰进入法国。弗朗索瓦对这场无休止的冲突感到害怕和厌倦，于是提出了和平的请求。随后，两位国王一起求助于教皇保罗三世，并向他施加压力，要求他召开了 1545 年 12 月 3 日起在意大利北部特伦特举行的大公会议，以应对他们共同的敌人——新教改革。

特伦特大公会议与天主教会艺术改革

查理与弗朗索瓦的冲突得到解决，说明历史上的紧迫事件能够深刻影响人文事业的走向，由此产生的特伦特大公会议负责进行教会改革。由于战争、瘟疫和教皇本身的政治策略，会议分了 3 次举行，分别是：1545 年至 1547 年、1551 年至 1552 年和 1562 年至 1563 年，一共持续了 18 年，横跨了 4 位不同教皇职业生涯。大公会议专注于恢复教会内部纪律，要求停止出售教堂办公室和宗教用品（神职人员为了敛财经常这么做）；要求主教们（许多都住在罗马）回归他们的教区，在那里定期传道，实行、监管当地宗教活动的纪律，并积极与教区居民交流。会议要求主教不得招摇、铺张：

> 希望担任主教职务的人们能够明白……他们的目的不是增加自己的便利，不是获得财富或奢侈生活，而是需要劳动、关心人民，维护上帝的荣耀……因此……本会议不仅要求主教们满足于简朴的家具、节俭的餐桌和饮食，还要求他们注意他们生活方式的其他方面。不得出现于这一神圣职责无关的元素，一切都必须从俭，并能够体现出对上帝的热情和对虚荣的蔑视。

主教们将遵循严格的独身原则（这一规定之前并没有被强制性实施过），还需要在每个教区建一所神学院。

特伦特大公会议禁止奢侈的生活方式，强调简朴和虔诚，这一主张直接体现在了艺术中。与许多新教教派相反，特伦特大公会议坚持要求艺术作品含有宗教意象：

> 基督、圣母和其他圣徒的形象都必须保留，尤其是在教堂中……摆放在信徒面前，使他们……模仿圣徒，从而改善自己的生活方式和行为，并受到宗教触动，去崇拜和爱戴上帝，培养心灵的虔诚。

神职人员随后撰写了关于艺术的论文，明确要求直接呈现主题，艺术手法和光线带来的任何感官体验都不得对其产生影响。

经过特伦特大公会议改革的视觉艺术旨在直接触动人们的灵魂。这也影响到了教会音乐的发展方向。大公会议坚持认为，音乐在礼拜仪式中是为歌词内容服务的，因此，内容对会众来说应该清楚易懂：

> 歌唱的目的不应该是给人的感官带来空洞的愉悦感，而应该是让所有的人都能清楚地理解歌词，从而吸引听众的心，使其产生对天堂和谐的渴望……教会中也不应存在任何淫秽的、不洁的音乐，无论是由人咏唱的音乐，还是由风琴演奏的音乐。

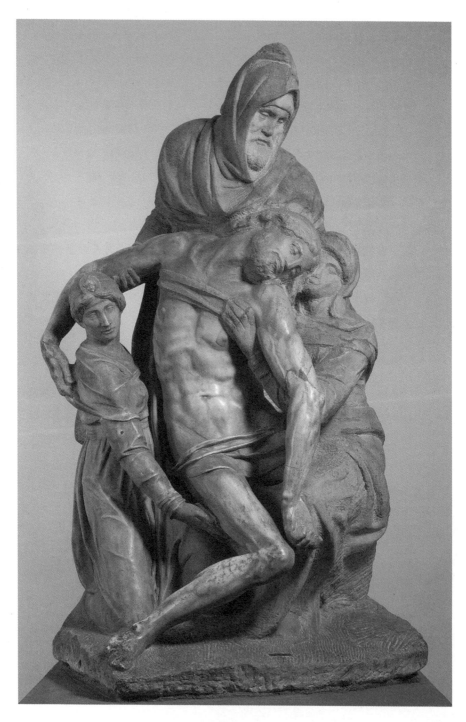

图 9.2

对一些人来说,复调(拥有两个及以上的平行声音)是一种"淫秽的、不洁的"的音乐,他们认为,教堂应当仅仅演奏单一音调的单声圣歌,但会议没有通过这一提议。

据传说,大公会议拒绝用单声圣歌取代复调音乐,是因为一首 1567 年由乔瓦尼·皮耶路易吉·达·帕莱斯特里纳(约 1525 年至 1594 年)创作的复调弥撒曲,即《马塞勒斯教皇弥撒》。这个故事并不是真的,但是几个世纪以来,人们都普遍相信其真实性,这说明了帕莱斯特里纳合唱作品的力量。他曾在梵蒂冈圣彼得大教堂担任多年的唱诗班指挥,职业生涯中,帕莱斯特里纳一共创作了 104 首弥撒区、375 首经文歌、80 首圣歌、约 140 首圣歌和世俗歌曲。他是 16 世纪第一位出版了自己音乐全集的作曲家,也是当时最有影响力的作曲家之一。

《马塞勒斯教皇弥撒》严格遵守了特伦特大公会议提出的各项要求,音乐的节奏感非常强,唱诗班演唱时,歌词十分清晰,尤其是词组开头的歌词。虽然在信条部分中,声音以和弦齐唱的形式(通常是 3 度和 6 度,或我们所说的协和音程)演唱文本的每一个音节,但对位音乐和主调之间的持续互动活跃了音乐旋律。同样,帕莱斯特里纳经常让一个声部演唱一个音节对应的一个音符,另一个声部演唱花腔,即一个音节对应多个音符。但音乐中最重要的依然是其通俗易懂的歌词。

帕莱斯特里纳创作的《在巴比伦河畔》也体现出这一特点,这是他最著名的经文歌之一。前面提到,经文歌是中世纪和文艺复兴时期最重要的复调声乐形式。从文艺复兴开始,经文歌通常采用拉丁文的神圣文本,像弥撒曲一样,经文歌在天主教相关仪式期间演唱。《在巴比伦河畔》的歌词选自《圣经》的圣咏 137,表达了犹太人民的哀悼:

> 坐在巴比伦河畔,
>
> 噢,锡安,我们一想起你,就会流泪哭泣。
>
> 我们把竖琴挂在柳树上,挂在万物之中。

每个单词的节奏都能够完美地对应音乐的节奏起伏,每个单词中的重

图 9.3

音音节通常也对应着较高的音调，从而将歌词和音乐完美地融合在一起。帕莱斯特里纳表示，他的目的是"根据文字的含义，来展现文本的力量"。遵循特伦特大公会议的要求，帕莱斯特里纳的音乐能够使文字更加生动，甚至能够美化原文本，会议相信，每一个会众成员都会深受触动，去理解文字的用意并相应产生信仰。

矫饰主义的兴起

反宗教改革运动要求艺术作品和音乐作品清晰、直接地传达主旨，但这并没有限制像米开朗琪罗这样一位极富原创性的艺术家。他引导 16 世纪的艺术走向了一个更具创造性的方向。拉斐尔在 1520 年去世前为梵蒂冈完成的最后几幅画作已经形成了一种新的风格，摒弃了《雅典学院》中体现出来的清晰、克制和秩序，取而代之的是一种更活跃、更动态甚至生理上有些扭曲的人物形象。这可能是后来受到了米开朗琪罗的启发，米开朗琪罗在西斯廷教堂天花板的壁画——《利比亚的女先知》（见第 7 章图 7.24）——中进行了同一风格的艺术创新。这种新的矫饰主义风格呈现了人物扭曲、做作的姿势和神秘、模糊的场景，其比例往往是狭长的，这种风格摒弃了文艺复兴时期的经典化倾向，艺术家通过操纵、扭曲传统的人物形象展示其艺术手法的精湛。

米开朗琪罗的《哀悼基督》是这位艺术家最后的作品之一，充分地体现了新矫饰主义艺术风格中的所有元素（图 9.2）。雕塑采用古典希腊雕塑演变而来的传统对位姿态，这种姿态旨在为静态人物创造一种潜在的动态错觉。在这座雕塑中，由于耶稣即将倒在地上，其身体绕着中轴旋转，这种动态加强了对位姿态原本的效果，呈现了一个盘旋弯曲的形象，没有一个主要呈现视角。基督的右手臂扭曲着远离躯干，而他的右腿前伸，折到右边，呈现出一个直角。

1534 年回到罗马之后，米开朗琪罗于收到的第一份委托是为西斯廷教堂的祭坛墙绘制壁画《最后的审判》（图 9.3），他在这幅壁画中融入了这种盘旋弯曲的形象，但削弱了其效果。在这幅画的最上面的中心位置，

图 9.4

玛利亚蹲伏在基督旁边，头转向图画的左边，显然是沉浸在自己的思索中（图 9.4）。而基督正注视着画面右边的圣徒和殉道者，比如白胡子的圣彼得，手里拿着通往天堂的金银钥匙。殉道者圣巴塞洛缪死于活剥，他坐在基督的脚下，右手拿着一把刀，左手拿着自己被剥下的皮肤。

许多学者认为，被剥皮肤上的脸是米开朗琪罗的自画像。他持续受到教皇保罗三世的委托创作艺术作品，因此产生了殉道的预感。这些人的身体在殉道时遭到肢解和残害，但升入天堂时得到了治愈，恢复如初。在画面的左下方，天使欢迎那些从坟墓中上升的灵魂。右下方，恶魔将被诅咒的人拖入地狱，传说中古典时期的船夫卡戎将他们渡过冥河。在这幅画的底部中心位置，西斯廷教堂祭坛的正后方，是地狱之口，上方，天使们正宣传着最后审判日的到来。

米开朗琪罗的《最后的审判》以裸体形象呈现宗教人物，几乎立刻引发了争议。1545 年，诗人皮埃特罗·阿雷蒂诺给他写了一封信批评这幅壁画。

米开朗琪罗对这封信没有做出回复，阿雷蒂诺因而将其发表。信中强调了发展中的矫饰主义风格与反教会改革的目标之间日益紧张的关系，尤其考虑到当时特伦特大公会议正在召开。然而，保罗三世在位期间，米开朗琪罗的原始画作并没有遭到修改。1555 年，保罗四世当选，成为1545 年保罗三世召集特伦特大公会议之后的第一位新教皇，这幅画越来

越不受欢迎。米开朗琪罗于
1564 年去世后不久，丹尼
尔·达·沃尔特拉和其他人
为壁画中裸体人物的生殖器
区域画上了遮布，这一壮举
使他们蒙受耻辱，被称为"马
裤画家"。1994 年，这幅画
在被清理和修复的时候，梵
蒂冈人依旧选择将遮布留在
原处。

只要绘画是为非宗教
场所描绘非宗教主题，那么
画家就拥有了一定了表达自
由。米开朗琪罗画在西斯廷
教堂的裸体形象如果被绘制
在不那么神圣的地方，人们
也是可以容忍的。罗马主教
奇里洛·佛朗哥在一封信中
总结了人们的普遍态度："我
认为米开朗琪罗的绘画和雕
塑是大自然的奇迹；但如果
当他想要通过裸露肢体的姿
态和所有裸体形象来显示他
艺术的高超时，不是把这些
元素画在教皇的教堂拱顶

图 9.5

上，而是画在画廊或花园长廊之类的其他地方，那么我对他的赞扬将会更
甚。"这是一个关乎是否得体的问题。这幅画如果摆放在画廊或花园长廊中，
可能是高雅、合理的，但摆放在教堂中却并不得体。

这种更加粗俗但又极富创造性的意象在欧洲所有君主宫廷的私人画廊

中流行起来。例如，在 16 世纪 30 年代初，曼图亚的费德里科·冈萨加委托他人创作了一套色情画作，这些画似乎正是特伦特大公会议口中"淫秽与不洁"的粗俗体现，是意大利北部艺术家安东尼奥·阿莱格里·达·科雷吉欧（约 1494 年至 1534 年）的作品，描绘了朱庇特，即宙斯的爱。

《朱庇特与伊欧》完成于 15 世纪 30 年代早期，是科雷吉欧的作品之一（图 9.5）。画中，朱庇特正在用行动使他对赫拉（朱庇特的妻子）的女祭司伊欧的爱得到圆满。朱庇特变幻成云，出现在伊欧面前，亲吻着她的脸颊。她的身后，我们几乎看不清朱庇特的脸。他的手臂像熊一样，拥抱着她，而她显然沉溺于肉欲的快感之中。这幅画不但直白地呈现出情色元素，还使伊欧轮廓分明的明亮身体与朱庇特形状未知的黑暗身躯产生一种奇特的对立，充分地体现了矫饰主义的风格。

16 世纪 50 年代，西班牙腓力二世委托提香创作的一系列绘画也采用了相同的主题。腓力在马德里附近的皇宫建筑群埃斯科里亚尔专门建造了一个特殊的房间来安放这些作品。在《劫掠欧罗巴》一画中，朱庇特幻化为公牛，女神欧罗巴正在用鲜花为他装饰牛角时，他掳走她（图 9.6）。这幅作品最突出的特点是这位威尼斯艺术家松散、感性的艺术处理方式，这与科雷吉欧运用矫饰主义艺术手法创作的绘画中，伊欧身下的垂布和她陶瓷般皮肤质感体现出的那种干脆甚至冷酷的线条感截然不同，提香运用了浓墨重彩体现出这幅画的肉欲。从欧罗巴手中向外飞舞的红色垂布可以看出，欧罗巴从公牛背上摔了下来，呈现盘旋弯曲的形象，这说明矫饰主义已经融入了 16 世纪的绘画艺术风格，并占有重要位置。

图 9.6

像其他矫饰主义风格艺术家一样，后来的提香在绘画过程中会有意识地展现自己精湛的绘画技巧和手法，即他的个人风格特色。

矫饰主义风格艺术家即便为宗教服务，也倾向于创造一些旨在引起观众情绪波动的作品。例如，1535 年，被称为"帕尔米贾尼诺"的吉罗拉莫·弗朗切斯科·玛丽亚·马卓洛（1503 年至 1540 年）收到委托，为位于他家乡帕尔马（科雷吉欧在那里度过了他的大部分职业生涯）的圣母忠仆圣殿装饰一座家庭礼拜堂，成品中的圣母玛利亚和耶稣肯定

图 9.7

震惊了许多观众。这幅画被称为《长颈圣母》（图 9.7），从第一眼看到这幅画，人们就能感受到奇怪的构图。例如，圣母玛利亚和她的仆人都被压缩到画面左边四分之三的空间，而圣哲罗姆却处在画面右部一个开放的空间，正在远处读着一本卷轴，圣母玛利亚的椅子似乎只比圣哲罗姆站的地方高出一个台阶，但由于帕尔米贾尼诺没有描绘出圣徒和其他人物之间位置上的巨大差距，所以在视觉上，圣徒所站的空间与画面几乎是不连贯的。按大小比例来看，圣徒一定离圣母很远。事实上，是委托者要求圣哲罗姆出现在这幅画中，这位圣徒以崇拜圣母而闻名，帕尔米贾尼诺甚至在 1527 年专门画了一幅《圣哲罗姆的远景》。奇怪的是，在这幅画中，圣哲罗姆睡得很香——帕尔米贾尼诺仿佛是在嘲笑其赞助人的愿望，或者至少是以

一种几乎轻浮的方式表现其愿望。值得一提的是,这幅画超过2.1米高,因此,圣哲罗姆的缩影与比真人还大的圣母玛利亚形成了更为鲜明的对比,圣母的身高都快赶上圣徒身边的柱子了。圣母天鹅般的脖子是一种传统的自负象征,中世纪的圣歌中也出现了这种元素,将圣母的脖子比作象牙塔或圆柱,以一种世俗的呈现方式说明玛利亚象征着教会。

但这幅画的离经叛道之感不仅仅来源于其不清不楚的空间分布。画面左边的人物腿长得怪异,她拿着一个椭圆形的长双耳细颈瓶,仿佛要将其献给圣母。这一安排并不象征着什么,而是定义了帕尔米贾尼诺组织绘画的构图原则。像双耳细颈瓶一样,玛利亚的头部也是椭圆形的,她的整个身体在画布上呈现相同的椭圆形,圣子躺在圣母的大腿上,其不成比例的狭长身体在画面中横切过圣母的身体。圣母似乎往后缩了缩,仿佛对圣子将来的遭遇有了预感。这幅画中最奇怪的元素之一是,帕尔米贾尼诺让圣母呈现了一个特定的姿势,导致在她低垂的目光和圣子的脸之间,圣母尖利的乳头透过衣物的褶皱僵硬地凸显了出来。同时,圣母的右脚似乎伸出了画面,延伸到了观众的真实空间,这同样给我们带来了异样的感觉。我们与绘画中世界之间的差距反映了圣母与圣哲罗姆之间无法解释的空间。

委罗内塞与意大利宗教裁判所

艺术创作中,艺术家需要发挥足够得体的创造力,威尼斯艺术家委罗内塞(1528年至1588年)《最后的晚餐》一画的遭遇就体现了这一主张。委罗内塞原名保罗·卡利亚里,由于他出生在委罗内塞,所以人们这么叫他。早在1542年,教皇保罗三世就成立了罗马宗教裁判所,对可能的异端行为进行官方调查。1573年,保罗·委罗内塞被传唤至宗教裁判所,回应关于《最后的晚餐》(图9.8)一画的一些指控:一些人认为这幅画在对绘画主题的处理上带有异端性质。委罗内塞在法庭上的证词说明了时代因美学和宗教而产生的一些问题。

审判结果要求保罗·委罗内塞应在3个月内"改进和更正"这幅画,否则将面临处罚。但委罗内塞并没有这么做,只是简单地将这幅画的标题改为《利未家的宴会》,这个题目来源于《圣经》中的一段:"利未在家

图 9.8

中为他（耶稣）设摆盛宴，许多税吏和其他人与他同席吃饭"（《路加福音》5：29）。通过更换题目，委罗内塞可以证明其艺术创作中的拥挤场景是合理的。

西班牙宗教裁判所

在 16 世纪的西班牙，一支宗教神秘主义流派从内部威胁着教会。那些受到圣灵启蒙的修女、修道士和牧师，即蒙光照者都开始信奉一种极度私密的个人主义信仰流派，有人也指控他们曾表示不需要举办教会圣事。因此，蒙光照者很容易受到异端指控。这些人中最重要的是加尔默罗会修女，亚维拉的圣女大德兰（1515 年至 1582 年），以及加尔默罗会修士圣十字若望（1542 年至 1591 年）。圣女大德兰来自一个皈依基督教的犹太家庭，他们住在中世纪犹太教神秘主义的中心阿尔维拉。德兰对加尔默罗会中逐渐渗入的世俗元素感到不满，于是发起了改革运动，创立了赤足加尔默罗会，主张放弃所有财产，回归绝对的贫穷。1567 年至 1576 年间，她走遍西班牙，建立了许多赤脚修女院，也为加尔默罗会的男性成员建立了一所改革修道院。圣十字若望就是修道院最初的两名成员之一，他和德兰后来成为亲密的朋友。圣十字若望利用其教师、传教士和诗人的影响力，推动了这场改革运动。德兰著有许多作品，包括 1567 年之前的《圣女大德兰自传》和《全

图 9.9

德之路》，以及 1577 年写的《内心的堡垒》，都描述了灵魂在 4 个基本阶段与圣灵结合的提升。在最后一个阶段中，灵魂脱离了肉体的限制，在甜蜜、快乐的痛苦和可怕、炽热的火焰之间交替，感到狂喜带来的一次次阵痛。

1574 年，德兰被遣送至宗教裁判所，人们指控她以宗教实践为借口，生活方式放荡，且居无定所。1576 年，她被监禁在修道院中。圣十字若望的命运更加悲惨，1577 年 12 月 3 日晚间，加尔默罗会会士在托莱多逮捕了他，把他单独监禁起来，并在社区的每周集会上对他进行鞭打。8 个月后，圣十字若望逃脱了出来。在他逃亡后书写的伟大作品中，有一部名为《心灵的黑夜》，与一本书篇幅相当，讲述了作者与上帝神秘结合的故事。

16 世纪最具原创性的画家之一，"希腊人"埃尔·格列柯（原名为多米尼柯·狄奥托科普洛；1541 年至 1614 年）的艺术作品中体现出了艺术宗教裁判所的道德约束和蒙光照者的神秘主义。他出生于克里特岛（当时隶属于威尼斯）。在那里，他接受了圣像画的相关训练。1567 年，他前往威尼斯，3 年后前往罗马。1576 年，他又来到了西班牙。在西班牙，他的艺术很快就呈现出了一种新的风格，将矫饰主义与他之前在克里特岛学习到的拜占庭风格中狭长、圣像式的人物结合了起来。他通过绘画来表达强烈的灵性。

埃尔·格列柯的《基督复活》完成于 16、17 世纪之交，画中，所有不恰当的身体裸露都小心翼翼地被布料遮盖，因此这幅画是得体的（图 9.9）。复活的基督周围，罗马士兵扭动着身体，十分矫揉造作，这种姿态十分符合矫饰主义风格的要义。画作的垂直构图从科雷吉欧时代开始流行，体现了埃尔·格列柯画中人物细长的形体。埃尔·格列柯的风格是独一无二的：画中的垂布棱角分明，艺术呈现方式富有戏剧性，画面的整体构图也独具一格。不论是升起还是落下的罗马士兵都呈现出拉长的、盘旋弯曲的体态，像花瓣一样缠绕着基督，而基督自己则是花蕊。虽然画家对耶稣的描绘并不是那么情色，但他对周围士兵的影响是巨大的，他们近乎歇斯底里，在狂喜中晕了过去。最重要的是，原始的肉体在这幅画中得到了赞美，仿佛呈现了基督教信仰最伟大的精神奥秘。画中，反宗教改革运动的目标和矫饰主义艺术风格的创造性达到了统一，如 17 世纪的巴洛克艺术一般和谐。

塞万提斯与流浪汉小说

16 世纪下半叶，西班牙出现了一种新的文学体裁，这种体裁歌颂原创性，因此尤其适合西班牙读者的喜好，并对 17 世纪的文学事件产生了重要的影响。这是一种流浪汉小说，这种类型的作品通常以现实主义的笔触讲述一个流浪汉的冒险经历。流浪汉通常指的是一个社会地位低下的流氓英雄，生活在一个腐败的社会里，靠自己的聪明才智度日。第一本西班牙流浪汉文学作品是 1554 年匿名出版的《托美思河的小拉撒路》。拉撒路由乞丐和小偷抚养长大，是一个平凡的普通人，尤其喜爱嘲笑和讽刺天主教会及其神职人员。由于小说内容不恰当，也有可能是因为其主人公出身并不高贵，西班牙王室取缔了这本书，并将其列入宗教裁判所的《禁书目录》。西班牙的流浪汉文学中，小说家、诗人和剧作家米格尔·德·塞万提斯（1547年至1616年）笔下的小说人物堂吉诃德无疑是最伟大的英雄。

1569年的勒班陀海战（西班牙击败土耳其人，夺取地中海控制权）中，塞万提斯是腓力二世军队中的英雄，他遭到巴巴里海盗俘虏长达五年之久（1575年至1580年），为命途多舛的西班牙舰队提供给养，并因债务问题多次入狱。1605年，58岁的他出版了《拉曼查的机敏骑士堂吉诃德》。（题目中的骑士往往指的是西班牙下层贵族的一员，一般免税，但不一定拥有任何不动产。）本书的第2部分十年后才得以面世，也就是他去世前一年。这本小说如今被广泛地称为《堂吉诃德》。

人们普遍认为《堂吉诃德》是第一部伟大的现代小说。故事发生在拉曼查，位于马德里东南部的一个大干旱平原，故事中有两个主要人物：堂吉诃德和他的仆人桑丘·潘沙。前者沉迷于传奇故事中冒险骑士的形象，决定追随他们的脚步。当时，许多人来到美洲新大陆探险，塞万提斯认为，这些人是受到了传奇故事的感染，于是，他在小说中运用带有强烈讽刺意味的手法，将这些展开探索的征服者形象赋予了堂吉诃德。堂吉诃德热情高涨，并喜欢自欺欺人，往往会无意中导致滑稽的后果。另一方面，桑丘·潘沙是一个脚踏实地的现实主义者，他认为堂吉诃德有些疯癫，但却十分配合他，在旅途中充当他的仆人，希望能发一笔财。两人踏上了旅程，寻找堂吉诃德理想中的虚构女士杜尔西内亚。堂吉诃德的脑海中，杜尔西内亚是一个美丽的女士，但桑丘设法使堂吉诃德相信一个朴素、衣衫褴褛的骑驴农妇就是杜尔西内亚，堂吉诃德之所以无法认出她，是因为他的视觉被一个巫婆扰乱了。除此之外，堂吉诃德还将一个普通的乡村客栈看成一座城堡，将一群羊看成一支与基督教军队作战的非基督教军队，把两架风车视作巨人，一个邪恶的巫师派他们来与他作战，这是他最著名的冒险经历，一度高贵的征服者堂吉诃德将长矛刺向两架风车。

所有这些事件都意在象征虚幻与现实、艺术与生活之间的关系，这部作品预示着心理复杂性将成为小说体裁的特点。堂吉诃德无法调和梦想与现实生活之间的关系，他的喜剧冒险成为他的悲剧命运。最重要的是，堂吉诃德的冒险经历着重说明了想象力的释放能够带来奇妙的可能，也彰显出将现实世界抛在脑后的危险。

意大利的巴洛克风格

什么是巴洛克风格？艺术和音乐如何体现这种风格？

17世纪中叶，贝尔尼尼这样的艺术家们越来越适应一种热情洋溢的风格。这种风格源于矫饰主义，极富创造力，同时他们也完全接受特伦特大公会议的命令。西班牙贵族依纳爵·罗耀拉（1491年至1556年）创立了天主教耶稣会，其教义大力支持了教会的观点。

耶稣会的总部位于罗马耶稣教堂，耶稣会士领导了17世纪的反宗教改革运动，并在世界各地复兴了天主教会。宗教艺术的目的是教导和激励信徒，因此应该始终易于理解，并贴近现实，且应当能够激发人们内心的虔诚。

在1548年出版的《神操》中，罗耀拉呼吁耶稣会士提升他们所有的感官，这一想法无疑影响了巴洛克风格中丰富多样的元素。

这种对感官的强调体现在日益精美的教堂装饰上，安德烈埃·波佐（1642年至1709年）为罗马圣依纳爵堂绘制的天花板壁画（图9.10）集中体现了这一点。壁画采用了短缩法来呈现一种动态感和显而易见的空间效果，巴洛克时期许多罗马教堂和宫殿的天花板壁画也会运用这一技巧。通过运用短缩法，艺术家使天花板看起来更加巨大。为了在视觉上创造更大空间，艺术家会绘制出各种建筑元素，然后用经过短缩的形象填充剩余的空间，这些形象看上去像是将要飞出建筑顶部，升上天堂。由于波佐在创作中巧妙地使用了短缩法，游客很难发现圣依纳爵堂中殿上方是一个桶形拱顶。波佐在拱顶内部绘制了一个上升的建筑结构，使内部墙壁得到延伸，仿佛多出来了一层。结构下方人行道上的一个白色大理石方形区域为观赏者点明了欣赏景色的最佳位置。上方空间的每一条边上都有着不同的人物形象，象征着四大洲。美洲的形象位于左上方，头戴红、白、蓝三色羽毛头饰。绘画中心的正下方，身穿灰色长袍的圣依纳爵腾云驾雾，向上方等待着的基督飞去，其他耶稣会圣徒随之一同上升。在波佐绘制的天花板上，信徒被邀请去天堂，而不是地狱，就像罗耀拉在他的《神操》中所描绘的那样，他们被邀请去聆听"想象中"的声音，不是哀号，而是和撒那，吸入鼻子的不是烟，而是香味，尝到的不是苦涩的泪水，而是喜悦的甜蜜泪水，碰触到的不是火焰，而是上帝的光辉。

绘画中的戏剧：卡拉瓦乔与卡拉瓦乔主义者

自从中世纪以来，巴黎圣德尼修道院院长絮热一直坚持利用光线的力量来增强会众的灵魂体验，尤其是通过彩色玻璃的设计，光线在教堂建筑中发挥了重要作用（见第4章）。贝尔尼尼在《圣德兰的狂喜》（图9.10）中也将光线的效果发挥到了极致，巴洛克风格画家也充分利用明暗的调节来增强观众的感受。米开朗琪罗·梅里西被称为"卡拉瓦乔"（1571年至1610年）。这个名字起源于他的出生地，意大利北部的一个小镇。他是公认的光影大师，也许也是那个时代最有影响力的画家，他的作品启发了许多追随者，这些追随者被称为"卡拉瓦乔主义者"。

图 9.10

光影大师：卡拉瓦乔

约1593年，卡拉瓦乔来到罗马，开始了他绘画革命和公共丑闻的人生。他在罗马的第一个主要作品是约1599年至1600年创作的《圣马太蒙召》（图9.11），该作品受到主教德尔·蒙特委托，是为圣王路易堂（罗马的法语区教堂）的肯塔瑞里小堂创作的。这部作品中最引人注目的元素是光线。光从绘画右上角一扇不可见的窗户射进来，我们几乎可以感受到它的热量。税吏利未（圣马太在成为耶稣使徒之前的名字）和他的四个助手正坐在桌边，清算着一天收到的税款。光线落在桌上，照亮了他们的脸和手势。他们穿的不是耶稣时代的服装，而是卡拉瓦乔时代的服装，这拉近了绘画与观众之间的距离。基督从右边进入画面，头上隐约闪烁着光环，圣彼得陪伴在他的身旁。耶稣举起手臂，伸出食指，这种姿势来源于西斯廷教堂的天花板壁画《创造亚当》中亚当面对上帝时的手势——这显然是画家在对与他同名的画家表示敬意（图 6.22）。桌上的一个人物——用左手指着什么，也许是指着自己，好像在说："谁，我？"也许是指着坐在桌子角边弯下腰专心数钱的年轻人，

图 9.11

好像在说："你是说他？"总而言之，他似乎对耶稣的到来没有什么兴趣。事实上，画面中聚集在一起的这些人如此平凡，甚至让人想起围桌而坐的赌徒，利未突然变成圣马太，仿佛一个奇迹，就像创世时最初的奇迹一样："上帝说，'要有光，于是便有了光。'"（《创世记》1：3），光芒铺天盖地席卷而来。这一幕也呼应了《新约》的内容，尤其是《约翰福音》8：12，基督说道："我是世界的光；跟从我的，必不在黑暗中行走，必得生命的光。"

　　卡拉瓦乔之所以坚持还原真实的场景，原因有二：他不仅描绘了他那个时代人们的真实形象（暗示基督的存在也是人类世界中的现实），还坚持描绘他们真实的心理活动。在卡拉瓦乔的绘画中，光的启蒙力量类似于信仰带来改变的力量。对卡拉瓦乔来说，信仰从根本上改变了我们看待世界的方式，以及我们的行为方式。他的画作反复使用暗色调主义技巧，以使这一转变更加鲜明。许多艺术家使用明暗对比法来创造空间的深度和三维立体感，但暗色调主义与明暗对比法不同，并不一定与构图有关，而是利用大面积的暗色来反衬小块的明亮区域。在《圣马太蒙召》中，基督的手和脸从黑暗中浮现出来，仿佛他的手势创造了光明，使马太获得了救赎。

　　卡拉瓦乔常常利用光线来凸显转变的时刻，其中一个最明显的例子是他于 1601 年前后创作的《圣保罗的转变》（图 9.12）。虽然这幅画的完成时间比贝尔尼尼《圣女大德兰的

图 9.12

神魂超拔》（图9.10）早将近50年，但他们的主题和隐含的情色元素是相同的。画中，卡拉瓦乔描绘了罗马军团成员扫罗从马上摔下来的场景，他听到"扫罗，扫罗，你为什么迫害我？"（《使徒行传》9：4）。扫罗的仆人和马匹都没有听见这些话。光是基督话语的视觉呈现，降临在经过短缩法处理的士兵身上。扫罗举起手臂，既因认出对方而震惊，又想要拥抱对方（英国玄学派诗人约翰·多恩（1572年至1631年）的十四行诗《撞击我的心吧》（1618年发表在他的《圣十四行诗》中）记录了扫罗的经历。

　　这位英国诗人从小是天主教徒，但是为了自己的安全和前途而皈依了英国圣公会。我们没有理由假定他知道这幅意大利画作，但画中的人和诗中的人都完全沉浸在皈依时的狂喜之中，且这种体验都被描绘成肉体上的激情，这说明这种比喻在17世纪有多么普遍。两件作品都体现出《圣女大德兰的神魂超拔》中深刻的神秘主义，即寻求通过直接经验、直觉或洞察力来实现与神的交流或交融，三位艺术家都相信这样的经验是知识和了解的最终来源，并试图在各自的艺术中传递这一点。这种神秘的体验以极端肉欲、写实的方式呈现出来，说明巴洛克作为一种艺术风格多么注重观众的感官体验。

阿尔泰米西娅·真蒂莱斯基与卡拉瓦乔主义绘画

　　阿尔泰米西娅·真蒂莱斯基（1593年至1652/1653年）是卡拉瓦乔最重要的追随者之一，也是最早获得国际声誉的女艺术家之一。她出生在罗马，由她的父亲奥拉齐奥抚养长大。奥拉齐奥是一名画家，卡拉瓦乔最亲密的朋友之一，也是一位卡拉瓦乔主义者。阿尔泰米西娅年轻时听说卡拉瓦乔经常违反法律，他向服务员扔洋蓟，在街上打架，非法携带武器，甚至还在1606年的一场网球比赛中杀害了一名裁判。但阿尔泰米西娅自己的丑闻也接踵而至。她的许多作品都必须放到一个特定的社会环境中去理解——17世纪初罗马艺术家散漫、叛逆的世界。1612年，19岁的阿尔泰米西娅遭到自己的老师，佛罗伦萨艺术家阿戈斯蒂诺·塔西强奸。奥拉齐奥对塔西提起了诉讼，指控塔西伤害了他的女儿。长达7个月的审判记录被流传至今。阿尔泰米西娅指控塔西一再试图来到她的卧室与她单独见面，最终强奸了她。后来，塔西答应娶阿尔泰米西娅为妻，她欣然接受了他反复的求婚，天真地以为婚姻会随之而来。但他后来又拒绝娶她，导致了新一轮的诉讼。

在审判中，塔西指控她在事情发生之前与其他许多人上过床。真蒂莱斯基受到拇指夹的折磨，以"证明"她证词的有效性，助产士对她进行检查，来确定她到底是何时失去童贞的。塔西进一步羞辱了她，说她并不是一个专业的艺术家，甚至不了解透视法则。最后，塔西之前的一位朋友作证说，塔西鼓吹了自己与阿尔泰米西娅的经历。最后，塔西被判犯有强奸罪，但只在监狱服刑一年。漫长的审判结束后不久，阿尔泰米西娅嫁给了一位艺术家，并与他一起搬到了佛罗伦萨。1616 年，她被佛罗伦萨设计学院录取。

图 9.13

从 1612 年开始，阿尔泰米西娅为朱迪斯与赫罗弗尼斯的《圣经》故事画了五个不同版本的绘画。这一主题在佛罗伦萨特别流行，既提到了犹太英雄大卫，又提到了犹太女英雄朱迪斯。刚搬到佛罗伦萨时，阿尔泰米西娅十分关注这个主题。然而，在她的传记之外几乎不可能看到这些画。大约在 1625 年，她在审判期直到最终宣判的日子里为该主题绘制了第一个版本，而最后一个版本《朱迪斯与赫罗弗尼斯的头颅》完成于 1625 年左右（图9.13），说明她在这一系列作品中投射了自己个人的悲剧历程。在所有版本中，朱迪斯都是这位女艺术家的自画像。在希伯来《圣经》的《友弟德传》中，犹太女英雄进入敌方亚述人阵营，企图引诱他们好色的领袖赫罗弗尼斯，后者围困了她的人民。当赫罗弗尼斯睡着时，她用自己的剑砍下了他的头，然后把他的头颅装在袋子里，带回给她的人民。接着，犹太人击败了群龙无首的亚述人。

真蒂莱斯基只用了一支蜡烛照亮整个场景，显著突出了画面中卡拉瓦乔式的暗色调主义。朱迪斯把眼睛遮住，想必是为了望向四周的黑暗。她的手也使我们缄默，仿佛危险就潜伏在附近。女仆停下了用毛巾包裹赫罗弗尼斯的动作，警觉地看着周围。主仆二人都远远大于真人大小，英勇无比，她们不仅向亚述人复仇，而且还向所有受欲望驱使的男人复仇。就像巴洛克绘画中经常呈现的那样，戏剧的空间大于画面的空间。与贝尔尼尼的《大卫》一样，它同样具有徘徊在我们视野之外的无形的空间。

真蒂莱斯基对传统的主题不感兴趣，比如圣母领报，她更喜欢《圣经》和神话中的女主人公和扮演主要角色的女性。除了朱迪斯，她还把苏珊娜、拔示巴、卢克丽霞、克利奥帕特拉、埃丝特、黛安娜和波提乏的妻子的故事改编成带有戏剧性质的绘画。作为一名优秀的商人，真蒂莱斯基也知道如何利用人们对女性裸体画的喜爱。

威尼斯与巴洛克音乐

16 世纪的特伦特大公会议承认音乐具有传达道德和精神理想的力量，同时禁止世俗音乐作为神圣音乐的典范，根据定义，世俗音乐是淫秽、不洁的。文艺复兴时期的作曲家，如纪尧姆·迪费和若斯坎·德普雷在创作弥撒曲的过程中经常使用世俗音乐，新教徒也根据现有的宗教和世俗旋律改编了他们礼拜仪式中的众赞歌。

威尼斯的世俗音乐和宗教音乐之间没有那么明显的区别，这是一个对教皇权威的不满长期存在的城市。因此，威尼斯作曲家们可以自由地尝试和创作各种形式的作品。17 世纪，这座城市成为欧洲音乐创新和实践的中心。

乔万尼·加布里埃利与和谐戏剧

威尼斯之所以能在音乐世界的中心占有一席之地，很大程度上要归功于圣马可大教堂首席风琴师乔万尼·加布里埃利（1556 年至 1612 年）的努力。加布里埃利创作了许多世俗的牧歌，他也对反宗教改革运动提出的法令做出了回应，使教堂音乐在情感上更加有吸引力。为了达到这一目标，他扩展了 16 世纪中期阿德里安·维拉尔特在圣马可大教堂发展起来的复调风格。加布里埃利在大教堂内部不同区域设置了截然不同的音部，圣坛（包括祭坛和神职人员及唱诗班的座位）两侧各有一架风琴，他使两架风琴演奏相对的旋律，产生了惊人的音响效果。四个唱诗班——也许是男童合唱部，女声合唱部、低音和中音部、高音部——在中殿上方的独立阳台上演唱。铜管乐器被放置在壁龛中。

加布里埃利是第一批专门为管乐合奏创作宗教音乐的人之一，这种音乐独立于歌曲，实际上不易演唱。其中一首作品是他 1597 年的《十二度的坎佐纳》，两个管乐合奏团进行了一段音乐对话。"坎佐纳"是一种复调音乐的器乐作品，源于文艺复兴时期的世俗歌曲，如 17 世纪在教堂里演奏频率越来越高的牧歌。坎佐纳的主要节奏"长 - 短 - 短"被称为"坎佐纳节奏"，是这种音乐形式的特征。圣马可大教堂中，两个管乐合奏团被分别设置在独立的阁楼中，彼此隔开。短号和长号的乐声交替出现，或者也有可能是铜管合奏团、唱诗班和风琴的声音交替出现，音量各不相同，强弱也各不一样，从大教堂的各个区域传来，产生一种类似于立体"环绕声"的整体效果。

加布里埃利为作品的每一个部分选择了一种特定的声音或乐器，我们现在将其称之为管弦乐编曲。此外，他还会在乐谱上标注"弱"（柔和）或"强"（响亮）来控制乐曲的力度。事实上，他是我们已知第一位会标注乐曲力度的作曲家。《十二度的坎佐纳》中的强与弱的力度对比，与巴洛克绘画中光明与黑暗的色调对比相呼应，该作品也成为加布里埃利自如掌控音乐力度的完美典范。来自欧洲各地的作曲家来到威尼斯学习，把这些音乐术语带回自己的家乡，意大利语因此成为国际音乐语言。

加布里埃利最重要的特点可能是围绕着一个中心音符组织音乐，这个音符被称为"主音"，也被称为作曲的"调性"或"基调"。主音为乐曲提供了一个焦点，乐曲也相应最终归结为主音，就像加布里埃利的《十二度的坎佐纳》中，主音是 C，即加布里埃利和声系统中的第十二个音调，这加强了巴洛克风格中标志性的戏剧感。

克劳迪奥·蒙特威尔第与歌剧的诞生

加布里埃利去世一年后，克劳迪奥·蒙特威尔第（1567 年至 1643 年）被任命为威尼斯圣马可大教堂的音乐指挥。作为一名小提琴家，蒙特威尔第曾是曼图亚宫廷的音乐总监。在威尼斯，他提出在文字与音乐之间建立全新的关系。传统主义者主张歌词服从音乐，最坚定的保守派成员乔凡尼·阿图西宣称"和声统治歌词"，但蒙特威尔第的主张恰恰相反："和声只是歌词的情妇！"蒙特威尔第的立场使他精通了一种以歌词为基础的全新音乐形式——歌剧。歌剧由许多更小的作品组成。

这种艺术形式最初是由一个名为"佛罗伦萨乐团"的团体发展起来的，这个团体致力于探索古希腊人在他们的戏剧中所使用的歌唱风格。古希腊人成功地将诗歌和音乐结合在了一起，但只留下了书面记录。在 16 世纪 80 年代和 90 年代期间，朱利欧·卡契尼和其他人开始创作作品，将和声声部谱于乐器声部之上，形成通奏低音，通常由一种键盘乐器（风琴、羽管键琴等）和低音乐器（通常是大提琴）组成，低音乐器是辅助和声的伴奏，在音乐中的位置次于和声。这种结合独唱和通奏低音的演唱方式后来被称为"独唱颂歌"。

蒙特威尔第的第一部歌剧是《奥菲欧》，其灵感来自古希腊剧院的音乐剧，该歌剧的剧本是根据希腊神话中俄耳甫斯和欧律狄刻的故事改编的。《奥菲欧》中，牧羊人和仙女们跳起了一种舞蹈，来庆祝俄耳甫斯和欧律狄刻的爱情，但此时，欧律狄刻被蛇咬死的消息传来，打断了舞蹈。俄耳甫斯是一位优秀的音乐家和诗人，他悲痛至极，前往冥界带回欧律狄刻。俄耳甫斯苦苦哀求，想让欧律狄刻死而复生，打动了冥界之神普鲁托，他同意让欧律狄修复活，但要求俄耳甫斯在离开冥界时不得回头看欧律狄刻。但俄耳甫斯十分担心欧律狄刻的安危，还是回头看了一眼，便因此永远失去了她。不过，蒙特威尔第确实给了他的听众一些安慰（虽然不是一个真正的幸福结局）：俄耳甫斯的父亲阿波罗将他的儿子带回了天堂，在那里，俄耳甫斯可以永远在星空中看到欧律狄刻的形象。

虽然《奥菲欧》并不是史上第一部歌剧，但人们普遍认为它是第一部成功地将音乐与戏剧结合起来的剧作。蒙特威尔第利用了各种音乐形式来讲述这个故事（合唱、舞蹈、乐器间奏曲），其中，宣叙调与咏叹调两种特殊的形式脱颖而出。宣叙调是一种非常接近歌词节奏的歌唱风格，通常用于对话，可以更快地讲述故事。而咏叹调最终能够发展成为一首复杂的独唱或二重唱歌曲，表达歌手的情感和感受，对宣叙调中的对话内容进行拓展。

《奥菲欧》的表演需要一个由36件乐器组成的管弦乐队来演奏前奏曲、间奏曲和舞曲，其中包括10把小提琴、3把长号和4把短号，但宣叙调和咏叹调通常只有一把羽管键琴或琉特琴伴奏，这样才能使人声保持音乐中的主导地位。在那个时代，这是一个规模惊人的大型管弦乐团，由曼图亚宫廷精心筹划，在宫廷中创作并首次演出。这部作品显然使蒙特威尔第比之前的歌剧作曲家有更多优势，能够实现歌剧前辈们只能想象的艺术创作——一部不管是从戏剧角度还是从音乐角度来看都令人满意的作品。这部作品不但能够探索声音的所有领域，还能体现与之相关的复杂心理。

安东尼奥·维瓦尔第与协奏曲

安东尼奥·维瓦尔第（1678 年至 1741 年）也许是 18 世纪早期威尼斯最重要的作曲家。1703 年，圣马克大教堂首席小提琴家的儿子维瓦尔第担任了皮耶塔女孤儿院的音乐指导，该机构是威尼斯四所专门为女孩提供音乐教育的孤儿院之一，（孤儿院的男孩不会受到音乐训练，因为他们需要为社会提供劳动力。）因此，威尼斯许多最有才华的大键琴演奏家、琉特琴演奏家和其他音乐家都是女性，维瓦尔第的许多作品都是专为孤儿院女童唱诗班和器乐合奏团的演出而创作的。孤儿院的音乐家大部分都是年轻的女孩，她们后来要么成为神职人员，要么结婚，终生留在孤儿院的女性则往往担任老师的职位。孤儿院的管理人员希望她们的表演能够吸引观众中的有钱人，推动他们为孤儿院捐款。观看音乐会的听众来自欧洲各地，这是西方音乐史上第一批在教堂或剧院外举行并向公众开放的音乐会。人们被这些女音乐家的才华深深吸引。不管从哪个角度来看，她们都与欧洲的任何男性同胞一样熟练、专业。

维瓦尔第擅长创作流行于宫廷的协奏曲，这是一种由三乐章组成的世俗音乐形式，但他加强了这种形式的系统性。协奏曲的第一乐章通常是快板（allegro，节奏快而活泼）；第二乐章较慢，且表现力更强，类似歌剧咏叹调中的节奏；第三乐章比第一乐章更欢快活泼。协奏曲通常采用一种或多种独奏乐器，是在第一乐章和第三乐章中演奏插部，与管弦乐的声音形成反差，这种形式被称为"利都奈罗"（意为"微小的反复"）。开始时，整个管弦乐团以主音（一个特定的主要音高，是作曲的中心）演奏利都奈罗，独奏插部与利都奈罗反复交替，采用不同的音调，直到利都奈罗全部回到主音的旋律上，结束演奏。

维瓦尔第的职业生涯涵盖了近 600 首协奏曲，采用的乐器包括小提琴、大提琴、长笛、短笛、双簧管、大巴松管短号、吉他，甚至是录音机，其中大部分都是由女孤儿院唱诗班表演的。最著名的是一首小提琴协奏曲《四季》，每个季节采用不同的小提琴演奏。这种音乐后来被称为"标题音乐"，完全由乐器演奏，围绕着某个故事或主题。第一首协奏曲《春》来源于维瓦尔第自己创作的十四行诗，这首十四行诗位于乐谱的顶端。前八行展现了第一乐章的风格，后6行分为两组，每组3行，分别体现了第二乐章和第三乐章的风格：

> 春临大地，
> 众鸟欢唱，
> 和风吹拂，
> 溪流低语。
> 天空很快被黑幕遮蔽，
> 雷鸣和闪电宣示暴风雨的前奏；
> 风雨过境，鸟花语再度
> 奏起和谐乐章。

这首协奏曲中的利都奈罗十分优美，由整个乐团演奏，位于乐章的开头，与诗歌第一行相对应。小提琴在第一个插部中模仿"众鸟欢唱"，在第二个插部中模仿"溪流低语"，在第三个插部模仿"雷鸣和闪电"，最后是"鸟花语再度奏起和谐乐章"。

维瓦尔第的协奏曲节奏十分自由，管弦乐器和独奏乐器形成的强烈对比，展现了巴洛克音乐不同于文艺复兴时期音乐的特色。帕莱斯特里纳的音乐中，节奏平缓而流畅；复调音乐中，所有声部具有相同的重要性：这些情况都已不复存在。相比之前的音乐，巴洛克音乐最明显的特征也许是变调：以主音开始一首乐曲，然后变到另一个音调，然后再回归主音。变调带来的戏剧效果，加上作曲中各种不同弦乐带来的丰富音质，与巴洛克绘画中的明暗有一定相似之处，而巴洛克音乐中的独唱声部与其建筑中的装饰元素也有异曲同工之妙。

阿尔卑斯山以北的欧洲的世俗巴洛克风格

17世纪，一种更为朴素的巴洛克风格主导了阿尔卑斯山以北的欧洲。阿姆斯特丹将这种风格发挥到极致。这座城市欣欣向荣，但有时会经济过热，比如，1636年，疯狂的投机导致郁金香球茎的市值飙升（在阿姆斯特丹，一个郁金香球茎卖4600弗洛林，是一个专业工匠年收入的15到20倍），但荷兰归正会（荷兰最大的基督教会）体现出的保守主义平衡了这种倾向，教会中的加尔文派神父没有在该宗派的礼拜仪式中找到艺术的位置，因而基本将艺术拒之门外。

尽管如此，富裕的荷兰民众却热衷于收集绘画。1641年，一位到访的英国人约翰·伊夫林解释了他们对艺术的热爱："这里的人民想要更多土地来收藏他们的存货（财富），所以才会储备这么多绘画，这也是为什么这里的绘画十分便宜，一个普通农民在这种商品上花两三千英镑是很平常的事。"伊夫林夸大了人民在艺术领域的投资金额，实际上，一幅典型的山水画只卖三到四荷兰盾，但仍然相当于一个代尔夫特制衣工人两至三天的工资。他对于另一个情况的描述是准确的，那就是几乎每个荷兰人都至少拥有几幅版画和一两幅油画。

新意象：静物画、风景画、风俗画

到1620年，教会基本不再委托艺术家绘画。虽然荷兰归正会不再支持对宗教历史的艺术描绘，但在17世纪的头30年里，莱顿市（荷兰最反传统的城市之一）所有私有绘画作品中，大约有三分之一描绘的是宗教主题。其他更加世俗的绘画形式更是蓬勃发展，只要肖像画能够反映加尔文主义者的新教信仰，他们并不会介意成为这些画的主题。大多数机构都希望他们的活动留存下直观的记录，这导致了群像画行业的蓬勃发展。绘画也开始反映荷兰人的实事求是的唯物主义——对各种事物的兴趣，从地毯、家具、到衣服、收藏品、食品和日常活动。荷兰艺术家本身对艺术技巧的发展尤其感兴趣，尤其是卡拉瓦乔绘画中戏剧性的明暗对比。为了迎合消费者的喜好，荷兰艺术家开发了一种新的视觉艺术，反映了他们所处的真实时代和环境。

静物画

静物是最受欢迎的绘画主题之一。静物画一般描绘普通家居物件和食物，给人的第一印象不过是一种对富裕和幸福的歌颂，但这种绘画的主题同样也在讽刺人们不应愚蠢地相信生活中这种明显的

图 9.14

安逸。约翰内斯·哥达尔特（1617 年至 1668 年）的《万历花瓶和蓝山雀》（图 9.14）描绘了繁茂的花朵，包括四种郁金香和其他各种花卉，包括一种西班牙鸢尾花、秘鲁的旱金莲、波斯的贝母和一种约克和兰开斯特的条纹玫瑰——价值相当于整个帝国范围内的花卉。万历花瓶是中国明代瓷器的一种（图 8.30），于世纪之交在荷兰商人中流行，这突显了花瓶的国际属性。花瓶中的叶子已经变黄，说明花期很短，停在郁金香上的苍蝇说明了景色的变化无常。但最富有深意的细节安排是画面左下角的那只正在食用飞蛾的蓝色山雀，这一时期的荷兰艺术家运用这样的细节，将人类生活的琐碎展现在观众面前，人们只会肤浅地关注日常生活的乐趣。这种作品被称为"虚空派绘画"，主张我们更多地关注精神世界，因为物质世界中，令人愉悦的存在总是会不可避免地逝去。简而言之，这些绘画提醒着我们，世人终有死亡的那一天。像哥达尔特这样的画家非常受欢迎，他们的作品陈列在主人的家中，既起到装饰作用，又有道德提示的

作用，向来访者宣示了主
人正直的新教伦理观。

风景画

风景是另一个流行的
绘画主题。雅各布·范勒
伊斯达尔（约1628年至
1682年）的风景画《从奥
弗芬的沙丘上看哈勒姆》
（图9.15）反映了荷兰海
上事业带来的民族自豪感。
英国人把16世纪的荷兰称

图 9.15

为"沼泽联邦"，法国人不断嘲笑他们眼中这一"低地国家"粗鄙、不开化，
但荷兰人自己认为，在1550年至1650年的一个世纪里，他们把国家地形
组成从暴躁的大海变成了温顺的农田，这一壮举多少带有上帝在大洪水后
重新创世的意味。

在范勒伊斯达尔的风景画中，哈勒姆的哥特式圣巴弗教堂体现了这一
宗教基调，教堂矗立在一片平坦的复垦土地上，那里的人们在田野里辛勤
劳动，照亮田野的光线仿佛来自天堂，画中三分之二的景色都在描绘天空，
即无限的天堂，这绝非偶然。天空和地平线在平坦的土地上显得更加清晰。
荷兰人自视为"下面的孩子"，认为全能的上帝会保佑他们，因为他们与
上帝订立了永恒的盟约。

风俗画

荷兰人民还尤其喜爱描绘日常生活事件的绘画，即风俗画。扬·斯特
恩（1626年至1679年）的《跳舞的夫妇》（图9.16）就是一副典型的风俗画，
它描绘了围绕着某种节日或庆典的庆祝活动，这位画家的许多绘画都描绘
了类似的场景。斯特恩既是一名画家，也是一家酒馆的老板，画中的场景
很可能来自仲夏时节的酒馆庭院。场景中弥漫着一种情欲的味道，充斥着

图 9.16

一种轻浮和放荡的气氛。画面右边，音乐家们演奏乐器，坐着的情侣醉醺醺地看着舞者。画面左边，两个男人在餐桌上享用美食，一个女人举起一杯酒送到嘴边，一个绅士（这是艺术家的自画像）轻柔地抚摸着她的下巴。这幅画中，斯特恩对娱乐的嗜好一览无遗，但斯特恩也以一种荷兰人特有的方式警告自己不要沉溺于娱乐之中。酒馆的地板上有一束倒下的插花和一堆破碎的蛋壳，这两个元素都是虚空派的象征，它们与远处的教堂尖塔一道，提醒着人类生命的短暂性，以及那些在画中大肆放纵享乐的人即将面临的地狱之火。

约翰内斯·维米尔（1632 年至 1675 年）是风俗画大师之一，他的绘画歌颂荷兰生活的物质现实，并给人以启发。我们对维米尔的生平知之甚少，直到 19 世纪中叶，他的画才被人记起，但今天的人们公认他为荷兰 17 世纪的绘画大师之一。现代学者只确认了 34 幅画作出自维米尔的手笔，其中大多数是描绘女性家庭生活的风俗画。

《戴珍珠项链的女人》（图 9.17）就是一副风俗画，画面左边的黄色窗帘被拉开，光线通过窗户射进房间，照亮了正在照镜子的一位年轻女人。

图 9.17

她衣着华丽，穿着一件貂皮镶边的黄色外套，如缎子一般光滑亮泽。她面前的桌子上有一个脸盆和一把刷子。她显然已经化好了妆，并整理好了头发。她将珍珠项链的丝带拉在一起，对着镜子欣赏自己。她的耳朵上挂着一枚珍珠耳环，在光线下闪闪发光。这位妇女充满自信，画中没有任何迹象表明维米尔有意传递任何道德取向。不过，女人的珍珠可能象征着她的虚荣心：她充满骄傲地欣赏着镜中的自己。但珍珠在传统意义上也象征着真理、纯洁，甚至贞洁，画中女性和镜子之间那堵巨大、空旷、洁白的墙也支撑着这一解读，就好像这个年轻的女人是一张白纸，她的道德历史还有待书写。

伦勃朗·范·莱因与光线的戏剧效果

群像画也是当时流行的艺术形式之一，一般由民间机构委托制作，用一块巨大的画布记录或纪念某一特定时期的所有成员，伦勃朗·范·莱因（1606年至1669年）笔下的群像画体现出强烈的戏剧性。伦勃朗是阿姆斯特丹的主要画家，其画风松散写意，擅长交替使用短小、有力和线性、流畅的线条来塑造人物，最终的成品却往往是极其清晰的。然而，他的群像画《夜巡》（图9.18）却不是那么清晰，巨大的画布上覆盖了一层深色的污垢，多年来，人们一直认为这幅画描绘了上尉和他的随从在阿姆斯特丹的街道上进行夜间巡逻。但经过1975年至1976年的彻底清理和修复后，这幅画真正的主题显露了出来，这幅画所描绘的是一队人正在该市的一条小街上组建游行队伍。对这幅画的修复工作还揭示了伦勃朗对肖像画艺术

图9.18

的一个重要贡献，那就是他利用光线效果使人物变得栩栩如生。科克上尉位于画面正中央，他的手向我们伸出，在他中尉的柠檬黄色夹克上投下了一块阴影。上尉右边一位年轻女子也吸引着我们的注意，她也穿着镶有珍珠的黄色缎子，她的腰部挂着一只小鸡，下面是一个钱袋，仿佛她是在从市场回家的路上遇到了这些人。她的存在显得十分奇怪，多年来，学者们一直试图解释她存在的意义，她可能象征着人群，也可能意在讽刺这些人对商业利益的关注。不过可以肯定的是，她的确为画中的场景增添了一种生动活泼的气息，是一个舞台化的存在，强调了整幅画的运动和动作。每个人似乎都看向不同的方向，谈论着不同的事物；左边那个穿红衣服的人好像刚刚开了一枪；一只狗对着从右边进入画面的鼓手吠叫。与那个时代的标准群像画相比，伦勃朗的群像画显得生动活泼，甚至有些聒噪。在那个时代，每个人似乎都静静地坐在肖像画家面前，但伦勃朗笔下的人物仿佛在光影中不断移动，以至于艺术家几乎无法捕捉到他们。

伦勃朗最著名的群像画之一是《尼古拉斯·杜尔博士的解剖学课》。在这幅画里，伦勃朗用象征性的光线来达到讽刺的效果。但在他的宗教主

图 9.19

题艺术作品中，光线代表的是基督给人们带来的救赎，这一点在他的版画创作中尤为明显。在伦勃朗绘制的版画中，浓重的黑暗与明亮的光线之间形成对比，可以达到惊人的艺术效果，其中最伟大的版画作品是《基督讲道》（图9.19），也被称为"百荷兰盾版画"，因为它在17世纪的一次拍卖会上以100荷兰盾的价格售出，这一价位对版画而言是史无前例的。这幅图画描绘了《马太福音》中，基督向病人和跛脚的人讲道，他们聚集在耶稣的左脚边，法利赛人在他的右边。伦勃朗时刻牢记阿尔布雷特·丢勒在版画创作方面的巨大成就，使画中的光线呈三角形，仿佛是从基督的身上散发出来的光芒，从深夜的黑暗中爆发出来。光的意义当然在于为人们提供希望和生命。

巴洛克音乐

18世纪末，哲学家、作曲家让-雅克·卢梭用最消极的语言评价巴洛克音乐："巴洛克音乐和声混乱，充满了不和谐的变调，旋律刺耳而且不自然，曲调生硬，音乐的行进大受限制。"卢梭的评价与其说反映了巴洛克时代的音乐质量，不如说体现了那个时代普遍的音乐品位。但是总的来说，他的描述从很多方面来看都是准确的。巴洛克时期的音乐风格多样，与罗马和阿姆斯特丹的巴洛克艺术一样形式丰富。就像上述两个城市创造的艺术一样，巴洛克音乐带有明显的戏剧性，旨在唤起听众的情感，而宗教音乐的主要目的是想让听众想起基督的受难。与这两个城市的巴洛克艺术一样，巴洛克音乐也试图成为一种全新、原创的艺术形式，因为无论是南边还是北边的天主教和新教教会，都不断需要为宗教仪式提供新的音乐。同时，巴洛克音乐家也创造了新的世俗音乐形式。但最重要的一点是，巴洛克时代产生的新乐器多于其他任何一个时代，甚至连传统的乐器也几乎完全被改造。在这个时代中，风琴达到了鼎盛，这件音色深沉的古老乐器可以追溯至公元前3世纪，后来，风琴开始对天主教徒和新教徒的情绪产生深远的影响，因此达到了一个新的高度。18世纪上半叶，羽管键琴的制作得到了完善，钢琴开始成为一种重要的乐器。器乐演奏家，特别是小提琴和键盘演奏家，在音乐史上首次达到了与歌唱者同样的流行度。

荷兰的家庭聚会中，女主人常常会演奏键盘音乐，以供娱乐。大部分从那个时期流传下来的乐曲都是为家庭内部娱乐活动创作的。维米尔的几幅画作描绘了年轻女性弹奏羽管键琴（一种键盘乐器），如《音乐课》（图9.20），都象征着家庭和睦。在维米尔的画中，年轻女子身后

图 9.20

空荡荡的椅子和低音维奥尔琴进一步凸显了和谐的思想，我们可以推测，画中这位年轻的绅士很快就会在二重唱中拿起这把琴。羽管键琴的盖子上刻着"Mvsica Letitiae Co[Me]s Medicina Dolor[VM]"（音乐是欢乐时的伴侣，也是忧伤时的慰藉）。在荷兰人的家庭生活中，用婚姻代替音乐的类比是非常贴切的。

北方德国音乐流派：约翰·塞巴斯蒂安·巴赫

约翰·塞巴斯蒂安·巴赫（1685年至1750年）大概是最伟大的键盘音乐大师。巴赫生于17世纪末，他是一名风琴演奏家，最初在德国小型城镇的教堂中演奏，后来前往魏玛公爵和克滕公爵的宫廷工作，最后来到莱比锡的圣托马斯教堂，并为路德会宗教仪式谱写了大部分音乐。巴赫会为每个星期天举行的礼拜仪式创作一首康塔塔。这是一首由多个乐章组成的评论性音乐，与当天需要咏唱的歌词有关，通常由独唱者或有乐器（一件或多件，通常是风琴）伴奏的唱诗班演唱。圣经课结束后演唱康塔塔的前

半部分，布道结束后演唱后半部分，最后，所有会众合唱众赞歌。与歌剧一样，康塔塔也包括宣叙调和咏叹调。

巴赫的康塔塔通常以路德会众赞歌的简单旋律为基础，但他擅长对位法，因此对众赞歌做出了一些修改，在路德会众赞歌主旋律之上或之下增加了一个或多个独立的旋律，使得音乐拥有华美、丰富的音色，这也是巴洛克音乐的特色。

在巴赫的职业生涯中，他创作了300多首康塔塔，分为5套，分别对应每一个星期天和教堂日历中的节日。他还创作了大型清唱剧、长篇合唱作品，既有宗教音乐也有世俗音乐，但没有动作或布景，由叙述者、独奏者、合唱团和管弦乐队演奏。巴赫在声乐方面最伟大的成就之一是1727年在莱比锡为耶稣受难特别崇拜创作的《马太受难曲》。"受难曲"在形式上类似于清唱剧，讲述的是福音书中耶稣死亡和复活的故事。巴赫为几乎所有场合都创作了器乐作品，包括葬礼、婚礼和公民庆典，还创作了一些彰显其野心的键盘作品，很多都收录在他的《十二平均律钢琴曲集》中，这部作品可能是巴赫对世俗乐器音乐史的最大贡献。正如巴赫在曲集第一部分的标题页上所写的那样，这些乐曲旨在 "为那些渴望学习的音乐青年提供帮助、带来便利，并供那些在这一领域已经十分专业的人消遣。"

绝对主义与巴洛克宫廷

绝对主义是什么？对艺术产生了怎样的影响？

到18世纪初，几乎每一个欧洲皇室宫廷都是仿照法国国王路易十四（1643年至1715年在位）的宫廷建立的。路易憎恶罗浮宫，因此他于1661年在位于巴黎东南方向以外19千米处的凡尔赛小镇上开始了新住宅的建造。20年来，约有36000名工人参与了这项工程，力求将凡尔赛打造为世界上最壮丽的皇室住宅。景观建筑师安德烈·诺特（1613年至1700年）

负责凡尔赛的花园设计，他主张建筑正式花园，他的设计富有条理、几何性强，被称为"法式花园"。花园围绕着一条主轴设计，这是一条巨大的十字形大运河，一直延伸到宫殿西部（图 9.21）。从这条中心主轴分支许多小路，周围是圆形的池塘和低地，树木和灌木丛都被修建成特定的形状，与整个花园的几何设计相匹配。国王本人对诺特的作品很感兴

图 9.21

趣，甚至为游客写了一本游览指南。庄园附近的花坛两旁排列着整齐的黄杨树篱，温室中养着鲜花，换季时，这些鲜花被种植在花园中。每年春天，花园中都会盛放 400 万朵从荷兰进口的郁金香，路易的园丁拥有 200 多万个花盆。1682 年，路易将他的朝廷和政府机构迁到凡尔赛，使得凡尔赛成为法国的非官方首府，象征着路易的绝对权力和掌控力。

　　宫殿经过精心设计，能够使在场的贵族们肃然起敬。夏尔·勒·布朗（1619 年至 1690 年）曾担任国王的首席画家，指导艺术家团队开展宫殿内部的装饰工作。镜厅（图 9.22）始建于 1678 年，旨在纪念路易十四政治生涯的高潮，即与荷兰六年战争的结束。路易要求勒·布朗在大厅的天花板上绘制 30 幅壁画，来歌颂政府的成就，这些画作的周围涂有粉饰灰泥，彰显了路易作为罗马皇帝，拥有精明的行政才能和军事天赋。勒·布朗用 17 面拱形镜子平衡了整个大厅的 17 扇窗户，这些镜子都是在巴黎的一个作坊里制作的，这个作坊最初打算与威尼斯的大型玻璃厂匹敌。画廊最初装饰有纯银的桌子，灯座和橘子树盆景，路易后来把这些装饰物全部融化，以资助他正在进行的战争。

图 9.22

凡尔赛的宫廷

　　宫廷中，路易十四极尽奢华。他自称为"太阳之王"，因为他能够给全国各地带来福祉，就像太阳一样，他的即位和退位象征着太阳的升起和落下，这些活动基本上是国家大事，有时整个朝廷的官员都会出席，有时则会选择一群阿谀奉承的贵族出席。路易十四使宫廷里的贵族妇女们相信，能够与他同床共枕是一种

图 9.23

荣耀；他有许多情妇，生下了许多私生子女。他的宫廷生活完全是正式的，受到习俗和规则的约束，因此宫廷礼仪成为社会进步的一种方式。他要求人们用餐时使用叉子，而不能用手抓。客人的等级决定了进餐时的位置，也决定凡尔赛宫廷侍从到底是为客人打开一扇还是两扇镶着玻璃的"法式大门"。路易十四完全掌控着国家，使宫廷居民不得不在经济上依赖他，这在政治上对他很有帮助。圣西蒙公爵路易·德·鲁弗鲁瓦的回忆录中写道：

他喜爱一切宏伟、壮丽和富足的事物，并鼓励他的宫廷成员也培养类似的审美；在装饰和建筑物方面以及宴席和牌局上挥金如土，肯定能博得他的欢心，也许还能讨得他几句赞誉。这部分是出于政治原因；他使奢侈的生活方式成为时髦，地位显著的人不得不遵从这种生活方式，路易使得侍臣们的收入无法负担他们的生活开销，不得不依靠他的赏金来维持生计。

亚森特·里戈 1701 年创作的官方肖像《法国国王路易十四》将路易的威严展现得淋漓尽致，也充分体现了他爱慕虚荣的特点（图 9.23）。国王长袍披肩，露出白色的长袜和红高跟鞋。这双鞋由他自己设计，来弥补他只有 1.62 米的身高。这幅肖像中的路易十四已经 63 岁了，但他仍然想让这幅画充分体现他风度翩翩的形象。

彼得·保罗·鲁本斯的绘画：色彩与肉欲

弗兰德画家彼得·保罗·鲁本斯（1577 年至 1640 年）是路易十四最喜欢的艺术家之一。1621 年，路易的祖母玛丽·德·美第奇委托鲁本斯为她创作 21 幅纪念性绘画，以铭记她的一生。这套作品用时 4 年（1621 年至 1625 年），在工作室助理的帮助下完成。

鲁本斯采用了逼真的寓言画形式，来创作这种自吹自擂的传记式艺术作品。《玛丽·德·美第奇抵达马赛》一画记录了玛丽从她的祖国意大利来到法国，与国王亨利四世结婚的那一天（图 9.24）。象征着荣耀的形象在她头顶飞过，吹着喇叭，海神尼普顿和他的儿子特里顿在三个水仙女的陪伴下，从海浪中升起，迎接玛丽。一个戴着头盔的人物象征着法国，穿

图 9.24

着带有百合花式的长袍（和 1701 年路易十四的肖像中的长袍一样），对玛丽鞠躬。玛丽的美貌并不出众，然而在这幅画里，她周围的画面质感丰富、色彩非凡、风格感性，这使得玛丽似乎变得与场景一样动人非凡。

这幅画中，仙女丰盈的肉体是鲁本斯作品的一个标志性风格。事实上，鲁本斯的风格几乎是意大利文艺复兴晚期传统风格的"肉欲版本"，这种独特的风格后来甚至有了一个专门的名字"鲁本斯风格"。由于我们的审美标准已经发生了一定变化，鲁本斯作品中的裸体形象常常会使当代观众感到震惊，这些形象的肉体往往折叠、下垂，他们的美在于身体的肉欲，这在某种程度上反映了纵欲过度和奢靡的生活方式。鲁本斯充分展现了米开朗琪罗《最后的审判》（图 9.3）中的矫饰主义风格，丰富了提香《劫掠欧罗巴》（图 9.6）中威尼斯画派强调的色彩和质感，并将卡拉瓦乔喜爱的光影效果（图 9.11）呈现到了极致。他为意大利传统风格融入了爱好观察的人们对本质的欣赏，以及一种富有创造能力的空间感和尺度感。鲁本斯的绘画很少从正面描摹，即观者的位置与所描绘的动作不平行，而往往采用场景左前方或右前方的视角。

在类似《农民的婚礼》的绘画中，鲁本斯把一个简单的酒馆聚会——阿尔卑斯山以北的欧洲绘画中常见的一个主题（图 9.16）——描绘成了一

图 9.25

个富有纪念意义的庆典（图 9.25）。《农民的婚礼》宽度超 2.4 米，画中的婚礼庆典从酒馆的范围斜向延伸到远处的弗兰德乡村。画面中到处都是交织着的肉体，在画面的最远处，一个年轻的男人和一个衣衫不整的女人从桥上跑过，后者的上衣从肩上完全滑落了下来，大概是为了在某个树篱后面尽情纵欲。就像凡尔赛的镜厅一样，鲁本斯的画作既有道德的一面，又有放荡的一面，规律有序与华丽丰富交相辉映。胳膊和腿交织在一场铺天盖地的骚乱中，这场骚乱即象征着堕落和放荡，又是一场感官享受的庆典，鲁本斯仿佛认为，这两种意象可以共存。

画中，对肉欲的直白刻画实际上是一种对简单快乐的歌颂，在那个世界中，繁荣和和平甚至能够惠及社会最底层阶级的人民。然而，为了继承绘画传统，鲁本斯为这幅画增添了道义色彩。画面底部中央的狗将鼻子贴近盆中的布，它的姿势与身后接吻的情侣和上方跳舞的情侣如出一辙，再次反映了支配这一场景的动物本能。画面中到处都有待哺的婴儿，与其说象征着富足，不如说体现了动物的饥饿和迫切的渴望。鲁本斯非常清楚，酒神节不仅象征着繁荣，也象征着沉溺。晚年时的鲁本斯纵欲过度，而《农民的婚礼》则反映了这一现实。

大约 50 年后，路易十四于 1685 年 4 月买下了《农民的婚礼》，用于装饰凡尔赛宫。他看重了这幅画中的什么？路易十四自认为是欧洲最伟大的国王，拥有这位欧洲最伟大画家的作品可能对他来说非常重要。另一方面，路易肯定十分欣赏画家通过感性笔触和色彩呈现出的肉欲感，这种风格会使人联想到路易自己的床第之欢。

尼古拉斯·普桑的绘画：古典秩序

到 18 世纪初，其他 14 幅由鲁本斯创作的绘画作品也已经进入了路易十四的宫廷。黎塞留公爵（1629 年至 1715 年）阿尔芒·让·迪·普莱西是主教黎塞留（1585 年至 1642 年）的曾侄子，曾担任玛丽·德·美第奇和路易十三的艺术顾问，于 1640 年鲁本斯去世后购买了鲁本斯个人收藏中剩下的 14 幅画。在建立起自己的鲁本斯作品收藏之前，公爵在和路易十四的一场网球赛中，拿自己收藏的尼古拉斯·普桑（1594 年至 1665 年）全部画作与路易的鲁本斯作品收藏打赌，结果输掉了。普桑和鲁本斯谁更优秀，宫廷里早已对这个问题展开了激烈的争论。夏尔·勒·布朗甚至宣称普桑是 17 世纪最伟大的画家。虽然普桑是法国人，但却在罗马度过了其一生中的大部分时光。他尤其欣赏拉斐尔的作品，并以拉斐尔为榜样，提倡古典绘画方法。他认为，绘画的题材应该取材于古典神话或基督教传统，而不是日常生活。在他的绘画理论中，形如鲁本斯《农民的婚礼》这样的风俗场景画是没有立足之地的，就算极富纪念意义也并不能改变绘画地位。绘画技法应得到规定和完善，不能有松散的笔触，也不能有"粗犷的风格"，绘画构图的方方面面都应体现节制与秩序。

作于 1638 年至 1639 年的《阿卡迪亚的牧人》（图 9.26）清楚地体现了这种普桑式风格。三个牧人描绘着刻在墓碑上的文字"我也曾住在阿卡迪亚"，说明死亡终将降临到我们所有人身上，站在右边的历史女神加深了这一意味。与鲁本斯经常用夸张手法刻画的人物身体相比，普桑显然没有充分刻画牧人健壮的体格。画面中存在明亮的颜色，如历史女神身上的黄色斗篷，但弥漫于整个画面的还是暗淡的黄昏光线。这幅画最能体现普桑式风格的还是水平和垂直构图体现出的几何感，位于画面中心的两个人

图 9.26

物手臂呈直角，于墓穴本身形成的立方体空间相配合。历史女神亮蓝色衣服上的褶皱平行于牧人盖有红色衣物的小腿和最左边牧人的手杖，这呼应了上述的几何立体感，这些线条形成了一个斜向的平行四边形，即与画面中心的立方体相辅相成，也形成一定对比。

路易十四在网球比赛中击败了黎塞留公爵，获得了普桑的画作。但出乎他意料的是，公爵很快就购买了 14 幅鲁本斯的画作，重建了他的收藏，并托罗杰·德·皮勒撰写一份目录，记录他的购买。罗杰·德·皮勒是个鲁本斯迷，主张色彩是绘画的本质。他表示，色彩之于绘画等同于理性之于人类。相比之下，普桑迷则更关注绘画和拉斐尔的艺术。

普桑的画意在打动头脑，鲁本斯的画意在初级感官。对普桑来说，绘画中最重要的是把作品与古典叙事传统联系起来；对于鲁本斯来说，油画本身的表现力是首要的。1708 年，德·皮勒从不同方面为两位画家分别打分，鲁本斯的构图得到 18 分，设计得到 13 分，色彩运用得到 17 分，表现力得到 17 分。普桑的构图得到 15 分，设计得到 17 分，色彩运用得到 6 分，表现力得到 15 分，鲁本斯以 65 : 53 超越普桑。从本质上看，鲁本斯体现了巴洛克风格的装饰表现主义，而普桑体现了古典风格的克制。在接下来的几十年里，他们都将获得大批支持者。

路易十四宫廷的音乐和舞蹈

路易十四喜欢宫廷的浮华元素和各种庆典，也喜欢舞蹈和音乐，正是这两种艺术形式使他能够充分享受他的喜好。让－巴普蒂斯特·吕利（1632年至1687年）主要负责宫廷中国王的娱乐活动，他出生在佛罗伦萨，1646年移居法国接受音乐教育。

吕利创作的许多歌曲都十分流行，包括著名的《在月光下》，到了 17世纪 60 年代，他已经成为国王的最爱。国王尤其喜爱他的芭蕾喜剧。这

种艺术形式既含有歌剧元素，也含有芭蕾元素，路易具有相当的舞蹈天赋，经常参与巴黎喜剧的演出（图 9.27）。路易委托音乐家创作了许多芭蕾舞剧，对舞者水平的要求越来越高。他的皇家舞蹈学院很快规定了芭蕾舞的五个基本舞步，成为古典舞蹈的基础。学院最看重的是舞者动作的干净利落、平衡，以及整个舞蹈团表演的对称性。然而，巴洛克风格鼓励独舞者以华丽甚至惊人的方式展现其高超的水平，从而体现芭蕾舞的古典艺术基础。

图 9.27

吕利利用其与国王的关系，成为新成立的皇家音乐学院院长，这一职位赋予了他在法国制作所有歌剧的独家权利。在这个职位上，他创造了另一种新的歌剧体裁，音乐悲剧（又称"抒情悲剧"）。这种歌剧将文字和音乐完美地结合在一起，唱词的格律不断变化，但音乐节奏紧跟着法语内容。1673 年至 1687 年间，吕利在宫廷的支持和资助下，每年都会创作并指导演出一部音乐悲剧。1687 年，他因在指挥时用手杖敲自己的脚，死于坏疽。

路易对舞蹈的热爱使宫廷中出现了另一种全新的音乐形式——组曲。组曲由一系列舞蹈或受到舞蹈启发的动作组成，通常在同一个调上，但大调和小调之间有所不同。大多数组曲由 4 至 6 支拥有不同节奏和格律的舞蹈组成。在一支组曲中，两支速度适中的舞蹈后面跟着一支速度较慢、更优雅的舞蹈，并以活泼欢快、热情洋溢的音乐结束。新的舞蹈形式中，最重要的是小步舞曲。这是一种优雅的三拍子舞蹈，节奏适中，很快成为当时最流行的舞蹈形式，但这种舞蹈并不常出现在组曲中。

法国宫廷剧院

1629 年，路易十四任命主教黎塞留为他的国务大臣，偶然开启了法国戏剧的一个伟大传统，这一传统将在1680 年法兰西喜剧院建立时达到顶峰。根据路易十四颁布的一项章程，法兰西喜剧院旨在合并现有的三家剧院，包括剧作家莫里哀（1622 年至 1673 年）的剧团。

莫里哀是一位宫廷装潢师的儿子。1658 年，莫里哀已经跟随一个剧团在法国进行了 13 年的巡回演出，他受邀为年轻的国王路易十四表演一出悲剧。演出惨败，但莫里哀随后演了一出自己创作的滑稽剧《多情的医生》。国王对这出喜剧很满意，莫里哀和他的剧团被永久安置在了宫廷中。

莫里哀的戏剧中，第一部戏剧《可笑的女才子》于 1659 年正式上演。这部作品讽刺了法国宫廷中的朗布依埃侯爵夫人，她自诩为巴黎社会高雅情趣和礼仪的守护者。在她位于巴黎的家中，宫廷里的女士们经常聚在一起讨论爱情，她们想象中世纪的宫廷中，阿基坦的埃莉诺是如何拥有柏拉图式宫廷爱情的，并根据自己的想象复原了这种宫廷爱情的优雅、利益和高尚品格，莫里哀在剧中嘲笑了她们的自命不凡。这出戏的成功很快使票价涨了一倍，国王也很高兴，给了剧作家一大笔奖金。然而，朗布依埃侯爵夫人出离愤怒，欲把莫里哀赶出城市，但最终只是拆除了剧团的剧院。国王立即发起反击，准许莫里哀在黎塞留的故宫皇家宫剧院演出，那里上演了莫里哀余生创作的所有作品。

莫里哀不遗余力地攻击、嘲讽宗教虚伪、守财奴、疑神疑鬼的人、自命不凡的医生、娶年轻女子为妻的老男人、容易上当的人，以及所有的社会寄生虫。（讽刺的是，他自己就是一个极有阿谀奉承天赋的人。）

莫里哀具有很强的洞察力和尖刻的智慧，对路易宫廷中的许多人造成了威胁，因此他们并不喜欢他，直到莫里哀在舞台上咳嗽发作，并突然死于动脉瘤。他们认识到了国王也许无法认识到的一点——说国王不屑听到奉承，实际上本身就是对国王的奉承。

英国和西班牙的宫廷艺术

欧洲的君主之间虽然经常处于相互交战的状态，但他们一致相信王位的力量，以及艺术能够帮助维持他们的权威。在英国，斯图亚特王朝的绝对主义统治和保守的新教之间关系紧张，这为艺术带来的显著的影响。整个 17 世纪，英国君主都在试图维护其在法国土地的绝对权威，但他最终未能做到这一点。詹姆士一世（1603 年至 1625 年在位）1603 年接替了伊丽莎白一世女王，成为斯图尔特王朝的第一位君主。他很快宣称："任何特权和豁免权都不能够与神任命的国王相抗衡。"

詹姆士的儿子查理一世（1625 年至 1649 年在位）也主张绝对主义，但宗教争议一直威胁着他的统治：他虽然是英国教会的领袖，但却娶了一位天主教徒——法国国王路易十三的妹妹亨利埃塔·玛丽亚。查理提议改革教会的礼拜仪式，在许多人看来，这使他展现出罗马天主教的危险倾向。清教徒在英国议会的影响力越来越大，强烈反对任何展现出天主教倾向的政府。

议会成立了一支军队，反对查理的统治，于是内战爆发了，战争从 1642 年持续到 1648 年。关键的政治问题是应该由哪一方统治这个国家——

是国王还是议会？在奥利弗·克伦威尔（1599 年至 1658 年）的领导下，清教徒于 1645 年击败了国王，并于 1649 年 1 月 30 日以叛国罪处决了他，这是对国王神授君权的严重打击。与此同时，克伦威尔试图成立并领导一个联邦，但他很快解散了议会，并担任了护国公。他的保护国偶尔召集议会开会，但只批准他自己的决定。对克伦威尔而言，最大的困难是要求人民遵守"上帝"的律法，换句话说，就是清教徒的教义。他禁止口出恶言、酗酒和斗鸡；所有商店或旅馆周日都不营业。这个国家习惯于人民选举的议会政府，不能容忍这种限制，当克伦威尔于 1658 年 9 月去世时，他建立的政体也随之消亡。

君主制得以恢复，但在清教徒眼中，天主教依然可能对君主的统治施加影响。奥兰治的威廉三世与詹姆士二世（1685 年即位）的女儿结婚，她是一位新教教徒。1688 年 9 月，应清教徒的请求，威廉三世从荷兰入侵英国。詹姆士二世逃走了，之后便发生了光荣革命。议会颁布了一项权利法案，提倡宗教包容，并禁止国王废除议会法律。君主立宪制在英国重新永久确立，国王的神圣权力永久中止。

英国的安东尼·范戴克

拥有天主教倾向的英国君主和清教徒主导的议会关系日益紧张，宫廷浮夸的风格则加剧了这一情况——这种风格对朴素的清教徒来说是一种冒犯。查理一世的宫廷画家、弗拉芒艺术家安东尼·范戴克（1599 年至 1641 年）创作的《查理一世狩猎图》（图 9.28）体现了这种宫廷风格。范戴克十几岁时就进入了位于安特卫普的鲁本斯工作室工作，17 岁时就领导了工作室。范戴克最擅长画肖像画。17 世纪 20 年代，他在意大利工作了一段时间，并于 1632 年接受了英国国王查理一世的邀请前往伦敦，成为一名宫廷画家。1633 年，他在伦敦被封为骑士。他经常美化画笔下的人物，拉长他们的面部五官，并通过从下往上的视角使他们显得更高。就书中的这幅画而言，范戴克让查理站在一个特殊的位置，比身后的马夫高出一整个头，他的银色上衣将他反射得闪闪发光。他的骑士帽得意地翘起，其角度与他头顶的树木和马的脖子形成呼应，似乎在向他鞠躬致敬。事实上，他展现

图 9.28

的是骑士的形象。就像画中的国王一样，骑士们的穿着风格十分独特——飘逸的长发，精致的衣服和硕大的帽子，有时还带有羽毛。

西班牙的迭戈·委拉斯开兹

当英格兰正在经受着宗教分裂带来的战争时，西班牙仍然是虔诚的天主教国家。财富从美洲帝国不断流入西班牙，但是到了 1600 年，西班牙已经进入一个衰退期。在此期间，不断恶化的经济和社会条件威胁了其国王的绝对主义权威。通货膨胀严重，人口从农村转移到城市，人口的流失和随之而来的税收损失导致了西班牙宫廷的破产。更糟的是，神圣罗马帝国皇帝查理四世的曾孙腓力四世（1621年至 1665 年在位）发动了一系列灾难性的军事行动，代价高昂。1659 年，西班牙屈辱地与法国恢复了和平，战争结束。然而，就在西班牙的皇室似乎要崩溃的时候，艺术却受到了一个纵情享乐的宫廷赞助，并蓬勃发展起来。17 世纪，西班牙艺术和文学作品大量涌现，这个时代通常被称为"西班牙黄金时代"。

西班牙统治者明白，为了维护其绝对权威，宫廷需要通过赞助艺术创作来给人民留下好的印象。因此，腓力四世 16 岁即位时，他的首席顾问建议他聘请当时最优秀的画家，让他的宫廷成为欧洲大陆上最好的宫廷，国王同意了这个建议。17 世纪 30 年代，腓力四世雇用鲁本斯在他狩猎小屋的墙壁上绘制了 112 个神话故事。然而，1623 年春，当 24 岁的迭戈·罗德里格斯·德席尔瓦－委拉斯开兹（1599 年至 1660 年）被传召为国王画像时，国王和他的顾问都意识到，17 世纪欧洲最伟大的画家之一实际上来自国内。很快，委拉斯开兹被任命为宫廷画家，成为唯一一位被允许为国王画像的艺术家。

1628 年，当鲁本斯访问西班牙宫廷时，马德里的艺术家中只有委拉斯开兹一人获准与这位大师一起参观。委拉斯开兹带领鲁本斯了解了皇家收藏，其中包括博斯的《人间乐园》，尤其是提香的《劫掠欧罗巴》（图 9.6），这幅画是专为腓力二世而作的。鲁本斯将两幅画都临摹了下来。他还说服委拉斯开兹于 1629 年至 1630 年来到意大利。鲁本斯就是在威尼斯研究了提香的作品。委拉斯开兹不喜欢位于佛罗伦萨和罗马的拉斐尔作品，他觉得拉斐尔的线条风格生硬，缺乏表现力。

作为腓力四世的画家，委拉斯开兹的主要任务是绘制宫廷肖像画，并监督各皇家宫殿和静修所房间的装饰，其中大多数是个人肖像，但《宫娥》是真人大小的群像画，也是他受到国王委托创作的最后一幅优秀作品（图 9.29），这幅肖像画的复杂程度在漫漫艺术史中几乎无与伦比，这种复杂性的根源是其构图中相互竞争的焦点。在这幅画的中心，国王腓力四世和王后玛丽亚纳的爱女马佳莉塔沐浴在阳光中，从某种意义上说，这幅画是马佳莉塔的肖像画，她似乎成为主要的焦点。然而，这幅画的名字《宫娥》说明公主的侍从才是这幅画真正的主题。委拉斯

图 9.29

开兹把自己画进了作品中，所以这幅画至少在一定程度上也是画家的一幅自画像。艺术家在凝视着什么，马佳莉塔和她身边矮小的侍女也在凝视着什么，画面后方站在门口并转过身来的侍臣也许依然在凝视着什么，这些人的视线都集中于画面之外的一点，集中于绘画的前方，也是观众所站的位置。房间后面的镜子映照着腓力四世和玛丽亚纳，说明国王和王后也占据了这一位置，突出了他们作为委拉斯开兹赞助者的地位。这件作品至今依然给艺术家们以启发。

回顾

9.1 解释矫饰主义，说明反宗教改革如何催生这种风格。

为了应对教会改革，罗马天主教会开始主动进行自我改革，最终导致教皇保罗三世于 1545 年召集特伦特大公会议。会议通过了哪些指导原则？这些原则对艺术和音乐产生了怎样的影响？米开朗琪罗的晚期作品为何预示着矫饰主义的诞生？许多人认为米开朗琪罗《最后的审判》一画中的裸体元素不适合宗教绘画，但是在非宗教场合，这种不够得体的表现方式是可以接受的。你会怎样形容这种不够得体的矫饰主义艺术风格？在委罗内塞和埃尔·格列柯的艺术作品中，矫饰主义风格体现出的创造性试图迎合反宗教改革运动中更为传统的目标，以及罗马天主教会在意大利和西班牙的宗教裁判所下达的指示，这些宗教裁判所旨在根除异端。什么是宗教裁判所？许多人认为《堂吉诃德》是西方国家第一部伟大的小说，小说中，作家米格尔·德·塞万提斯通过塑造一个想象力与现实脱节的流浪汉形象，捕捉到了这个时代的复杂性。你会如何定义流浪汉文学？

9.2 描述巴洛克时期的艺术、音乐和文学如何体现巴洛克风格。

为了对新教改革做出回应，罗马天主教会倡导一种新的巴洛克艺术风格，这种风格能够触及人们的情感，而不仅仅是理智。贝尔尼尼为罗马圣彼得大教堂前广场建造了宏伟的新柱廊，反映了教堂本身的宏伟，创造了教堂拥抱着人群的戏剧性效果。他为科尔纳罗礼拜堂设计的雕塑项目是怎样体现巴洛克风格的？他为《圣经》英雄大卫创作的雕塑作品如何体现了巴洛克风格的元素？巴洛克风格的宗教艺术如何通过动态、激情和情色元素实现反宗教改革的目标？感官在依纳爵·罗耀拉的神学著作中扮演了什么角色？安德烈埃·波佐为圣依纳爵堂绘制的天花板壁画怎样体现这一点？

卡拉瓦乔熟练利用明暗对比，为绘画带来了令人惊叹的戏剧元素和能量，创造了一种新的巴洛克风格。阿尔泰米西娅·真蒂莱斯基继承了这种现实主义元素和戏剧性元素。她的自传如何解释了她的作品？卡拉瓦乔的作品、圣女大德兰的神秘主义著作、英国人约翰·多恩的诗歌，三者之间有什么共同之处？

如果说罗马是巴洛克艺术和建筑的中心，那么威尼斯就是巴洛克音乐的中心。乔万尼·加布里埃利的坎佐纳、蒙特威尔第的歌剧和维瓦尔第的协奏曲体现了哪些巴洛克元素？

9.3 讨论北方发展起来的世俗巴洛克风格。

静物画、风景画和风俗画尤其受欢迎。然而，最受欢迎的还是肖像画，包括大型群像画，如伦勃朗的肖像画。肖像画在荷兰社会为何如此受欢迎？伦勃朗的作品十分生动，富有戏剧性。他对光影的掌握对他的绘画有何积极影响？巴洛克音乐有哪些特点？你能对比一下巴洛克音乐和巴洛克绘画的异同吗？约翰·塞巴斯蒂安·巴赫的众赞歌对路德会众赞歌的简单旋律做了哪些改变？

9.4 解释绝对主义，讨论其对艺术的影响。

法国国王路易十四的宫廷和政府都位于凡尔赛，这座宏伟的宫殿位于巴黎郊外，由夏尔·勒·布朗设计。安德烈·诺特一种几何感极强的风格布置了宫廷的花园，被称为"法式花园"。凡尔赛如何体现了路易十四的绝对权威？他为何自称"太阳之王"？宫廷中，两种艺术风格相互竞争，一种是彼得·保罗·鲁本斯的作品风格，另一方面是尼古拉斯·普桑的作品风格。鲁本斯绘画的构图有哪些特征？它们与普桑的绘画有何不同？

　　路易喜爱宫廷中的浮华元素和各种庆典，这体现在他对舞蹈和音乐的痴迷上，尤其喜爱让－巴普蒂斯特·吕利创作的娱乐节目。吕利创造了一种新的歌剧体裁——音乐悲剧。吕利的歌剧有什么特点？路易还大力提倡舞蹈，其中最重要的舞蹈形式是小步舞曲。

　　英国宫廷最伟大的艺术家是安东尼·范戴克，他曾在鲁本斯的画室担任首席助手，最擅长肖像画。西班牙的腓力四世通过雇用当代最伟大的一些画家，试图让他的宫廷成为欧洲大陆上最好的宫廷，其中包括鲁本斯。年轻的宫廷画家迭戈·委拉斯开兹已经深受卡拉瓦乔的影响，在鲁本斯工作时拜访了他。委拉斯开兹最伟大的作品是《宫娥》。这幅画有哪些伟大的特征？

延续和变化：过度与克制

　　巴洛克时代的一个基本特征是对理性力量的终极信任。数学、天文学、地质学、物理学、化学、生物学和医学的重大突破主宰了历史上的这个时代，这些经验主义的产物构成了一场所谓的科学革命，使西方人对自己在宇宙中的存在有了不同的理解。

　　卡拉瓦乔、鲁本斯和伦勃朗等画家的作品情感丰富，戏剧性强、充满肉欲、令人惊叹，这些作品竟然与科学革命同处一个时代，这似乎有点奇怪，仿佛类似普桑的画家更能体现那个时代的科学精神，而不是鲁本斯。然而，伦勃朗的《尼古拉斯·杜尔博士的解剖学课》显然融入了科学元素，而鲁本斯画笔下潇洒流畅的线条来源于一种坚定的信仰，即秩序和完整是经验的基础。从现实角度来看，卡拉瓦乔、真蒂莱斯基、鲁本斯、伦勃朗、委拉斯开兹和塞万提斯最能体现的特点是，他们能够拨开经验的表面，寻找激励着我们所有人的真理，他们的作品宣告了现代心理学的诞生。

　　话说回来，巴洛克时代确实体现了理智与情感、秩序与过度之间的某种对立，普桑派和鲁本斯派的艺术竞争充分体现了这一点。一幅描绘 1671 年路易十四参观科学院的画也明显地体现了这种对立关系（图 9.30）。1662 年，英国国王查理二世成立了英国皇家学会，随后的 1666 年，路易建立了法国科学院。路易周围摆放着各种天文机械、科学仪器、图表、地图、骨骼和植物标本。窗外，古典法式花园整齐的几何结构是主要的景观。但路易似乎与周围环境格格不入，他身上到处都是荷叶边、花边、丝带和蝴蝶结，体现出炫耀过度的形象。他为画面带来的对立元素将成为下个世纪的一个决定性特征。在下一章中，我们将讨论 18 世纪中定义启蒙运动价值观的理性需求与过度的限制以及后来被称为"洛可可"的一种贵族风格之间的对立关系，这两者都是之前巴洛克时代的产物。

图 9.30

图 10.1

CHAPTER 10

第 ⑩ 章

启蒙运动与洛可可艺术

理性的诉求与特权的过度

学习目标 >>>

◎讨论理性主义思想对英国启蒙运动的兴起有何作用以及启蒙运动带来的文学形式。

◎解释法国哲学家与启蒙运动和洛可可艺术有何关系。

◎描述欧洲人与南太平洋和中国人民之间跨文化交流的结果。

来自威尼斯的城市景观绘画大师加纳莱托（吉奥瓦尼·安东尼奥·卡纳尔；1697 年至 1768 年）用画笔记录下了 1747 年优雅、精致的伦敦城（图 10.1）。能与这座城市相媲美的，只有 18 世纪欧洲的精神生活中心巴黎。画中没有丝毫迹象说明这座城市在 80 年前就被大火烧毁了。1666 年 9 月 2 日凌晨，布丁巷中一个面包师的烤箱发生了爆炸，一股强劲的东风加速了大火的蔓延，到了早晨，大约有 300 所房屋被烧毁。塞缪尔·皮普斯（1633 年至 1703 年）在他的私人日记中记录下了他在那灾难般一天中的所见所闻：

"我骑马到了河边……看到一场严重大火……每个人都在尽力搬走他们的货物，跳进河里，把货物搬到停放在附近的驳船中；穷人们待在自己的房子里，直到大火蔓延过来，然后跑进船里，或者从水边的一对楼梯爬到另一对楼梯上……

我匆忙赶去圣保罗大教堂。我尽力沿着惠特灵大道前行，每个人身上装满了从火中抢救出来的货物，到处都是躺在担架上被抬走的病人，人们的手推车里和背上都是珍贵的物件。最后，我在坎农街遇见了伦敦市长，他精疲力竭，脖子上戴着围巾……'主啊，我该怎么办呢？'他喊道：'我已经耗尽了精力，但人们不听我的。'我一直在努力救火，可这大火远比我们强大……所以……我……走了回家；人们都心烦意乱，却没办法扑灭大火。泰晤士大街附近的房屋十分密集，到处都是可以燃烧的东西，像沥青和焦油；还有储藏石油、葡萄酒、白兰地和其他东西的仓库。"

——摘自塞缪尔·皮普斯的《日记》（1666 年 9 月 2 日）

这些仓库里的货物加重了火势。在接下来的两天里，大火几乎吞没了整个伦敦城，也蔓延到更远的地方，几乎没有放过任何东西。大约 10 万伦敦人无家可归。87 座教堂被烧毁。企业都破产了，尤其是那些位于泰晤士河北岸繁忙码头沿线的企业。出现这样的惨状，再加上前一年造成约 7 万伦敦人死亡的大瘟疫，那个时代伟大的编年史家约翰·伊夫林，以轻描淡写的伦敦典型风格，总结了当时的情况："这里曾经是伦敦，但如今已不复存在了。"

那次的破坏既是一种诅咒，但也让这座城市因祸得福。重建伦敦的任务虽然十分艰巨，但大火使得伦敦能够将其中心打造得更加现代化，这是世界上任何其他城市都无法做到的。到 1670 年，被大火烧毁的私人房屋几乎都已得到重建，商业再次兴旺起来。在下一个世纪里，这座城市的繁荣程度将不亚于世界上任何一座城市。正如一位作家所说，"伦敦是一个中心，几乎所有社会上层和中层人士都相继被吸引到这里。英国应该为伦敦感到骄傲。"

这一章考察了伦敦和巴黎的发展情况。这两座城市后来都成为启蒙时代的文学中心。在整个欧洲大陆上，知识分子开始提倡将理性思维作为实现伦理、美学和知识综合体系的手段。理性主义的方法在很大程度上要归功于科学家艾萨克·牛顿，他在 1687 年概述了支配着宇宙运作的原理。人们认为，人类社会的运作，比如制成品的生产和消费、家庭和城镇的社会组织、国家政府的职能，甚至艺术都受到类似的普遍规律支配。

当时最有影响力的巴黎思想家是 18 世纪的启蒙运动哲学家。他们主宰了法国启蒙运动时期的精神生活。他们不是严格意义上的哲学家，因为他们不专注于形而上学的问题，而是将注意力转向世俗和社会问题。他们大多都与教会关系疏远，蔑视教会的等级制度和仪式。他们也主张废除君主制，认为君主制是排外、非正义和腐朽的。启蒙运动哲学家们渴望建立一个拥有更高道德和伦理素质的新型社会秩序，而法国宫廷侍臣却偏爱过度的装饰和色情。哲学家们对此深恶痛绝，双方的对立关系也决定了 18 世纪法国社会的面貌。贵族阶级那时只喜爱更加精致的装饰，我们称之为"洛可可风格"（Rococo），哲学家们则完全不接受任何装饰，更喜欢古典传统中的秩序、规律和平衡。

启蒙运动时期，来自英国和法国的知识分子认为他们照亮了通往一个进步新时代的道路，这个时代将把非理性元素、迷信和暴政从西方文化中永远剔除出去，这些特征定义了之前的西方文化，尤其是在文艺复兴之前。他们同时也认识到社会有很大的缺陷，并对此进行了讽刺，集中攻击了一个贵族，他对精致装饰的痴迷和轻浮的享乐追求不仅腐朽，而且堕落。与此同时，出版业不断扩张，公众读写能力普遍提高，这些改变为启蒙运动的作家带来了机会，能够指导读者展现出道德的行为，但这些作家也经常对罪恶进行详细的描述。

英国启蒙运动

理性主义思想如何影响英国启蒙运动以及相应产生的文学形式？

大火过后，建筑师克里斯托弗·雷恩（1632 年至 1723 年）提出了一个宏大的二次设计方案，用宽阔的林荫大道和气派的广场取代旧城城市。

城市还是在某些方面有了发展：建筑工程禁止全部使用木质结构，需要加入砖制和石制结构；城市拥有了新的下水道系统；街道宽度必须至少达 4.2 米宽。在大火发生一年后，诗人约翰·德莱顿（1631 年至 1700 年）创作了一首纪念这场灾难和其重建工程的诗歌《奇迹年》。在这首诗中，诗人把伦敦比作神话中的凤凰，从灰烬中升起、重生。"对所有年岁和时代来说都是一个奇迹……一只灰烬中的凤凰。"这座城市的重建工作速度之快，深深地震撼了德莱顿，使他对伦敦的未来充满信心。在查理二世的统治下，这座城市将变得比以前更加伟大。

对德莱顿来说，这场大火与其说是一场灾难，不如说是上帝的恩赐。查理二世一定也这么认为，为了表彰德莱顿的诗，国王于 1668 年册封他为英国的桂冠诗人。

大火之后，虽然克里斯托弗·雷恩重新设计整个伦敦市中心的计划不太现实，但他负责重建了 52 座被大火烧毁的教堂，其中最突出的是圣保罗大教堂（图10.2）。这座建筑有序地综合了 150 年来的主要建筑风格，十分复杂。在设计这座教堂时，雷恩借鉴了古典、哥特式、文艺复兴和巴洛克多种艺术风格。教堂的正立面十分宏伟，被分为两层，由一双对称的钟楼和一个巨大的穹顶组成；其平面设计采用哥特式风格，呈现出细长的十字形；

图 10.2

穹顶是文艺复兴时期的建筑元素，旨在呼应布拉曼特的坦比哀多，同时保留了米开朗琪罗穹顶给圣彼得大教堂带来的崇高感。立面有两层成对的科林斯式圆柱，让人想起巴黎的法国巴洛克风格的罗浮宫。这两座塔的灵感来自罗马的一座巴洛克风格教堂。雷恩设法把所有元素融合在了一起，形成了一个和谐的整体。

根据雷恩的儿子所述，1675 年，他父亲在老教堂的废墟上安放第一块石头时，"一个令人难忘的征兆"出现了：

当检验官亲自（指雷恩本人，作为国王的工程检验官）在这块地方规划出巨大穹顶的尺寸并定出中心时；一个普通的工人正按要求从垃圾堆里拿出一块扁平石头……来为泥瓦匠标示位置和方向；这块石头恰好是一块墓碑，上面的碑文只剩下一个大写的单词 Resurgam（拉丁语中"重生"的意思）。

时至今日，教堂的南耳堂上依然还留着"Resurgam"这个单词，下面有一只从灰烬中升起的凤凰。

加纳莱托《从里士满大厦看泰晤士河和伦敦城》（图 10.1）一画中体现了雷恩设计的力量。这座大教堂的确高于城市的其他部分，因为在重建城市的过程中，私人住宅不得高于四层楼。耸立在屋顶线之上的几乎都是由雷恩建造的其他教堂塔楼，仿佛在向巨大的中央建筑致敬。

新理性主义与科学革命

17 世纪末，理性经验思维主导了西方世界的想象力，这在一定程度上导致了新伦敦城的诞生。新发明的仪器使科学家能够更准确地观察和测量自然现象，然而更重要的是，科学和哲学研究的新方法为科学家提供了利用这些仪器的理论手段。从这些新的论证方式来看，Scientia，即拉丁语中"知识"存在于世界中，而不是在宗教信仰中。

弗兰西斯·培根与实证研究

通过对自然现象直接、细致的观察，可以从具体的事例中得出一般性结论，这一命题是指导新科学的最基本原则之一，被称为"归纳推理"，科学家们相信，通过这一过程，他们可以预测整个自然界的运行情况。归纳推理与科学实验相结合产生了一种我们称之为"实证研究"的探究方式。17 世纪实证研究的主要倡导者是英国科学家弗兰西斯·培根（1561 年至1626 年），他于 1620 年出版的《新科学》热切地呼吁人们使用这种方法。他在书中写道："我们只剩下一种表达方式，那就是，我们必须引导人们亲身了解细节，以及它们的系列和顺序；而站在他们身边的人必须强迫自己暂时放下个人观念，开始熟悉事实。"培根认为，人类理解的最大障碍是迷信，以及盲目、过度的宗教热情。对培根来说，亚里士多德就是一个完美的例子。虽然他承认亚里士多德对自然现象的研究很有价值，但他觉得亚里士多德的观点是错误的：亚里士多德认为，通过我们的感官（事物的外观）获得的体验会自动为我们的头脑呈现事物的本质。的确，培根认为对感官的依赖常常导致根本性的错误。

　　每个时代的人们都会盲目崇拜错误的教条，而培根认为，我们只有抛弃这些观念带来的错误推论，才能对世界有正确的认识。他总结了四大类错误观念，他称之为"假象"。培根的《新科学》一书中有对四种假象的全面解释。第一个是种族假象，这是所有人性的共同谬误，源于我们对自己感官的错误相信。其次，洞穴假象来源于我们各自的教育、培养和环境，比如一个人的宗教信仰或因自己种族或性别而产生的优越感／自卑感。第三种是市场假象，是由于沟通失败而产生的错误，语言中包含了隐藏的假设，从而导致困惑。例如，当代使用"他"或"他们"来指代一般人（直到20世纪），这反映出一种性别等级已经得到确定的世界观。最后还有剧场假象，由哲学的错误教条构成，不仅包括先辈的教条，还包括那些"尚待形成"的教条。实证研究旨在通过客观的知识来摧毁这四个假象。培根认为，"人是自然的仆人和解释者，只有通过对自然本质的真实观察和相关的思考来理解世界，而不是依赖于四个假象产生先入为主的观念和观点；除此之外，他什么也不知道，什么也做不了。"

　　培根坚持对自然现象进行科学的观察。17世纪40年代中期，英国出现了一个群体，定期开会讨论培根的新哲学。1660年11月28日，格雷沙姆学院天文学教授克里斯托弗·雷恩发表演讲，他们正式成立了一所"促进物理及数学实证学习的学院"，该学院每周举行一次会议，进行实验并讨论科学话题。几年后，这个组织改称为"伦敦皇家自然知识促进协会"，这个组织一直延续到今天，被称为"皇家学会"。该组织是国际科学领域的领军力量之一，致力于发现科学界的卓越成就，并为尖端科学研究及其应用提供支持。

勒内·笛卡尔与演绎法

　　培根的作品在荷兰广为流传，深受欢迎。正如17世纪荷兰画家康斯坦丁·惠更斯（1596年至1687年）在他的《自传》中所说，培根"对先辈们无用的思想、定理和公理提出了最优秀的批评。"出生于法国的勒内·笛卡尔（1596年至1650年）的著作与培根的影响力相当。从1628年到1649年，笛卡尔在荷兰生活了 20 多年，辗转于 13 个不同的城市（包括阿姆斯特丹）和 24 座住宅，并在荷兰发表了《谈谈正确引导理性在各门科学上寻找真理的方法》（1637 年）。与培根的归纳推理相反，笛卡尔运用了相反的"演绎推理"来得出结论，先明确已经成立的一般原则，然后确立具体的真理。

像培根一样，笛卡尔几乎不信任任何东西，他相信我们的思想和我们用于观察的感官都能够欺骗我们，而且确实欺骗了我们。在他的《第一哲学沉思集》中，笛卡尔将自己的方法与建筑师的方法进行了类比。

他表示自己想要"获得确定的结果——拨开松散的泥土和沙子，看见坚实的岩石和黏土。"为了达到这一目标，他必须无理由相信的第一个命题是——他在思考。这个前提使他得出了一个必然的结论，即他必须实际存在，才能成为一个有思考能力的个体，对自己的存在产生思考。他在《谈谈方法》中用拉丁语"Cogito, ergo sum"即"我思故我在"表达了这一观点。

笛卡尔思想的核心在于心灵与物质之间的绝对区别，也就是形而上学灵魂与肉体之间的绝对区别，这是一种被称为"笛卡尔二元论"的对立体系。这种方法使得笛卡尔从他《谈谈方法》中的"第一原则"入手证明上帝的存在。笛卡尔在 1641 年的《第一哲学沉思集》对这一论点做出了最正式的解释。他的简要逻辑如下：（1）我认为，我的观念里存在上帝的形象（也就是说，这个观念存在于我体内，我可以意识到它是我理解的对象）；（2）上帝的形象是一个真正无限、完美的存在；（3）这种形象只能从真正无限、完美的存在中产生（"它是由一种本质赋予我的，这种本质比我的本质更加完美，它拥有所有的完美，我可以凭借它形成任何思想"）；（4）因此，的确存在一个无限完美的存在，我们称之为"上帝"。这种思维方式使笛卡尔成为最重要的自然神论（deism，来自拉丁语的"deus"，即上帝），这种信仰认为信仰上帝的基础是理性和逻辑，而不是启示或传统。笛卡尔认为上帝对干涉人类事务并不感兴趣，也没有被特别赋予人的品格。用笛卡尔的话说，上帝是"自然界的数学秩序"。笛卡尔本人是一位具有相当创造力的数学家，他创立了解析几何，沟通了代数和几何学，对微积分的发明至关重要。笛卡尔发表《谈谈方法》的同一年还发表了一篇题为《光学》的论文，文中，他利用几何学知识计算了彩虹的角半径（42 度）。

约翰内斯·开普勒、伽利略·伽利雷和望远镜

笛卡尔的《光学》是建立在德国数学家约翰内斯·开普勒（1571年至1630年）在光学领域的早期发现之上的。开普勒详细记录了行星的运动，证实了文艺复兴时期数学家和天文学家尼古拉斯·哥白尼（1473年至1543年）的早期理论，哥白尼在1543年首次提出行星绕太阳而不是绕地球运行。拥有悠久历史的地心说最终被日心说所取代。开普勒还对"行星轨道呈球形"这一传统观点提出了质疑。他指出，已知的五颗行星围绕太阳运行的轨道是椭圆的，这是由太阳的磁力和行星与太阳的相对距离决定的。

与此同时，在意大利，开普勒的朋友伽利略·伽利雷（1564年至1642年）改进了望远镜（由荷兰眼镜制造师汉斯·李普希发明）的设计和放大倍率。利用经过改进的望远镜，伽利略观察、描述了月球的陨石坑、金星的相位、太阳黑子以及木星的卫星。伽利略还提出，光从一个地方传播到另一个地方需要一定的时间，以粒子或波的形式和可测量的均匀速度传播。他还提出，所有物体，不论其形状、大小或密度，都以相同的加速度（即自由落体定律或重力定律）下落。受伽利略发现的启发，开普勒写了一篇关于透镜光学特性的研究报告，文中详细介绍的望远镜成为天文学研究中的标准设计。

开普勒和伽利略的工作没有得到普遍认可。教会官方依然宣称地球是宇宙的中心，太阳围绕着地球旋转。由于开普勒和伽利略的理论与圣经中的某些内容相矛盾，新教教会同样持怀疑态度。例如，在《旧约》中，约书亚使太阳静止不动，只有在太阳通常绕地球运行的前提下，这一情况才有可能发生："所以太阳在天上静止不动，一整天都没有落下。这史无前例，之后也没有发生过这样的情况"（《约书亚记》10：13-14）。此外，在许多人看来，新理论似乎把人类置于上帝计划的边缘。因此，1615年，罗马教皇保罗五世召见了伽利略，要求他为自己的观点申辩。伽利略没能说服教皇，被禁止出版、传授他的发现。后来，伽利略的老朋友乌尔巴诺八世当选教皇，伽利略对保罗的判决提出上诉。但乌尔巴诺八世变本加厉，要求伽利略公开承认自己的错误，并判处他终身监禁。在朋友的交涉下，乌尔巴诺八世决定从轻处罚，把伽利略流放到佛罗伦萨郊外的别墅。伽利

略是幸运的。1600 年，天文学家焦尔达诺·布鲁诺主张宇宙是无限的，没有中心，太空中也可能存在其他太阳系，结果被烧死在火刑柱上。

安东尼·范·列文虎克、罗伯特·胡克和显微镜

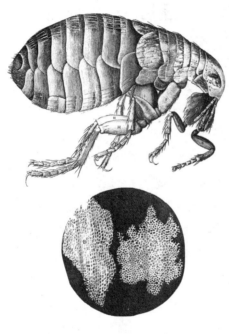

图 10.3

在 16 世纪的最后十年，两位荷兰眼镜制造师汉斯·李普希和札恰里亚斯·詹森发现，在一根管子里放置几个透镜，人们透过这根管子看附近的物体时，观察到的成像会被放大。这一发现导致了复式显微镜（一种使用多个透镜的显微镜）的诞生。早期的复式显微镜只能把物体放大 20 到 30 倍，而另一位荷兰透镜制造师安东尼·范·列文虎克（1632 年至 1723 年）能够研制出一种将物体放大 200 倍以上的透镜。显微镜实际上是一个简单的仪器，由两块板组成，中间有一个透镜，可通过调整板上螺丝的松紧来对焦。显微镜长 5 厘米，宽 2.5 厘米，拿在手上很轻巧方便。列文虎克的灵感来源于 1665 年英国皇家学会实验馆馆长罗伯特·胡克出版的《显微图谱》，书中收录了胡克用复式显微镜观察物体后画下的示意图：一只跳蚤"穿着一套光泽奇怪、连接整齐的貂皮盔甲套装"，还有一片薄薄的软木塞，他在里面观察到"一个蜂巢……上面都是小孔，或细胞"——实际上是细胞壁（图 10.3）。

列文虎克写信给伦敦皇家学会，向他们通报他的观察结果。在他 1673 年发出的第一封信中，列文虎克描述了蜜蜂的螫针。1678 年，他写了一篇

关于"小动物"（实际上是细菌和原生动物）的发现报告，学会要求胡克前往确认列文虎克的发现，胡克证实了列文虎克所述。在接下来的50年里，列文虎克给皇家学会定期发送信件，首次描述了精子细胞、血细胞和许多其他微生物，信件被刊登在学会的《自然科学会报》上，且经常被单独转载。1680年，列文虎克成为皇家学会的正式成员。

艾萨克·牛顿：物理学定律

1687年，艾萨克·牛顿（1642年至1727年）出版了他的《自然哲学的数学原理》，几乎向所有人证明了宇宙是一个可理解的系统，其运作和背后的指导原则井然有序。首先，牛顿通过一个精确的数学方程计算了万有引力定律，证明了每一个物体都会对其他物体产生或大或小的吸引力，因此太阳能够控制每一颗行星的运行，而行星对彼此和太阳的影响程度较小。地球影响月亮的运行，木星影响几个卫星的运行。这些星球形成一个

图 10.4

和谐的系统，像时钟或机器一样高效而精确地工作。牛顿认为宇宙是一个有序系统，这一观念直到19世纪末20世纪初才受到挑战，那时，阿尔伯特·爱因斯坦和其他人的新物理学将再次改变我们对宇宙的理解。

世纪之初的浪潮促成了英国皇家学会和法国科学院的成立，而牛顿的《自然哲学的数学原理》标志了这一浪潮的顶峰。整个18世纪中，牛顿和前辈们（尤其是开普勒和伽利略）的科学发现得到了广泛的普及，并在日常生活中得到应用，能够演示物理定律的实验成为一种流行的娱乐形式。英国画家约瑟夫·赖特（1734年至1797年）创作了一幅油画作品《气泵里的鸟实验》（图10.4），描绘了一位科学家在一个中产阶级家庭成员面前进行实验的情景：这位科学家身穿红色长袍，面前摆放着一个空气泵（这种仪器通常用来研究不同气体的性质）在这一实验中，空气泵用于抽取其上方灯泡中的氧气，使白鹦鹉处于真空状态。孩子们显然因为这只鸟即将死去感到不安，他们的父亲指着这只鸟，也许是为了说明我们的生存都需要氧气。

我们几乎可以肯定，赖特曾看到过苏格兰天文学家詹姆斯·弗格森做过这样的实验。詹姆斯是伦敦的一位科学仪器制造师，并在全国巡回讲学。然而，弗格森很少使用活的动物。他在1760年的课堂讲稿中这样解释道：

> 如果把一只鸡、一只猫、一只老鼠或一只鸟放在接口下面，然后抽干空气，那么，这只动物先是会受到很强的压迫，开始抽搐，最后以一种极度痛苦而残忍的方式死去。由于这种实验对任何拥有人性的观众来说都太难接受，我们用一种被叫作"肺玻璃"的机器代替了动物，机器中的膀胱展示了肺叶中的空气被排出时，这种器官是如何收缩成一小块物质的。

赖特描述了更残酷的实验，实验结果是不确定的。也许，如果这只鸟的肺部还没有萎陷，科学家还可以把它从死亡的边缘带回来。不管实验得到了怎样的结果，也不管实验体是死是活，赖特借鉴了巴洛克绘画的艺术手法（富有戏剧性、昏暗的光线和明暗对比）描绘了更恐怖的实验选择，以增强画面的情感张力，强调了科学对我们所有人的影响力量。

工业革命

赖特许多亲近的朋友都是月光社的成员。每当满月之时，社团成员会在伯明翰市内或周边举行会议。月光社的成员由著名的制造商、发明家和博物学家组成：马修·博尔顿（1728 年至 1809 年），他的索和工厂举世闻名，生产各种各样的金属物品，从纽扣、搭扣到银器；詹姆斯·瓦特（1736 年至 1819 年），他是蒸汽机的发明者，很快就要与博尔顿合作生产蒸汽机；伊拉斯谟斯·达尔文（1731 年至 1802 年），他在植物学和进化论领域卓有成就，在他的孙子查尔斯·达尔文提出进化论的一个世纪之前就打好了基础；威廉·默多克（1754 年至 1839 年）发明了气体照明；本杰明·富兰克林（1706 年至 1790 年）负责成员之间的通信工作；查尔斯·达尔文的外祖父乔赛亚·韦奇伍德（1730 年至 1795 年），他创立了威治伍德陶瓷工厂，实现了大规模生产。从 1765 年到 1815 年，该小组的讨论主题包括化学、医学、电力、气体以及任何可能证明对工业有益的话题，月光社的成员为我们今天所说的工业革命揭开了序幕。"工业革命"这个词最早出现于 19 世纪，用来描述生产和消费领域的根本变化，这些变化改变了世界。

新工厂的新机器创造了史无前例的消费品供应量，满足了从玩具、家具、厨房用具和瓷器到银器、手表和蜡烛等日用品日益增长的需求。纺织品的需求量特别大，在许多方面，纺织制造业的进步成为工业革命的推动力。18 世纪初的纺织品是由英国中部地区饲养的绵羊羊毛制成的。纺织制造业成为一种兴旺的家庭手工业，纺织工人依靠手摇织布机和纺车工作。1733 年，兰开夏郡的约翰·凯发明了飞梭，给这一行业带来了翻天覆地的变化。纺织工人可以利用这一工具推动梭子，使得制作纬纱用的纱线在工人够不到的地方能够穿过经纱，从而加宽布料，加快工作速度。一项又一项的发明接踵而至。1769 年，理查·阿克莱特为水利纺纱机申请了专利，这是一种用来为织布机提供动力的水轮，能够提高织布机的功率，使机器更快地运转。阿克莱特欺骗了水利纺纱机的真正发明者，将这项发明抢了过来。1771 年，他在德比郡德文特河边的一家棉纺厂中安装了水利纺纱机，这些最早的纺织厂需要水力来驱动机器，所以建在像德文特河这种水流很快的溪流边。但是在 18 世纪 80 年代以后，瓦特的蒸汽动力渐渐普及，城市中心很快兴起了许多纺织厂。18 世纪的最后 20 年，英国棉花产量增长了 800%，占全国棉花出口的 40%。

当时还发明了一种新的钢铁冶炼技术，产品质量史无前例，且成本效益高。18 世纪初，阿夫拉姆·达秘一世（1678 年至 1717 年）发现了用焦炭（由煤制成的碳基燃料）烧制铸铁的可行性，他的孙子阿夫拉姆·达秘三世（1750 年至 1791 年）继承并取得了该方法的专利权。为了证明自己制造的铸铁结构优越，他提议在塞文河上建造一座单拱铸铁桥，桥高足以容纳河上的驳船交通。科尔布鲁德尔的大桥（图 10.5）是由当地建筑师设计的，而桥梁21.3 米长的拱肋是由达秘的铁厂铸造的。这座桥跨度 30.48 米，拱高 12 米，完美证明了铁的结构有多强大。一个世纪后，新型货物被大量生产，运输需求激增，这种桥梁将通行铁路车辆。

图 10.5

绝对主义与自由主义：托马斯·霍布斯与约翰·洛克

　　内战和复兴之后，最紧迫的问题之一是如何最好地治理国家，其中一个最重要的观点存在于托马斯·霍布斯(1588年至1679年)1651年发表的《利维坦，或教会国家和市民国家的实质、形式、权力》（后文简称《利维坦》）中。霍布斯曾受到古典思想的熏陶，认为欧几里得几何学的推理依据可以扩展到政治和社会制度层面。1636年，霍布斯前往意大利，拜访了伽利略，他更加确信伽利略对太阳系（行星围绕位于中心的太阳运行）运动的描述可以扩展到人类关系（人们围绕其统治者行动）中。霍布斯认为，人们受到两种因素的驱使：对死亡的恐惧和对权力的渴望，政府的作用是抑制这两种本能，如果不加以控制，就会导致混乱的无政府状态。霍布斯创作《利维坦》时，英国刚刚经历了长达十年的内战，因此，作者的立场不足为奇。在霍布斯看来，大多数人都能够认识到自己本质上的堕落，因此乐于服从治理。他们接受"社会契约"，这意味着他们愿意放弃对自己的主权，并将其授予统治者。他们执行统治者的要求，作为回报，统治者负责维持和平。霍布斯相信，人类唯一的希望来源于对一个更高权威的服从，即"利维坦"，《圣经》中的海怪，是"统治所有骄傲之子"（《约伯记》41：34）的绝对领袖。

　　约翰·洛克（1632年至1704年）不同意霍布斯的观点。在他的《人类理解论》（1690年）一书中，洛克驳斥了霍布斯，认为人完全有能力自我管理。他声称，人类出生时，心灵是一张白板，我们的环境（我们的所学和学习的方式）会填满这张白板。

　　根据洛克的"白板"说，如果我们生活在一个合理的社会中，我们就会成长为合理的人。在1690年出版的《政府论》中，洛克更进一步，驳斥了国王的神圣权力，认为人类"本质上是自由、平等和独立的"，他们同意政府来保护自己，但他们服从的社会契约并不要求他们将自己的主权让给统治者。统治者只拥有有限的权力，必须由分权制衡的政府系统加以控制。最后，他们希望统治者保护他们的权利，如果统治者失败，他们有权反抗，以恢复他们生来就有的自由。这种自由主义为 18 世纪和 19 世纪主导了世界的政治革命奠定了基础。

约翰·弥尔顿的《失乐园》

绝对主义和自由主义之间的对立关系催生了约翰·弥尔顿（1608 年至 1674 年）的《失乐园》，这部作品可以被视为英国 17 世纪最伟大的诗歌。英联邦时期，弥尔顿曾在奥利弗·克伦威尔的政府任职。他曾研究古典文学的宏伟史诗，并决心创作自己的史诗，正如他在诗的开头所说，"证明神对世人的方式。"弥尔顿的诗歌共分为 12 卷，情节丰富、人物形象复杂，充满了神学推理和波浪式的无韵长诗句。这部史诗的主题是犹太基督教的故事，讲述了亚当、夏娃和他们的后代被永远逐出失乐园的故事。根据《圣经》的描绘，亚当、夏娃受到了撒旦的引诱，违抗上帝的命令，食用了知善恶树的果子。撒旦背叛了上帝，企图毁灭人类。

虽然《失乐园》偶尔带有强烈的反天主教色彩，但这首诗主要旨在理性地讨论自由和正义的可能性。从很多方面来看，上帝体现出拥有皇权的统治者形象，霍布斯在《利维坦》中维护这种形象。在弥尔顿诗歌的第五卷中，上帝派遣天使拉斐尔去警告亚当，告诉他路西法（撒旦）近在咫尺，并说明路西法为何与上帝为敌。拉斐尔叙述了上帝宣告给天使们的内容：上帝现在有了一个儿子，名为基督，所有人都应该听从于他，把他当作上帝，因为他继承了世袭的统治权力。

路西法，上帝身边的主要天使，知道上帝有了新宠之后并不开心。出于对权力的渴望，他召集了忠于他的天使，这种做法与洛克的原则相符。路西法开始讲话，就像上帝当时发表讲话的方式一样，引用了在场的人的头衔，他提醒他们："我们被任命为统治者，而不是服从者。"

路西法的说法是合理的。和洛克一样，他认为自己和其他天使是"天生自由、平等和独立的"。上帝和路西法之间的战争让人联想到英国内战：复杂的战争双方、大公会议以及对领导权的争夺。这场战争导致路西法从天堂被驱逐到地狱，在那里他获得了"撒旦"的称呼。虽然许多读者认为诗中的上帝象征着斯图亚特王朝，撒旦象征着克伦威尔，但如果要理解贯穿全诗的基本矛盾，就没有赋予这些形象象征意义的必要。上帝和撒旦之间的主要矛盾显然也是 17 世纪使英国内部产生分裂的原因：绝对统治和公民个人自由之间的紧张关系。

讽刺作品：启蒙智慧

并非每个英国人都认为 18 世纪英国的发展方向是好的。伦敦是一个充满活力的城市。加纳莱托的绘画（图 10.1）是城市生活的理想化呈现。18 世纪，富人和中产阶级基本上抛弃了城市，向西迁移到今天的梅费尔和马里波恩，甚至迁移到像伊斯灵顿和帕丁顿这样的边远村庄。18 世纪初，这些村庄周围都是草场和菜园，但那个世纪结束的时候，郊区日益扩大，吞并了村庄。

在伦敦市中心，从教区新来的大量移民挤满了被中产阶级抛下的房屋，这些房屋被细分为公寓。非常贫穷的人住在伦敦东区，这是一块半圆形区域，从西边的圣保罗大教堂延伸到东边的伦敦塔（由旧伦敦城墙围起来的区域）。东区分为圣吉尔斯、克勒肯韦尔、斯皮塔佛德、白教堂、贝思纳尔绿地和沃平等区域，街道狭窄崎岖，房屋陈旧，不断倒塌，酗酒、卖淫、扒窃、殴打和抢劫都是家常便饭。东区外沿是一片砾石坑、垃圾堆、灰烬和马粪，养猪人和奶牛场工人在那里劳作。

乔治一世（1714 年至 1727 年在位）即位时，英国的政治生活已经稳定了下来，特别是在他把政府的统治权基本移交给罗伯特·沃波尔（1676年至 1745 年）之后。罗伯特·沃波尔被很多人视为英国的第一任首相，在1721 年至 1742 年间主导着英国的政治舞台。然而，真正善于思考、富有见识的人能够看到英国社会表面之下的社会骚动和道德崩溃。像乔纳森·斯威夫特（1667 年至 1745 在位），威廉·霍加斯（1697 年至 1764 在位）和亚历山大·蒲柏（1688 年至 1744 在位）这样持不同政见的作家和艺术家相信，通过探寻并揭露启蒙运动的"阴暗面"，用讽刺作品表达讽刺和不带感情色彩的幽默，使英国回到正确的道路上来。

乔纳森·斯威夫特的讽刺作品

乔纳森·斯威夫特也许是英国启蒙运动时期最尖刻的讽刺作家，他给自己同为讽刺作家的朋友亚历山大·蒲柏写了一封信，信中他坦言自己憎恨人类仅仅为了自己的私利滥用理智。斯威夫特在 18 世纪前十年的讽刺作品创作生涯中取得了一定的成功。1713 年，他被任命为都柏林圣巴特里爵主教座堂的院长。在这座教堂中，他写下了自己最著名的作品《格列佛游记》（出版于 1726 年），同时也创作了有些癫狂的短篇小说《一个小小的建议》（出版于 1729 年）。斯威夫特在爱尔兰看到了国内可怕的贫困，便建议那些无力养活自己孩子的爱尔兰家庭宰杀这些孩子，并把他们卖给英国人吃。

作者旨在以象征手法呈现这些爱尔兰家庭及其子女的真实遭遇。事实上，许多爱尔兰人在英国人拥有的农场工作，英国人向他们收取高昂的租金，而他们常常无力支付，因此生活在饥饿的边缘。作为圣巴特里爵主教座堂的院长，斯威夫特每天都能目睹他们的困难。他认为，英国实际上正在吞噬爱尔兰年轻人，可能不是字面上的吞噬，但至少是象征性的吞噬，采用极有压迫性的经济政策，从爱尔兰人身上不断吸血。

在《格列佛游记》中，斯威夫特的讽刺不那么直接。至少从马可·波罗时代起，出现了越来越多的文学作品，描述旅行者在遥远土地上的冒险经历。在美洲探索之后，这种文学题材变得相当普遍，欧洲人对此十分熟悉。斯威夫特的小说讲述了主人公莱缪尔·格列佛在小人国、大人国和其他奇妙生物居住土地上的冒险经历。斯威夫特想象出这些人和生物是为了评价真实的人类行为。

《格列佛游记》一经出版，马上火爆起来。在不到一周的时间里，第一版就已经被全部售空。斯威夫特的朋友亚历山大·蒲柏也对这本书给予了高度评价。

霍加斯与流行版画

到 1743 年，成千上万的伦敦人沉迷于杜松子酒，这是能让他们忘掉贫困的唯一途径。1751 年，就在加纳莱托画下了他眼中伦敦的四年之后，威廉·霍加斯创作了版画《杜松子酒巷》，描绘了杜松子酒商店的情景（图

10.6）。在画面的前方，一个男人醉得不省人事，躺在地上，仿佛一具奄奄一息的骷髅，他半身赤裸，大概已经把剩下的衣服典当掉了。一个女人在楼梯上吸着鼻烟，她的孩子从她旁边的栏杆上摔了下来。她身后的当铺生意兴隆。当铺内，一个木匠正在卖他维持生计的工具，一个女人在等着卖她用来烹饪的厨房用具。

图 10.6

在画面背景中，一个年轻的女人躺在棺材中，在她身旁，她的孩子正在哭泣。一幢大楼即将倒塌。一个男人头上顶着风箱，拐杖上串着一个孩子，在街上游荡——这个细节具有象征意义。画面右边那栋楼的顶层，一个人上吊自杀了。左下角，唯一完好无损的建筑之——杜松子酒皇宫的大门上方写着："一分钱喝个饱；二分钱喝个倒；穷小子来喝酒，一分钱也不要……"

在《杜松子酒巷》一画中，霍加斯没有集中描绘英国启蒙运动带来的希望，而是把注意力转向伦敦最糟糕的现实。他通过不拘小节的机智和异于常人的幽默，表达了对社会的深刻讽刺。他相信，通过刻画"现代道德主体"的形象，不仅能够为广大观众提供消遣，还能够影响他们的行为。霍加斯通常先绘制这些形象，但他也认识到，一幅画的受众有限，于是制作了版画版本，以便更广泛地发行。他认识到，他的作品能够吸引大批普通群众，通过发行版画形式的作品来娱乐他们，他可以过上小康生活。

亚历山大·蒲柏的古典智慧

英国诗人亚历山大·蒲柏赞同斯威夫特对英国贵族的评价。1715年到1727年的12年中，蒲柏花了大量时间翻译荷马的《伊利亚特》和《奥德赛》，并出版了莎士比亚作品集。这些作品大受欢迎，蒲柏也成了一个富翁。但是在1727年，他改变了自己文学生涯的方向，正如他所描绘的那样，他"屈从于真理，使他的歌曲更加道德"，简而言之，他转向了讽刺作品的创作。他的第一部作品是1728年出版的讽刺史诗《愚人志》。这首诗的开头对国王乔治二世（1727年至1760年在位）进行了直接批评。那时，乔治二世刚刚继承父亲乔治一世的王位。对蒲柏来说，这表明愚人女神统治着英格兰，"愚人二世像愚人一世那样实行他的统治"。蒲柏笔下的愚人类似于《格列佛游记》第四卷中斯威夫特讽刺的贵族："迟钝、无知、反复无常、好色、盲目骄傲"，也象征着那些蒲柏眼中支持沃尔波尔和国王政策的作家。

蒲柏反对他眼中堕落的英国宫廷，主张诚实、慈善、无私，以及经典的秩序、和谐和平衡。他在1732年至1734年间发表的《论人的一篇短文》中阐述了这一价值观。蒲柏旨在将这首诗作为他完整伦理体系的基石，但这一体系最终并未建立。他想要表明，宇宙并不完美，且十分复杂、邪恶猖獗，可是这个系统依然按照自然法则理性地运作。在我们看来，这个世界并不完美，只是因为我们微弱的道德力量和有限的智力水平限制了我们对这个世界的感知。

归根结底，蒲柏认为，人们必须奋力向善，虽然人类的脆弱性终将导致失败，但成功的可能性也很大。蒲柏通过采用英雄双行体——遵循抑扬格五音步的两行诗歌（莎士比亚同样使用这种格律，由五个短–长单位组成）——表达了这一观点，反映了古典艺术和思想的平衡与和谐。

读写能力与新印刷文化

17世纪以来，英国人的识字率急剧上升，到1750年，至少60%的成年男子和40%至50%的成年妇女能够阅读。识字率与阶级有关，商人阶级比工人读书更多，而在工人阶层中，城市居民的识字率高于农村地区。尽管如此，那些能够识字的穷人常常被排除在文学市场之外。18世纪中期，几乎没有人有足够的可支配收入去买一本弥尔顿的书，即使是价格低廉的版本——售价约为2先令。（剑桥大学一个学生一周的伙食费只有5先令。）到了18世纪40年代，英国的城镇和城市都有流通图书馆，但穷人通常无法负担每年的订阅费。图书馆的出现显著丰富了中产阶级能够购买的期刊和书籍种类。由于大多数书籍和图书馆定价过高，拥有识字能力的穷人只能依赖于非正式的书籍和报纸交易网络。那时，共享阅读材料成为一种非常普遍的行为，一家出版商估计他们大受欢迎的报纸"每份拥有20个读者"。

英国小说的出现

塞万提斯的《堂吉诃德》著于英国小说出现一个世纪前，通常被视为西方文学中第一本小说。18世纪充斥着大量的小说创作的尝试，为今天的小说形式打下了基础。今天被称为"小说"的作品在18世纪很少被称为"小说"，这个词直到世纪末才流行起来。通常，这些文学作品被称为"历史故事""冒险故事""探险故事""神话故事"，读者来自各个社会阶层。小说自诩为当代生活的现实主义写照，这一特点吸引了越来越多的读者。小说几乎总是围绕着个人历练，使读者能够洞察小说人物性格的复杂性。小说还鼓励人们参与不断扩张的英国经济，共享繁荣的前景，从而带来进入上流社会的希望。工人、手艺人，尤其是追名逐利的年轻人纷纷前往伦敦，导致城市人口激增，工业革命也为富有创造力和想象力的人创造了一夜暴富的可能性。小说主张一套切实可行而非理想化的伦理和道德规范。最重要的是，小说能给人们带来享受，阅读小说能够让你脱离日常生活的苦差事，享受短暂休息。而且，比起喝杜松子酒，阅读小说确实是一种更健康的嗜好。

塞缪尔·理查森（1689年至1761年）带来了一种新颖的小说形式。他开始创作小说，是因为伦敦两家书商的委托。书商意识到"乡村读者"在写作方面可能需要一些帮助，于是聘请理查森写了一本"书信样稿"。理查森既是一名印刷工，也是历史故事的作者。在此之前，理查森从未写过小说，但是他只用了两个多月的时间就完成了《帕梅拉，又名美德受到了奖赏》一书的创作。这是第一本书信体小说，由一系列书信组成。这本书于1740年分两卷出版。

《帕梅拉》体现出的道德性受到了教堂传播福音者的赞扬，并被推荐给那些对小说这一文学形式持怀疑态度的父母。英国社会中的清教徒和更加保守的人也普遍欣赏这部文学作品，他们对女主人公的美德大加赞赏。帕梅拉提出了一个在女读者看来十分重要的问题："我为什么会是他的财产呢？"但这部小说自命不凡的道德观激怒了很多人。

丹尼尔·笛福（1660年至1731年）的《鲁滨孙漂流记》是英文世界里最早的优秀小说之一。这部作品的全称是《关于一名叫作鲁滨孙·克鲁索诞生于约克镇并且因为船难而独活在一个美洲海岸边接近奥里诺科河河口的小岛长达二十八年的水手的离奇又惊人的冒险故事，自己写的》。最后几个字至关重要，笛福声称这部小说实际上是一部自传，而标题的最后几个字证实了这一说法。

笛福的读者习惯于阅读流落孤岛之人的叙述，这种叙述构成了航海文学的一种形式。鲁滨孙·克鲁索并没有陷入普通流浪者的原始堕落和冷漠中，他超越了自己的处境，意识到自己能够维持生计，这是上帝赋予他的潜力。笛福的读者中，很多都感到孤独无助，就像在伦敦这一城市海洋中流落孤岛的人。对他们来说，《鲁滨孙漂流记》象征着希望和可能。

这个主题展现了普通人顽强生存、生生不息的力量，使得小说十分流行，年底已经出版了四个版本。在《鲁滨孙漂流记》之后，笛福又写了一系列关于冒险家和粗鄙者的虚构自传——《辛格尔顿船长》（1720年）《摩尔·弗兰德斯》（1722年）《杰克上校》（1722年）和《罗克珊娜》（1724年）。在这些作品中，他笔下的人物都或多或少地受到了社会的"摧残"，像克鲁索一样决心通过任何手段来克服他们的困难。

其中最著名的是与理查逊的同一时代的亨利·菲尔丁（1707年至1754年）。在《帕梅拉》面世一年之后，菲尔丁发表了《莎梅拉》。这个书名意味着这部作品的形式是戏仿（parody），即通过精确模仿作者或作品来表达讽刺的文学形式，以产生嘲弄或喜剧的效果。在菲尔丁的戏仿中，他的下层女主人公非常好色，与其主人乡绅布比的淫荡十分般配——而且从菲尔丁的观点来看，这种情况要现实得多。原作中，帕梅拉面对来自上流社会的诱惑，坚决地捍卫自己的贞操，而在菲尔丁的笔下，这一坚守变成了一场骗局：这只是一个经过深思熟虑的策略，一个野心勃勃的婊子获得经济保证的阴谋。

菲尔丁大肆描写罪恶，但并非所有的读者都被这样的处理吸引。事实上，许多人谴责了他的叙述。这些读者在简·奥斯汀（1775 年至 1817 年）的作品中找到了对菲尔丁的解药。奥斯汀最著名的小说虽然出版于 19 世纪上半叶，但她作品中体现出的情感倾向更符合 18 世纪末的英国社会，尤其是关于理智、理性和自我完善的启蒙价值观。

奥斯汀笔下的所有女主人公中，《傲慢与偏见》(1813) 里的伊丽莎白·班纳特最能够体现这些价值观。伊丽莎白·班纳特是一位乡村绅士的女儿，她的妈妈打算把两个女儿嫁出去。这本小说开篇的几句议论十分有名：

> 凡是有财产的单身汉，必定需要娶位太太，这已经成了一条举世公认的真理。
>
> 这样的一个单身男人初临新居所之时，他的邻居虽然不了解他的性情或观念，但上述真理已在这些人心中扎根——他一定会是他们其中一个女儿的"合法财产"。

这本书的开场白，奥斯汀极尽反讽之能事。一方面，她描述了富有的单身男性来到新环境之后面临的命运，另一方面，这些语句隐晦而深刻地反思了英国社会中的女性命运：她们的未来是注定的——结婚。如果一位女性并不富有、美丽（后者决定了她结婚的可能性），那么她的未来就不那么美好了。

《傲慢与偏见》的前身是《第一印象》。这本书囊括了伊丽莎白和英国绅士费茨威廉·达西之间的书信往来。当达西在《傲慢与偏见》一书中首次出现时，奥斯汀是这样描述他的："那个晚上，一半的时间里，人们都非常钦佩地看着他，直到他的举止开始令人反感。人们发现他很骄傲、居高临下、难以取悦；即使他拥有一座位于德比郡的大庄园，都无法拯救他那令人望而生畏、心生不快的面孔。"小说的情节围绕着"傲慢"和"偏见"这两个名词展开。伊丽莎白起初只看到达西的傲慢,可后来她意识到自己的看法受到这种偏见的影响。达西对乡村居民的蔑视是一种偏见,伊丽莎白明显的傲慢态度帮助他克服了这种偏见。他们不仅认识到自己的缺点,还体会到了社会的缺陷。

法国启蒙运动

法国哲学家与启蒙运动和洛可可风格之间分别有怎样的关系?

直至 1715 年去世之前,路易十四将他位于凡尔赛的私人公寓每周向朝臣开放三天供群臣游戏取乐。路易死后,这种娱乐活动继续进行,不仅在凡尔赛,还扩散到了法国贵族位于巴黎的府邸中,参与活动的人就是那些当初前往国王公寓玩乐的人。新国王路易十五只有 5 岁,因此他们没有必要前往离城市很远、位于市郊的宫殿。

每栋联排别墅都有一个沙龙(salon)。这个词起初指专门为社交聚会设计的房间,但很快,它就被用来指社交聚会本身。

18 世纪,这些沙龙成为法国文化的中心,到 1850 年,整个欧洲大陆上兴起了对沙龙的模仿。

新的苏比兹公主可能还太年轻,无法成为一个活跃的沙龙女主人(salonnière)。这些聚会很快就主宰了巴黎的社会生活。其中最受欢迎的沙龙是莱斯皮纳斯的珍妮-朱莉-埃莱奥诺雷(1732 年至 1776 年)的沙龙。冯·格林男爵弗里德里克·梅尔基奥(1723 年至 1807 年)是她沙龙的常客,他在自己的回忆录中描述了聚会的氛围:

她的朋友们每天聚会,从五点持续到晚上九点。她的聚会上一定有各行各业的精英,包括政府、教会和宫廷——军人、外国人和最杰出的文学家。

大家都同意，虽然是达朗贝尔先生吸引了这些聚会成员，但是让这些人心甘情愿地留下的只有她。她全心全意地维护这个团体，她是这个社会的灵魂和魅力所在，她的一切品味和私交都服务于这个目的。她很少去看戏，也很少去乡下，如果她破例，那么整个巴黎都会提前听说……政治、宗教、哲学、趣闻轶事、新闻，没有什么被排除在聚会的谈话之外。由于女主人十分细心，最琐碎的小故事也得到了应有的地位和注意，聚会上有着各种各样的一手消息。

当时许多法国最有影响力的哲学家都成了男爵的朋友。聚会的交谈氛围十分礼貌，没有任何话题被排除在外，法国宫廷风格中的过度铺张，例如苏比兹府邸公主沙龙的装饰，肯定会与哲学家们所偏爱的古典传统风格中的秩序、规律性和平衡发生冲突。

洛可可风格

18 世纪时，洛可可风格（Rococo）兴起于法国宫廷，很快受到整个欧洲皇室宫廷的效仿。这个词来源于法语单词 rocaille，指一种由圆形鹅卵石和曲形外壳制成的装饰性假山，但也可能来源于意大利语中的 barocco（巴洛克风格）。事实上，洛可可风格代表了那个时期艺术和建筑发展的顶峰，这种风格始于米开朗琪罗晚期的作品，18 世纪发展为矫饰主义和巴洛克风格。在这一发展过程中，该艺术风格变得越来越精致，建筑内部采用了 S 曲线和 C 曲线、壳、翼、卷和植物卷须形式的装饰元素，以及圆形、凸起、通常不对称的表面。

让－安托万·华托

法国人让－安托万·华托（1684 年至 1721 年）的绘画最传神地呈现了洛可可风格。这很讽刺，因为华托没有贵族阶层的资助人，在他有生之年，除了银行家和艺术品交易商等少数资产阶级买家认识他之外，几乎没有人知道他。他最著名的一幅画被用作巴黎一家艺术品交易商店的招牌。然而，

图 10.7

在很短的时间内，华托的作品成为普鲁士统治者腓特烈大帝的最爱，他的许多画作被纳入了腓特烈的收藏。

华托因其有关豪华飨宴的绘画闻名于世。这些豪华飨宴的色情意味在《舟发西苔岛》一画中尤其明显：画面的右边，维纳斯神像矗立在一个高台上，一群长着翅膀的丘比特在狂欢者中四下奔跑（图 10.7）。这一幕发生在西苔岛，神话中维纳斯女神的诞生地。在她的雕像脚下，朝圣者装饰了玫瑰花环，一个女人斜靠在她同伴的大腿上，三个丘比特试图把两人推得更近。在他们身后，一位绅士向他的夫人倾身说话。他们身后的另一个女人一边和情人采摘玫瑰，一边倾身听前面的一对情侣说话。再往前看，一位绅士扶着他的夫人站立了起来，而另一对夫妇转身离开，这位妇女看着他们必须离开的花园岛，眼神中充满不舍。

弗朗索瓦·布歇

18 世纪 20 年代中期，弗朗索瓦·布歇（1703 年至 1770 年）开始了他的职业生涯。让·德·朱利安尼是华托作品的主要收藏家，弗朗索瓦临摹了朱利安尼拥有的所有华托画作。朱利安尼是一位制造染料和织物的商人，他想出了雕刻华托作品的主意，以便让更多的人都能欣赏华托的作品。布歇无疑是朱利安尼最优秀的临摹家。布歇认为自己需要接受更多绘画训练，于是他带着从朱利安尼那里获得利润的目的前往罗马。一到那里，他就发现拉斐尔的《陈腐》，米开朗琪罗的《驼背》。布歇返回之后，很快成为蓬帕杜夫人（1721 年至 1764 年）最喜爱的画家。蓬帕杜夫人出生于巴黎金融界的一个中产阶级家庭，她是哲学的伟大捍卫者。1743 年，在路易十五掌权后，蓬帕杜夫人成为他的情妇。她使哲学家的作品摆脱了受到审查的压力，并且成功地阻止了那些攻击哲学家的作品在市面上流通。她是国王信任的顾问，也是宫廷中许多色情画作的主题，这些绘画将她描绘为维纳斯。蓬帕杜夫人成为国王的情妇时，布歇已经继承了华托的衣钵，成为新的豪华飨宴绘画大师。

在路易十四死后的 33 年里，宫廷的统治相对自由。年轻的国王路易十五基本上适应了宫廷中无忧无虑的生活方式，他认为自己有找情妇的自由。蓬帕杜夫人绝不是第一个情妇。到 1750 年，国王显然已经不再宠幸她。据传她的身体很虚弱，但她仍然是过往最亲密、也可能是最值得信任的顾问。她很高兴地安排了其他女人替她完成国王卧室中的任务。1756 年，布歇为蓬帕杜夫人描绘了一幅肖像，把她描绘成法国启蒙运动的知识分

图 10.8

图 10.9

子支持者。画中的她正在读一本书，她的旁边有一张写字台，台子上，羽毛笔插在墨水瓶里（图 10.8）。布歇为她描绘的其他肖像，很多都与 1756 年的肖像十分相似。

令人惊讶的是，布歇许多绘画中的裸体女神与国王的情妇都有着惊人的相似之处。（布歇因这种裸体画臭名昭著）比方说，《梳妆的维纳斯》（图 10.9）是蓬帕杜夫人委托布歇为美景城堡的浴室绘制的，美景城堡是路易为她在巴黎郊外建造的六座住宅之一。一年前，她在凡尔赛上演的《梳妆的维纳斯》中扮演主角。这幅画显然是剧中的一个场景——或者更有可能是一个理想化的版本。这幅画的重要意义在于公开承认了蓬帕杜夫人在宫廷中的性角色以及洛可可整体风格的情色基调。

让－奥诺雷·弗拉戈纳尔

布歇的学生让－奥诺雷·弗拉戈纳尔（1732 年至 1806 年）继承了导师的传统风格。弗拉戈纳尔最重要的委托作品是为路易十五最后一任情妇——杜巴利伯爵夫人玛丽－让娜·贝库创作的一系列绘画。这组绘画共有四幅，名为《爱的进程》，主题是杜巴利伯爵夫人和国王的爱情。这幅画是路易送给伯爵夫人的礼物。

这一系列画作的灵感来源于早期的一幅画《秋千》（图 10.10）。这幅画暗示了恋人之间的性张力，也反映了艺术家与其赞助人在审美方面的秘

图 10.10

密关系。画面左边的丘比特把手指停在嘴边，仿佛在确认这件事的秘密性。
这幅画的主题其实是另一位艺术家加布里耶·弗朗索瓦·都尔杨提出的。
圣朱利安男爵曾委托都尔杨创作一幅画，要求这位画家把他的情妇画在"一
个主教正要推动的秋千"里，并在画中加上他本人的形象，使他可以看到
那个可爱孩子的腿。如果都尔杨想让这幅画生动起来的话，还可以让男爵
看到那个孩子身体更多的部分。都尔杨拒绝了这个委托，可他向弗拉戈纳
尔推荐了这一想法。

这组画作的魅力主要来源于观众在斜倚的情妇身上找到了一定程度的
窥探乐趣，整幅画作充满了当时人们普遍理解的色情象征意义。举例来说，
秋千上的女士让她的鞋子飞了起来（丢失的鞋子和裸露的脚在当时普遍象
征着童贞的失去）。这个年轻人向她伸出手，手里拿着帽子（在 18 世纪的
情色意象中，帽子经常被用来遮盖情人的生殖器）。更微妙也更具讽刺意
味的是，这幅作品与米开朗琪罗笔下西斯廷礼拜堂天花板壁画的中央镶板
《创造亚当》相呼应：男子与亚当的姿势相同，女子与上帝的姿势相同，
只是她伸出的不是手，而是脚。

艺术批评与理论

法国知识分子（以及那些自命为知识分子的人）最精心培养的"花园"
便是艺术。到了 18 世纪下半叶，受过良好教育的上流社会人士在欧洲主要
城市进行游览的行为变得日益流行，英国人将其称为"游学旅行"，法国人
和德国人则称之为"意大利之旅"。这些旅行的重点是艺术和建筑，也包括
如画的风景和花园。人们创造了一个新词来形容这些旅行者——"游客"。

当时的游客和今天的游客一样，都想理解他们看到的风景。他们旅行
时总爱参观艺术展览，特别是"巴黎沙龙"展——法国皇家绘画和雕塑学
院的官方展览。这场展览是在卢浮宫的方形沙龙（Salon Carré）里举办的，
也因此出名。展览在 1737 年到 1751 年期间每年举行，从 8 月 25 日持续到
9 月底，1751 年到 1791 年间，展览两年举行一次。然而，访客们对这些艺
术作品知之甚少，无法欣赏或理解他们所看到的东西。因此，一种新的写

作风格很快发展起来，那就是艺术批评。

　　法国哲学家德尼·狄德罗（1717年至1783年）从1759年开始给巴黎沙龙的官方展出作品写评论文章，作为个人新闻稿，在法国郊外的皇室宅邸间流通。许多人认为这些文章（共9篇）是第一批艺术评论文章。布歇和他的洛可可风格艺术家们都是他的批评对象。1763年，狄德罗问道："画家们用画笔为罪恶和放荡服务的时间还不够长吗，难道不是太长了吗？"他认为，绘画应该是"道德的"。它应该寻求"感动、教育、提升我们，并引导我们走向美德。"在《1765年的沙龙》里，狄德罗控诉道：

　　我不知道该怎么评价这个人。无论是品味、色彩、构图、人物刻画、表现力或是笔法都在退化，就如他本人道德的败坏一样……他总是将绘画对象一个接一个地、混杂地堆放在一起。这与其说是一幅理性存在的图画，不如说是一个疯子的梦境。

　　真正吸引狄德罗的是静物兼风俗画家让·巴蒂斯·西美翁·夏尔丹（1699年至1779年）。狄德罗在《1767年的沙龙里》里写道："一个人在夏尔丹的画作前驻足停留，仿佛是出于本能，仿佛一个因旅途而筋疲力尽的旅行者毫无意识地在一个有着绿色元素、寂静氛围、水、阴凉和凉爽的地方坐下来歇脚。"夏尔丹对油画颜料的使用给狄德罗留下了最深刻的印象："这种神奇的画法令人惊耳目一新。厚实的颜色叠加在一起，效果从底层上升到表面……走近一点看，一切都变得不再立体、混乱、模糊；再往后站，一切都会恢复生机和形状。"狄德罗特别看重夏尔丹作品中细节，可以说夏尔丹仔细关注了生活中的方方面面。狄德罗反对宫廷洛可可风格艺术家的创作风格，认为他们笔下的豪华飨宴传达的只是上流社会做作、虚伪的行为习惯，而夏尔丹却能传达出最真实的一面，与宫廷的洛可可艺术家们截然不同。狄德罗称："比起漂亮，我更喜爱质朴，"。

　　虽然狄德罗偏爱"真实"的题材，但他对个人艺术作品也十分着迷。在描述这幅画绘画性的表面时，他表达了自己的着迷，也不在乎其"主题"是什么。这种着迷属于18世纪整体艺术手法中更广泛变化的一部分。

启蒙思想家

1753 年，夏尔丹在巴黎展出了他的画作《哲学家专心阅读》（图10.11）。一位法国评论家对这幅画的描述如下：

这个角色被赋予了很高的真实性。一名男子身穿长袍，头戴毛皮衬里的帽子，倚在桌上，专心地阅读一大卷装订好的羊皮纸。画家给了他一种智慧、幻想和游离于尘世之外的气质，这是令人无限愉快的。这是一位真正的哲学家，不仅满足于读书，而且沉思冥想，他全神贯注于冥想，似乎很难分散他的注意力。

简而言之，这就是法国哲学家的形象。

大多数哲学家都是自然神论者。他们接受上帝创造宇宙的观点，可是不认为上帝与宇宙的日常运作有太大关系。相反，他们认为宇宙是按照自然法则运转的，法则源于自然，对人类社会具有约束力。用牛顿的话说，上帝创造了一个伟大的时钟，它运行精确，但能力有限的人类会对其进行干扰。基于这样的道理，人类是能够掌握自身命运的。自然神论者认为《圣经》是神话和迷信的产物，而不是上帝启示的真理。他们嘲笑国王所谓的"神

图 10.11

圣权力"。狄德罗曾这样直白地说过："除非最后一个国王被最后一个神父的内脏勒死，否则人是不会自由的。"

德尼·狄德罗与《百科全书》

《百科全书》是法国哲学家的最高成就。这部著作的创作始于1751年，完成于1772年。该书的编辑是教师兼翻译家德尼·狄德罗和负责创作数学和科学文章的数学家让·勒朗·达朗贝尔（1717年至1783年）。这件作品在法国宫廷中并不受欢迎。路易十五声称其"对道德和宗教造成了无法弥补的损害"，并两度禁止印刷。《百科全书》又被称为《关于科学、艺术和手工业的详解词典》，这本汇聚了180多位作家心血的35卷巨著旨在"改变一般的思维方式"。法国律师安托万·加斯帕德·鲍彻·德·阿吉斯(1708年至1791年)撰写了一份关于自然法则的文章，称《百科全书》给君主制带来了某种明显威胁：

"这种思想对于启蒙运动中对人类自由的强调是至关重要的，并将推动美国和法国的革命。事实上，思想自由是传播知识的根本，任何压制思想自由的国家都被视为进步的障碍。"

因此，当路易十五的审查人员在1759年禁止出版《百科全书》时，法国哲学家们肯定了法国的专制主义，但在沙龙女主人们的怂恿下，其他政府官员仍在暗中出版这部作品。

《百科全书》拥有4000名订阅用户，其真实的阅读人数可能是该数字的100倍，因为全国范围内的私人流通图书馆都会将书租借给顾客。《百科全书》的内容十分全面，代表了启蒙运动的一项基本原则——积累、编纂和保存人类的知识。乔治－路易·勒克莱尔的36卷本《自然通史》在1749年至1788年间出版，声称囊括了到出版时为止人类所知的关于自然世界的一切。同样地，《百科全书》自诩是"散布在地球表面上的所有知识"的集合。驱动《百科全书》创作的原则是理性人文主义，即相信通过逻辑思维能够取得必然的进步。

让－雅克·卢梭与《社会契约论》

《百科全书》的另一位撰稿人是让－雅克·卢梭（1712 年至 1778 年）。
他是一位杰出的作曲家，最初受雇于狄德罗，与别人联合作曲。卢梭出生
于日内瓦的一个新教徒家庭，早年成为孤儿，在意大利流浪时皈依了天主教。
卢梭死后发表的《忏悔录》描述了他的种种烦恼，从性能力不足到一桩怪
异的婚姻，包括他决定在五个孩子出生后不久把他们每个人都送进孤儿院，
其直白程度令人惊讶。这本书比以往任何一本自传都直率，而且更有启发性，
在很大程度上解释了卢梭暴脾气和古怪行为的根源，并清楚地解释了他与
其他法国哲学家闹翻的原因。

卢梭相信人类天生的善良，一种未被社会和文明的发展腐蚀的善良。
无私和善良等美德是与生俱来的。卢梭同样坚信，需要一种新的社会秩序
来培养这些美德。在 1762 年出版的《社会契约论》中，卢梭描述了一个受
到某种神秘的"普遍意志"统治的理想国家。《社会契约论》提出，人们
有必要把权力授予政府机关。在第四章"奴隶制"中，卢梭谈到了一个民
族被他们的君主征服的问题。

这段文章解释了《社会契约论》著名的开场白："人生而自由，但是
去任何地方都带着锁链。"卢梭的意思是，人类奴役了自己，从而放弃了人性。
他在这里以许多方式反对启蒙运动的戒律，认为正是这些戒律的理性奴役
了人类。

卢梭虽然对《百科全书》做出了贡献，但是他拒绝接受《百科全书》
的宗旨，尤其是对制造和发明的歌颂。他在《论人类不平等的起源与基础》
（1755 年）中指出，只要人们试图独立做力之所及的事，不需要他人的帮助，
他们就是自由、健康、善良和快乐的人。

伏尔泰与法国讽刺作品

巴黎的哲学家中，第三位伟大的人物是弗朗索瓦－马里·阿鲁埃（1694
年至 1778 年），他的笔名是伏尔泰。伏尔泰受过很好的教育，聪慧机智，
富有名望。在许多人看来，他代表了一个极其复杂的时代的所有方面。他

写了大量的剧本、小说、诗歌和历史作品，比法国任何的哲学家都更看重
其他非西方文化和传统的价值，并鼓励其他哲学家效仿他的做法。他是一
位科学家，也是路易十五和普鲁士大帝腓特烈二世的顾问，信仰受到启蒙
的君主制。虽然他为这些统治者服务，但他也创作过针对他们的讽刺作品，
这使他于 1717 年至 1718 年在巴士底狱度过了一年，后来又于 1726 年在伦
敦流亡了一年。

伏尔泰在英国的那一年使他相信，英国政体下的生活远比他眼中法国
君主专制下的生活要好得多。他在他的《哲学通信》（1734 年）中表达了
这些感受。毫不奇怪，宫廷方面对伏尔泰的坦率感到愤怒。为了避免再次
入狱，伏尔泰搬到了乡村小镇西雷，他的资助人夏特莱侯爵夫人就住在那里，
这位博学的妇女对伏尔泰产生了重要的智力影响。1744 年，伏尔泰再次回
到宫廷，可他觉得宫廷生活十分乏味、造作。1750 年，伏尔泰在腓特烈大
帝的宫廷中体会到了他眼中更亲切的气氛。在那里，他出版了他最伟大的
历史著作《路易十四时代》（1751 年）。短短的 4 年时间里，他在普鲁士
渐渐不再受欢迎，不得不再次搬到乡下。1758 年到 1778 年，他住在法国
阿尔卑斯山脉的勒福勒内村，成为那里的"知识宫廷"（由艺术家和知识
分子组成）的中心，成员们经常踏上朝圣之旅，坐在伏尔泰的脚边聊天。

伏尔泰不相信《圣经》是上帝启示的话语。他写道："唯一需要阅读
的书是自然的伟大之书。"他或多或少是个自然神论者。伏尔泰最拥护的
是思想自由，包括绝对悲观的自由。这种悲观情绪支配着他写下举世闻名
的《老实人》（1758 年）。这是一部散文式讽刺作品，讲述了甘迪德的故事：
甘迪德是一个单纯善良却命途多舛的年轻人。他周游世界，一心想要和他
的爱人库内贡德团聚。甘迪德在旅程中幸免于难，并最终找到了他的库内
贡德。这本书的结尾十分有名："我们必须耕耘我们的花园。"换句话说，
我们必须放弃天真的信念，即我们生活在"所有可能的世界中最好的世界"，
关注我们能做得很好的小事，让整个世界顺其自然，保持其无能、邪恶，
甚至恐怖。

跨文化接触

欧洲人与南太平洋和中国人民之间的跨文化接触产生了什么结果？

1768 年 8 月 26 日，詹姆斯·库克船长（1728 年至 1779 年）率领着他的"奋进号"从英国普利茅斯启航，他的赞助商皇家学会和英国海军部以及库克本人都认为这一事业符合启蒙运动的宗旨。库克将为英国王室扩张领土，但他的主要任务是扩大人类的知识范围：绘制南海地图，记录他的观察结果，并对当时欧洲文明所不了解的世界大片地区进行分类。虽然他详细记录了他遇到的人以及他们的生活，但他还有一个纯粹的科学任务——访问塔希提岛，以绘制金星凌日图。金星凌日那一刻，金星正好位于太阳和地球之间。这种现象每 8 年出现一次。18 世纪，这种现象发生在 1761 年和 1769 年。人们认为，对金星凌日进行测量有助于计算太阳系的大小。

南太平洋

皇家学会因为塔希提岛上的一个成员解到这座岛，那就是法国人路易斯·安东尼·布干维尔（1729 年至 1811 年）。几个月前，即 1768 年 4 月，布干维尔在塔希提岛登陆。他在 1771 年出版的《环球航行》中描述了塔希提岛上人们的生活，激发了启蒙运动的想象力。德尼·狄德罗很快对布干维尔的文本进行了扩写，认为塔希提岛的当地人确实是卢梭笔下"高贵的野蛮人"，摆脱了社会等级和私有财产的专制统治——用狄德罗的话说，"没有国王，没有地方长官，没有牧师，没有法律，没有'我的'和'你的'。"在狄德罗看来，一切都是为了共同的利益而存在的，包括"我的"和"你的"。这些人凭着天生的本能，并没有像基督教思想家所预言的那样腐化堕落，而是形成了一个温和、普遍幸福、和谐宁静的国家。

库克一回来，就对狄德罗书中塔希提人的生活提出了异议。他指出，细心的观察者会注意到，岛上拥有酋长和贵族，社会等级森严，几乎每棵树都是当地人的私有财产，塔希提人的性生活在道德上一般与英国人的性生活一样严格（尽管塔希提和普利茅斯的妇女向到访水手出售性服务的可能性一样大）。库克的立场似乎与启蒙运动的立场不一致，但前者实际上是符合后者的。启蒙运动的哲学家认为，世界各地的人性和行为都是一样的，而在库克看来，塔希提人证明了这一点。此外，启蒙时期的经济学家认为，私有财产和社会分层是一个复杂、繁荣社会的基本特征。库克认为，这两种情况都存在于塔希提岛社会中，这也是塔希提岛社会总体幸福的原因。

库克和他的团队在波利尼西亚遇到的最独特的艺术形式之一是文身，这个词来源于塔希提语 tatau。库克的船员悉尼·帕金森是一个年轻的绘图员，在船上记录植物物种，并在第一次航行中捕捉到了毛利人战士画有文身的脸庞（图 10.12）。毛利人把这种习俗从波利尼西亚群岛引进北方。

整个太平洋岛屿的仪式和传统都非常复杂、神圣，文身是其中的一个方面。岛上居民相信，每个人、许多地方和许多物体都充满了魔力。酋长被视为众神的后裔，他们生来就有相当程度的魔力，贵族的魔力较少，而平民几乎没有魔力。拥有魔力的任何东西或任何人都受到"禁忌"（tapu）的保护。禁忌是一种严格的限制状态，表示一个物体或人不能被触摸，或一个地方不能被进入。酋长的食物可能受到禁忌的保护。一个人可以通过技巧、勇气，或者通过穿戴特定的衣服，包括文身来增加他或她的魔力。因

图 10.12

此，帕金森笔下的战士拥有相当大的魔力，这源于他的文身、头饰、梳子、长耳环和他的项链。项链上挂着一个玉人项饰，一个非写实的人物雕像，通常是一个传奇英雄或祖先的形象，战士随身携带着雕像，从而获得了雕像的魔力。

库克的航行把他带到了复活节岛，在那里，他发现了一种文化的遗迹，这种文化从公元 1000 年左右开始就竖立起了"摩艾"（moai），一种有躯干的纪念性头像。在新几内亚的西半部，库克遇到了猎头者阿斯马特族，他们相信，在精心雕刻的杆子上展示敌方战士的头，就能拥有战士的力量。在澳大利亚，库克是第一个遇到澳大利亚原住民的人，他们的岩石艺术呈现了世界上持续时间最长的艺术传统。最后，在夏威夷，库克与卡美哈梅哈一世发生了冲突，卡美哈梅哈一世是夏威夷第一位将群岛统一在一个统治之下的国王，1779 年被杀。

中国和欧洲

在库克和布干维尔的探险之前，欧洲人对南太平洋的文化一无所知，但他们对中国和印度有一定的了解。法国哲学家尤其被中国所吸引，他们认识到，在许多方面，中国比西方任何社会都先进。中国人民受教育程度较高，百万人毕业于中国高度发达的教育系统。中国的工商业也比西方更加发达。不仅如此，中国还拥有一个比西方任何国家都更加平等的社会（至少对男性来说是这样），虽然存在着富有的土地贵族，但该阶层受制于政府，由来自社会各个阶层的学者官僚组成。

1514 年，第一批葡萄牙商船抵达中国，到 1715 年，每个主要的欧洲贸易国家都在广州设立了办事处。瓷器、壁纸、象牙扇子、盒子、漆器和图案丝绸等中国商品风靡于欧洲市场，欧洲人对"中国风"（chinoiserie）的物件产生了广泛的兴趣。约翰内斯·哥达尔特《万历花瓶和蓝山雀》（第10 章图 10.14）中的花瓶捕捉到了中国风审美的精髓。中国风兴起的核心是茶叶贸易。荷兰人主宰了茶叶贸易。在整个欧洲，茶叶消费量从 1699 年的 4 万英镑上升到 1708 年的 24 万英镑。

对中国风的狂热甚至在英式花园中体现了出来（图 10.13）。位于伦敦邱园的一座中国宝塔是由威廉·钱伯斯爵士（1726 年至 1796 年）设计的。钱伯斯在 18 世纪 40 年代访问了中国，他的相关园林建筑作品（1762 年出版的《论东方园林》）影响广泛，在 18 世纪末掀起了一股席卷法国的热潮——英汉园林。同样，蓝色白底瓷器——在西方被称为"china"，即中国——也尤其受欢迎（见第 9 章图 9.30）。不久，德国德累斯顿附近的迈森陶艺家们就学会了如何制作自己的瓷器，这使得欧洲制造的瓷器几乎能够无限仿制中国图案并大肆销售。连洛可可风格宫廷画家弗朗索瓦·布歇也在油画中模仿了蓝白相间的中国风格（图 10.14）。这一幕只不过是一场穿着中国服装的豪华飨宴。一个秃头男人弯下腰去吻他夫人的手，他的夫人坐在雕像下面，手里拿着她的阳伞，雕像不是欧洲绘画中常见的维纳斯，而是佛陀。这位女士身后的一个小平台上摆着一个类似宝箱的蓝白相间中国花瓶，整个场景都包裹在洛可可风格中。

欧洲的思想家同样对中国政府印象深刻。1755 年，让－雅克·卢梭在《社会契约论》中赞扬了中国的财政制度，他指出，"在中国，税收很高，但税收情况比世界上任何地方都要好。"这是因为，正如卢梭所解释的那

图 10.13

图 10.14

样，政府不对粮食征税，只有那些能够负担其他奢侈商品的人会被征税。对卢梭来说，这是一个税收公平的问题："生活必需品，如大米和玉米，绝对免税，老百姓不受压迫，税负只落在富人头上。"他认为中国皇帝是一个模范统治者，按照"普遍意志"的原则解决官员和人民之间的争端，这与法国君主制的做法截然不同。

同样，伏尔泰在他的《风俗论》(1756 年) 中赞扬中国皇帝利用政府统治保护文明，以儒家的尊重和服务原则为基础，创造了无与伦比的稳定社会。他认为中国统治阶级在培养美德、礼仪和高尚的生活方式方面树立了榜样，人民不仅效仿，而且对此致以敬意。在英国，1755 年出版了具有开创性意义的《英语词典》的塞缪尔·约翰逊（1709 年至 1784 年）称赞中国的科举考试制度是国家最高成就之一，远比他们发明的指南针、火药或印刷术重要。他希望西方国家政府能采纳这一方案。

西方眼中如此的中国是由清朝的满族人统治的。他们从北方南下，于 1644 年定都北京，统治一直延续到 1912 年。清朝贵族很早就开始巩固他们的权力，特别是在乾隆皇帝（1736 年至 1795 年在位）的统治时期。1680 年，清朝统治者把许多艺术家和文人召进北京朝廷。乾隆年间，皇家收藏的艺术品越来越多，有的是礼物，有的通过没收大量早期艺术品获得（今天的藏品分别收藏于北京故宫博物院和台北"故宫博物院"）。

许多宫廷艺术家仿照皇帝早期收集的杰作，其他人则转而研究耶稣会士引进的西方技法。 这些耶稣会士中最著名的是朱塞佩·伽斯底里奥内（1688 年至 1766 年）和王致诚（1702 年至 1768 年）。他们二人在 1715 年被派往中国之前，所受到的训练都是宗教绘画的训练。一到中国，伽斯底里奥内几乎马上放弃了他受到的宗教绘画教育，进入朝廷工作。在那里，他被称为郎世宁。他绘制帝王肖像、静物、马、犬和建筑场景,甚至以凡尔赛为原型在中国设计了法式花园。他为乾隆皇帝制作了一系列版画以纪念皇帝镇压西部各省叛乱。他的版画以严谨的科学透视法呈现空间,这在1700年之前的中国书画界几乎是闻所未闻的(图10.15)。这类作品把东方对国家政治秩序的重视与西方透视法的运用结合起来,使郎世宁和王致诚在乾隆的朝廷极受欢迎。

乾隆皇帝虽然喜欢西方的艺术传统,但更看重中国的传统艺术。他委托艺术家们创作了大量画作,模仿早期绘画大师尤其是宋代的大师的风格。王翚(1632年至1717年)的《太行山色》(图10.16)就是一个完美的例

图 10.15

图 10.16

证。这幅画以北宗画派画家关仝（约906年至960年）的风格为基础。关仝的创作巅峰期是唐宋之交的动荡时节。关仝现存的作品都重点刻画了北方各省崎岖不平的山脉。王翚《太行山色》手卷，全图所绘太行山脉景色，气势雄伟，境界阔大，其峻岭逶迤，连绵不绝。这幅画作借鉴了关仝的画风，而王翚与关仝最显著的区别可能在于，关仝的画作几乎都是竖直的挂卷，王翚的画作则是水平的手卷。画面视野狭长，沿着幽深的山谷向右下角延伸，画面周围是绵延起伏的山脉。与王翚同一时代的人将这种起伏称为"龙纹"。王翚从同时代人的角度出发，归纳出前几代中国画家的基本创作原则，并将发扬光大。

回顾

10.1 讨论理性主义思想对英国启蒙运动的兴起有何作用以及启蒙运动带来的文学形式。

　　1666年9月2日，伦敦的大部分地区被大火烧毁。大火之后，克里斯托弗·雷恩建立了圣保罗大教堂。与此同时，英国知识分子开始倡导以理性思维为手段，构建伦理、美学、知识的综合体系。这种方法被称为"启蒙运动"。在英国，弗朗西斯·培根发展了实证研究方法，这是一种归纳推理方法。在荷兰，勒内·笛卡尔发展了一种基于演绎推理的独立哲学。归纳推理和演绎推理有什么区别？科学发现支持了培根和笛卡尔的哲学。约翰内斯·开普勒论述了人眼的功能特性、透镜的光学特性以及太阳系中行星的运动。他的朋友伽利略完善了望远镜，描述了引力，并提出了光速理论。

　　教会对伽利略的发现有何反应？与此同时，在荷兰，显微镜已经发展起来。不久，安东尼·范·列文虎克开始描述"小动物"（细菌和原生动物）精细胞、血细胞和许多其他有机体。艾萨克·牛顿的科学发现对启蒙思想有何促进作用？一些人认为月光社发起了我们口中的工业革命，这一团体如何反映启蒙思想?

政治纷争不可避免地提出了"由谁治理"和"如何治理"的问题。在《利维坦》中,托马斯·霍布斯提出人们应该接受社会契约。社会契约是什么?约翰·洛克反对这种观点,认为人类"天生是自由、平等和独立的",约翰·弥尔顿的《失乐园》中如何体现他们二人的立场?

许多作家和艺术家深深地意识到英国社会远未达到其理想,于是转而开始创作讽刺作品。威廉·霍加斯的版画面向普罗大众,讽刺了英国社会各个阶层的生活方式。乔纳森·斯威夫特运用他的幽默讽刺了贵族阶层,并在他《一个小小的建议》中抨击了英国政治领导人对爱尔兰人施行的政策。亚历山大·蒲柏的《愚人志》不仅攻击了英国贵族,也攻击了支持英国贵族的文学势力。更重要的是,他的《论人的一篇短文》试图用古典风格中的平衡与和谐来定义一个完整的伦理体系。但是在位于特维克纳姆的花园里,蒲柏发展出了一种不同的美学。你能定义这种美学吗?说英语的人的识字率不断提高,加上出版业的迅猛发展,催生了新的写作体裁。同时,小说家们尝试了多种类型的小说创作。你认为小说为何越来越受欢迎?

10.2 解释法国哲学家与启蒙运动和洛可可艺术有何关系。

在法国,哲学家们把启蒙运动的理想发扬光大,常常公开反对法国的绝对主义宫廷。法国宫廷的风格以洛可可风格为主,这是一种起源于巴黎府邸和沙龙的装饰艺术风格。洛可可风格的形式特征是什么?巴黎的女主人举办的洛可可风格沙龙体现了巴黎的宫廷生活,那里聚集着哲学家、艺术家和知识分子。让-安托万·华托等艺术家在描绘豪华飨宴的绘画中捕捉到了宫廷洛可可风格。你如何描述华托笔下豪华飨宴的情感内涵?弗朗索瓦·布歇和他的学生让-奥诺雷·弗拉戈纳尔的绘画又怎样继承这种情感内涵?

法国哲学家大多是自然神论者,他们接受上帝创造宇宙,但认为上帝与宇宙的日常运作没有太大关系。驱动狄德罗创作《百科全书》的原则是什么?让-雅克·卢梭深刻的个人自传《忏悔录》与启蒙运动的理想有何冲突?卢梭的其他著作,如《社会契约论》,又是如何影响启蒙思想的呢?

最后，讽刺作家伏尔泰挑战了他在世上看到的一切形式的专制主义和狂热主义，这一情感在他的《老实人》一书中表现得尤其明显。你如何将伏尔泰的讽刺作品与他同时代的英国作家，如乔纳森·斯威夫特的讽刺作品相比较？哲学也为艺术批评和理论的发展做出了贡献。

10.3 描述欧洲人与南太平洋和中国人民之间跨文化交流的结果。

伦敦的许多启蒙时期思想家认为，南太平洋人民不受社会等级和私有财产的束缚，但库克船长不这么看。库克的思想如何反映启蒙时期的价值观？

欧洲与中国的贸易把大量奢侈品带进欧洲市场，在欧洲掀起了一股中国风。你如何定义中国风？卢梭、伏尔泰等欧洲思想家认为中国清政府是一个模范政府，约翰逊则认为西方应该采用中国的科举考试制度。在清代，西方也影响了中国。耶稣会士郎世宁和王致诚向乾隆皇帝的朝廷介绍了哪些西方艺术技巧？

延续和变化：洛可可风格的终结

伊丽莎白·维杰·勒布伦（1755 年至 1842 年）是洛可可时期一位主要的天才画家，她的职业生涯跨越了两个世纪。1775 年，勒布伦只有 20 岁，但她的画在巴黎风行一时，售价达到高峰。维杰·勒布伦几乎画尽了法国贵族里的著名成员，并且多次为路易十六的皇后玛丽·安托瓦内特绘画，担任她的官方肖像画家。

维杰·勒布伦是一位热心的保皇党人，坚定地维护君主制。1783 年，当她把《穿着内衣的玛丽－安托瓦内特》（图 10.17）上交给沙龙时，她被要求收回这幅作品，因为委员会中的许多人认为皇后在这幅画中穿的昂贵礼服是一件内衣。但皇后本人非常喜欢这幅画，因为绘画曲线柔和，拥有如花瓣般的质感，把她描绘成理想的洛可可女性，豪华飨宴的欲望对象。

图 10.17

图 10.18

　　不到六年，法国皇室就被革命颠覆了，玛丽·安托瓦内特境遇一落千丈。1793 年 10 月 16 日，雅克－路易·大卫（1748 年至 1825 年）描绘了二楼窗户边的玛丽。画中，她穿戴着简单的衬衣和帽子（图 10.18）。她的下巴骄傲地向前伸着，也许是出于轻蔑，但她笔直的姿态体现了她曾经的贵族气派。大卫是这一时期最伟大的画家之一，他的职业生涯和勒布伦一样，跨越了两个世纪。事实上，他的大型油画以其古典的结构和平衡，明确地否定了法国君主提倡的洛可可风格，歌颂了那些推翻腐败宫廷的法国人民的道德权威。

　　与此同时，玛丽·安托瓦内特最喜欢的画家维杰·勒布伦逃离了巴黎，先去了意大利，然后去了维也纳，最后去了圣彼得堡。在这些地方，她继续运用她在法国使用的洛可可风格为皇家赞助人绘画。最后，1802 年，在255 名艺术家同行向政府请愿之后，她被允许返回法国。她曾是狂热的保皇派，但却在法国默默无闻地度过了接下来的 40 年。

图 11.1

革命时代

从新古典主义到浪漫主义

第 11 章

学习目标 >>>

◎比较法国大革命和美国革命的异同。

◎描述新古典主义风格。

◎定义文学和绘画中的浪漫主义。

◎区分古典主义音乐和浪漫主义音乐。

1770年3月5日，一群愤怒的波士顿暴民袭击了驻扎在波士顿海关塔楼的一小队英国士兵。早在5年前的1765年，英国就试图压制美国殖民地日益增长的独立之风。英国政府颁布了一项《印花税法》，对各种物品征税，从法律文件到扑克牌、日历、酒类许可证、报纸和学位。被殖民者们非常愤怒，称《印花税法》是英国"颠覆殖民地权利和自由"的明显例证。这一紧张局势最终于波士顿海关塔楼爆发。暴徒高喊"杀了他们！杀死他们"英国军队开火，杀死了5个人，包括20年前差点沦为奴隶的非洲裔美国人克里斯普斯·阿塔克斯。银匠兼雕刻家保罗·里维尔（1735年至1818年）迅速制作了一幅描绘这一血腥屠杀事件的版画（图11.1）。这幅作品流传甚广，引起了殖民者更激烈的抵抗。但事实上，版画上军队残暴地攻击手无寸铁的人群与事实并不一致。

到18世纪下半叶，对自由的呼唤已经席卷美国和整个欧洲。事实上，在德国，哲学家伊曼努尔·康德（1724年至1804年）在他的论文《何谓启蒙》(1784年)中指出，启蒙的前提正是自由：

"要有勇气运用你自己的理智！"这就是启蒙运动的口号……

事实上，公众即使仅被赋予了自由，启蒙就几乎是无可避免的了。因为即使在那些根深节错的群氓监护者们中间，一些人也总是会自己独立进行思考的，一些人在他们自己摆脱了不成熟状态的羁绊后，将会传扬理性评估他们自身价值、并且理性评估每一个人受其天性召唤进行独立思考的那种精神……

启蒙所需要的，不是别的，仅仅是自由；并且我们这里所讨论的自由也是所有形式中最不具有危害性的，亦即能够在一切事务上公开地运用理性的自由。

　　启蒙运动历史学家彼得·盖伊将这一时代的驱动力概括为"摆脱专制权力的自由、言论自由、贸易自由、实现才智的自由、审美反应的自由。总而言之，君子在世界上立足的自由。"

　　波士顿海关塔楼事件首次以暴力形式反映了这种对自由的要求。1773年5月，英国颁布了另一项法律，允许直接进口茶叶到美洲，而不征收通常需要征收的殖民税。这项法律遭到反对，因为它在未经殖民者同意的情况下减少了一个重要的殖民收入来源，还因为它取消了殖民中间商参与茶叶贸易的权利。第二年12月，马萨诸塞湾的殖民者聚集在波士顿海滨，一群人清空了三艘装满数千磅茶叶的船只，将茶叶倾倒入港口。所谓的"波士顿倾茶事件"激怒了英国人，他们很快进行了报复。革命战争即将打响。

　　16年后的1789年7月14日，在巴黎，一群暴徒聚集在位于巴黎东边的巴士底狱之外，当时谣传路易十六（1774年至1792年在位）即将推翻国民议会。监狱长惊慌失措，命令看守向人群开火。暴民进行了疯狂的报复，攻占了巴士底狱，斩首了典狱长，屠杀了6名狱警。这场战斗的直接结果仅仅是释放了几名囚犯，但第二天，路易十六问这一事件是不是一场暴乱，得到了这样的回答："不，陛下，这是一场革命。"

　　这两次革命所产生的社会变革给世界历史带来了巨大的影响，推动了19世纪南美洲革命、法国革命以及1848年革命时代结束时整个欧洲的革命。美国大革命本质上是上层阶级的反抗，他们感到被遥远的国王剥夺了公民权。法国大革命则反抗了一个滥用权力、剥夺了自己人民公民权的绝对君主。法国人和美国人都仰仗古典主义来建立他们的新社会，他们的社会将是新古典主义的，即"新"的古典国家——稳定、平衡和理性，模仿他们理想中的罗马和雅典风格。

　　新古典主义作为一种反映这些价值观的艺术风格，将在19世纪中叶的欧洲占据主导地位。但是在18世纪的最后几年，一种新的风格开始出现。在许多人看来，这种风格与新古典主义截然相反，我们称之为"浪漫主义"。许多其他新古典主义作品背后的情感动荡预示了这种风格的诞生。浪漫主义强调个人和个体性，而不是社会和秩序，歌颂个人与无数自然形态的关系，而不是个人与国家的关系。美国宪法的起草者相信"制衡"能够控制政府，浪漫主义者却不这么认为。他们认为政府机构与其说给人们带来了自由，不如说限制了公民。最重要的是，新古典主义者认为人类的激情威胁了社会的稳定和健康，但浪漫主义者发展出了一种对情感的狂热崇拜。情感世界深处存在的任何元素都可能是浪漫主义者的主题，许多都超越了理性的界限，包括爱、恨这样的激情，以及创造力本身的源泉。

美国和法国革命

美国革命和法国革命有什么共同之处，又有什么不同之处？

美国《独立宣言》签署于 1776 年 7 月 4 日（图 11.2），法国的《人权和公民权宣言》签署于 1789 年 8 月 26 日，这两份文件都是启蒙思想的丰碑，均受到英国哲学家约翰·洛克著作的启发（见第 10 章）。法国的《人权和

图 11.2

公民权宣言》同时也受到了美国《独立宣言》的影响。

《独立宣言》

《独立宣言》是启蒙运动最大胆的自由主张之一。该宣言的编写委员会主席和主要起草人是来自弗吉尼亚州的托马斯·杰弗逊（1743年至1826年）。撰写《独立宣言》前,杰斐逊阅读了洛克关于反对国王神圣权力的著作。洛克在《政府论》（1689年）中指出：人类天生自由、平等、独立。

杰弗逊对君主制的谴责受到卢梭《社会契约论》（1763年）及其主要观点的影响。"没有人拥有对其他人的自然权威,"卢梭如是说,"武力无法创造任何权力。"不仅如此,杰弗逊还受到了大陆会议上许多同事的影响,这些成员也熟悉洛克和卢梭的著作。

杰弗逊的《独立宣言》灵感虽来源于洛克的《政府论》,但《独立宣言》对洛克的观点进行了扩充和修改。洛克虽然主张政府为人民服务,但并没有反对君主制,他认为人民会告诉国王应该做什么,国王有义务尊重人民的权利和需要。但是杰弗逊完全拒绝君主制的观点,认为国家应该由人民主权,他们的政府不仅仅是民享,而且是民有、民治的。洛克在他的《政府论》中主张"生命、自由和财产",杰弗逊则主张"生命、自由和追求幸福的权利"。洛克的基本权利旨在保障正义,杰弗逊的目标则是实现人类的成就,只有当人民掌握自己的命运时,这种成就才有可能实现。

《独立宣言》签署一年后,《邦联条例》正式颁布,把13个殖民地合并为一个松散的主权邦联。这场战争持续到了18世纪80年代,并波及全世界。法国、西班牙和荷兰用金钱和海军支持革命者,以削弱英国的力量。1781年,美国人在弗吉尼亚州的约克敦击败了英国人。这一胜利使英国人确信了战争的失败,美国独立战争自此结束。

《人权与公民权宣言》

《人权与公民权宣言》的签署由法国更为复杂的局势导致。国家债务带来了突发事件，继而引发革命，皇室政府被推翻，法国成为一个共和国。1774年，路易十六登上王位，之后的15年里，国家债务增加了两倍。1786年，银行家拒绝向政府提供新贷款。两年后，全国收入的一半都用于支付已有债务的利息。路易十六宫廷的保养费用高昂，绝望的国王试图对所有土地财产征收统一的税款。贵族和资产阶级领导对此十分不满，发动暴乱，国王不得不把这个问题提交给三级会议。这一会议很少召开，几乎淡出了人们的记忆（自1614年以来就没有开过会）。

1789年5月5日，凡尔赛召开了三级会议。这次会议由法国传统的三个阶层组成。第一级是神职人员，只占总人口的0.5%（13万人），却控制着法国近15%的土地。第二级是贵族，仅占总人口的2%（约50万人），却控制着约30%的土地。第三级是人口的其余部分，包括资产阶级（230万人左右）和农民（2100万人左右），资产阶级（230万人左右）控制着20%的土地，农民（2100万人左右）控制着其余的土地，许多人根本没有土地。

按照传统，三级内部单独审议，每一级有权投一票。因此，三级会议处理任何问题均须以最少2:1的票数通过，并须获得国王同意。神职人员和贵族通常一起投票，从而压制了三级公民的意见。从一开始，三级公民就要求更大的影响力。 1788年至1789年的冬天是历史上最严酷的冬天之一。12月，气温降至零下19摄氏度。塞纳河结了厚厚的一层冰，阻挡了驳船航行。这些驳船通常负责将谷物和面粉运送进城市，而城市里挤满了来找工作的失业农民。前一年的夏天，一场强冰雹几乎毁掉了所有的小麦，造成面粉短缺，面包的价格几乎翻了一番。当三级会议开始时，路易十六不得不绞尽脑汁地安抚第三级公民。首先，他给予了第三级公民双倍的发言权，使第三级公民的代表人数等于其他两级的总和。然后，他被迫召集三个级别的代表进行辩论，并实行"人手一票"政策，每个人都有一票投票权。路易对这一决定犹豫不决，但在1789年6月17日，第三级公民退出了三级会议，宣布自己为国民议会，并邀请其他两级加入。

许多第一级公民，尤其是与平民关系密切的教区牧师，接受了第三级公民的提议，但贵族们拒绝了。国王禁止平民在他们通常集会的地点集会，于是，平民们选择在国立网球场附近聚集。1789 年 6 月 20 日，平民在那里宣誓，除非法国设立宪法，否则他们绝不解散。一年后，雅克－路易·大卫在一幅画的精细草图中呈现了这一场景（图 11.3）。他没有完成这幅作品，因为绘画的主体已经被事件淹没。与约翰·特朗布尔为庆祝《独立宣言》的签署创作的绘画一样，大卫的绘画结合了精确的观察（他的绘画主角都来源于日常生活）和纪念性元素，绘制在一块每个绘画主体（随着革命运动的发展，其中许多人很快倒台，相继被处决）。都能达到真人大小的画布上。"自由之风"从窗子吹进来，平民们在一旁看着。 画面左上角，同样的风把一把伞翻了过来，预示着即将发生的变化。房间中央，即将成为巴黎市长的男人正在大声宣读公告。男人下方是三个代表着三个等级的人物，他们平等地握手，以示团结。在真实的活动中，国民议会所有成员按字母顺序游行，并签署了《网球厅宣誓》，除了一个人：他签了名，但在名字后面写下"反对"。大卫把此人描绘成了一个可笑的形象，坐在最右边，绝望地交叉双臂，搂住胸口。面对如此一致的意志，路易十六让步了。6 月 27 日，他命令贵族和教士代表加入国民议会。

图 11.3

图 11.4

　　麻烦远远没有结束。来年的收成虽然不错，但干旱大大降低了水磨的效率，造成面包短缺。当市民们排着长队购买市面上仅剩的面包时，一个谣言传遍了巴黎：玛丽·安托瓦内特听到人们缺面包时，竟然说出了"没有面包，那就让他们吃蛋糕吧！"这种话。反皇党人十分鄙视皇后，总是愿意相信关于她的任何负面言论。历史上的饥荒或通货膨胀时期，当面包变得太贵时，平日里负责提供面包的农民和工人阶级妇女都会发起政治活动。他们会到市中心游行，要求地方法官提供援助。但是 1789 年 10 月 5 日，约 7000 名巴黎妇女组成的游行队伍进入了凡尔赛宫。她们带着长枪、火枪、剑，甚至大炮，要求皇室为民众提供面包（图 11.4）。第二天，游行者把国王和王后带回城里。这对皇室夫妇现在基本上已无回天之术，生活在杜乐丽的巴黎宫殿，实际上已经成为人民的囚徒。

　　凡尔赛妇女游行后，国民议会迁往巴黎。1789 年 8 月 26 日，议会通过了《人权和公民权宣言》。这份文件深受杰弗逊《独立宣言》和约翰·洛克的著作影响，列出了 17 项人权和公民权，其中前三项与《独立宣言》的开篇相呼应：

第一条 人生来就是而且始终是自由的,在权利方面一律平等。社会差别只能建立在公益基础之上。

第二条 一切政治结合均旨在维护人类自然的和不受时效约束的权利。这些权利是自由、财产、安全与反抗压迫。

第三条 整个主权的本原根本上乃存在于国民(La Nation)。任何团体或任何个人皆不得行使国民所未明白授予的权利。

有一段时间,国王表现得好像要和国民议会合作。议会忙着起草宪法,欲按照英国的模式实行君主立宪制。1791年6月,新宪法颁布的几个月前,路易十六试图带着家人逃离法国。对于大多数法国人来说,国王此举无异于叛国。皇室成员显然正计划加入大量法国贵族的行列,这些贵族已移居德国,正在那里为反革命运动积极寻求支持。几个月来,国民议会中的激进少数——雅各宾派一直在为废除君主制和建立平等民主制度游说。路易十六的行动进一步强调了他们立场的正确性。制宪会议召开时,立即宣布法国为共和国。唯一的问题是:法国是什么样的共和国?温和派倾向于行政和立法部门相互独立,将法律提交人民批准。但是,以马克西米连·罗伯斯庇尔(1758年至1794年)为首的雅各宾派极端分子主张建立一个所谓的"美德共和国",一个由公共安全委员会领导的独裁政权。新的革命法庭在之后的三年中处决了多达25000名法国公民,这些人不仅包括保皇党人和贵族,也包括反对罗伯斯庇尔的温和共和党人。1793年1月21日,路易十六本人以"公民路易·卡佩"的身份受到审判并被定罪,他的皇后玛丽·安托瓦内特10个月后被处决。罗伯斯庇尔为自己的恐怖统治(雅各宾专政)做出了这样的解释:

> 如果说美德是和平时期民选政府的春天,那么革命时期民选政府的春天就是美德与恐怖的结合……恐怖是迅敏、严格、亘古不变的公正,是美德的发源地……
>
> 有人说,恐怖是专制政府的春天……革命时期的政府是反对暴政的自由专制主义。

　　制宪会议还进行了许多其他改革。有些改革近乎愚蠢，比如，抹去纸牌上国王和王后的形象；在日常表达中不再使用敬语的"您（vous）"，以非敬语的"你（tu）"替代。更为重要的改革包括：废除法属殖民地的奴隶制度；使国家不再基督教化，要求所有的教堂都成为"理性的圣殿"；日历不再以基督诞生的那一年为基础，而是以共和国的第一天为基础；取消周日安息日，每十天进行一次休假。

　　1794 年的夏天，恐怖统治时期突然结束。罗伯斯庇尔通过了一项加速革命法庭工作的法律，短短 6 个星期内大约有 1300 人被处决。罗伯斯庇尔被赶出议会，人们高喊"打倒暴君！"把他赶去市政厅。在那里，他试图自杀，却只是打碎了自己的下巴。第二天，他和另外的 21 人一起被处决。

　　1795 年 8 月 17 日，新宪法通过，法国成立了第一个两院制（两个议会）立法机构，由一个 5 人组成的督政府领导。在接下来的 4 年里，督政府改善了法国公民的生活。但这所谓的稳定其实暗流涌动，让温和派深感忧虑。1799 年，年少有为的陆军司令拿破仑·波拿巴（1769 年至 1821 年）与督政府中的两位同谋发动了政变，结束了督政府对共和党政府进行的体制试验。这次政变使拿破仑拥有了掌控整个国家的权力，他梦想着开创一个以罗马为原型的新的古典帝国——一个新古典主义帝国。

新古典主义精神

　　艺术和建筑如何体现新古典主义风格？

　　新古典主义主张规律、均衡和比例。法国大革命后，贵族理想被推翻，新古典主义风格崛起。

　　希腊文明和罗马文明被公认为西方世界最接近黄金时代的文明。在当时的法国，任何革命的目的都是要恢复这些古典文明所体现的知识和艺术价值。新古典主义者声称自己是普桑和安德烈亚·帕拉第奥（杰弗逊最喜欢的建筑师）的后裔。可是最先展示新古典主义风格的，是雅克－路易·大卫的绘画。

雅克－路易·大卫与新古典主义风格

大卫的职业生涯横跨了几个时期：从法国大革命前，到动荡的革命时期，再到拿破仑·波拿巴统治时期。毫无疑问，他是当时最有影响力的艺术家。1885 年至 1889 年，托马斯·杰弗逊在路易十六的朝廷担任宫廷大臣期间，受到巴黎的影响，他满怀热情地写道："除了大卫的铅笔，我对这世界上的任何一支铅笔都不感兴趣。"艺术家们蜂拥至大卫的工作室，希望能有幸和他一起学习。事实上，下一个世纪里的许多伟大艺术家都是大卫的学生。

大卫摒弃了几十年来主导法国绘画的复杂构图传统，以形式上的平衡和简约取代，展现出浓浓的新古典主义风格。他的作品有一种冰冷的质感，强调理性。他笔触无形，创造出清晰的焦点，并且突出细节。同时，他的作品具有相当的情感复杂性。

1784 年至 1785 年，受皇家政府委托创作，大卫创作了他的代表作《荷拉斯兄弟之誓》（图 11.5）。这幅画描绘了一个寓言，主题是对国家的忠诚。荷拉斯，是古罗马时代的一个家族。古罗马共和制时期，罗马人与比邻的伊特鲁里亚的古利茨亚人发生了战争，但双方的人民却有着通婚关系。为了避免一场大规模的流血厮杀，双方统领达成协议，各选三名勇士来进行格斗，以胜败来判定罗马城与阿尔贝城的最高统治权属谁。

大卫本打算描绘战后的景象：荷拉提乌斯的小儿子，也是战争唯一的幸存者，发现他的妹妹卡米拉正在哀悼她的丈夫——库拉提家族中的一员，便杀死了他的妹妹。可是大卫最后选择描绘战争前的场景：荷拉提乌斯的三个儿子在战斗前向他们的父亲宣誓，发誓要战斗到底。画面左边是儿子，中间是父亲，右边是姐妹，他们分别对应着身后的三个拱门，清晰地把画面划分成三个部分。除了荷拉提乌斯的长袍，画面的颜色大多是暗的，每

图 11.5

种颜色都占据了大片空间，整幅作品质感朴素。画中的男性人物侧身面对观众，站姿僵硬，腿紧张地向前伸展，就像位于画面最前方的兄弟所持的矛一样笔直、平行。新古典主义风格注重秩序，画中的女性与男性形成鲜明对比，她们被安排在一个更为传统的、偏巴洛克风格的群体当中。女人们坐着，甚至倒下，男人直立；女人柔和的曲线和情感上的绝望与画中的男性形成鲜明对比。大卫在这里传达的信息是：公民责任必须优先于家庭生活，就像理性取代情感，富有秩序的古典风格取代复杂的巴洛克风格一样。流血和牺牲是获得公民权的代价（路易十六应该留心这个信息）。

大卫的下一幅重要油画是《运送布鲁特斯儿子尸体的军士们》（图11.6）。此画成于1789年革命之年，但油画创作时革命尚未开始，这对"为国家牺牲"的理念做出了更复杂的阐述。这幅画的主题与《荷拉斯兄弟之誓》相同，即一位坚忍的父亲为了国家的利益牺牲了儿子，布鲁特斯的军士（为统治者服务的军官）在他的儿子被处决后把尸体归还给他。

图 11.6

　　这幅画的主人公是布鲁特斯。布鲁特斯是公元前 510 年古罗马第一个推翻暴君统治的英雄,他把残暴的罗马国王驱逐到国外,建立了罗马共和国,并成为贤明的执政官,但是他的两个亲生儿子参与了伊特鲁里亚人的复辟阴谋活动,布鲁特斯为捍卫共和国的利益和神圣的法律,毅然处决了这两个逆子。根据罗马法律,布鲁特斯不仅要判处他们死刑,还要亲眼见证这场处决。

　　在大卫的画作中,布鲁特斯坐在左边的阴影里,他刚刚遭到斩首的儿子们被军士们用担架抬着,从他身后经过。布鲁特斯耻辱地指着自己的头,好像在肯定他对这一事件的责任,即为国家的爱国要求牺牲家庭。与坐在黑暗阴影中的布鲁特斯形成鲜明对比的是,男孩的母亲、女仆姐妹们位于明亮的灯光下,等待着尸体,身后安放着挂着窗帘的柱廊。母亲伸出手,她的手势让人想起和荷拉提乌斯在《荷拉斯兄弟之誓》中所做的手势。女仆转过身,把头埋在母亲的长袍里。两姐妹中的一个似乎在她母亲的怀里昏倒了，而另一个则挡住了她的眼睛，不去看那可怕的景象。明亮光线下的痛苦强调了爱国牺牲的高昂代价，而《荷拉斯兄弟之誓》更清晰地歌颂了爱国牺牲本身的行为。

革命之后，虽然大卫作为法国主要画家，依然热忱、忠诚地为新法兰西共和国服务，但他的画作已不再像当年那样清楚明晰。在他的作品中，新古典主义风格的简朴似乎为了掩盖内心情感的动荡，这种风格限制了这种动荡。

拿破仑的新古典主义倾向

经济和国际局势的混乱促成了拿破仑政变。在拿破仑眼中，新古典主义风格的力量并非来源于对混乱的反映，而是来源于对秩序的体现，这使他把这种风格设定为国家形象。秩序是时代的呼唤，拿破仑决心恢复秩序。

为了给巴黎带来秩序和理智，同时也为了纪念他的胜利，传达他光荣统治的政治信息，拿破仑很快委托人建造了罗马凯旋门和其他受古典主义

图 11.7

启发的纪念碑，拿破仑重新设计了路易十六统治时期建造的一座教堂，希望将其改造成一座全新的光荣殿，旨在纪念其英勇大军的功绩。经过重建的教堂是上述纪念建筑中最优秀的作品之一，由拿破仑于1806年委托皮埃尔·亚历山大·维尼翁（1763年至1828年）建造。当时，教堂的铭文是："从皇帝到大军的士兵"。革命时期，许多巴黎教堂被改建成为世俗寺庙，这只是其中一座。讽刺的是，拿破仑在莱比锡战役中不幸战败，并失去西班牙。1813年，他推翻了纪念大军的决定。建筑工程虽然没有停止，但教堂恢复了其原名玛德莲教堂。

直到拿破仑倒台，这座教堂才完工。玛德莲教堂的规模与罗马帝国教堂规模相当，是一座非凡的新古典风格建筑（图11.7）。8根19.2米高的科林斯柱子占据了门廊，两边另有18根相同高度的柱子。建筑外部的屋顶线采用古典风格，而在建筑内部，维尼翁设计了三个浅的穹顶，光线通过穹顶屋顶线背后的穹眼透进内部，照亮了一个没有过道的狭长中殿，中殿的末端是一个顶部有一个半圆形穹顶的半圆形后殿。教堂的内部设计与传统的基督教建筑相呼应，外部则带有罗马神殿的特点，呈现出古典风格。

拿破仑仿照古罗马的先例建立了自己的政府。1802年，他说服立法者宣布他为法兰西共和国第一执政官，终身任职，并有权根据自己的意愿修改宪法。1804年，他更进一步，宣布"将共和国政府委托给皇帝负责"。这就造成了一种矛盾的情况，出现了由个人统治的"自由民族"。拿破仑所有的决策都谨慎地征求了选民的同意，当他在全民公决（投"赞成"或"反对"票）中向选民提交他的宪法和修宪草案时，选民以压倒性的大多数选票批准了他的修改。

拿破仑希望通过武力在整个欧洲建立稳定的统治，大大增强了选民的信心。为了达到这一目的，他于1800年越境进入意大利，并牢牢控制了皮埃蒙特和伦巴第地区。1805年至1807年，拿破仑虽然从未击败他的主要敌人英国，但他发动了一系列针对英国盟友奥地利和普鲁士的战役。1807年，在拿破仑的势力范围之外的欧洲国家只剩下英国、葡萄牙和瑞典。拿破仑在获胜的战场带去了他在法国推行的改革，推翻了许多旧的政治和社会秩序。

图 11.8

大卫在革命时代幸存下来。他描绘了许多革命事件，接着描绘了拿破仑职业生涯中的许多重要时刻。他在《跨越阿尔卑斯山圣伯纳隘道的拿破仑》一画中纪念了意大利的战役（图 11.8）。画面中，拿破仑骑着马带领他的军队穿过阿尔卑斯山脉的圣伯纳山口。这幅画的中心意象清晰，强调直角（拿破仑的腿；他伸出的手臂与身体的角度；马的头和脖子之间的关系；以及马匹后腿的角度），完全呈现出新古典主义风格。画面的背景呈现出更混乱的场景，这是大卫作品的一大特色：拿破仑的军队拖着一门大炮穿过隘道。画面前方的岩石上刻着唯一成功穿越阿尔卑斯山脉，进入意大利的几位将军名字：汉尼拔、查理曼大帝的拉丁语名字，还有拿破仑。

事实上，拿破仑并没有带领队伍通过隘道，而是带着他的后卫骑着一匹由农民牵的骡子过了隘道。因此，这幅画作纯粹是为了宣传，旨在为野心勃勃的领导人创造一个恰当的神话。虽然离加冕还差 4 年，但这位第一执政官自认为能够媲美神圣罗马帝国的法兰克福皇帝查理曼，这彰显了他渴望统一并统治欧洲的宏伟抱负。拿破仑大胆地创造了一个神话，德国哲学家格奥尔格·威廉·弗里德里希·黑格尔 1806 年 10 月 13 日写的一封信中很好地体现了这一点："我看见皇帝，世界之魂，纵马穿过大街小巷。看到一个像他这样一心一意的人以铁蹄踏破世界，真是一种奇妙的感觉。"

美国的新古典主义

美利坚合众国建国之初，国家的缔造者借鉴了古典主义，成立了新的共和国。共和国的民主仿效了缔造者眼中的第一批民主国家，即雅典和罗马的民主国家。1787 年 10 月 27 日，联邦大会向各州介绍了一部新的宪法。这部宪法由詹姆斯·麦迪逊（1751 年至 1836 年）负责起草，他受到了古希腊和罗马启发。（他的论文中有一份书单，囊括了他眼中对理解美国政治制度有重要意义的书籍，其中包括爱德华·吉本的《罗马帝国衰亡史》、巴兹尔·肯尼特的《罗马古迹》、普鲁塔克的《比较列传》、柏拉图的《理想国》和亚里士多德的《关于政府的论文》。）

新古典主义建筑风格主导了新美利坚合众国的建筑，被称为"联邦式风格"。当然，最重要的大师是杰弗逊。与几乎所有美洲殖民地的领导人一样，杰斐逊受过良好的古典文学教育，对詹姆斯·斯图尔特和尼古拉斯·雷维特的《雅典古迹》以及罗伯特·亚当和詹姆斯·亚当的《建筑作品集》了如指掌。杰弗逊对古典音乐的偏好影响了他位于弗吉尼亚州夏律第镇郊外蒙蒂塞洛的住宅设计、家具，甚至花园。

杰弗逊对新古典风格的喜好并不局限于他的私生活。他设计了位于里士满的弗吉尼亚州议会大厦，首先它是一座"大厦"，这个名字来源于罗马的国会大厦广场（图 11.9）。这座建筑完全复制了公元前 1 世纪建造的一座罗马神殿——法国尼姆方形神殿。为了确保国家有序发展，1785 年，杰弗逊提议国会通过一项土地法令，要求所有新的社区都按照网格排列组织起来。这项措施在整个北美大陆上建立了一个定期土地测量系统，使得美国本土呈现出有效的新古典主义模式。

然而，位于华盛顿特区的新议会大厦修改了杰弗逊的直线设计。总统乔治·华盛顿认为，波托马克河沿岸潮湿的沼泽地需要更宏伟的设计，因此他聘请皮埃尔·查尔斯·朗方少校（1754 年至 1825 年），请他提供更能体现野心的设计。朗方是一位凡尔赛宫廷画家的儿子，1776 年从巴黎移民到美国，在大陆军队服役。他的布局设计有意识地呼应了凡尔赛宫殿中

图 11.9

斜着的入口和花园小径，并将其叠加在杰弗逊的网格排布上，呈现出一种
棱角和直道的奇怪混合，于无意中体现了新美国的复杂运作。半个世纪后
的 1842 年，英国小说家查尔斯·狄更斯造访了这座城市，被城市的荒谬震
撼。"宽敞的大道……不知源于何处，止于何处；数千米长的街道，只有

图 11.10

房屋、道路和居民；这些公
众建筑需要公众的存在才能
获得圆满。"他写道，这是
一座有着"远大抱负"的城市，
只是尚未实现。

　　这座城市以一种不同寻
常的方式把新古典主义风格
和所谓的乡村魅力结合在一
起。1812 年，英国人在交
战过程中烧毁了议会大厦，
杰弗逊的弟子，建筑师本杰

明·亨利·拉特罗布（1764年至1820年）受雇进行重建工作，他创新了科林斯式柱的柱头设计，用玉米芯和烟草代替原版柱头上的莨苕叶形设计，参议院两侧的前庭和圆形大厅里都有这种新型设计（图11.10）。

奴隶制问题

美国在艺术和建筑中采用新古典主义风格，反映了崇高的理想主义，但这种理想从一开始就笼罩在奴隶制的阴影下。在革命的一系列辩论中，奴隶制问题被归于自由贸易辩论。美国人不仅抗议英国方面对从英国运往殖民地的日常货物征税，还抗议英国君主制禁止殖民地与世界其他地区自由贸易，包括非洲奴隶贸易。

大西洋奴隶贸易基本上遵循三角模式。欧洲向非洲出口货物，用货物换取奴隶，奴隶被运往西印度群岛，用于交换糖、棉花和烟草；交换来的货物最后被运回欧洲或者北上新英格兰出售。鉴于奴隶为种植园主提供的劳动力几乎免费，这样的贸易获益颇丰。在波士顿这样的港口，奴隶贸易似乎相对较少，但波士顿的繁荣以及大西洋上几乎所有港口的繁荣都依赖于奴隶制度。对此，企业家乔赛亚·韦奇伍德曾这样评价："在北美，没有任何东西是有价无市的。"美国人对新古典主义艺术的喜爱，很大程度是通过奴隶贸易得到满足的。

约翰·加布里埃尔·斯

图11.11

特德曼（1747年至1797年）出版过一本回忆录，记录了他于1772到1777年间在圭亚那地区镇压苏里南奴隶的经历。书中的插图由威廉·布莱克(1757年至1827年）绘制（图11.11）。彼时，布莱克已经是一个公认的雕刻家，也是英国的主要诗人之一。斯特德曼曾受雇于荷兰人，负责镇压圭亚那的反叛奴隶。然而一到那里，他就被眼前的奴隶们所受到的压迫震惊了：奴隶们的住房条件极差，但更糟的是，他们经常因为没能完成根本不可能完成的任务遭到鞭打、殴打和其他酷刑。奴隶主把体罚作为灌输普遍纪律的手段。女奴隶忍受着极其粗暴的性虐待。种植园主们仿佛在他们的地产上建立起了自己的后宫，大肆纵容自己的性欲。

废奴主张和自由思想的经济理论最终出现了对立。自由贸易经济学家，如亚当·斯密（1723年至1790年），认为人们应该自由地做他们可能做的任何事情来充实自己。因此，亚当·斯密认为自由放任主义的经济政策是最好的。在1776年出版的《国富论》中，他这样写道："每一位谨慎的一家之主都应该遵循这一原则：如果制作一个东西，比购买它更花钱，就不要自己制作……任何一个私人家庭的审慎行为，放在一个伟大的王国里，都不可能是愚蠢的。假如一个外国提供给我们的商品比我们自己生产的便宜，那么最好从外国购买。"可以说，劳动力就是这样一种商品，其范围也可以扩大到奴隶制。

1776年，在许多人看来，赞成和反对奴隶制的观点似乎是相互平衡的。经济学倾向于支持奴隶制，认为该制度有着很强的实用性，而人道主义精神的支持者强烈反对这一制度。草拟《独立宣言》时，杰弗逊拥有大约200名奴隶，也知道其他南方代表支持奴隶制，可他在《独立宣言》的初稿中强烈反对这种做法。阿比盖尔·亚当斯（1744年至1818年）和她的丈夫约翰·亚当斯一样，认识并且尊重杰弗逊。1774年，约翰·亚当斯在费城出席第一届大陆会议时，阿比盖尔写信给她的丈夫，坚定地表示："我真诚地希望全省没有奴隶。在我看来，这始终是一个最不公正的计划——我们正在奋力争取的东西，却正是我们每天都在从别人手中抢夺的东西。"

大西洋彼岸，许多关注美国革命的英国人都赞同阿比盖尔·亚当斯的观点。如果殖民地容忍奴隶制，那么美国人民对自己自由权利的要求就显得十分虚伪。 英国诗人托马斯·戴（1748年至1789年）将典型的美国人描述为"一手签署独立决议，一手挥着鞭子击打受惊的奴隶的伪君子。"

1771年，格兰维尔·夏普为一名逃脱的美国奴隶——詹姆斯·萨默塞特的案件抗辩，案件由首席法官曼斯菲尔德勋爵审理。自那时起，废奴主义者的力量在英国和美国殖民地大大增强。萨默塞特的美国奴

图 11.12

隶主在英国捉住了逃脱的萨默塞特，但首席法官给予了萨默塞特自由，裁定管辖另一个国家的法律在英国不起作用。贵格会教徒和月光社成员领导了反对奴隶制的斗争。1787年，乔赛亚·韦奇伍德制作了上百个陶瓷浮雕首饰，刻画了被链条禁锢的奴隶，他们卑躬屈膝，苦苦恳求道："难道我不是人，不是你们的同胞吗？"（图11.12）。他将这些物件广为散发，这幅图很快成为整个废奴运动的象征徽章。在费城，费城废奴会主席本杰明·富兰克林也收到了一套。

浪漫主义想象

什么是浪漫主义？文学和绘画如何体现浪漫主义？

浪漫主义一词最早由德国作家兼诗人卡尔·威廉·施勒格尔（1772年至1829年）于1798年提出，这是对18世纪启蒙运动和古典主义文化的公开回应。对卡尔·威廉·施勒格尔来说，浪漫主义是他的一种感觉。在他眼中，

欧洲大陆文化的共同基础古典主义思想正在瓦解，欧洲人以其独特的文化特色为基础，建立了新的民族国家。

施勒格尔的思想深受哲学家伊曼努尔·康德影响。在康德的《判断力批判》(1790 年)中，他把我们从艺术中获得的快乐定义为"无私的满足"。他的意思是，无论是在自然界还是在艺术品中，对美的沉思，都会使头脑进入一种自由发挥的状态。在这种状态中，看上去相互对立的事物——主体和客体、理性和想象力——实际上是统一的。施勒格尔同样受到了约翰·温克尔曼（1717 年至 1768 年）的影响，约翰在他的《古代艺术史》(这是第一本书名同时包含"史"和"艺术"两个词的书）中提出了一种有关希腊艺术的观点：希腊人贡献的不是供新古典主义艺术家盲目模仿的艺术品。对于温克尔曼和施勒格尔来说，希腊人为浪漫主义艺术家提供了一种刻画、呈现自然的新方式：希腊人研究自然，是为了发现自然的本质。自然展现纯粹之美的瞬间少之又少。温克尔曼主张，希腊人教给我们的是，艺术可以捕捉并保存上述的难得瞬间。

浪漫主义运动作为一种理解世界的方式，无异于一场人类意识的革命。浪漫主义者致力于发现自然界的美，拒绝了约翰·洛克和其他启蒙思想家所倡导的通过经验观察得出真理的看法。对他们来说，主观经验远比客观世界重要。浪漫主义运动的发起者之一，诗人塞缪尔·泰勒·柯勒律治（1772 年至 1834 年）在给朋友的一封信中给出了一个简洁的结论："我的观点是，只有情感深沉的人才能进行深刻的思考，所有的真理都是一种启示。"知道地球和月亮之间的确切距离远不如在黑暗的天空中看到月亮的感觉重要。必须记住的是，对于浪漫主义者来说，夜晚比白天的世界更吸引人，因为它比白天的世界更神秘，更不可知。

浪漫主义者也不赞同勒内·笛卡尔"我思故我在"的思想。他们认为人的心灵不一定是用于思考的。对于浪漫主义者来说，心灵是用于感受的。心灵不像笛卡尔主张的那样有别于肉体，而是与肉体紧密相连的。浪漫主义者认为，情感能够引领人们走向真理，19 世纪早期的大多数主要作家和艺术家都把情感作为表达想象力和创造力的主要方式。事实上，由于自然激发了情感和想象力，自然世界成为浪漫主义诗歌的主要题材，风景画成为浪漫主义绘画的主要题材。在自然界中，浪漫主义者不仅发现了他们自己创造力的源泉，也发现了上帝的存在以及上帝在地球上的神圣显现。

浪漫主义诗歌

浪漫主义的想象力在诗歌中找到了最清晰的表达方式。诗歌本质上是依靠直觉的，而且非常私人化。这是一种能够表达最深切情感的媒介。在声音和韵律的感染力中，诗歌能捕捉到，甚至能直接反映出自然本身的美。

威廉·华兹华斯的《丁登寺》

威廉·华兹华斯（1770年至1850年）的《丁登寺》完美地表现出了浪漫主义的想象。这首诗的完整标题是《1798年7月13日重游威河岸时创作于丁登寺上游几英里处的诗行》。丁登寺是一座被毁的中世纪修道院，坐落于英国南威尔士威河岸边。修道院没有屋顶，是露天的，拱门是哥特式的，长满了杂草和树苗（图11.13）。18世纪末期，英国旅行者常常来到美丽的威河游览，旅行的目的地就是这座修道院。

华兹华斯在写这首诗前5年访问了威河谷，这首诗的开篇，他回忆了那次旅行：

　　五年过去了，五个夏天，加上

图 11.13

长长的五个冬天！我终于又听见

这水声，这从高山滚流而下的泉水，

带着柔和的内河的潺潺。

——我又一次

看到这些陡峭挺拔的山峰，

这里已经是幽静的野地，

它们却使人感到更加清幽，

把眼前景物一直挂上宁静的高天。

这首诗的含义是美景唤起的情感比其呈现出的更深。在这些情感中，风景和天空——也许还有诗人本人——都是相连的，统一为一体。

在更详细地描述了眼前的景象后，诗人回想起他对这个地方的回忆给他带来的安慰。那次旅行之后的 5 年里，他一直"孤栖于斗室，困于城市的喧嚣"。他说，他对这个地方的回忆给他带来了"安恬的康复"。但更重要的是，美景还曾授予诗人一件更崇高的礼物，"那就是圣洁的心态。这种心态使不可思议、无法索解的尘世导致的困倦和重压得到缓解"，让诗人能够"看得清事物的内在生命"，从而使这些沉重"变轻了"。华兹华斯并不能完全理解人类心灵的力量。在这样的时刻，心灵所感知到的感情对他来说仍然是一个谜。但是在他看来，他的呼吸和血液，他的身体——那个"肉体的框架"——在一股能令人无所不知的"和谐的力量"中暂停了。

接下来，华兹华斯描述了他小时候对这一场景的反应。他说，这一幕只是"一种喜好"，但现在，作为一名成年人，他对自然的看法不同了。他在自然中发现了山水、天空和思想的联系。这首诗的开头几行已经流露出这种思想。人类与自然完全和谐地结合在一起：

一种动力，一种精神，推动

一切有思想的东西，一切思想的对象，

穿过一切东西而运行。

在这种万物一体的观念中，华兹华斯能够将自然定义为他的"锚""护士"和"向导"，"守护着我的心灵和所有凡人的灵魂"。华兹华斯的想象力不仅来自场景本身，也来自他对当时场景的记忆，以及他理解场景的力量时产生的想象力。当这首诗接近尾声时，华兹华斯转向身旁的妹妹，祈祷她也会像他一样知道"大自然从来没有背叛过爱她的心"。华兹华斯为妹妹多萝西所做的祈祷其实也是为了我们所有人。我们每个人都应该像他一样，成为"自然的崇拜者"。

《丁登寺》可以说是浪漫主义想象力最充分的表述之一。在159行诗句中，华兹华斯认为在体验自然之美的过程中，想象力消解了一切对立。他认为，头脑是人类感知过程中的积极参与者，而不是被动的容器。审美体验有一个伦理维度，一种俯瞰或超越"日常生活的沉闷交流"的方式。这种表述除了实际意义，还带有象征意义。也许最重要的是，这首诗给华兹华斯提供了一个交流的机会，不仅是与自然交流，也是与妹妹交流，与读者交流。通过个人的体验，华兹华斯触碰到了万物。

浪漫主义风景画

欧洲最著名的风景画是200多年前在意大利和荷兰发展起来的。英文中的"景观"一词也源自荷兰语的"耕地"一词。意大利艺术家对光和色彩的运用影响了17世纪的荷兰风景画大师，包括雅各布·范勒伊斯达尔，但这些画家也受到了自然地理急剧变化的启发。并且，荷兰风景画家反过来又影响了后来的英国风景画家。

约翰·康斯特勃：英国乡村风景画家

约翰·康斯特勃（1776年至1837年）的绘画深刻地反映了自然世界里永恒与短暂的紧张关系。康斯特勃的大部分精力都花在他的家乡萨福克东贝尔格豪特斯陶尔河谷的周围地区。和华兹华斯一样，康斯特勃相信他的艺术可以追溯到他的童年，追溯到他一生都熟悉的那个地方——斯陶尔河。"我应该把我自己的地方画得最好。"他在1821年给一位朋友写了一封信，"我把无忧无虑的童年和斯陶尔河沿岸的一切联系在一起。它们让我成为一名画家。对此，我万分感激。"和华兹华斯一样，康斯特勃也希望描写普通生活中的事件和场景，包括村庄、教堂、农舍和小屋。但最重要的是，康斯特勃和华兹华斯一样，是自然的崇拜者。正如康斯特勃在一封信中所写的那样，"每棵树似乎都开满了某种花朵，土地表面生机勃勃——我迈出的每一步，无论我把目光投向什么物体，都能感受到崇高的喜悦。"实际上，康斯特勃所绘制的风景画中，许多大教堂似乎都象征着上帝在自然中的永恒。

从 1819 年到 1825 年，康斯特勃创作了一系列他口中的大型 "6 英尺画作"，这些画作位于他伦敦的工作室中，都描绘了斯陶尔河上的风景，来源于他早先绘制的素描和绘画。《干草车》（图 11.14）是其中一幅。这幅画包含了多种意境——左边的乌云代表了刚刚过去的暴风雨，与画面右边荡漾的云层下面明亮的田野形成对比；房子后面的植物树干粗大，与画面右边刚割下的干草形成对比；那位绅士的渔夫与勤奋的推车司机形成了

图 11.14

鲜明的对比。这座房子是威利·洛特的。洛特在这所房子里住了整整80年，一生中只有4个晚上没有待在这座房子里。对于康斯特勃来说，这座房子象征着稳定和永恒，与无常的天气、不断变幻的光影、太阳和云彩相映成趣。

1821年，这幅画首次在皇家艺术学院展出时，伦敦人不接受这是一幅"完成的"画作，因为这幅作品十分简洁，几近抽象：康斯特勃用各种短促、破碎的色彩笔触，运用多种阴影和浅色来呈现一种特定的色调（例如树叶的绿色）。观众也不明白为什么这样一个平凡的主题配得上这样一张不朽的画布。随后，康斯特勃向一位朋友抱怨道："伦敦人虽然有艺术家的独创性，却对乡村生活的感受（风景画的精髓）一无所知——就像拉着出租马车的马匹对牧场一无所知一样。"

约瑟夫·玛罗德·威廉·特纳：极富想象力的色彩画家

约瑟夫·玛罗德·威廉·特纳（1775年至1851年）是英国当时另一位伟大的风景画家，自由地探索了他口中"想象力的颜色"。用评论家威廉·赫兹利特（1778年至1830年）的话来说，甚至连与特纳的同一时代

图 11.15

人也认识到，比起"自然本身"，特纳对"自然呈现在我们眼前的方式"的兴趣更为浓厚。在特纳的绘画中，土壤和植物似乎溶解于光和水中，溶于他用来呈现自然的方式——闪闪发光的油画或半透明的水彩。例如，在《莱辛巴赫瀑布》一画中，特纳对瑞士阿尔卑斯山脉最高处瀑布的描绘，似乎使岩石悬崖生动了起来（图11.15）。特纳不是要我们注意岩石、悬崖和山脉，而是希望我们注意那些隔在中间的雾和光。

也许理解康斯特勃和特纳之间区别的最好方法是综合考虑他们各自绘画视野的范围。康斯特勃描绘的是熟悉的近景，与人类联系密切。特纳的作品主题则是遥远的异国，甚至带有一种疏远感。康斯特勃绘画中的人是一种基本、主要的存在，是人与自然的统一。特纳绘画中的人物是微不足道的，几乎与绘画无关，除非人物的微不足道突显了大自然的冷漠。《莱辛巴赫瀑布》与康斯特勃笔下唾手可得的世界截然不同，画面左下角几乎看不见的牛郎和他的狗也因为场景的巨大而相形见绌。牛在画面底部中央的山坡上吃草，另一群牛在峡谷对面的山脊上。其效果类似于华兹华斯在

图 11.16

《丁登寺》中的描述。

然而，我们必须牢记的是，崇高并不意味着善良、温和。旁观者没有立足之地，只能与巨大自然力量并肩而行。《暴风雪——汽船驶离港口》（图11.16）一画表明了"人类希望的绝灭"。这幅画里体现出的情感倾向完全不同于康斯特勃的田园风光或华兹华斯的"自然虔诚"。这幅画最初的副标题是"艾丽尔号离开哈里奇的那晚作者身处暴风雪中"，画面记录了自我（和观者）沉浸在自然的原始力量中的状态。特纳表示，"我想展现这种场景到底是什么样的。我让水手们把我绑在桅杆上观察暴风雪……我没想到自己竟然能活下来。但我早就想好了，如果我有幸逃脱了，一定要把这场风雪记录下来。"我们没有证据证实艾丽尔号是一艘真实存在的船。最有可能的是，特纳想象了这样一个场景：一场蒸汽和风暴的巨大漩涡把我们卷进了它的中心。我们陷入特纳笔下光明与黑暗的混乱之中，这与启蒙思想中的自然恰恰相反，启蒙思想中，自然的特点是清晰、秩序与和谐。

德国浪漫主义者：弗里德里希与康德

康斯特勃和特纳呈现自然的方法虽截然不同，但他们都认为自然激发了他们的想象力。在德国浪漫主义传统中，想象力也是根本出发点。画家卡斯帕·大卫·弗里德里希（1774年至1840年）把人物——通常是孤独的人物——置于崇高的风景之前，表现出浪漫主义的想象力。在作品《海边的修道士》（图11.17）中，一个身影孤零零地站着，被浩瀚的沙滩和风暴吞没，仿佛面对着虚空。这体现了人物信仰的危机，他似乎在问："我要怎么认识上帝？面对这空虚的浩瀚，我该如何信仰？我能拥有信仰吗？"

这些情绪与哲学家伊曼努尔·康德的《纯粹理性的批判》（1781年）形成呼应。康德在书中指出，心灵不是信息的被动接受者，也不是洛克所宣称的一块"白板"。对康德来说，头脑拥有积极创造知识的能力。

秩序、规律、比例和设计，是康德眼中美的标准。美是自足的。它可以表现为一个独立的物体——像帕特农神庙一样的建筑，或者一个拥有完美比例的身体。但崇高是没有界限、不受约束的。

图 11.17

康德认为，我们理解空间、时间、数量、事物之间的关系，尤其是质量等概念的方式，是与生俱来的。这些先天的心理能力能够感知经验的各个方面，我们通过这些能力的运作来理解世界。人与人的经历各不相同，所以每个人的心灵都创造了自己的知识体系和自己的世界。现实的本质不再是最重要的问题。相反，用来理解现实的心灵才是最重要的。康德改变了哲学的基本问题，从"我们知道什么？"到"我们怎么知道？"——甚至到"我们怎么知道我们知道？"

弗里德里希的绘画中，怀疑是一个永恒不变的主题。这种怀疑不仅给作品带来焦虑感和张力，更能够刺激人们的想象力。在绘画《雾海上的旅人》中，弗里德里希描绘了一个孤独的人，他的头发被风吹动，站在岩石嶙峋的海角上，背向观众（图 11.18）。我们可以把他看作是我们自己的投影，就像《海边的修道士》一样。他的视线被大片雾气阻隔，就像我们的视线被裸露的岩石遮挡。画面隐约暗示了整个场景的壮观，似乎是关于最终启示的一个模糊承诺。事实上，弗里德里希是这样看待绘画不确定性的价值的：

如果你的想象力很
差，在迷雾中只能看到
一片茫茫的灰色，那么
厌恶模糊情有可原。尽
管如此，笼罩在雾霭中
的风景似乎更广阔、更
崇高，它激发了想象力，
同时增加了悬念——就
像一个戴面纱的女人。
比起肉眼能够看到的物
体，充满水汽的远处空
间更能够撩动视觉，激
发想象力。

图 11.18

远近反差，以及画
面前景中的岩石和延伸
到远方的空灵气氛之间的反差——即在尘世和精神领域之间的反差，也进
一步激发了观者的想象力。

浪漫主义英雄

1798 年 5 月，拿破仑率领约 35000 名士兵启航前往埃及。他的军队很
快占领了开罗，并在该国建立了法国政府。但他们与欧洲之间的联系被隔
断了。8 月，英国海军在海军上将霍雷肖·纳尔逊的指挥下重创法国舰队。
奥斯曼土耳其人认识到拿破仑的弱点，于 1799 年年初向法国宣战，但拿破
仑采取主动，率领一支 13000 人的北方军队进入叙利亚。他的军队在港口
城市雅法（当时是奥斯曼帝国叙利亚的一部分，今天并入特拉维夫）攻破
了奥斯曼帝国的防线，随后进行了一场毫无意义的大屠杀。由于弹药不足，
他们用刺刀刺死了约 2000 名试图投降的土耳其士兵，然后向该镇开火。大

约 3500 名男子、妇女和儿童遭到杀害、强奸，他们的住所和生意遭到抢劫和焚烧。另外还有 2000 至 3000 名土耳其士兵向拿破仑的副官投降。屠杀三天后，拿破仑为了免去给养、看守这些士兵的麻烦，下令在海滩上集体处决他们。

短短几天之内，事态变得更加残忍。黑死病开始在拿破仑的军队中迅速蔓延。拿破仑意识到军中的士气岌岌可危，于是决定去医院探望他手下不幸感染的士兵。5 年后，安托万 – 让·格罗斯将创作一幅巨大的画作纪念这次访问。这幅画的设计主要是为了转移公众对雅法的惨况的关注（图11.19）。拿破仑位于画面的中心，沐浴在光下，像基督一样把手放在一个被感染的士兵身上。这幅作品的构图灵感来自大卫的《荷拉斯兄弟之誓》（图 11.5）。画面前方的空间很浅，后面是一座带有拱形门廊的墙。拿破仑的手和荷拉提乌斯的手一样，是这幅画的焦点。画面中的拿破仑把自己和随行人员置于感染的风险下，这种精神值得钦佩，但是在离开叙利亚之前，他下令处死了那些身体过于虚弱，无法向南撤退的人。在这一事件中，

图 11.19

法国方面的伤亡人员总数巨大，约1200人阵亡，2500人生病或受重伤，约2000人死于瘟疫。拿破仑仍然被英国海军包围，他独自前往法国，把军队留在埃及。

拿破仑在许多战役中都取得了惊人的成功。他积极致力于推行自由、博爱和平等原则（废除了欧洲大部分地区的农奴制），在重组政府、教育制度和民法方面取得了辉煌的成就。19世纪的头几年，他似乎成了许多人眼中的救世主。总而言之，拿破仑是浪漫主义英雄的化身，也是法国的民族偶像——一个出身平凡的人，凭借其智慧和毅力崛起，主导了世界舞台。

浪漫主义者崇尚个人直觉和创造力，因此十分崇拜拿破仑。拿破仑的最终失败和19世纪前50年的混乱局势，使浪漫主义者对人类历史的进程产生了深重的悲观主义情绪。

对富有想象力的浪漫主义者来说，拿破仑的形象与普罗米修斯有一定相似之处。在希腊神话中，普罗米修斯是泰坦神族的一员，他从众神那里偷走了智慧和创造力的源泉——火，并把它给了人类，而众神的统治者宙斯却拒绝给予人类火种。因为犯下这一罪行，普罗米修斯被宙斯用锁链拴在一块岩石上，每天都有一只鹰蚕食他的肝脏，但他的肝脏每晚都会复原。因此，普罗米修斯日复一日地遭受着同样的命运审判。一方面，浪漫主义者把他尊为历经磨难但永远崇高的人类自由捍卫者。但另一方面，他为了实现目标行为鲁莽，违反了最高权力机构制定的法律，此外还需要永远承受无尽的痛苦，因此，浪漫主义者也承认普罗米修斯形象中的某种徒劳和绝望。

英国的普罗米修斯式思想：拜伦勋爵

对于诗人乔治·戈登，也就是拜伦勋爵（1788年至1824年）来说，普罗米修斯体现了他强烈的个人主义精神。拜伦是一个漂泊异乡的旅客，一个风流的才子，一个被压迫国家的捍卫者。拜伦在1816年的颂歌《普罗米修斯》中，重现了埃斯库罗斯戏剧《被缚的普罗米修斯》中描述的神话，向他的神话英雄致敬：

你是一个标记，一个征象，

标志着人的命运和力量；

和你相同，人也有神的一半，

是浊流来自圣洁的源泉；

人也能够一半儿预见

他自己的阴惨的归宿；

他那不幸，他的不肯屈服，

和他那生存的孤立无援：

但这一切反而使他振奋，

逆境会唤起顽抗的精神

使他与灾难力敌相持，

坚定的意志，深刻的认识；

即使在痛苦中，他能看到

其中也有它凝聚的酬报；

他骄傲他敢于反抗到底，

呵，他会把死亡变为胜利的。

拜伦眼中的普罗米修斯敢于反对奥林匹斯众神，就像他眼中的拿破仑一样。拜伦让这首诗里近乎绝望的妥协和带有违抗性质的信念达到了平衡，这种信念相信，人类的精神能够克服一切困难——甚至是死亡。

1823 年 7 月，拜伦乘船前往希腊，帮助希腊人从奥斯曼土耳其人手中独立。对于拜伦来说，希腊是一个普罗米修斯式的国家。这个国家的人民渴望"不受束缚"，现在他要亲自来援救这些人，但他从未做出任何行动。相反，他死于 1824 年的发烧和过度出血。这是由于他的医生错误地相信通过放血可以治愈他。他被埋葬在他位于英国的家族墓穴里，除了他的心脏和肺脏（这两个器官被埋葬在他去世时所在的密苏里州）。

歌德的《浮士德》以及对无穷知识的渴望

浮士德是浪漫主义最伟大的英雄之一，这一种定义为古典风格想象力的产物，也是浪漫主义发展过程中最讽刺的事件之一。创造了这位英雄的约翰·沃尔夫冈·冯·歌德（1749年至1832年）有着强烈的古典风格倾向，经常被人们归类为"古典"作家。1775年，他搬到了欧洲最大的文化中心之一魏玛。他在位于该地的住所里放满了希腊和罗马的雕像。事实上，歌德本人认为浪漫主义是令人憎恶的。在1829年歌德写给朋友的一封著名信件中，他这样写道："我认为古典风格是健康的，而浪漫是病态的……（浪漫主义者）虚弱、病态、有害，而（古典主义者）强大、清新、向上……"

歌德的《浮士德》也体现了同样的模糊思想。《浮士德》是一部12000行的诗歌剧，改编自16世纪德国关于一名游医的传说。这位医生名为约翰·乔治·浮士德，据说他把自己的灵魂出卖给了魔鬼，换取了无穷的知识。对歌德来说，他似乎是一个浪漫主义英雄的理想形象——拥有掌握世界的野心，却因此招来横祸。

浮士德像歌德一样学识渊博，可他厌倦自己的生活，渴望拥有更伟大的经历。从本质上讲，浮士德正承受着浪漫主义英雄的巨大痛苦之一"百无聊赖"（ennui）。这是一个法语词汇，既表示无精打采，也表示深沉的忧郁。他渴望挑战自己高深才智的极限。这一挑战以魔鬼梅菲斯托费勒斯的形式出现，他化身为一个品味高雅、举止端庄的男士，穿着华丽的衣服来到浮士德的书房。

梅菲斯托费勒斯与浮士德达成了协议。他许诺给予浮士德他"个人艺术的迷人样品"，这将满足浮士德最大的渴望。但作为回报，如果浮士德认为自己得到了满足，梅菲斯托费勒斯就能获得浮士德的灵魂。

在梅菲斯托费勒斯心中，浮士德是一个普罗米修斯式的终极英雄，是一个一往直前、不可控制的人，他贪得无厌的野心将不可避免地导致他"超越"自己的局限。在与一位名叫格雷琴的年轻女子发生了一段混乱的恋情后，浮士德抛弃了她。这使她失去理智，杀死了他们的私生子。她被判处死刑，但她纯洁的爱为她赢得了来世的救赎。

在第二部分中，浮士德追随梅菲斯托费勒斯进入了浪漫主义想象中的"另一个黑暗世界"，一个梦魇般的世界，充满了来自远古的女巫、海妖、怪物和英雄。但是，在歌德最终的救赎故事中，浮士德对这种永无止境的变幻并不满意。具有讽刺意味的是，当浮士德开始行善事后，他的欲望被抑制了。他选择把自己的知识付于一个旨在为数百万人提供优质土地的大规模土地开垦项目上。（这让我们想起普罗米修斯渴望通过提供火种造福人类。）可惜的是，梦想实现之前，浮士德就去世了，还未来得及宣称自己获得了满足。

总而言之，歌德的浮士德是一个矛盾的人物，一个雄心勃勃的人，因此象征着巨大的可能性。然而，就像雪莱笔下的弗兰肯斯坦一样，他的权力意志是自我毁灭式的。这首诗中，高度的严肃性与粗俗的喜剧形成鲜明对比，浮士德的伟大善行与深刻的道德败坏相去甚远，使我们更深刻地感受到这些矛盾。

戈雅的悲剧视野

拿破仑的普罗米修斯式野心影响深远。从作曲家路德维希·范·贝多芬（1770 年至 1827 年）时期的奥地利到画家弗朗西斯科·戈雅（1746 年至 1828 年）时期的西班牙，无不受到这种精神的影响。拿破仑在法国掌权这件事起初让戈雅很感兴趣。然而，他很快看穿了皇帝的理想面纱，即在一个堕落、腐败、与欧洲其他国家隔绝的封建国家建立一个公平、高效的政府。的确，戈雅对拿破仑的感情远没有贝多芬对拿破仑的感情那么矛盾。戈雅只是想要表达对皇帝的不满，就像大多数西班牙人一样。

拿破仑决定派遣一支法国军队横渡伊比利亚半岛，迫使葡萄牙放弃与英国的同盟关系时，他没有预见到自己会遇见任何问题。从 1796 年开始，西班牙就是他的盟友。起初，拿破仑的军队没有遭到反抗，但是当军队到达萨拉戈萨时，爱国热情高涨的西班牙人奋起反抗侵略者。在之后的 5 年里，西班牙发明了一种新的战争形式，同法国进行了无数次非正规游击战。

1808 年 3 月，拿破仑犯了一个致命的错误。为了贿赂西班牙王室，让他们不插手，拿破仑任命他的兄弟约瑟夫·波拿巴为西班牙王位继承人（1808 年至 1814 年在位）。这一举措激怒了西班牙人民。西班牙的王位毕竟是西班牙人民的，不是拿破仑的。在王室与拿破仑谈判的时候，有谣言说拿破仑正计划处决皇室。1808 年 5 月 2 日，马德里市民奋起反抗拿破仑的军队，数百人在战斗中丧生,第二天又有数百人在马德里郊外的一座山上被处决。6年后,1814年,拿破仑被废黜,费迪南德复辟为国王,戈雅创作了两幅画纪念5月2日和5月3日的事件,第一幅描绘了那场战斗,第二幅描绘了第二天的处决。

《1808年5月3日》是西方绘画史上最能够凸显战争的恐怖的作品之一(图11.20)。5月2日事件后的第二天晚上,拿破仑的军队成立了行刑队,处决了数百名马德里人——任何被发现持有任何武器的马德里人都遭到处决。画面中唯一的光源来自一个方形的马厩灯笼,向一名囚犯投射出明亮的光。囚犯的胳膊高举过头顶,姿势像是在恳求怜悯,又像在英勇地反抗。囚犯的脚下,一具血淋淋的尸体伸出手臂,与他的姿势呼应。囚犯的左边,在画的正中央,另一个即将被击毙的人不忍面对眼前的恐怖行径,捂住了眼睛,他的身后延伸出一条受害者的队伍。他们头顶上,一座孤零零、漆黑的教堂尖塔在夜空中升起,几乎看不见。这幅画的大部分力量来源于其

图 11.20

明暗对比，也来源于囚犯的姿势（囚犯看起来像是被钉在十字架上，使人想起耶稣在十字架上遭受的痛苦）。行刑者所代表的是对国家忠诚，而不是对个人良知忠诚。

戈雅认为他的世界已经抛弃了理性，这种感觉支配着他末期的作品。1819 年，72 岁的戈雅搬到了马德里郊外的一座两层小房子里。他与 30 岁情妇莱奥卡蒂娅·韦斯之间的关系至少在一定程度上促使他做了这个决定，这一关系令马德里社会中更为保守的人士感到愤慨。这也更普遍地表明戈雅越来越倾向于隐居。

图 11.21

这栋房子名叫"金塔德尔索尔多"，戈雅花了 4 年的时间，在这座房子的石膏墙上创作了一系列油画，共 14 幅。今天，它们被称为"黑色绘画"。没有记录表明戈雅曾向任何朋友或亲戚解释过这些绘画的含义，这些画也没有任何书面形式的标题。这些作品中，有一幅画主题是一个女人，明显是莱奥卡蒂娅，靠在一座坟墓上；有一幅画是两个男人在用棍棒决斗；有一幅画是一群恐怖、丑陋的人们在夜色中进行朝圣之旅；有一幅画是在女巫的安息日，同样的人群聚集在一只巨大的公山羊周围；有一幅画是两个骨瘦如柴的老人在喝汤；最可怕的是一幅今天被称为"农神吞噬其子"的画（图11.21），来源于克洛诺斯食子的故事，这是与泰坦神族相关的传说之一。戈雅并不打算把农神化作一个令人欢迎的意象。他那瘦削的双腿、宽阔的肩膀、蓬乱的头发和疯狂的眼睛也许更像是整个社会、社会秩序，甚至是西班牙的形象，吞噬着自己的人民。

从古典主义到浪漫主义的音乐

古典主义音乐和后来的浪漫主义音乐有什么区别？

对普罗米修斯式英雄的迷恋并不局限于文学，也反映在音乐中，尤其是路德维希·范·贝多芬创作的音乐里。贝多芬是音乐从古典主义时代向浪漫主义时代过渡的关键人物。他的《第三交响曲》，后来被称为《英雄交响曲》最初旨在纪念拿破仑，因为这位作曲家十分钦佩这位法国领袖，认为他是自由的捍卫者。但是，1804年12月2日拿破仑加冕为皇帝时，贝多芬改变了主意，对一位朋友说："那么，他也不过是一个普通人吗？如今，他也会践踏人的所有权利，只放纵自己的野心。他把自己凌驾于一切之上，势必成为暴君！"因此，在交响乐的首页上，他划掉了"献给波拿巴"这几个字。

古典风格传统

1792年，年轻的钢琴家贝多芬在维也纳开始了他的职业生涯，他沉浸在我们现在称之为"古典音乐"的传统中，这种音乐反映了人们对洛可可风格以及与之相关的道德败坏的日益厌恶。大约在1760年，古典风格在维也纳首先发展起来，它与希腊和罗马艺术一样，具有对称、成比例、平衡、形式统一、清晰等基本特征。这种清晰是新型音乐听众崛起的直接结果，新兴的中产阶级要求作曲家使用比巴洛克风格浮华、复杂的结构更容易理解和辨认的音乐语言。

这个时代最重要的发展是交响乐团的发展。交响乐团面向新中产阶级听众，比巴洛克风格作曲家使用的乐团大得多。古典管弦乐团根据乐器的种类分为不同的乐器组：弦乐器组，由小提琴、中提琴、大提琴和低音大提琴组成；木管乐器组，由长笛、双簧管、单簧管和低音管组成；铜管乐器组，由小号和圆号组成（该世纪末加入了长号）；还有一组打击乐器组，由定音鼓和其他节奏乐器组成。作曲家本人通常领导管弦乐团，并经常在舞台上某块区域利用钢琴或键盘演奏部分乐曲，而这部分区域现在是留给指挥家的。现代交响乐团是这个新古典乐团经过显著扩大后的版本。

为了组织这样一个庞大的乐团，需要一个总的乐谱，标明每种乐器演奏什么音乐。这让作曲家得以从整体角度欣赏曲子，而每个乐器或乐器组都有自己的独立的演奏部分。交响乐团最常演奏的音乐形式是交响乐。"交响乐"一词来源于意大利语，是意大利歌剧的三乐章（快－慢－快）介绍或序曲。在前两个乐章之后可以加上第四个乐章，通常采用小步舞曲庄严的节奏。形式的有序性是戏剧性的源泉，因为当作品演奏完三到四个乐章时，观众们都期待着作曲家有新的创造。

海顿与莫扎特

作曲家约瑟夫·海顿（1732年至1809年）是交响乐这一形式的重要推动者。1761年，29岁的他被任命为匈牙利贵族保罗·安东·埃斯特哈希公爵的宫廷音乐总指挥。海顿为埃斯特哈希工作了近30年，被隔离在维也纳以南约48千米的艾森市的埃斯特哈希宫。这座仿照凡尔赛建造的宫殿有两个剧院（一个是歌剧院）和两个音乐厅。在这里，海顿创作了大量的音乐作品：歌剧、清唱剧、协奏曲、奏鸣曲、序曲、礼拜仪式音乐。最重要的是，他发展出了两种体裁——古典交响乐和弦乐四重奏。他创作了106首古典交响乐，67首弦乐四重奏。他还监管着乐器的修理工作，训练了一支合唱团，并与一支大约由25名音乐家组成的管弦乐团一起排练、表演。

1790 年，埃斯特哈希去世后，他的儿子解散了乐团，伦敦的一位推广人约翰·彼得·所罗门邀请海顿前往英国。在那里，他为一支大约 60 名音乐家组成的管弦乐团创作了他最后的 12 首交响曲，包括举世闻名的《惊愕交响曲》。

古典时期最伟大的音乐天才是与海顿同一时代的年轻人，沃尔夫冈·阿马德乌斯·莫扎特（1756 年至 1791 年）。莫扎特在 6 岁那年写出了他的第一首原创作品。那一年是 1762 年，也就是海顿为埃斯特哈希公爵工作的第二年。这位神童 8 岁时就写出了他的第一首交响曲。在莫扎特 35 年的人生历程中，他写了 40 多首交响曲，加上 27 首弦乐四重奏，20 首歌剧，60 首奏鸣曲和 23 首钢琴协奏曲。海顿告诉莫扎特的父亲，他的儿子是"所有作曲家中最伟大的，无论是我结识的还是听说的作曲家。"1785 年，莫扎特将六首弦乐四重奏献给了这位年长的作曲家。有几次，海顿和莫扎特在聚会上相遇，一起演奏了弦乐四重奏，海顿拉小提琴，莫扎特拉中提琴。

人们普遍认为莫扎特的音乐过于复杂，在情感和智力上要求太高，以至于普通听众无法欣赏和理解。哈布斯堡王朝的皇帝约瑟夫二世是这样评论莫扎特的歌剧《唐璜》的："这部歌剧很美，可是没有维也纳人的牙齿能吃的食物。"意思是这首曲子对他们的审美来说太精致了。据说，莫扎特是这样回答的："那就给他们时间来咀嚼。"事实上，他的作品常常需要时间来吸收。莫扎特还会在一个乐章中囊括大量不同的旋律，比大多数作曲家为整个交响乐所写的旋律还要多，乐曲会自然地开始，流畅地行进至音乐结束。约瑟夫二世对莫扎特另一部歌剧的反应是："音符太多了！"具有讽刺意味的是，我们今天珍视的正是这种音乐的丰富性。

莫扎特的《G 小调第四十交响曲》完美地体现了其作品的复杂性，这首乐曲创作于 1788 年夏天的 8 个星期之内。第一乐章的形式非常容易理解。乐曲在或响亮或柔和的乐章、木管乐器和弦乐器、上升和下降的乐句以及大调和小调之间来回变换，十分具有戏剧性。尤其引人注目的是莫扎特对听众的引导，他让听众以为自己要回到原来的旋律，却没有这样做。

莫扎特最伟大的作品之一是他最后四部伟大的歌剧《费加罗的婚礼》《唐璜》《歌迷图特》和《魔笛》。前三个故事把贵族和平民聚集在一起，故事既滑稽又严肃。然而，剧中人物最大的不同是人物的深度。从最低阶层到最高阶层，所有人都是可信的，因为剧中理清了人物之间暴风雨般的冲突和爱情生活。

贝多芬：从古典主义到浪漫主义

贝多芬的音乐直接反映了他的人生经历，他的欢乐和悲伤，相应也表明了从古典主义音乐到浪漫主义音乐到转变。早期的作曲家也会在他们的作品中表达情感，但不会像贝多芬那样以个人、自传式的方式抒发情感。

1792年11月，贝多芬从德国波恩抵达维也纳。十年后，他在1802年完成的《第一交响曲》和《第二交响曲》反映出他有意识地继承了古典传统，并进行重述和总结，实现了更激动人心的突破。贝多芬的失聪引发了一场个人危机，促使贝多芬在接下来的辉煌十年里创作了6首交响曲、4首协奏曲和5首弦乐四重奏，并且彻底抛弃了古典风格传统。

1802年4月，贝多芬离开维也纳，前往城市北部的小村庄海利根施塔特。他的听力恶化了一段时间，可是最初的蜂鸣声变得更严重了。他生性喜怒无常，耳聋更使他脾气古怪。同年10月初，当他考虑结束自己的生命时，他的抑郁情绪达到了顶峰。在他死后的一份文件中，有一封给他的兄弟们的信，即人们今天所知的《海利根施塔特遗嘱》。人们不难从这封信中看出贝多芬彼时的心境：

是艺术，只是艺术留住了我。啊！在我尚未感到把我的使命全部完成之前，我觉得我是不能离开这个世界的。就这样，我在熬过这痛苦的生活。

贝多芬很快就适应了自己的处境，认识到与世隔绝也许是他发挥创造力的必要条件。他的想象力在一种几乎是纯粹主观感觉的指导下转向了内心，这正是浪漫主义的核心所在。贝多芬后期在海利根施塔特创作的作品，经常被称为"英雄曲"，因为它们彻底地唤起了斗争和胜利的感觉，标志着浪漫主义音乐风格的首次表达。1810年，霍夫曼评价贝多芬的音乐唤起了"敬畏、恐惧、恐怖、痛苦的体系",他的意思是它唤起了人们心中的崇高感。

贝多芬的《第三交响曲》,即《英雄交响曲》,是这种新式风格在他的作品中的第一次主要表现。与以往的任何交响乐相比,这首乐曲的第一乐章都要长得多。它由691个音阶组成,大约需要19分钟才能演奏完毕,而莫扎特《G小调第四十交响曲》的第一乐章只要8分钟就能演奏完。事实上,第一乐章几乎和莫扎特整个交响曲一样长。这一乐章极富戏剧性地介绍了主旋律,并在长长的几段旋律之后重新概括了主旋律,最后达到了一个壮观的高潮,确立了这首乐曲普罗米修斯式的浪漫主义气氛。终曲中宽广、胜利的结尾以宏伟的号角为特色,汇集了第一乐章的主题和变奏曲。总而言之,这首交响曲戏剧化地呈现了贝多芬本人的经历:他在海利根施塔特(如第二乐章呈现出的那样)陷入绝望,内心充满挣扎,通过艺术取得了最终胜利。

贝多芬的《第五交响曲》,就像《英雄交响曲》一样,把艺术战胜死亡、恐怖、恐惧和痛苦的过程用以音乐形式表达了出来。 这首交响曲于1808年12月22日首演,它的开头的主题由四个音符组成,节奏为短–短–短–长,实际上是整个交响曲的基础。乐曲中出现了许多惊人的变化,与主题形成了对抗态势:一个突如其来的双簧管独奏打断了开场的主题;终曲中加入了短笛、重低音管和长号;最后两个乐章之间没有停顿;这首曲子的结尾与它开始时的音调不同——是庄严的C大调,而不是最初的C小调。事实上,第五交响曲的结尾是贝多芬所写的最长、最激动人心的结尾之一。这首交响乐似乎一次又一次要走向结束,却只是变得越来越快,直到最后停在了由整个管弦乐队演奏的极强单一音符C上。

贝多芬之后的浪漫主义音乐

贝多芬对个人情感的音乐探索对后来的浪漫主义作曲家产生了巨大的影响。 他们努力寻找新的方式来表达自己的情感。一些人把交响乐作为他们最重要的表达载体,其他人则在钢琴音乐和歌曲中找到了丰富的媒介。

埃克托·柏辽兹与标题音乐

法国作曲家埃克托·柏辽兹（1803 年至 1869 年）是继承贝多芬传统的作曲家中最具原创性的一位，无论是在音乐方面还是在个人方面都是如此。坦率地说，他的作品是自传性质的；柏辽兹以交响乐和乐器演奏的新方法吸引了人们的注意。他写了三首交响曲，均以其独创性和新颖性著称。柏辽兹的交响乐团规模庞大，演奏结构错综复杂，他却能够通过引入反复出现的主题来统一他的交响乐。

费利克斯·门德尔松与音乐的意义

费利克斯·门德尔松（1809 年至 1847 年）是继贝多芬之后另一位浪漫主义作曲家，标题音乐是其作品的重要组成部分。门德尔松年轻时与歌德为友，1829 年到 1831 年多次与歌德在欧洲旅行。这些旅行成为门德尔松许多管弦乐作品的创作灵感，包括《意大利交响曲》（1833 年）、《苏格兰交响曲》（1842）和《赫布里底群岛曲》（1832 年）。

门德尔松既弹钢琴又拉小提琴。在钢琴方面，他创作了 48 首"无词歌"，分别出版在八本不同的书中，非常受欢迎。这些音乐要求听者想象作品所唤起的词语。当一位朋友要求他为音乐提供描述性标题时，他回答道：

我认为文字根本不适合（音乐）。如果文字足够的话，我就会完全停止创作音乐……所以，如果你问我创作的时候在想什么，我会说：就像那首歌一样。假如我在创作这些歌曲中的一首或另一首时，碰巧想到了某个词或某些词，我永远不能把它们透露给任何人。因为同一个词对一个人来说意味着一件事，对另一个人来说却意味着另一件事。只有当一首歌可以传达同样的东西时，才能在不同的人身上唤起不同的感觉——无论用什么词语来表达，这种感觉都是不一样的。

换句话说，音乐的意义在于音乐本身。它不能用语言表达。音乐创造了一种所有听众共享的感觉，但没有两个听众会用相同的术语来解释它。

歌曲：弗朗茨·舒伯特和舒曼夫妇

并非所有的浪漫主义作曲家都追随贝多芬的步伐，专注于交响乐的形式。有些作曲家致力于实现创新，极力传达他们的个人情感。大约从1815年开始，德国作曲家对把诗歌谱成音乐的想法产生了兴趣，尤其是弗里德里希·席勒和歌德的作品。这些歌曲被称为"利德"，通常是独唱曲目和钢琴曲目。这种音乐形式十分受欢迎，说明钢琴在中产阶级家庭中日益普及，越来越多的家庭可以负担购买钢琴的费用。音乐市场的早期扩张使作曲家摆脱了对富人赞助的完全依赖。

弗朗茨·舒伯特（1797年至1828年）和罗伯特·舒曼（1810年至1856年）的利德尤其受欢迎。舒伯特的一生为疾病与贫穷所困。他狂热地工作着。短暂的职业生涯中，他创作了近1000部作品，其中600部是利德，还有9部交响曲和22首钢琴奏鸣曲。舒伯特生前未能赢得国际认可，部分原因是他因伤寒过早去世。舒伯特在旋律创作方面有不可思议的天赋，在他去世后，许多人发现他的旋律似乎捕捉到了浪漫主义精神的情感和深度。

1840年与克拉拉·舒曼（1819年至1896年）结婚之前，罗伯特·舒曼在一年的时间里最多只创作过5部作品。然而，在他结婚的那一年，他创作了140首歌。可以说，克拉拉是她丈夫大部分动人音乐的灵感来源。

20岁时，克拉拉·舒曼是一位有名的钢琴演奏家，维也纳宫廷授予了她皇家钢琴演奏家的头衔。克拉拉是当时最著名和受人尊敬的钢琴家和作曲家之一，可是她与罗伯特·舒曼的婚姻十分艰难。和她的丈夫一样，克拉拉擅长演奏钢琴作品，也就是所谓的"特性曲"。这是一种规模相对较小的作品，旨在探索一个人的性格、情感或境遇。罗伯特去世后，克拉拉长时间里都是靠巡回演奏来糊口，她也是首批定期巡回演奏的艺术家之一。

钢琴音乐：弗雷德里克·肖邦

特性曲的演奏多出现在沙龙音乐会上，流行于富有的音乐爱好者家中。波兰裔的弗雷德里克·肖邦（1810年至1849年）是当时最受欢迎的作曲家/钢琴家之一。他几乎专门创作钢琴曲。肖邦音乐强大的表现力在他的《幻想即兴曲》中体现得淋漓尽致。与当时的钢琴家一样，肖邦通过使用自由速度（tempo rubato，字面意思是"被剥夺的时间"）来增强乐曲的情感气氛。正如他的一个学生所描述的那样，这种技巧以类似于激情演讲的方式加速或减速。"幻想"一词包含创造力、想象力、魔力和超自然力量，而"即兴"一词代表自发的即兴创作。肖邦的作品结合了直觉般的、瞬间迸发的创造力以及幻想的效果，这正是浪漫主义的定义。

回顾

11.1 比较法国大革命和美国革命的异同。

人类自由的思想是启蒙运动的基础。美国《独立宣言》和法国《人权和公民权宣言》充分体现了这一思想。英国对殖民地征税，杰弗逊因此提出关于美国殖民地应该自治的理论。在法国，国家债务和与之相关的税收导致了革命。美国革命之后，国内情况相对稳定，而法国革命之后却是混乱和恐怖，你认为这是什么原因造成的？

11.2 描述新古典主义风格。

在法国，当时的主要绘画大师雅克－路易·大卫在他的《荷拉斯兄弟之誓》一画中巧妙采用了新古典主义风格。在这幅画里，他提倡英雄主义和个人为国家做出的牺牲。新古典主义的"古典"性体现在哪里？《运送布鲁特斯儿子尸体的军士们》是如何挑战这些价值观的？美利坚合众国成立之初，国家的缔造者借鉴了之前的古典主义，创造了新的共和国，并欣然采用了新古典主义的建筑风格。新古典风格艺术和建筑的哪些方面吸引了托马斯·杰弗逊对这种风格的关注？

19世纪的头十年里，拿破仑对法国政治生活的控制愈来愈严格。他转向古代文明，仿照了古罗马帝国的军事和政治体系建立了政府。拿破仑委托他人为自己作画，以达到政治宣传的目的，巩固他无敌的、近乎神一般的领袖形象。大卫的《跨越阿尔卑斯山圣伯纳隘道的拿破仑》是怎样达到其政治宣传的目的？

11.3 定义文学和绘画中的浪漫主义。

浪漫主义者致力于通过对美的主观体验来发现自然中的美。灵感和创造力标志着浪漫主义的早期想象，而自然是这两个元素的源泉。威廉·华兹华斯的诗歌《丁登寺》体现了人们对自然愈发坚定的信仰。风景画家同样受到自然的启发。约翰·康斯特勃在他的家乡萨福克的斯陶尔河谷作画，认为自己是"自然的崇拜者"。华兹华斯和康斯特勃在自然中发现的"超越"是什么？约瑟夫·玛罗德·威廉·特纳擅长捕捉光，与其说是捕捉自然界的物体，不如说是捕捉呈现它们的方式。特纳的"崇高"概念是什么？在德国，画家卡斯帕·大卫·弗里德里希经常把孤独的人物放在崇高的风景画前，不断以怀疑为主题。为什么"怀疑"这一主题会激发弗里德里希的想象力？几乎每个人都认识到，拿破仑虽然是浪漫主义英雄的化身，但也有更黑暗的一面。在许多人看来，他是一个现代的普罗米修斯。约翰·沃尔夫冈·冯·歌德如何看待他的普罗米修斯式人物浮士德？普罗米修斯式人物有什么吸引人的地方？弗朗西斯科·戈雅是怎样捕捉这种形象的阴暗面的？

11.4 区分古典主义音乐和浪漫主义音乐。

古典音乐与希腊罗马艺术一样，具有对称性、比例性、平衡性、形式统一性和清晰度等基本特征。交响乐团是古典音乐的主要载体。古典交响乐的主要结构划分是什么？约瑟夫·海顿和沃尔夫冈·阿马德乌斯·莫扎特是两位最伟大的交响乐作曲家，为什么莫扎特的音乐在他那个时代受到批评？

贝多芬在《第三（英雄）交响曲》和《第五交响曲》等伟大的交响乐作品中定义了浪漫主义音乐风格。你如何形容这种风格？后来的几代作曲家都以他为榜样，扩充了管弦乐队的音乐元素，发展了新的交响乐形式。埃克托·柏辽兹和费利克斯·门德尔松进行了怎样的创新？其他作曲家，如弗朗茨·舒伯特和舒曼夫妇，将席勒和歌德等浪漫主义诗人的诗歌引入了音乐世界，进行了利德的作曲。弗雷德里克·肖邦的作品几乎完全是为钢琴而作，肖邦尤其以他的钢琴练习曲闻名，这些练习曲带有钢琴演奏中特殊的技巧挑战。

延续和变化：从浪漫主义到现实主义

1815年拿破仑倒台后，古典主义和浪漫主义两派在法国国内展开了激烈的斗争，政治派系的冲突无疑为这一斗争火上浇油。路易十六被废黜后，他的弟弟路易十八（1814年至1824年在位）继承王位，恢复了波旁王朝。拥护君主制回归的保皇派开始拥护更为保守的新古典主义风格。自由主义者支持新浪漫主义风格，而这种风格从一开始就与法国大革命的自由和独立的激进精神十分一致。

图 11.22

在这种政治背景下，在巴黎接受新古典主义风格艺术训练的年轻画家西奥多·杰利柯(1791年至1824年)开始了他的职业生涯。杰利柯在1815年加入皇家火枪手队伍，负责保护路易十八免受拿破仑的攻击。一场事件让杰利柯短暂的皇室工作迅速结束。1816年7月2日，一艘名为"美杜莎号"的政府护卫舰载着士兵和定居者前往塞内加尔，在西非海岸80千米外触礁。船长和船员只顾自救，留下包括一名妇女在内的150人在临时木筏上。在随后的日子里，只有15人幸存下来。在海上漂流的日子，人们精神错乱、肢体残缺、饥荒、口渴，最后甚至同类相残。杰利柯很生气。一位缺乏经验的船长，由于出身高贵，又与君主制有联系，因此获得委任，却只顾自救，这对贵族特权提出了深刻的控诉。

杰利柯把渲染这一事件的任务交给了自己。他采访了幸存者，并在巴黎停尸房为残缺不全的尸体画了像。《美杜莎之筏》的构图围绕着两个三角形展开(图11.22)。桅杆和支撑桅杆的两根绳子形成一个三角形的顶点，画面中人物的躯干朝着阿格斯号的方向挥动，阿格斯号是最终救出遇难者的船，画面中几乎看不见，构成了另一个三角形的顶点。相对的对角线形成一个戏剧性的"X"形，以跪着的人为中心，他的手臂向上伸展，希望得到救赎。然而，最终，这幅画嘲弄了解脱的概念，就像它僵化的几何结构模仿了新古典主义的理想秩序一样。杰利柯的浪漫主义通过他的艺术呈现出一种政治的维度。他自己也成了普罗米修斯式的英雄，挑战当权者的权威。

1819年，杰利柯的画作在法兰西艺术院沙龙展出时，其标题仅仅是《沉船的场景》，这在很大程度上是为了避免与波旁王朝的直接对抗。保皇派批评者对此不屑一顾。保守派媒体这样评价道："这幅画不适合道德社会，只能取悦秃鹫。"但从画作的即时性、坚持描写时事的立场(虽然画家对受害者的描绘中，充满古典风格的肌肉理想化了受害者的实际状况)来看，这幅画预示着西方的想象力探索会转向对真实事件的描写——如果不是物理现实，就是情感现实。

图 12.1

CHAPTER 12

第 12 章

工人阶级和资产阶级

现代生活的各个方面

学习目标 >>>

◎描述 19 世纪的艺术和文学是如何体现现实主义的。

◎描述 19 世纪 50 年代至 60 年代的法国艺术家和作家攻击资产阶级价值观的不同方式。

◎定义印象派，并评价其如何改变关于绘画风格和内容的传统假设。

◎概述 19 世纪美国自我意识的特点。

◎评价西方帝国冒险对非西方世界的影响。

　　在拿破仑被流放至厄尔巴岛的前一年，路易十八已经恢复了统治。1815 年，拿破仑战败后，路易十八不愿忽视拿破仑的革命及革命带来的影响。他的弟弟阿图瓦伯爵对此持反对意见。由在革命中受苦受难的家庭组成的极端保皇派运动几乎立即开始了。极端保皇派主张政府归还没收民众的财产，取消革命和拿破仑带来的改革，在法国南部监禁并处决数百名革命者、波拿巴支持者和新教徒。为了巩固自己的控制权，路易十八解散了主要由极端保皇党组成的众议院，并呼吁举行新的选举，结果获得了较多数的投票。

　　接下来的 4 年里，法国国内局势相对平静。1820 年 2 月，最后一位波旁王朝成员和王位继承人——阿图瓦伯爵的儿子遭到暗杀，长达十年的镇压活动由此开始。国家教育系统被置于罗马天主教各个主教的控制之下，国内开始实行新闻审查制度，"危险的"政治活动遭到禁止。路易十八死后，阿图瓦伯爵继承了王位即查理十世（1824 年至 1830 年在位）。

　　在这场骚乱中，一位名叫欧仁·德拉克洛瓦的年轻画家（1798 年至1863 年）展出了一幅大型画作，题为《希阿岛的屠杀》（图 12.1）。德拉克洛瓦曾与西奥多·杰利柯一起学习，《美杜莎之筏》一画中，底部中心位置头朝下的裸体形象的原型就是德拉克洛瓦。他和他的雇主一样，都对保皇党的政治产生了幻灭感。德拉克洛瓦绘画的全称是《希阿岛的屠杀，等待死亡或奴役等的希腊家庭——见各种报道和当代报纸》，揭示了这幅画与时事新闻的密切联系。这幅画描述了 1822 年 4 月的一场政治事件。当时希腊人发动了一场战争，试图从土耳其手中独立出来，这场战争得到了整个自由主义欧洲的拥护。为了报复，苏丹派遣了一支 1 万人的军队去往土耳其西海岸几千米外的希腊希阿岛。军队杀害了 2 万人，囚禁了数千名妇女和儿童，将他们奴役，并贩卖到北非各地。在画面左前方，战败的希腊家庭等

待着他们的命运。画面右边，一
位祖母沮丧地坐在她死去的女儿
身旁，而她的孙子正试图吮吸其
死去母亲的乳汁。一名希腊妇女
被绑在一个胜利的土耳其人的马
上，一名囚犯试图保护她，却是
徒劳。画面近处的前景和远方之
间的广阔空间令人吃惊，场景仿
佛在静态画面前蒸发了。

德拉克洛瓦的《希阿岛的屠
杀》与让·奥古斯特·多米尼克·安
格尔（1780 年至 1867 年）的一
幅大型画《路易十三宣誓》（图
12.2）形成了鲜明对比。这种对
比着重强调了两位艺术家相互竞
争的风格。在当时的时代背景下，
安格尔的绘画是一部保皇派倾向

图 12.2

十分明显的作品。画中描绘了 1638 年 2 月，路易十三为了结束新教的叛乱
而将法国置于圣母的保护之下。这幅画分为两个截然不同的区域，宗教和
世俗，或教会和国家。国王跪在画面前方的世俗空间里，他的形象细节丰富，
几乎达到了令人痛苦的程度。在他的上方，沐浴在神圣之光中的圣母像旨
在纪念文艺复兴时期古典主义，令人直接想起拉斐尔的圣母像。从各个方
面来说，这幅画都是旨在纪念传统——波旁王朝、天主教堂和古典艺术的
传统。

在他的各个画作中，安格尔不假思索地调整了人物身体与整体构图构
成的比例。他 1814 年的《大宫女》（图 12.3）就是一个很好的例证。"宫
女"指中东地区的女性仆人或妾，尤指土耳其的后宫。当这幅画在 1819 年
的沙龙展出时，观众们立刻意识到，画中人物的背部脊椎太多，她的右臂
伸得太长，好像肘部脱臼了，右脚离右膝太远，似乎脱离了关节。安格尔

图 12.3

对此毫不在意。对他来说，这幅画的构图需要背部和手臂都产生一个弧度，这一弧度一直延伸到悬垂窗帘的褶皱中，与人物腿部姿态强调的对角构图形成交叉和对抗。画家同样注重的是黑暗背景与明亮肉体间的鲜明对比，对缎子和丝绸惊人的写实呈现，以及几乎可以触及的孔雀毛扇子带来的触觉感受。

宫女的形象在安格尔之后的职业生涯中一直占据着绘画的主题位置。

图 12.4

事实上，19 世纪的法国艺术家都十分注重于描绘这一主题。但是当德拉克洛瓦在 1845 年至 1850 年创作的《宫女》（图 12.4）中呈现这一主题时，效果却大不相同。这两部作品都呈现了后宫的主流意象——凌乱的床、大麻烟斗或水烟、拉上了窗帘的房间。画面中的两个人物都目视观众。安格尔画作中的平静的蓝调突显出他的模特同样镇静，甚至有些冰冷和性冷淡，而德拉克洛瓦画作中的红色却充满了强烈的情色意味，他的模特没有背对观众，而是正面朝向观众，这更凸显了画面中的情欲。事实上，安格尔笔下的宫女看起来似乎纯洁无瑕，而德拉克洛瓦笔下的宫女看起来像是刚经过淫荡的性交。德拉克洛瓦粗犷、充满活力的笔触与安格尔不见踪影的笔触恰恰相反。1854 年，德拉克洛瓦在他的日记中写道："我同情那些平静而冷漠地工作的人（他指的是安格尔）。我相信他们所做的一切只能是冰冷而宁静的。"德拉克洛瓦更喜欢他口中"画笔的狂怒"，这种狂怒在诸如这幅画的作品中尤为明显。被当代人形容为"剑刺般的深沉"，他在这幅画中的笔触呈现出来的性感的确近乎暴力。

因此，德拉克洛瓦和安格尔重启了路易十三时代以来法国绘画圈里的美学争论，即理智与情感的争论，普桑派与鲁本斯派的争论。但是，安格

图 12.5

尔的新古典主义和德拉克洛瓦的浪漫主义不仅是一种审美喜好的表达，还是一种政治斗争，这场斗争早在 1830 年就已经在一场革命中再次爆发，德拉克洛瓦在他的纪念性画作《自由引导人民》中记录了这场革命（图12.5）。

3 年前，在自由党赢得众议院多数席位后，国王查理十世放宽了对媒体的审查以及政府对教育系统的控制，但这些让步让他很恼火。1830 年春天，他要求举行新的选举。自由党赢得了多数席位，但查理十世并没有被打败。7 月 25 日，他解散了新的议会，重新建立了新闻审查制度，并将投票权限制在最富有的法国男人手中。第二天便爆发了暴乱，工人们走上街头，竖起路障，对抗保皇党军队。在随后的几天里，1800 人死亡。不久，查理十世退位，离开法国前往英国。众议院任命奥尔良公爵路易－腓力一世接替他的职位，成为新君主立宪制下的国王。

德拉克洛瓦对 1830 年 7 月事件的描述是一种带有现实细节的寓言式呈现。一位裸胸的自由女神象征着自由孕育的力量。女神手持代表革命的三色旗帜，大步跨过街垒。她的身旁陪伴着一个年轻的街头流氓，挥舞着一对手枪；另一边是一位戴大礼帽、身穿长礼服的中产阶级绅士。一个衣服上绘有革命三色的工人从街垒下面站了起来。两个法国保皇党卫兵的尸体躺在前方，鞋子被暴动的工人脱掉，其中一人的衣服也被工人褪去，形成了一个总体的三角构图。这些人物形象旨在让人回忆起杰利柯的《美杜莎之筏》底部的死者形象。

对于煽动 1830 年革命的中产阶级自由主义者来说，这幅画实在是太写实了。新国王路易－腓力下令由国家购买这幅画，然后将其迅速收好。这样，这幅画对平民的歌颂就不会显得那么鼓舞人心了。直到 1848 年路易－腓力被革命推翻，这幅画才再次公之于众。

1800 年至 1848 年间，巴黎的城市规模翻了一番，人口达到近百万。城市发展没有任何规划。错综复杂的街道形成了一个迷宫，通道狭窄，令人窒息，交通堵塞，行人经常处于危险之中。排水沟里堆满了垃圾和未经处理的污水，低洼地区一夜之间就能形成污水池。污水产生的气味通常令人恶心呕吐，也成为老鼠和跳蚤的温床，这些动物都携带霍乱、痢疾、斑疹伤寒和伤寒等疾病。1848年至1849年，巴黎的一次流行病夺去了19 000多人的性命。使情况变得更加复杂的是，在1853年以前，巴黎还没有准确的街道地图，因此，进入这些街道就是进入未知和危险的地区。

1848年，这种情况在欧洲的城市地区普遍存在，粮食短缺和农业经济混乱使情况进一步恶化。爱尔兰的马铃薯饥荒夺去了100万人的生命，这只是大范围崩溃的最坏例子。农业危机反过来又引发了破产和银行倒闭，尤其是在那些市场增长速度赶不上工业扩张速度的地方。在法国，物价暴跌，企业倒闭，失业率创下新高。革命的时机已经成熟。不久，巴黎的街道上布满了路障，被寻求生计和要求决定自己命运的工人所占据。野蛮的巷战令巴黎人十分不安，甚至连欧内斯特·梅松尼尔（1815年至1891年）这种整个职业生涯都在纪念法国军事历史的传统的沙龙画家也受到打动，选择描绘战争的真相（图12.6）。这幅画是德拉克洛瓦的《自由引导人民》浮华背后的样子。

这一章将探讨欧美资产阶级（中产阶级）的兴起。他们日益富裕，希望能够远离导致1848年革命和美国内战的现实，享受更优质的生活。如果说德拉克洛瓦和安格尔的绘画不仅是一种美学，而且是一种政治辩论，那么工人阶级和资产阶级之间冲突的核心就是另外两种意识形态的竞争：自由主义和民族主义。自由主义信仰的基础是启蒙价值观。然而，民族

图12.6

主义的重点在于区域自治、文化自豪感和摆脱君主制控制的自由，尤其是摆脱哈布斯堡王朝，他们控制着中欧、东欧和南欧的大部分地区。自由主义政治是不分国界的，而民族主义是基于特定区域、地方、族裔和语言特性的主张。正是这些政治因素造成了美国南部和北部的紧张关系。

19 世纪，西方国家在有效的新型军事技术、通信技术和海军技术的推动下，试图扩大影响力。为了在遥远的土地上获得新的经济和政治权力，西方国家对其他国家的文化身份发出了挑战。与西方文明形成对抗态势的其他民族，其价值观往往与西方世界的价值观大相径庭，特别是中国、印度和日本的文化。到了 20 世纪初，数百年甚至数千年来定义了当地文化的文化传统要么受到威胁，要么遭到破坏。在世界范围内，非西方文化突然发现自己被欧洲人开发的新殖民帝国隔绝在外，他们坚守了数百年的传统文化习俗、政治领导和社会制度受到了削弱。

新现实主义

19 世纪的艺术和文学如何体现现实主义？

工业化进程导致越来越多的欧洲劳动力成为无产阶级，也就是既不拥有生产资料（工具和设备），也无法控制自己工作的工人阶级。在 18 世纪的伦敦，服装和制鞋等行业原本十分兴旺，店铺多靠近富有顾客的住所。可是原本的手工作坊逐渐被工厂所取代。机器的发展造成了纺织业对熟练工人的需求减少，对非熟练工人的需求增多，其中大多数是年轻的单身妇女和寡妇，因为她们的工资低于男子。一些妇女选择出售性服务，以补贴家用。此外，男上司对低薪、未受过教育的女工进行性剥削的现象变得司空见惯。

面对工人阶级生活的现实，欧洲各地的改革派思想家和作家们纷纷做出反应，写出了一些旨在批判工业社会的激进作品。他们的主要攻击目标是工业国家的经济引擎和肆无忌惮的物质主义。在他们眼中，这个世界似乎在耗费生命、毁灭灵魂，机械的脉搏正在取代人类心脏的跳动。

马克思主义

卡尔·马克思（1818 年至 1883 年）和弗里德里希·恩格斯（1820 年至 1895 年）是改革派作家中最重要的代表。这两位年轻的中产阶级德国人认为，一个人谋生的环境决定了其生活的其他方面，资本主义社会的不公平是不可避免的，因此必须被消灭。资本主义的改革没有意义，只有劳动人民的革命才是真正意义上的变革。马克思和恩格斯认为革命是必然的。恩格斯把资产阶级定义为"现代资本家阶级、生产资料的拥有者和雇用劳动力的雇主。"资产阶级与无产阶级的斗争，相当于"正题"与"反题"的冲突。这两个术语源于德国哲学家格奥尔格·威廉·弗里德里希·黑格尔（1770 年至 1831 年）的著作。对黑格尔来说，历史是以辩证的方式行进的。也就是说，在任何历史时刻，盛行的思想体系（正题）和与冲突的思想体系（反题）是对立的。这种冲突通过"合题"的方式解决，而这种"合题"将不可避免地成为一个新的论题，从而产生自己的新的反题，历史进程就是在这样的过程中被不断推进的。马克思和恩格斯的终极解决方案在于成立一个无阶级社会，即在"历史的尽头"建立乌托邦社会，使推动历史的辩证力量得到永久的解决。

马克思和恩格斯的合作最终改变了 19 世纪和 20 世纪的世界历史。他们划时代的伙伴关系始于 1844 年 8 月，马克思在巴黎的一家咖啡馆中第一次遇见了恩格斯。马克思当时是一家德国报纸的编辑，恩格斯是他父亲位于英国曼彻斯特的纺织厂的继承人。第二年，恩格斯发表了《英国工人阶级状况》，对工人生活的状况做出了严厉控诉。1848 年初，马克思和恩格斯为伦敦新成立的共产主义者同盟撰写了一份宣言，即《共产党宣言》。马克思和恩格斯在《共产党宣言》中指出，阶级斗争是过去所有社会共同的特点，工业社会加剧了这些阶级对立。整个社会越来越分化为两大敌对阵营，即两大直接对峙的阶级——资产阶级和无产阶级。

《共产党宣言》呼吁人们"推翻一切现存的社会秩序",并得出结论:"无产者失去的只是锁链,他们赢得的将是整个世界。全世界无产者,联合起来!"《共产党宣言》和马克思后来所著的《资本论》都为无产阶级的生活条件提供了重要证明,是对资本主义运作方式的深刻诠释。

文学现实主义

马克思和恩格斯的思想实际上反映了具有社会意识的欧美人对劳动人民(和美国的奴隶)困境的广泛关注。他们的主要攻击对象是工业国家的经济引擎(不惜一切代价获取利润的愿望)以及推动工业国家经济引擎的消费主义。

查尔斯·狄更斯与工业城市

英国作家查尔斯·狄更斯(1812年至1870年)的小说揭示了19世纪英国各阶层之间的不平等。他笔下的男女主人公、恶棍和流氓形象往往近似讽刺画。狄更斯的多愁善感有时虽然显得像是自怨自艾,但是他对英国现实的描述也达到了无与伦比的生动程度。狄更斯以强烈的同情心和对细节的密切关注描绘了英国下层社会的生活,他成为一种新型散文小说类型——文学现实主义的主要创造者。

狄更斯在他早期以笔名"博兹"写作的散文集《博兹札记》中描述了伦敦最糟糕的贫民窟。这座贫民窟位于德鲁里巷。一个世纪之前,这是一个很好的地区,但到19世纪初,性服务行业和杜松子酒屋主导了这片地区。他的描述由一个又一个细节堆积而成,构成一个长句,读者在句子结尾时几乎喘不过气来,感到不知所措,因为作者试图让无法想象的事情显得更加现实。他的目的不仅是娱乐读者,还在于提倡改革。

法国现实主义文学:巴尔扎克与福楼拜

在法国,奥诺雷·德·巴尔扎克(1799年至1850年)、古斯塔夫·福楼拜(1821年至1880年)等现实主义作家致力于从科学的角度审视生命,并尽可能清晰地描述生命。1833 年，巴尔扎克决定把他的旧小说贯穿起来，以反映整个法国社会。他把这一系列作品叫作《人间喜剧》。巴尔扎克的计划最终产生了 92 部小说，包括 2000 多个人物。其中的优秀作品有《欧也妮·葛朗台》（1833 年）《高老头》（1834 年）"幻灭三部曲"（1837 年至 1843 年）和《贝姨》（1846 年）。巴尔扎克笔下的故事大多以巴黎为主要背景，反映出巴黎社会的旧贵族、新贵和新兴资产阶级文化（不同于劳工和工薪阶层的中产阶级店主、商人和企业家）。小说中充斥着来自社会各阶层的人物——仆人、工人、职员、罪犯、知识分子、交际花和妓女。有些人物出现在多部小说中，比如《高老头》中的中心人物欧也妮·拉斯蒂涅，他来自一个贫穷的乡下家庭，来到巴黎寻求财富；再比如康特·代·马赛，他是一名花花公子，出现在了 25 部小说中。

巴尔扎克笔下的人物多源自他对于真实世界的观察。对此，他是这样表述的："通过倾听这些人的声音，我可以对他们的生活境况感同身受。我感觉自己身上覆盖着他们褴褛的衣衫，我穿着他们破旧的鞋子走路；他们的欲望，他们的渴望——所有一切都进入了我的灵魂。"

有这样一个故事，反映了巴尔扎克对于写作的痴迷。有一次，巴尔扎克的朋友正在谈论他姐姐的病情，但巴尔扎克打断了他："一切都很好，但是现在，我们得回归现实。你说，我们要把欧也妮·葛朗台嫁给谁呢？"

古斯塔夫·福楼拜创作于世纪中期的小说《包法利夫人》体现了作家对浪漫主义情感的现实主义抨击。但福楼拜本人也有强烈的浪漫主义倾向。为此，他的巴黎朋友对他发出了强烈的谴责。朋友们建议福楼拜写一本关于平凡生活的、脚踏实地的小说，并进一步建议他以德尔菲娜·德拉马尔的真实故事为基础。德尔菲娜·德拉马尔是一位乡村医生的妻子，她与别人通奸，欺骗并毁掉了她的丈夫，后来因悲痛过度而死。福楼拜同意了，于是写下了《包法利夫人》。这部作品于 1856 年首次以连载文章的形式出现在杂志上。

在这部小说中，福楼拜努力摆脱浪漫主义的影响，也因此使作品呈现出浓浓的现实主义气质。这位作家曾这样感叹道："包法利夫人——我就是包法利夫人！"这证明了福楼拜对他在小说中谴责的资产阶级浪漫主义情感的深刻理解。在小说中，爱玛·包法利想象着自己快要死了。自从她的情人鲁道夫结束了婚外情，她已经病了两个月。现在，爱玛·包法利在这所谓的临终时分爆发出一阵狂喜，使这一时刻染上了浪漫主义色彩。

1852 年，福楼拜在一封信中描述了爱玛和法律系学生的晚餐谈话。他在信中写道："我正在研究一个年轻人和一位年轻女士的谈话。这段对话涉及文学、海洋、山脉、音乐——简而言之，囊括了所有富有诗意的话题。读者可以严肃地看待这一谈话，但我要让这一场景看起来极其荒谬。爱玛的昏厥也是如此，她突如其来的宗教体验就像她的疾病一样，都是伪装出来的。"

美国文学现实主义：奴隶制问题

奴隶制问题一直困扰着美国现实主义作家。他们的灵感主要来自当时的废奴运动。自 17 世纪 70 年代以来，这一运动在欧美地区一直很活跃（见第 12 章），但是直到 1833 年美国反奴隶制协会的成立，废奴运动在美国才真正拥有了影响力。废奴运动协会组织了废奴主义者的巡回讲演，并负责印刷、分发反奴隶制的宣传材料。到 1840 年，该协会拥有 2000 个地方分会和 25 万名会员，出版了 20 多种期刊。

当时最重要的废奴主义文本之一是弗雷德里克·道格拉斯的自传（1817 年至 1895 年）《弗雷德里克·道格拉斯生平记述：一个美国奴隶》。这本书始于道格拉斯的第一个清晰的记忆：他的姑妈海丝特用鞭子打他，他将其形容为自己"进入奴隶制地狱的入口"。书中谈到了他人生的转折点：年轻的道格拉斯决心奋起反抗他的主人。道格拉斯写道："我不知道这种勇气是从哪里来的。你们已经看见人是怎样沦为奴隶的，在这本书里，你将看到奴隶是如何变成人的。"

19 世纪五六十年代，100 多部关于奴隶的小说问世。当时最有影响力的废奴主义材料是哈里特·比彻·斯托的小说《汤姆叔叔的小屋》。1851 年，这部作品在废奴主义报纸《国家时代》上连载，并于次年出版成书，出版第一年就卖出 30 万册。

现实主义艺术：工人成为主题

新现实主义艺术的主要倡导者之一是奥诺雷·杜米埃（1808 年至 1879 年），他是一位以政治讽刺作品而闻名的艺术家，定期向日报和周报提供卡通漫画稿。平版印刷术的发展使杜米埃的作品能够定期出现在报纸上。他的作品可以在创作当天被印刷出来。杜米埃公然讽刺了新古典主义和浪漫主义艺术中的理想主义色彩。艺术的目标不再是揭示一些"更高"的真理；相反，日常经验的真相才是重要的，而在路易－腓力统治下的法国，日常经验并不总是一个吸引人的艺术主题。

杜米埃的《特兰斯诺南街》不是卡通；相反，人们普遍把这幅作品理解为画家对 1834 年 4 月巴黎工人起义期间政府军杀戮行为的直接报道（图12.7）。一名警官被子弹打死，警察们宣称子弹来自特兰斯诺南街 12 号，于是杀死了屋里所有的人。在杜米埃的画中，这个家的一家之主在睡梦中惨死在床边，他的孩子死在他的脚边，妻子死在他的左边，年长的父母在他的右边。场景明显的对角线构图把观赏者吸引到它的空间里。这是一个工人阶级版本的《美杜莎之筏》。国王深刻理解到，这种绘画对法国公众造成了巨大的影响。路易－腓力最终宣布，把新闻自由的范围扩大到口头表达和图片呈现。

法国现实主义绘画以劳动者和平民百姓为中心，而不是以巴黎贵族和资产阶级为中心，这隐含着政治意味，反映了 1848年震撼了几乎整个欧洲的社会动乱。但杜米埃的画作尺寸相对较小。居斯塔夫·库

图 12.7

图 12.8

尔贝（1819 年至 1877 年）在 1850 年至 1851 年的沙龙展出了他的画作《采
石工人》（图 12.8），这幅画的宏伟尺寸令公众瞠目结舌。一般来说，这
种规模的画作通常仅仅描绘历史事件，但库尔贝的绘画主题却围绕着世俗
和日常之事。

　　库尔贝是一个农民的儿子，也是一个自学成才的艺术家，他的目标是
按照自己的看法来描绘这个世界，没有任何浪漫主义或理想主义的影响。
库尔贝在他 1855 年的《现实主义者宣言》中写道："艺术家们需要先了解，
然后才能够创造，这是我的看法。根据自己的观测，呈现出我所在的时代
的风俗习惯、思想观念、面貌；不仅成为一个画家，也成为一个人；简而
言之，创造生动的艺术——这是我的目标。"事实上，他摒弃了现实主义
的传统政治和道德维度，转而采用了一种更加主观和非政治性的艺术方法。
这种新的现实主义将支配后世的艺术。

　　在《采石工人》中，库尔贝描绘了他的家乡奥尔南的两名工人。画中
的工人正在敲打石头，为筑路制造碎石。画中的每一件东西似乎承受着体
力劳动的重压——背带向下拉扯着男孩的背，篮子的石头搁在他的膝盖上，
老人手中的锤子在往下砸，裤子的厚厚的硬布压在他的大腿上，甚至他们

身后山坡的影子也朝他们压下来。只有一小片天空从右上角的岩石山脊漏
了出来，山脊像锤子一样体现出向下的趋势。 这位老人和他的年轻助手在
一起，似乎暗示了工作的永无止境，像是在说辛勤的工作折磨着库尔贝同
时代的一代又一代农村人——正如库尔贝所解释的那样，这是"人类苦难
的一种完整表现"。

奴隶制和内战的呈现

欧洲和世界各地的许多人对美国爆发的战争感到惊讶。这种错觉在很
大程度上是来源于关于奴隶制的浪漫主义观点。

伊士曼·约翰逊（1824 年至 1906 年）的油画《南方的黑人生活》（图
12.9）是一幅典型忽视了战前美国奴隶制完整含义的作品。1859 年，这幅
画在纽约一经展出，就获得了成功。它的现实主义很大程度上得益于约翰

图 12.9

逊雇用的模特——他父亲的家奴。

《南方的黑人生活》是一幅奇特的画，因为它非常模棱两可，既可以被解读为支持奴隶制，也可以被视为反对奴隶制。对一些人来说，约翰逊的画似乎描绘了奴隶对自身命运的满足。画面中，班卓琴手为一起跳舞的母亲和孩子弹奏乐曲；一对年轻男女在画面左边调情，另一对妇女和孩子从画面上面的窗户往外看；家庭的白人女主人从右边的大门走了进来，好像要参加聚会似的。然而，对于一个废奴主义者来说，女主人的长袍与奴隶们褴褛的衣衫、精致的住宅与前面破旧的棚屋之间的对比，表明了奴隶们悲惨的困境。

但是无论人们怎样解读这幅画，它标示着各个种族和平共处的光环在1859 年 10 月 16 日消失了。当时，白人废奴主义者约翰·布朗（1800 年至1859 年）带领 21 名追随者（其中 5 人是非裔美国人）突袭并占领了西弗吉尼亚州的联邦军火库。他们的意图是在整个南部发动一场奴隶起义。然而两天后，罗伯特·爱德华·李中校（1807 年至 1870 年）夺回了军火库。布朗的十个手下在战斗中阵亡，他本人和其他人都被绞死了。

在废奴主义者的帮助和宣传下，人们普遍相信大规模奴隶叛乱即将发生，北方各州决心结束奴隶制。亚伯拉罕·林肯（1809 年至 1865 年）于1860 年 11 月当选总统，似乎证实了这一信念。1861 年春，战争开始后，约翰逊亲自陪同北部联邦军到前线作战。他的《自由之旅：逃亡的奴隶》创作于 1862 年至 1863 年间，灵感来源于他目睹的一次事件。这幅画（图12.10）的整体情绪和处理方式与约翰逊早期的作品完全不同。一年前的夏天，南方联盟军在马纳萨斯附近的一条小溪击败了北方军队。那次战争之后，北方军队和南方联盟军在马纳萨斯和华盛顿特区之间驻扎，两军只发生了一些小规模冲突。时间上的拖延使联邦军司令乔治·B·麦克莱伦有机会训练一支新的波托马克军团。他计划在 1862 年春天把军队推进到弗吉尼亚州的里士满，然后占领南方联盟的"首都"。事实上，6 月下旬，在约翰逊的画作完成之前，罗伯特·爱德华·李将军就把麦克莱伦赶出了里士满。

在约翰逊的画作中，漆黑的天空中弥漫着烟雾。马的口套下，联邦军正在行进，步枪的枪管上闪着寒光。父亲催促着马匹前进，竭力从战斗中

图 12.10

拯救他的妻子和孩子，有关南方种植园的幸福神话破灭了。约翰逊似乎是在说，麦克莱伦军队的推进鼓舞了他们争取自由，而这就是战争的全部意义。

美国内战改变了战争的性质，也改变了战争所呈现的东西。这是一场高度现代化的军事行动，其机械化和非人性化是以往任何战争难以匹敌的。赤手空拳、面对面搏击、刺刀对刺刀的攻击成为例外，而不是惯例。正如当时的人们所说：冷兵器时代的战争场面很快就成为过去。

摄影：现实主义的光束

早在 1727 年，摄影所需的科学原理在欧洲就已为人所知。德国内科医生约翰·亨里奇·舒尔兹（1684 年至 1744 年）指出，某些化学物质一旦暴露在光线下就会变暗，尤其是卤化银。照相机中使用的光学原理主要体现在照相机的暗箱中：暗箱允许光线穿过一个小孔，该小孔将场景的倒影投影到孔的正对面,从而支持相机工作。美中不足的是,暗箱虽然可以捕捉到图像,却无法保存它。然而,在 1839 年,英国和法国的发明家发现了一种固定图像的方法,就像现在可以通过一只用光线做的笔来描画出世界。

在英国,威廉·亨利·福克斯·塔尔博特提出了一种方法,能够将负片固定在涂有感光化学物质的纸上,他称之为"光绘成像"。在法国,一种不同的工艺能够在抛光的金属板上产生正片,被命名为"达盖尔照相法"。这种方法以其发明者之一路易·雅克·曼德·达盖尔 (1789 年至 1851 年) 的名字命名。公众对此反响热烈,法文和英文媒体分别详细报道了这两项技术的进展。

到美国内战时,这项技术已经发展到一定高度,足以将摄影设备运到战场上。1862 年 9 月 19 日,摄影师马修·布雷迪(1823 年至 1896 年)的雇员亚历山大·加德纳前往马里兰州安提塔姆的战场。南北军队中 26000 人刚刚死于一场既不重要也没有达成任何成果的战争。那一天之前,还没有任何人拍到过美国战场上死者被妥善埋葬之前的照片。加德纳拍下了许多照片。他甚至为了摄影效果重新排列了尸体,这在一定程度上是由于战场烟雾弥漫,给拍摄造成了技术限制。但是人们普遍认为,加德纳对摄像

图 12.11

场景的人为安排是为了更准确地记录整体感觉。布雷迪在百老汇的纽约画廊里展出了加德纳的照片，并享受了照片为他带来的好处，这让加德纳十分沮丧。不到一个月，布雷迪就开始出售相册卡大小的照片和立体视图的照片。

1863年7月，加德纳独自前往葛底斯堡战役现场，他的助手蒂莫西·奥沙利文拍摄了一张最为著名的照片《死的收获，宾夕法尼亚州，葛底斯堡》（图12.11）。1866年战争结束后，这张照片被纳入加德纳的《加德纳战争摄影图文集》。这部作品是对战争恐怖的谴责，葛底斯堡战役是作品中心。奥沙利文的实况照片附有以下说明：

照片中的叛军没有穿鞋。由于幸存者物资短缺，他们总是把鞋子从死者的脚上脱下来，再把死者的口袋翻个底朝天。周围散落着战场上的杂物、装备、弹药、破布、杯子、水壶、饼干、背包和可能含有主人姓名的信件，但大多数人终将会被陌生人埋葬在陌生的地方。

在奥沙利文的照片中，画面前景和背景都被有意地模糊了，以引起人们对画面中心的尸体的关注。这种聚焦是由于蛋白相纸的应用而得以实现的，这种蛋白相纸的表面光滑，保持了高清晰度。加德纳曾经这样写道："这样一幅画传达了一种有用的道德观：它展示了战争的恐怖和残忍的现实，而不是那些壮观的场面。希望这些照片能够有助于防止这种灾难再次降临到我们的国家。"

追求现代：19世纪50年代至60年代的巴黎

19世纪50年代至60年代法国的艺术家和作家是如何抨击资产阶级价值观的？

皮埃尔－约瑟夫·普鲁东（1809 年至 1865 年）是第一个自称"无政府主义者"的法国记者，正是他说出了那句举世闻名的名言"财产即盗窃"。1848 年事件发生后不久，皮埃尔这样写道："我们遭到殴打和羞辱……被驱散、监禁、解除武装、堵住嘴巴。欧洲民主的命运已经从我们手中溜走了。"政治和道德理想主义似乎被征服了。1848 年 12 月的总统选举，拿破仑一世的侄子夏尔－路易－拿破仑·波拿巴（1808 年至 1873 年）获胜。众所周知，路易－拿破仑是一位独裁者，很受君主制拥护者和中产阶级欢迎，他们将其视为恢复秩序的力量化身。但这位新总统步了其叔叔的后尘，于 1851 年发动了政变。一年后，他宣布自己是拿破仑三世皇帝。事实上，拿破仑三世身上似乎体现出了资产阶级的政治、道德和宗教空虚感，这一情感成为新现实主义的攻击目标。

新式的林荫大道体现了这种新的生活方式，资产阶级经常漫步于这些宽阔的人行道上。这座城市最大的财富集中在这里，这座城市最好的购物场所也集中在这里。美国人爱德华·金于 1867 年参观了巴黎博览会。在他的回忆录中，他描述了那些追寻资产阶级生活方式的人是如何被吸引到这些新的公共场所的：

林荫大道已成为巴黎最好的社交中心，贵族在这里休憩，外乡人来这里参观。这里的贸易只是为了满足奢侈的人……在林荫大道上，你可以找到瓷器、香水、青铜器、地毯、毛皮、镜子、旅行用品、杰罗姆最新画作的复制品、杂志上大胆的漫画、最有贵族气息的啤酒和最好的咖啡。

这些林荫大道是乔治－欧仁·奥斯曼男爵（1809 年至 1891 年）的杰作。1853 年，拿破仑三世任命他监督一项宏大的工程：拆毁旧城并重建，重新规划并建立现代化的巴黎——这一工程后来被称为"巴黎改造"（Haussmannization）。当时的人们有一个共同的梦想，那就是让巴黎褪去中世纪的外衣，变成世界上最美丽的城市。到 1870 年，改革已经基本完成，改善了住房和卫生条件，增加了交通流量，而这些都促进了城市购物区的扩张。大规模的整修也起到了另一个重要的作用，那就是防止街头暴动失去控制，导致革命。

拓宽街道使修建路障变得更加困难。奥斯曼让修长、笔直的林荫大道贯穿整个首都，使军队和大炮能够在城市中更方便、更快速地移动。政府拆毁了迷宫般的古老街道和破旧建筑物（叛乱的工人阶级曾居住于此），设计了巨大的新式下水道系统，然后在上面铺设了令人惊叹的宽阔大道。公共公园得到了发展。在1848年之前，巴黎大概有47英亩的公园，大部分在香榭丽舍大街沿线，但是拿破仑三世向公众开放了以前所有的私人花园，包括巴黎植物园、卢森堡公园和皇家花园。奥斯曼通过建立一系列新的公园、广场和花园来彰显国王的态度，包括对位于城市西边缘的布洛涅森林进行大规模的重新设计，将工人阶级居住区的老采石场改造成一个巨大的公园。到1870年，奥斯曼已经将城市内的公园用地面积增加了近100倍，达到4500英亩。

对巴黎工人阶级居民区的大规模破坏也造成了其他后果。工人们居住的便宜住房几乎都建在市郊。城市改造后，许多居民搬到了新的工人阶级郊区。一方面，奥斯曼想让这座城市拥有新鲜空气和充足的光线，另一方面，他也想让城市摆脱拥挤和犯罪。对于这次改造，他这样吹嘘道，"特兰斯诺南街（他指的是1834年杜米埃著名平版印刷画的主题，图13.7）已经从城市地图上消失了。"工人阶级逃往巴黎郊区，导致城市居民几乎完全由资产阶级和上层阶级组成。为了加速这一人口外流，奥斯曼完全禁止该市的大规模工业（而不是手工业作坊）。到19世纪的最后25年，巴黎已经成为一座休闲的城市，一座代表美好生活的城市，这种状态延续至今。

夏尔·波德莱尔与现代生活诗歌

诗人夏尔·波德莱尔（1821年至1867年）把林荫大道上的资产阶级群众定位为其作品的受众，但是这群人的虚伪让夏尔深感不齿。他的诗歌因非传统的主题和题材饱受抨击。1856年，福楼拜的《包法利夫人》第一次出现在杂志上时，福楼拜已经受到审判，罪名是"冒犯公共和宗教道德以及良好的道德标准"。8个月后的1857年8月，福楼拜的好朋友波德莱尔因他的诗歌集《恶之花》遭到同样的指控。波德莱尔与福楼拜不同，他输掉了官司，承担了罚款，并删去了书中6首关于女同性恋和吸血鬼的诗。这些诗在下一个世纪依然遭到审查。

《恶之花》中的诗歌赤裸裸地描写了"地下世界"和生活的现实。例如，在《腐尸》一诗中，波德莱尔回忆起他和爱人散步时的情景：

> 爱人，想想我们曾经见过的东西，
> 在凉夏的美丽的早晨：
> 在小路拐弯处，一具丑恶的腐尸
> 在铺石子的床上横陈。
>
> 两腿翘得很高，像个淫荡的女子，
> 冒着热腾腾的毒气，
> 显出随随便便、恬不知耻的样子，
> 敞开充满恶臭的肚皮。
>
> 太阳照射着这具腐败的尸身，
> 好像要把它烧得熟烂，
> 要把自然结合在一起的养分
> 百倍归还伟大的自然。
>
> 天空对着这壮丽的尸体凝望，
> 好像一朵开放的花苞，
> 臭气是那样强烈，你在草地之上
> 好像被熏得快要昏倒。

这首诗是对浪漫主义死亡观的抨击。睁开双眼，坚定不移地直面这样的现实，是波德莱尔眼中现代生活的核心要求。

爱德华·马奈：现代生活的画家

1863 年，波德莱尔呼吁想象力丰富的艺术家积极追求新的艺术目标，描述现代城市及其文化。爱德华·马奈（1832 年至 1883 年）响应了这一号召。和波德莱尔一样，马奈也是一名浪荡子，一个没有明显职业、在城市里到处漫步的人，冷静、不带感情色彩地研究和体验这座城市。根据波德莱尔的一篇文章，浪荡子通常身着十分讲究的时尚服饰，在人群和咖啡馆中流连，具有敏锐的眼光，能理解现代生活的微妙之处，也能够创造艺术。

波德莱尔认为，浪荡子的一个重要特征是他对待资产阶级的态度。他蔑视资产阶级粗俗的物质生活方式，完全致力于震撼这群人。他说："必须震撼资产阶级。" 因此，1863 年，当沙龙拒绝展出马奈的《草地上的午餐》时，他也不感到惊讶（图 12.12）。他不是为了取悦这群人而创作这幅画。这座沙龙每天吸引成千上万的游客，是世界上最著名的艺术盛事。当

图 12.12

图 12.13

马奈的画作出现在"落选者沙龙"时，公众十分愤怒。在收到大量关于
落选艺术品的投诉后，拿破仑三世匆忙下令举办展览。落选者沙龙收录
的许多画作质量不佳，还有很多画作因为所谓的"丑闻性内容"或"具
有挑战性的风格"遭到中伤，包括马奈的《草地上的午餐》。巴黎的报
纸把所有作品归为一类："这次展览有些残酷：人们笑着观展，就像在
看闹剧一样。事实上，这是一种无休止的滑稽模仿，是对绘画、色彩和
构图的滑稽模仿。"

　　马奈的绘画令人想起华托的豪华飨宴，以及马尔坎托尼奥·雷梦迪
的雕刻作品《帕里斯的评判》（图12.13）。这幅画以拉斐尔失传的同名
画作为原型。马奈笔下的三个中心人物与雷梦迪作品右下角的自然仙子
姿势相同，因此马奈的绘画可被理解为一种全新的《帕里斯的评判》。
以马奈的标准来看，巴黎这座城市充满了资产阶级的腐朽。

民族主义与歌剧政治

拿破仑三世时期，法兰西第二帝国的潮流与现实主义截然相反，更接近前一个时代的浪漫主义，爱玛·包法利对浪漫主义小说的贪婪消费完美地说明了这一点。资产阶级趣味与先锋派的对抗，在第二帝国的歌剧中有了最出人意料的呈现。歌剧作为一种为贵族阶级追捧，并且日益为资产阶级所喜爱的音乐形式，在巴黎发挥着重要的社会作用。路易十四1669年建立的国立巴黎歌剧团涵盖了歌剧、音乐和芭蕾舞等表演形式。歌剧团既是国家机构（即法国文化和主权的象征），也是对法国皇室传统的一种提醒。在一个世纪里的快速变化时期，贵族失去了对整个欧洲的控制，歌剧院似乎成为一片绿洲，保留着保守的稳定和贵族阶级的价值——至少歌剧院的贵族赞助人和新贵资产阶级观众是这么认为的。

然而，歌剧创作确实出现了变革。变革由当时最具创作力的作曲家带来。由于贵族阶级和资产阶级对自由民族主义、社会平等和个人权利的观念都抱有敌意，因此，歌剧创作的先锋和观众之间必然会发生冲突。

朱塞佩·威尔第与歌剧

意大利作曲家朱塞佩·威尔第（1813年至1901年）率先将歌剧创作政治化。威尔第认为，歌剧首先应该是戏剧性的现实主义艺术。咏叹调、二重唱和四重奏不再仅仅是为了展示演唱者精湛的技巧；相反，作品通过宏伟而持续的旋律富有戏剧性地表达了人物的气质。威尔第的《弄臣》就是一个很好的例子。这部歌剧共有3幕，1851年首演于威尼斯，1853年在伦敦，1855年在纽约演出。

主人公里戈莱托貌丑背驼，在宫廷里当一名弄臣。年轻貌美的曼图亚公爵专以玩弄女性为乐，而里戈莱托常为公爵出谋，帮他干勾引朝臣妻女的勾当，引起人们的愤恨，大家定计对他进行报复，让他不自觉地参加诱拐自己心爱女儿吉尔达的行动。里戈莱托发现自己竟将女儿交给公爵后，决定雇刺客杀死公爵。当他从刺客手中接过装有尸体的口袋，以为大功已成时，忽闻公爵高歌之声，急忙打开口袋，发现里面装的是奄奄一息的女儿，这使他痛苦万分。原来，这个获悉行刺计划的少女对虚情假意的公爵一往情深，甘愿为爱情而替公爵一死。

在第三幕中，威尔第创作了一个四重奏，每个角色都表达了截然不同的情感，同时呈现出两个场景。公爵试图勾引客栈里的玛达蕾娜，弄臣和吉尔达则从外部看着这一切。弄臣让天真的吉尔达看到了公爵的道德败坏，她对此感到震惊和沮丧。在这里，剧作家在一个单一的场景中呈现出各不相同的人类情感。

当意大利努力实现民族团结时，威尔第的歌剧开始成为意大利民族主义的象征。一旦一个女主角在他的歌剧中呈现出渴望自由的倾向，观众就会把她理解为意大利统一的象征，并爆发出一阵狂热的掌声。甚至连威尔第的名字都被视为民族主义政治的代名词。

瓦格纳的音乐剧与赛马会

赛马会对潮流和人们喜好的恶劣影响一直延续到 1861 年 3 月，直到理查德·瓦格纳的歌剧《唐怀瑟》上演。瓦格纳（1813 年至 1883 年）宣称自己的作品是"未来的艺术"，并于 1859 年抵达巴黎。他设法获得了拿破仑三世的支持，并创作了一部根据德国中世纪传说写成的三幕歌剧《唐怀瑟》。 由于巴黎歌剧院规定外国作品必须用法语演出，瓦格纳着手将歌剧翻译成法语。

故事发生在 13 世纪初叶的杜林加，主人公唐怀瑟是一位传奇的骑士兼吟游诗人。唐怀瑟离开爱情女神维纳斯的虚幻世界，回到现实世界的华特堡山谷，与圣洁的伊丽莎白重逢。两个世界的冲突在以爱情本质为主题的歌唱竞赛中达到高潮。

传统上，歌剧带有旋律，管弦乐队提供伴奏。结果，瓦格纳觉得音乐盖过了歌词。因此，为了使文本易于理解，瓦格纳把旋律的元素从人的声音转移到管弦乐队。伊丽莎白的演唱风格介于咏叹调和朗诵之间。管弦乐团演奏的曲子展现出了伊丽莎白的情绪，从欣喜若狂的欢迎转变为对她一年来痛失所爱的悲痛回忆。这一变化十分激烈，管弦乐队或多或少地从演唱者手中接过了发展作品旋律特征的主要任务，导致法国观众几乎无法将瓦格纳的音乐辨认为歌剧。

《唐怀瑟》的主题——肉体快感和精神之爱的矛盾诉求——是无可救药的浪漫主义，这也许能够符合法国资产阶级和贵族的审美，但歌剧的音乐和处理方式并不能吸引这部分观众。和威尔第一样，瓦格纳试图通过他的作品传达现实主义思想，因此他的朗诵、咏叹调和合唱总是具有很强的戏剧性的意义。他认为他的作品是一种新的体裁，也就是人们现在所说的"音乐剧"。正如他所说，他要"让音乐变得可视"。

对法国观众来说，这种音乐形式太过新颖，他们无法充分欣赏。直接源自德国民间传说的音乐剧剧情也水土不服、令人失望。这出歌剧似乎是要煽动法国和德国之间的敌意。为了顺应当时巴黎人的趣味，剧院经理要求瓦格纳追加芭蕾舞的场面。他拒绝了，但他同意以芭蕾舞作为歌剧的开头。赛马会本来就不喜欢在他们自己的歌剧院中上演一部昂贵的德国作品，鉴于作曲家拒绝把芭蕾舞插到传统的位置上，赛马会更是义愤填膺。瓦格纳似乎完全是一个自由民族主义者，故意挑衅他的法国保守派听众。

随着排练的行进，赛马会向会员们提供刻有"为唐怀瑟"字样的银质哨子。1861 年 3 月 13 日，这部戏剧开幕的那个晚上，赛马会用这些哨子捍卫其贵族特权。拿破仑三世也出席了这场活动，坐在包厢里欣赏戏剧。赛马会在皇帝面前吹响哨子，发出倒嘘声，打断音乐长达 15 分钟。瓦格纳说："尽管他的朝臣引起了骚动，但皇帝和他的配偶坚忍地坐在自己的位置上。" 这出歌剧在第二次和第三次演出中都受到了同样的"欢迎"。巴黎城内对这部作品看法不一，作曲家柏辽兹并不觉得这部剧的音乐有任何优点，波德莱尔则对这部作品十分钦佩。第三场演出导致了几场旷日持久的争论和赛马会持续的口哨攻势。演出之后，瓦格纳要求取消演出，法国政府接受了这一财政损失，给予了批准。

印象派巴黎

印象派怎样改变传统绘画的风格和内容？

1870 年 7 月，普鲁士王国首相奥托·冯·俾斯麦（1815 年至 1898 年）煽动法国皇帝拿破仑三世宣战。两个月后的色当战役中，普军彻底击败了法国军队。这位法国皇帝遭到监禁，并被流放到英国。3 年后，他在那里去世。与此同时，俾斯麦进军巴黎，围攻该市，迫使政府在 4 个月的饥荒之后投降。饥荒期间，人们杀死了巴黎动物园里的大部分动物并把它们变成了食物。

不久，巴黎再次陷入内战。爱德华·马奈在一幅画中记录下战争的场景。1871 年 2 月，法国普法战争结束后，新国民议会成立。议会与俾斯麦谈判后制定出关于巴黎投降的合约。按照这份合约，法国需向侵略者支付一大笔钱，并放弃东部的阿尔萨斯省和洛林的一部分土地。大多数巴黎人认为国民议会背叛了法国的真正利益。3 月，巴黎人民选出了一个新的市政府，称之为“巴黎公社”，目的是将巴黎与全国其他地方分开管理。内战正式开始前，国民议会迅速做出反击，命令勒孔特将军率领的部队夺取公社的军备。白天结束时，巴黎愤怒的群众抓住了勒孔特，仓促地枪决了他。傍晚时分，国民议会的部队和议会撤回凡尔赛。

国民议会并不打算让出巴黎的控制权。议会的军队包围了该市，并于 5 月 8 日对该市进行了轰炸。巴黎依然采取了抵抗的态度，甚至举行了节日的喜庆活动。记述了巴黎城市生活的编年史家爱德蒙·德·龚古尔（1822 年至 1896 年）回忆说：“我走进香榭丽舍大街的一家咖啡馆；当炮弹炸死大街上的人时……男男女女喝着啤酒，身处世界上最宁静、最快乐的气氛中，听着一位老妇人拉着小提琴，演奏特里萨的歌曲。”5 月 21 日，数百名音乐家在杜乐丽演出，为大众提供娱乐时，由七万人组成的议会部队突袭了该市。公社方面措手不及，开始设置路障，却发现巴黎的城市改造导致议会军队能从侧面包围他们，并用大炮扫清宽阔的街道。5 月 22 日，城中的战斗进入白热化，一系列的处决开始了，政府军下令逮捕并杀害对巴黎公社抱有恻隐之心的人。1871 年 5 月 21 日至 5 月 28 日被称为"流血周"。一周之内，大约有 2 万名巴黎人死亡。公社被摧毁了，一个独立的巴黎梦也随之破灭。

19 世纪 70 年代就这样到来了，整个法国弥漫着浓浓的悲观情绪。资产阶级的皇帝被罢免了，普鲁士羞辱了这个国家，鲜血又一次漫进巴黎街道的阴沟，公社的希望再次被扔进下水道。讽刺的是，下水道的修建最初是为了使这座城市变得更宜居、更有魅力。在这样的气氛中，许多人，特别是年轻的艺术家，对法国艺术界产生了幻灭感。他们认为法国艺术界陷入了导致公社灾难的政治泥潭，无可救药。许多作家提出，在重建法国文化这件事上，艺术需要起到带头作用。

在这种言论的驱使下，法国于 1873 年 12 月成立了一个为画家、雕塑家和其他艺术家服务的股份公司。只需每年缴纳 60 法郎，任何人都可以成为会员。该公司的创始人包括画家克劳德·莫奈（1840 年至 1926 年）、卡米耶·毕沙罗（1830 年至 1903 年）、皮耶－奥古斯特·雷诺瓦（1841年至 1919 年）、埃德加·德加（1834 年至 1917 年）和贝尔特·莫里索（1841年至 1895 年）。他们中的许多人曾在军队服役，他们的亲密朋友和同事弗雷德里克·巴齐耶（1841 年至 1870 年）死于与普鲁士的战争。这家公司永远地改变了法国绘画圈的面貌。事实上，这一机构彻底改变了西方绘画。

莫奈的外光派

从一开始，批评家们就认识到，这一新兴画家群体更喜欢在室外作画。"外光派"由此得名。

1841 年至 1843 年，画家们将颜料装进金属制的小管子里，颜料的携带变得更方便。这也是导致外光派产生的部分原因。画家能够更轻易地将颜料置于室外，而不用担心颜料会干掉。这些年轻画家最感兴趣的是光线带来的自然效果，他们用新的合成颜料来呈现这种效果，这种颜料的颜色通常十分明亮、透明。在这些新派画家被称为"印象派画家"之前，他们

被称为"外光派"。 1876 年，诗人斯特凡·马拉美（1842 年至 1898 年）
发表了文章《印象派和爱德华·马奈》后，人们才开始广泛使用"印象派"
一词。

　　外光派绘画说明艺术家抛弃了传统的工作室环境。在所有的印象派画
家中，克劳德·莫奈最坚定地主张这一点，他认为只有在室外才能充分发
挥他的艺术潜能。在摒弃绘画传统的同时，股份制公司的画家们对当下的
时刻精雕细琢，高度重视即兴创作和自发性。每幅画都必须快速而有意地
勾勒出轮廓，以捕捉自然环境中变换不断、瞬息即逝的光线效果。莫奈曾
对一位年轻的美国艺术家说："当你外出画画时，试着忘记你面前真实存
在的东西——一棵树、一座房子、一片田野，或者其他什么东西。而仅仅
这么想：这里是蓝色的小方块，这里是粉红色的长方形，这里是黄色的线条，
凭借你眼中看到的景象把它画出来，直到你因它产生自己对眼前景色的天
真印象。"如此说来，在莫奈的《亚尔嘉杜的帆影》中，水面上的风景的
倒影由一系列写意、短促而粗的笔触组成就不足为奇了（图 12.14）。在水
面上，绿色帆船的桅杆似乎支撑着一个红绿色的帆，但这个"帆"实际上

图 12.14

图 12.15

是山坡上红房子和柏树的倒影。莫奈认为他的绘画和真实场景之间的关系
类似于水面和海岸线之间的关系。这两个表面——画布和水——都反映了
感官体验转瞬即逝的特性。

　　莫奈在第一届印象派画展上展出的一幅画使我们对这种新的艺术手法
有了更多的了解。《印象·日出》（图12.15）对印象派的命名起了很大的
作用。这位艺术家在创作这幅画时，用纯净的混合色彩，唤起一种其特有
的形式感。他用断断续续的水平短线画出波浪，用漩涡般的橙色笔触描绘
了升起的太阳在水面上的倒影并利用白色突出画面。紫色和蓝色与黄色和
橙色形成对比，仿佛是为了捕捉光线的折射效果。最重要的是，你能感觉
到画家工作时的存在。在晨光消失之前，他的手在画布的表面上飞快地划过。
尽管莫奈经常反复修改他的画，但这些画似乎是"当下的"，就像一张照
片一样即时。

莫里索和毕沙罗：颜料的效果

莫奈愿意用毛茸茸的笔触突破自己的边界，这一特点在贝尔特·莫里索的作品中得到了更彻底的发展。莫里索接受了著名风景画家卡米耶·柯洛的绘画教育，成为一名职业画家，而且远比同时代的很多男性艺术家优秀。莫里索是马奈的亲戚，是她说服他采用印象派手法的。正如一位评论家所说，"没有人能比得上莫里索如气体般若隐若现的线条。"一位评论家这样评价她的《夏日》："画中，几位年轻女性坐在船上。透过细腻的灰色、哑光白色和浅粉红色可以看到她们。这几位女性形象没有阴影，与画中多色涂抹的小区域相映成趣。"（图 12.16）。为了起到一点娱乐效果，莫里特让她画中的资产阶级人物穿着和背景几乎没有什么区别的衣服，就像坐在船中央的那个女人穿的衣服一样。她全身上下几乎没有轮廓——水中的每只鸭子都是以几个宽广、快速的笔触呈现的。

图 12.16

图 12.17

　　如果说莫里索的画似乎都融入了均匀的白色光线，那么卡米耶·毕沙罗笔下的风景给我们的印象是，画家从未充分体现过他描绘的景色。在《红色屋顶》中，红色和绿色、橙色和蓝色随机拼接，我们可以隔着树枝看到这些颜色（图12.17）。毕沙罗对色彩理论的新科学非常感兴趣，他密切关注着1864年米歇尔·谢弗勒尔（1786年至1889年）的论文《论色彩及其在工艺美术中的应用》。谢弗勒尔认为，颜料中的互补色并列出现，会增强彼此的色调。 毕沙罗采用了后来美国物理学家奥顿·鲁德的方案。按照鲁德的理论，光的原色是红、绿和蓝紫色。通过这一研究，他预见到颜色理论将刺激下一代的新印象派画家，如乔治·秀拉（见第13章）。

图 12.18

雷诺瓦、德加、卡萨特和巴黎群众

　　莫奈和毕沙罗专注于风景画，皮耶－奥古斯特·雷诺瓦和埃德加·德加则更喜欢记录市郊的咖啡馆、饭馆的人群以及各种娱乐活动。通过不断扩张的铁路干线，中产阶级市民经常在周末逃离城市的喧嚣，去郊区放松。雷诺瓦最爱的地方，还要数塞纳河边的小村——沙图。这些河畔聚落不再是上层阶级的专属，而成为巴黎艺术家、资产阶级甚至工人的聚居地。周末的活动主要集中在船上、咖啡馆和舞厅。富尔奈斯之家餐馆是雷诺瓦特别喜欢的餐馆，这是河里一个小岛上的一个出租屋兼餐馆，也是名画《船上的午宴》中描绘的场所。按照《沙图的划船者》（图 12.18）的布景，富尔奈斯之家餐馆应该位于观众的身后。河对岸是另一家著名的餐馆，勒弗朗克妈妈家。画中，一艘帆船、两艘单桅帆船和一艘工作驳船驶向上游。 在画面的前景中，一个划船者拿着一个两人用的桨，划船者和乘客可以利用与船舵相连的两条绳索驾驶船只。划船者做了个手势，好像在邀请河岸上的一群人加入他的行列。穿白衣的人是画家古斯塔夫·卡耶博特。岸上的女人是阿林·夏里戈，雷诺瓦未来的妻子。正如伟大的法国印象派历史学家罗伯特·L·赫伯特所评论的那样："浓郁是雷诺瓦笔下色彩的代名词，也是画面背景的代名词：饱满的橙色和橙红与蓝色和绿色相对应……这幅画带有一种寓言的意味。它所描绘的，是一个没有工作的理想世界，一个不受污染、充满着感官享受的理想世界。"但是，尽管雷诺瓦大量使用了华丽的色调，笔触也松散自由，但这幅画的构图十分严谨。画面左边的 4 个人物，连同他们正上方的帆船，形成了一个几乎完美的五角形，从画面前方两个人物的脚延伸到船帆的顶部。这种几何对称性与构成画面右侧随意的水平结构和对角线结构形成了鲜明对比。这是印象派绘画的一大秘诀——通过富有秩序的设计来控制画笔的松弛和自由。

埃德加·德加和雷诺瓦一样，专注于绘画作品的精心构图。德加的名画《舞蹈课》描绘了 21 名舞者，她们正在等待芭蕾舞大师对她们进行评估，芭蕾舞大师倚靠在画面中间一根长长的手杖上，看着一位年轻的芭蕾舞演员向假想的观众致敬（图 12.19）。画面中的气氛并不矫揉造作，而是强调舞者

图 12.19

精心的准备和辛勤的工作。舞者们围成一个弧形，将画面前景与中间区域连接起来，吸引着人们的视线在画面中迅速穿梭。德加把观众的注意力吸引到他的复杂构图上。也就是说，他在构图方面花了很长的时间和极大的精力。

事实上，工作是德加的最主要绘画主题之一。《舞蹈课》中的芭蕾舞大师靠在手杖上，这样的姿态绝非偶然。作为一名曾经的舞蹈家，人们认为他因舞蹈而损伤了身体。德加了解到，他所绘的年轻女性实际上是全职童工，陷入了日复一日的单调重复（répétition，在法语中，répétition既是"重复"的意思，也是"排练"的意思）。这些女性几乎都来自下层阶级家庭，通常在 7 岁就辍学进入芭蕾舞团，因此大多数都不能识文断字。就像德加在画面中描绘的一样，舞者们必须通过考试才能继续学习。到 9 岁或 10 岁时，她们一年也许能挣 300 法郎（1870 年大约 60 美元，以今天的购买力计算大约为 400 美元）。如果她们能在芭蕾舞中达到一定水平，能够表演简短的独舞，她们的收入可能会达到 1500 法郎——基本上比她们的父亲（通常是店员、计程车司机和工人）要高。如果她们能在十几岁时成为丹麦的首席舞者，年收入可能会达到 2 万法郎，就像今天薪酬丰厚的职业运动员一样，但是很少有人能达到这一标准。德加的《舞蹈课》让年轻女性们感受到了巨大的压力，她们的世界中，只有最有能力的人才能生存下来，而她们需要不断挣扎求生。

当美国画家玛丽·卡萨特（1844 年至 1926 年）1874 年搬到巴黎后，德加很快就成为她的朋友。卡萨特参加了 1879 年、1880 年和

图 12.20

1881 年的印象派画展。她是一名人物画家，几乎完全专注于家庭和亲密环境中的女性形象描绘。《包厢之内》是卡萨特最著名的作品之一，这幅画描绘了巴黎歌剧院的女性，是对戏剧协会的机智呈现（图 12.20）。画面中，一个身着黑衣的女士透过她的歌剧眼镜向舞台的方向凝视。对面，一位由另一位女士陪伴的绅士向前探身，举起眼镜凝视着眼前黑色衣服的女士。卡萨特笔下的女人，在一份这样大胆的创作中，变得和对面的男性一样活跃。她是一个摩登女性，卡萨特歌颂了她的现代性。

美国自我意识

19 世纪美国人自我意识发展的特点是什么？

1870 年到 1900 年，纽约是一个多样化的新兴城市。这座城市的港口见证了美国大部分的进口活动和大约 50% 的出口活动。作为国家的金融中心，这座城市汇聚了来自各国的律师、建筑师、工程师和企业家。1892 年，30% 的美国百万富翁生活在曼哈顿和布鲁克林，与美国数百万的工人阶级移民毗邻而居。到 1900 年，全市四分之三的人口是在国外出生的，他们通过 1892 年开放的埃利斯岛来到这里。意大利人、德国人、波兰人，以及来自匈牙利、罗马尼亚、俄罗斯和东欧的犹太人，都来到这里追寻他们的美国梦。许多人留在了纽约市。随着 20 世纪的到来，这些移民和他们的后裔将极大地改变美国文化。

事实上，城镇生活的条件也十分艰苦。欺诈和腐败的泛滥造成了工人阶级的贫困，利润至上主义加重了这种情况。到了 1890 年，全国 1200 万个家庭中，有 1100 万个家庭的平均年收入为 380 美元，远远低于贫困线（380 美元相当于今天的 9500 美元）。1873 年 9 月，费城一家投资银行倒闭，投资者陷入恐慌，纽约证交所关闭了 10 天。意想不到的事件引发了更大的经济问题。19 世纪 70 年代，数百万美国工人失业，企业主们开始削减工资。

图 12.21

不受监管的银行、保险公司和投资公司纷纷倒闭，联邦和州政府则袖手旁观，导致许多人失去了储蓄和工作。随着纽约和其他城市失业率超过 25%，"机会之地"的饥荒和普遍饥饿成为现实。

在这种严峻的经济环境下，工人们发展出了新的集体行动形式。临时罢工、罢课和有组织的工会标志着经济和社会环境的变化。1877 年，巴尔的摩与俄亥俄铁路公司减薪时，工人们自发举行罢工，罢工浪潮迅速蔓延到其他铁路公司。在巴尔的摩，国民卫队开枪打死 11 名罢工者，打伤 40 人。

企业主以及他们所支持的政治领导人肯定了减薪决策的有效性。美国战争部成立了美国国民警卫队，旨在以一支快速反应部队来平息可能的动乱，联邦政府对此给予了援助。这是美国历史上空前动荡的时代，罗伯特·克勒（1850 年至 1917 年）的《罢工》反映了工人和企业主的情绪，以及工业时代美国的严峻环境（图 12.21）。在这幅画中，一群愤怒的人围着他们的雇主，要求戴着高帽的男子和他身后的年轻人支付生活费。一位贫穷的妇女带着她的孩子，凝视着左边；另一个更明显属于中产阶级的女人试图和一名工人交谈，但在他身后，一个罢工者弯下腰捡起一块石头准备扔出去。

克勒绘画的现实主义表现在他的人物的多样性上，每个人都有自己的身份。这幅作品的背景，加上地平线上烟雾弥漫、工厂林立的景象，在很大程度上属于印象派风格。

1886 年 5 月 1 日出版的《哈珀斯周刊》重点展示了这幅画。这一天举行了全国性的罢工，人们要求将标准工作日长度从 12 小时改为 8 小时。全国 1.2 万家公司的 34 万余名工人停止了工作。在芝加哥，警察驱散了在干草市场广场上举行的一次劳工会议，罢工者于是引爆了一枚炸弹，一名警官被炸死。警察对这一行径进行了报复，向工人开枪，打死一人，打伤多人。4 名劳工组织者被指控杀害警察，随后被处以绞刑，这挫伤了全国劳工运动的士气，并给予了管理层拒绝劳工要求的信心。

美国自我意识的浪漫主义之歌：风景与体验

19 世纪上半叶，美国的荒野激发了人们对自然界的惊奇感，美国作家与托马斯·科尔（1801 年至 1848 年）和阿什·布朗·杜兰（1796 年至 1886 年）等艺术家产生了一种近乎狂喜的交流。在许多方面，他们是由国家对个人主义和个人自由的强调所塑造的。他们能够自由地为自己思考，他们的想象力同样能够自由地发现自然中的自我。

哈得逊河派画家

1801 年，被誉为"美国风景画之父"的托马斯·科尔在英国出生。1818 年，他随家人移居美国。科尔经常在纽约市北部的哈德逊河谷作画。他特别喜欢卡特斯基尔峡谷。这是一条深深的峡谷，由一条溪流蚀刻形成，溪水来源于卡特斯基尔悬崖顶上的两个湖泊。1836 年，科尔搬到纽约的卡特斯基尔。他说，他的主要绘画主题是"耕作带来的改变以及荒野的崇高之间的矛盾"。没有一幅画比《牛轭湖风景》（图 12.22）更能反映这种矛盾。《牛轭湖风景》展现了康涅狄格河的一条著名的河道。当时，科尔已经在山上定居，甚至把自己画进了这个场景。

1848 年，科尔因肺炎意外去世，他的老朋友诗人威廉·卡伦·布莱恩

图 12.22

特（1794 年至 1878 年）为他写了悼文。布莱恩特哀叹道："他在卡特斯基尔行走、学习、写生，将他的素描发展成如此辉煌的作品。对于我们这些依然在这世上的人来说，当我们看到或者想到卡特斯基尔时，都会心生荒凉、悲伤之感。我们知道，在那些壮观、美丽的场面中，科尔的精神已经超出尘世的范围。可惜这样的精神已从这个世界上消失了。我们也看到，一些充满力量的东西从崇高的山顶、广阔的森林和奔腾的瀑布中消失了。"纽约市的艺术收藏家乔纳森·斯特奇斯（1802 年至 1874 年）在听到布莱恩特的悼词后，立即委托科尔的朋友和画家同胞杜兰以卡特斯基尔为背景，把诗人布莱恩特和画家科尔画在一起（图 12.23）。这两个人被描绘成"志趣相投的伙伴"。他们站在岩石露出的部分，脚下的石头与科尔手中的刷子一起指向峡谷上方；弯弯曲曲的小溪与画作顶部弯曲的树枝相呼应；一只美国秃鹰在空中飞过；树木的树干可能被闪电、风或这两种力量同时粉碎，就像落入溪流的巨石一样，证明了自然不经雕琢的原始力量。这两个人代表了文明的最高境界，但他们的灵感来自荒野本身。

图 12.23

爱默生、梭罗与超验主义自我

1834 年，一位 31 岁的牧师刚从英国返回。在英国，他遇到了柯勒律治，听到华兹华斯吟诵他的诗歌。牧师对制度化的宗教已不抱幻想，于是搬去了马萨诸塞州的康科德村。在接下来的几年里，这位一神论牧师拉尔夫·沃尔多·爱默生（1803 年至 1882 年）写了他的第一本书《论自然》，于 1836 年匿名出版。这本书成了康科德当地人（大多数是牧师）的智力灯塔，这群人组成的社区被称为"超验俱乐部"。当爱默生概述超验思想的基本原则时，他们都感觉到人类的精神与自然有着某种统一性。这种统一性影响了《论自然》中最著名的一段文字，即在对自然的直接体验中，个人与上帝合为一体，从而超越了基于经验观察得到的知识：

越过空旷的公地，停留深雪潭边，注目晨昏曦微光芒，在满布乌云的天空下，并非出于特别的当头好运，我享受了完美无缺的欣喜。我欣喜以至有些胆怯。在树林里也是一样，人们抖落岁月如蛇蜕旧皮，无论身处生命的哪一阶段，都会心如孩童。在森林中，有永恒的青春。在上帝的庄园里，气派和圣洁是主宰，四季的庆典准备就绪，客人们居此千年也不会厌倦。在森林里，我们回归理性和信仰，在那里，任何不幸不会降临于我的生命，没有任何屈辱和灾病（请留下我的双眼）是自然无法平复的。站在空旷大地之上，我的头脑沐浴于欢欣大气并升腾于无限空间，一切卑劣的自高自大和自我中心消失无踪。我变成一个透明的眼球，我化为乌有，却遍览一切；宇宙精神的湍流环绕激荡着我。我成为上帝的一部分，我是他的微粒。

位于经验中心的自我意识也是个人主义和自立主义的思想，这些思想对超验主义中的经验来说十分重要。事实上，爱默生在他最著名的一篇文章《论自立》中宣称，"如果想要成为一个真正的人，就必须是一个不墨守成规的人……归根结底，没有什么东西，比你自己的正直更神圣。"在爱默生的同时代人中，没有人比亨利·戴维·梭罗（1817 年至 1862 年）

更适合这种描述。梭罗在哈佛大学受过教育，是一个思想独立的人。他辞去了康科德的教师工作，因为他不肯对学生进行体罚。他是全美最大声疾呼的废奴主义者之一，而且因为拒绝向一个容忍奴隶制的政府缴纳人头税而短暂入狱。可是最著名的是，从1845年到1847年的两年里，他在爱默生位于瓦尔登湖的土地上。建造了一间小木屋并在那里住下。这一经历促成了《瓦尔登湖》的出版。这本书篇幅不长，致力于教导人们在与自然的交流中简朴、明智地生活，以获得满足感和美德。梭罗的树林和爱默生在《论自然》中赞美的树林是一样的。梭罗写道：

> 我步入丛林，是因为我想从容不迫地生活，仅仅面对生命中基本的事，看看我是否能掌握生命的教诲，而不是在我临死时，才发现自己从来没有活过。

梭罗生活中的怪癖与他散文的独创性不谋而合。最后，梭罗歌颂了"大自然无法言喻的天真和仁慈"。

梭罗认为自然界无比强大，而且有着强大的变革力量，很容易受到人类的侵犯。这种洞察力证明他远远超前于他的时代。他作为社会良知的强大化身和代言人（他尤其重视环境），给美国文学文化带来了持久影响。

惠特曼与美国自我意识

没有任何人比诗人沃尔特·惠特曼（1819年至1892年）更能代表19世纪的美国人。他把浪漫主义、超验主义和现实主义运动联系在一起，使美国文学发生了革命性的变化。惠特曼是个坚定的纽约人。他在《横过布鲁克林渡口》（Crossing Brooklyn Ferry）中赞美了城市氛围所传达的紧迫感和活力：

> 黄昏时海上扇形的、如带匙之杯的浪涛，嬉戏而闪耀着的浪头，远远的一片陆地，显得更朦胧了，码头边花岗石仓库的灰色的墙垣，在河上人群的影子，两侧紧靠着舢板的大拖轮，稻草船，稽迟了的驳船，在邻近的

岸上铸造厂的烟囱，火光喷得很高，在黑夜中闪耀着，在强烈的红光和黄光之中，把阵阵的黑烟喷射到屋顶上，并落到街头上。

在惠特曼的《草叶集》中，纽约是美国巨大可能性的化身。这本冗长、复杂的诗集是惠特曼 1855 年自己出版的，直到 1892 年都在不断修订。这本书最初只有 12 首诗，最后扩充到 400 余首。在最初的几年里，《草叶集》没有受到好评，销量也不多。但在十年之内，新版诗集取得了商业上的成功，惠特曼的声望也不断提高。在《自我之歌》中，惠特曼讲述了他自己和这个国家的经历。这是诗集的第一首诗，也是篇幅最长的诗。

惠特曼在《自我之歌》中公开地欣然接受了所有的美国人，从移民到非洲裔美国人和印第安人，从男性到女性，从异性恋到同性恋。他赞美一切形式的性行为，这震惊了许多读者。一位早期的评论家称《草叶集》的诗歌是"一堆愚蠢的污物"，其作者是一头猪，生根于"淫秽思想的腐烂垃圾中"。1865 年，曾在美国内政部担任办事员的惠特曼因违反了"基督教文明规定的礼仪规则"被解雇。

《自我之歌》由 52 节组成，叙述者"我"作为一种文学手法，把一个人的经历看作是众多人经历的代表。因此，《草叶集》是一部具有主观性的史诗。惠特曼晚年对一个朋友说："记住，这本书是从我在布鲁克林和纽约的生活中诞生的……15 年来，以其可能无与伦比的亲密热切、放荡不羁的态度吸纳了百万读者。"

1892 年，惠特曼在出版了最后一版《草叶集》。这本书已经从 1855 年版的 96 页增加到了 438 页。在《桴鼓集》中，惠特曼为那些内战士兵的个人痛苦而痛苦，在《当去年的紫丁香在庭前绽放》中，惠特曼为亚伯拉罕·林肯的逝世而哀悼，这两部作品都加入了 1867 年版的诗集。为了庆祝苏伊士运河的开通，惠特曼在 1876 年版的诗集中加入了一首长长的《印度之行》。换句话说，《草叶集》的内容随着作者的经历不断扩充。

文化身份的挑战

西方帝国的冒险对非西方世界有什么影响？

惠特曼开阔的思想主张不仅在美国，而且在全世界范围内助长了经济和政治帝国主义。19世纪下半叶，欧洲国家疯狂争夺亚洲、非洲、拉丁美洲和其他地区的领土。在某些情况下，他们对这些地区实施直接管理，通过殖民政治结构监督地的治理。在其他情况下，他们实现了间接的控制，侧重于经济控制。一个多世纪后，世界仍在承受当年的后果。

美国原住民的命运

北美原住民和欧洲人的第一次持续互动发生在17世纪。从1790年到1860年，非原住民人口从400万增加到3100万，其中近半人迁去了大西洋沿岸各州以西的领土。美国的疆界转移到了似乎有无限可能性（和自然资源）的地区。1851年，印第安纳州记者约翰·索尔在《特雷霍特快报》上发表文章《年轻人，到西部去，与祖国一起成长》。美国西部对美国的自我身份起到了至关重要的作用，这种趋势变得非常明显。不幸的是，这些土地上的原始居民并没有被纳入艺术家、华盛顿的政治领袖以及大多数定居者自己的考虑范围。在"西进"的过程中，美洲原住民文化和部落身份几乎完全遭到忽视和贬低。

部落的最终命运与水牛的命运密不可分。19世纪70年代，军方推行了一项非官方的原住民灭绝政策，并且鼓励以"屠杀水牛"作为达到这一目的的捷径。菲利普·谢里登将军（1831年至1888年）敦促白人定居者加速屠杀水牛群，从而减少美洲原住民的食物供应。美国大铁路的修建过程中，400多万头水牛被建筑施工队员、水牛猎人和游客屠杀。水牛的灭绝标志着美洲原住民文化的终结。

图 12.24

到 1889 年，危机已到了顶点。一位名叫瓦沃克的派尤特族宗教人员宣称，如果印第安人能过上和平的生活，假如他们能跳一种叫作"鬼舞"的新型圆圈舞，世界将会变成从前的样子，由成群的水牛和死去的祖先组成。到时候，白人会消失，酒精、疾病和饥饿也将不见。 在西方，不同的部落都接受了这一思想，与鬼舞相关的服装特别漂亮。阿拉帕霍鬼舞裙（图 12.24）上装饰着五角星，毫无疑问，五角星的设计源自美国国旗，但是这一标志在美国原住民文化中象征着宇宙。上衣抵肩处装饰有一个妇人，两只鹰分列于她的两侧。妇人一手拿着一只和平烟斗，一手拿着一根树枝。衣服的下半部分的海龟源于一个起源神话。在这个神话中，海龟从原始的水域带来了土壤。裙子上的鸟儿代表着灵魂世界的使者。许多平原印第安人相信，鬼舞服装有保护他们免受伤害的能力，使他们免受枪击和其他攻击。

1890 年 12 月 29 日，这个信念终结于南达科他州的伤膝河。白人们很少注意到印第安人的祈求是非暴力的，很快对这一仪式产生了恐惧和敌意。那天，美国第七骑兵团在伤膝河屠杀了 200 多名参加鬼舞的人，无论他们穿着怎样的服装。至少从象征意义上讲，北美大平原上的印第安人文化走向了终结。一位名叫"两条腿"的克罗族战士这样说："自那之后，什么都没发生。我们只是活着。没有更多的交战方，没有人从皮埃甘人（部落）和苏族人手中夺取战马，也没有可捕猎的水牛，没什么好说的了。"

中国和印度

对于中国和印度，西方国家意图通过侵略性的军事和经济政策，把财富转移到本国，并限制中印主权，试图控制这两个国家。18 世纪，英国东印度公司和法国东印度公司对印度和亚洲其他地区贸易的控制权展开了争夺。与此同时，两国也在欧洲和北美地区展开了残酷的竞争。事实上，印度的贸易通常被视为通往中国市场的垫脚石，中国的丝绸、瓷器和茶叶在整个欧洲和美洲大陆都很有价值。然而，与西方的贸易非但没有达成互惠互利的结果，反而对中国和印度造成了严重威胁。截至 19 世纪末，中、印都成为欧洲人开发的新殖民帝国的前哨，两国的传统文化习俗、政治领导和社会制度均受到了负面影响。

18 世纪，欧洲对中国风的喜爱（见第 10 章）造就了中国繁荣的出口经济，但是对西方人来说，鸦片贸易比中国的商品更重要。为了补偿购买茶叶、瓷器和丝绸所花的金银，英国东印度公司开始向中国出售大量鸦片。鸦片的生产成本很低，对英国人来说是一种利润丰厚的贸易商品。然而对中国人来说，这种贸易活动十分不利，鸦片成瘾迅速成为一个严重的社会问题。

因中国政府打击鸦片贸易，英国人向清廷宣战，打击了大部分沿海、沿河城镇。在随后签订的《南京条约》中，清政府承诺将香港租借给英国，并支付了 2100 万两白银的赔偿金（大约相当于今天的 20 亿美元）。清政府向西方商人开放了港口和市场，到 1880 年，廉价机械产品的进口造成了中国经济的崩溃，一个多世纪都没有得到恢复。

英国东印度公司的鸦片贸易叩开了清政府的大门。同时，英国在印度实施的政策也严重削弱了印度的经济。在 17 世纪 60 年代，印度一直是世界上生产力最高的经济体之一。英国大部分最好的铸钢都是从印度进口的，印度有几十万人在工厂和矿山工作。但是到了 18 世纪末，英国东印度公司以带有剥削性质的低价收购印度的原材料，之后在印度境内以低价销售制成品，从而削弱了印度制造商。在英国军队的支持下，英国的机械化工厂效率越来越高，英国商人牺牲了印度的传统经济，获得了丰厚的利润。到后来，印度发现自己只生产铁矿石，却没有制造铸钢；他们没有生产纺织成品，只是出口了原棉。在这种几乎完全抹去了制造业的经济中，工作变成了一种稀缺的商品。随着 19 世纪下半叶人口的增加，印度经历了一系列前所未有的严重饥荒以及广泛的失业和贫困问题。因此，在 19 世纪末和 20 世纪初，将近 150 万印度人出卖了自己，沦为契约劳工。1750 年，印度的工业产值占世界总产值的 25%，但 1900 年只占 2%。

埃及的兴衰

1798 年和 1799 年，拿破仑军队占领埃及，并发起了对该国家的研究。1809 年至 1822 年出版的《对埃及的描述》（共 24 卷）鼓励法国官员支持穆罕默德·阿里（1769 年至 1849 年）领导下的埃及工业化进程。阿里家族对埃及的统治一直持续到 1953 年。棉花是埃及的主要经济作物。阿里认识到，有一种棉花灌木能生产出长而结实的纤维，于是他命令以前种植小麦的农民改种棉花，并从英国订购了 500 台蒸汽操作的织布机。1823 年，埃及开始出口优质的棉花。到了 19 世纪 30 年代中期，埃及的棉花年产量已达到 120 万吨。

但是，棉花产业蓬勃发展的英国，对横空出世的埃及非常恼火，1838 年，阿里告知法国和英国，他打算宣布埃及从奥斯曼帝国独立。一年后，他相信自己能够得到法国的援助，于是入侵了土耳其。法国并不赞同这一行动，英国则借机向埃及施压，迫使其放弃对棉花产业的保护性关税。不久，埃及就像印度和美国南方一样，不再出口棉花制成品，而只出口原材料。埃及的现代化努力失败了。

但是阿里的孙子赫迪夫·伊斯梅尔（1863 年至 1879 年在位）再次做了现代化尝试。赫迪夫表示："我的国家不再属于非洲；我们现在是欧洲的 部分。因此，我们自然应该放弃过去的传统做法，采用一种适应我们社会状况的新制度。"为此，伊斯梅尔从欧洲银行大量借款，借款的利率有时非常高昂。他对开罗进行了很大程度的扩建，在老城的西部边缘建造了一座全新的城市。这场建设模仿了巴黎的城市改造，修建了宽阔的大道和现代化的酒店。 为了庆祝苏伊士运河的开通，他聘请意大利建筑师以米兰的史卡拉歌剧院为原型，建造了一座歌剧院，并委托朱塞佩·威尔第创作歌剧《阿依达》，在他的新剧院首演。法国政府鼓励埃及打通从地中海到红海的运河，因为他们能从该项目中获取丰厚的利益。然而事实上，由于伊斯梅尔的铺张浪费（包括一次注定要失败的军事征服行动），埃及实际上已经破产了。1875 年，英国购得了埃及的运河使用权。1879 年，欧洲债务国迫使伊斯梅尔退位。

日本的开放

19 世纪中叶，在英国殖民政权的统治下，印度社会发生了巨大的变化。而大洋彼岸的日本，在保持文化传统的同时，努力适应西方工业化进程。在 1853 年 7 月 8 日美国海军准将马修·佩里驶入东京湾之前，日本对西方关闭了 250 年。佩里的远征最终促使美国与日本达成《神奈川条约》（1854 年）和《美日修好通商条约》（1858 年），开启了两国之间的外交和贸易关系，他还首次将大量日本商品带到西方。日本人意识到，他们必须使佩里满意（这是一个眼前的威胁），同时还要应对来自西方国家的长期挑战。他们的目标是沿着西方路线实现现代化，同时维护其主权和古老的文化传统。

起初，日本的重点在于缩小陆军、海军和西方军事强国之间的技术差距。1853 年 7 月，佩里探险队的翻译塞缪尔·威廉斯是这样描述日本军队的："持有步枪的士兵排列成紧密的队列，正在训练。可是队伍中也有穿着衬裙、凉鞋、配有两把剑的士兵，整个场面混乱不堪。"为了加速社会现代化，日本政府不得不大刀阔斧地进行工业化改革。到了 19 世纪末，被称为"浮世绘"的木刻版画艺术蓬勃发展。这种传统艺术自江户时代初期以来就一直稳定发展。版画的出口贸易是日本经济的一个重要组成部分。西方艺术家，特别是印象派画家，被日本版画的艺术效果所吸引。自 17 世纪 70 年代以来，木版画在江户（东京）的市民阶级中非常流行。木版画是大量生产的，因此工匠、商人和其他城市居民都买得起。这些作品广泛描绘了日本的社会

图 12.25

和文化活动，包括日常生活的仪式、演员和艺妓的戏剧世界、相扑手和工匠、风景和自然景色。版画结合了文学和历史的传统主题，在日本文化发展的两个多世纪里形成了一个宝贵的知识来源。

葛饰北斋（1760 年至 1849 年）的《富岳三十六景》也许是最著名的日本版画系列。该系列中的《神奈川冲浪里》在日本绘画史中占有举足轻重的地位。（图 12.25）。这幅画描绘了一个向下的巨浪，巨浪下方，三艘船正坠入漩涡，巨浪像一只凶猛的爪子悬在画面中。远处，在地平线之上，矗立着富士山，山体周围是波浪和泡沫的漩涡。在日本人眼中，富士山象征着不朽，同时也是日本的化身。尽管从视觉上看，海浪比远处的山脉还要大，但观者知道它即将崩塌，而富士山将会留下来，这既说明了人类经验的短暂性，也说明了自然界的永久性。这幅版画还把船夫的困境所代表的当下的危险与山的坚固所代表的国家的持久价值并列起来。这些价值观可以被理解为对日常生活中短暂烦恼和快乐的一种超越。

非洲与帝国

19世纪末，最让人感到危险的地区不是维也纳、巴黎、伦敦、纽约，而是非洲。欧洲列强在非洲大陆实行的帝国主义政策给这片大陆埋下了深深的隐患。对非洲大陆控制权的竞赛始于1869年苏伊士运河的开通。到了19世纪80年代，英国夺取了对整个埃及的控制权。后来，为了进一步"保护"埃及，英国进入了苏丹境内。抛开非洲的关键战略位置不提，其广袤的土地和尚未开发的自然资源皆让欧洲列强难以抗拒。

经济财富是一个决定性因素，非洲大陆的可开采资源使欧洲变得富裕：法国从摩洛哥提取磷酸盐；比利时从刚果购买宝石、象牙和橡胶；英格兰从南非获得钻石。在欧洲列强的殖民下，非洲各国变得像印度一样，专注于生产原材料。这种以原材料为基础的出口经济，使大多数非洲人陷入赤贫。

社会达尔文主义：帝国主义的理论辩护

查尔斯·达尔文在《物种起源》中使用了"种族"一词，推动了19世纪的一种意识形态——社会达尔文主义的发展。对于帝国主义的支持者来说，社会达尔文主义解释了使欧洲（和白种人）凌驾于其他国家（和种族）之上的社会、文化演变。有人认为，欧洲人是更优越的种族，因此不仅注定要生存，而且注定要统治世界。这种想法后来助长了希特勒在德国的疯狂野心。社会达尔文主义颠覆了传统的犹太基督教和启蒙伦理学，尤其是那些与同情和人类生命的神圣性有关的伦理学。它立刻接受了道德相对主义——认为道德立场不是由普遍真理决定的，而是由社会、政治或文化条件决定的——以支持雅利安人（或盎格鲁-撒克逊人）的进化适应性和优越性。

达尔文本人想要表达的意思与此丝毫没有联系。他发现自己的理论被错误地应用，于是在1871年出版《人类的起源》。在这本书里，他提出了一种更有良心的理论，这种理论包含了更加明确的伦理观点。达尔文争辩说，我们的祖先生活在小部落社区，不断发生残酷的竞争，也逐渐认识到利他行为对部落成功繁殖的好处。世世代代以来，有的部落成员表现出有利于整个群体的无私行为，有的部落成员追求更自私、更个人主义的目标，事实证明，前者比后者有可能生存和繁荣。达尔文写道："毫无疑问，一个部族要是具有忠诚、服从、勇气和同情的精神，部族成员乐于帮助彼此，愿意为了共同的利益牺牲自己，那么这个部族必然会战胜大多数部族，这是自然选择的结果。"

约瑟夫·康拉德《黑暗的心》

在所有小说作家中，约瑟夫·康拉德（1857年至1924年）以最具辩证性的眼光审视了欧洲帝国主义在非洲的阴谋以及社会达尔文主义的消极后果。康拉德出生于波兰，原名为约瑟夫·泰奥多尔·康拉德·科热日尼奥夫斯基。他的职业生涯始于水手。1886年，他加入英国商船队，并在那里一直工作到1894年。他的许多小说和故事都是根据他在海上的经历写成的。实际上，直到二十多岁，康拉德才能够自如地使用英语，而且说英语时总是带着口音。尽管如此，他依然被许多人奉为英语文学中最伟大的散文文体家之一。

1889年，康拉德成为原比利时刚果一艘内河汽船的船长，他在这一职位上的经历构成了他中篇小说《黑暗的心》的基础。《黑暗的心》记录了船长马洛在一艘停靠于伦敦外的海船上所讲的刚果河的故事。马洛的故事除了涉及马洛自己年轻时的非洲经历之外，主要讲述了他在非洲期间所认识的一个叫库尔茨的白人殖民者的故事——一个矢志将"文明进步"带到非洲的理想主义者，后来堕落成贪婪的殖民者。

库尔茨从一个一心想让非洲开化的理想主义者转变为一个残暴、不道德的暴君，使非洲人屈服于他耽于享乐的意志。通过库尔茨的例子，马洛逐渐明白，殖民主义是一种丧失了人性的事业。基于社会达尔文主义世界观的看法，人们对自己眼中那些低人一等的人有着与生俱来的厌恶和漠视。马洛有了一种不祥的预感，认为库尔茨号召"消灭所有的野蛮人"其实是接受种族灭绝的可能性，甚至是必然性。正如马洛在导言部分所说的，"征服世界，这意味着把世界从那些肤色与我们不同、鼻子比我们稍微平的人手中夺走。当你仔细思考这件事，会发现它其实并不那样美好。"

从《黑色的心》中我们可以看到，在那个时期，人们疯狂追求物质的欲念已经盖过了传统意义上的理性，精神世界的迷乱使孤独意识到处弥漫。工业文明的发展，虽然使英国在海外拥有超过本土面积几十倍的殖民地，殖民者的足迹遍布世界的每个角落，但这并没有带来世界的和谐，反而使孤独意识在世界范围内蔓延，这种孤独意识的外在表现就是人际间的疏离。

回顾

12.1 描述19世纪的艺术和文学中是如何体现现实主义的。

法国王朝复辟后，浪漫主义绘画凭借其紧迫感和即时性描绘了当时的一系列事件。在1824年的沙龙上展出的《希阿岛的屠杀》是怎样反映这种浪漫主义的新方向的？这幅画与《路易十三宣誓》有何异同？德拉克洛瓦的《自由引导人民》受到了公众的欢迎，这幅作品既是对贵族的威胁，也是对中产阶级的攻击。它为何既代表了现实主义又代表了理想主义？

在19世纪的大部分时间里，工业化为少数人创造了财富，却使绝大多数男女过着凄凉、不健康的生活。查尔斯·狄更斯对这种情况做出了怎样的回应？马克思和恩格斯又做出了怎样的回应？他们在《共产党宣言》中预见了什么事件？在法国，巴尔扎克等现实主义作家描绘了法国社会的全貌。巴尔扎克在《人间喜剧》的92部小说中，为读者创造了大约2000个栩栩如生的人物。在小说《包法利夫人》中，古斯塔夫·福楼拜抨击了浪漫主义情感。这种写作风格与狄更斯的写作风格有何不同？在美国，奴隶制是现实主义作家的主要刻画对象。法国绘画中的现实主义在奥诺雷·杜米埃的卡通作品中首次得到了体现。请思考，杜米埃的卡通作品和居斯塔夫·库尔贝的绘画是怎样挑战有关艺术本质的传统观念的？最后，新的摄影艺术是在现实主义艺术兴起的背景下产生的，那么摄影是怎样影响人们对战争的态度的？

12.2 描述 19 世纪 50 年代至 60 年代的法国艺术家和作家攻击资产阶级价值观的不同方式。

1848 年革命后，巴黎的资产阶级深信，他们险些在社会秩序的彻底崩溃中丧命。于是资产阶级代表们选举拿破仑一世的侄子夏尔－路易－拿破仑·波拿巴为总统，随后宣布他为拿破仑三世皇帝。拿破仑雇用乔治－欧仁·奥斯曼男爵对巴黎进行现代化改造。除了对现代化的渴望，还有什么因素促使了巴黎改造？诗人夏尔·波德莱尔试图震撼资产阶级。从富有异国情调的性行为到现代城市死亡的残酷现实，波德莱尔的作品意向丰富。在音乐方面，那个时代的民族主义倾向逐渐显露。朱塞佩·威尔第的《弄臣》和他的其他作品逐渐成为意大利民族主义的象征，巴黎赛马会以民族主义为由排斥德国作曲家理查德·瓦格纳创作的歌剧《唐怀瑟》。赛马会为何反对瓦格纳的作品？瓦格纳认为他发明了哪种音乐的新体裁？

12.3 定义印象派，并评价其如何改变关于绘画风格和内容的传统假设。

普鲁士击败法国后，巴黎爆发了内战。印象派是怎样在这种政治气氛中产生的？许多被认为是印象派画家的年轻艺术家更喜欢在户外绘画，捕捉光线的自然效果。是什么技术革新使这种绘画方法成为可能？莫奈、毕沙罗、雷诺瓦、德加和莫里索是该画派的创始人。作为画家，他们有什么共同的风格？

12.4 概述 19 世纪美国自我意识的特点。

19 世纪最后几十年，纽约市人口增长到 300 万以上，诗人沃尔特·惠特曼歌颂了纽约市和全国范围内的活力以及无限的可能性。你如何描述他的诗歌主题？惠特曼是典型的纽约人，对工人阶级的困境有着深刻的认识。1877 年，工人阶级在全国范围内爆发了一系列罢工。什么原因导致了这些罢工？自然界如何帮助美国人定义他们的自我意识？科尔和杜兰的绘画以及爱默生和梭罗的著作怎样反映美国人的自我意识？

12.5 评价西方帝国冒险对非西方世界的影响。

凭借科技进步的决定性优势，西方国家试图支配亚洲和非洲的资源和经济，将财富转移到自己的国家。在美国，是什么最终导致了印第安人的灭亡？英国的帝国主义政策包括使用侵略性的军事和经济政策，直接或间接地控制非西方国家。鸦片在中英关系中起了怎样的作用？英国的政策是怎样损害印度经济的？赫迪夫·伊斯梅尔在埃及现代化的努力中取得了怎样的进展？日本是少数几个从未被西方殖民的亚洲国家之一，在被迫"开放"之后，日本与欧美建立了新的贸易和外交关系，同时开始加速推进本国经济和政府的现代化。1868 年以后，日本产品第一次涌入西方。什么出口产品对欧洲艺术家有特别的吸引力？欧洲帝国主义者利用社会达尔文主义哲学为他们对非洲的殖民行动做辩护。什么是社会达尔文主义？约瑟夫·康拉德在他的中篇小说《黑暗的心》中对这一理论做出了怎样的回应？

延续和变化：迈向新世纪

1889 年巴黎的世纪博览会既是 19 世纪的盛会，也是 20 世纪的先导。它纪念了法国大革命开始一个世纪后的帝国霸权、现代技术和民族自豪感。法国总统萨迪·卡诺在博览会的开幕式上说，"1789 年的革命开创了人类历史上的新纪元。劳动和进步的世纪从此拉开了序幕。"

1889 年，2800 多万人参观了巴黎博览会。他们充满自豪地欣赏着博览会的"殖民地"部分，世界各地的房屋复制品证明了法国等帝国控制世界资源和人民的野心和力量（图 12.26）。他们兴奋地想象着博览会上展示的建筑和技术奇迹所预示的未来。埃菲尔铁塔（图 12.27）是一座高 324 米的敞开式框架建筑，位于博览会入口处，俯瞰着整座城市。埃菲尔铁塔是当时世界上最高的建筑之一。建筑师古斯塔夫·埃菲尔表示："埃菲尔铁塔修建的目的是提升现代科学的荣耀和法国工业的更高荣誉，成为另一座凯旋门。"铁塔建成之后，位于第三层的聚光灯照亮了巴黎的各种建筑。11

图 12.26

年后，1900 年世界博览会的效果更加惊人，当时整个巴黎都已通电。电力的普及使参观者可以通过奥的斯电梯公司设计的液压电梯，登上近 300 米高的塔顶观景台。

"未来感"是巴黎世界博览会的主要吸引力所在，而那一年的关键词是"发明"。在机器宫中，美国发明家托马斯·爱迪生（1847 年至 1931 年）展示了 493 个新设备，包括一个由许多小灯泡制成的巨大的碳丝电灯。爱迪生的留声机也很吸引人，每天都有成千上万的访问者排队参观这台机器。其他的发明也让公众着迷——在电话亭里，人们可以通过两个耳机收听法国喜剧的现场表演。

博览会做出了关于未来的种种承诺。1889 年，卡诺欢呼"人类新历史"的到来，但他对技术和民族主义的阴暗面几乎没有任何了解。19 世纪的最后几十年，欧洲国家对非洲、中东、亚洲和印度的控制权竞争进入白热化，这些阴暗面已经彰显。在接下来的 50 年里，将有 6000 万人丧生于两次世界大战。在随后的几十年里，意识形态变得更加尖锐、危险。1894年，一名意大利无政府主义者暗杀了法国总统，为几名参与爆炸的法国无政府主义者复仇，法国总统本人也将成为这种新意识形态的牺牲品。民族主义对人类行为的影响越来越大，而且往往是非理性的。无政府主义以及后来的法西斯主义也会导致个人和团体采取暴力性和破坏性行动。全球对抗的新时代已经来临。

图 12.27

图 13.1

第 13 章

现代主义世界

全球对抗时代的艺术

学习目标 >>>

◎概述现代主义在艺术和文学中的各种表现形式。

◎描述第一次世界大战给那个时代艺术和文学带来了怎样的影响。

长久以来，人类和马匹的行走调节了人类在陆地上的生命节奏，航行中变化无常的天气调节了人类在水上的生命节奏。然而1850年以后，生命的节奏完全由机器来调节——首先是由蒸汽机和火车调节；然后，由汽车调节；最后，人们能够乘坐飞机。20世纪初，世界在不断变化。早在1880年，一家法国广告公司就吹嘘其可以在5天之内在35937个自治市的公告牌上投放广告，这种公告牌类似于《加的夫球队》（图13.1）中的阿斯特拉建筑公司广告牌。《加的夫球队》由罗伯特·德劳内（1885年至1941年）所作。画中，加的夫（威尔士）橄榄球队的队员跳到橄榄球上，这代表了体育的国际化；1896年，雅典举办了第一届现代奥林匹克运动会，之后的1900年，巴黎举办了第二届奥运会。橄榄球一直是奥运会的比赛项目。画面中，巴黎摩天轮依稀可见。这座摩天轮建于1900年，是为巴黎世界博览会而建。摩天轮高100米，是当时世界上最高的摩天轮。1920年，这座摩天轮被拆除，但它依然保留了"世界上最高的摩天轮"的地位，直到20世纪90年代，日本新建的三座摩天轮超越了它。1913年7月1日，也就是德劳内创作了《加的夫球队》的那一年，埃菲尔铁塔的顶端发出了一个信号，确立了全世界的标准时间，我们可以从德劳内作品的最上方看到这一过程。 1903年，奥维尔·莱特实现了59秒的飞行。1908年，他飞行了91分钟。一年后，路易·布莱里奥成功驾驶飞机横渡了英吉利海峡。德劳内画中的飞机是布列里奥飞机。这种设计始于1907年的巴黎郊区，由欧洲第一家商用飞机制造商沃依辛兄弟创造。最后，标牌上的"魔术"是指魔术城，这是埃菲尔铁塔附近一个巨大的舞厅。德劳内的《加的夫球队》捕捉到了20世纪头几十年巴黎的脉搏和现代生活的心跳。

德劳内把他的作品风格称为"同存主义"风格，这一术语源于米歇尔·欧仁·谢弗勒尔1839年出版的色彩理论作品《色彩的和谐和对比原理》。在最初的法语书名中，"和谐"一词被翻译为"同存"。事实上，同存主义并不仅仅与色彩理论有关。同存主义指的是视觉的即时性，并说明在任何给定的瞬间，现代生活中有无穷无尽的存在正在以不同的速度、不同的方式运动。一切都在运动，包括绘画本身。

静止的照片通过电影突然变得生动了起来。1895年，巴黎的卢米埃兄弟首先做出了有关电影制作的尝试。1905年后，世界上第一家电影院在宾夕法尼亚州的匹兹堡开门营业。到1925年，俄罗斯电影制作人谢尔盖·爱森斯坦将155张独立的照片拼凑成了一部4分钟的电影《战舰波将金号》。1900年，法国生产了3000辆汽车；到1907年，法国汽车年产量达到了3万辆。以汽车为代表的技术进步与内燃机、充气轮胎的发展，尤其是工厂流水线的崛起密切相关。毕竟，一年建造3万辆汽车需要比以往任何时候都更高的生产效率和速度。美国汽车制造商亨利·福特（1863年至1947年）解决了这一问题。福特要求"科学管理"的发明者弗雷德里克·泰勒（1856年至1915年）确定流水线的确切移动速度和工人履行职责时应使用的确切动作；1908年，我们所知道的流水线生产诞生了。

在所有的速度和运动中，世界似乎突然变得不那么稳定、安全。科学界和物理学界的发现证实了这一点。1900年，德国物理学家马克斯·普朗克（1858年至1947年）提出了量子力学的物质和能量理论。在量子力学中，基本粒子是不可知的，假想的东西只能用数学表示的。此外，测量这些现象的技术本身必然会改变它们的行为。研究光传播的特性时，使用不同的测量手段会得出完全对立的结论：光以粒子形式传播或以波的形式传播。面对这一矛盾，1913年，丹麦物理学家尼尔斯·波尔（1885年至1962年）在量子物理学的基础上提出了一种新的互补理论：两种显然矛盾的说法在任何时候都可能是同样正确的。19世纪末，在英国剑桥，约瑟夫·汤姆孙发现之前不可分割的原子中存在着独立的成分。他称它们为"电子"。到1911年，欧内斯特·卢瑟福提出了一个新的原子模型——一个带有正电的小原子核包含了原子的大部分质量，而电子围绕原子核持续运行。突然间，物质本身变成了不断处于运动状态的东西。与此同时，1905年，爱因斯坦发表了他的相对论，到1915年，爱因斯坦提出了广义相对论及其非欧几里得四维时空连续体模型。从 1895 年到 1915 年，人们对物理宇宙的传统理解发生了翻天覆地的变化，而这并不是一个肉眼就能看到的实体宇宙。

现代主义在艺术中的崛起

艺术和文学中的现代主义有哪些特点？

艺术界对这种理解上的根本转变做出了回应。在绘画方面，那些追随印象派时代的人认为自己为绘画创造了一个新的未来，这个未来反映了界定现代性的创新精神上。在巴黎，巴勃罗·毕加索（1881 年至 1973 年）的工作室很快成为艺术家和知识分子眼中的新世纪艺术创作中心。来自欧洲和美洲各地的艺术家蜂拥而至，欣赏他的作品。他们把他的风格带回了意大利、德国和美国。新的艺术运动在激烈的交锋中相继出现。毕加索的作品也鼓励对诗歌和音乐采取激进的态度，通过这两种艺术形式，他绘画中不和谐、有时甚至是暴力的扭曲元素有了新的表达途径。

后印象派绘画

后印象派画家包括保罗·塞尚、保罗·高更和乔治·修拉，他们的作品在各种印象派展览上展出过，而文森特·凡·高只来得及去巴黎参观最后一次印象派展览。但是，这些画家没有试图捕捉光线和感官体验的转瞬即逝，相反，他们想要捕的是视觉中某种超然的东西，某种能够直击主题本质的东西。

点彩画派：修拉与色彩的和谐

乔治·修拉（1859 年至 1891 年）是后印象派画家中最有才华的人之一。1886 年，27 岁的修拉展出了他的杰作《大碗岛的星期天下午》（图

图 13.2

13.2）。这幅画描绘了周日的情景：巴黎人成群结队地在塞纳河的大碗岛上享受令人愉悦的天气。绘画的主题是典型的印象派风格，而这幅画的画法经过了仔细的落笔控制和科学的应用，修拉称之为"点彩画法"。一些人将他的绘画方法称为"点描法"，另一些人则将其称为"新印象主义"。

在画布上并排画下这些带有颜色的"点"时，修拉决定把颜色混合成他口中"快乐、平静或悲伤"的组合。他认为，向上延展的线条能唤起让人愉快的感觉，就像温暖、明亮的红色、橙色和黄色唤起的感觉一样。水平的线条平衡了黑暗和光明、暖色和冷色，创造了一种平静的感觉。向下延伸的线条和绿色、蓝色、紫色等冷色调一样，能唤起观众悲伤的情绪。

了解了这个象征性的色彩理论之后，我们可以在修拉的《大碗岛的星期天下午》中看到更多，而不仅仅是人们享受公园一日游的情景。画中有48 个不同年龄的人，包括士兵、夫妻和单身人士，有的穿着时髦的服装，有的穿着休闲的服装。画中人来自不同的社会阶层，展示了城市闲暇时分多样化的人群。这幅画虽然从总体上平衡了光线和黑暗，水平线占据了主导地位并创造了一种平静的感觉，但画面前景的阴影中，三组形象都沐浴在忧郁的蓝色、紫色和绿色色调中。除了一个奔跑的孩子和她身后的一对夫妇之外，画中的每个人几乎都在向前或向下看，甚至连宠物的尾巴都指向下方。士兵玩具僵硬的姿态进一步突出了这一庄严的特点。修拉的画想要表达的远远不止它所呈现的景象。正如一位当时的批评家在评论《大碗岛的星期天下午》时所写的那样："那时，人们就会明白巴黎人的休闲方式是僵硬的，既累人又不自然，即便是在参与休闲活动时，也那么矫揉造作。"

象征色彩：凡·高

1886 年至 1887 年，荷兰画家文森特·凡·高（1853 年至 1890 年）生活在巴黎。这期间，他研究了修拉的绘画，并广泛试验了修拉的色彩组合和点彩画法，这种方法的影响甚至延伸到了他的绘画创作中，用于呈现表面丰富的材质。

凡·高常常被强烈且无法控制的情绪笼罩，这种特质对他独特艺术风格的形成起到了关键的作用。他充分投身于对一种普遍和谐的追寻中。在这种和谐里，生活的各个方面通过艺术结合在一起。凡·高发现修拉对色彩对比的强调很有吸引力。在综合了各种画法后，他把这种色彩对比元素融入了自己的作品。凡·高开始利用比修拉的点彩画法中大得多的强劲线条和笔触，在绘图元素丰富的区域添加互补色。1888 年，在凡·高给他的兄弟提奥的一封信中，他是这样描述《夜晚的咖啡馆》（图 13.3）中颜色互补对视觉效果的影响的：

在《夜晚的咖啡馆》里，我想要表达这样一种想法：咖啡馆是一个能让人毁掉自己、让人发疯或犯罪的地方。我试图用红色和绿色来表达人类可怕的激情……到处都是最陌生的红绿冲突和对比……因此，我试图在一个低矮的酒馆场景里表达黑暗的力量，而弥漫整个场景的氛围就像是魔鬼的熔炉，装有苍白的硫黄……从注重立体视觉的现实主义者角度来看，它不是一种局部真实的颜色，而是一种表达了热情气质和情感的颜色。

凡·高绘画中的色彩具有象征意义，充满感情。除了华丽的色彩冲突

图 13.3

外，凡·高的绘画视角也十分独特。整个画面上升至房间的上部，从观众的角度来看，这幅画以夸张、令人不安的方式展开。从这一方面来看，《夜晚的咖啡馆》不仅反映了一座咖啡馆内部由灯光照亮的平凡景象，也反映了凡·高对这一场景的"热烈"反应。

对许多观众和评论家来说，凡·高的绘画作品是艺术史上最具个人表现力的作品，对画家不稳定的心理状态提供了毫无掩饰的洞察。凡·高创作《夜晚的咖啡馆》时，正住在法国南部的阿尔勒镇。在 15 个月的时间里，他完成了数量惊人的作品——200 幅油画，100 多幅画和水彩画，以及大约 200 封信件。其中许多信件，特别是写给他的兄弟提奥的信，能帮助我们解读他的画作。这些画作已成为珍贵的杰作，每幅都价值数千万美元。然而，当他画这些画的时候，几乎没有人喜欢他的作品，他的画也几乎没有卖出去。

对当时的观众来说，包含浓重色彩的有力线条（一种被称为"厚涂颜料"的手法）似乎是被随意、粗糙地抛在画布上。然而，在凡·高眼中，这幅画里节奏断断续续的笔触有着深刻的自传性质，每一笔几乎都捕捉到了他自身性格中反复无常的脉搏。尽管随着岁月的流逝，凡·高的作品变得越来越大胆，越来越富有创造性，但是他的成年生活大部分时间仍饱受情绪不稳定和抑郁的折磨。1888 年 12 月，他的个人情绪波动达到了极点，致使他割下了耳垂的一部分，送给阿尔勒的一名妓女做礼物。在阿尔勒的一家医院短暂入住后，他被释放。但是到 1 月底，政府收到了一份由 30 名市民签名的请愿书，要求将凡·高拘押。5 月初，他进入离阿尔勒不远的圣雷米精神病院。在那里，他创作了《星空》，这也许是他最著名的作品（图 13.4）。画中，柏树由颜色的漩涡构成（红色和绿色和谐地形成漩涡），与上升的教堂尖塔一道，将大地和天空融为一体。同样，橙色、黄色的星星和月亮与城镇明亮的窗户融为一体。 凡·高在给弟弟的一封信中描述了

图 13.4

他对这幅画的想法，他写道："吸引我们的难道不是感情吗？难道不是对自然真挚的感情？"1890年7月，被多家医院和精神病院收治之后，凡·高在瓦兹河畔欧韦郊外的田野里自杀了。当时他正在那里接受保罗·加谢医生的治疗，这位医生是这位伟大艺术家最后几幅肖像画的主题。

颜色的结构：塞尚

在所有的后印象派画家中，保罗·塞尚（1839年至1906年）是唯一一个1890年后还在室外作画的人。从这方面来看，他仍然是一个印象派画家，他继续绘制他所说的"光学图画"。他表示，"画家的职责是赋予我们眼见之景物以图像，但需要天真地忘记以前见过的一切。"

自文艺复兴以来，西方艺术一直致力通过绘制肉眼看到的景象呈现世界，即用透视空间来表现世界。但是塞尚意识到，我们看待世界的方式要比我们面前的景物在视网膜上呈现的图像复杂得多。我们通过生活经验的多重镜片来看待世界。这种观点或视觉的多样性是《丘比特石膏像静物画》的主要特征（图13.5）。在这幅画的构图中，没有任何东西在空间上是稳定的。相反，我们漫步在塞尚工作室角落里的小空间，就像是拥有了画家的眼睛一样。他的视角不断地移动，从这个角度思考它的对象，然后又从那个角度思考。这种视觉的结果是将自然呈现为一系列有颜色的斑点，使绘画的表面平面化。例如，画家通过激烈变

图 13.5

图 13.6

化的颜色来呈现桌子上的水果和洋葱，而没有使用从浅色到深色的渐变处理。

　　塞尚不断地重复同样的主题——尤其是静物和圣维克托山（图13.6）。在他生命的最后十年里，他日复一日地爬上工作室后面的山丘去描绘这座山，这座山成为他十分痴迷的地方。他特别喜欢在暴风雨过后画画，那时空气清新，风景的色彩最为饱满、均匀。塞尚认为山景中的空间错觉是通过三种颜色带表现出来的。前景是灰色和黑色的颜色块，中间是绿色和黄橙色，远处的山和天空呈现出紫罗兰色和蓝色。然而，在每一块区域中，其他两块区域中的两种主要颜色重复出现，给画面带来同样的张力。远处的颜色与近处的颜色具有同样的力量。再加上塞尚笔触大小的均匀，这种颜色的使用让观者非常清楚塞尚构图的表面材质和结构。这种空间透视画法与平面化表面之间的张力，将成为下个世纪现代绘画的主要关注点之一。

逃到遥远的塔希提岛：高更

1891 年，画家保罗·高更（1848 年至 1903 年）离开了法国，前往南太平洋法属波利尼西亚的塔希提岛。作为一个沮丧的商人和 5 个孩子的父亲，他在十年前以罕见的坚定决心开始了艺术生涯，与卡米耶·毕沙罗和保罗·塞尚一起学习。高更也是凡·高的朋友，在这位荷兰艺术家最多产的时期，高更和凡·高在阿尔勒共度了几个月的时光。他受到了 1889 年世界博览会的启发——那次博览会上展出了世界各地的土著人民和住房情况。他在给他的朋友埃米尔·贝尔纳的信中写道："我可以买一所原住民住的房子，就像你在世界博览会上看到的那种住宅。" 他在给其他朋友的信中写道："我要去塔希提，我希望我剩下的生命是在那里度过的……远离欧洲的金钱斗争……能够在热带地区美丽夜晚的寂静中聆听我心跳的轻柔低语声，与陪伴我的神秘生物和睦相处。"

高更的第一次塔希提岛之行并不像他所梦想的那样。1892 年 3 月，他已身无分文。当他回到法国时，他画了 66 幅画，但名下只有 4 法郎（今天约合 12 美元）。在接下来的两年里，他积极地宣传自己的作品，并写了一篇关于塔希提岛之旅的文章，题目是《诺阿诺阿》（诺阿的意思是"芳香的"或"芬芳的"）。这是他旅行的一个虚构版本，与他在信中对旅行细节更诚实的记录几乎没有相似之处。但是《诺阿诺阿》并不旨在还原他的真实旅行情况，而是旨在表达一种感情。这篇文章讲述了艺术家与一个 13 岁的塔希提女孩蒂哈阿玛拉的关系。艺术家自称为原始人。在法语中，这个词表示"最初的""原始的"或"无法退化的"。高更认为，"原始"的思维方式为窥探心灵的原始力量提供了途径，他认为他的绘画瞥见了自然的原始力量，富有远见。

高更在两座画廊举办了两次展览。他开了一间自己的画室，在画室的墙壁抹上了橄榄绿和灿烂的铬黄，并在室中摆放了绘画、热带植物和异国家具作为装饰。他发起了一个定期的星期四沙龙。在沙龙上，他会讲解他的绘画，用他的旅行故事来款待客人，并用一系列乐器演奏音乐。

图 13.7

1894 年，他在这间画室里创作了《上帝之日》（图 13.7），这幅画基于他逃往塔希提岛的理想化回忆。画面由 3 个区域组成：在最上面的区域或背景中，许多人把食物送到雕刻的圣像那里（这座圣像代表一位当地的神），一位音乐家在演奏，两个女人伴着音乐舞蹈，一对情侣在神像旁边拥抱。下方的第二个区域由三个裸体人物构成。最右边的人物呈现出胎儿的姿势，象征着生命的诞生和生育能力。左边的那个似乎在做白日梦，也可能在打盹，可能是一个象征着幻想的形象。中间的形象似乎刚刚沐浴完毕，从构成第三块区域的水域中。她把目光投向观众，暗示着一种无拘无束的性行为。底部的水层由不规则的颜色拼接而成，是感性线条和流动形状的抽象组合。就像凡·高的作品一样，色彩远远不止用于呈现画面的功能，而成为艺术家情感一种几乎完全纯粹的表达。

高更于 1895 年 6 月回到塔希提岛，从此再也没有回到法国。在他余生的 8 年中，高更完成了近 100 幅画和 400 多幅木刻版画。1901 年，他搬到了偏远的马克萨斯群岛的希瓦瓦岛。在那里，他在阿图奥纳的一个小村庄里建造并装饰了他所谓的"快乐之家"。高更与另一个像蒂哈阿玛拉一样的年轻女孩交往,后者为他生下了一个孩子,因为这段关系,高更疏远了岛上为数不多的神父和殖民时期的法国官员,却吸引了许多本地人的兴趣和友谊。他们对高更时刻不停的工作习惯和丰富多彩的绘画十分着迷。高更长年患有心脏病和梅毒,1903 年 5 月安静地死于希瓦瓦岛。

巴勃罗·毕加索的巴黎:现代的核心

毕加索笔下的巴黎以亚维农街 13 号为中心,位于洗濯船(这是诗人马克斯·雅各布给这块区域起的绰号)。从 1904 年春天到 1909 年 10 月,这里一直是毕加索的画室。直至 1912 年 9 月之前,他一直把自己的画作保存在那里。任何想看他作品的人都得爬上蒙马特街区的一座小山,而圣心堂的白色大教堂就坐落在这座山顶。从皮加勒广场出发,最后登上一段楼梯,来到一个摇摇欲坠的大空间,那里的墙壁上堆满了油画。或者,他们也可以在一个周六晚间举办的沙龙里欣赏毕加索的作品。这个沙龙由美国侨民作家兼艺术收藏家格特鲁德·斯泰因(1874 年至1946 年)举办,位于塞纳河左岸卢森堡公园后面的花园街 27 号。她的墙上挂着毕加索许多的作品,包括 1906 年为她创作的画像(图 13.8)。

毕加索用巨大的,如面具般不真实的图块绘制了斯泰因的脸,这一区域的风格与画中其他的区域

图 13.8

截然不同。毕加索不再依赖于自己眼中看到的坐在他眼前的人物形象,他画的不是他眼中她的形象,而是他对她的感知。爱丽丝·B·托克拉斯后来评论说,有些人认为这幅画不像斯泰因时,毕加索回答说:"她会像的。"

积极进取的新现代艺术:《亚维农的少女》

从某种意义上说,格特鲁德·斯泰因肖像画的故事寓意着现代艺术的诞生,叙述了绘画艺术的转变,从画出你所看到的,到画出你对眼前事物的感知。换言之,绘画的对象从表象上转移到概念上。 最能体现这一转变的是毕加索在完成他的斯泰因肖像不久后所绘的《亚维农的少女》(图 13.9)。

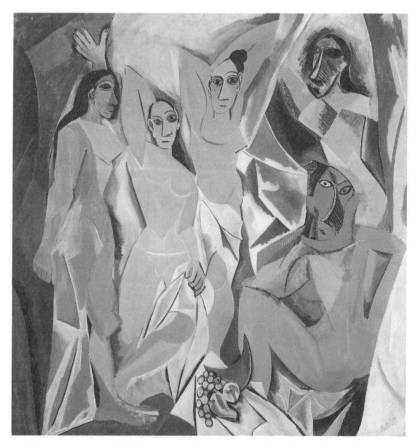

图 13.9

《亚维农的少女》一画的创作工作结束于 1907 年的夏天，但是直到 1916 年，这幅画才被公开展出。所以人们要是想要欣赏这幅画作，就必须爬上山，来到洗濯船。由于这幅画实在是恶名远播，许多人的确这么做了。长久以来，很多人认为这幅画是对绘画理念的攻击。在洗濯船，毕加索和他的朋友们之间互相辱骂时常用的一句话是"你这依然太过象征主义了！"没有人对《亚维农的少女》做出过这种评价。从各个方面来看，这幅画似乎都是全新的。

这幅画描绘了毕加索故乡巴塞罗那亚维农街上一家妓院里的五个妓女。画面左边的人把窗帘往后拉，仿佛是要拉开窗帘。妓女们十分率直，这种特质与马奈的《奥林匹亚》如出一辙，事实上，毕加索非常喜爱马奈的这幅作品。1907 年 1 月，当毕加索计划创作《亚维农的少女》时，《奥林匹亚》在罗浮宫首次展出，并引起了公众的广泛评论和争议。这幅画被放置在安格尔的《大宫女》（见第 12 章图 12.3）旁，这一安排并非巧合。画面中的两个人物都转过身来面对观众，两幅画人物的变形（马奈笔下平面化的人物、安格尔笔下细长的脊柱和脱节的四肢）很可能促使毕加索进一步突破了人物艺术呈现的极限。

对毕加索来说，塞尚的作品同样极其重要。1906 年 10 月，塞尚去世，一年后，1907 年的秋天沙龙举行了一次纪念这位画家的大型回顾展。毕加索曾这样评价塞尚："他是我们所有人的父亲。"毕加索从两个角度展示一个物体或人物形象，从这一角度来看，《亚维农的少女》（图 13.5）中压缩和集中的空间非常像塞尚的作品。想一想画面中心前景中的甜瓜、梨、苹果和葡萄的静物画。观众显然是在看桌子的角落，这个角度与拉开窗帘的裸体形象采用的角度完全不同。注意左边第二个裸体形象的脚。她可能是站着吗？还是她实际上是躺着的，这样我们就可以从与静物画相同的角度看到她了？

毕加索的主题和模糊的空间视角让观众感到不安。更令人不安的是左边人物和右边两个人物奇怪的面孔。X 光分析证实，最初，这五个人物的面部特征都与画面中间偏左的两个人物相同：杏仁形状的眼镜，鼻子的侧影以几乎孩子气的轮廓呈现出来。1907 年 5 月或 6 月的某个时候，毕加索参观了埃菲尔铁塔以及与夏乐宫仅一河之隔的人种博物馆，然后重新绘制了《亚维农的少女》左边的人物和右边两个人物的面部，赋予了他们新的特征。大多数学者都认为这种特征来源于非洲面具。对毕加索的创作过程同样重要的，还有1906年秋日举办的高更作品展。这次展览中的作品，包括绘画和雕塑，都带有波利尼西亚风格的意象。无论如何，毕加索的意图是明确的。他想把在他画中的妓女与高更在"原始"中发现的看似真实、充满感情活力的力量之间建立一种联系。许多年后，他解释了《亚维农的少女》中非洲和海洋面具的含义：

　　这些面具不像其他任何一件雕塑，完全不像。它们是带有魔力的物件……它们能够抵挡一切——抵挡那些未知的、具有威胁性的灵魂。我总会观察物品崇拜情节。我也相信一切都是未知的，一切都是敌人！所有物品崇拜情结都源于相同的成因：这些物件是武器，能够帮助人们避免再次受到灵魂的支配，帮助人们变得独立。这些物件也是工具，如果我们给灵魂一种形式，我们就会变得独立……我明白为什么我成为一个画家。那个可怕的人种博物馆里有面具，有印第安人制作的假人和落满灰尘的人体模型。《亚维农的少女》的灵感一定产生于那一天，但不是因为那些形体，而是因为这是我的第一幅用来驱魔的绘画。是的，绝对是！

　　《亚维农的少女》代表了一种解放，一种对过去传统的驱逐，也许甚至是对绘画本身的驱逐。这使毕加索得以进入一种全新的绘画领域。

　　毕加索研究学者帕特里夏·莱格滕提出了这样一个令人信服的观点：《亚维农的少女》中的非洲面具不仅是为了挑战、嘲讽西方的艺术传统，也是为了唤起欧洲人对剥削非洲黑人的可悲记忆，并对此提出抨击。这幅画尤其批评了刚果的情况——约瑟夫·康拉德在1899年的中篇小说《黑暗的心》中谈到了相同的主题（见第12章）。1905年爆发了一场与刚果相关的丑闻。当时，法国政府驻刚果的行政官员被指控犯下种种暴行。除了获得应得的收入，这些行政人员还利用他们手下收集的橡胶获取了额外利润。他们还掠夺村庄、处决"懒惰"和不合作的村民、绑架他们的妻子和子女。不仅如此，两位行政长官还被指控在巴士底日庆祝活动时炸死一名非洲导游，并强迫他们的一名仆人喝他们用当地人的头烹制的汤。因此，毕加索的绘画充斥着各种理想化的意向：传统欧洲艺术所反映的理想化世界，性和爱的理想化，以及欧洲国家殖民的理想化使命。换言之，这些绘画说明了艺术家有义务正视隐藏在表象背后的可怕真相，而这些表象加重了资产阶级的自满情绪。

立体主义的发明：布拉克与毕加索的合作

1907年12月，法国画家乔治·布拉克（1882年至1963年）第一次见到《亚维农的少女》时，他表示自己被这幅画灼伤了，"就像有人喝了汽油之后喷出的火焰。"他和毕加索一样，对塞尚极其痴迷。第二年夏天，他前往法国南部，来到塞尚的国家作画。9月回到巴黎时，布拉克带回来了一系列风景画，包括《埃斯塔克的房子》（图13.10）。这幅画里的空间模糊感和立方体的形状元素让毕加索十分着迷。请特别留意绘画中央的房子，以直角连接的两堵墙墙角两边都有阴影，但也被光线照亮。屋顶线的角度在拐角处不相交，使得屋顶在视觉上变平了。窗户、门和饰条的细节被抹去，平面之间的线条也被抹去，每个平面似乎与相邻的平面融合在了一起，就像塞尚的绘画一样。画面左边高高矗立的树枝似乎与远处的房子融为一体。勾勒画

图 13.10

图 13.11

面左边灌木丛的线条弧度与勾勒树木的曲线相呼应，灌木中的棕榈叶一般的植物也和树后房子之间的树完全一样。画面前景的结构映射了房屋的结构。地平线的缺失使得整个构图似乎要朝着观众滚动而来，而不是在空间上后退，但除此之外，绘画中的一切元素都使得构图更加平面化。

1908年11月，评论家路易·沃克塞尔看到布拉克的风景画后，这样写道："他（布拉克）对绘画形式不屑一顾，把一切简化为立方体。"这场被称为"立体主义"的艺术运动实际上是在合作中诞生的。毕加索后来回忆道："要么我去布拉克的工作室，要么布拉克来我的工作室，几乎每天晚上都是如此。我们都想要看看对方白天获得了哪些进展。"1909年秋天，毕加索从西班牙返回巴黎时，随身带着一些风景画。从这些画中不难看出，他从布拉克身上学到了很多东西（图13.11）。

毕加索和布拉克继续努力，紧密合作。对大多数观众来说，这二人的作品变得难以区分。他们把他们的绘画主题分解成由平面构成的多面体，这样，这些主题就能以令人困惑的角度，从画面中心开始向下展开，就像布拉克在《小提琴和调色板》（图13.12）中展示的一样。渐渐地，两位艺术家开始明白，他们是在质疑现实的本质，质疑"真理"本身的本质。这是视觉陷阱对布拉克绘画产生的影响。

从1910年到1912年，毕加索和布拉克采取了一种越来越抽象的绘画方法来描绘现实。事实上，这种尝试的实验性极强，绘画主体几乎被这种技法隐没。仅有几条线索可以帮助观众理解他们看到的东西——胡子、小提琴上的涡卷形装饰、高音谱号。

毕加索和布拉克越来越倾向在不同地方添加一点文字。毕加索通常会用一首流行音乐中的一句歌词 Ma Jolie（"我的美人"）识别他当时爱人的画像，Jou 也是 Jeu（游戏）的双关语，象征着绘画现实构成的物体与框架外的世界现实之间的游戏。这种模糊元素使得布拉克和毕加索成为真正将二维和三维元素引入画布空间的画家。他们后来称这种形式为"拼贴画"。

在毕加索 1912 年的《吉他、乐谱与酒瓶》（图 13.13）中，日报的标题是"战斗方已经加入战斗"字样。从字面上来看，这句话指的是 11 月 17 日至 19 日保加利亚在巴尔干半岛对土耳其人进行进攻的一场战斗。这里的"战争"也是一场隐喻性的战争，意指艺术与现实之间的战争（也许是布拉克和毕加索在探索拼贴画时可能爆发的战争）。

未来主义：对速度的崇拜

毕加索和布拉克狂热实验的消息很快在欧洲的先锋派艺术圈子里传播开来，其他艺术家也试图通过相关但不乏独立性的方式来配合他

图 13.12

图 13.13

们的努力。例如，1909 年 2 月 20 日，巴黎《费加罗报》在头版刊登了意大利人菲利波·马里内蒂（1876 年至 1944 年）撰写的《未来主义的创立和宣言》（以下简称《宣言》），称这部作品摒弃了过去的政治和艺术传统，意在呼吁一种新的艺术形式。马里内蒂很快就吸引了一大批拥趸，包括意大利艺术家贾科莫·巴拉（1871 年至 1958 年）、翁贝托·薄邱尼（1882 年至 1916 年）、卡洛·卡拉（1881 年至 1966 年）、路易吉·鲁索洛（1885 年至 1947 年）和吉诺·塞韦里（1883 年至 1966 年）。这种新风格被称为"未来主义"。未来主义者摒弃了静态艺术，试图表现出现代城市生活速度的决定性特征。1911 年秋季，马里内蒂带着薄邱尼、卡拉和鲁索洛在巴黎停留了两个星期，安排他们参观毕加索和布拉克的工作室。直到这时，这些初出茅庐的未来主义者才意识到他们可以用立体主义来表达这种意识。

然而从哲学的角度来看，未来主义者创造的作品与立体主义者创作的作品相去甚远。未来主义反映了马里内蒂的《宣言》，这篇文章不仅肯定了绘画速度，也肯定了绘画的技术和暴力呈现。按照《宣言》所说，未来主义诞生于现代世界工业污泥中的一场高速车祸，这是一个颇有讽刺意味的意象，体现了重生和繁殖。

薄邱尼的《空间连续的独特形体》是未来主义艺术的伟大杰作之一（图13.14）。让人奇怪的是，这部作品竟然能让人想起《萨莫色雷斯的胜利女神》（见第 2 章图 2.42），而

图 13.14

马里内蒂在他的《宣言》中表示，这部作品的吸引力甚至不如一辆超速行驶的汽车。薄邱尼可能意在表现一个裸体形象，当她在空间中移动时，她的肌肉会伸展开来。他解释说，"我们想要做的，是动态地呈现有生命体的成长。"

新的色彩：马蒂斯与表现主义画家

据说,画家亨利·马蒂斯(1869年至1954年)第一次看到《亚维农的少女》时，还以为这是一个大胆的恶作剧，是对现代运动的嘲笑。考虑到马蒂斯的美学观点与毕加索截然相反，他会产生这种想法也就不足为奇了。1906年4月，格特鲁德·斯泰因介绍这两个人认识。马蒂斯比毕加索年长12岁。1904年，他在独立艺术家沙龙领头成立了一个大胆的绘画小组，吸引了许多实验派画家。这种风格名为"野兽派"（Fauvism）。野兽派的特点在于对任意或非自然色彩的大胆运用。凡·高的一些绘画作品以及高更的《上帝之日》前景中的一大块色彩都属于这种风格的前身（图13.7）。毕加索

图 13.15

和马蒂斯经常在斯泰因的公寓见面，但这二人之间其实存在着很强的竞争。我们不妨把马蒂斯的《舞蹈》（图13.15）看作是对毕加索的《亚维农的少女》的一种反驳。马蒂斯以前画过一个类似的圆形舞蹈，由6个人围绕而成，但是当他在《舞蹈》中重复这个主题时，他只用了5个形象，就像毕加索笔下的5个妓女。马蒂斯还摈弃了毕加索画中的方形和角度构图，而采用了闭合的圆形构图。毕加索的画似乎是静止不动的，仿佛是在要求观者屏息凝神，观摩面前的画作。而马蒂斯的画是活跃的，仿佛是在就着无声的音乐舞蹈。马蒂斯作品中的颜色给人带来了最直观的冲击——朱红色（红橙色）、绿色、蓝紫色，这些都是光的原色。实际上，马蒂斯笔下现代主义的背景是白天，而毕加索笔下现代主义的背景是黑夜；马蒂斯的现代主义是欢乐、愉悦的，毕加索的现代主义是惊惶、害怕的。

和野兽派一样，德国的表现主义对色彩的兴趣可以追溯到凡·高和高更的艺术作品。然而与野兽派不同的是，他们经常以自己的内心为素材。表现主义画家赤裸裸地揭露了他们生活中的痛苦折磨。欧洲各地都有包括视觉艺术和其他媒体在内的表现主义团体，但在德国，最重要的团体是总部位于慕尼黑的"青骑士"。

图13.16

图 13.17

　　直到 1911 年，青骑士才得以创立。这个团体由瓦西里·康定斯基（1866 年至 1944 年）和弗兰茨·马尔克（1880 年至 1916 年）领导。马尔克尤其喜爱绘制动物，因为他相信，动物具有狂暴的能量。其他艺术家也纷纷加入了他们的行列。这些人的艺术风格各异，但他们普遍对色彩着迷。康定斯基在《青骑士年鉴》中写道："色彩直接影响灵魂。颜色是钢琴键，眼睛是钢琴里的小锤子，灵魂是有很多弦的钢琴。艺术家是弹钢琴的手……引发灵魂的震动。"康定斯基还认为，蓝色是典型的神圣色彩。因此，他的《蓝马》的颜色看似随意，流畅的曲线和轮廓节奏像是缠绕在了一起，这些元素在很大程度上受到了马蒂斯的影响，是自然世界中精神和谐的意象（图 13.16）。

　　康定斯基的主要绘画主题是《圣经》中的天启。根据拜占庭教堂中的一个传统说法，莫斯科将成为新的耶路撒冷。"骑士（Der Reiter）"实际上是莫斯科守护神圣乔治的俗称，《构图七》（图 13.17）中对比色彩的碰撞象征着决定性的时刻已经来临。世俗的黄色与神圣的蓝色相互对抗，世俗的红色与神圣的绿色相互对抗。康定斯基写道"红色的内部具有坚定、有力的意志光环，而绿色是社会中产阶级的象征。"他将线性元素化为舞蹈。这幅画可以被解读为一段配乐舞蹈的呈现。但《构图七》是一系列"构图"中的最后一幅。这个系列围绕着战争和复活、洪水和天启等《圣经》主题展开，每幅画都变得越来越抽象。然而，画面的某些部分仍然清晰可辨。比如，画面左下角有三只桨的船，康定斯基认为这是洪水的象征。但最重要的是，这幅画实际上仍然呈现了线条和色彩的主观协调。

现代主义音乐和舞蹈

现代绘画表现出的活力和创造力逐渐蔓延到音乐和舞蹈中。1913 年 5 月 29 日，由剧院经理谢尔盖·达基列夫（1872 年至 1929 年）指挥的芭蕾舞团"俄派芭蕾"在巴黎的香榭丽舍剧院首次演出了芭蕾舞剧《春之祭》。

这首曲子是由世界闻名的俄罗斯作曲家伊戈尔·斯特拉文斯基（1882 年至 1971 年）创作的，编舞者是他的同胞瓦斯拉夫·尼金斯基（1890 年至 1950 年）。那场演出成为一件丑闻，它把现代艺术定义为与公众舆论的对立以及对公众价值观的侮辱。

演出当晚发生的事情让每个人都惊讶不已。演出开始前一晚，剧院进行了彩排，用斯特拉文斯基的话来说，彩排观众由"演员、画家、音乐家、作家和社会上最有文化的代表"组成，彩排顺利结束了。但在首演当晚，斯特拉文斯基乐谱上的第一个音符就引发了嘲笑、嘘嘘声、倒彩，舞者们甚至听不见被人群声音覆盖的音乐声。达基列夫下令关灯，希望让人群安静下来，然而这更是激怒了观众。最后，当斯特拉文斯基从后台的窗户爬到安全的地方时，不得不报警求救。

对斯特拉文斯基的听众来说，这场演出最大胆的地方莫过于尖锐、刺耳甚至近乎狂暴的音乐节奏。这出芭蕾舞剧以一场基督教仪式为中心，音乐反映出异教仪式的粗鲁与野蛮。作品的第一部分"大地的崇拜"结束于青年和少女们欢快的舞蹈。在第二部分"祭献"中，为了维持舞剧第一部分所歌颂的生育能力，人们选择了一个少女为祭品。所有舞蹈都是为了纪念被选中的人，祈求村里祖先的祝福，这部分结束于被选中的人跳起疯狂的献祭之舞。舞者倒下死去之前，斯特拉文斯基在 12 个小结中换了 8 次格律；然后，这些人把被选中的人抬到一个神圣的土墩下，并把她献给众神。

管弦乐队的不同成员偶尔会共同演奏格律不同的乐曲。这种复合节奏技巧被称为"固定音型"。除了节奏多样，斯特拉文斯基的芭蕾舞剧呈现出多调性的特征——不同的乐器同时演奏两个或两个以上的音调。管弦乐团中的传统乐器以令人吃惊的非传统方式演奏，因此听起来生疏而奇怪。斯特拉文斯基的音乐对后来的作曲家产生了巨大的影响，他们开始以完全不同的方式思考音乐节奏的结构。

如果说，斯特拉文斯基的音乐让第一批巴黎观众反感，那么尼金斯基的编舞似乎更直接地引发了骚乱。一位评论家写道："他们将同样的动作重复了一百遍。他们用手挠地，然后跺脚、跺脚、跺脚、跺脚，再跺脚。"尼金斯基的舞蹈设计要求舞者摆出一种同时模仿古代浮雕和现代立体主义绘画的姿势。舞者需一动不动地保持这些姿势，然后大跳，再飞速转圈。

与此同时，在德国，观众同样受到了阿诺尔德·勋伯格（1874 年至 1951 年）作品的挑战。勋伯格来自维也纳，在那里，他领导了一批作曲家，包括阿尔班·贝尔格和安东·韦伯恩。这批艺术家相信，调性作为西方音乐和声基础的长期统治地位已经结束。1911 年 1 月 2 日，青骑士画家康定斯基和马尔克出席了在慕尼黑举行的勋伯格音乐会。马尔克后来给一个朋友写信说："你能想象一首完全没有调性的音乐吗？这使我频繁地想起康定斯基……勋伯格似乎和我们一样，相信欧洲关于艺术与和谐的传统将不可避免地解体。"

勋伯格事实上的确放弃了调性，不再围绕主旋律（音调的中心）来组织乐曲。取而代之的是，他创造了一种完全无调性的音乐。他讨厌"无调性"这个词（因为这意味着完全没有音调），更喜欢"泛调性"这种表达。1912 年，勋伯格创作了一组由 21 首诗歌改编成的乐曲《月下小丑》。这可能是第一部广受赞赏的无调性音乐作品。

还有很多人不欣赏这部作品。正如一位评论家所说，对他们来说，这部剧代表了"嘈杂和音乐混乱状态中最后的一个词"。皮埃罗是意大利即兴喜剧中的一个角色，这是 15 世纪后发展起来的一种即兴街头戏剧。皮埃罗是一个发痴的小丑，他用面具掩盖内心深处的忧郁，而这种忧郁是因为欲望得不到回报造成的。（毕加索经常把自己描绘成皮埃罗，尤其是在他职业生涯的早期。）在《月下小丑》中，5 位表演者演奏了 8 种不同组合的乐器，给人声伴奏。在这部剧中，人没有歌唱，而是采用了一被称之为"说唱风格"（Sprechstimme）的技巧。《月下小丑》的"圣母"一节描绘了哀悼基督时的圣母玛利亚。歌词着重描写了基督伤口中涌出的鲜血，"看起来像是眼睛，通红，敞开的。"勋伯格音乐中调性的缺失反映了这种狂风暴雨般的痛苦。

对勋伯格来说，创作没有调性的长音乐是一个非常现实的挑战，因此《月下小丑》系列中的 21 部短诗对他而言是非常有帮助的。到 1924 年，勋伯格创造了一种作曲系统——十二音技法（12-tone system）。这种技法反映了勋伯格的主张，即每一个音调都是平等的。按照给定顺序排列的 12 个音符被称为"音列"（tone row）。勋伯格创造了越来越多的序列作曲（serial composition），音列在这些作曲中得到发展。由于音列行进流畅、变调丰富，听众们很快习惯了调性中心的缺失。主音列可以被倒置演奏、倒序演奏或两者同时。用单一音行及其变奏创作一首较长的音乐似乎可能性有限，但是通过增加节奏和动态的变奏，宏大规模的作曲变得可行。

20 世纪初的文学

如果要用一个词来表达 20 世纪初的文学，那就是创新。就像视觉艺术家和作曲家一样，作家们也被未知的领域吸引，尝试创造新的文学形式，拥抱人类体验的多样性。就像毕加索在《亚维农的少女》中尝试的那样，他们寻求一种方法来捕捉信息和情感。在这个过程中往往会出现矛盾冲击，而这种冲击正是现代生活结构的特征。

纪尧姆·阿波利奈尔与立体主义诗学

毕加索的好友纪尧姆·阿波利奈尔（1880 年至 1918 年）是"文字革命"的领导人物之一。阿波利奈尔以毕加索为榜样进行创作，很快就领会了拼贴画的要义。他的诗《克里斯丁街的周一》记录了在离巴黎美术学院不远处的一条街上无意中听到的几段对话，这些对话之间没有过渡，主题上也没有联系：

> 煎饼很可口，
>
> 水龙头在滴水。
>
> 她的裙子漆黑如墨，像她的指甲一样。
>
> 这一切，好似不可能发生的奇迹。
>
> 看啊，先生！
>
> 孔雀石戒指，
>
> 地上散落着锯末。
>
> 所以，这一切都是真的。
>
> 红发女招待被一位书商绑架。
>
> 顺便说一句，我对那位记者知之甚少。
>
> 听着，雅各布，我要和你说一些非常重要的事。

在这首诗里，阿波利奈尔通过将每一个短句排列成诗行的方式，把声音拼贴为了诗歌。

埃兹拉·庞德和威廉·卡洛斯·威廉斯

事实上，阿波利奈尔把多个声音片段并列排布，将两个（或更多）毫不相似的文字、物体或意象的部分结合起来，这种策略是现代艺术中的一个基本策略。这种方式也催生了意象派诗歌的诞生。意象派诗人试图用清晰、尖锐的语言创造精确的意象。意象派是美国诗人埃兹拉·庞德（1885年至1972年）的心血结晶。他于1912年10月向美国的新《诗歌》杂志提交了一组名为《意象派》的诗歌。诗人兼批评家F·S·福林特在1913年3月的《诗歌》杂志上对意象派诗歌作了简明的定义。其简单原则为：

1. 直接呈现"事物"，无论是主观的还是客观的。

2.绝对不要使用任何无助于呈现事物的语言。

3.关于节奏：按乐句的顺序作曲，而不是按节拍器的顺序作曲。

1913年,庞德的《在地铁站内》首次出现发表。无论从哪个方面来评价,这都是一首经典的意象派诗歌:

人群中这些面孔幽灵一般显现;
湿漉漉的黑色枝条上的许多花瓣。

庞德热衷于中国和日本诗歌。他的诗文受到日本和歌传统的影响,强调季节的变迁。在形式上,他的作品受到日本俳句传统的影响,至少沿袭了其间断性。（俳句通常由3行诗句、共17个音节组成,而庞德的诗则由2行诗句、共19个音节组成。）这首诗的第一行似乎比较直截了当——除了"幽灵"这个词,它表明了庞德的情感倾向,即他认为巴黎城中居住着的都是些"行尸走肉"。这个词与这首诗的第二行,也就是最后一行形成了鲜明对比,第二行是一幅迷人的自然画卷。第一行的六拍抑扬格被转换成五拍的诗句,最后是三个长的诗节。第一行末尾的分号起到了一种过渡的作用。自那一瞬起,凄凉的场景变换成一种充满可能和希望的景象。这首诗从埋葬过渡到生命,在诗意的比喻和意象中重生。正如庞德所说,这首诗捕捉到一个外在、客观的事物转变为内在、主观事物的瞬间。

1934年,庞德出版了一本散文集,书名为《日日新》。"日日新"很快变成了一个口号,成为美国新的诗歌运动的号召。庞德的朋友,诗人威廉·卡洛斯·威廉斯（1883年至1963年）也发出了同样的诉求。1902年,威廉斯和庞德同为宾夕法尼亚大学的学生,并在学校结识了彼此。后来,威廉斯成为新泽西州卢瑟福的一名医生。当庞德在《诗歌》上给意象派下定义时,威廉斯立即对他的说法产生了兴趣。他称赞意象派"摆脱了冗词赘语"。威廉斯的作品被贴上了"激进意象派"的标签,因为他专注于对平凡事物的赤裸裸呈现,而排除了内在的现实。他的著名诗歌《红色手推车》就是一个例子:

红色手推车

那么多东西

依靠

一辆红色

手推车

晶莹闪亮于

雨水中

旁边有几只

白鸡

　　诗歌所展现的是骤雨初歇时农家院子中的情景。他以寥寥数笔，把雨痕著物的澄澈景象栩栩如生地展现在读者眼前。手推车、雨珠和白鸡都是极为平常的事物，然而，诗人却能以极其细腻的感受能力，通过物体在画面中的特殊定位和鲜明的色彩形成对比，使邻家院子里的雨霁天晴时分那番熟悉景象永恒定格在美国文学史上。整首诗读来清新自然，色彩鲜明，动静结合，情景堪画。平凡的生活取之不竭的美由此而充分展现出来，从而使它们"日日新"。

世界大战及其后果

第一次世界大战对那个时代的文学艺术有什么影响？

　　1914 年 6 月 28 日，一名年轻的波斯尼亚民族主义者在波斯尼亚首都萨拉热窝刺杀了奥地利王位继承人弗朗茨·斐迪南大公。欧洲人民群情激愤，但塞尔维亚除外，因为塞尔维亚多年来与波斯尼亚一直处于交战状态。奥地利方面怀疑塞尔维亚官员参与了暗杀。在德国的支持下，奥地利向塞尔维亚宣战。俄罗斯方面决意保卫塞尔维亚，法国方面则选择支持其盟友俄罗斯。德国入侵了卢森堡和比利时，然后又入侵了法国。最后，8 月 4 日，英国向德国宣战，欧洲大陆被战火吞噬。

德军在战争的第一个月就逼近了巴黎，可是遭到了英法联军的抵抗。从那时起，双方沿着法国 / 比利时边界排兵布阵，在西部阵线挖了一排又一排堑壕。堑壕从英吉利海峡延伸至瑞士，大约有 4 万千米长，由带刺的铁丝网保护着。在堑壕挖好后的三年里，西部阵线只沿着东西方向移动了几千米。

战斗的僵局造成了大量伤亡。让数千人丧生的袭击只不过能把战线推进几百米。军队使用了芥子毒气，希望能够打破僵局，可它并未带来什么改变，反而导致成千上万的士兵丧生或永久残废。芥子毒气能够使接触者双目失明，这种气体还会从内到外地逐渐腐蚀人体，造成严重的水泡，支气管损伤，使受害者窒息而死。大部分受毒气影响的人会在 4 到 5 周内死亡。英军轮流执行堑壕任务。一支部队在前线坚守一周之后，需在夜间赶往前线堑壕，一周之后回到支援堑壕，再过一周回到后备堑壕，最后重返战线后方休息一周。袭击通常发生在黎明时分，所以，堑壕内的大部分工作都在夜晚，在黑暗的掩护下完成。由于经常下雨，堑壕里常常被水灌满。部队不堪虱子和巨鼠的侵扰，而营地里的臭气几乎和天气一样让人无法忍受，残留的毒气随时都有可能散布到空气中。每当德国试图向东或向西推进，士兵们都会受到巨大的伤害，这阻止了德军的行进。截至战争结束时，死亡人数约为 1000 万人——无法准确计算——而受伤人数约为死亡人数的两倍。

堑壕战与文学中的想象力

战争一开始，作家们就卷入其中。堑壕里的生活让新兵们觉得，"荣耀""荣誉"这样的词突然变得空洞。传统文学常常把战争看成一个舞台。在这个舞台上，英雄们各自展示了希腊人所说的美德。但现在，这种传统观念似乎不再实用，一种与荷马的《伊利亚特》风格相去甚远的文学形式很快出现了。

威尔弗雷德·欧文："战争中的怜悯"

威尔弗雷德·欧文（1893年至1918年）25岁那年创作了一首脍炙人口的诗《为国捐躯》。欧文的作品在他阵亡后两年首次面世，立刻引起了轰动。"我的主题是战争，战争中的怜悯，"他在诗歌前言中写道。这首诗立即吸引了人们的注意，因为欧文对战争受害者的描述令人毛骨悚然。这首诗的标题取自罗马诗人贺拉斯的第13首颂歌《为国捐躯是恰当而甜蜜的》。欧文对贺拉斯作品的引用充满了苦涩的讽刺：

把身子扳弯，像个包袱底下的老叫花子

膝外翻，像个老太婆一样地咳嗽，我们在污泥之中诅咒，

直到那不祥的照明弹出现，我们转过背去

开始朝着我方休整兵营跋涉。

人们半睡半醒地行进。许多人丢了靴子

却仍步履蹒跚、血流不止地走。都瘸了；都瞎了；

累晕了；聋得都听不到弹片飞鸣，

在刚刚走过的地方掉下的沉重的五九炮弹。

氯气弹！氯气弹！快跑啊，兄弟们！——一阵疯狂的折腾，

及时地把粗劣的面具带上了；

但是有些人还在喊叫，跌跌撞撞，

像是在火焰或是消石灰之中苦苦挣扎……

黑暗，透过雾蒙蒙的镜片和浓绿的亮光，

像在绿色之海下面，我看见他在溺亡。

在我的迷梦中，在我无助的视线前，

他投向我，奄奄一息，呛溺。

假使是在一个窒息的梦里，你也可以跟随

在我们将他装进去的车的后面，

看着他脸上苍白的眼睛扭动，

他那如绞死般的面容，像是魔鬼的罪恶之病；

假使你能听见，当每一次的颠簸，血

从肺泡破碎的肺叶中流出，在嘴里发出漱口的声音，

如癌症般猥琐，苦得像是难咽的反刍物，

不治的疮在无罪的舌头上，

我的朋友，你就不会如此热情地传讲

古老的谎言：为国捐躯，

恰当而甜蜜。

值得注意的是，欧文在诗歌的最后几行引用了贺拉斯的话，称其为"谎言"。事实上，欧文旨在与读者分享他的可怕梦想。他对修辞的用法深思熟虑，以生动的语言描述了这个无名的人溺死在绿色气体海洋中的场景，让这个景象在读者的脑海中挥之不去。

T.S. 艾略特：荒凉的风景

第一次世界大战爆发时，美国诗人 T.S.(托马斯·斯特恩斯)艾略特(1888年至1965年)正在英国的牛津大学读书。艾略特最终毕业于哈佛大学，获得了哲学和古典文学的学位。他的诗歌既反映了他作为一个学者的博学，也反映了他作为一个古典主义者的沮丧。艾略特无奈地发现，他无比珍视的传统正处在消亡的危险之中。在艾略特的长诗《荒原》中，第一部分的标题"死者的葬仪"直指英国圣公会在战时和战后经常举办的葬礼。这首诗以著名的"四月最残忍"开始：

四月最残忍，从死了的

土地滋生丁香，混杂着

回忆和欲望，让春雨挑动着呆钝的根。

冬天保我们温暖，把大地埋在忘怀的雪里，

使干了的球茎得一点点生命。

简而言之，世界已经被颠覆了。春天是残酷的，而冬天成了慰藉。艾

略特认为伦敦是一座"虚幻的城市",居住着行尸走肉:

> 不真实的城,
>
> 在冬天早晨棕黄色的雾下,
>
> 一群人流过伦敦桥,呵,这么多
>
> 我没有想到死亡毁灭了这么多。
>
> 叹息,隔一会短短地嘘出来,
>
> 每个人的目光都盯着自己的脚。
>
> 流上小山,流下威廉王大街,
>
> 直到圣玛利·乌尔诺教堂,在那里
>
> 大钟正沉沉敲着九点的最后一响。

在这首诗的中间部分"火的说教"是全诗的关键。在这段诗歌中,艾略特描绘了现代爱情事如何沦为单调、机械、乏味的情感关系的。他描述了一个打字员和一个年轻、红宝石般的小伙子(也就是说,满身是疮)之间的性关系。特伊西亚斯监督着这一切。艾略特在一封信中坚称,虽然特伊西亚斯只是一个"旁观者",但他却是这首诗中最重要的人物。奥维德在他的《变形记》(见第3章)中描述了特伊西亚斯是如何以一个女人的身份度过7年时光的。后来,他受召裁决宙斯和赫拉的一个争论:男人和女人谁更享受性爱?特伊西亚斯同意宙斯的主张,认为女人更喜欢性爱。赫拉惩罚他双目失明,但宙斯赋予了他预言的能力,以作为补偿。在艾略特的作品中,特伊西亚斯是个盲人,却能看得很清楚。他是现代生活的化身,一个注定既不能抱有希望也不能行动,只能坐着静观一切的人:

> 到暮色苍茫的时候,眼与脊背
>
> 从写字台抬直起来,当人的机体
>
> 像出租汽车在悸动地等待,
>
> 我,特伊西亚斯,悸动在雌雄两种生命之间,
>
> 一个有着干瘪的女性乳房的老头,

尽管是瞎的，在这紫色的黄昏时刻

（它引动乡思，把水手从海上带回家）

却看见打字员下班回到家，洗了

早点的用具，生上炉火，摆出罐头食物。

窗外不牢靠地挂着

她晾干的内衣，染着夕阳的残辉，

沙发上（那是她夜间的床）摊着

长袜子，拖鞋，小背心，紧身胸衣。

我，有褶皱乳房的老人特伊西亚斯，

知道这一幕，并且预见了其余的——

我也在等待那盼望的客人。

他来了，那满脸酒刺的年轻人，

小代理店的办事员，一种大胆的眼神，

得的神气罩着这种下层人，

好像丝绒帽戴在勃莱弗暴发户的头上。

来得正是时机，他猜对了，

晚饭吃过，她厌腻而懒散，

他试着动手动脚上去温存，

虽然没受欢迎，也没有被责备。

兴奋而坚定，他立刻进攻，

探索的手没有遇到抗拒，

他的虚荣心也不需要反应，

冷漠对他就等于是欢迎。

我，特伊西亚斯，早已忍受过了

在这沙发式床上演出的一切；

我在底比斯城墙下坐过的，

又曾在卑贱的死人群里走过。）

最后给了她恩赐的一吻，

摸索着走出去，楼梯上也没个灯亮……

她回头对着镜子照了一下，全然没想到还有那个离去的情人；

心里模糊地闪过一个念头：

"那桩事儿总算完了；我很高兴"

当美人儿做了失足的蠢事

而又在屋中来回踱着，孤独地，

她机械地用手理了理头发，

并拿一张唱片放在留声机上。

在这首诗的最后一部分"雷说的话"中，诗人描述了情感和肉体状态完全枯萎的风景，一片"只有岩石没有水"的土地，"只有干打的雷而没有雨"，"阴沉的、泛红的面容冷笑着、咆哮着，从泥泞的房屋的门里露出来"。起初，艾略特梦想着雨水的可能性：

要是只有水的声音，

不是知了

和枯草的歌唱，

而是水流石上的清响。

还有画眉隐在松林里作歌。

淅沥淅沥，

可是没有水。

最后，当这首诗接近尾声时，出现了"闪电。然后是一阵干燥的狂风，带来了雨水"。这意味着什么？当然是希望。但是诗人表达的是建立在哪种前提之上的希望？这首诗想要表达的东西非常丰富，答案似乎存在于诗中所提到的诗歌传统和神话传统。艾略特在诗的结尾称这些传统为"我在我的废墟上支撑起的碎片"。显然，正如评论家艾德蒙·威尔森所说，艾略特决心"创造并修复他自己的传统。"

逃离绝望：达达主义

一些作家和艺术家（比如毕加索）只是静静地等待战争结束，而没有任何动作。有许多人公开反对这一做法，并对社会秩序提出了强烈的抗议，因为在他们看来，这种秩序造成了大规模种族灭绝。一些人很快发起了被称为"达达主义（Dada）"的运动。罗马尼亚诗人特里斯唐·查拉（1896年至1963年）声称自己是这场运动最早的发起者。而德国人理查德·胡森贝克（1892年至1972年）表示，他和诗人雨果·鲍尔（1886年至1927年）将一把小刀插入字典，随机选中了这个名字。不管哪种情况是真实的，查拉最好地总结了达达主义的含义。"达达"一词是一种国际通用的否定词。它没有任何意义，就像在战争面前，生命本身变得毫无意义一样。但达达主义将会成为现代艺术中一股强大的力量。

达达主义诞生于1916年2月苏黎世的伏尔泰小酒馆，由一群为了逃离冲突而来到中立国瑞士的知识分子和艺术家组成，其中包括查拉、胡森贝克、鲍尔、让·阿尔普和艾米·亨宁斯。五月底，受到未来主义者启发，鲍尔为"伏尔泰艺术协会盛大之夜"举办了一场"喧闹音乐会"。鲍尔相信，语言的堕落不可挽回。毕竟，民族主义的说辞导致了残酷的战争。鲍尔用声音代替了语言，声音的节奏和音量可以传达在感情层面上被理解的情感。他身穿精致的服装，僵硬得甚至无法自己行走，不得不被抬上台。

不久，整个伏尔泰小酒馆中都有人在创作这样的诗歌。达达主义的信奉者们认为这是一种反对传统的武器，尤其可以用来反驳那些导致战争的民族主义空洞言论。而那些主张战争的人反过来指责达达主义信奉虚无主义、无政府主义，懦弱至极。

1917年3月，该团体开设了达达画廊。阿尔普的浮雕壁画作品介于雕塑和绘画之间，是展出的最大胆的作品之一（图13.18）。这些作品是通过机会法则创作的，他的创作方法是在纸上随意涂鸦，让铅笔在没有任何意识干预的情况下在画纸上移动。接下来，他会把这些画送给一个木匠，木匠会在木头中雕刻出这些绘画。这些作品被涂上不同的颜色，然后一个接一个地随机堆放在一起，并固定在适当的位置。阿尔普乐于给通过这种方式产生的浮雕命名，通常是用两个或两个以上没有逻辑联系的单词组成，例如《花锤》。

这类作品有意识地否认了艺术家的审美，被许多人认为是对艺术更严肃、更高尚的思考，是一种"反艺术"。拥有这种艺术观念的人，很容易被马赛尔·杜尚（1887年至1968年）的"现成品"冒犯。"现成品"这个词来源于"成衣"（与定制衣物相反）。1915年，杜尚在抵达纽约后不久，就采用了这个词。在纽约，他加入了一群其他的欧洲流亡艺术家的阵营。1913年2月，在纽约第69步兵团军械库举办的国际现代艺术展展出了杜尚的作品《下楼的裸女二号》（图13.19），这部作品使他臭名昭著。这次展览被简称为"军械库展览会"，会上展出了近1300件作品，包括17件马蒂斯作品、7件毕加索作品、15件塞尚作品（加上一些平版印刷画）、13件高更作品（同样加上一些平版印

图 13.18

图 13.19

刷画和版画）、18 件凡·高作品、4 件马奈作品、5 件莫奈作品、5 件雷诺瓦作品、2 件修拉作品、1 件德拉克洛瓦作品和 1 件库尔贝作品。这是大多数美国人第一次看到法国现代主义绘画。一位报纸撰稿人称杜尚的《下楼的裸女二号》为"爆炸的瓦片工厂"，美国《艺术新闻》称其为"一堆马鞍包"，并悬赏 10 美元给任何能找到类似杜尚笔下这种裸体女郎的人。西奥多·罗斯福总统把这幅画比作浴室里的纳瓦霍地毯，考虑到展览会上展出的欧洲艺术家作品，他得出结论：他们代表了"疯狂的边缘人"。

假如说 1913 年的美国人还无法理解杜尚的《下楼的裸女二号》，那么今天的我们，可以很容易地辨认出影响这件作品的几个因素。杜尚很熟悉毕加索和布拉克笔下把物体简化成平面的立体主义（图 13.10 和 13.11）。他也知道未来主义者关于描绘运动的想法，更重要的是，他对蓬勃发展的电影工业很熟悉。

因此，当杜尚介绍他所谓的"现成品"时，纽约艺术界做好了大吃一惊的准备。《喷泉》（图 13.20）的确震撼了他们。杜尚在纽约一家管道铺子里买了一个倒置的小便池，并署名马特。1917 年 4 月，他把这件作品提交给纽约独立艺术家协会展览。杜尚所在的展览委员会同意展出所有提交的作品，因此无法拒绝展出这件作品。相当可笑的是，委员会决定把这件作品藏在窗帘后面。在展览的过程中，杜尚逐渐让人们知道他就是这件作品的创作者。后来，在一本名为《盲人》的出版物中，杜尚为这幅作品做出了辩护：

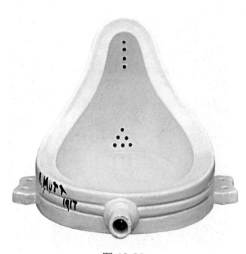

图 13.20

马特先生是否亲手创造了《喷泉》并不重要。他选择了这件作品。他描绘了生活中的一件日常物品，把它置于新的标题和角度下，使它的功能和效用消失了，为物体创造了一种新的观念。

但杜尚的现成品同样是对艺术和文化的攻击。如果《喷泉》确实是一件艺术品，那么它也可以是一件浴室装置、一种商品。杜尚似乎在主张，艺术品本身逐渐沦为商品，可以随意买卖，因此也变得堕落。

哈莱姆文艺复兴

美国内战后的重建工作开始后不久，南方各州通过了一系列法律，有效地建立了一个种族种姓制度，将美国黑人的地位降至二等，并将种族隔离制度化。在南方，这种制度被称为"吉姆·克劳法"。在第一次世界大战爆发前的几年里，将近90%的非洲裔美国人生活在南方，其中四分之三生活在南方乡村地区。棉铃虫的侵袭毁掉了棉花作物，使黑人们陷入贫困。

同时，3K党等白人恐怖分子的崛起给黑人们带来巨大的威胁（3K党成员的人数在20世纪20年代初达到约400万）。战争一开始，黑人们受到了北方对劳动力的巨大需求的诱惑，大量涌入北方。20世纪20年代初，仅在90天的时间里，就有12000名非洲裔美国人离开密西西比州。平均每晚有200人离开孟菲斯。许多人遇到了巨大的困难，但也有人获得了财富。从1915年到1918年，随着战争在欧洲的肆虐，20万至35万南方黑人向北迁移，这一集体现象后来被称为"大迁徙"。

随着大迁徙的进行，种族间的冲突爆发了。南方招聘人员承诺给黑人工人的工作往往都是顶替罢工者工作。罢工的工人对此进行了报复。此外，退伍军人在战后重返家园，却发现他们的工作被黑人顶替了。危机一触即发。1917年，在伊利诺伊州的东圣路易斯，每周大约有2000名黑人涌入，前往当地的铝业公司和美国钢铁公司找工作（那里的白人工人正在罢工）。于是，暴乱爆发，造成了40至200人死亡，多达6000名黑人无家可归。1921年，在俄克拉荷马州的塔尔萨，白人烧毁了西南部最繁荣的黑人商业区的40个街区，摧毁了23座非裔美国人教堂和1000多户家庭和企业。这天，非洲裔美国人的死亡人数估计超过100人。然而，在纽约，大迁徙催生了一个强大和崭新的文化社区，这个时代被称为"哈莱姆文艺复兴"。

"新黑人"

哈莱姆文艺复兴的首次自我表达也许是发生 1924 年 3 月 21 日的一场晚宴上。这场晚宴由美国全国城市联盟的查尔斯·S·约翰逊（1893 年至 1956）主持。该联盟致力于促进公民权利，帮助黑人解决他们在北部城市定居时遇到的经济和社会问题。在约翰逊的晚宴上，来自哈莱姆区的年轻作家被介绍给纽约的白人文学机构。一年后，专门研究社会学、社会工作和社会分析的全国性杂志《图解杂志》出版了一期为哈莱姆区出版的专刊。这期杂志的副标题是《哈莱姆：新黑人的麦加》，由华盛顿特区霍华德大学的非洲裔美国哲学教授阿兰·勒罗伊·洛克（1886 年至 1954 年）编辑。他深信，一个新的时代正在向美国黑人开启。洛克在他的文章中表示，哈莱姆是这个新的创造性表达领域的中心。

洛克认为，美国的每一个民族都有自己的身份认同，人们有权保护自己的身份认同，而这种认同感未必和美国公民身份的主张相冲突。洛克进一步强调，专刊中的部分年轻作家通过关注黑人艺术和音乐的非洲源头来推动这场运动，他们将为一种新的、更具包容性的美国文化做出巨大贡献。

兰斯顿·休斯与爵士诗歌

正如诗人兰斯顿·休斯（1902 年至 1967 年）所说，"黑人很时尚"。休斯是在《新黑人》杂志上发表诗歌的最早一批诗人之一。1926 年，克诺夫出版社出版了他的诗集《疲惫的蓝调》。1924 年，22 岁的休斯前往巴黎，去寻他在家乡找不到的自由。他很快开始写诗，灵感来自他在酒吧里服务、洗碗时听到的由非洲裔美国人乐队演奏的爵士乐节奏。

像休斯这样的非洲裔美国人在欧洲经历了他们在美国从未经历过的事情，他们被白皮肤的人们完全地接受了。战后，巴黎成为充满了自由和机会的新大陆。但是，由于约翰逊和洛克的努力，哈莱姆很快就在非洲裔美国人的想象中取代了巴黎。

在哈莱姆区，休斯很快成为最有影响力的代言人之一。他的诗叙述了他那个民族的生活，捕捉了他们讲话的曲调和韵律。事实上，这些诗歌颂扬了非洲裔美国人文化的创造性，尤其是其音乐和语言的开放性和独创性。休斯逐渐认识到，他的文化身份不在于白人文化的语法和哲学，而在于美国黑人的语言表达，他可以从黑人的音乐（尤其是蓝调和爵士乐）和语言中听到这种表达。

蓝调音乐和爵士乐

到大迁徙时期，爵士乐已成为非洲裔美国人的音乐。它似乎定义了美国的一切。自从小说家弗朗西斯·斯科特·菲茨杰拉德（1896年至1940年）1922年出版了短篇小说集《爵士时代的故事》后，这一称呼就一直保留至今。到20世纪20年代末，爵士乐成为美国主流音乐，在巴黎和柏林几乎和在纽约、芝加哥和新奥尔良一样受欢迎。

蓝调音乐

如果说切分节奏是爵士乐的主要特征之一，那么蓝调音就是爵士乐的另一个显著特点。蓝调音通常比传统的音高略低或稍平。在爵士乐中，蓝调音乐的乐器演奏家或歌手通常会"弯（bend）"或"挖（scoop）"一个蓝调音（通常是给定音阶的第三、第五或第七音符），以获得更紧张激烈的情感效果。

从定义上讲，蓝调音乐通常在哀叹失去爱情、贫穷或社会不公正。这种音乐对爵士乐的发展做出了重要贡献。标准的蓝调音乐由3个部分组成，每个部分4小节。这3个部分中的每一部分都对应一个三行诗节，诗节的前两行是相同的。

迪克西兰和芝加哥的路易斯·阿姆斯特朗

1910—1920年间，众多爵士乐队在新奥尔良红灯表演，并迅速确立了一种标准模式。由小号（或短号）、单簧管和长号组成"前线"，由班卓琴（后来的吉他）、钢琴、低音和鼓伴奏。在我们后来所说的迪克西兰爵士乐（Dixieland jazz）中，小号负责演奏主旋律，单簧管以较高音调的反旋律演奏，长号则以较简单、较低的曲调演奏。迪克西兰最流行的形式是标准的 12 小节蓝调音乐和 32 小节 AABA 形式。后者由四个章节组成，每个章节又有 8 个小节。一般来说，小号演奏的是乐曲前 32 小节的基本曲调，然后，乐队在一系列的独奏或集体即兴演奏中对曲调进行变奏，保持 32 小节的格式。每 32 个小节组成一次"合奏"。

1917 年，斯托里维尔红灯区关闭时（根据美国海军的命令关闭，他们认为美国海军的水兵纪律受到了威胁），许多曾在该地区演奏的乐队加入了大迁徙乐队，向北进发。其中包括号手路易斯·阿姆斯特朗（1901 年至 1971）年，他于 1922 年来到芝加哥为乔·奥利弗的克里奥尔爵士乐队演奏。钢琴家兼作曲家利尔·哈丁（1898 年至 1971 年）是奥利弗乐队的钢琴家和编曲，哈丁和阿姆斯特朗于 1924 年结婚。不久，阿姆斯特朗离开奥利弗的乐队独自演奏。他成立了两个工作室乐队，热五和热七乐团，成员包括先前在新奥尔良的同事，同他们一起，他创作了一系列开创性的长跑。其中一首名为《比这更火热》（Hotter Than That）由哈丁创作，并于 1927 年录制。这首歌基于一个 32 小节的音乐形式，表演者在此基础上进行即兴创作。在第三次合奏中，阿姆斯特朗用无意义音节演唱，这种方法被称为"拟声吟唱（scat）法"。 接下来是另一种标准形式的爵士乐队表演，阿姆斯特朗和吉他手朗尼约翰逊之间的呼喊与回应（call-and-response）合奏，两人利用他们两种不同的乐器尽可能相互模仿。

摇摆乐：棉花俱乐部的艾灵顿公爵

阿姆斯特朗于《比这更火热》录制的同年加入了哈莱姆的棉花俱乐部，并在那演奏长达五年之久，艾灵顿公爵原名为爱德华·肯尼斯·爱灵顿，出生于华盛顿特区（1899 年至 1974 年）。 棉花俱乐部本身是由一个匪徒拥有的，这所俱乐部是他的"麦登的第一号啤酒"的批发商店。像所有酒精饮料一样，这种酒在 1920 年美国颁布全国禁酒令后就被禁止销售了。俱乐部的名字是为了给"仅限白人"的观众带来悠闲的种植园生活体验，他们来听以黑人为主的艺人表演。

1923 年，艾灵顿在纽约成立了他的第一支乐队。他 1932 年的作品《不摇摆毋宁死》（It Don't Mean a Thing (If It Ain't Got That Swing)）把"摇摆乐（swing）"这个词引入了爵士乐文化。

摇摆乐通常是 15 至 20 名乐手组成的大型乐队，其中包括多达 5 名萨克斯管演奏者（两名中音、两名高音和一名上低音），能够产生更大的音量。摇摆乐的节奏取决于对低音拍的微妙回避，独奏乐器在低音拍之前或之后击上它的节拍。

艾灵顿开始在棉花俱乐部演奏时，商业电台的发明已经运行 7 年之久了，成千上万的美国家庭都拥有收音机。棉花俱乐部的实况广播让艾灵顿在全美范围内收获盛名。20 世纪 30 年代，各地的巡回演出的乐队都在模仿他。这些乐队包括由单簧管演奏家班尼·古德曼领导的乐队，他不久后被称为"摇摆乐之王"；号手哈利·詹姆斯；长号演奏家格伦·米勒；长号演奏家汤米·多西；钢琴家贝西伯爵；单簧管演奏家亚提·萧。这些乐队还邀请了歌手，他们为美国带来了弗兰克·西纳特拉、宾·克罗斯比、佩里·科莫、萨拉·沃恩、比莉·荷莉戴、佩吉·李、多丽丝·戴、萝丝玛莉·克洛妮和埃拉·菲茨杰拉德。

哈莱姆区的视觉艺术

20 世纪 20 年代，艾伦·道格拉斯（1898 年至 1979 年）是哈莱姆区最主要的视觉艺术家。道格拉斯是堪萨斯州托皮卡人，1925 年获得内布拉斯加大学美术学士学位时，他是班上唯一的黑人学生。后来，他来到哈莱姆区。道格拉斯曾这样写道："我对哈莱姆区的第一印象是，这是一座充满人性的巨大舞台……这里就像一个万花筒，颜色、声音和运动方式都在快速变化——上升，下降，膨胀，收缩，十分匆忙却没有尽头，也往往不存在明显的目的。然而，在这种混乱、不连贯的活动表面之下，人们感觉到内心的和谐，感觉到一只神秘的手把这些元素组合成一个整体。"道格拉斯的作品《渴望》歌颂了非洲裔美国人对美国文化做出的贡献（图13.21），他的二维剪影式人物后来成为哈莱姆文艺复兴时期艺术的标志性风格。在这种风格中，大片颜色和线条的突然转变，创造了富有节奏

图 13.21

的运动和声音。《渴望》描绘了美国摆脱奴隶制的过程。这一过程表现在画面底部伸出的戴着镣铐的手臂，这代表着奴隶们从南方伸出手，伸向充满工业希望的北方。

道格拉斯深知，这样的渴望实现起来困难重重。事实上，在哈莱姆地区，代表非裔美国人文化中心的爵士乐俱乐部只允许白人顾客入内（黑人只能作为表演者或侍应生进入）。获得令人满意的住房的机会极为有限，因为白人们创建了事实上的白人专属社区。除了哈莱姆区外，纽约市其他地区的房东都不愿意把房子租给黑人租客。1920 年，哈莱姆区的一居室公寓租给白人租客的价格通常是 40 美金，租给黑人租客的价格则高达 100 美金至120 美金。高昂的租金造成了极其可怕的人口密度。20 世纪 20 年代的哈莱姆，每平方千米约有 8.1 万人。相比之下，今天整个曼哈顿，每平方千米的人口也不过 2.7 万人。

这些都是雅各布·劳伦斯（1917 年至 2000 年）呈现的赤裸裸的现实。劳伦斯 7 岁就搬到了哈莱姆区，在哈莱姆艺术工作室接受了绘画训练。在那里，他学习了艾伦·道格拉斯的作品。23 岁时，他创作了 60 幅讲述大迁徙历史的系列画作。这些作品中包含涉及种族暴动的画面，包括 1917 年的东圣路易斯暴动、黑人房屋被炸、住房过度拥挤、肺结核爆发。但是劳伦斯与道格拉斯一样，能看到希望和未来。他所绘的在学校黑板上写字的3 个女孩就是一个积极的例子（图 13.22）。在这幅画里，他采用了由道格

图 13.22

拉斯发明的角度和节奏重复。画中女孩们的手越伸越高，体现了她们智力的增长，这种表现手法与音乐中的渐强十分类似。《大迁徙》系列让劳伦斯声名鹊起。1942 年，纽约现代艺术博物馆和华盛顿特区的菲利普美术馆分别购买了 30 块作品嵌板。同年，劳伦斯成为第一位在著名的纽约画廊（市中心画廊）展出画作的黑人艺术家。

俄罗斯：艺术与革命

1914 年，俄国进入战争状态，而这个国家显然没有做好这一准备。短短一年内，沙皇尼古拉斯二世（1868 年至 1918 年）目睹了他的军队全线溃败。100 万人被杀，100 万士兵叛逃。饥荒和燃料短缺的阴影笼罩着这个国家。城市中爆发了罢工，在农村，农民夺取了俄国贵族的土地。1917 年 2 月，沙皇被迫宣布退位。

弗拉基米尔·伊里奇·列宁与苏维埃

通过一系列政治策略，马克思主义革命家弗拉基米尔·伊里奇·列宁（1870 年至 1924 年）于 1915 年 11 月上台。列宁领导着俄国革命集团布尔什维克党。和马克思一样，他梦想着成立一个无产阶级专政政权。马克思和列宁认为，广大劳动人民之所以遭到压迫，是因为资本主义者为了少数特权阶级的利益垄断了原材料和市场。列宁认为，所有财产都应由人类共同拥有，社会的每一个成员都将为全体人民的利益工作，并从国家那里获得与其工作相称的货物和产品。他发表过著名的宣言："不劳动者不得食。"

列宁预见到，随着社会主义国家的发展，国家将逐渐消失。他在《国家与革命》（1917 年）一书中写道："当社会实现各尽所能、按需分配的原则时，也就是说，当人们已经十分习惯于遵守公共生活的基本规则，他们的劳动生产率已经极大地提高，以致他们能够自愿地尽其所能来劳动的时候，国家才会完全消亡。"但他也意识到，为了达到这一目标，必须实现富有实效的改革。他强调了国家电气化的必要性，写道："我们必须向农民展示，以现代先进技术、以电气化为基础的工业组织……将有可能提高乡村地区人们的文化水平，甚至在最偏远的角落也有可能克服落后、无知、贫穷、疾病和野蛮。"

革命的艺术

1917 年 3 月革命前，俄国先锋派艺术家通过与欧洲艺术之都的直接交流，建立了自己的现代艺术流派。大多数画家都去过巴黎，亲眼看到了毕加索和布拉克的立体主义，但是先锋派画家中最具有创造力的艺术家卡济米尔·马列维奇（1878 年至 1935 年）却从未去过巴黎。1912 年，马列维奇创造了"立体未来主义"风格，一种将现代主义的几何形式应用于俄罗斯民间绘画主题的风格。他很快开始了一场"绝望的尝试，试图把艺术从客观性的压载中解放出来"。1913 年，他创作了一幅完全非客观的画，画中只有一个白色地面上的黑色广场。他称自己的新型艺术风格为"至上主义"，并定义为"艺术中的情感至上"。

马列维奇所说的"情感"并非德国表现主义所说的情感。相反，这种情感在于绝对真理的显现。马列维奇对这种真理深信不疑，认为人们可以通过最简单的手段发现这种真理。因此，他的《绘画现实主义：背着包的男孩——第四维的大片色彩》（图 13.23）并没有真正描绘一个背着包的男孩，也不属于现实主义风格的作品。这幅画里的两种形状似乎漂浮在白色的地面上，甚至像是漂浮在不同的高度。1915 年 12 月，这幅画在彼得格勒的一个展览上首次展出。这场展览名为"0.10：最后一次未来主义绘画展览"，意思是指参加展览的 10 位艺术家都试图阐明绘画的"零度"，即不可再分的核心。换句话说，一幅画最起码的元素是什么？在这件作品中，马列维奇揭示了表面上静止的形式在动态的张力中如何获得能量。

电影制作人谢尔盖·爱森斯坦（1898 年至 1948 年）是俄罗斯最伟大的革命性创新者之一。革命结束后，他曾在俄罗斯宣传火车上工作。这是一种专门用于宣传工作的列车，穿梭于乡村地区，为农民带来"具有煽动性"的材料。宣传火车分发杂志和小册子，介绍政治演说家和戏剧。鉴于当时的俄罗斯的农民大多不识字，煽动性电影（Agitkas）成了最有效的传播形式。这些电影的特点在于以快节奏的剪辑方式吸引观众的注意力。

列维·库里肖夫（1899 年至 1970 年）是 20 世纪 20 年代初莫斯科电影学院的创始人

图 13.23

之一。他根据自己制作煽动性电影的经验，发展出了蒙太奇的理论。他使用了一个著名俄罗斯演员的特写镜头，并把这个镜头和三个不同的画面结合在一起——一碗汤、一具躺在棺材里的女尸和一个玩泰迪熊的女孩。虽然这位演员在每一个场景中呈现的样子都是一样的，但是观众们却感受到了他面对热汤时饥饿、为女人感到悲伤、对女孩感到高兴。这一现象后来被称为库里肖夫效应。库里肖夫认为，镜头通过与其他镜头的关系来获得意义，而蒙太奇就是用这些镜头构筑电影构图的艺术。

爱森斯坦从库里有夫那里学到了很多，但他不同意蒙太奇的本质。爱森斯坦认为，蒙太奇不应被用来构建一个统一的构图，而应被用来在观众中制造紧张感，甚至是震撼感。他认为蒙太奇能够带来更大的张力、感知和理解。他计划拍摄七部系列电影，描述导致布尔什维克革命的事件，激起观众对革命目标的心理认同。

从电影效果角度考虑，爱森斯坦的电影中没有一部比《波特金号战舰》能更好达到目的。这部电影讲述了 1905 年在俄国海军舰艇上发生的兵变，以及随后沙皇军队在敖德萨港上空大肆屠杀无辜男女和儿童的故事。这部电影，特别是著名的一组镜头——"敖德萨阶梯"，是蒙太奇的实体宣言。它撕裂了观众的心，为苏联政权赢得了全世界的尊重。

弗洛伊德与心灵的运作

爱森斯坦强调观众对电影的心理认同，在很大程度上是受到了维也纳精神学家西格蒙德·弗洛伊德（1856 年至 1939 年）的启发。第一次世界大战开始时，弗洛伊德关于人的心理本质及其潜意识功能的理论得到了广泛的接受。当医生和其他人开始处理有时受到严重创伤的战争幸存者时，弗洛伊德精神分析技术的功效特别是梦的解析和"自由联想"越来越被医学界接受。

但是弗洛伊德明白，自由联想需要解释。他开始越来越多地关注无意识者的模糊语言。1897 年，他提出了一个关于婴儿性行为的理论。这个理论基于这样的命题，即婴儿体内已经存在性冲动和能量。对梦的解释是理解成人神经行为中早期性感觉的关键之一。弗洛伊德总结说，梦中会出现人们无意识的愿望、欲望和驱动，它们的实现平时都由人类意识审查并掌控。他在 1900 年的著作《梦的解析》中写道，"梦是（压抑的、受控制的）愿望的（变相的）实现。"

第一次世界大战为弗洛伊德提供了另一个证据，这一证据甚至更令人不安，说明了人类心理机能障碍的根源是社会本身。1920 年，在《超越快乐原则》中，弗洛伊德推测人类有与性欲（Eros）相冲突的死亡本能（Thanatos）。他认为这两者的对立有助于解释塑造个人和社会的根本力量；两者的冲突也可以解释人类的自毁和外向攻击行为。在这一前提下，弗洛伊德在 1923 年出版的著作《自我与本我》中补充了一个人类人格的模型，这一模型将对其后的心理学著作产生持久的影响，至少在术语上是如此。根据弗洛伊德的观点，一个人的人格是由本我、自我和超我相互竞争的驱动力组织起来的。其中，本我（id）是所有本能、肉体欲望的基础——从对营养的需求到性满足。它的目标是获得即时满足，本我遵从快乐原则。自我（ego）能够控制本我。它在本我潜在的破坏性冲动和社会生活的需求之间起到调和作用，寻求以社会可接受的方式满足本我的需求。对弗洛伊德来说，文明本身是自我控制和修改本我的无尽努力的产物，但弗洛伊德对心灵第三要素——超我（superego）——的认识是至关重要的。超我是我们通常所说的"良心"的基础，也是人格的道德基础。良心来自人格面对其家庭对其批评或反对而产生的考虑。在这一范畴中，"家庭"可以被广泛地理解为父母、家族和文化。但是，由于超我无法区分"思考一个行为"和"完成一个行为"，它也能为本我灌输巨大的内疚。

超现实主义绘画的梦境

在《超现实主义宣言》中，法国作家、诗人和理论家安德烈·布勒东（1896 年至 1966 年）称赞弗洛伊德鼓励了的创造性努力："看来，知识生活的一个方面——而且在我看来是迄今为止最重要的方面——最近完全被揭露了。人类不再需要为此思前想后，而这必须归功于弗洛伊德。在他的发现的基础上，一股思潮终于形成了，这使人类心灵的探索者能够扩展他们的研究，因为他们将有能力处理简单现实之外的东西。"布勒东接受过医学训练，他在第一次世界大战中治疗弹震受害者时，运用了弗洛伊德的自由联想技巧。许多超现实主义者都是活跃的达达主义者，但与达达的"反艺术"精神相反，他们的新"超现实主义"运动相信"新艺术"的可能性。然而，超现实主义保留了达达的大部分反抗精神。他们致力于无意识语言，即作者放弃对文本产生有意识控制的一种写作。此外，作者还会记录下梦境，特别是布勒东的同事路易·阿拉贡（1897年至1982年）。他强调了机会操作的重要性："除了现实之外，头脑还可以抓住其他的关系，这些关系同时也会首先到来，比如机会、幻觉、幻想、梦想。"阿拉贡写道："这些不同的物种在一个属中被重新结合和调和，这一个属就是超现实。"

超现实主义者不仅在弗洛伊德的作品中，而且在乔治·德·基里科（1888年至1978年）和达达主义大师马克斯·恩斯特（1891年至1976年）的绘画中也发现了他们的理论依据。1922年3月，布勒东透过保罗·纪尧姆画

图 13.24

廊的橱窗瞥见了德·基里科的《孩子的大脑》（图13.24）时，他跳下了一辆行驶中的公共汽车。他买下这幅画，并立即在他的杂志《文学》上发表了这幅画的复制品。这幅画似乎恰恰体现了弗洛伊德的梦境理论。在这里，孩子做梦的大脑（本我）既面临着父亲形象（自我）的压抑性威胁——半裸也象征着性威胁——也面临着他面前这本书所代表的更广

图 13.25

泛、更具有社会道德权威（超我）的压抑性威胁。

布勒东后来回顾了恩斯特 1921 年的小型拼贴画展览，比如标题恰如其分的《大师的卧室》（图 13.25）——这是视觉艺术中的第一部超现实主义作品。 这幅画由剪贴画小册子中的两页组成，左边描绘各种动物，右边描绘各种家具。恩斯特在上面创造了自己的透视视觉，覆盖了画布的大片区域，留下了一些没有上色的元素：左下角是鲸鱼、鱼和蛇，顶部是熊和羊，右边是床、桌子和柜子。不同元素的并置是超现实主义艺术的基本风格手段之一。通常情况下，这些元素永远不会占据相同的空间——也许除了在梦境中。

毕加索的超现实主义

布勒东认为毕加索在《亚维农的少女》（图 13.9）中引领了超现实主义艺术的发展，摆脱了艺术对外部现实的依赖。布勒东说，立体主义的伟大奠基人"有能力使迄今仍停留在纯粹幻想领域的东西具有物质属性。"毕加索被超现实主义的观点所吸引，因为这种思想为他提供了新的方向和可能性。他的超现实主义风格在 20 世纪 20 年代末和 30 年代初体现得尤为

图 13.26

明显，特别是在一系列骨瘦如柴的骇人形象中，这些形象与他的情妇玛丽－德雷莎·华特（1909年至1977年）充满肉欲的肖像画交替出现。直到1935年，毕加索之前的8年一直过着"双重生活"，与欧嘉·科克洛瓦（1891年至1955年）结婚，同时与玛丽－德雷莎私通。

毕加索在这几年确实沉迷于经验的双重性，就像弗洛伊德在《超越快乐原理》中所描绘的那样，死亡本能和性欲之间的对立。他1932年创作的《镜前少女》（图13.26）是玛丽－德雷莎的双重肖像画，画面中呈现的对立让人过目难忘。在右边她是月亮，或黑夜，在左边，她是太阳，或光明，她自己的脸在两块区域中都出现，四十五度倾斜着面向观众。她朝着左边凸出的肚子表明了她的生育能力（实际上，1935年，毕加索与欧嘉分离后不久，玛丽生下了他们的孩子玛雅），尽管在镜子里，按照毕加索的典型绘画风格，我们看到的不是她的肚子，而是她的臀部，她的原始性能力。左边的人物是有意识的自我，潜意识自我则显露在镜子里。毕加索的作品探讨了超现实主义最基本的主题——自我的复杂性。他还加上了一个重要的主题——自我与他人的关系，因为毕加索不仅以画家的身份出现在画作中，还以壁纸上的小丑图案作为自己的象征。这幅画也暗示，在有意识和无意识自我之间的动态互动中，自我实际上可能意味着另一面。

萨尔瓦多·达利的危险愿景

自我剥离是西班牙艺术家萨尔瓦多·达利（1904年至1989年）作品的核心，他在24岁时加入了超现实主义者的阵营。两年前，达利因为拒绝参加期末考试而被圣费尔南多美术学院开除，因为他声称自己比给他考试的教授了解更多。他为超现实主义运动带来了大胆的自信。

达利声称自己遵循了一种"偏执的批判方法"，一种可以让他自由产生幻觉的自我催眠。他在描述他的方法时这样写道："我相信那一刻就在眼前。够偏执、活跃地推进思想时，这个时刻将触手可及。"他把自己画中的意象评价为"新的、危险的"。举世闻名的《记忆的永恒》（1931年；图13.27）就是这样的一幅作品。这是睡着的达利的自画像，达利像一只鼻涕虫一样，躺在画的中间，披在时间的被单下面。蚂蚁是死亡的象征，它

图 13.27

们爬过左边的一个表壳。一只苍蝇落在表上,这只表正要从窗台上滑落下来,另一只软塌塌的表挂在一棵枯树上,指向睡着的达利。

到了 20 世纪 30 年代中期,超现实主义者与达利分道扬镳,因为达利早年十分钦佩阿道夫·希特勒,而且他在西班牙内战中不愿支持共和政体。除此之外,达利还爱财如命,1938 年,他被正式驱逐出超现实主义运动。

意识流小说

意识流小说也许是这个时代最重要的文学创新。意识流思想产生于19 世纪末,出现在小说家亨利·詹姆士的哥哥威廉·詹姆士(1842 年至1910 年)和法国哲学家亨利·柏格森(1859 年至 1941 年)的著作中。对柏格森来说,人类的意识是由两种相互矛盾的力量组成的:智力,用逻辑甚至数学的方式对经验进行挑选和分类;直觉,把经验理解为一种永恒的感觉流,一种永恒存在的持续或流动。詹姆士 1892 年的《心理学》

第十一章的标题实际上是"意识流"。詹姆士写道:"我们现在看到,现在听到;现在推理,现在愿意;现在回忆,现在期待;现在爱,现在恨;在通过其他一百种方式,我们知道我们的头脑是交替进行这些过程的……意识……不是通过连接什么产生的;它在流动。'河流'或'溪流'是能够最自然描述它的比喻。以后谈论它的时候,让我们把它称为思想流、意识流或主观生活流。"

意识流小说在 20 世纪的兴起可以归因于两个相关因素。一方面,它为作者提供了一种直接描绘主人公心理构成的手段,他们的思想从一件事跳到另一件事,从记忆到自我反省,从观察到幻想。在这方面,它类似于弗洛伊德精神分析的自由联想方法。但同样重要的是,它使作家能够强调其人物观点的主观性。一个角色所声称的未必是真的。人物可能有说谎的动机,甚至会对自己说谎。当然,"小说"中的任何人物都不需要成为事件的可靠叙述者。不需要阻止人物在作者更宏大的虚构作品中创作他们自己的虚构作品。因此,在意识流小说中,读者被迫成为小说的积极参与者,把"事实"和"幻想"区分开来,把故事的真实事件和人物对它们的"记忆"区分开来。

詹姆斯·乔伊斯和尤利西斯

爱尔兰作家詹姆斯·乔伊斯(1882 年至 1941 年)对意识流叙事的形成产生了最深远的影响。他于 1905 年离开爱尔兰,后来主要生活在巴黎。他的著作《尤利西斯》最能体现意识流叙事的力量。

《尤利西斯》的前几章最初连载于美国杂志《小评论》上,但英国和美国的邮政当局都以淫秽为由禁止了这部作品的发行。西尔维娅·毕奇是乔伊斯事业上的贵人。她是奥德翁路一家英文书店和借阅图书馆的老板,几乎每一位居住在巴黎的美国作家都会经常光顾这里。在书店与乔伊斯面谈之后,毕奇同意出版 1000 本《尤利西斯》,其中最早发行的两本是在乔伊斯 40 岁生日,即 1922 年 2 月 2 日的前一天发行的。

这部小说的故事主要发生在 1904 年 6 月 16 日的某一天,共分 18 个片段,每个片段间隔约一小时,并在 6 月 17 日凌晨结束。它大致沿袭了荷马史诗

《奥德赛》中关于尤利西斯的情节，斯蒂芬·迪达勒斯对应新的忒勒玛科斯，利奥波德·布卢姆饰对应尤利西斯，莫莉·布鲁姆对应佩涅洛佩。就像《奥德赛》中的佩涅洛佩一样，莫莉也有一个追求者，温文尔雅的波伊兰。为了重新赢得她的爱，布卢姆必须忍受 12 次考验，也就是他的"奥德赛"。每一个角色都是通过他或她自己的意识流叙事来呈现的——我们只读到他或她在内心独白里的思考过程，以及他或她的脑海中体验到的东西。莫莉·布卢姆的最后一段独白，也是这本书的最后一个片段，强调了乔伊斯散文的实验活力。故事一开始，莫莉仔细考虑了她丈夫的要求：希望她每天早上为他把早餐端到床上。这是一段完整的意识流独白，半睡半醒的莫莉沉思了她的整个性性生活，最后，莫莉欣喜若狂地回忆起 16 年前，在都柏林湾北部的霍斯头，她将自己献给布卢姆。

乔伊斯书中的最后一个片段几乎完全没有标点符号——整个片段中有 8 个句子，第一个句子有 2500 个单词那么长——以及对女性性行为的未经审查的探索，与整部小说一样，乔伊斯书中的最后一个片段仍然是革命性的。

马塞尔·普鲁斯特与记忆小说

如果说乔伊斯是第一个把意识流作为叙事手段的人，那么马塞尔·普鲁斯特（1871 年至 1922 年）则是第一个把小说想象成心理空间的人。普鲁斯特出生于一个富裕家庭，在巴黎的香榭丽舍大街附近长大，假期通常在奥特尔和伊利耶的乡下小镇与亲戚们一起度过。这两座村庄启发了普鲁斯特创作虚构村庄孔布赖，这是他的七卷本长篇小说《追忆似水年华》中叙述者童年记忆的所在地。1903 年，他的父亲离世。1905 年，他的母亲去世，那之后，普鲁斯特经历了一次重大的抑郁期，他几乎完全放弃了社交生活，退回到奥斯曼大道上那间安静的、软木贴面的公寓，几乎把他醒着的所有时间都花在写小说上。

他称这部小说为"时间和空间中的心理学"，他计划探索无意识的最深处，并将它们带入有意识的生活。

普鲁斯特认为，哲学家亨利·柏格森是现代"第一位伟大的形而上学家"，他认为过去、现在和未来是一个有机整体的一部分，在这个有机整体中，过去是一个"持续的进程，一点点地入侵未来，随着前进的步伐不断膨胀"。他认为，艺术的作用是捕捉"生命和呼吸的某些节奏"，这些节奏邀请我们"参与进去"。因此，他写道："这些节奏迫使我们在自己的内心深处，启动一个只等着激动起来的秘密和弦。"就像马德兰在马塞尔身上触动了同样的秘密和弦一样，普鲁斯特希望他的小说能触动他的读者。

回顾

13.1 概述现代主义在艺术和文学中的各种表现形式。

修拉、凡·高、塞尚和高更等后印象派画家致力于将艺术推向创新的方向。新世纪的标志是以汽车、电影、飞机为代表的技术革新，其中最重要的也许是物理学上的新发现。毕加索在巴黎的工作室是这一时期艺术创新的中心。在那里，毕加索通过《亚维农的少女》这样的大型画作改变了绘画。为什么说《亚维农的少女》是毕加索对当代艺术的彻底背叛？乔治·布拉克很快继承了毕加索创造的传统，两人共同创造了后来被称为立体主义的艺术风格。立体主义的主要特征是什么？你怎样描述拼贴画这种艺术技巧？以菲利波·马里内蒂为首的未来主义者把速度和运动的概念引入绘画。他们的工作为何是对传统价值观的攻击？与此同时，亨利·马蒂斯帮助发起了野兽派运动。野兽派最关心的是什么？你怎么比较马蒂斯和毕加索作品的异同？德国的表现主义画家沿用了亨利·马蒂斯和野兽派对色彩的探索，创造了一种以创作者的心理构成为中心的艺术。瓦西里·康定斯基的色彩理论怎样影响了青骑士团体的绘画？

在音乐和舞蹈方面，作曲家伊戈尔·斯特拉文斯基和经理谢尔盖·达基列夫带领的俄派芭蕾舞团呈现的芭蕾舞作品《春之祭》震撼了整个巴黎，而在德国，阿诺尔德·勋伯格摒弃了西方音乐的和谐基础——传统的调性，创作了新的无调性作品。勋伯格使用的十二音技法是什么？什么是说唱风格，勋伯格是如何利用这种风格的？

与视觉艺术和音乐一样，创新精神也主宰了整个文坛。法国诗人纪尧姆·阿波利奈尔在诗歌形式方面进行了试验。他和他的朋友毕加索使用了哪种相同的技巧？庞德和意象派试图从最简约的角度捕捉"外在和客观"事物转向"内在和主观"感知的那一瞬间。意象派的哪项原则对威廉·卡洛斯·威廉斯尤其具有吸引力？

13.2 描述第一次世界大战给那个时代艺术和文学带来了怎样的影响。

法国东北部和德国西北部前线堑壕战的现实对西方的想象力产生了巨大的影响。战前几乎无限的乐观被一种现代生活的荒谬感、经验的支离破碎和甚至不敢抱有希望的徒劳感所取代。威尔弗雷德·欧文的"战争中的怜悯"是如何反映这些情感的？T.S. 艾略特的诗《荒原》就是对这种状况最有力的体现。它是如何描绘现代爱情的？许多人认为战争是无法理解的，他们通过在否定和毫无意义的基础上发起的一场艺术运动——达达主义，来反对战争。达达主义的声音诗歌反映了什么信仰？机会行动在他们的作品中扮演什么角色？达达主义艺术家最有影响力的代言人之一——马赛尔·杜尚——把眼见之物都变成了艺术品，包括《喷泉》，他称之为"现成品"。什么是"现成品"？战争期间，在美国，非洲裔美国人大量向北移民。这次大迁徙是哈莱姆文艺复兴的催化剂。阿兰·勒罗伊·洛克的"新黑人"概念对这个时代的哲学有何贡献？爵士乐是如何反映同样的精神的？艾伦·道格拉斯和雅各布·劳伦斯的视觉艺术是如何描绘大迁徙的？在俄罗斯，政治动乱带来了新的美好生活的希望。在绘画中，马列维奇的至上主义体现了什么原则？在电影中，谢尔盖·爱森斯坦的新蒙太奇手法通过快节奏的剪辑和构图吸引了大量无法识字的观众。什么是蒙太奇？弗洛伊德的心理学理论体现在了安德烈·布勒东和他的同事们的超现实主义作品中，他们追求弗洛伊德式性欲的潜流，他们认为这是他们创作活动的根源。布勒东如何看待乔治·德·基里科和马克斯·恩斯特的作品？毕加索是如何与超现实主义联系在一起的？

战后，作家们努力寻找一种方法，用一种似乎饱受了战争摧残的语言来真实地表达自己。无意识的生活是意识流小说的主题，这一小说类型主导了那个时代，其中包括詹姆斯·乔伊斯的《尤利西斯》和马塞尔·普鲁斯特的《追忆似水年华》。意识流风格有什么吸引人的地方？

延续和变化：格尔尼卡与战争幽灵

1936 年 2 月，西班牙人民阵线，一个由共和党人、共产党人和无政府主义者组成的联盟当选为西班牙执政主体。西班牙长枪党一时大为受挫。西班牙长枪党是一个右翼法西斯组织，拥有私人军队，他们得到了驻扎在摩洛哥的西班牙军队的支持。7 月，长枪党进行报复，摩洛哥军队发动叛乱，弗朗西斯科·佛朗哥将军（1892 年至 1975 年）率领长枪党从摩洛哥进入西班牙，发动政变。

在随后的内战中，德国和意大利支持佛朗哥将军的右翼党派，苏联和墨西哥则向左翼共和党示好。美国选择保持中立，但来自欧洲和美洲的自由主义者，包括作家欧内斯特·海明威，加入了共和党，与西班牙人并肩作战。

希特勒把这场冲突看作是他正在筹划中的更大的欧洲冲突的彩排。他想要借这个机会测试一下他的空军——纳粹德国空军。不久，纳粹的飞机被派往全国各地，德国军方称之为"全面战争"，这场战争不仅是军队之间的战争，也是全体人民之间的战争。这使轰炸平民拥有了可能。

1937 年 4 月 26 日，由第一次世界大战著名"红男爵"的堂兄沃尔弗拉姆·冯·里希特霍芬率领的德国空军中队轰炸了西班牙北部格尔尼卡的巴斯克城镇。这次袭击是一次闪电战，一次突如其来的协同空袭（后来，纳粹在二战中充分利用这一方法，对波兰和英国发动了大规模的空袭）。这场闪电战持续了三个半小时。空袭宣称的目标是撤退的共和国部队在该镇北边使用的一座桥梁，但在战争过程中，整个格尔尼卡中部被夷为平地，

图 13.28

721 所住房（该镇近四分之三的住房）被完全摧毁，许多人被杀害。一天之后，身在巴黎的毕加索听闻了这个消息。完整的报道直到 4 月 29 日星期四才出现在报刊上，战争现场的照片分别出现在 4 月 30 日星期五以及 5 月 1 日星期六的报刊上。那个周六，毕加索开始为一幅壁画创作一系列素描。这幅壁画是他受委托，为 1937 年巴黎世界博览会的西班牙馆创作的。那时，距博览会预定的开幕仅剩 24 天。

在最后一幅画中，毕加索将格尔尼卡的悲剧与源自西班牙的斗牛仪式

联系起来。在斗牛仪式中，公牛注定的死亡象征着死亡本身的永恒本质（图13.28）。这幅作品描绘了暴力和无助的苦难场面。毕加索选择了黑白绘画，而不是彩色绘画，让人们想起报纸照片体现出的紧迫性和激动。博览会闭幕后，这幅画被送去巡回展出，并被用来为共和党的事业筹集资金。《格尔尼卡》将成为战争恐怖和反对极权主义斗争的国际象征。1981 年，毕加索的故土恢复了公民自由。

图 14.1

CHAPTER 14

第 **14** 章

变化的几十年

全球文化中的多元自我

学习目标 >>>

◎概述存在主义的原则，以及艺术和文学如何体现这些原则。

◎比较各种抽象表现主义，描述垮掉的一代和波普艺术如何挑战它的优势。

◎评价政治在 20 世纪 60 年代和 70 年代的艺术和文学中所起的作用。

◎描述后现代艺术和文学如何反映多元主义和多样性。

第二次世界大战让欧洲的城市景观遭到了浩劫，而欧洲人民的心灵所受到的伤害不亚于城市受到的伤害。同样，广岛和长崎的轰炸也困扰了日本几代民众。到战争结束时，大约有1700万名士兵死亡，而且至少有相同数量的平民卷入了战斗。希特勒消灭了600万犹太人，还有数百万人死于疾病、饥饿和其他原因。最终死亡的人数接近4000万。

美国人的反应喜忧参半。毕竟，这个国家是战胜国。但是，美国国内也表现出了深刻的悲观情绪，这种情绪定义了欧洲和日本对战争的反应，例如马克·罗斯科（1903年至1970年）的作品。这位画家在20世纪40年代初开始画画，把原型人物放在模糊、半透明的大型单一颜色区块前面。到20世纪50年代初，他已经抹去了画中的人物，只留下了背景中的大片颜色色域。这些色域绘画的规模通常非常大，这是画家故意为之。例如，罗斯科的《蓝色上的绿色》超过了2米高（图14.1）。他在1951年说："我绘制大型画作的原因是，我想让画作变得人性化，让观众感到亲密。创作小幅绘画就是把自己置身于你的经验之外，把经验看成是一种立体视图或拥有缩小效果的玻璃。但无论你怎样描绘大型图景，你都会感到自己置身其中。"

观众经常会沉浸于罗斯科的色域中，而这些色域有时极其阴郁。从这个意义上讲，这些广阔的色彩区块化身为人类戏剧的舞台布景。正如罗斯科进一步解释的那样：

我只对表达人类的基本情感——悲剧、狂喜、厄运等等——感兴趣，很多人欣赏我的画作时会崩溃和哭泣，这一事实表明我与这些基本的人类情感进行了交流。那些在我画像前哭泣的人们感受到了我绘画时的宗教体验。

这种想法最终使罗斯科丧命。在整个20世纪60年代，罗斯科的艺术风格变得越来越黑暗。1970年，他在自己的工作室自杀了。

但那个时代并非一直充斥着厄运和阴郁。在美国，20世纪50年代也是空前繁荣的年代，这一事实反映在新商品和新产品的激增上。杜安·汉森的《推货的妇女》（图14.2）是一件1970年的写实主义雕塑作品，作品中妇女的购物车中装着数百种商品。

图 14.2

1955年7月，迪士尼在加利福尼亚州的阿纳海姆开设了迪士尼乐园，这是美国第一个大型主题公园。同年，肯德基和麦当劳这两家快餐连锁店开张了。1953年，第一期《花花公子》杂志问世，裸体的玛丽莲·梦露占据了第一份期刊的中心页，到1956年，这部杂志的发行量已达60万份。家用电器的销售量激增，妇女们与从前一样，依然在很大程度上委身于家庭，但在新的时代，她们突然意识到自己拥有了大量闲暇时间。大来国际和美国运通分别于1951年和1958年推出了他们的签账卡。这两张卡都要求用户每个月全额支付款项，但它们为1959年推出的美洲银行卡（最终演变为Visa卡）铺平了道路，个人的借款和购买水平达到前所未有的高度。

电视在推销中发挥了关键作用，因为广告商会通过购买广告时段来承销娱乐和新闻节目。在电视广告中，人们可以直接看到产品。虽然在第二次世界大战前，已经有电视节目播出，但是战争中断了电视节目的播出，直到1948年才恢复。到1958年，电视用户的数量已增长到6 700万，连食品行业也对这种新兴媒体做出了反应。1951年，斯旺森推出了冷冻馅饼，1953年开始销售完全冷冻的"方便快餐"。第一款"方便快餐"采用了密封的铝制托盘包装，里面有火鸡、玉米面包酱和肉汁、黄油豌豆和甘薯，价格为98美分，那一年，斯旺森卖出了1000万份。消费主义文化正在全速前进。

在这种繁荣和富裕的背景下，更多令人不安的事件正在发生，而繁荣和富裕也可能被视为消费主义的泛滥。

作为回应，艺术家和作家们创造了一种叛逆的、个人主义的艺术。20世纪60年代，人们对现状的不满引发了义愤，这种义愤不仅表现在反越战运动中，还表现在民权运动、女权运动以及青年反叛的气氛中。在这个世界上，为当今的紧迫问题找到明确答案的可能性似乎变得越来越小。一切似乎都能以不同的方式解释，"意义"本身也变得不再绝对。世纪之交，世界文化日益全球化，威胁到本土文化的完整性，更复杂的问题开始出现。世界各地的艺术家发现自己陷入了双重困境——他们要怎样忠于自己的传统文化，并投入更大的世界市场？如果他们的作品进入一个新的环境，而这个环境对作品的起源了解甚少甚至一无所知，又会发生什么？全球化是怎样威胁到本土文化的？在充斥着全球媒体的世界，技术和技术创新会威胁到"自我"的概念吗？

战后的欧洲：存在主义的探索

存在主义的主要特征是什么？这些特征在艺术和文学中是如何表现的？

大屠杀以及广岛和长崎遭受的破坏，极大地加剧了欧洲知识分子自世纪之交以来产生的悲观情绪。当人类不仅有能力进行种族灭绝，而且有能力消灭自己的时候，谁还能假装人类是由理性统治的，且技术和科学的进步是为了更大的利益呢？

萨特的哲学：存在主义

第二次世界大战期间以及之后，法国哲学家让－保罗·萨特（1905年至1980年）极大地发扬了存在主义理论。"存在先于本质"是萨特的基本前提；也就是说，人类必须通过他们的存在主义存在（他们做什么，他们的行为）来定义自己的本质（他们是谁）。"总之"，萨特解释道，"人必须创造自己的本质；正是在投身于这个世界、忍受这个世界、与这个世界斗争的过程中，人们一点一点地给自己下定义。"生活并非像弗洛伊德所说的那样，由潜意识的驱动力来定义。"人只是自我塑造的产物而已。这是存在主义的首要原则。"

对萨特来说，存在没有意义，也没有永恒的真理可以让我们去发现。唯一确定的就是死亡。萨特的主要哲学著作——1943年的《存在与虚无》——勾勒出了这种状况的本质。

荒诞派戏剧

20世纪60年代出现了一种新的戏剧形式——荒诞派戏剧。荒诞派戏剧的核心主题是生存的无意义。萨特的《密室》就是这种戏剧的一个典型例子。《密室》上演后，许多与之性质类似的戏剧紧随其后。这些作品的创作者包括萨缪尔·贝克特（1906年至1989年）、欧仁·尤内斯库（1909年至1994年）、让·热内（1910年至1986年）、哈罗德·品特（1930年至2008年）、爱德华·阿尔比（1928年至2016年）、汤姆·斯托帕德（1937年—）。这些剧作家的作品都弥漫着一种共同的存在主义荒诞感。具有讽刺意味是，他们的作品都让人感到语言是沟通的障碍，言论几乎是徒劳的，人类注定彼此孤立和疏远。

最受欢迎的荒诞派戏剧是塞缪尔·贝克特的《等待戈多》。该剧于1953年首次以法语呈现，副标题为《两幕悲喜剧》。该剧向观众介绍了一套新的舞台传统，从几近贫瘠的布景（只有一棵光秃秃的树装饰着舞台），到两个小丑般的角色——弗拉基米尔和埃斯特拉贡。该剧要求观众像剧中的主角一样，努力理解一个无法理解的世界，在这个世界里，什么都不会发生。事实上，当埃斯特拉贡试图脱掉靴子却没有成功时，剧中的第一句台词就宣布了"什么也不能做"。在第一幕中，弗拉基米尔和埃斯特拉贡在等待一个被称为戈多的人的到来：

弗拉基米尔："我们要做什么？"
埃斯特拉贡："等。"

这也正是观众必须做的——等待。但是什么都没发生。戈多没来。在绝望中，弗拉基米尔和埃斯特拉贡考虑上吊自杀，却无法做到。之后，他们决定离开，但没有移动。第二幕上演了第二天的情况。但是一切都没有改变——弗拉基米尔和埃斯特拉贡决定再次等待戈多，但戈多没有来，于是他们再次考虑自杀。没有进展，没有环境的变化，没有危机，没有解决办法。该剧的结尾与第一幕的结尾一样，重复了关于继续前进的无用决定，证明了没有丝毫变化发生：

弗拉基米尔："我们要离开吗？"
埃斯特拉贡："是的。我们走吧。"
（他们没有挪动）
（大幕拉上）

行动的承诺无一实现——这就是荒谬派戏剧。

战后的美国：胜利与怀疑

抽象表现派有哪些独特的绘画方法？垮掉的一代和波普艺术是怎样挑战这些方法的？

战后，美国国务院赞助美国当代艺术家，在欧洲巡回展出大量绘画和雕塑作品，以期通过此举展现美国艺术的自由精神和创新精神（进而展现整个美国文化）。这些艺术家的作品被定义为"抽象表现主义"，他们的作品意在传达这样一个信息：美国不仅在战争中取得了胜利，在艺术和文化方面也取得了胜利。纽约，而不是巴黎，成为当时艺术世界的中心。这些艺术家包括新移民马克·罗斯科、阿希尔·戈尔基（1904年至1948年）、汉斯·霍夫曼（1880年至1966年）、米尔顿·瑞斯尼克（1917年至2004年）和威廉·德·库宁（1904年至1997年），以及更年轻的美国出生的弗兰茨·克莱恩（1910年至1962年）和杰克逊·波洛克（1912年至1956年）。所有人都坦然地承认，他们的作品来源于立体主义对传统表现的冲击，以及超现实主义对机会操作和精神无意识论的强调。抽象表现派认为自己站在未知的边缘，准备通过与空白画布的萨特式斗争，通过运用绘画和每一个绘画姿态所显示的能量来定义自己。

行动绘画：波洛克与德·库宁

1956年，威廉·德·库宁评论说："画家每隔一段时间就得毁掉绘画。塞尚做到了，毕加索做到了，波洛克做到了。他们把我们对绘画的想法彻底搞砸了。然后，新的绘画就会出现。"1940年前后，波洛克运用精神分析探索超现实主义的精神无意识论，在画布上揭示无意识的最深处。这种对精神状态的描绘很快发展成人规模的"行动绘画"（图14.3）。正如批评家阿罗德·罗森伯格在1942年所描述的那样："画布已经成为一座舞台，而不再是一幅画，而是一个事件。"波洛克会通过在画布的表面滴、倒、

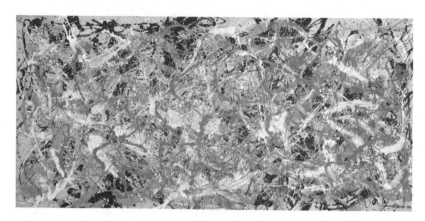

图 14.3

溅颜料来创作油画、房屋和船只画，直到画布的制作完成后，才决定画布的顶部和底部元素。其结果是一种银河般的空间感，罗森伯格称之为"全方位的空间"。在这种空间里，观众几乎可以感受到波洛克在画作周围有节奏的手势舞蹈。

德·库宁比波洛克年长 8 岁。从 20 世纪 30 年代末 40 年代初开始，他的绘画更加注重形象。他的绘画空间由形状和形式组成，而不像波洛克一样使用交织的线条。但是到了 1950 年，在诸如《挖掘》（图 14.4）这样的

图 14.4

画作中，德·库宁的画作表面似乎密密麻麻地堆满了自由流动的、模糊的结构元素，这些部分被放置在一片凌乱的废弃物、掘土设备、混凝土块和工字钢形成的景观中。这些要素不是清晰可见的，只是被描绘出了大概形象。《挖

掘》的构图复杂，包括了开放和封闭的奶油色形状，一个挨着一个，这些形状的黑色轮廓重叠、汇合、在画面表面消失。色彩鲜艳的小片区域打破了表面的流畅。

1951 年，纽约现代美术馆举行的抽象画和雕塑展览展出了《挖掘》。当时，德·库宁以"抽象画对我意味着什么"为主题发表了演讲。他对自己与环境关系的描述很好地解释了我们在这幅画中看到的东西："经过我身边的一切事物中，我只能看到一点点，但我总是处在观看的状态。我有时能看到很多东西。"德·库宁的抽象与波洛克的抽象在很大程度上是不同的。与后者对心灵深处的探测不同，前者的作品代表了心灵与世界的相遇。德·库宁最关心的是个人与环境的关系，这种关系中体现的张力是他作品的焦点。

女性抽象表现主义

虽然被排斥在核心圈子之外，但是在 20 世纪，大量女性画家开始显露他们的才华。伊莱恩·德·库宁（1918 年至 1989 年）以高度性感的男性

图 14.5

图 14.6

肖像画著称。李·克拉斯纳（1908 年至 1984 年）发展出自己独特的、由书法线条组成的、厚涂颜料的绘画风格。受到德·库宁的启发，霍安·米切尔（1926 年至 1992 年）开始在纽约画画。但是 1955 年后，她不断在巴黎和纽约间辗转，并于 1959 年搬去巴黎，在那里长期居住。十年后，她搬到塞纳河下游的韦特伊，住进了莫奈曾经住过的房子里。虽然她否认自己受到了莫奈的影响，但是她的绘画具有莫奈的睡莲绘画的规模，她的笔触在很大程度上实现了莫奈所描绘的细节。就像莫奈一样，她痴迷于水，特别是密歇根湖。小时候，她经常从位于芝加哥家里的公寓看到这个湖。"我根据记忆中的风景作画。我还记得这些风景给我带来的感觉，当然，这些感觉也会发生变化。"正如她的大多数作品中所呈现的那样，自动钢琴的白色表面没有涂漆，呈现出大气或水的特征，这是一个半透明的、几乎可以触摸的空间，反映了天气、时间和光线之间的互动（图 14.5）。

1952 年，24 岁的海伦·弗朗坎塔勒（1928 年至 2011 年）受到波洛克滴画的启发，将颜料稀释到几乎与水彩一致的程度，然后把颜料倒在未涂底漆的棉质帆布上，以获得能够呈现风景的巨大颜色印记（图 14.6）。她对泛滥色调的控制以及她构图的宏大实际上为她的绘画带来了一定的风险，这立即激励了许多其他艺术家。比起马克·罗斯科的色域画（图 14.1），弗朗坎塔勒的绘画更有机、更自由流动，但它们与罗斯科的作品有很多相似之处。这两幅画都使人想起了特定的风景——罗斯科的作品使人想起地平线上的景象；弗朗坎塔勒的作品使人隐约想起一张从空中拍下的地球照片。

垮掉的一代

从某种意义上说，抽象表现主义似乎是自我放纵、排斥世界的。一群我们称之为"垮掉"或"嬉皮士"的美国诗人、作家和艺术家很快就对抽象表现主义的崛起发起了挑战。"垮掉"最初是一个俚语，意为"疲惫的"或"穷困潦倒的"，但这个词后来被用来指代 20 世纪 50 年代美国那些故意被剥夺公民权的艺术家。"垮掉的一代"寻求一种更高、更真实的生活方式，他们认为这种生活方式的定义是疏远、不服从、性解放、毒品和酒精。

罗伯特·弗兰克和杰克·凯鲁亚克

"垮掉的一代"的作品分布于世界各地，他们试图揭露社会福祉所造成的紧张局势。瑞士摄影师罗伯特·弗兰克（1924 年至 2019 年）是其中的典型代表。弗兰克受到古根海姆奖学金的资助，在美国周游了两年。1958 年，他拍摄了 2800 张照片，其中 83 张出版刊载于《美国人》中。这本书激怒了习惯欣赏摄影汇编的公众，例如 1955 年的展览《人类一家》。该书每天能够吸引 3000 名参观者来到纽约现代艺术博物馆，以纪念作品传达的普遍希望和团结的精神。弗兰克的照片提供了一些不同的东西。它捕捉到了日常的、平凡的事物，这些事物往往被其他人忽略，弗兰克的作品带有一种自发和直接的感觉，这一点尤其受到作家杰克·凯鲁亚克（1922 年至 1969 年）的钦佩，他在 1957 年出版的《在路上》中记录了自己穿越美国的经历。

《在路上》描述了凯鲁亚克与朋友尼尔·卡萨蒂（1926 年至 1968 年）真实的冒险经历，在凯鲁亚克口中的"真人真事小说"中，卡萨蒂以迪恩·莫里亚蒂的形象出现。卡萨蒂在给凯鲁亚克的一封信中提到，卡萨蒂倡导的写作风格相当于"一系列不受约束的、持续流动的思想。"事实上，凯鲁亚克用了大约 3 个星期的时间，在一张长长的卷轴上完成了这本小说。他觉得自己就像一个爵士音乐家一般即兴创作，不同之处只在于他运用的是文字和叙述而非音乐。但是，就像爵士音乐家一样，凯鲁亚克也是一位技艺高超的工匠。虽然这本小说看起来是一次自发的爆发，但它也反映出罗伯特·弗兰克的《美国人》中体现的对工艺的谨慎关注。弗兰克一共拍了2800多张照片，但他只出版了其中的83张。在阅读凯鲁亚克漫无边际的冒险故事时，人们会感觉到这种编辑带来的控制感。

金斯堡与《嚎叫》

艾伦·金斯堡（1926年至1997年）的诗作《嚎叫》是最能代表垮掉一代的作品之一。这首长诗由三部分和一个脚注组成，其开头给人留下了很深的印象：

我看见这一代最杰出的头脑毁于疯狂，挨着饿歇斯底里浑身赤裸，拖着自己走过黎明时分的黑人街巷寻找狠命的一剂。

天使般圣洁的西卜斯特渴望与黑夜机械中那星光闪烁的发电机沟通古朴的美妙关系。

他们贫穷衣衫破旧双眼深陷昏昏然在冷水公寓那超越自然的黑暗中吸着烟飘浮过城市上空冥思爵士乐章彻夜不眠。

他们在高架铁轨下对上苍袒露真情，发现穆罕默德的天使们灯火通明的住宅屋顶上摇摇欲坠。

他们睁着闪亮的冷眼进出大学，在研究战争的学者群中幻遇阿肯色和布莱克启示的悲剧，

他们被逐出学校因为疯狂，因为在骷髅般的窗玻璃上发表猥亵的颂诗。

他们套着短裤蜷缩在没有剃须的房间，焚烧纸币于废纸篓中隔墙倾听恐怖之声。

他们返回纽约带着成捆的大麻穿越拉雷多裸着被逮住。

他们在涂抹香粉的旅馆吞火要么去"乐园幽径"饮松油，或死，或夜复一夜地伤害自己的躯体……

　　金斯堡的包容精神不仅体现在毒品和酒精上，还体现在其生动形象的性描述上，更不用说他对同性恋的坦率呈现了。1956 年，《嚎叫》出版后不久，联邦当局就指控出版方犯有淫秽罪。出版人最终被宣告无罪。不论公众怎样看待金斯堡的作品，这首诗对垮掉的一代产生了深远的影响。1955 年，金斯堡在旧金山的六号艺廊首次朗读这首诗的那晚，诗人迈克尔·麦克卢尔（1932 年—）也在场：

　　一开始，艾伦的声音很小，却清晰有力。读到某个诗节的时候，杰克·凯鲁亚克开始喊叫"去吧"，艾伦用抑扬顿挫的节奏朗读了这一段。 在我们所有的记忆中，从来没有人在诗歌中如此直言不讳。我们已经超越了界限，无法回头；我们已经做好了准备，无法回头。 我们谁也不想回到灰暗、寒冷、军国主义的寂静中去，回到理智的空虚中去，回到没有诗意的土地上去，回到精神的沉闷中去。我们想要日日新，当我们投身于此的时候，我们想要进行发明，并对发明过程进行创新。我们需要表达观点、获得愿景……

　　金斯堡一直读到这首诗的结尾，这让我们感到疑惑，或者欢呼或发出惊叹。但我们都深刻地认识到，一个障碍已经被打破，一个人的声音和身体已经被抛向了美国及支持的陆军、海军、学院、机构、所有制系统和权力支持基地共同组成的严酷的墙。

　　事实上，这是叛乱势力在 20 世纪 50 年代中期的第一次表现，在接下来的十年里，这股势力将席卷美国和整个世界。

凯奇与美学的偶然性

　　金斯堡表明，任何事物都可以进入艺术领域。 这一观念影响了作曲家约翰·凯奇（1912 年至 1992 年）的音乐创作。在 20 世纪 50 年代中期，凯奇就提出"现在是放弃控制声音的欲望的时候了……我们不妨开始探索让声音获得身份认同的方法。"凯奇著名的《4'33"》就是一个很好的例子。1952 年 8 月 29 日，钢琴家戴维·图多尔在纽约伍德斯托克首次演奏了这

图 14.7

首曲子。这部作品由 3 个无声乐章组成，每个乐章的长度不同，加起来总共 4 分 33 秒。然而，这首曲子的作曲绝不是无声的，其音乐空间囊括了周遭环境的各种声音——低语声、咳嗽声、过往的汽车声、风声——可以凭借这些声音持续的时间长度区分它们。在表演过程中发生的任何声音都纯属偶发，永远无法预测。和弗兰克的作品一样，凯奇的作品也是一门包容的艺术。

那年夏天，凯奇在北卡罗来纳州阿什维尔附近的黑山学院组织了一次多媒体活动，他偶尔在那里教书。其中一位参与者是时年 27 岁的艺术家罗伯特·劳森伯格（1925 年至 2008 年）。到了 20 世纪 50 年代中期，劳森伯格开始创作他口中的"融合绘画"，即把所有的材料——明信片、广告、锡罐、小插图——都融合在一起的作品。严格来讲，劳森伯格的作品在构思上并不依赖于偶发性，但它们确实囊括了各种各样的材料，并且创造了一种氛围，代表了劳森伯格与周围世界的偶然性接触。最重要的是，这些作品反映了凯奇包罗万象的精神。

《床》（图14.7）实际上是由床单、枕头和被子构成，这些物品被竖起来，表面滴上颜料，还染上了牙膏和指甲油，这相当于对抽象表现主义内省精神的滑稽模仿。这幅画把高雅的艺术创作与世俗化的被子置于相同的地位，说明人们改变了对超现实主义中梦境空间的感知方式，极具挖苦意味。

20世纪50年代的建筑

如果说垮掉的一代在情感上是反传统的，那么20世纪50年代的建筑则恰恰相反。所谓的"国际风格"主导了当时的建筑审美。路德维希·密斯·凡德罗（1886年至1969年）是这种风格的主要实践者之一。他的作品中体现出一种精致的朴素，富有美感，完美地体现了什么是"少即是多"。

这一特点完美地体现在他1950年作品——范斯沃斯住宅（图14.8）中。这一作品坚持使用垂直和水平的元素。画面几乎是透明的，向周围的乡村开放。

图 14.8

图 14.9

　　美国建筑师弗兰克·劳埃德·赖特（1867 年至 1959 年）为纽约的所罗门·R.古根海姆博物馆做的设计（图 14.9）有意识地反驳了密斯作品中严格的理性主义几何学。这座博物馆坐落在第五大道，正对着中央公园，设计与自然世界相呼应。该设计是一个倒置的螺旋形"之"字形或阶梯塔，省去了标准城市建筑的直角几何图形和博物馆设计的传统方法，即引导游客穿过一系列相互连接的房间。取而代之的是，赖特通过电梯把参观博物馆的人迅速带到楼顶，让他们在一个连续的螺旋坡道上往下走，穿过中间敞开的圆形大厅。这样一来，参观者们就可以回顾他们已经看到的东西，并预测前方等待着他们的是什么。坡道上安装了悬臂，这种设置施工难度极高，以至于吓跑了好几个承包商。建筑设计于 1943 年完成，但是直到 1956 年才开始施工。这是因为第二次世界大战期间禁止建造新建筑，也因为设计的本质是激进的，可能会造成延误。在赖特于 1959 年去世时，这座建筑依然没有完工。从许多方面来说，赖特的古根海姆博物馆设计代表了建筑创新的精神，这种精神至今仍渗透在我们的建筑实践中。

波普艺术

20 世纪 60 年代初，尤其是在纽约，艺术家们创造了一种"现实主义"艺术，用媒体和大众文化的画面来呈现现实。安迪·沃霍尔（1928 年至 1987 年）创作的《金宝汤罐头》是第一批进入画廊的作品之一（图 14.10）。1962 年秋天，沃霍尔在洛杉矶费鲁斯画廊展出了 32 幅统一尺寸的画作，每幅画都描绘了 32 种不同口味的金宝汤中的一种。这些作品有意地反驳了抽象表现主义者的自我意识主体性。事实上，这位画家似乎一点个性都没有。正如沃霍尔自己所说："如果你想知道安迪·沃霍尔的一切，只要看看我的绘画、电影和我的外表——我就在那里，后面没有藏着任何东西。"

"波普艺术"这个词很快就和沃霍尔的作品联系在了一起。这个词诞生于 20 世纪 50 年代的英国，很快被用来指任何以文化商品化为主题的艺术。也就是说，市场成为创造"文化"的主导力量。汤姆·韦塞尔曼（1931 年至 2004 年）的《静物 #20》（图 14.11）与沃霍尔的《金宝汤罐头》是

图 14.10

图 14.11

同时出现的，但是直到1962 年后期，两位艺术家才意识到对方的存在。《静物 #20》中，储藏柜上蜡印着星星形状，柜子里装着真实的家具用品。画面右边蓝色桌子的上方是荷兰艺术家皮特·蒙德里安所绘的一幅高度形式主义绘画的复制品，上面覆盖着各种流行的食物和饮料的二维图像（从杂志上剪下来的）。通过这些元素，作者想要表达的是：艺术一旦远离了日常生活，就变成了一种商品，与一罐可口可乐和一条面包没什么两样。

到了1962 年底，沃霍尔已经不再用手画画了，而是采用丝网印刷绘画

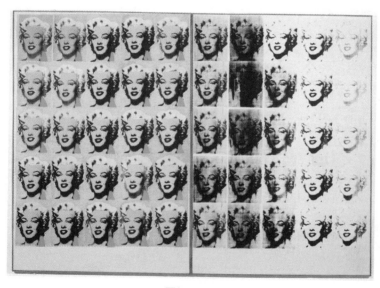

图 14.12

图 14.13

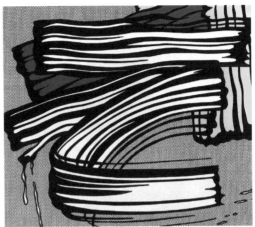

图 14.14

的方法机械地创造图像。《玛丽莲双联画》（图 14.12）属于他的第一批作品。同年 8 月，玛丽莲·梦露自杀身亡，这幅画既是对她的纪念，也是对使她陷入绝望境况的评论。与其说梦露是一个人，不如说她是一种人格，是好莱坞电影制片厂系统化的产品。沃霍尔将在这幅作品中一遍又一遍地呈现好莱坞官方发布的玛丽莲·梦露照片，直到人物的形象变得逐渐不可见。

　　罗伊·利希滕斯坦（1923 年至 1997 年）的连环漫画以厚重的轮廓和本戴点（Ben-Day dots）闻名。本戴点是本杰明·戴在世纪之交创造的技术，能在机械印刷中产生阴影效果。在连环漫画中，本戴点被广泛使用。对于利希滕斯坦来说，本戴点是对修拉点彩画法的一种有意识的滑稽模仿。但它们也揭示了流行文化中的"感觉"在很大程度上就像金宝汤一样被"装在罐子里"。在《杰夫，我也爱你，但》（图 14.13）中，"爱"失去了其真正的意义，变成了一个空洞的词语，因为真正有效的信息被放置在最后一个"但"字上。利希滕斯坦甚至攻击了抽象表现主义画家笔下固有的情感（图 14.14）。事实上，利希滕斯坦曾在大学教授绘画，他发现抽象表现主义的"真实"姿态很容易被传授和复制，而不需要任何情感。

　　波普艺术中最有创造力的艺术家之一是克拉斯·欧登伯格（1929 年至2022 年）。欧登伯格生于瑞典，在纽约和芝加哥长大。1961 年，他把位

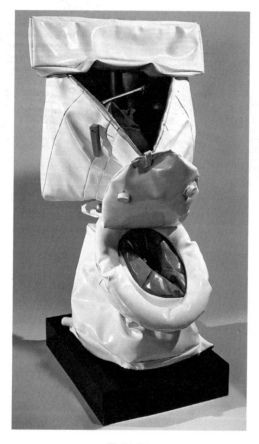

图 14.15

于纽约下东区的店面工作室改造成商店。店里摆满了真人大小和超过真人大小的搪瓷雕塑，从冰激凌馅饼到汉堡包、帽子、鸭舌帽、七喜瓶子、衬衫领带套装和一片片蛋糕，应有尽有。他在展览的一份声明中写道：

我支持政治性、色情且神秘的艺术，这种艺术不应该仅存在于博物馆中。

我支持在成长过程中根本不知道自己是艺术的艺术，一种被赋予零起点机会的艺术。

我支持一种融入日常生活的琐事却依旧出类拔萃的艺术。我支持模仿人类生活的艺术，这种艺术可能必须是滑稽的，或是暴力的，或拥有任何必要的元素。

我支持来源于生活语言的艺术，这种艺术扭曲、延伸、积聚、吐出、滴下，它沉重、粗糙、钝钝、甜蜜、愚蠢，像生活本身一样。

欧登伯格很欣赏汽车占满汽车陈列室的方式，他很快就把作品中的物体放大到汽车大小，并开始用乙烯基材料制造它们。这些物体不仅颠覆了我们习惯的比例感——比如 1.5 米高的马桶（图 14.15），或者巨大的电灯插头——而且还使软的东西变硬，从而破坏其固有的张力。更有甚者，这些作品还以近乎超现实主义的方式玩弄了性概念。在欧登伯格的作品中，把电灯插头插入插座，暗示性交。然而让欧登伯格更洋洋得意的，是他的"软"插头所暗示的文化无能。

变革之风

政治如何影响 20 世纪 60 年代和 70 年代的艺术和文学？

1954 年，美国最高法院裁定种族隔离学校违反宪法。在布朗诉托皮卡教育局案中，最高法院认定，"隔离但平等"的学校是不够合理的。法院宣称，隔离的教育设施本质上是不平等的，这违反了宪法第十四修正案对公民平等权利保护的保障。最高法院的法官们呼吁实行校内种族隔离的各州"尽速"取消种族隔离。

一周内，阿肯色州宣布将努力遵守法院的裁决。美国已经取消了其州立大学和法学院的种族隔离。接下来到了取消中小学种族隔离的时候了。小岩城中央高中计划在 1957 年秋季向非洲裔美国学生开放。但是在 9 月 2 日开学的前 天晚上，州长奥瓦尔·福布斯下令让州国民警卫队

图 14.16

包围了这所高中，禁止任何黑人学生入学。福布斯声称他在试图防止暴力。计划上课的9名黑人学生中，有8人决定于9月4日一起前往学校。伊丽莎白·艾克福德对这一决定一无所知，独自一人前往学校（图14.16）。其他人紧随其后，但都被卫兵拦在门外。将近三个星期后，一项联邦禁令命令福布斯解除警卫，这9人最终进入了中央高中。小岩城市民随后发起了一场充斥着口头辱骂和恐吓的运动，意图阻止黑人学生留在学校。最后，德怀特·D·艾森豪威尔总统下令1000名伞兵和1万名国民警卫队士兵前往小石城。9月25日，中央高中正式取消了种族隔离。然而，在国民警卫队的全年陪同下，这9名黑人学生每天都遭到唾弃和辱骂，第二年一个也没有返回学校。

到1963年4月，美国种族紧张和冲突的焦点转移到了亚拉巴马州的伯明翰。为了抗议种族隔离命令的取消，该市关闭了公园和公共高尔夫球场。作为报复，黑人社区呼吁抵制伯明翰的商店。作为回应，该市停止发放了通常发放给该市贫困家庭的食品。在这种逐渐升温的气氛中，由牧师马丁·路德·金（1929年至1968年）领导的南方基督教领袖会议（SCLC）决定把伯明翰变成他们的战场。1963年春天，一批又一批抗议者聚集在当地教堂，然后来到市中心抗议。他们在继续维持"隔离但平等"状态的企业外抗议，执意要在"白人专用"的午餐柜台就座。该市警察局局长尤金·康纳威胁要逮捕任何在市中心游行的人。4月6日，50名游行者被捕。第二天，600名游行者聚集在一起，警察用棍棒、攻击犬和消防局的新水管来对付他们。但是随着时间一天天过去，游行者不断地涌现，他们的队伍越来越壮大。当地一名法官发布了一份禁止游行的禁令，但在4月12日，马丁·路德·金不顾禁令，带领着50人进行了游行。人群聚集在一起，每个人都知道，马丁·路德·金即将被逮捕。事实上，他的确很快就被拘留起来，被单独监禁在伯明翰监狱。

马丁被监禁后不久，伯明翰的情况恶化了。一位当地的音乐节目主持人敦促该市的非洲裔美国青年参加在第16街浸信会教堂对面的凯利英格拉姆公园举行的一个"大型聚会"。这所谓的聚会无疑是一次大规模的示威活动，这已不是什么秘密。至少有1000名青年聚集在一起与警察对峙，其中大多数是青少年，但也有一些年仅7、8岁的儿童。当人群中响起"自由，现在就要自由！"的口号时，伯明翰警察带着警犬围住了人群，命令警犬攻击那些没有逃跑的人。

警方的警车和囚车里很快就塞满了被捕的青少年。随着逮捕行动的继续，警方甚至用校车把600多名儿童和青少年送入监狱。

在接下来的几天里，年轻人带着增援部队回来了。到5月6日，2000多名示威者被关进监狱，警察巡逻车每次进入黑人社区都会遭到石块和瓶子的殴打。随着危机的加剧，谈判出现了变化：在90天内，所有的午餐柜台、洗手间、百货公司试衣间和饮水机都将向所有人开放，无论黑人还是白人。被捕的2000人将立即获释。

这是一场胜利，但伯明翰仍然不太平。9月15日星期日，一枚炸弹在第16街浸信会教堂的地下室爆炸，炸死4名女孩，其中一人11岁，三人14岁。该教堂是许多民权集会和会议的中心。悲剧的消息传开后，暴乱和火灾在全市范围内爆发，又有两名青少年丧生。

这场悲剧吸引了许多温和派白人参与到了民权运动中。大众文化使他们做好了准备。1963年6月，民谣摇滚三重唱组合彼得、保罗和玛丽发行了他们对鲍勃·迪伦（1941年出生）于1962年4月创作的歌曲《答案在风中飘荡》的翻唱版本。彼得、保罗和玛丽的唱片在两周内卖出了30万张。这首歌的结尾很有名：

> 是啊，一些人要生存多少年
> 才能够获得自由
> 是啊，一个人能转头多少次
> 假装他只是没看见
> 答案，我的朋友，在风中飘荡
> 答案在风中飘荡

那年夏天晚些时候，彼得、保罗和玛丽在华盛顿的游行中演唱了这首歌，这是美国历史上最大的一次此类集会。这场游行是由 A. 菲利普·伦道夫组织的，他在 20 多年前曾设想过类似的活动，当时是为了推动通过《民权法案》。几分钟后，马丁·路德·金向人群发表了著名的演讲《我有一个梦想》。彼得、保罗和玛丽于十月发行的专辑《在风中》迅速上升到了歌曲排行榜的第一位。变革之风正吹遍全国。

黑人身份

可以说，促进民权运动的一个重要因素是非洲裔美国人日益增强的族裔认同感。它的起源可以追溯到哈莱姆文艺复兴时期（见第 14 章）。在整个 20 世纪 40 年代和 50 年代，非裔美国人虽然没有享受到战后美国文化中的显著福利，但一种日益增强的文化自我意识以及对自我定义的渴望正在黑人群体中扎根。

萨特的《黑人奥菲尔》

存在主义对黑人民权运动的发展起到了重要作用。存在主义强调人类苦难的必然性以及个人面对这一困境负起责任、采取行动的必要性。让 - 保罗·萨特 1948 年的散文《黑人奥菲尔》尤其富有影响力。文章把"黑色"定义为真实性的标志：

犹太人，白人中的白人，可以否认自己是犹太人，宣称自己是人类中的一员。黑人不能否认自己是黑人，也不能自称是一个抽象的、无色的人类：他们是黑人。因此，他被推向了真实性：被侮辱，被奴役，但他们浴火重生。他拾起了别人像扔石头一样扔向他们的"黑人"（黑鬼）这个词，自豪地面对白人，宣称自己是黑人。

拉尔夫·埃里森的《看不见的人》

在向美国读者介绍存在主义态度的过程中，贡献最大的或许是拉尔夫·埃里森的小说《看不见的人》（1913 年至 1994 年）。该书出版于 1952 年，创作时期贯穿 20 世纪 40 年代末和 50 年代初，创作时长达 7 年。

这部小说描写了一个黑人青年在充斥种族隔离和种族歧视的社会里寻找自我的心理成熟历程，属于成长小说类。除了序曲和尾声外，小说在内容上可分为三部分：在南方黑人大学的生活、在纽约自由油漆厂的遭遇和在哈莱姆区的经历。小说集现实主义、自然主义、表现主义和超现实主义于一身，通过看似简单的故事情节表达了复杂深奥的主题，尤其是大量象征的运用，使小说可从不同层次和角度进行理解。

在文化和艺术中突出黑人元素

埃里森笔下的叙述者最重要的认识之一是：他必须先表明自己的肤色，而不是逃避肤色问题。他决不能让自己被白人社会所吸收。"我必须努力走向无色吗？"他问道，"说真的，如果没有势利的思维，世界将会失去什么。美国是由许多流派交织而成的；我将辨认出这些流派，让它们保持现状……我们的命运是合而为一，但却保持多样性——这不是一个预言，而是一种描述。"

图 14.17

　　罗马尔·比尔登（1911年至1988年）的拼贴画是对此观点最好的描述。从20世纪60年代初开始，他便从《乌木》《看客》《生活》等杂志上撕下图片，将它们拼凑成对黑人经历的一段段描述。《鸽子》（图14.17）结合了各种形式、不断变化的规模和不同式样的碎片。例如，画面的右边，一支巨大的香烟从戴着帽子的花花公子手中伸出，画面的左上角，一个女人的巨大手指从左上角的窗台上伸出来，由此产生的效果令人眼花缭乱。这是一幅城市的全景图：着装保守的老一辈和潮流的年轻人聚集在一个充满活力的场景中。整个画面统一且多样。正如埃里森1968年在谈到比尔登的艺术时所写的那样：

　　比尔登的艺术主题和他的创作方法是一致的。他的技术组合激昂地阐述了美国黑人历史上的许多特点，如剧烈的突破、意识的飞跃、扭曲、悖论、逆转、时间的伸缩以及风格、价值观、希望和梦想的超现实交融。

　　在诗人兼剧作家阿米里·巴拉卡（1934年至2014年）的作品中，我们也发现了一种独立的美国黑人身份感，这种身份感包含了比尔登作品所体现的黑人文化的多样性。1965年，部长马尔科姆.X遇刺后，巴拉卡在1968年将自己的名字从勒罗伊·琼斯更改为巴拉卡。 马尔科姆.X认为黑人应该以一切可以想象的方式与白人分离，他们应该放弃融合的目标，转而建立自己的黑人国家。和主张非暴力抗议的马丁·路德·金相反，马尔科姆主张在必要时采取暴力行动。1963年，他问底特律的一个听众，"在密西西比州这样的地方，你怎么做到非暴力？在密西西比州和亚拉巴马州，如果你的教堂被炸，你的小女儿被谋杀，你怎么能为非暴力辩护呢？如果说美国境内的暴力是错误的，那么国外的暴力也应该是错误的。"

　　20世纪60年代，巴拉卡本人变得越来越激进。1967年，他创作了两部戏剧，抗议警察的暴行。一年后，在他的剧作《牧场上的家》中，主人公闯入一个白人家庭，却发现他们沉浸在电视中，无法与他们交流。该剧是为黑豹党的领导人演出的。黑豹党是一个黑人革命性政党，由休伊·P·牛顿（1942年至1989年）和巴比·西尔（1936年—）于1966年成立，致力于组织对社会主义革命的支持。

其他事件也反映了非洲裔美国人社区中日益增强的好战情绪。1965年8月，洛杉矶中南部瓦茨区的暴力骚乱持续了6天，造成34人死亡，1000多人受伤，近4000人被捕，数百座建筑物被毁。1967年7月，纽瓦克和底特律都爆发了暴乱。在纽瓦克，6天的暴乱造成23人死亡，700多人受伤，近1500人被捕。在底特律，5天的暴乱造成43人死亡，1189人受伤，7000多人被捕，2509家商店被洗劫或烧毁。在许多人看来，正是马丁·路德·金的和平主义导致了他于1968年4月4日被暗杀。

被称为"说唱"或"嘻哈"的流行诗歌、音乐、表演、舞蹈，正是在这种气氛中产生的。马丁·路德·金去世后不久，戴维·纳尔逊、盖兰·凯恩和阿比顿·奥耶沃尔成立了名为"最后的诗人"组合。组合的名称来源于南非诗人克奥拉佩采·科西特西尔的一首诗。在这首诗中，他声称，在迫在眉睫的革命中，人们有必要放下诗歌，拿起枪杆。他总结道："因此，我们是世界上最后的诗人。"在表演方面，最后的诗人组合深受阿米里·巴拉卡的影响，善于使用富有音乐性的语言。他们各自即兴创作，就像爵士乐手根据对方的旋律即兴创作一样，来回地交换单词和短语，直到他们的声音合二为一，形成有节奏的圣歌音。最重要的是，他们是政治性的组合，抨击白人种族主义、黑人资产阶级的自满情绪、政府和警察——一切阻碍了非洲裔美国人重大进步的人和事物。正如奥耶沃尔所说："我们很生气，我们有话要说。"

吉尔·斯科特－赛壬也是一位富有影响力的表演者（1949年至2011年）。他的诵读音乐《革命不会通过电视播出》被收录在他1970年的专辑《在125和莱诺克斯闲聊》：

斯科特－赛壬实现了诗化语言与音乐的对话，他对嘻哈音乐的影响甚至超过了最后的诗人组合，他的作品经常被后来的嘻哈音乐节目主持人"采样"。他们在两个唱盘上循环播放已录制歌曲中的一小部分，来创作富有节奏的音乐作品。霹雳舞和涂鸦对嘻哈文化同样重要。虽然人们普遍谴责涂鸦艺术破坏了公共和私人财产，但到 20 世纪 80 年代初，涂鸦已进入主流艺术市场，尤其在让·米歇尔·巴斯奎特的作品中大放异彩。

越南战争：叛乱与艺术

正当民权运动站稳脚跟时，美国卷入越南战争，使美国与苏联的紧张关系日益加剧。到了 20 世纪 60 年代中期，胡志明领导的北越共产主义与亲西方的前法国殖民地南越爆发了一场战争，美国于是在该地区大规模集结部队。

在美国各地，反叛精神不仅推动民权运动的发展，而且迅速蔓延至各大高校校园及反战社区。在许多人看来，加利福尼亚大学大学伯克利分校开展的运动与反战运动及争取公民权利息息相关。1964 年，该大学行政部门试图阻止学生在校园里为两个致力于结束种族歧视的团体招募和筹集资金。为了抗议校方的限制，一群学生发起了言论自由运动，在伯克利分校发起了一系列集会、静坐和学生罢课运动。校方最终做出了让步。伯克利学生的策略很快就被反战群体采用。这些群体致力于将预备役军官训练团撤出大学校园，并协助组织全国范围内的反战游行、宣讲会和集会。1969 年，当超过 50 万的抗议者采取 1963 年民权运动的策略，游行到了华盛顿时，他们的情绪达到了高潮。

库尔特·冯内古特的《第五号屠宰场》

艺术作品中的反战情绪主要见于早期战争、第二次世界大战和朝鲜战争有关的作品中。新闻里每天都在报道发生在东南亚的事件，但事情似乎无法得到直截了当的解决。

约瑟夫·海瑟的小说《第 22 条军规》吸引了大批读者，并被罗伯特·奥特曼改编成电影《陆军野战医院》。该片上映于 1970 年，是一部关于朝鲜战争期间第 4077 野战医院的讽刺喜剧。这部电影后来衍生出一部 1972 年首播，连续播放 11 年的电视连续剧。但是最为人称道的反战作品也许是库尔特·冯内古特 1969 年创作的小说，《第五号屠宰场》。这部小说以奇特的方式描述了二战老兵毕勒·皮尔格林的经历。他与冯内古特本人一样，是德累斯顿大轰炸的幸存者（在大轰炸中，13.5 万德国平民死亡，比广岛和长崎的死亡人数还多）。皮尔格林声称自己被来自特拉法马铎星球的外星人绑架。在小说的开头，叙述者（或者说就是冯内古特自己）正在与一位朋友谈论他即将要写的战争小说《五号屠宰场》，这时朋友的妻子打断了他们的对话：

你们要假装自己是男人而不是孩子。你们将在由……约翰·韦恩导演的作品中扮演角色。战争看起来很美好，所以我们会经历更多的战争。而这些战争将由孩子们来打……"她不希望自己的孩子或任何人的孩子在战争中丧生。她认为战争在一定程度上是受书籍和电影蛊惑的。

作为回应，冯内古特在皮尔格林身上创造了最无辜的英雄形象，并给他的小说起了副标题《儿童十字军：与死亡共舞的天职》。皮尔格林对随处可见的死亡的反应是——"就是这么回事"——这句话成了对 20 世纪 60 年代末一代人的诅咒。这部小说的宿命论折射出许多人对面对越南战争时所感到的无意义和听天由命的心态。

反对战争的艺术家

到 1969 年秋天，许多艺术家联合起来反对战争。艺术批评家兼编辑格雷戈里·巴特科克在一个反战艺术工作者联盟的开幕式上发表了讲话，概述了艺术界是如何参与战争的：

博物馆的受托人指导着美国全国广播公司、哥伦比亚广播公司、《纽约时报》、美联社以及林肯中心。他们拥有美国电话电报公司、福特公司、通用汽车公司、价值数十亿美元的基金会、哥伦比亚大学、美国铝业公司、明尼苏达州矿业公司、联合果品公司，此外还相互担任了对方博物馆的董事会成员。这些事实意味深远。你知不知道，正是那些热爱艺术、对文化忠诚的大都会博物馆和现代博物馆的受托人在越南发动了战争？

换言之，在许多人心中，博物馆体现了导致战争的当权派政治。1969年10月15日，第一个反对越南战争日，艺术家们设法关闭了现代艺术博物馆、惠特尼美术馆和犹太人博物馆，但大都会博物馆和古根海姆博物馆拒绝闭馆。

1968年3月16日，查理公司的美国士兵在越南的美莱村屠杀男人、女人和儿童，艺术工作者联盟对此迅速做出反应。一年多后，1969年11月，当军队正在调查查理公司的排长威廉·L·凯利中尉时，陆军摄影师罗纳德·黑伯雷在美莱村拍摄的照片出现在了《老实人报》杂志上。四天后，在哥伦比亚广播公司迈克·华莱士的一次采访中，曾出现在美莱村现场的保罗·米德罗表示凯利逮捕了40或45名村民，并下令将他们枪毙。

图 14.18

"男人、女人和孩子？"华莱士问。

"男人、女人和孩子。"米德罗回答。

"还有婴儿？"

"还有婴儿。"

第二天，采访记录被发表在《纽约时报》上，并附有照片。很快，艺术工作者联盟就把华莱士的问题和米德罗的回答加到了这幅画上（图14.18），印刷成了海报，并在世界各地分发。

女权主义运动

反战和民权运动激发男女政治觉醒的同时，"避孕药"于20世纪60年代初问世。妇女掌控了自己的生育权利后，她们开始争取一直被男性据为己有的性自由。20世纪60年代，美国争取两性平等的斗争得到越来越广泛的体现。20世纪70年代初，成熟的女权主义时代到来。

理论框架：贝蒂·弗里丹和美国全国妇女组织

1963年，贝蒂·弗里丹（1921年至2006）出版了著作《女性的奥秘》。弗里丹是一位自由职业记者，也是三个孩子的母亲。在许多方面，她的观点反驳了弗洛伊德的观点，或者至少反驳了人们理解弗洛伊德理论的方式，无论这种理解是否正确。弗里丹承认，"弗洛伊德的心理学鼓励人们从压抑的道德中解放出来，以实现性满足，这是妇女解放意识形态的一部分。"但她同时意识到，弗洛伊德的一些著作被滥用为压制妇女的工具。在整个西方语言体系中，"女人（woman）"一词的构造一直与男人（man）有关中世纪英语中的词根是"男子妻（wifman）"或"男人的妻（wife of man）"。因此，弗里丹认为这是一个有争议的词语，不是指生理上的女性，而是指父权制社会对女性的所有期望的总和，包括行为、衣着、态度和举止。女权主义者声称"女人"是一种文化建构，而不是生物建构。在《女性的奥秘》中，弗里丹拒绝了现代美国社会对女性的文化建构。但她最终不能拒绝"妇女"一词本身。后来，弗里丹成为美国全国妇女组织的创始人之一，该组织的主要宗旨是促进妇女权利和工作场所的两性平等。在这方面，她致力于改变美国文化中对"妇女"含义的理解。

女性主义诗歌

20 世纪 60 年代，妇女在确定父权制结构之外的女性身份时所面临的困难，成为女性诗歌的主要主题之一，这在诗人安妮·塞克斯顿（1928 年至 1974 年）、西尔维娅·普拉斯（1932 年至 1963 年）和艾德丽安·里奇（1929 年至 2012 年）的作品中，表现尤为明显。

安妮·塞克斯顿的作品堪称女性主义作品的典范。她是一位富有的家庭主妇和母亲，住在马萨诸塞州波士顿郊区的一所房子里，房子里有一个豪华客厅，后院还有一座游泳池。但她本人过得并不好。当她的丈夫看到曾经对他依赖有加的妻子成为名人，他们的婚姻就充满了恶意、不和以及身体虐待。她在 1960 年出版的第一本诗集《去疯人院路上半途返回》中，发表了她最常用作开头的那首诗——《她那一类》。这首诗捕捉到了她身上从一开始就突出的独立感：

她那一类
我走了出去，一个鬼祟的巫女，
在夜里更大胆，紧追着黑风；
梦想着做坏事，我轻轻飞过
普通的人家，一盏盏的灯：
十二个手指的孤独者，早已忘怀。
这样的女人不太像女人，
我一向是她那一类。

我在森林里找到温暖的洞穴，
在里面放上煎锅、雕像、绸缎、
橱子、柜子、无数的摆设；
给虫子和精灵准备了晚餐：

我呜呜叫着，把这混乱重新安排，

这样的女人总是被人误会，

我一向就是她那一类。

我一直坐在你的车中，赶车人，

我挥着裸臂答谢途经的村庄，

认定这最后的光明之路，幸存者，

你的火焰至今咬在我的腿上。

你的轮子转动，我的肋骨压碎。

这样的女人不会羞于死亡。

我一向就是她那一类。

女性主义艺术

20世纪60年代，女性在艺术方面虽取得了进步，但真正的变化来得很慢。1976年美国大约50%的职业艺术家是女性，但是在纽约的那些著名画廊里，每100个个人画展中只有15个专门展出女性的作品。8年后，现代艺术博物馆重新开放了扩大后的设施，举办了一次题为《国际绘画和雕塑概览》的展览。在展览作品的168名艺术家中，只有13名是女性。

公众习惯以纯粹形式主义的角度品鉴艺术，这导致了朱迪·芝加哥（1939年—）试图在她的作品反映女权主义的内容时，公众拒绝承认她的作品。1970年，她在加州富勒顿展出了题为《帕萨迪纳拯救者》的系列作品（图

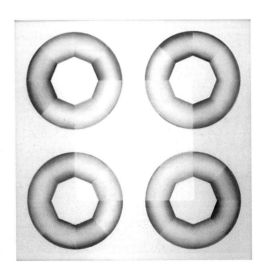

图 14.19

14.19）。她认为，这些作品表达了"我自己的性取向和身份的范围，通过形式和颜色来象征"。这些作品的女权主义内容在入口对面画廊墙上的一份声明中得到了肯定，声明中写道：

朱迪·杰罗维兹在此放弃所有由男性社会的支配力量强加给她的名字，自由选择自己的名字为朱迪·芝加哥。

但男性评论员对此置若罔闻。正如芝加哥在她的自传《穿越花朵：我作为一名女艺术家的奋斗》中所说："（他们）拒绝接受我的作品，这与我的女性气质密切相关。"但是在某种程度上，他们的误解是芝加哥自己造成的。正如她在《穿越花朵》中解释的，"我从形式主义的背景中走出来，学会了如何使我的主题更加中立。为了被视为一个足够'严肃'的艺术家，我不得不压抑自己的女性特质……我仍然在一个特定的参照系中工作。人们已经学会了以一种特定的方式来感知作品，而这种方式不是以内容为导向的。"

芝加哥在 20 世纪 70 年代创作的伟大作品《晚宴派对》（图 14.20）改变了这一切。这部作品大胆地宣布了妇女在社会历史中的地位，揭示了妇女运动日益强大的力量。在 5 年的时间里，300 多名妇女共同创作了这幅作品，其中包括一张三角形的桌子，39 个座位，每边 13 个座位，每个座位都是为了纪念一位对世界历史做出重要贡献的妇女。第一个盘子献给伟大的女神，第三个盘子献给克里特蛇女神。围着桌子的形象纪念了诸如阿基坦的埃莉诺和阿尔泰米西娅·真蒂莱斯基这样的形象。《帕萨迪纳拯救者》系列绘画以象征性的抽象

图 14.20

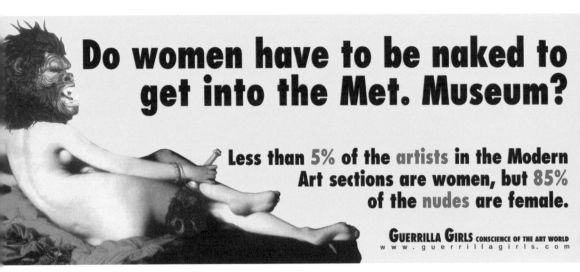

图 14.21

来掩饰作品中的性内容，而在《晚宴派对》上，女性生理解剖的自然形态在陶艺、针织、绘画几种形式中得到了充分的表现。但是，正如芝加哥很快指出的那样："《晚宴派对》中阴道意象的真正意义是说，这些女性之所以不为人所知，是因为她们有阴道。实际上，这是她们唯一的共同点。她们来自不同的时代、阶级、种族、地区、背景，但使她们处于同一历史空间的是她们有阴道这一共同点。"

尽管芝加哥通过《晚宴派对》取得了成功，但女性仍然很难进入艺术界。1985 年，一群自称"游击队女孩"的匿名妇女开始在纽约市悬挂海报，以引起人们对这个问题的注意（图 14.21）。他们列出了男女艺术家比例超过 10：1 的画廊。另一张海报上打出了一个问题："去年有多少妇女在纽约的博物馆举办了个人展览？"答案是：

古根海姆博物馆	0
大都市博物馆	0
现代博物馆	1
惠特尼博物馆	0

　　1989 年，游击队女孩最大胆的海报之一传播开来。海报上赫然印着这样的问题："当种族主义和性别歧视不再时髦，你的艺术收藏品能值多少钱？"海报上列出了 67 名女艺术家，并指出她们所有人的作品加起来，收藏价值都抵不上某位在世的著名男艺术家的任何一幅作品。这张海报主张，男性艺术家作品的价值可能被大幅夸大，这引起了许多人的共鸣。

　　到 20 世纪 90 年代后期，情况有所改变。纽约画展开始定期展出更多的女性艺术家作品，还出现了更多的大型回顾展，专门介绍她们的作品。

后现代时代

后现代的艺术和文学是如何体现多元化和多样性的？

　　人们很难说清楚现代主义具体何时结束，后现代主义具体何时开始，但人们普遍认为转折点出现在 20 世纪 60 年代末。建筑师们开始拒绝以密斯·凡德罗的作品（图 14.8）为代表的一致性风格，而倾向于完全不纯粹的、兼容并蓄的建筑风格。布拉格跳舞的房子（图 14.22）是后现代建筑的典型代表。这座建筑建于二战中被摧毁的文艺

图 14.22

复兴时期建筑的遗址上，摇摇欲坠的倒塌感让人想起了战后的城市景观：扭曲的工字钢、膨胀的房间、敞开露天的房间和沉没的地基，所有这些都矗立在一座完全不受轰炸影响的建筑旁边。但话虽如此，这座建筑也是对现代工程奇迹的一种有趣的、近乎异想天开的歌颂——虽然结构完好无损，但这座建筑看上去就像是处在灾难的边缘。这座建筑十分轻盈，被称为"跳舞的房子"或者更具体地说，"琴吉与弗雷德"（以美国电影明星琴吉·罗杰斯和弗雷德·阿斯泰尔的名字命名）。建筑角落更坚固的塔楼似乎正搂着透明的塔楼——琴吉——的腰部，这两个塔楼在拐角处产生扭转。

　　这座建筑是捷克建筑师弗拉多·米卢尼克（1941 年—）的设计，他聘用了美国建筑师法兰克·盖瑞（1929 年—）与他在这个项目上合作。布拉格是一座以古典建筑闻名的城市，在布拉格的许多人看来，一个完全陌生的美国元素突然落入了这个城市。米卢尼克在设计这座建筑时是面向现代布拉格的，但它同时也和布拉格的过去有着千丝万缕的联系。他希望这座建筑由两部分组成："像一个忘记了极权主义过去的社会，正在进入一个充满变化的世界。这是建筑的主要设计理念。对话中存在张力的两个不同的部分，比如正和负，阳和阴，男人和女人。"

　　使用许多不同的，甚至矛盾的设计元素是后现代建筑的特点。英国批评家彼得·福勒这样解释后现代建筑师的任务：

　　　　韦尔斯座堂的西墙、帕特农神庙、拉斯维加斯恺撒宫殿的塑料和霓虹标牌都同样"有趣"。因此，后现代设计师必须，提供一种不断变化的策略模式，取代代码和设备的洗牌的不同。

　　但或许后现代美学最清晰、最有启发性的表述来自建筑师罗伯特·文丘里（1925 年—）。他在 1966 年的《温和宣言》中描述了一种建筑方法的新标准，这种方法摒弃了现代建筑中干净、简单的几何图形。取而代之的是，文丘里主张"一个复杂和矛盾的架构……它必须体现包容的难统一性，而不是排斥的易统一性"。

后现代绘画的多元性与多样性

到了20世纪60年代末，艺术家们可以自由地采用各种实验性绘画方法，从波普艺术家引入的风格化意象到涂鸦艺术家的街头风格，从全面的抽象到令人吃惊的自然主义、现实主义。事实上，现实主义倡导者和抽象主义倡导者在第二次世界大战后的思想交流产生了深远的影响。这两种方法之间不是非此即彼的命题，而是深深地

图 14.23

相互影响的。我们可以从当代德国艺术家葛哈·李希特（1932 年—）的作品中看到这一点。他在两种艺术风格之间自由穿梭——有时将黑白和彩色的照片重新改造为绘画，有时创作大规模的抽象主义作品。李希特在艺术创作过程中会使用照片，包括业余快照和媒体图片。他表示："因为这些照片不受我眼中传统标准的限制……没有风格，没有构图，没有评判性看法。"对他来说，这些是纯粹的图片，不受有意识的审美标准的干预。《草场》（图 14.23）是一幅帆布油画，仿佛来自从一辆经过的汽车窗户中拍的照片，这幅画显示出的问题很简单：为什么他选择将这张照片改造成一幅画？眼睛是怎样感觉到绘画和摄影表面之间的区别的，又是何时感受到的？

整个 20 世纪 80 年代和 90 年代，李希特都专注于抽象主义作品创作，通过比较《草场》与李希特的其他抽象作品，我们可以回答这些问题。《冰（2）》（图 14.24）等作品显然是绘画作品。观众的感觉是，李希特从一个现实主义的意象入手，在绘画表面完全干燥之前，他用一块刮板或画刀在表面涂上另一层油漆。这样，观众们就像是在高速通过物体附近时近距离观察它一样。但由此产生的作品首先是一个绘画的表面，而不是一个摄

图 14.24

影的。然而，李希特却说：

　　抽象主义绘画……想象一个我们既看不到，也无法描述，但却仍然可以断定存在的现实。我们给这一现实贴上负面的标签：未知、难以捉摸、无限，几千年来我们一直用天堂和地狱、神祇和魔鬼等代用意象来描绘它。我们利用抽象主义绘画创造了一种更好的方法，来接近既看不见也听不懂的东西，因为抽象画最清楚，也就是说，用艺术所能使用的所有手段，说明了"虚无"……（通过欣赏抽象主义绘画）我们允许自己看到看不见的东西，也是以前从未见过的，实际上也是看不见的。

鉴于这一艺术策略，李希特基于摄影的绘画作品其实是一种可理解、可视的绘画作品。他为什么选择《草场》背后的照片来改造绘画？答案正是因为这幅照片平凡至极，画中的场景也是我们经常看到的景象。我们怎样才能认识到《草场》是一幅画，而不是一张照片？又是在什么时候认识到这一点的？要做到这一点，我们需要认可如同照片般的清晰度成为数不胜数的绘画方法之一。因此，李希特的摄影绘画与他的抽象主义绘画截然相反，但这两种风格都是对他艺术愿景的平等表述。在这两种风格中，李希特不仅探索了视觉感受的条件，还探索了绘画的可能性。李希特可能代表了最终的后现代主义，他写道："我不追求任何目标，不追求任何制度，不追求任何趋势，我没有计划，没有风格，没有方向……我避开了定义。不知道自己想要什么。我是不一致的、不明确的、被动的；我喜欢模糊的、无限制的；我喜欢持续的不确定性。"

帕特·斯蒂尔（1940年—）的作品对抽象与具象之间的关系问题做出了

图 14.25

另一种探讨。1989 年，她把波洛克的滴画法运用到了自己的作品中，让颜料在重力的作用下顺着巨大的画布流下，形成可辨认的瀑布。《黄色和蓝色—笔画瀑布》（图 14.25）高 4.2 米，其形式让人想起中国的瀑布卷轴画。斯蒂尔在 1992 年的一次采访中解释了她创作系列瀑布画的原因：

> 我不认为这些画是抽象的……这些不只是油漆滴。它们是构成瀑布意象的滴画：图片……它们也不是现实主义的……我没有拿着小刷子坐在户外，试图创造瀑布的幻觉。画本身就是画……地心引力造就了图像……

> 从某种意义上说，这些画是对纽约派（即第一代抽象表现主义画家，包括波洛克和德·库宁）的评论，是一种对话和示意。

> 它们（她的瀑布画）说："你走得不够远。当你看到抽象元素的时候，你就停下了步伐。" ……我采用了滴画法，并试图用它做一些现代主义者拒绝的事情。

因此，这幅画既是抽象的，又是具象的。这是自相矛盾的。

视觉艺术中的相互影响

"语言是一种病毒。"美国作家威廉·S·柏洛兹（1914 年至 1997 年）如是说。这种说法至少在一定程度上体现了美国英语已经成为商业、政治、媒体和文化领域的国际语言的事实。这对土著语言来说是一场瘟疫，给它们带来了毁灭性的威胁。全球文化的碰撞不容忽视。面对这一现象，艺术家们越来越多地承认，在一个全球化的世界中，人们越来越需要接受多重身份。许多人发现自己陷入了一个两难境地——他们怎样才能忠于自己的母语或族裔身份，并继续参与到更大的世界市场中？当他们的作品进入陌生的环境后，会发生什么？全球化给各地区带来了怎样的威胁？"自我"的观念本身是否受到技术和技术创新的威胁？

后现代主义模糊了古典主义艺术与当代文化之间的界限。这种融合集中体现在克里斯·奥菲利（1968 年—）极富争议的油画作品《圣母玛利亚》

图 14.26

中（图 14.26）。奥菲利把圣母描绘成一位黑人妇女，她的周围是裸露着臀部和生殖器的小胖天使。这些天使形象是从色情杂志上剪下来的。从伦敦动物园买来的两个大象粪球支撑着这幅画，上面刻着"圣母"和"玛利亚"字样，而第三块粪球被用来呈现她的胸部。奥菲利的父母都是天主教徒黑人，都出生于尼日利亚的拉各斯，他们的第一语言是约鲁巴语。奥菲利把这种西非文化作为他艺术灵感的源泉。

在约鲁巴文化中，性器官的展示很常见，尤其是在关于女性神性的画作中。奥菲利的小胖天使代表了这一本土传统的现代主义范例，象征着圣母玛利亚的生育能力。至于大象粪便的运用，是因为 1992 年，在一次去津巴布韦的旅行中，奥菲利被这种粪球经过干燥和涂漆后的美丽所打动。他也了解到，大象粪球在津巴布韦被视为生育的象征，于是他开始在自己的画中运用这些粪便。他说："我要把画从地上抬起，让它们有一种来自地球的感觉，而不是简单地挂在墙上。"

《圣母玛利亚》反映了奥菲利的非洲血统。但奥菲利明白，非洲民众眼中生殖与粪便、生育与女性神性的联系是西方观众体会不到的。实际情况也的确如此。1999 年年底，这幅画在布鲁克林博物馆展出时，引起了强烈的反响。纽约的天主教主教称这是对宗教的亵渎性攻击，天主教联盟呼吁人们在博物馆示威。纽约市市长鲁迪·W·朱利安尼威胁要切断博物馆的资金来源，并将它赶出其租用的城市大楼。（法庭迫使他做出让步。）对奥菲利来说，他的画所导致的冲突本身就是文化冲突的象征，而文化冲突定义了他的身份。可以说，这场论战使奥菲利的艺术更加突出，也没有削弱他艺术作品的"市场价值"。2003 年，他被选中代表英国出席威尼斯

图 14.27

双年展，这或许是当代最著名的全球性艺术展。

巴基斯坦画家沙希亚·西坎德（1969 年—）在《快乐支柱》（图 14.27）中展现了她丰富的混合文化背景。她通过混合的艺术风格，重新创造了传统的缩微绘画。西坎德在她的家乡巴基斯坦接受了微型艺术教育，在罗得岛设计学院学习期间，她专注于当代艺术，并把所学与过去的知识相结合。她探索了多种宗教和文化碰撞时产生的紧张关系。在《快乐支柱》的中心位置，西坎德用公羊头上的角来描绘她自己的形象。她的脑袋下方有两个身体，一个是西方的维纳斯，另一个是印度代表生殖、雨水、健康和自然的女神，据说，整个宇宙都蕴含在后者的子宫里。在她们的形象之间，有两颗心脏在泵血，意味着艺术家灵感的双重源头——东方源头和西方源头。画面左下角，一头狮子杀死了一只鹿，也反映了东方和西方的权力形象。这是伊朗对萨非王朝一个缩影的直接艺术引述。在画面顶端，一架现代战斗机咆哮而过。对于西坎德和奥菲利来说，身份本身就是一个有争议的领域，也是后现代主义世界存在的条件。

在全球的土著人中，北美原住民是受到孤立和边缘化最严重的群体之一。美洲原住民形形色色，但多被隔离在干旱的保留地，陷入贫困和失业，他们的传统和语言濒临灭绝，似乎成为完美的"局外人"。然而，1968 年，在明尼苏达州的明尼阿波利斯，由丹尼斯·班克斯、乔治·米切尔和克莱德·贝勒库尔领导的一个当地美洲原住民集会决定通过集体行动解决这些问题，他们发起了美国印第安运动 (AIM)。将近四分之一个世纪后，班克斯回忆起那时激励他们这么做的原因："因为贫民窟的住房条件；全国最高的失业率；警察对我们的老人、妇女和儿童的残暴行为，美洲原住民战士们聚集在了明尼阿波利斯的街头、监狱、牢房和城市的贫民区，导致了美国印第安运动。"他们厌倦了乞讨福利，厌倦了在美国当替罪羊，决定开始提高我们自己人民的力量，打造我们自己的学校，确立我们自己的职业培训方案，掌握我们自己的命运。这就是这场运动的动机。

美国印第安运动从一开始就是一个好战组织。在 1970 年的感恩节，美国印第安运动的成员登上了普利茅斯港码头的五月花 II 号，作为对朝圣者登陆普利茅斯岩 350 周年的反庆祝举动。一年后，他们占领了拉什莫尔山的国家纪念碑。在美国印第安运动方面看来，国家纪念碑对他们的文化来说是神圣的地方，却被美国总统华盛顿、杰弗逊、罗斯福和林肯的雕像亵渎了。占领的目的是让人们回忆起 1868 年《拉勒米堡条约》，该条约将包括拉什莫尔山在内的黑山划归为拉科塔苏族人所有。美国军方无视条约，迫使拉科塔人退入黑山以南平原上的松脊印第安人保留区。1890 年 12 月 29 日，随着伤膝河战役的发生，保留区爆发了冲突。1973 年，美国印第安运动武装分子控制了伤膝河，却被联邦法警迅速包围。两个多月来，双方不断交火，直到美国印第安运动的激进分子投降。当然，并不是每个人都同意美国印第安运动的策略，但该组织确实帮助振兴了整个西半球的美洲原住民文化，并促进了人们对传统艺术形式的兴趣。

今天的美洲原住民社区虽然比 20 世纪 70 年代富裕得多（在很大程度上是因为以保留区为基地的赌场赌博活动的出现），但社区中仍有许多令人关切的问题。《今日印第安地区》（图 14.28）描绘了西南部普韦布洛人的当代生活。这幅画的作者是戴维·P. 布拉德利（1954 年 —），他是拥有欧及布威族血统的美洲原住民，在新墨西哥州的圣达菲生活了 30 年。在普韦布洛村落的后面，画面左边，一个印第安人经营的赌场的停车场中挤满了旅游巴士。停车场后面，圣达菲市清晰可见。经过普韦布洛的火车是圣达菲铁路的"旗舰列车"——象征着英美文化对原住民传统的侵

图 14.28

占。中央方山的右侧是新墨西哥州西北部的四角发电厂，它是美国最大的燃煤发电站之一，也是最大的污染厂之一（注意方山远处冒出的烟）。工厂后面是露天开采矿。喷气式战斗机俯瞰着整个场景，让人想起附近的洛斯阿拉莫斯国家实验室，那里正在进行核武器设计的机密工作。

在普韦布洛的中心，布拉德利描绘了一个正在进行的克奇纳舞蹈。舞蹈由男舞者表演，他们扮演克钦人、云层中的神灵、雨水、庄稼、动物，甚至生长和生育等观念。

媒体的多元化：新技术

电子媒体给现代文化带来了革命性的变化，从爱迪生成功发明录音技术到电影、广播、电视和数字技术，从互联网到 iPod。同样地，这些媒体也给艺术带来了革命性的变化。在视觉艺术中，实现这种转变的基础是视频影像这一媒介。

影像艺术这样的当代媒体经常关注时间本身的流逝，关注从出生到死亡的生命周期。影像艺术家比尔·维奥拉（1951 年—）对时间流逝的强烈关注贯穿于他的整个职业生涯中。他经常用水来比喻这种流逝。水像时间一样流动，但可以被看见，似乎让时间和空间变得有形且可以触知。他的视频影像作品《千禧五天使》（图 14.29）由 5 个单独的视频序列组成，展示了一个穿着衣服的人跳进水池的景象。每段视频的持续时间都不一样，首先一长串平静的水景，突然，一个人的身体跳入水中，发出了爆裂般的声音，打破了先前的宁静。维奥拉是这样描述这件作品的制作过程的："我在长滩进行了长达三天的拍摄，这是我为其他几个项目拍摄的镜头，《千禧五天使》就诞生于这次拍摄。我只知道我想拍一个男人重重地跳进水里，在水中下沉，下沉到画面之外——他溺水了。大约一年后，我回顾这段旧视频时，发现了五张照片，并开始对这五张照片进行创作——仅凭直觉，没有什么有意识的计划。我被沉入水中的这个人，以及我脑海中为这幅作品创造的音响和物理环境深深吸引。

"当我把完成的作品展示给我的伴侣基拉时，她指出了一件事情，直

图 14.29

到那一刻我才意识到，这不是一部关于溺水者的电影。不知何故，我在五部电影中不知不觉地让时间倒流了，所以除了一个人以外，所有的人都冲上了水面。我无意中创造了从死亡上升到出生的意象。"

因为这些视频是连续循环的，并投射到画廊的墙上，它们持续时间的不同，因此我们无法预测哪面墙会突然呈现出一个人跳入水中的动画——你身后的那面墙，你前面的那面墙，或者你身边的那面墙。这种体验就像是同时沉浸在水和时间里，沉浸在瞬间的流动中。对维奥拉来说，视频影像和电影在这个意义上是完全不同的。视频影像作为一种呈现媒介，起源于最基本的实况摄像机。视频影像诞生于时间中。维奥拉的作品实际上是把时间空间化了，但与此同时，时间也变得和他所描绘的水面一样触手可及。

当然，今天，视频影像艺术本身已不复存在——媒体已经完全被数字化。事实上，电影虽然要昂贵得多，但由于其图像质量更高，那些应用基于时间的媒体创造艺术作品的艺术家更喜欢使用电影来表达自己。电影媒体最引人注目的实验之一是英国艺术家兼电影制作人艾萨克·朱利安（1960年—）的九屏作品《万重浪》（图14.30）。《万重浪》的创作灵感与中国神话故事有关。在这个故事中，中国的女神、水手保护者妈祖（由中国女演员张曼玉饰演）在一次海上风暴中拯救了五艘渔船，她带领五艘渔船驶向了一座岛屿。但是当水手们获救后，他们再也没有找到这座岛屿。

朱利安的多屏幕图像起初看起来十分混乱，但它们强调了电影的观赏角度是高度制度化的——朱利安作品中向观众席卷而来的视觉刺激实际上非常像罗伯特·文丘里所描述的"复杂的建筑"。从这个意义上说，朱利安的作品代表了一种"视觉上的解放"，它创造的杜比环绕声环境让我们沉浸在与影片的视觉结构平行的嘈杂环境之中。我们陷入了中国历史的"万重浪"之中。

朱利安的作品强烈谴责了新的全球市场中对工人的剥削。在这个全球市场中，文化本身已成为一种商品。也许，摇滚乐是最显著的跨越了国与国之间界限的一种文化商品。从 2004 年开始，英国艺术家菲尔·柯林斯创作了海报，邀请人们表演史密斯 1987 年经典专辑《世界不会听》（*The World Won't Listen*）中所有歌曲的卡拉 OK 版本。这一活动首先始于哥伦比亚的波哥大，然后来到土耳其的伊斯坦布尔，最后到达印度尼西亚的雅加达和万隆。达拉斯艺术博物馆的当代艺术馆首次同时投映了这三个地区活动的背景，柯林斯告诉馆长，"在以上所有地区，一些人对英语的掌握非常有限。但是他们通过反复聆听，对这些音乐了如指掌：对音乐中的每一次呼吸、每一次即兴演奏都了如指掌，由于歌词对这些歌曲十分重要……

图 14.30

他们能达到这种熟悉程度，这是相当惊人的。"表演者们背后是与休闲旅游有关的背景（图14.31），从湖边别墅到热带度假村，再到美国国家公园，每一个场景都在他们唱歌的时候进入了流行偶像的魅力世界，哪怕只进入了片刻。柯林斯解释道："其

图 14.31

他人有时会觉得卡拉 OK 这种形式尴尬、可笑或者异想天开，但我觉得卡拉 OK 很动人，很勇敢……这就像是一种温和的英雄主义。"柯林斯的三部曲最后体现的是一个由来自四面八方的"粉丝"组成的人类社会，他们也是信徒，信仰诸如歌曲结束时的歌词内容："别忘了那些 / 让你哭泣的歌，还有那些拯救你的歌。"

　　毫无疑问，摇滚乐文化在过去 50 年中对艺术产生了相当大的影响。皮皮洛蒂·瑞斯特（1962 年—）1986 年开始制作单轨视频《我不是一个错过太多的女孩》（*I'm Not The Girl Who Misses Much*）（图 14.32），是 1983 年 MTV 问世后开始在电视上播出的视频的滑稽模仿。这段视频将约翰·列侬的歌曲《幸福是一把温暖的枪》（*Happiness Is a Warm Gun*）(1968) 中的歌词"她不是一个女孩"改成了"我不是那个女孩"。1988 年至 1994 年，瑞斯特在女子摇滚乐队"未来的女王"中负责演奏打击乐、低音部和长笛。她跳舞时会上下弹跳，让她的声音加快到近乎癫狂，然后又把声音放慢到相当于葬礼行进队伍的速度，从而实现对声音的控制，她的个人形象也不断成为表演的焦点然后又隐没。她对高生产价值的公然否定同样也是对 MTV 本身的社会价值的否定，在 MTV 中，女性很快就沦落为纯粹的性对象。

　　1997 年，在威尼斯双年展上首次放映的一部由瑞斯特设计的影像作品

图 14.32

《一切都结束了》（*Ever is over all*）（图 14.33）中，人们看到一名妇女穿着保守的蓝色连衣裙和与《绿野仙踪》中桃乐茜如出一辙的鲜艳红色鞋子走在大街上。她手里拿着一朵硕大的红色花朵——事实上，这是一种被称为火把莲的花，这朵花的图像同时也被投射到房间的角落里。她的到来伴随着一首轻柔甚至能够抚慰人心的歌曲"啦啦啦"地唱着。 她笑容灿烂，举起手中的长柄花，将它砸向一辆停着的汽车的乘客车窗。玻璃碎了。她继续往前走，砸碎了更多的车窗。一位身穿制服的女警官从她身后走过，微笑着向她致敬。 她漫步在林荫大道上，在画廊里不停地绕着圈子。 这就是我们所发现的"彩虹之上"的翡翠城新奥兹，在那里，自然与文明、暴力与快乐、法律与犯罪、无能与权力之间的紧张关系似乎都已消失殆尽。

艺术家珍妮·安东尼（1964 年—）对不同媒体的艺术创作均有狩猎，包括表演和视频影像。她的艺术作品常常诞生于日常活动中，比如吃饭、洗澡和睡觉。她作品中各种活动的平凡琐碎和录音技术的精湛完善之间存在张力，这带来了一种几乎可以与超现实主义作品相比的神奇转变感。在影像作品《触碰》（图 14.34）中，安东尼似乎正在沿着地平线行走，这是

图 14.33

她产生的幻象，她童年时住在大巴哈马岛的家，她家正前面的海滩上有两个反铲挖土机，之间系有一根钢丝绳，她在这根钢丝绳上行走时产生了这种幻觉。她会走钢丝，每天练习大约一个小时，作为一种身体控制和冥想的练习。当她练习的时候，她意识到，"不是我变得更平衡了，而是我在失去平衡感的状态中感到更舒服了。"她将这种活动当成了生活中的一个

图 14.34

基本课程。在《触碰》中，安东尼似乎正在地平面上行走，使这种摇摇欲坠的平衡感更加强烈。我们知道，当我们就要接近地平线时，地平线会不断地离我们远去，因此，我们永远无法真正到达地平线。换言之，我们知道自己身处一个不可能到达的地方，但这是一个我们在文化方面长期以来思考和渴望的地方——就像卡斯帕·弗里德里希等浪漫主义画家在《海边的修道士》中所展现的愿景那样。当安东尼和绳子都消失在视频中时，作为观众，我们不禁沉思这条虚幻的线和它的含义。我们逐渐明白，地平线代表着我们面前永远存在的东西。"这是一个非常有希望的意象，"安东尼说，"它关乎未来，关乎想象。"

回顾

14.1 概述存在主义的原则，以及艺术和文学如何体现这些原则。

第二次世界大战后，欧洲陷入了深刻的悲观情绪。萨特的存在主义哲学是对这一情况的一种直接回应。萨特所说的"存在先于本质"是什么意思？他同意疏离、焦虑、缺乏真实性和虚无感定义了人类的境况，但他说，这并不意味着我们要放弃行动和创造意义的责任。萨特的戏剧《密室》和塞缪尔·贝克特的《等待戈多》是荒诞派戏剧的例子。这一流派的戏剧有什么特点？

14.2 比较各种抽象表现主义，描述垮掉的一代和波普艺术如何挑战它的优势。

在美国，杰克逊·波洛克和威廉·德·库宁启发了一代艺术家放弃表象，用完全抽象的语言直接在画布上表达自己的情感。马克·罗斯科和海伦·弗朗坎塔勒等抽象表现主义画家与波洛克和德·库宁有何不同？

与此同时，垮掉的一代——更年轻、更叛逆的一代作家和艺术家开始批判美国文化。瑞士摄影师罗伯特·弗兰克的《美国人》揭示了美国生活的消极一面，激怒了习惯于用乐观的眼光看待这个国家的公众。艾伦·金斯堡在他的诗《嚎叫》中做出了一场发泄，毫不掩饰、直言不讳，这在许多人看来似乎是对体面的侮辱。劳森伯格的融合绘画有什么特点？将凯奇的《4'33》定义为音乐的东西是什么？美国垮掉的一代以什么方式反映了让－保罗·萨特的存在主义？

波普艺术反映了文化的商品化和作为主导文化力量的市场。安迪·沃霍尔以什么方式将玛丽莲·梦露比作金宝汤？汤姆·韦塞尔曼是如何暗示绘画本身是一种商品的？罗伊·利希滕斯坦如何对抽象表现主义绘画进行滑稽模仿？克拉斯·欧登伯格巧妙地重新赋予了美国商品诙谐属性。他如何改变了这些商品的形象？

14.3 评价政治在 20 世纪 60 年代和 70 年代的艺术和文学中所起的作用。

到 1963 年，由马丁·路德·金牧师领导的南方基督教领袖会议决定，亚拉巴马州伯明翰将成为蓬勃发展的民权运动的焦点。促进民权运动成功的最重要因素之一是非洲裔美国人日益增强的族裔认同感。让－保罗·萨特对这种新发现的自我意识做出了怎样的贡献？拉尔夫·爱里森和阿米里·巴拉卡的著作如何表达这种情绪？

1963 年，贝蒂·弗里丹在她的《女性的奥秘》一书中抨击了父权制对"女性"概念的建构。她抨击的主要对象是什么？诗人和画家努力在一个几乎完全排斥妇女参加展览甚至画廊展出的艺术世界中找到一席之地。朱迪·芝加哥和"游击队女孩"如何应对这种情况的？

14.4 描述后现代艺术和文学如何反映多元主义和多样性。

后现代建筑的特点是：矛盾的状态是包容的，而不是排他的。在艺术方面，这种包容感使得作品的身份和意义变得多元和多重，跨越了风格和文化的界限。

文化的全球化使许多人感到他们身上的多重身份。像克里斯·奥菲利这样的艺术家是怎样在他们受到的英国式教育和他们的尼日利亚血统之间找到平衡的？20世纪60年代末，美国印第安运动试图恢复美原住民的权利，他们的多元文化本身就很庞大。戴维.P·布拉德利如何呈现了原住民文化和盎格鲁文化之间的对抗？

同时，艺术家们也利用新的电子媒体来创造新的艺术空间。比尔·维奥拉创作的视频影像作品利用了媒体唤起梦境、记忆和反思的能力，维奥拉的作品尤其让观众沉浸在时间的流动和生与死的循环中。像艾萨克·朱利安的《万层浪》和菲尔·柯林斯的《世界不会听》这样的影像作品如何在当代环境下呈现历史时刻？皮皮洛蒂·瑞斯特的视频影像作品又如何呈现流行文化？

延续和变化：环境与人文传统

艺术在当今世界扮演怎样的角色？博物馆给我们提供了什么？文学、书籍、诗歌又给我们提供了什么？博物馆仅仅是一个文化艺术品的仓库吗？诗歌是一种自我陶醉、令人疲倦的知识分子自恋主义吗？歌剧能比流行音乐为我们带来更有意义的感动吗？艺术怎样让我们在了解过去的同时预知现在和未来？这些都是艺术家、作家和音乐家不断问自己的问题，而人文学科的学生，在类似的项目结束时，也可能会问自己这些问题。

想一想丹麦艺术家奥拉维尔·埃利亚松（1967年—）的作品《天气计划》（图14.35）。2003年冬天，当这部作品在泰特现代艺术馆巨大的涡轮大厅展出时，被广泛批评为"纯粹的"娱乐，这在很大程度上是因为它吸引了200多万游客。在152米高的大厅尽头悬挂着一个巨大的黄色圆球，离地面27.5米高。天花板上覆盖着镜子，因此在视觉上将空间的大小显著增加了一倍。"太阳"实际上是由大约200盏黄色钠路灯制成的半圆，经过天花板镜面的反射，就形成了一个圆。人工水雾机使大厅里弥漫着冬季阴暗的雾气。那么，这一作品吸引人的地方在何处？

在很大程度上，这部作品似乎存在于非自然的环境中。参观画廊顶层的游客可以很轻易地看到支撑着镜面天花板的桁架，以及太阳形状的真实构造。埃利亚松作品非凡视觉效果归根结底是通过相当普通的手段创造出来的。但是，这种平凡反过来又暗示了关于我们身处的世界和环境一些深刻而有些令人不安的真相。如果埃利亚松能够用如此微不足道的手段创造出这种看上去像是刚刚经历了天启的环境——死气沉沉、失去热量的太阳，永远弥漫的雾气和冰冷

图 14.35

的石头地面——那么，我们在真实世界中又能够用我们随心所欲地使用的先进技术创造出什么呢？换句话说，当观众躺在博物馆的地板上，看到自己的形象被倒映在建筑上方的天花板上时，他们是在观察自己的现在，还是在预见自己的未来？人类都做了些什么？

因此，无论是从《天气计划》的表面用意还是引申意义来看，这部作品都给观众带来了一次令人毛骨悚然的经历。埃利亚松说，"我将博物馆视为一个让人们能够更深层次感知社会的空间。在博物馆里，人们可以更仔细地审视社会。"如果你将这本书也视为这样一个空间，这句话对你来说也许非常受用。总而言之，经过阅读这本书，你对你的世界产生了什么更深刻、更充分的理解和欣赏？